图书在版编目（ＣＩＰ）数据

社会治理法学概论 / 徐汉明主编；方世荣等副主编 .
北京：高等教育出版社，2024.8. ——ISBN 978-7-04
-062536-3

Ⅰ. D920.0
中国国家版本馆 CIP 数据核字第 2024LV8182 号

Shehui Zhili Faxue Gailun

策划编辑	姜　洁	责任编辑	程传省	闫润玉	封面设计	杨立新	版式设计	李彩丽
责任校对	张　然	责任印制	沈心怡					

出版发行	高等教育出版社	网　　址	http://www.hep.edu.cn
社　　址	北京市西城区德外大街 4 号		http://www.hep.com.cn
邮政编码	100120	网上订购	http://www.hepmall.com.cn
印　　刷	涿州市星河印刷有限公司		http://www.hepmall.com
开　　本	787mm×1092mm　1/16		http://www.hepmall.cn
印　　张	30		
字　　数	650 千字	版　　次	2024 年 8 月第 1 版
购书热线	010-58581118	印　　次	2024 年 8 月第 1 次印刷
咨询电话	400-810-0598	定　　价	75.00 元

本书如有缺页、倒页、脱页等质量问题，请到所购图书销售部门联系调换
版权所有　侵权必究
物 料 号　62536-00

编 写 说 明

一、编写背景

党的十八大以来，以习近平同志为核心的党中央从坚持和发展中国特色社会主义全局和战略高度定位法治、布局法治，提出创新法治人才培养机制、加强法学专家队伍建设、加强法律服务队伍建设；强调"要抓好教材体系建设，形成适应中国特色社会主义发展要求、立足国际学术前沿、门类齐全的哲学社会科学教材体系"[①]；"要坚持从我国国情和实际出发，正确解读中国现实、回答中国问题，提炼标识性学术概念，打造具有中国特色和国际视野的学术话语体系，尽快把我国法学学科体系和教材体系建立起来"[②]；要"扎根中国大地办大学，走出一条建设中国特色、世界一流大学的新路"[③]。这给深化高等法学教育改革，创新法治人才培养，构建社会治理法学、科技法学、数字法学、气候法学、海洋法学等新兴学科课程体系、教材体系、话语体系提出了急迫要求。中南财经政法大学始终坚持以习近平新时代中国特色社会主义思想特别是习近平法治思想为引领，奋力担当"为党育人、为国育才"使命任务，在新兴学科、交叉学科建设方面敢为人先；时任校长吴汉东教授、校党委书记张中华教授、校党委书记栾永玉教授，现任校长杨灿明教授、校党委书记侯振发研究员呵护备至、精心培植、全力保障，着力开展"五个率先"探索，即：率先在全国高校创设社会治理法学新兴学科，设立博士研究生、硕士研究生社会治理法学专业方向，开设社会治理法学本科专业课程；率先将社会治理法学新兴学科建设纳入校"十二五""十三五""十四五"发展规划；率先建立社会治理法治建设高端智库基地，实行人财物单独管理，获批首个"教育部社会治理法治建设创新团队"，并由湖北省委宣传部向中宣部申报纳入国家级"百强智库"基地培育；率先提出讲好包括社会治理法学在内的"中南故事"，推进"双一流"建设；率先与湖北地方高校搭建部省共建"1+6"社会治理法学本科专业协同创新体。分管教务、研究生、科研、组织人事的校领导齐文远教授、姚莉教授、刘茂林教授、刘仁山教授及相关职能机构积极贯彻落实，使得社会治理法学这棵幼苗在法学新兴学科领域破土而出，在法治中国建设沃土中苗壮成长。经过 10 年的探索发展，截至 2023 年 5 月底，我校共培养社会治理法学博士生 34 人、硕士生73 人，其中已毕业博士生 21 人、硕士生 36 人，并有 4 名博士生到中央办公厅、中宣部、河南省政府办公厅等机关单位工作，2 名博士生破格提拔为副厅级领导干部，3 名博士生被破格

[①] 《习近平谈治国理政》第 2 卷，外文出版社 2017 年版，第 345—346 页。

[②] 习近平：《论坚持依法治国》，中央文献出版社 2020 年版，第 175 页。

[③] 《习近平在中国人民大学考察时强调 坚持党的领导传承红色基因扎根中国大地 走出一条建设中国特色世界一流大学新路》，载《人民日报》2022 年 4 月 26 日，第 1 版。

晋升为副教授。

依据"结构合理、内容新颖、知识融通、体系完备"的思路,社会治理法学新兴学科于2013年向教育部备案并获批。该学科坚持以服务国家治理重大需求为基准点,着力服务平安中国、法治中国建设;以构建法学新兴交叉学科理论体系为切入点,推动法学与公安学、经济学、管理学、社会学等学科知识体系深度融合;以《习近平社会治理法治理论读本》《社会治理法学讲义》《网络社会治理读本》为依托,申报并高质量完成了国家社科基金办委托重大教材建设项目"社会治理法学原论"(16@ZH024),构建社会治理法学课程体系、教材体系;以由十大青年法学家、审判检察业务专家、联合国高级咨询专家及剑桥大学等国际知名高校专家等"文澜讲座"教授组成的专兼职"双导师"队伍为支撑点,着力打造一流双导师队伍;以构建"学分+论文+能力"综合型学位评价为落脚点,打造复合型、创新型、能力型、涉外型(以下简称"四型")卓越法治人才培养模式。2019年,社会治理法学被教育部纳入新文科建设目录。2021年,中南财经政法大学主持的"经管法领域新文科建设实践——以社会治理法学'三大体系'建设为例"获批教育部首批新文科研究与改革实践项目。为服务地方高等教育事业跨越发展、适应国家对社会治理法学"四型"卓越法治人才的急迫需求,中南财经政法大学得到湖北省委省政府支持,于2021年与湖北省6所高校创建部省共建社会治理法学本科专业"1+6"培养模式,即中南财经政法大学与湖北大学、武汉科技大学、长江大学、江汉大学、三峡大学、黄冈师范学院共同打造社会治理法学本科专业"1+6"建设共同体;与此同时,中南财经政法大学与南京师范大学、内蒙古财经大学、海南师范大学、新疆政法学院开展协同创新,推进社会治理法学学科建设。历经10年,社会治理法学实现了由博士点起步,硕士点拓展,到创建国家治理学院面向社会招收本科生,为使社会治理法学由中南财经政法大学"盆景"发展为湖北高校"园景",再发展为全国高校"全景"奠定了基础。

《社会治理法学概论》的编写自始至终得到了我国著名法学家的悉心指导。

中国法学会学术委员会主任、教育部社会科学委员会法学学部召集人、吉林大学暨浙江大学资深教授张文显给予精心培育与倾力支持。2016年,他在教育部社会科学委员会法学学部年度工作会议、教育部人文社会科学(法学)重点研究基地主任联席会议暨"科技进步、社会治理与法治"(昆明)学术研讨会上,对中南财经政法大学创设社会治理法学新兴学科给予了充分肯定。2017年,他在《中国大学教学》发表的《关于构建中国特色法学体系的几个问题》专题文章中,首次提出面对法治的新兴领域,要应对法治新兴问题,必须鼓励支持和培育新兴学科、交叉学科,并为其提供发展平台。2019年,他在繁忙的学术研究中挤出时间专程莅临第五届法治社会·长江(国际)论坛——"社会治理法学50人谈",指出"推进社会治理法学学术体系、学科体系、话语体系的'三大体系'研究是建设法治中国的必然要求,是助推中国特色法学'三大体系'的急迫需求",强调"支持社会治理法学新兴学科、网络社会治理法学交叉学科等实施体系的创新"。同年,他在《中国法学(英文版)》发表《社会治理现代化与社会治理法学建设(英文)》专栏文章,向国际社会推介社会治理法学

"三大体系"及其建设成效。2021年,他在主编的《习近平法治思想概论》中准确诠释习近平法治思想关于创新法治人才培养机制、坚持建设德才兼备高素质法治工作队伍的核心要义,提出要以深化高等法学教育改革为抓手,以优化法学课程体系、强化法学教育实践、健全法学教育工作者和法治工作者之间双向交流机制为着力点,根据法治实践和法学研究的发展,适时开设国家安全学、党内法规学、社会治理法学、数字法学等新课程。2022年9月,他受十九届中央政治局委员、十三届全国人大常委会副委员长、中国法学会会长王晨同志委托,组织专家对《社会治理法学概论》进行评审,认为本书是践行习近平法治思想的重大成果,具有主体性原创性知识体系的特色,填补了社会治理法学教材体系空白,对于推动社会治理法学新兴学科"三大体系"建设具有引领性作用。

中国法学会副会长、教育部高校法学类专业教学指导委员会主任委员、卓越法律人才教育培养计划指导委员会主任委员徐显明教授对社会治理法学的创建发展给予精心指导。2017年,他专门听取杨灿明校长关于包括创建社会治理法学新兴学科、法与经济学等交叉学科,推动学校"经法管"优势学科融通发展,促进中国法学教育改革的汇报,并指点迷津;他时刻关注社会治理法学的发展,指导对社会治理法学新兴学科发展进行创新性总结,并推荐本人在教育部高校法学类专业教学指导委员会工作会议上作情况介绍。

我国著名马克思主义法学家、法学教育家、武汉大学人文社会科学资深教授李龙老先生对本人与社会治理法学"三大体系"构建给予了无微不至的关怀与悉心指导。我国著名知识产权法学家、我校资深教授吴汉东对社会治理法学新兴学科建设及《社会治理法学概论》的编撰工作一直给予关怀与支持。2012年,本人受时任校长吴汉东教授邀请承担社会治理法学新兴学科创建工作,这为该学科的创建发展奠定了坚实基础,为推动中南财经政法大学经法管优势学科深度融合、新兴学科建设创造了条件。

对于如何构建社会治理法学新兴学科主体性原创性知识体系,时任全国哲学社会科学规划领导小组负责人尹汉宁教授及全国哲学社会科学工作办公室高度重视,在调查研究基础上确定将社会治理法学新兴学科理论体系建设重大任务委托给本人主持,其后组成了方世荣教授、姚莉教授、陈柏峰教授参加建设的社会治理法学学科专家团队。

公丕祥教授、马怀德教授、付子堂教授、黄文艺教授、汪习根教授、秦前红教授、汪世荣教授对《社会治理法学概论》呵护备至,给予高度评价和大力支持。

现任校长杨灿明教授、时任校党委书记张中华教授、时任校党委副书记齐文远教授、时任校领导姚莉教授、刘茂林教授为社会治理法学学科发展搭建平台、建立人财物单独管理体制,提供体制性保障、机制性支持。杨灿明教授还亲自去争取省政府财政专项经费支持。时任校党委书记栾永玉教授适应中国法学教育体系建设新要求,推动校党委作出重大决策,以社会治理法学新兴学科和既有保障体制机制平台为基础,创建国家治理学院,带动国家安全学、纪检监察学、党内法规学、数据法学等新兴学科与交叉学科共同发展。现任校党委书记侯振发研究员主动争取教育部支持,推动续聘本人,支持社会治理法学新兴学科规模化发展,支持部省共建社会治理法学一流学科专业,服务湖北由教育大省向教育强省跨越。

二、本书特点

（一）型构了具有原创性的社会治理法学知识体系

本书贯通历史、现在和未来，以习近平新时代中国特色社会主义思想特别是习近平法治思想为指导，贯彻落实党的二十大精神，对在革命、建设、改革、新时代新征程各时期为人民谋幸福、为民族谋复兴中取得的伟大成就进行创新性总结、理论性升华、学术性表达，致力于回应中国特色社会主义伟大事业对于高等法学教育的时代之需，回答构建社会治理法学"三大体系"科学之问、价值之问、人民之问、时代之问，型构了社会治理法学新兴学科的主体性原创性知识体系。

1. 以习近平社会治理法治理论为引领。习近平社会治理法治理论萌发和孕育于改革开放和社会主义现代化建设新时期，形成和发展于中国特色社会主义新时代，深化和拓展于全面建设社会主义现代化国家，实现中华民族伟大复兴新征程，具有深刻的时代背景。这一理论体系是习近平新时代中国特色社会主义思想的重要组成部分，是马克思主义经典作家关于"国家与社会管理""社会建设"基本原理的中国化时代化的标识性成果，蕴含着深邃的公理、政理、法理、哲理价值，其核心要义是多维度的，构成了体系完备、内涵丰富、具有鲜明哲学面向的理论体系。这一理论体系具有科学性，彰显出党领导社会治理的政治定力、以人民为中心的根本立场、守正创新的理论品格、问题导向的真理思维、统筹全局的系统观念、精准练达的辩证方法、尊法据理的法治思维、成熟定型的制度优势、实践导向的磅礴伟力、胸怀天下的恢宏志量；这一理论体系具有鲜明的实践特色，是中国特色社会主义治理道路、制度、理论、实践的创新性发展，为加快推进社会治理体系和治理能力现代化、建设更高水平平安中国提供了磅礴伟力。这一理论体系具有鲜明的时代特色，即数字文明时代社会治理现代化的"中国模式"。新时代新征程，唯有以习近平社会治理法治理论为引领，对我国社会治理经验进行系统性总结、理论性升华、学术性表达，才能建立起具有继承性与民族性、原创性与时代性、系统性与专业性的标识性概念，构建社会治理法学主体性原创性的知识体系、学术体系、话语体系；才能准确揭示中国式社会治理道路、制度、理论、实践的质的规定性，形成以内嵌于中国特色社会主义道路、制度、文化的国家治理体系和治理能力现代化之基本命题、核心范畴、概念体系，建立起一系列有关社会治理法学原创性知识体系的理念、观点、原理、学说、思想、理论、知识、学术等。

2. 首次厘定了社会治理法学学科的研究对象。社会治理法是有关社会治理活动的各种法律规范之总和。它调整执政党、国家机关、社会组织以及公民等主体在社会治理事务及其活动过程中所形成的各种社会治理关系，确立并实现各方在社会治理活动中的权利（力）、义务（责任），以保障社会治理活动规范、有序开展，为保障人民权益、维护社会公平正义、人民生活幸福康宁、国家长治久安提供国泰民安的社会环境。社会治理法学则是以一切社会治理法现象为研究对象的相关科学活动及其知识体系的总称。其研究对象具体包括社会治理法的基础理论、制度安排、实施方式以及绩效评价等。

3. 准确界分社会治理法学同其他学科。厘清社会治理法学同行政法学、民商法学、经济法学、社会法学以及经济学、政治学、社会学等人文学科的联系与区别。由此构建社会治理法学的核心范畴、概念体系,确定研究范围,型构该学科知识体系。

(二)型构了内容全面、结构完整的社会治理法学教材体系

本书由以下四部分构成:

1. "导论"部分。包括社会治理法学的兴起、习近平社会治理法治理论的指导地位、社会治理法学的研究对象及研究方法、社会治理法学与相邻学科的关系、社会治理法学的理论价值和社会意义等。

2. "上篇:基础理论"部分。包括社会治理法的含义及调整对象、社会治理法的基本原则、社会治理法的地位及其体系、中国社会治理法制史、中国式社会治理现代化道路百年历程及其重大成就等。

3. "中篇:法律制度"部分。从形式上看我国目前尚无综合性的社会治理法法典,但调整社会治理法律关系的主要内容已分散规定在各种基本法、专门法、行政法规、部门规章、地方性法规、党内法规之中。本书按照社会治理法的基本原理、法律渊源、历史演进、法律制度范式,对现行 294 部法律、702 部行政法规及相关部门规章、地方性法规、党内法规进行系统梳理(党的十八大以来制定法律 70 部、修订法律 237 部次)[①],归纳、提炼为社会治理法律制度体系,包括基本公共服务法律制度、社会自治法律制度、政社合作共治法律制度、社会矛盾预防化解法律制度、公共安全保障法律制度、突发事件应对法律制度、社会治安综合治理法律制度、网络社会治理法律制度等,科学诠释了新时代社会治理法治体系建设的历史性成就,反映了中国特色社会主义法治体系建设的恢宏进程,为在法治轨道上推进社会治理体系和治理能力现代化,形成完备的社会治理法律规范体系、高效的社会治理法治实施体系、严密的社会治理法治监督体系、有力的社会治理法治保障体系、完善的社会治理党内法规体系提供学理支撑。

4. "下篇:实施与评估"部分。包括社会治理法实施基础理论、社会治理法治评估等。从实施与评估两个方面丰富了社会治理法学知识体系。

(三)为开设社会治理法学课程提供了教材支撑

1. 本书初期版本教学实验反响良好。本书初期版本,作为中南财经政法大学社会治理法学研究生的教材,已使用多年,教学效果良好并获得理论与实务界的充分肯定。通过教材讲授,学生系统掌握了社会治理法的理论体系、制度运行、实务操作技能等,探索出了社会治理法学"为谁教""教什么""教给谁""怎样教"的"四型"卓越法治人才培养新路子。

2. 本书适应了社会治理法学新兴学科对专业教材的现实需求。本书立足构建社会治理法学新兴学科"三大体系"建设,为全国高校开设社会治理法学新兴学科课程提供有力

---

① 数据截至 2022 年底。

支撑。

三、本书编写分工

本书由徐汉明任主编,负责统稿、审稿与编校工作;方世荣、姚莉、陈柏峰、武乾、杨剑波任副主编,具体编写分工如下(以撰写章节先后为序):

徐汉明:独撰第三章、第十一章,合撰导论、第二章、第五章、第七章、第八章、第九章、第十章、第十二章、第十三章、第十四章、第十五章;

徐晶:参与撰写导论"习近平社会治理法治理论的根本指导地位"部分;

方世荣:第一章;

孙逸啸:参与撰写第二章第一节;

徐凯:参与撰写第二章第二节、第七章、第九章;

皮婧靖:参与撰写第二章第三节;

武乾:第四章,参与撰写第五章、第七章;

陈柏峰:第六章;

伍治良:参与撰写第八章第一节;

赵清:参与撰写第八章第四节;

董少平:参与撰写第十章;

姚莉:合撰第十二章;

邵登辉:参与撰写第十二章;

叶强:参与撰写第十三章第四节;

杨剑波:参与撰写第十四章;

林必恒、张新平:参与撰写第十五章。

此外,齐文远教授、蔡虹教授负责本书的审稿工作,李辉博士生、张勇博士生、谢欣源博士生参与编校工作。

徐汉明

2022 年 12 月 23 日

目　录

中篇　法　律　制　度

下篇　实施与评估

导　　论

　　中共中央关于推进国家治理体系和治理能力现代化的战略目标任务的提出,给现代社会治理法学的理论建设提出了急迫要求。社会治理法学是以一切社会治理法现象为研究对象的各种科学活动及其发展规律的总称。它坚持马克思主义经典作家关于社会建设与社会管理基本原理及中国特色社会主义治理理论的指导地位,以中国共产党领导下的中国特色社会主义道路、制度、实践为模本,以党的十八大以来国家与社会治理法治建设的战略决策为引领,坚持总结当代中国治理经验与借鉴国际治理成果相结合,厘清国际治理理论与实践兴起及其背景,对中国特色社会治理法学基础理论、社会治理法治体系和社会治理法律实施三个基本问题作出正确回答,是社会治理法学理论研究的基本遵循。加快建设社会治理法学学术体系、学科体系、话语体系(以下简称"三大体系"),对于加快社会治理法学理论体系、学科体系、教材体系、课程体系建设,构建社会治理复合型、创新型、能力型、涉外型"四型"卓越法治人才培养模式,助推国家与社会治理法治现代化的意义重大。社会治理法学研究须适应中国特色社会主义法学教育战略规划、服务国家与社会推进社会治理法治化重大需求,形成遵循理论研究规律,具有鲜明学科理论特色、实践面向,反映社会治理法学学科建设、人才培养的发展趋势,形成具有主体性原创性的社会治理法学知识体系,从而不断丰富和发展中国特色社会主义法治理论。

一、社会治理法学的兴起

(一)社会治理

　　法治是国家治理的基本形式,社会治理是国家治理的重要内容。[①] 所谓社会治理,是指权力机关、社会组织、公众基于一定的价值理念,通过政府主导、社会组织自治、政社合作共治、公众参与等途径对公共事务及社会事务进行协同管理的活动及过程,包括必要的公共权威、管理规则、治理机制和治理方式。[②]

　　1. 西方治理理论的兴起与争鸣。西方"治理"一词源于拉丁文和古希腊语,原意是指控制、引导和操纵。[③]1989 年世界银行在讨论非洲发展时首次提出了"治理危机"(crisis in

---

① 徐汉明、张新平:《提高社会治理法治化水平》,载《人民日报》2015 年 11 月 23 日,第 7 版。

② 俞可平:《全球治理引论》,载《马克思主义与现实》2002 年第 1 期。

③ 俞可平:《论国家治理现代化》,社会科学文献出版社 2014 年版,第 17 页。

governance）。其后，"治理"这一概念风行于西方学术界。20世纪90年代以来,西方学术界兴起了以"治理"为研究对象的热潮。这一思潮的兴起有复杂的历史背景和原因。概括起来包括：西方福利国家面临国内管理危机与应对国际社会的种种风险和挑战；市场配置资源机制在某些领域某些方面不同程度地呈现"市场失灵"现象；政府依靠等级机制管理导致机构效率低下并呈现"管理失灵"现象；大批社会组织快速成长加速社会分层,社会互动沟通协调机制成为社会治理领域的缺憾；经济全球化条件下的跨国经济组织、社会组织成为国际领域治理方式的短板；现代信息技术的快速发展既缩短了政府组织和公民之间的相对距离、扩大了社会组织与公民对信息知识的拥有量,又削弱了传统政府的优势地位,给政府管理服务的方式提出了新难题。[①] 所有这些,催生了治理理论的兴起、治理模式的构建和治理方式的转型,形成了不同的研究范式和多种学术流派。

（1）运用比较视角界定"治理"内涵。其代表人物是詹姆斯·N.罗西瑙（James N. Rosenau）。作为西方社会治理理论研究的先驱之一,罗西瑙的代表作有《没有政府统治的治理》和《21世纪的治理》。他通过比较研究"治理"范畴与"统治"范畴,将"治理"定义为一系列活动领域的管理机制。他认为,这种管理机制虽然未得到正式授权,但能有效地发挥作用。他首次区分了"统治"与"治理"的内涵。与"统治"不同,"治理"指的是一种由共同的目标支持的活动,这些管理活动的主体未必是政府,也无须依靠国家的强制力量来实现。换言之,与政府统治相比,治理的内涵更丰富,既包括政府机制,也包括非正式的、非政府的机制。[②]

（2）运用多视角界定"治理"内涵。其代表人物是罗茨（Rhodes）。他认为,"治理"意味着"统治"的含义有变化,意味着有序统治的条件已经不同于前,或以新的方法来统治社会。[③] 他从多种视角对"治理"作出不同定义：① 最小国家管理视角。最小国家管理的治理强调国家削减公共开支,以最小的成本取得最大的效益。② 公司管理视角。公司管理的治理强调指导、控制和监督企业运行的组织体制。③ 新公共管理视角。新公共管理的治理强调将市场的激励机制和私人部门的管理手段引入政府的公共服务。④ 善治视角。善治的治理强调效率、法治、责任的公共服务体系。⑤ 社会—控制体系视角。社会—控制体系的治理强调政府与民间、公共部门与私人部门之间的合作与互动。⑥ 自组织网络视角。自组织网络的治理强调建立信任与互利基础上的社会协调网络。[④]

（3）运用综合视角界定"治理"内涵。其代表人物是格里·斯托克（Cerry Stoker）。他将西方流行的治理理论综合概括为如下观点：① 治理主体包括一系列来自政府但又不限于政府的社会公共机构和行为者。② 治理界限和责任在为社会和经济问题寻求解决方案的过程中存在着模糊性。③ 治理路径依赖明确肯定地在涉及集体行为的各个社会公共机构

---

① 参见麻宝斌等：《公共治理理论与实践》,社会科学文献出版社2013年版,第3—4页。

② 参见［美］詹姆斯·N.罗西瑙主编：《没有政府的治理——世界政治中的秩序与变革》,张胜军等译,江西人民出版社2001年版,第5页。

③ 参见［英］罗伯特·罗茨：《新的治理》,载俞可平主编：《治理与善治》,社会科学文献出版社2000年版,第86—96页。

④ R. Rhodes, "The New Governance: Governing without Government", *Political Studies*, 44, 1996.

之间存在着权力依赖。④ 治理结构包括参与者最终将形成一个自主的网络。⑤ 治理意味着办好事情的能力并不限于政府的权力,不限于政府的发号施令或运用权威。①

（4）运用国际视角界定"治理"内涵。国际组织从国际社会视角对全球治理理论与实践进行系统研究。全球治理委员会在《我们的全球之家》的报告中对治理内涵作了明确界定,认为治理是各种公共的或私人的机构管理共同事务的诸多方式的总和,是使相互冲突的或不同的利益得以调和并且采取联合行动的持续过程,既包括迫使人们服从的正式制度和规则,也包括人们同意或认为符合其利益的非正式制度安排。其特征是:① 治理是一个过程;② 治理过程的基础是协调;③ 治理涉及公共部门和私人部门;④ 治理是持续互动。②

2. 西方治理理论的引入及学术争鸣。20 世纪 90 年代末 21 世纪初,我国学者开始关注及阐释西方治理理论。我国学者毛寿龙最早于 1998 年在《Governance:现代"治理"新概念》一文中将 Governance 译成"治道"。他认为,"治道"是关于治理公共事务的效能,是驾驭经济发展的能力;"治道"研究的是有关治理的模式,强调在市场经济条件下政府如何界定自己的角色、如何运用市场方法管理公共事务,并在此基础上提出"治道学"即有关"治道"的学问。③ 俞可平教授则于 1999 年最先将 Governance 译成"治理",并提出"善治"（Good Governance）的概念。他认为,"治理"是指在一个既定的范围内运用权威维持秩序,满足公众的需要。治理的目的是在各种不同的制度关系中运用权力去引导、控制和规范公民的各种活动,以最大限度地增进公共利益。政治学视域下的治理,是指政治管理的过程,它包括政治权威的规范基础、处理政治事务的方式和对公共资源的管理。与"统治"不同,"治理"是公共机构和私人机构的合作、政治国家与市民社会的合作、政府与非政府的合作、强制与自愿的合作。

（二）社会治理法治

1. 中国社会治理理论争鸣。我国学术界与实务界围绕社会治理的理论范式和分析框架,产生了不同的理论争鸣,已经形成了相对成熟的社会治理学派,概括起来包括以下几种。

（1）法治治理学派。法治治理学派的代表人物是张文显教授、汪永清教授、徐汉明教授、魏礼群教授、刘作翔教授等。张文显教授认为,法治与国家治理体系和治理能力有着内在的联系和外在的契合。法治是国家治理的基本方式。依法治国、依法执政、依法行政、严格执法和公正司法,决定了推进国家治理现代化在本体上和路径上就是推进国家治理法治化。他指出,现代法治为国家治理注入良法的基本价值,提供善治的创新机制,法治对于国

---

① 参见[英]格里·斯托克:《作为理论的治理:五个论点》,载俞可平主编:《治理与善治》,社会科学文献出版社 2000 年版,第 34—47 页。

② "The Commission on Global Governance", *Our Global Neighborhood: The Report of the Commission on Global Governance*, Oxford University Press, 1995, pp.2–3.

③ 毛寿龙、李梅、陈幽泓:《西方政府的治道变革》,中国人民大学出版社 1998 年版。

家治理现代化具有根本意义和决定作用;法治化是国家治理现代化的必由之路,治理体系法治化和治理能力法治化是国家治理法治化的两个基本面向;从法治国家转型升级为法治中国、从法律之治转型升级为良法善治、从法律大国转型升级为法治强国以及加快构建中国特色社会主义法治体系是法治现代化的主要内容。[①]汪永清教授提出了推进多层级多领域依法治理的理论,认为依法治理就是运用法治方式进行社会治理,其主要任务是深化基层组织和部门、行业依法治理,发挥社会规范在社会治理中的积极作用,深入开展多层次多形式的法治创建活动,发挥人民团体和社会组织在法治建设中的积极作用,深入推进社会治安综合治理;其基本要求是,坚持系统治理、依法治理、综合治理、源头治理,坚持人民主体地位,坚持运用法治思维和法治方式,坚持党委政府主导与调动社会积极性相结合,努力形成党政善治、社会共治、基层自治的良好局面。徐汉明教授提出了社会治理法治的概念,认为社会治理法治是指多元治理主体运用法治思维、法治方式,凭托国家良法("硬法")、行业规范、城市公约及乡规民约("软法")构成结构严密、科学规范、协调有序、运行高效的制度体系,以优化经济、政治、文化、社会、生态资源以及人文环境资源配置,有效预防和化解社会冲突与社会风险,使国家、政府与社会良性互动、合作共治、良法善治,实现经济社会发展的帕累托最优状态及其过程。[②]他认为,社会治理法是调整执政党、政府、社会组织以及社会公众等主体在组织领导、实施参与社会治理活动中所发生的各种社会关系的法律规范的总称。[③]魏礼群教授认为,中国特色社会主义法治社会建设具有六个重要特征,即人民性、普遍性、系统性、全面性、平等性、公正性;健全成熟的法治社会将是一个政治清明、民主法治、社会公正、充满活力、平安有序、和谐友善的社会;全社会对法律充满敬畏和信仰,宪法和法律得到有效实施和普遍遵从,社会生活法治化、规范化,全社会既生机勃勃又并然有序地运行,人民群众的合法权益获得切实尊重和保障,社会充满公平正义,形成法治社会人人有责、法治社会人人共享的生动局面。刘作翔教授指出,社会治理是国家治理体系和治理能力现代化的重要一环。社会治理应该走法治化的道路,这已经成为一种社会共识。[④]他将法治的基本要素和环节概括为"新法治十六字方针",即"科学立法、严格执法、公正司法、全民守法"。

　　(2)实践治理学派。实践治理学派的代表人物是李林教授、朱景文教授、钱弘道教授、徐勇教授等。李林教授认为依法治国与国家治理是相辅相成的。依法治国是推进国家治理

---

　　①　其代表作有:《法治与国家治理现代化》(载《中国法学》2014年第4期)、《良法善治:民主·法治与国家治理》(法律出版社2015年版)、《法治与法治国家》(法律出版社2011年版)、《习近平法治思想研究(中)——习近平法治思想的一般理论》(载《法制与社会发展》2016年第3期)。

　　②　参见徐汉明:《"习近平公共卫生与健康治理理论"的核心要义及时代价值》,载《法学》2020年第9期。

　　③　其代表作有:《推进国家与社会治理法治化》(载《法学》2014年第11期)、《现代社会治理法学学科建设若干问题研究》(载《学术界》2015年第12期)、《提高社会治理法治化水平》(载《人民日报》2015年11月23日)、《社会治理法治建设指标体系的设计、内容及其评估》(载《法学杂志》2016年第6期)。

　　④　刘作翔:《关于社会治理法治化的几点思考——"新法治十六字方针"对社会治理法治化的意义》,载《河北法学》2016年第5期。

现代化的重要内容和途径,核心是推进国家治理法治化。坚持和实行依法治国,应当根据推进国家治理现代化的改革总目标,完善法律体系,加强宪法和法律实施,推行法治建设指标体系,在加快建设法治中国进程中推进国家治理现代化。[①] 朱景文教授提出,法治治理体系与治理能力为法治效果奠定了制度基础,而制度的运转究竟如何,归根结底要看治理效果。中国法治评估指标体系的特点是法治评估的国际实践与中国经验的结合、国家法律体系与党内法规体系的结合、法治治理体系指标与治理能力指标的结合、法治体系指标与治理效果指标的结合。[②] 钱弘道教授提出了"法治实践学派"的概念,其将法治实践学派的内涵界定为:注重现实,强调实践,用实证方法研究中国法治问题。主张一切法律和法治措施都要由效果来检验,继承发扬实学传统和经世致用精神;学者与政府、社会各阶层应协同创新,共同推动中国法治发展,致力于探寻中国法治发展道路、创新中国法律制度、创新法治中国理论、弘扬法治精神;把解决全面推进依法治国的重大实践问题作为社会主体义不容辞的时代责任;倡导从实践角度论证法治发展规律,并用来指导法治中国的伟大实践。[③] 一批政治学、社会学、管理学学者也展开了对社会治理实践问题的研究。比如,社会学家李强教授指出,在市场改革和城镇化进程中,社区作为组成社会的基础,在空间结构、利益关系和治理架构等方面逐渐出现了一种碎片化的状态。针对不同利益群体诉求的体制机制、普惠能力等的缺失,以及传统管控方式的滞后等问题,他提出了政策导向回归社区本位、创新社区治理体制、激发社会活力、实现社会的深度整合等观点。[④] 政治学学者徐勇教授率先将乡村治理纳入县乡村三级组织结构中进行考察,为乡村治理研究与实践搭建起了中国本土化的平台。[⑤] 张铭教授则对乡村治理特点、模式、条件作了专门的论述。[⑥] 社会学者黄立敏通过对深圳宝安"村改居"社区治理案例的研究,建立了依托社会资本推进"村改居"社区治理模式的理论。[⑦] 有关城市社区治理问题研究,社会学者夏建中教授提出了城市社区治理结构模型[⑧]。孙

[①]　其代表作有:《依法治国与推进国家治理现代化》(载《法学研究》2014年第5期)、《习近平法治观八大要义》(载《人民论坛》2014年第33期)、《实施依法治国的特点和需要解决的问题》(载《法学》1998年第9期)。

[②]　参见朱景文:《中国法治评估报告2015》;朱景文:《论法治评估的类型化》,载《中国社会科学》2015年第7期。

[③]　参见钱弘道:《中国法治实践学派及其界定》,载《浙江大学学报(人文社会科学版)》2014年第5期;钱弘道、王朝霞:《论中国法治评估的转型》,载《中国社会科学》2015年第5期。

[④]　参见李强、葛天任:《社区的碎片化——Y市社区建设与城市社会治理的实证研究》,载《学术界》2013年第12期;李强、胡宝荣:《户籍制度改革与农民工市民化的路径》,载《社会学评论》2013年第1期;李强:《创新社会治理体制》,载《前线》2014年第1期。

[⑤]　参见王振海等:《农村社区制度化治理》,中国海洋大学出版社2005年版。

[⑥]　参见张铭:《乡土精英治理:当下农村基层社区治理的可行模式》,载《兰州大学学报(社会科学版)》2008年第1期。

[⑦]　参见黄立敏:《社会资本视阈下的"村改居"社区治理研究——以深圳市宝安区为例》,武汉大学出版社2013年版,第31页。

[⑧]　参见夏建中:《中国城市社区治理结构研究》,中国人民大学出版社2012年版。

柏瑛教授[①]、林尚立教授[②]依据社区治理主体的自主性及多元性,对城市社区自治和社区治理模式进行了研究。

（3）善治治理学派。善治治理学派的代表人物是俞可平教授、江必新教授、王利明教授等。俞可平教授认为治理是一种公共管理活动和过程,包括必要的公共权威、管理规则、治理机制和治理方式。他系统地提出了国家治理现代化,治理、善治和全球治理,善政与善治,善治与幸福,重构治理秩序,社会自治,和谐世界与全球治理,以及全球治理与中国的全球战略等理论体系。他强调政治的进步是最深刻的进步,不断地从统治走向治理是人类在全球化时代新的政治发展趋势,中国要走向社会现代化,必然要走向国家治理的现代化;善治就是使公共利益最大化的管理活动;一个国家要实现善治首先必须实现善政;治理改革的目标是民主、法治、公平、责任、透明、廉洁、高效、和谐。江必新教授认为,国家治理现代化包括国家治理体系现代化和治理能力现代化。他从经济治理、政治治理、社会治理、文化治理、生态治理、政党治理等多个领域,以及基层、地方、全国乃至区域与全球治理等多个层次构建国家治理体系,将其定义为党领导人民治国理政的制度体系,是经济、政治、文化、社会、生态文明和党的建设各个领域的体制、规则、机制、程序以及相关法律规范的总和。他指出,国家治理能力是运用国家制度治理国家和社会各方面事务的能力;[③]社会治理法治化是法治国家建设在社会治理领域的具体实践,我国从"统治""管理"到"治理"的变化,是一场涉及国家、社会、公民三者关系的思想革命。[④]他在系统研究国家治理现代化基础理论的基础上,提出了社会治理的实现路径,即加强领导、依靠人民、注重统筹、科学治理、强化立法、完善制度、注重研究、推进创新。[⑤]王利明教授指出,法治是以规则治理为主要特点的治理模式。他强调法治中的社会自治,认为法治社会要尊重社会自治,给社会自治预留充分空间;社会自治必然要求强化对私权的保护,社会自治要靠法治保障。[⑥]

（4）软法治理学派。软法治理学派的代表人物是罗豪才教授、姜明安教授、宋功德教授等。罗豪才教授认为,国家法治、社会法治都应是理性之治、规则之治。其规范可分为硬法与软法,从法治建设的模式可分为硬性治理与柔性治理,但更常见的是一种混合治理模式。与硬法比,软法更强调多元主体共同参与、平等协商,尊重各方意志表达;淡化多数决策机制,注重协商一致;淡化国家强制力实施,引入社会强制、激励、诱导等多种模式。他指出,软

---

① 参见孙柏瑛:《当代地方治理:面向21世纪的挑战》,中国人民大学出版社2004年版。

② 参见林尚立主编:《社区民主与治理:案例研究》,社会科学文献出版社2003年版。

③ 参见江必新等:《国家治理现代化——十八届三中全会〈决定〉重大问题研究》,中国法制出版社2014年版,第1页。

④ 参见江必新、罗英:《社会管理法治化三论》,载《理论与改革》2012年第1期;江必新:《从"管理"到"治理"的理念革命》,载《求是》2013年第23期;江必新:《推进国家治理体系和治理能力现代化》,载《光明日报》2013年11月15日,第1版。

⑤ 参见江必新等:《国家治理现代化——十八届三中全会〈决定〉重大问题研究》,中国法制出版社2014年版,第228—234页。

⑥ 参见王利明:《人民的福祉是最高的法律》,北京大学出版社2013年版。

法亦法,软法之治同样是法治中国建设的重要内容,是推进国家治理体系和治理能力现代化的重要手段。①姜明安教授认为,在国家治理领域,软法的主要形式包括公法的基本原则、宪法惯例、执政党党内法规、宪法法律中的宣示性倡导性条款、市民社会规则、司法判例、行政执法基准等。他指出,软法在国家治理现代化中的作用主要表现在规范执政党的行为,推进依法执政;规范国家公权力的行使,推进依法治国;规范行政行为,推进法治政府建设;规范公民社会行为,推进参与民主、协商民主;平衡改革、发展、创新与法治的关系,保障富强中国、民主中国和法治中国建设的协调统一等方面。宋功德教授认为,软法是一种本土性制度资源,是一种法律效力结构未必完整,须依靠国家强制力保障实施,但能够产生社会实效的法律规范。②

（5）协商治理学派。协商治理学派的代表人物是何增科教授、陈家刚研究员、何包钢教授等。何增科教授提出,应当从社会权利和社会治理两个方面理解社会管理体制,认为社会权利是社会管理的根本目标,社会治理是社会管理实现的基本机制。③陈家刚研究员认为,在竞争性民主基础上发展协商民主是实现治理现代化的战略选择。协商民主指的是自由平等的公民在一种由民主宪法规范的权力相互制约的政治共同体中,通过集体与个体的反思、对话、讨论、辩论等过程,形成合法决策的民主体制和治理形式。④他围绕民主与协商民主、治理与政府治理、社会治理、顶层设计、存量民主等问题提出了协商治理理论。何包钢教授认为,中国民主发展的战略选择应注重发展和完善协商民主,注重协商治理机制、过程和程序,并进一步提出通过协商民主来发展协商治理。

（6）合作治理学派。合作治理学派的代表人物有吴群刚、孙志祥、许义平、李慧凤等。吴群刚、孙志祥认为,治理强调社会组织和公众个人参与社会和社区的管理过程,发展政府、企业、社会组织及公民各主体间的多元参与、合作、协商和伙伴关系,建立政府主导,社会、企业、公众多元主体参与的现代城市基层管理体制。⑤许义平、李慧凤认为,社区合作治理是在现代社会建构社会生活共同体的必由之路。社区合作治理改变了国家管理的微观基础,重新思考了政府、市场与社会的关系,构建了国家与社会的新型关系模式。⑥

（7）参与全球治理学派。参与全球治理学派的主要代表人物有俞可平教授、王杰教授、

① 参见罗豪才:《贯彻四中全会精神推进软法之治》,载《行政管理改革》2014年第12期;罗豪才主编:《软法的理论与实践》,北京大学出版社2010年版;罗豪才等:《软法与协商民主》,北京大学出版社2007年版;罗豪才、宋功德:《软法亦法——公共治理呼唤软法之治》,法律出版社2009年版;罗豪才:《软法与公共治理》,北京大学出版社2006年版;罗豪才主编:《软法与治理评论》(第1辑),法律出版社2013年版;罗豪才:《为了权利与权力的平衡:法治中国建设与软法之治》,五洲传播出版社2016年版;罗豪才、毕洪海编:《软法的挑战》,商务印书馆2011年版。
② 参见罗豪才、宋功德:《认真对待软法——公域软法的一般理论及其中国实践》,载《中国法学》2006年第2期;罗豪才、宋功德:《软法亦法——公共治理呼唤软法之治》,法律出版社2009年版。
③ 何增科主编:《中国社会管理体制改革路线图》,国家行政学院出版社2009年版,第52页。
④ 参见陈家刚:《协商民主与国家治理:中国深化改革的新路向新解读》,中央编译出版社2014年版,第5—9页。
⑤ 吴群刚、孙志祥:《中国式社区管理:基层社会服务管理创新的探索与实践》,中国社会出版社2011年版,第22页。
⑥ 许义平、李慧凤:《社区合作治理实证研究》,中国社会出版社2009年版,第22页。

蔡拓教授等。俞可平教授在 2000 年出版的《治理与善治》一书中系统介绍了西方的治理理论；他在 2003 年出版的《全球化：全球治理》①一书中，首次对全球化兴起背景下的全球治理、全球治理下的全球政府、市民社会下的全球治理、区域治理等问题进行阐述，是我国较早研究全球治理的学者。黄进教授对习近平全球治理理论进行系统研究，认为构建人类命运共同体、走和平发展道路、构建以合作共赢为核心的新型国际关系、维护以联合国宪章宗旨和原则为核心的国际秩序和国际体系、推动国际秩序与全球治理体系朝着更加公正合理的方向发展、加强国际法治工作等深刻思想的有机结合、辩证统一，共同构成习近平全球治理与国际法治理论的丰富内容；指出这一思想体系在中国的国际影响力与日俱增、中国走上世界舞台中心的当下具有重大的理论价值和现实意义。② 张胜军等于 2001 年翻译的《没有政府的治理——世界政治中的秩序与变革》一书中，介绍了国际秩序及治理的蕴意、国际经济秩序的治理基础和政策趋同、国际制度的有效性、跨国惯行的管制、治理与民主化、变动中的全球秩序与公民权等，为国内学者参与全球治理提供了理论借鉴。此后，王杰教授从非政府组织及全球治理对于中国公共事务治理的借鉴意义的角度研究全球治理。③ 蔡拓教授提出以中国关注和研究全球治理的特殊视角，在国家层面和本国范围内认同并推动全球治理，包括把全球治理内化为本土的跨国合作、锁定于全球问题的治理、根植于本国市民社会的培育和基层民主的建设等。④

上述不同学派的理论争鸣贡献在于：法治治理学派的理论模型回答了国家和社会治理法治化的根本性质和基本途径，为推进国家和社会治理体系和治理能力现代化提供了基础性理论导引。实践治理学派的理论模型回答了在中国这样一个发展大国如何使国家和社会治理体系和治理能力现代化取得明显的效果，从理论上提供了考核评价的科学方法及分析工具。善治治理学派的理论模型回答了推进国家和社会治理体系和治理能力现代化的善治目标。软法治理学派的理论模型以新的视角回应了社会权利与国家权力平衡的基本途径，为开辟法治中国建设新视野提供了治理文化的优质基因。其他治理学派的理论模型从协商治理、合作治理和参与治理等层面回答了国家与社会治理方式的多样化，对于丰富和发展现代社会治理法治理论和实践具有重大现实意义。

2. 社会治理法治化。社会治理是政府和民间组织运用法律、法规、制度、政策等多种资源和手段，直接或间接对社会生活、社会事务、社会组织不同领域和各个环节进行规范、协调、组织、监管、控制的活动及其过程。其目标任务是为了满足社会成员生存和发展的基本需求，调节社会关系、规范社会行为、激发社会活力，化解社会矛盾、解决社会问题、促进社会公正、提高社会生活质量。其主要内容包括：一是促进社会自治；二是化解理性经济人与非

---

① 俞可平主编：《全球化：全球治理》，社会科学文献出版社 2003 年版。
② 黄进：《习近平全球治理与国际法治思想研究》，载《中国法学》2007 年第 5 期。
③ 王杰、张海滨、张志洲主编：《全球治理中的国际非政府组织》，北京大学出版社 2004 年版。
④ 蔡拓主编：《全球治理与中国公共事务管理的变革》，天津人民出版社 2005 年版；蔡拓：《全球治理的中国视角与实践》，载《中国社会科学》2004 年第 1 期。

理性社会人的矛盾;三是规范社会行为;四是监督和监测社会行为的社会效益。社会治理法治化是社会不同领域和各个环节的治理活动都严格依法进行,实现善治良政,以促进人的全面发展以及以人为核心的城乡一体化的过程。从这个意义上讲,社会治理法治化是针对以往社会治理领域的"人治"提出来的,是加强与创新社会治理的重要任务、重要途径与重要保障。

（1）法治化是社会管理创新的目标之一。现代社会建设作为整个社会系统中的一个子系统,与政治、经济、文化建设处于同一层面,因而必须使其具有符合自身发展规律的自治程度。具体表现在:第一,执政党作为治国理政领导者、组织者、推动者,其在领导和实施社会建设和管理过程中,必须坚持依宪执政与支持国家权力机关、政协、社会组织依法、依规、依章开展社会管理及自治活动,实现执政党领导社会治理法治化。第二,政府对社会的管理和服务不仅要求职权法定,在管理方式上科学民主,而且必须依法进行,通过自身职权配置及其程序优化推进社会管理与公共服务的均等化、规范化、制度化、法治化。第三,社会组织在自治活动中,一方面,必须依法依章开展自治活动,实现对自身自治事务与相关公共事务的自我管理、自我教育、自我服务、自我监督,同时积极参与社会建设,承担社会责任。另一方面,必须自觉接受政府管理、指导和监督,促进社会管理法治化。因此,加强和创新社会管理,法治化是其目标之一。

（2）法治化是社会安定有序的根本保障。现代社会中,法治已然成为最重要的社会治理形式,[①]法律秩序具有更为明确和务实的价值指引和社会担当、更为系统和组织化的制度安排和规范表达、更为理性和文明的意识支撑和思想承载。有序是社会主体参与社会治理形成良性互动、合作共治局面的前提,法治是保证社会主体有序参与社会治理的最重要手段和形式。

（三）社会治理法学的产生

国家治理理念更新和治理方式转型给社会治理法学的产生发展提供了客观物质生活条件;社会治理理论研究及实践经验的积累为社会治理法学的发展提供了充足理论滋养和智识支持。社会治理领域理论研究及实践探索积累了大量的成果,亟需进行归纳整理提升使之系统化理论化。人文社会科学学术体系、学科体系、话语体系构建及法学教育改革给社会治理法学新型交叉学科的创建与发展完善提出了急迫要求。

1. 构建社会治理法学是建设平安中国、法治中国的必然要求。全面推进依法治国,加快建设平安中国、法治中国,是新时代我国法治建设的主题和主线,是完善中国特色社会主义法治体系,发展和完善中国特色社会主义制度,推进国家和社会治理现代化的重大战略,是发展社会主义法治文明乃至政治文明的历史性任务。党的十八大以来,以习近平同志为核心的党中央要求,创新社会治理,改进社会治理方式,激发社会组织活力,创新有效预防化解社会矛盾体制,健全公共安全体系,必须着眼于维护最广大人民根本利益,最大限度增加

---

① ［美］罗斯科·庞德:《法律与道德》,陈林林译,中国政法大学出版社 2003 年版,第 37 页。

和谐因素,增强社会发展活力,提高社会治理法治化水平,全面推进平安中国建设。这给法学教育体制机制改革、法学新兴学科和交叉学科创建、社会治理法治主体性原创性知识体系构建都提出了急迫要求。

"立德树人,德法兼修,培养大批高素质法治人才",是包括社会治理法学学科在内的法学及人文社会科学学科建设发展的天职。改革开放以来,我国高等学校为国家培养党政人才、企业经营管理人才、专业技术人才、高技能人才、农村实用人才、社会工作人才以及法学专门人才。法学院校尤其是"五院四系"在培养法学人才方面发挥了中流砥柱的作用,但同加快建设社会主义法治体系,建设更高水平平安中国、法治中国要求比,法学教育仍存在诸多滞后现象:法学教育提供的专门人才与治国理政、治党治军、内政外交的精英人才中长期发展规划总规模要求,与基层社会治理法治化亟需人才及具有善于运用法治思维法治方式的战略企业家、职业经理人人才的客观需求,与具有创新能力的高素质专业技术人才、知识融通与保护服务结合的综合性人才急迫需求,与庞大法律服务人才及大数据时代涉外法律人才新需求等相比,都存在滞后性,并且呈现法学人才就业"虚假饱和""高分低能",提供治国理政建言"对策不对号"等诸多尴尬。究其原因是多方面的,这包括:首先,法学教育长期单纯以学科为导向,造成学科壁垒、院系壁垒、校校壁垒、校地壁垒,提供人才的目标定位为服务执法、司法、国家管理的精英人才,而忽视了以基层企业社会需求为导向,难免形成"供需虚假饱和"。其次,基层群众性自治组织达 60 多万个,工商企业超过 5000 万家,它们面临着日益繁重的基层社区治理、市场治理、金融风险乃至国际经营风险的防范化解,亟需超规模的社会治理法治人才。再次,社会治理法治实践成果颇丰,但未能及时创新性挖掘、理论性升华、学术性表达,知识体系存在若干短板。最后,社会治理法学未能作为独立的新兴交叉学科进高校、进教材、进课堂、进头脑,社会治理法治人才培养长期缺失,等等。

随着社会治理体系和治理能力现代化的加速推进,在创新社会治理过程中,既存在着社会治理理论与法治思维、法治方式的对接问题,又存在着对现行法学学科体系的审视与突破问题,需要社会治理法学予以有效回应和学科统揽。尤其是,新时代我国社会主要矛盾转化后,社会治理呈现出新的阶段性特征,社会治理法治建设尤为紧迫,亟需我国法学理论界、实务界和教育界对社会治理法治问题进行系统性、综合性、学科性研究,为社会治理创新提供系统化的理论指导。此外,法学各分支学科以及社会学、政治学、管理学、经济学等法学相邻学科,都需要在理论框架上进行系统梳理和整合。而构建社会治理法学学科体系、学术体系、话语体系"三大体系",正可有效地把各学科碎片化研究成果整合为思想关联、逻辑严谨的理论体系和学术体系。因此,设立社会治理法学学科,加强社会治理法学"三大体系"建设,形成主体性原创性知识体系,对于助力社会治理现代化,加快建设法治社会,全面建设社会主义现代化国家,无疑是迫切之举。

2. 构建社会治理法学是构建社会治理法学学术体系、学科体系的客观需要。社会治理法学的生命力在于其内生价值。这集中表现在:首先,社会治理法学是哲学人文社会科学

"三大体系"构建发展到一定历史阶段的必然产物,是作为法学新兴学科或交叉学科创建的具体体现。其主体性原创性知识体系的价值在于,对社会治理法的基础理论、制度安排、实施方式及其绩效评价等作出科学的理论概括与精准的学术表达,对中国特色社会主义治理道路、制度、文化、实践进行创新性总结、理论性升华、学术性表达,对中国数千年治理文明成果进行创新性挖掘,使之不仅成为法学教育改革的重大成果,而且成为中国特色社会治理法治主体性原创性理论的标志性成果。社会治理法学必须揭示该学科研究对象质的规定性、特征、范围、实现形式、历史类型、价值,必须研究和回答与宪法、行政法、民法、经济法、社会法等法学学科研究对象、范围的区别与联系;必须研究和回答与相邻人文社会科学如政治学、经济学、管理学、社会学、文化学的区别与联系。随着科学技术化、技术科学化、科学技术与人文社会科学日益紧密结合,需要关注数字经济时代大数据、云计算、区块链等工科前沿知识体系,并与之相结合,回答与网络社会治理、网络社会治理法治领域相关联的数字技术影响、约束及其应用,使知识体系呈现复合性、交叉性的特点。同时,须注重研究方法、材料、工具的客观性与效度性。社会治理法学既需遵循和运用法学与哲学人文社会科学常用的阶级分析及社会分层法、价值分析法、实证分析法,又需运用跨学科研究、大数据研究等方法,使该学科知识体系呈现丰富性、发展性之特征。唯有如此,才能凝练形成社会治理法学知识体系的命题、原理、学说、思想、理论、知识、学术等核心范畴,由此构成法理体系,既为法律提供理论支持,又为法治提供学理支撑。其次,社会治理法学始终坚持辩证唯物主义和历史唯物主义的观点、立场和方法,密切关注社会治理法治建设的进程,深刻剖析计划经济条件下形成的社会治理法律体系支离破碎的状态,从现有法律制度框架中梳理并提炼概括"基本公共服务法""社会自治法""政社合作共治法""社会矛盾预防化解法""公共安全保障法""突发事件应对法""社会治安综合治理法""网络社会治理法",为推进社会治理法治体系和法治能力现代化提供学理支撑与智力支持。最后,社会治理法学始终注重研究社会治理法实施的前沿问题,深度观察与总结基层社会治理如"枫桥经验"以及自治、法治、德治"三治"融合的治理范式、市域社会治理试点的运行状况,运用社会治理法实施评价体系和考评标准监测检验社会治理法实施状态,为打造共建共治共享的社会治理格局提供"观察仪""校正器"和实践模本。

3. 构建社会治理法学是构建社会主义法治话语体系、传播体系的现实选择。法治话语体系是由诸多关于法和法治的理论、理念和实践经验等组成的思想体系,它以民族语言的形式集中表达了一个民族、一个国家和一个时代关于法律精神和法治理念的理解。① 直面当今全球国际政治格局"百年未有之大变局",中国作为新兴市场国家的代表,以自力更生、奋发图强的精神实现了由"站起来""富起来"向"强起来"的跨越,正在步入世界舞台的中央,需要打破长期以来以西方发展道路、模式、理论、实践形成的一统天下的话语传播体系,构建包括社会治理法学等在内的法治话语体系及其传播体系,在国内法治国际适用的竞争博弈

① 张文显:《关于构建中国特色法学体系的几个问题》,载《中国大学教学》2017年第5期。

与合作中展示中国特色社会主义事业的宏图伟业,诠释传播中国化时代化社会主义制度之优势、法治体系及治理体系之运行效能,为世界上那些既希望加快自身发展,又希望保持民族独立性、实现国泰民安的发展中国家提供治理文明新形态,展示国家治理与社会治理"东方模式"之魅力。

中国治理文明新形态之内涵十分丰富,包括:具有中国特色社会主义治理道路、制度、文化、理论实践是中国特色社会主义的重要组成部分;社会治理体系和治理能力现代化是国家治理体系和治理能力现代化的重要维度;提高社会治理社会化、法治化、智能化、专业化"四化"水平,是习近平法治思想的核心要义,是 21 世纪马克思主义中国化时代化的伟大成果;推进社会治理体制改革、加强创新社会治理,完善党委领导、政府负责、民主协商、社会协同、公众参与、法治保障、科技支撑的社会治理体系,建设人人有责、人人尽责、人人享有的社会治理共同体,在"五位一体"总体布局、"四个全面"战略布局中具有独特的地位和作用。中国共产党在领导全体人民进行革命、建设、改革、新时代新征程的百年奋斗中,始终把为人民谋幸福作为不变的初心,始终把保持社会平安稳定作为治国理政的重大任务,在不同历史时期作出一系列重大决策部署、采取一系列有力措施,取得了彪炳千秋的成就。步入新时代,以习近平同志为核心的党中央明确提出加强和创新社会治理、提升社会治理现代化水平,努力建设更高水平平安中国,深刻指明建设更高水平平安中国的重大意义、总体要求、根本目的、发展方向、基本路径和工作重心,全面阐明平安中国建设中具有全局性、战略性、基础性的重大理论和实践问题,标志着党对平安中国建设的规律性认识实现新飞跃,引领新时代推进社会治理体系和治理能力现代化,平安中国建设不断开辟新境界。中国共产党领导人民仅用几十年时间就走完发达国家几百年走过的工业化历程,创造了经济快速发展和社会长期稳定两大奇迹;党始终着眼于国家长治久安、人民安居乐业,实现了由社会"管控""管理"向"治理"的跨越,把创新社会治理、提高社会治理现代化水平、建设更高水平平安中国置于中国特色社会主义事业中统筹谋划,社会治理体制机制逐步完善,区域市域基层社会治理现代化水平不断提升,社会风险防控整体水平稳步提高,社会治理领域法律法规制度不断健全,共建共治共享工作格局初步形成,影响国家安全和社会稳定的突出问题得到有效解决,社会治理"四化"水平大幅度提升,人民群众获得感、幸福感、安全感更加充实、更有保障、更可持续。① 国际社会普遍认为中国是世界上最安全的国家之一,平安已经成为中国的一张靓丽名片,国家、政府、社会合作共治,推进以人为核心的现代化治理文明新形态为人类社会提供了全新选择。

构建包括社会治理法学、社会治理法治在内的法治话语体系、传播体系任务艰巨急迫。首先,包括社会治理法学在内的法学各分支学科,既需要吸取新中国成立初期全盘接受"苏式"法治理论之中以"专政"为核心话语体系的教训;又要深刻反思法学恢复重建阶段几乎不加辨别地求助于西方法学话语体系,成为西方法学"搬运工"的突出问题。其次,需以贯

---

① 《〈中共中央关于党的百年奋斗重大成就和历史经验的决议〉辅导读本》,人民出版社 2021 年版,第 105—110 页。

通历史、现在、未来的时代视角、世界眼光、大国风范,对中国特色社会主义治理道路、制度、文化、理论、实践进行创新性总结,对中国五千年治理文化的优质基因进行创新性挖掘,对人类社会治理文明成果坚持以我为主、突出特色,创新性挖掘转化,防止简单"克隆",使之成为中国特色社会主义法治话语体系、传播体系不可或缺的资源。再次,构建并形成具有强大传播力、比拼力、影响力、认同力的法治话语体系之目的在于,让国际社会读懂人类治理文明新形态——平安中国、法治中国的要义;观察比较领悟凝结着法治的中国经验;精准把握饱含着法治中国元素的科学内涵;让良法善治的中国精神在人类法治文明园地中光彩夺目。最后,要创新方式方法,坚持协同创新、开放合作,搭建交流合作互惠的国际平台,在统筹国际法治与国内法治两个大局中丰富发展中国特色社会主义法治理论体系和话语体系;在国际法治规则制定、话语权表达、国内法的国际适用等各个竞争博弈与合作共享中展示中国特色社会主义法治体系的制度优势,在参与国际政治治理、经济治理、金融治理、网络治理事务中,不断提升我国法治话语体系、传播体系的软实力。唯有如此,才能打破西方法治话语体系"一家独大"与"长期支配"的局面,有效消解西方法治中心主义的影响,牢牢把握意识形态领域法治话语主导权引领权,进而使中国法治话语体系的影响力与大国和平崛起的实力地位相匹配。

二、习近平社会治理法治理论的根本指导地位

党的二十大报告提出"在法治轨道上全面建设社会主义现代化国家","以中国式现代化全面推进中华民族伟大复兴"。[①] 中国式现代化是贯穿党的二十大报告全篇的关键词,其内涵极为丰富,构成了习近平新时代中国特色社会主义思想的重要组成部分。以中国式现代化全面建设社会主义现代化国家,实现中华民族伟大复兴,内在地合乎逻辑地包含着中国式社会治理现代化。中国式现代化的总目标是到本世纪中叶全面建成社会主义现代化强国,不仅包括经济发展、政治清明、文化昌盛、生态良好,而且包括以社会建设、社会公正、社会和谐为主要内容的社会文明。这意味着推进中国式社会治理现代化,为全面建成社会主义现代化强国提供社会公正、国泰民安的社会环境,既是重要任务,也是重要保障。回顾党开创中国式现代化道路百年奋斗的伟大征程,党始终把为人民谋幸福作为不变的初心,始终把人民当家作主、激发社会发展活力、保障人民权益、维护社会公平正义、保持社会稳定作为立党立国、治国理政的重大任务。其经历了党领导亿万人民在新民主主义革命时期开探、社会主义革命和建设时期开辟、全面改革开放新时期开拓、新时代开创中国式社会治理现代化新道路的赓续发展,取得了历史性成就,发生了历史性变革,实现了由站起来、富起来到强起来的伟大跨越,创造经济快速发展奇迹、社会长期稳定奇迹、人类减贫史上的奇迹等。

① 习近平:《高举中国特色社会主义伟大旗帜　为全面建设社会主义现代化国家而团结奋斗——在中国共产党第二十次全国代表大会上的报告(2022年10月16日)》,人民出版社2022年版,第40、21页。

（一）习近平社会治理法治理论形成发展的时代背景

作为习近平新时代中国特色社会主义思想的重要组成部分，习近平社会治理法治理论萌发和孕育于改革开放和社会主义现代化建设新时期，形成和发展于坚持和发展中国特色社会主义新时代，深化和拓展于全面建设社会主义现代化国家、实现中华民族伟大复兴新征程。这构成了习近平社会治理法治理论形成和发展的时代背景。

改革开放是决定当代中国前途命运的关键一招。①党领导亿万人民适应经济全球化发展与国际风云变幻的新形势，制定"三步走"的发展战略，进行经济、政治、文化、社会等领域的改革，极大地调动了人民群众的积极性，激发了社会发展活力，解放和发展了社会生产力，开启社会主义现代化建设新时期。中国以"国之大者"的气魄于20世纪80年代初恢复了在世界银行、国际货币基金组织等国际金融组织中的合法席位，于20世纪90年代初加入了相关国际互联网组织，于21世纪初加入了世界贸易组织，实现了从封闭半封闭向全方位开放的历史性转变，完成了由站起来向富起来的伟大跨越，大踏步地追赶上了经济全球化的时代步伐。随着市场经济体制改革的深入推进，社会变迁呈现出社会结构深刻变动、社会分层加速演化、利益格局深刻调整、思想观念日益多元的状态，社会风险与挑战的复杂性、易变性、不确定性逐渐增强。具言之，传统安全与非传统安全交错互织，国际风险国内化趋势明显，应对防范处置的难度增大，维护国家安全、人民安居乐业、社会安定有序的任务繁重；人民内部矛盾凸显、群体性突发事件增多、刑事犯罪高发，成为影响公民权益保障、社会公平正义、社会和谐稳定、国家长治久安的突出问题，其波及效应直接或间接地冲击着经济社会持续健康发展，不同程度地阻碍了中国式现代化的发展进程。更高层次统筹谋划、更高效能综合治理、更优构建和谐秩序、更好营造安全环境被急迫地提上了改革发展稳定、治党治国治军、内政外交国防、建设平安中国和法治中国的重要议程。剖析经济社会转型时期诸多矛盾同时并发的根源不难发现，其既是我国社会主义初级阶段生产力发展不平衡、不充分、不协调与人民群众对民主、法治、公平、正义、安全、环境的美好生活新需求新期待不适应的综合反映，也与社会急剧转型条件下人们的思想僵化、观念陈旧相关联，还是传统社会管理体制运行惯性在改革开放条件下新旧体制转换过程中相互摩擦碰撞现象的折射反映。而其深层次的原因则是：未能有效破解传统社会管理体制性障碍、机制性困扰、保障性束缚，社会领域改革步入"深水区"；社会建设滞后，与社会管理体制相关的综合配套改革未能及时跟上；国家安全、网络安全、电子商务、个人信息保护、大数据安全等国家与社会领域的重点立法缺位；政府公职人员、执法与司法人员运用法治思维和法治方式深化改革、推动发展、化解矛盾、维护稳定、防范风险的意识淡薄、能力不强，等等。

党的十一届三中全会以后，以邓小平同志为主要代表的中国共产党人深刻认识到只有实行改革开放才是唯一出路，作出了彻底否定"文化大革命"的重大决策，果断结束以阶级斗争为纲，实现了党和国家工作重心战略转移，开启了改革开放和社会主义建设新时期；党

---

① 习近平：《在庆祝中国共产党成立100周年大会上的讲话（2021年7月1日）》，人民出版社2021年版，第6页。

深刻总结新中国成立以来正反两个方面的经验,围绕什么是社会主义、怎样建设社会主义这一根本问题,借鉴世界社会主义历史经验,创立了邓小平理论。这一理论深刻揭示社会主义本质,确立社会主义初级阶段基本路线,科学回答了建设中国特色社会主义的一系列基本问题,制定了到 21 世纪中叶分三步走、基本实现社会主义现代化的发展战略,成功开创了中国特色社会主义。围绕开拓中国式社会治理现代化道路,中共中央、国务院先后作出《关于打击经济领域中严重犯罪活动的决定》《关于严厉打击刑事犯罪活动的决定》,提出依法严厉惩治和预防犯罪活动,维护社会和谐稳定,为改革开放提供安定社会环境。邓小平提出必须"做到有法可依,有法必依,执法必严,违法必究","为了保障人民民主,必须加强法制。必须使民主制度化、法律化";① 指出"中国的问题,压倒一切的是需要稳定。没有稳定的环境,什么都搞不成,已经取得的成果也会失掉"②,形成了邓小平理论中关于改革、发展、稳定的系列观点。

　　党的十三届四中全会以后,以江泽民同志为主要代表的中国共产党人提出"三个代表"重要思想,成功把中国特色社会主义推向 21 世纪。围绕开拓中国式社会治理现代化道路,党的十四届三中全会作出《中共中央关于建立社会主义市场经济体制若干问题的决定》,首次提出转变政府职能,改革政府机构,调节社会分配和组织社会保障。党的十五大首次提出发展民主必须同健全法制紧密结合,实行依法治国。党的十六大提出,要完善政府经济调节、市场监管、社会治理、公共服务职能,改进管理方式,保持良好社会秩序。中共中央、国务院于 1991 年作出《关于加强社会治安综合治理的决定》,提出运用政治的、经济的、行政的、法律的、文化的、教育的等多种手段,整治社会治安,打击犯罪和预防犯罪,保障社会稳定,为社会主义现代化建设和改革开放创造良好的社会环境;于 2001 年作出《关于进一步加强社会治安综合治理的意见》,提出必须坚定不移地贯彻党在社会主义初级阶段的基本路线,正确处理改革、发展、稳定的关系,始终保持安定团结的社会政治局面。江泽民提出了"坚持党的领导、人民当家作主和依法治国有机结合和辩证统一""坚持依法治国和以德治国相结合""依法治国是党领导人民治理国家的基本方略""正确处理改革、发展和稳定的关系""坚持打防结合,预防为主,对社会治安实行综合治理",形成了"三个代表"重要思想中实行依法治国方略、始终保持安定团结社会政治局面等系列观点。③

　　党的十六大以后,以胡锦涛同志为主要代表的中国共产党人在全面建设小康社会进程中推进实践创新、理论创新、制度创新,形成了科学发展观,成功在新形势下坚持和发展了中国特色社会主义。围绕开拓中国式社会化治理现代化道路,党的十六届六中全会作出《中共中央关于构建社会主义和谐社会若干重大问题的决定》,首次提出和谐社会的总要求是民

---

　　① 邓小平:《邓小平文选》第 2 卷,人民出版社 1994 年版,第 146、147 页。

　　② 邓小平:《邓小平文选》第 3 卷,人民出版社 1993 年版,第 284 页。

　　③ 中共中央文献研究室编:《江泽民论有中国特色社会主义(专题摘编)》,中央文献出版社 2002 年版,第 304、337、326、210、225 页。

主法治、公平正义、诚信友爱、充满活力、安定有序、人与自然和谐相处；作出了推动社会建设与经济建设、政治建设、文化建设"四位一体"协调发展的总体布局。党的十七大《报告》提出"坚持党的领导、人民当家作主、依法治国有机统一"，坚持经济、政治、文化、社会建设"四位一体"的基本目标，首次提出"社会管理体系更加健全"。中共中央、国务院于 2011 年作出《关于加强和创新社会管理的意见》，提出建设中国特色社会主义社会管理体系，确保社会既充满活力又和谐稳定；将"创新社会管理体制"纳入《中华人民共和国国民经济和社会发展第十二个规划纲要》。党的十八大《报告》[①]首次提出"全面推进依法治国"，法治是治国理政的基本方式，更加注重发挥法治在国家治理和社会管理中的重要作用。胡锦涛提出了"社会和谐是中国特色社会主义的本质属性"[②]"依法治国首先要依宪治国，依法执政首先要依宪执政"[③]"加强社会建设，必须加快推进社会体制改革"[④]"要围绕构建中国特色社会主义社会管理体系，加快形成党委领导、政府负责、社会协同、公众参与、法治保障的社会管理体制，加快形成政府主导、覆盖城乡、可持续的基本公共服务体系，加快形成政社分开、权责明确、依法自治的现代社会组织体制，加快形成源头治理、动态管理、应急处置相结合的社会管理机制"[⑤]"提高领导干部运用法治思维和法治方式深化改革、推动发展、化解矛盾、维护稳定能力"[⑥]，形成了科学发展观中全面推进依法治国、建设和谐社会、构建中国特色社会主义管理体系等系列观点。

党的十八大以来，中国特色社会主义进入新时代。以习近平同志为核心的党中央统筹中华民族伟大复兴战略全局和百年未有之大变局，坚持把马克思主义基本原理同中国具体实际相结合、同中华优秀传统文化相结合，提出新时代我国社会主要矛盾是人民日益增长的美好生活需要和不平衡不充分的发展之间的矛盾，必须坚持以人民为中心的发展思想，发展全过程人民民主，推动人的全面发展、全体人民共同富裕取得更为明显的实质性进展；统筹推进"五位一体"总体布局，协调推进"四个全面"战略布局；科学回答了新时代坚持和发展什么样的中国特色社会主义、怎样坚持和发展中国特色社会主义，建设什么样的社会主义现代化强国、怎样建设社会主义现代化国家，出台一系列重大方针政策，推出一系列重大举措，推进一系列重大工作，战胜一系列重大风险挑战，解决了许多长期想解决而没有解决的难题，办成了许多过去想办而没有办成的大事，推动党和国家事业取得历史性成就、发生历史性变革[⑦]，创立了习近平新时代中国特色社会主义思想。围绕开创中国式社会治理现代化新道路，党的十八届三中全会通过的《中共中央关于全面深化改革若干重大问题的

---

①　全称为《坚定不移沿着中国特色社会主义道路前进　为全面建成小康社会而奋斗》。

②　《胡锦涛文选》第 2 卷，人民出版社 2016 年版，第 539 页。

③　《胡锦涛文选》第 2 卷，人民出版社 2016 年版，第 232 页。

④　《胡锦涛文选》第 3 卷，人民出版社 2016 年版，第 640 页。

⑤　《胡锦涛文选》第 3 卷，人民出版社 2016 年版，第 640—641 页。

⑥　《胡锦涛文选》第 3 卷，人民出版社 2016 年版，第 635 页。

⑦　《中共中央关于党的百年奋斗重大成就和历史经验的决议》，人民出版社 2021 年版，第 27 页。

决定》(以下简称"党的十八届三中全会《决定》")首次提出"社会治理"重大命题,要求创新社会治理体制,改进社会治理方式,激发社会组织活力,创新有效预防和化解社会矛盾体制,健全公共安全体系。党的十八届四中全会通过的《中共中央关于全面推进依法治国若干重大问题的决定》(以下简称"党的十八届四中全会《决定》")提出建设中国特色社会主义法治体系,建设社会主义法治国家,推动全社会树立法治意识,推进多层次多领域依法治理,建设完备的法律服务体系,健全依法维权和化解纠纷机制,增强全民法治观念,推进社会建设。党的十八届五中全会通过的《中共中央关于制定国民经济和社会发展第十三个五年规划的建议》,首次提出推进社会治理精细化,构建全民共建共享的社会治理格局;要求加强和创新社会治理,建设平安中国,完善党委领导、政府主导、社会协同、公众参与、法治保障的社会治理体制。党的十九大《报告》①要求,健全公共安全体系,加快社会治安防控体系建设,加强社会心理服务体系建设,加强社区治理体系建设,加强社会治理制度建设,加强预防和化解社会矛盾机制建设,提高社会治理社会化、法治化、智能化、专业化水平,打造共建共治共享的社会治理格局。党的十九届三中全会通过的《中共中央关于深化党和国家机构改革的决定》(以下简称"党的十九届三中全会《决定》")提出形成总揽全局、协调各方的党的领导体系,职责明确、依法行政的政府治理体系,推动人大、政府、政协、监察机关、审判机关、检察机关、人民团体、企事业单位、社会组织等在党的统一领导下协调行动、增强合力,全面提高国家治理能力和治理水平。党的十九届四中全会通过的《关于坚持和完善中国特色社会主义制度　推进国家治理体系和治理能力现代化若干重大问题的决定》(以下简称"党的十九届四中全会《决定》")提出社会治理是国家治理的重要方面,要求坚持和完善共建共治共享的社会治理制度,保持社会稳定、维护国家安全。党的十九届六中全会通过的《中共中央关于党的百年奋斗重大成就和历史经验的决议》(以下简称"党的十九届六中全会《决议》"),围绕开创中国特色社会主义新时代取得的显著成就,要求在幼有所育、学有所教、劳有所得、病有所医、老有所养、住有所居、弱有所扶上持续用力,加强和创新社会治理,使人民获得感、幸福感、安全感更加充实、更有保障、更可持续。党的十八大以来,社会建设全面加强,人民生活全方位改善,社会治理社会化、法治化、智能化、专业化水平大幅度提升,发展了人民安居乐业、社会安定有序的良好局面。中国共产党领导亿万人民独立自主、坚定自信,创造了经济快速发展、社会长期稳定两大奇迹,创造了人类文明新形态。与此同时,中共中央、国务院适时作出《法治中国建设规划(2020—2025年)》《法治政府建设实施纲要(2021—2025年)》《法治社会建设实施纲要(2020—2025年)》,聚焦党中央关注、人民群众反映强烈的突出问题和法治建设薄弱环节,着眼推进国家治理体系和治理能力现代化,固根基、扬优势、补短板、强弱项,切实增强法治中国建设的时代性、针对性、实效性;健全突发事件应对体系,依法预防处置重大突发事件;健全社会矛盾纠纷行政预防调处化解体系,不断促进社会公平正义;健全社会领域制度规范;加强权利保护;推进社会治理

---

① 全称为《决胜全面建成小康社会　夺取新时代中国特色社会主义伟大胜利》。

法治化;培育全社会办事依法、遇事找法、解决问题用法、化解矛盾靠法的法治环境;促进社会充满活力又和谐有序。中共中央、国务院还专门出台《关于加强基层治理体系和治理能力现代化建设的意见》,要求完善党全面领导基层治理制度、加强基层政权治理能力建设、健全基层群众自治制度、推进基层法治和德治建设、加强基层智慧治理能力建设。围绕开创中国式社会治理现代化的新道路,习近平提出一系列新命题、新理念、新观点、新思想、新战略、新举措,深刻指明了创新社会治理、提高社会治理法治化水平、建设更高水平平安中国的重大意义、根本目的、发展方向、总体要求、实施路径。这标志着党对实现社会公正、推进社会治理体系和能力现代化、建设更高水平平安中国、开创中国式社会治理现代化道路的规律性认识实现了新飞跃,形成了结构严密、体系完备、内容丰富、具有成熟哲学方法与鲜明实践面向的理论体系,堪称"习近平社会治理法治理论"。这一理论体系丰富发展了习近平新时代中国特色社会主义思想特别是习近平法治思想。新时代新征程,以中国式社会治理现代化保障在法治轨道上全面建设社会主义现代化国家,持续创造社会长期稳定的新奇迹,必须始终坚持习近平社会治理法治理论的根本指导地位。国家公职人员、执法司法人员必须自觉践行习近平社会治理法治理论,做到真学真懂真信真用;理论工作者必须系统把握这一理论体系的品质特征及其核心要义,全面准确诠释和传播其科学价值,引领学术研究。与此同时,必须以此引领社会,夯实社会治理根基,拓宽社会成员参与社会治理的渠道和途径;倡导全社会弘扬劳动精神、奋斗精神、奉献精神、创造精神、勤俭节约精神,着力打造共建共治共享社会治理格局,努力建设人人有责、人人尽责、人人享有的社会治理共同体。

(二)习近平社会治理法治理论的核心要义

中国式现代化的战略目标镌刻着党为人民谋幸福、为民族谋复兴、为世界谋大同、为人类谋进步的百年光辉历程,指向 21 世纪中叶全面建设社会主义现代化国家,并以"中国之治"的伟业丰碑屹立于世界民族之林,其统一于经济发展、政治清明、文化昌盛、生态良好之中,以民生福祉建设、实现社会公正、增强社会发展活力、人民安居乐业、社会安定有序、更高水平平安中国为丰富内容与时代特征的社会文明,内嵌于中国式现代化"五位一体"总体布局之中,构成了习近平社会治理法治理论的核心命题。在百年未有之大变局与中华民族伟大复兴不可逆转之势交汇叠加期,习近平社会治理法治理论从独特世情国情党情社情民情出发,以中国式社会治理现代化保障和服务全面建设社会主义现代化国家,是对党领导亿万人民开探、开辟、开拓、开创中国式社会治理现代化新道路百年奋斗历程的创新性总结,是马克思主义中国化时代化治理理论的新飞跃,为那些既希望加速实现现代化,又希望保持民族独立性、国家长治久安的大多数发展中国家提供了全新选择,意义重大而深远。

习近平社会治理法治理论的形成和发展集历史逻辑、制度逻辑、理论逻辑、时代逻辑于一体,具有丰富的科学内涵。其核心要义可概括为以下十四个方面。

1. **根本保证论:坚持党对社会治理的全面领导。**"党的领导是中国特色社会主义最本质的特征,是中国特色社会主义制度的最大优势,是社会主义法治最根本的保证。"[1] 习近平指出,"坚持党的领导,……是党和国家的根本所在、命脉所在,是全国各族人民的利益所系、幸福所系"[2];强调坚持党的领导,提高基层治理水平;推动社会治理重心下移,构建党组织领导的共建共治共享的城乡基层治理格局;依托基层群众自治制度,依靠基层党组织的加强和延伸、创新,发挥党总揽全局、协调各方的领导核心作用,使党的领导贯穿到基层重大事务民主决策和基层事务日常管理等各领域各方面各环节;加强基层党组织和政权建设;建立健全党委领导、政府负责、社会协同、公众参与、法治保障的现代乡村社会治理体制。开创中国式社会治理现代化新道路必须始终坚持党的领导。在中国广袤大地上,面对不同地域和不同领域,为什么我国能保持长期稳定?根本的一条就是我们始终坚持共产党领导。[3] 这是中国特色社会主义最本质的特征、社会主义法治和平安建设最根本的保证。我国最大的优势是党的领导和社会主义制度,必须善于运用这些优势,把党的领导贯穿到社会治理各方面各环节全过程,在党的领导下完善多元主体分工合作的社会治理体制,打造共建共治共享的社会治理格局,建设人人有责、人人尽责、人人享有的社会治理共同体,将社会治理优势转化为社会治理效能,使社会既充满活力又安定有序。

2. 根本宗旨论:坚持人民主体地位,以人民为中心,为了人民,依靠人民。推进社会治理现代化必须始终坚持人民主体地位。中国式社会治理现代化科学回答了为了谁、依靠谁这一根本宗旨问题。习近平指出,我们国家的名称,我们各级国家机关的名称,都冠以"人民"的称号,这是我国社会主义国家政权的基本定位。我国国家制度深深植根于人民之中,能够有效体现人民意志、保障人民权益、激发人民创造力;[4] 强调必须"坚持以人民为中心的发展思想,抓住人民最关心最直接最现实的利益问题,不断保障和改善民生,促进社会公平正义……让发展成果更多更公平惠及全体人民,不断促进人的全面发展,朝着实现全体人民共同富裕不断迈进";[5] 谆谆告诫党政领导、公职人员必须深刻认识人民群众是历史发展和社会进步的主体力量,紧紧依靠人民创造历史伟业,必须坚持一切为了人民、一切依靠人民,始终把人民安全放在最重要的位置,充分发挥广大人民群众积极性主动性创造性,汇聚起维护国家安全和社会稳定的强大力量。人民对美好生活的向往随着时代发展和社会进步更加强烈,对民主、法治、公平、正义、安全、环境等方面的要求也不断增长,必须始终坚持以人民为中心的思想不动摇,想人民之所想,从解决人民"急难愁盼"最关切的问题入手,维护人民最

① 中共中央宣传部、中央全面依法治国委员会办公室:《习近平法治思想学习纲要》,人民出版社、学习出版社 2021 年版,第 13 页。

② 中共中央宣传部、中央全面依法治国委员会办公室:《习近平法治思想学习纲要》,人民出版社、学习出版社 2021 年版,第 14 页。

③ 中共中央宣传部、中央全面依法治国委员会办公室:《习近平法治思想学习纲要》,人民出版社、学习出版社 2021 年版,第 13 页。

④ 《习近平法治思想学习纲要》,人民出版社、学习出版社 2021 年版,第 28 页。

⑤ 习近平:《在纪念马克思诞辰 200 周年大会上的讲话(2018 年 5 月 4 日)》,载《人民日报》2018 年 5 月 5 日,第 2 版。

直接最现实的利益,不断增强人民群众的获得感、幸福感、安全感。

3. 工作布局论:统筹推进社会体制改革与建设法治社会。以习近平同志为核心的党中央在坚持中国特色社会主义法治道路中,始终把推进社会治理现代化、建设平安中国置于改革与法治"双轮驱动"战略,指出法治社会是构筑法治国家的基础,国家安全是民族复兴的根基,社会稳定是国家强盛的前提。① 在目标任务方面,提出必须紧紧围绕更好保障和改善民生、促进社会公平正义,深化社会体制改革,改革收入分配制度,促进共同富裕,推进社会领域制度创新,推进基本公共服务均等化,加快形成科学有效的社会治理体制,确保社会既充满活力又和谐有序。② 其出发点和落脚点是实现社会公正,加快发展和谐社会,形成政府治理和社会自我调节、居民自治良性互动。在基本原则方面,明确全面深化改革必须加强和改善党的领导,充分发挥党总揽全局、协调各方的领导核心作用,确保改革取得成功③;鼓励社会各方参与;坚持依法治国与以德治国相结合,推进国家治理和社会治理体系现代化、建设法治社会都需要法律和道德共同发挥作用。在实施方式方面,坚持系统治理、依法治理、综合治理、源头治理④;推动全社会树立法治意识,牢固树立有权利就有义务的观念;善于运用法治思维和法治方式"强化道德约束,规范社会行为,调节利益关系,协调社会关系,解决社会问题"⑤;深化基层、行业依法治理,发挥社会规范在社会治理中的积极作用;健全依法维权和化解纠纷机制;限期实现行业协会商会与行政机关真正脱钩,重点培育和优先发展行业协会商会类、科技类、公益慈善类、城乡社区服务类社会组织,激发社会组织活力⑥;健全涵盖食品药品安全、安全生产、社会治安防控等在内的公共安全体系;加大依法管理网络力度,完善国家安全体制和国家安全战略⑦。必须以新安全格局保障新发展格局,确保国家安全、人民安居乐业、社会安定有序、国家长治久安。

4. 治理格局论:建设人人有责、人人尽责、人人享有的社会治理共同体,打造共建共治共享社会治理格局。社会治理格局是社会治理秩序的一种结构性关系,它在实现社会治理目标与提升社会治理能力中发挥着基础性作用。⑧ 一方面,习近平从坚持在发展中保障和改善民生的维度,指出必须多谋民生之利、多解民生之忧,在发展中补齐民生短板、促进社会公平正义;在幼有所育、学有所教、劳有所得、病有所医、住有所居、弱有所扶上不断取得新进展,保证全体人民在共建共享发展中有更多获得感,不断促进人的全面发展、全体人民共同富裕。另一方面,治理格局论涉及政治、经济、文化、社会、生态、国内与国际各领域各方面,

---

① 习近平:《高举中国特色社会主义伟大旗帜 为全面建设社会主义现代化国家而团结奋斗——在中国共产党第二十次全国代表大会上的报告(2022年10月16日)》,人民出版社2022年版,第42、52页。

② 《中共中央关于全面深化改革若干重大问题的决定》,人民出版社2013年版,第4页。

③ 《中共中央关于全面深化改革若干重大问题的决定》,人民出版社2013年版,第57页。

④ 《中共中央关于全面深化改革若干重大问题的决定》,人民出版社2013年版,第49、50页。

⑤ 《中共中央关于全面深化改革若干重大问题的决定》,人民出版社2013年版,第49、50页。

⑥ 《中共中央关于全面深化改革若干重大问题的决定》,人民出版社2013年版,第50页。

⑦ 《中共中央关于全面深化改革若干重大问题的决定》,人民出版社2013年版,第51、52页。

⑧ 曾维和:《共建共享社会治理格局:理论创新、体系构筑、实践推进》,载《理论探索》2016年第3期。

涵盖新发展格局、重大风险防控、网络治理、食品监管、全媒体融合、城乡治理等社会治理各方面全过程。贯彻实施这一系列重要论述既需要秉持创新、协调、绿色、开放、共享的新发展理念，通过采取各种风险防控的精细化措施提高风险防范意识和能力，又需要完善党委领导、政府负责、民主协商、社会协同、公众参与、法治保障、科技支撑的社会治理体系，着力打造人人有责、人人尽责、人人享有的社会治理共同体。

5. 治理动力论：解放和增强社会活力，确保社会既生机勃勃又井然有序。习近平指出："社会治理是一门科学，管得太死，一潭死水不行；管得太松，波涛汹涌也不行。要讲究辩证法，处理好活力和秩序的关系，全面看待社会稳定形势，准确把握维护社会稳定工作，……"[1]他谆谆告诫执政者、公职人员、社会工作者，"不能简单依靠打压管控、硬性维稳，还要重视疏导化解、柔性维稳，注重动员组织社会力量共同参与，发动全社会一起来做好维护社会稳定工作"[2]。解放和增强社会活力，是全面深化改革的出发点，有助于更好地解放和发展社会生产力，让一切劳动、知识、技术、管理、资本的活力竞相迸发，让一切创造社会财富的源泉充分涌流，让发展成果更多更公平惠及全体人民。同时，必须发挥政府主导作用，做到有所为有所不为，发挥社会力量在管理社会事务中的作用，让社会各方面参与，形成合作共治、良性互动的局面。必须确保社会既生机勃勃又井然有序；必须从制度安排入手，尽量减少社会不公平现象，保障人民应有的权利；必须把社会公平正义和人民福祉作为衡量体制机制和政策规定的重要参考因素，反思需要改革妨碍社会公平正义的问题；狠抓和落实制度安排中不健全的问题，让治理制度安排真正体现社会公平正义，从根本上维护最广大人民群众的利益。

6. 治理主体论：构建"总揽全局、协调各方"党全面领导下的社会治理职责体系。治理主体论是指执政党、政府、社会等多方力量在社会治理过程中充分履行各自职责（义务），发挥主体作用，不断提升社会治理社会化、法治化、智能化、专业化水平。以习近平同志为核心的党中央领导和推动立法机关适时修订宪法，出台相关法律法规和党内法规，以根本法的形式确立党在国家政权结构中总揽全局、协调各方的核心地位，形成党的领导体系；发挥政府在社会治理中的主导作用，形成职责明确、依法管理的政府治理体系；充分发动人民团体、社会组织、人民群众的强大力量，推进基层社会治理创新；推动人大、政府、政协、监察机关、审判机关、检察机关、人民团体、企事业单位、社会组织等在党的统一领导下协调行动、增强合力，全面提高国家治理能力和治理水平。

7. 基本原则论：坚持问题导向，把专项治理、系统治理、综合治理、依法治理、源头治理有机结合起来。社会治理、平安中国建设贯穿中国特色社会主义事业发展各方面全过程，是满足社会主要矛盾变化后人民群众对美好生活的需要，对民主、法治、公平、正义、安全、环境等方面的更高质量"公共品"需求，以及对更便捷"法福利"需求的必然要求。习近平将这一原则应用于创新社会治理、平安建设，政法工作，创新社会治安防控体系，依法打击和防范

---

① 中共中央党史和文献研究院编：《习近平关于总体国家安全观论述摘编》，中央文献出版社 2018 年版，第 134 页。

② 中共中央党史和文献研究院编：《习近平关于总体国家安全观论述摘编》，中央文献出版社 2018 年版，第 134 页。

严重刑事犯罪,生态空间治理,创新农村社会治理,推进市域治理现代化,基层社会治理体系,以及国家治理综合能力建设各方面;指出"治理和管理一字之差,体现的是系统治理、依法治理、源头治理、综合施策"①,要求坚持这一原则,"努力解决深层次问题,着力建设平安中国,确保人民安居乐业、社会安定有序、国家长治久安"②。必须始终坚持专项治理、系统治理、综合治理、依法治理、源头治理原则,并将其贯穿改善民生福祉,健全治安防控、公共安全、市域治理、基层治理、网络治理等平安创建的各方面各环节全过程。

8. 治理体系论:创新社会治理体制,完善中国特色社会主义治理体系。从创造人类治理文明新形态的高度看,中国式社会治理体系涵盖国家安全、社会治安防控、公共安全应急、生态空间治理、基层社会治理、"三调联动"(人民调解、行政调解、司法调解)工作体系等。习近平指出:"增强忧患意识,做到居安思危,是我们治党治国必须始终坚持的一个重大原则。我们党要巩固党执政地位,要团结带领人民坚持和发展中国特色社会主义,保证国家安全是头等大事。"③必须把维护国家安全贯穿党和国家工作各方面全过程,以新安全格局保障新发展格局;加快建立国家安全体系,增强维护国家安全能力;健全基本公共服务保障体系、政社合作体系、社会矛盾化解体系、立体化信息化社会治安防控体系、公共安全体系、突发事件应急体系、生态空间治理体系、网络综合治理体系;完善村(居)社区治理体系,形成政社合作共治;健全"三调联动"工作体系,完善社会矛盾纠纷多元预防调处化解综合机制。从而构成了体系完备、内容丰富、综合效能、优势互补,具有"中国之治"特色的社会治理体系。

9. 民主协商论:推进社会治理全过程人民民主,提升政治协商制度在社会治理中的整体效能。民主协商是中国特色社会主义民主政治的重要方面,具有大团结大联合、共同凝聚民族复兴伟业民心民力智力的制度优势。习近平深刻指出:"我们走的是一条中国特色社会主义政治发展道路,人民民主是一种全过程的民主。"④他在庆祝中国人民政治协商会议成立65周年大会上指出:"在中国社会主义制度下,有事好商量,众人的事情由众人商量,找到全社会意愿和要求的最大公约数,是人民民主的真谛。"⑤必须完善党领导下的多党合作、政治协商制度,展现我国新型政党制度优势,发挥人民政协民主效能,统筹推进政党协商、人大协商、政府协商、政协协商、人民团体协商、基层协商以及社会组织协商,构建程序合理、环节完整的中国特色民主协商制度体系。唯有如此,才能形成"坚持大团结大联合,动员全体中华儿女围绕实现中华民族伟大复兴中国梦一起来想、一起来干"⑥生动活泼的政治局面。

①《习近平在参加上海代表团审议时强调 推进中国上海自由贸易试验区建设 加强和创新特大城市社会治理》,载《人民日报》,2014年3月6日,第1版。

② 中共中央党史和文献研究院编:《习近平关于总体国家安全观论述摘编》,中央文献出版社2018年版,第131页。

③《习近平谈治国理政》第1卷,外文出版社2018年版,第200页。

④ 本书编写组编著:《党的二十大报告辅导读本》,人民出版社2022年版,第32页。

⑤ 习近平:《在庆祝中国人民政治协商会议成立65周年大会上的讲话(2014年9月21日)》,人民出版社2014年版,第13页。

⑥ 习近平:《高举中国特色社会主义伟大旗帜 为全面建设社会主义现代化国家而团结奋斗——在中国共产党第二十次全国代表大会上的报告(2022年10月16日)》,人民出版社2022年版,第39页。

10. 依法治理论：在法治轨道上推进社会治理体系和治理能力现代化。法治是国家治理体系和治理能力的重要依托。推进国家治理体系和治理能力现代化需要法治予以保障，应始终坚持在法治轨道上持续推进。习近平指出："我们提出全面推进依法治国，坚定不移厉行法治，一个重要意图就是为子孙万代计、为长远发展谋。"① 并强调要"加强重点领域、新兴领域、涉外领域立法，统筹推进国内法治和涉外法治，以良法促进发展、保障善治"②。党的十八大以来，以习近平同志为核心的党中央把社会治理领域立法列入建设中国特色社会主义法治体系的重点工程，领导和推动立法机关依法加强和规范公共服务，完善教育、就业、收入分配、社会保障、医疗卫生、食品安全、扶贫、慈善、社会救助和妇女儿童、老年人、残疾人合法权益保护等方面的法律法规③，取得了显著成就。公职人员尤其是担负领导职务的人员须对法律怀有敬畏之心，带头依法办事，带头遵守法律，在深化改革、推动发展、化解矛盾、维护稳定、防范风险中善于运用法治思维和法治方式，提高依法治理能力和水平；必须坚持运用法治思维和法治方式解决矛盾和问题，加快社会治理体制机制创新，推动和促进社会治理重点领域立法，不断完善社会治理法治实施、监督、保障的体制机制；必须采用多种形式引导广大群众自觉守法、遇事找法、解决问题靠法，深化基层依法治理，把法治建设建立在扎实的基层基础工作之上，推动全社会形成良好的法治环境；必须走中国特色社会主义法治道路，推进全面依法治国，发挥法治在国家治理体系和治理能力现代化中的积极作用。

11. 网络综合治理论：形成党委领导、政府管理、企业履责、社会监督、网民自律等多主体参与的综合治网格局。以互联网为代表的信息技术日新月异，引领了社会生产新变革，创造了人类生活新空间，拓展了国家治理新领域，极大提高人类认识世界、改造世界的能力④，成为推动后经济全球化时代向着数字经济时代跨越的新生力量。针对数字时代遭遇的"数字赤字""数字人权""数字服务"等治理难题，习近平强调必须坚持以人民为中心，推进"互联网＋教育""互联网＋医疗""互联网＋文化"，不断提升公共服务均等化、普惠化、便捷化水平；⑤ 指出"网络安全和信息化是相辅相成的。安全是发展的前提，发展是安全的保障，安全和发展要同步推进"⑥；强调互联网不是法外之地，应坚持依法治网、依法办网、依法上网，让互联网在法治轨道上健康运行，⑦"建立起涵盖领导管理、正能量传播、内容管控、社会协同、网络法治、技术治网的网络综合治理体系"⑧。习近平深刻指出："掌控网络意识形态主

① 中共中央宣传部、中央全面依法治国委员会办公室：《习近平法治思想学习纲要》，人民出版社、学习出版社 2021 年版，第 63 页。

② 习近平：《高举中国特色社会主义伟大旗帜　为全面建设社会主义现代化国家而团结奋斗——在中国共产党第二十次全国代表大会上的报告（2022 年 10 月 16 日）》，人民出版社 2022 年版，第 41 页。

③ 《中共中央关于全面推进依法治国若干重大问题的决定》，人民出版社 2014 年版，第 14 页。

④ 中共中央党史和文献研究院编：《习近平关于网络强国论述摘编》，中央文献出版社 2021 年版，第 35 页。

⑤ 中共中央党史和文献研究院编：《习近平关于网络强国论述摘编》，中央文献出版社 2021 年版，第 23 页。

⑥ 中共中央党史和文献研究院编：《习近平关于网络强国论述摘编》，中央文献出版社 2021 年版，第 90 页。

⑦ 中共中央党史和文献研究院编：《习近平关于网络强国论述摘编》，中央文献出版社 2021 年版，第 71、155 页。

⑧ 中共中央宣传部干部局组织编写：《新时代宣传思想工作》，学习出版社 2020 年版，第 129 页。

导权,就是守护国家的主权和政权。"①必须牢牢把握网络空间主权、安全和发展利益;形成党委领导、政府管理、企业履责、社会监督、网民自律等多主体参与,经济、法律、技术等多种手段相结合的综合治网格局;②各级党委和党员干部必须把维护网络意识形态安全作为守土尽责的重要使命;工会、共青团、妇联等群团组织要下大气力开展网上工作③。唯有充分发挥制度体制优势,才能坚决打赢网络意识形态斗争,构建网上网下同心圆、打造网络空间精神家园。

12. 基层治理体系论:提高社会治理社会化、法治化、智能化、专业化水平。"基层强则国家强,基层安则天下安。"基层治理在国家治理中发挥着基础性作用。习近平围绕基层治理体系和治理能力现代化,提出了一系列原创性经典观点,丰富发展了习近平社会治理法治理论。在党对基层治理的全面领导方面,提出要加强党的领导,推动党组织向最基层延伸,健全基层党组织工作体系,为城乡社区治理提供坚强保证④;要完善社会治理体系,健全党组织领导的自治、法治、德治相结合的城乡基层治理体系。在基层政权治理能力建设方面,提出只有把基层党组织建设强、把基层政权巩固好,中国特色社会主义的根基才能稳固;要在加强基层基础工作、提高基层治理能力上下更大功夫⑤;强调加强基层政权治理能力建设,健全党组织领导的自治、法治、德治相结合的基层治理体系⑥,全面提升社会治理科学化、社会化、法治化、智能化水平。在智慧能力建设方面,提出要十分重视基层智慧治理能力建设,构建网格化管理、精细化服务、信息化支撑、开放共享的基层管理服务平台;要加快推进电子政务,打破信息壁垒、提升服务效率,让百姓少跑腿、信息多跑路。⑦必须健全村(居)民自治机制,增强其组织动员能力,完善基层群众自治制度,健全基层党组织领导的基层群众自治机制,把社区工作做到位做到家,增强群众自我管理、自我服务、自我教育、自我监督实效;必须重视家庭建设,注重家庭、注重家教、注重家风,紧密结合培育和弘扬社会主义核心价值观,发扬光大中华民族传统家庭美德,促进家庭和睦,促进亲人相亲相爱,促进下一代健康成长,促进老年人老有所养,使千千万万个家庭成为国家发展、民族进步、社会和谐的重要基点;⑧必须坚持好发展好新时代"枫桥经验",完善正确处理新形势下人民内部矛盾的有效机制,

---

① 中共中央党史和文献研究院编:《习近平关于网络强国论述摘编》,中央文献出版社 2021 年版,第 54 页。

② 《习近平在全国网络安全和信息化工作会议上强调　敏锐抓住信息化发展历史机遇　自主创新推进网络强国建设》,载《人民日报》2018 年 4 月 22 日,第 1 版。

③ 中共中央党史和文献研究院编:《习近平关于网络强国论述摘编》,中央文献出版社 2021 年版,第 54 页。

④ 《习近平在吉林省考察时强调　坚持新发展理念深入实施东北振兴战略　加快推动新时代吉林全面振兴全方位振兴》,载《人民日报》2020 年 7 月 25 日,第 1 版。

⑤ 习近平:《在基层代表座谈会上的讲话(2020 年 9 月 17 日)》,人民出版社 2020 年版,第 7 页。

⑥ 《中共中央政治局召开会议　审议〈中共中央政治局常委会听取和研究全国人大常委会、国务院、全国政协、最高人民法院、最高人民检察院党组工作汇报和中央书记处工作报告的综合情况报告〉〈关于加强基层治理体系和治理能力现代化建设的意见〉〈关于十九届中央第六轮巡视情况的综合报告〉〈关于二〇二〇年中央巡视工作领导小组重点工作情况的报告〉中共中央总书记习近平主持会议》,载《人民日报》2021 年 1 月 29 日,第 1 版。

⑦ 中共中央党史和文献研究院编:《习近平关于网络强国论述摘编》,中央文献出版社 2021 年版,第 19 页。

⑧ 中共中央党史和文献研究院编:《习近平关于注重家庭家教家风建设论述摘编》,中央文献出版社 2021 年版,第 3 页。

使之在服务群众、化解矛盾等工作中发挥更大效能。只有推动社会治理重心向基层下移，把重大矛盾风险化解在市域，把小矛盾小问题化解在基层，把大量纠纷化解在诉讼前，才能为持续创造经济快速发展、社会长期稳定、人类减贫史上新奇迹作出重要贡献，走出一条中国特色社会主义社会治理之路。

13. 城市治理论：加快开创中国式城市治理现代化新道路。中国式现代化标志性成果之一是城市群的迅速崛起，构成了可与"经济快速发展奇迹""社会长期稳定奇迹""人类减贫史上的奇迹"三大奇迹相媲美的第四大新奇迹。围绕开创中国式城市治理现代化新道路，习近平提出了系列经典观点。在城市治理核心方面，习近平指出，"城市的核心是人"，"一定要抓住城市管理和服务这个重点……让人民群众在城市生活得更方便、更舒心、更美好"。[①] 在城市治理目标任务方面，提出要"建设和谐宜居、富有活力、各具特色的现代化城市，提高新型城镇化水平"[②]，指出城市规划、建设、管理都要坚持高起点、高标准、高水平，落实世界眼光、国际标准、中国特色、高点定位的要求[③]。在城乡一体发展方面，提出要"健全体制机制，形成以工促农、以城带乡、工农互惠、城乡一体的新型工农城乡关系，让广大农民平等参与现代化进程、共同分享现代化成果"[④]，形成城乡发展一体化的新格局。在城市治理安全运行方面，提出"要健全城市抗震、防洪、排涝、消防、应对地质灾害应急指挥体系"，"完善城市生命通道系统，加强城市防灾避难所建设，增强抵御自然灾害、处置突发事件和危机管理能力"。[⑤] 在城市全周期管理方面，提出"城市是生命体、有机体，要敬畏城市、善待城市，树立'全周期管理'意识，努力探索超大城市现代化治理新路子"；[⑥] "一流城市要有一流治理，要注重在科学化、精细化、智能化上下功夫"；[⑦] 必须全面贯彻依法治国方针，依法规划、建设、治理城市，促进城市治理体系和治理能力现代化[⑧]；必须强化依法治理，善于运用法治思维和法治方式解决城市治理顽症难题，努力形成城市综合管理法治化新格局[⑨]；必须保护弘扬中华优秀传统文化，延续城市历史文脉，保留中华文化基因[⑩]；必须高度重视城市管理人才队伍建设，"加快培养一批懂城市、会管理的干部，用科学态度、先进理念、专业知识去规划、

---

① 中共中央文献研究室编：《习近平关于社会主义社会建设论述摘编》，中央文献出版社 2017 年版，第 131、132 页。

② 中共中央文献研究室编：《习近平关于全面建成小康社会论述摘编》，中央文献出版社 2016 年版，第 54 页。

③ 《习近平在北京考察时强调　立足提高治理能力抓好城市规划建设　着眼精彩非凡卓越筹办好北京冬奥会》，载《人民日报》2017 年 2 月 25 日，第 1 版。

④ 习近平：《关于〈中共中央关于全面深化改革若干重大问题的决定〉的说明》（2013 年 11 月 18 日），《求是》杂志 2013 年第 22 期。

⑤ 中共中央党史和文献研究院编：《十八大以来重要文献选编》（下），中央文献出版社 2018 年版，第 84—85 页。

⑥ 中共中央党史和文献研究院编：《十九大以来重要文献选编》（中），中央文献出版社 2021 年版，第 473 页。

⑦ 《习近平在上海考察时强调　坚定改革开放再出发信心和决心　加快提升城市能级和核心竞争力》，载《人民日报》2018 年 11 月 8 日，第 1 版。

⑧ 《中央城市工作会议在北京举行　习近平李克强作重要讲话》，载《人民日报》2015 年 12 月 23 日，第 1 版。

⑨ 《习近平在参加上海代表团审议时强调　践行新发展理念深化改革开放　加快建设现代化国际大都市》，载《人民日报》2017 年 3 月 6 日，第 1 版。

⑩ 中共中央党史和文献研究院编：《十八大以来重要文献选编》（下），中央文献出版社 2018 年版，第 88 页。

建设、管理城市"①。

14. 全球治理体系变革论：推动全球治理体系变革和建设,推动构建人类命运共同体。习近平直面国际逆全球化、单边主义、保护主义抬头,局部冲突频发,和平赤字、发展赤字、安全赤字、治理赤字加重,恃强凌弱、巧取豪夺、零和博弈等霸权霸道霸凌行径的全球性治理新问题新难题新形势,立足于为人民谋幸福、为民族谋复兴、为人类谋进步、为世界谋大同,以"国之大者"的政治智慧与决不延缓或阻断民族复兴与人类文明发展进程的气魄和胆识,提出了一系列经典观点。在统筹国内国际两个大局方面,习近平作出"我国对世界的依靠、对国际事务的参与在不断加深,世界对我国的依靠、对我国的影响也在不断加深"的重大判断,提出"必须统筹考虑和综合运用国际国内两个市场、国际国内两种资源、国际国内两类规则";②指出必须维护以联合国为核心的国际体系、以国际法为基础的国际秩序、以联合国宪章宗旨和原则为基础的国际关系基本准则。③一方面,习近平领导和推动将统筹国内国际两个大局、办好发展安全两件大事纳入大国外交战略,充分运用联合国及其所属国际组织、二十国集团(G20)、世界贸易组织(WTO)、金砖国家组织、亚洲太平洋经济合作组织(APEC)、七十七国集团、上海合作组织以及中美、中欧、中法、中非、中国—东盟等全球性和区域性对话与合作平台,积极参与国际立法、执法、司法,做好涉外和国际法律服务、国际法治人才队伍建设,积极开展法律外交,切实维护国家安全、主权和发展利益,促进国内治理体系与全球治理体系有效对接,为中国持续稳定发展、繁荣富强构建一个良好的外部环境。④另一方面,他从推进国家治理体系和治理能力现代化方面,提出要提高战略思维、历史思维、辩证思维、创新思维、法治思维、底线思维能力;⑤增强学习本领、政治领导本领、改革创新本领、科学发展本领、依法执政本领、群众工作本领、狠抓落实本领、驾驭风险本领,⑥有效防止国际领域的"黑天鹅""灰犀牛"事件,避免小风险演化为大风险、个别风险演化为综合风险、局部风险演化为区域性或系统性风险、经济风险演化为社会政治风险、国际风险演化为国内风险,在夯实基础、健全制度、统筹实施、协调行动方面取得重大成就。⑦在推进全球治理体系变革和建设方面,提出要推动全球治理体制向着更加公正合理方向发展,为我国发展和世界和平创造更加有利的条件;指出"不管全球治理体系如何变革,我们都要积极参与,发挥建设性作用,推动国际秩序朝着更加公正合理的方向发展,为世界和平稳定提

---

① 《中央城市工作会议在北京举行　习近平李克强作重要讲话》,载《人民日报》2015年12月23日,第1版。

② 《中央外事工作会议在京举行　习近平发表重要讲话》,载《人民日报》2014年11月30日,第1版。

③ 《习近平谈治国理政》第4卷,外文出版社2022年版,第476页。

④ 张文显:《习近平法治思想研究(下)——习近平全面依法治国的核心观点》,载《法制与社会发展》2016年第4期。

⑤ 《习近平谈治国理政》第3卷,外文出版社2020年版,第222页。

⑥ 《中共中央关于坚持和完善中国特色社会主义制度　推进国家治理体系和治理能力现代化若干重大问题的决定》,人民出版社2019年版,第9页。

⑦ 徐汉明、邵登辉:《新时代依法防范化解重大风险挑战的行动指南——学习"习近平依法防范化解重大风险挑战论述"的体会》,载《法制与社会发展》2021年第1期。

供制度保障"①；一再表达中国的原则立场和重大主张——在国际和多边机制内相互协调配合，积极参与全球治理，为发展中国家争取更多制度性权力和话语权。②在推进国际关系民主化法治化合理化方面，深刻指出"世界上的事情越来越需要各国共同商量着办，建立国际机制、遵守国际规则、追求国际正义成为多数国家的共识"，提出"我们应该共同推动国际关系法治化。推动各方在国际关系中遵守国际法和公认的国际关系基本原则，用统一适用的规则来明是非、促和平、谋发展"。③一方面，他提出各国"应该共同维护国际法和国际秩序的权威性和严肃性，各国都应该依法行使权利，反对歪曲国际法，反对以'法治'之名行侵害他国正当权益、破坏和平稳定之实"④。另一方面，他指出，"我们应该共同推动国际关系合理化。适应国际力量对比新变化推进全球治理体系改革，体现各方关切和诉求，更好维护广大发展中国家正当权益"。⑤在构建人类命运共同体方面，他提出包括全球治理体系变革、扩大开放水平、全球生态治理、公共卫生、反恐合作、网络治理、文明交流、人权保护、涉外法治在内的全球治理体系经典命题，倡导"携手推动构建人类命运共同体，共同建设持久和平、普遍安全、共同繁荣、开放包容、清洁美丽的世界"⑥；主张共同守护人类生命健康、共同促进经济复苏、共同维护世界和平安宁、共同应对全球治理挑战，⑦明确提出中国的立场是"坚持共商共建共享的全球治理观，不断改革完善全球治理体系，推动各国携手建设人类命运共同体"⑧；指出"和平、发展、公平、正义、民主、自由，是全人类的共同价值，也是联合国的崇高目标"⑨。

（三）习近平社会治理法治理论的鲜明特征

习近平社会治理法治理论不仅顺应了实现中华民族伟大复兴的时代要求，而且是中国特色社会主义道路、制度、理论在社会治理领域的重大创新，成为习近平新时代中国特色社会主义思想的重要组成部分，蕴含着深邃的公理、政理、法理、哲理价值，构成了体系完备、内涵丰富、具有鲜明哲学面向世界观和方法论的理论体系。这一理论体系呈现出鲜明的实践性、科学性、时代性。

---

① 《习近平谈治国理政》第1卷，外文出版社2018年版，第324页。
② 习近平：《弘扬传统友好　共谱合作新篇——在巴西国会的演讲》，载《人民日报》2014年7月18日，第3版。
③ 中共中央党史和文献研究院编：《习近平关于总体国家安全观论述摘编》，中央文献出版社2018年版，第233、241页。
④ 中共中央党史和文献研究院编：《习近平关于总体国家安全观论述摘编》，中央文献出版社2018年版，第233页。
⑤ 习近平：《弘扬和平共处五项原则　建设合作共赢美好世界在和平共处五项原则发表60周年纪念大会上的讲话》，人民出版社2014年版，第11页。
⑥ 《在中华人民共和国恢复联合国合法席位50周年纪念会议上的讲话（2021年10月15日）》，人民出版社2021年版，第6页。
⑦ 习近平：《携手迎接挑战，合作开创未来——在博鳌亚洲论坛2022年年会开幕式上的主旨演讲》，载《人民日报》2022年4月22日，第2版。
⑧ 习近平：《弘扬"上海精神"　构建命运共同体——在上海合作组织成员国元首理事会第十八次会议上的讲话（2018年6月10日）》，《人民日报》2018年6月11日，第3版。
⑨ 《习近平谈治国理政》第2卷，外文出版社2017年版，第522页。

1. 实践性。"真理的标准只能是社会的实践。实践的观点是辩证唯物论的认识论之第一的和基本的观点"。[①] 习近平社会治理法治理论是根植于中国特色社会主义建设宏大实践理论升华的标识性成果。习近平创造性地把马克思主义经典作家关于实践这一辩证唯物主义和唯物辩证法的基本原理运用于自身与率领人民投身现代化建设事业的丰富实践,做到了"知""行""意"的有机统一[②],蕴含着实践智慧、实践力量与实践勇气的独特品质,彰显了求真务实的实践思维。这一科学理论体系萌发于习近平在正定提出的建立社会主义新秩序,孕育于在厦门、宁德、福州构建社会主义市场体系中的依法治理,发展于在福建推进依法治省、在浙江全面推进法治浙江,深化于在上海开展超大城市治理现代化过程之中,成熟定型于他全面主政党和国家改革发展稳定、内政国防外交、治党治国治军各项事业中。习近平社会治理理论萌发于 20 世纪 80 年代改革开放之初。时任正定县委书记的习近平认识到社会稳定对于经济社会发展的重要保障作用,领导全县开展人民民主专政的政法网、安全保卫网、法制宣传教育网、维护社会治安竞赛的"三网一赛",实现了正定由"乱"到"治"的根本转变,为改革和发展提供良好社会环境进行了开探性试验。20 世纪 80 年代中期至 21 世纪之初,是习近平调任厦门、宁德、福州、福建省政府、福建省委,担任副市长、地委副书记、市委书记、省委副书记、省长的 13 年,他直面千禧年之交适应改革、发展、稳定、法治以及加入世贸组织对福建提出的机遇与挑战,在厦门率先探索漳州 110 报警,提出"有警必接、有难必帮、有险必救、有求必应""四有"目标,在全国最早推行警务机制改革;[③] 在宁德提出"三进下党""四下基层"工作法,统筹推动经济、政治、文化、社会和生态建设;[④] 在福州提出"进万家门、知万家情、解万家忧、办万家事";[⑤] 主政福建期间,在全国首次提出"数字福建""生态福建"发展战略规划,领导和推动作出《中共福建省委关于依法治省的决定》,推动省人大常委会作出《关于依法治省的决议》,制定出台食品安全专项治理、社会治安管理、社会矛盾化解、社会综治等系列举措,全面保障一方平安。[⑥] 习近平全面主政浙江工作期间,创造性贯彻党中央系列战略决策,系统思考和回答东部地区率先跨越中等收入陷阱的成长烦恼,制定浙江"八八战略",首次提出省域经济、政治、文化、社会建设和"金山银山"生态发展的综合格局;将"平安浙江""法治浙江"纳入"腾笼换鸟""凤凰涅槃"的经济增长方式改革之中,首次诠释"平安浙江"是涵盖经济、政治、文化和社会各方面宽领域、大范围、多层面的"大平安";首次提出"法治浙江"最根本的是把党的领导、人民当家作主和依法治国有机统一起来,公平正义是社会主义法治的价值追求,和谐社会本质上是法治的社会;领导

① 《毛泽东选集》第 1 卷,人民出版社 1991 年版,第 284 页。

② 严书翰:《谈知与行的有机统一》,载《党建研究》2005 年第 7 期。

③ 本书编写组:《闽山闽水物华新——习近平福建足迹》(上),人民出版社 2020 年版,第 125 页。

④ 中央党校采访实录编辑室:《习近平在宁德》,中共中央党校出版社 2020 年版,第 335 页。

⑤ 《近平同志提出要"进万家门,知万家情,解万家忧,办万家事"——习近平在福州(六)》,载《学习时报》2019 年 12 月 23 日。

⑥ 张文显:《习近平法治思想的实践逻辑、理论逻辑和历史逻辑》,载《中国社会科学》2021 年第 3 期。

和推动出台《中共浙江省委关于建设"平安浙江"促进社会和谐稳定的决定》《中共浙江省委关于建设"法治浙江"的决定》。在主政上海党政领导工作期间提出超大城市"全面依法治市"理念和若干举措，探索走出一条符合特大城市特点和规律的社会治理路子。① 这为开创中国式社会治理现代化新道路提供了"福建实践""浙江模式"和"上海思考"。2008 年至 2011 年，习近平以党和国家领导人宽阔视野与地方领导丰富经验观察思考和处理全局性社会管理创新问题，从正确认识社会管理和群众工作的辩证统一关系，准确把握新形势下的新情况新特点，努力解决好人民群众最关心最直接最现实的利益问题，始终保持党同人民群众的血肉联系的高度，首次指出加强和创新社会管理，做好新形势下群众工作是一篇大文章，提出只有全党来做、深入来做才能做好。党的十八大以来，习近平将"社会体制改革""创新社会治理""一体建设法治社会""建设更高水平安中国"统筹纳入"五位一体"总体布局、协调推进"四位一体"战略布局之中，作为改革与法治"双轮驱动"战略顶层设计与强力实施的切入点，在他主持中央全面深化改革领导小组（委员会）、依法治国委员会、网络安全与信息化领导小组（委员会）等 73 次会议中，亲自审议、签批规范性文件 535 件，其中涉及"深化社会体制改革""创新社会治理""平安建设""一体建设法治社会""生态空间治理""文化大繁荣大发展""网络科技"等重大议题达 63 次，直接关系"创新社会治理""国家安全、公共安全、应急管理""乡村治理体系""市域治理体系""超大城市治理""基层治理体系""网络综合治理""平安中国建设"等具有社会治理现代化顶层制度设计的重大事项 83 件，其他重大改革、国家和社会治理体系相关重大事项 141 件。② 为构建党委领导、政府负责、民主协商、社会协同、公众参与、法治保障、科技支撑的社会治理体系，发展完善中国特色社会主义治理制度，开创中国式社会治理现代化新道路提供了实践依据。

2. 科学性。马克思主义经典作家认为，科学性要求实事求是、从实际出发，坚持主观与客观相统一，认识和掌握事物发展的客观规律。习近平社会治理法治理论的特质在于坚持以事实为依据、以规律为遵循，以唯物辩证法为根本立场，具有深邃的思想内涵、鲜明的理论风格、务实的实践导向的理论品质，构成了内容丰富、逻辑严密、立场鲜明、体系完备的科学理论体系。习近平社会治理法治理论把唯物辩证法运用于治国理政、国家安全、社会治理、平安建设领域，提出了一系列具有深厚哲理、辩证方法的命题、原理、范畴，构成了具有原创性、标识性的知识体系：（1）民主与专政。民主与专政的关系是国家政权建设和治国理政中的基本矛盾之一。民主与专政相互依存，民主是专政的基础，专政是民主的保障，共同体现了国家的性质。习近平指出："要正确认识和处理民主与专政的关系，只讲专政，不讲民主是不对的；只讲民主，不讲专政也是不对的。人民民主专政是我国宪法规定的国家性质，人

民民主专政的国家政权机关必须以坚定的政治立场、高度的政治清醒、强烈的政治自觉,把维护人民群众合法权益作为出发点和落脚点。"[1] 这就要求运用好政法"刀把子"功能,正确认识和处理两类不同性质的矛盾。一方面,面对各种敌对势力变本加厉的渗透破坏颠覆活动,面对民族分裂势力和宗教极端势力穷凶极恶的暴力恐怖活动,提出"我们要毫不迟疑、毫不动摇地拿起人民民主专政的武器,不能当东郭先生!"[2] 另一方面,提出"对敌我矛盾,既要旗帜鲜明、敢于斗争,稳准狠打击敌人、震慑犯罪,防止养痈遗患,又要讲究谋略、巧于斗争,有效争取舆论、赢得人心,防止授人以柄"[3],强调"对人民内部矛盾,要善于运用法治、民主、协商的办法进行处理"[4]。(2)活力与秩序。活力与秩序是社会治理的目标要求,从来就不是一对非此即彼或此消彼长的矛盾关系,而是有机的统一体。习近平指出"一个现代化的社会,应该既充满活力又拥有良好秩序,呈现出活力和秩序有机统一",提出"要完善共建共治共享的社会治理制度,实现政府治理同社会调节、居民自治良性互动,建设人人有责、人人尽责、人人享有的社会治理共同体。要加强和创新基层社会治理,使每个社会细胞都健康活跃,将矛盾纠纷化解在基层,将和谐稳定创建在基层。要更加注重维护社会公平正义,促进人的全面发展和社会全面进步"[5]。(3)发展与安全。坚持统筹发展和安全是习近平治国理政的重要方略。党的十九届五中全会将统筹发展和安全纳入《中华人民共和国国民经济和社会发展第十四个五年规划和2035年远景目标纲要》,党的十九届六中全会再次强调要统筹发展和安全。实现高质量发展和高水平安全相互支撑、相互促进,是贯彻新发展理念的具体体现,是推进国家治理体系和治理能力现代化的重要方面。习近平指出"安全是发展的前提,发展是安全的保障,安全和发展要同步推进"[6],强调"统筹发展和安全,增强忧患意识,做到居安思危,是我们党治国理政的一个重大原则";[7] 明确要求"全面贯彻落实总体国家安全观,必须坚持统筹发展和安全两件大事,既要善于运用发展成果夯实国家安全的实力基础,又要善于塑造有利于经济社会发展的安全环境"[8]。习近平在党的二十大《报告》中再次强调要"增强全党全国各族人民的志气、骨气、底气,不信邪、不怕鬼、不怕压,知难而进、迎难而上,统筹发展和安全,全力战胜前进道路上各种困难和挑战,依靠顽强斗争打开事业发展新天地"。(4)发展与稳定。正确处理发展和稳定的关系,事关最广大人民根本利益,事关中国特色社会主义前途命运,事关中华民族伟大复兴。唯物辩证法认为,稳定是发展的

① 张文显:《习近平法治思想研究(上)——习近平法治思想的鲜明特征》,载《法制与社会发展》2016年第2期。
② 张文显:《习近平法治思想研究(上)——习近平法治思想的鲜明特征》,载《法制与社会发展》2016年第2期。
③ 张文显:《习近平法治思想研究(上)——习近平法治思想的鲜明特征》,载《法制与社会发展》2016年第2期。
④ 张文显:《习近平法治思想研究(上)——习近平法治思想的鲜明特征》,载《法制与社会发展》2016年第2期。
⑤ 《习近平谈治国理政》第4卷,外文出版社2022年版,第338页。
⑥ 中共中央党史和文献研究院编:《习近平关于网络强国论述摘编》,中央文献出版社2021年版,第90页。
⑦ 习近平:《决胜全面建成小康社会 夺取新时代中国特色社会主义伟大胜利——在中国共产党第十九次全国代表大会上的报告(2017年10月18日)》,人民出版社2017年版,第24页。
⑧ 《习近平谈治国理政》第3卷,外文出版社2020年版,第218页。

前提,发展是稳定的基础。习近平强调:"发展是基础,经济不发展,一切都无从谈起"①,认为"发展是硬道理,稳定也是硬道理,抓发展、抓稳定两手都要硬"②,明确要求"各地区各部门要坚决贯彻党中央决策部署,坚持稳中求进工作总基调,全面做好改革发展稳定各项工作,努力保持平稳健康的经济环境、国泰民安的社会环境、风清气正的政治环境"③,强调"坚持团结一致向前看,最大限度发挥广大干部群众在保稳定、谋发展、促改革中的积极作用,注意倾听社会各界意见。要推动维稳工作法治化常态化"④。(5)国家安全与社会稳定。习近平在党的二十大《报告》中提出,"国家安全是民族复兴的根基,社会稳定是国家强盛的前提。必须坚定不移贯彻总体国家安全观,把维护国家安全贯穿党和国家工作各方面全过程,确保国家安全和社会稳定";要求"围绕影响群众安全感的突出问题,履行好打击犯罪、保护人民的职责,对涉黑涉恶、涉枪涉爆、暴力恐怖和个人极端暴力犯罪,对盗抢骗、黄赌毒、食药环等突出违法犯罪,要保持高压震慑态势,坚持重拳出击、露头就打";⑤强调"提高公共安全治理水平。坚持安全第一、预防为主,建立大安全大应急框架,完善公共安全体系,⋯⋯提高防灾减灾救灾和重大突发公共事件处置障能力"⑥。(6)政策与法律。政策与法律是党治国理政的重要依据,正确处理政策与法律的辩证关系事关国家治理全局和长远发展。对此,习近平指出,"我们党的政策和国家法律都是人民根本意志的反映,在本质上是一致的",要正确处理党的政策和国家法律的关系,强调"党既领导人民制定宪法法律,也领导人民执行宪法法律,党自身必须在宪法法律范围内活动,做到党领导立法、保证执法、带头守法。政法工作要自觉维护党的政策和国家法律的权威性,确保党的政策和国家法律得到统一正确实施,不能把两者对立起来、割裂开来。如果两者之间出现矛盾,就要努力做好统一正确实施工作"。⑦(7)维稳与维权。2014 年 1 月,习近平在中央政法工作会议上深刻阐述了维稳与维权的辩证关系,指出"要处理好维稳和维权的关系,要把群众合理合法的利益诉求解决好,完善对维护群众切身利益具有重大作用的制度,强化法律在化解矛盾中的权威地位,使群众由衷感到权益受到了公平对待、利益得到了有效维护"⑧。(8)法治与德治。法律与道德、法治与德治的关系是中外法学史上的恒久话题。习近平精准阐述了法治与德治在治国理政、国家安

①　《习近平谈治国理政》第 2 卷,外文出版社 2017 年版,第 75 页。

②　《习近平在会见全国社会治安综合治理表彰大会代表时强调　坚持走中国特色社会主义社会治理之路　确保人民安居乐业社会安定有序》,载《人民日报》2017 年 9 月 20 日,第 1 版。

③　《习近平在四川考察时强调　深入贯彻新发展理念主动融入新发展格局　在新的征程上奋力谱写四川发展新篇章》,载《人民日报》2022 年 6 月 10 日,第 1 版。

④　《习近平在新疆考察时强调　完整准确贯彻新时代党的治疆方略　建设团结和谐繁荣富裕文明进步安居乐业生态良好的美好新疆》,载《人民日报》2022 年 7 月 16 日,第 1 版。

⑤　《习近平在全国公安工作会议上强调　坚持政治建警改革强警科技兴警从严治警　履行好党和人民赋予的新时代职责使命》,载《人民日报》2019 年 5 月 9 日,第 1 版。

⑥　习近平:《高举中国特色社会主义伟大旗帜　为全面建设社会主义现代化国家而团结奋斗——在中国共产党第二十次全国代表大会上的报告(2022 年 10 月 16 日)》,人民出版社 2022 年版,第 54 页。

⑦　中共中央文献研究室编:《习近平关于全面深化改革论述摘编》,中央文献出版社 2014 年版,第 75、76 页。

⑧　《习近平谈治国理政》第 1 卷,外文出版社 2018 年版,第 148 页。

全、社会治理、平安建设中的辩证关系，指出"法律是成文的道德，道德是内心的法律，法律和道德都具有规范社会行为、维护社会秩序的作用"，"没有道德滋养，法治文化就缺乏源头活水，法律实施就缺乏坚实社会基础"；①强调"治理国家、治理社会必须一手抓法治、一手抓德治，既重视发挥法律的规范作用，又重视发挥道德的教化作用，实现法律和道德相辅相成、法治和德治相得益彰"②。这一系列标识性范畴体系构建了社会治理法治理论体系，对于引领开创中国式社会治理现代化新道路，对于与中国特色社会主义制度、中国特色社会主义国家制度、国家治理制度相洽的社会治理制度体系的成熟定型起到了根本指导作用，凸显出习近平社会治理法治理论的磅礴伟力。

3. 时代性。习近平社会治理法治理论不仅是原创性、主体性的理论知识体系，而且呈现出继承性、民族性，原创性、时代性，系统性、专业性的理论品质。正如习近平指出的："推进马克思主义中国化时代化是一个追求真理、揭示真理、笃行真理的过程。"③习近平社会治理理论作为21世纪马克思主义治理理论最具原创性标志性的原创成果，始终与马克思主义经典原理一脉相承，始终与中华民族优秀传统文化同气连枝，展现出对中国式社会治理现代化的时代引领价值：维护国家政治安全能力显著增强；立体化信息化社会治安防控体系建设全面形成；公共安全保障水平全面提高；食品安全保障实现历史性跨越；生产安全保障能力显著增强；社会矛盾化解取得历史性进展；基层治理体系不断完善；生态空间治理能力显著提升；网络空间治理能力显著增强；市域社会治理成效取得突破性进展；民生保障与基本公共服务保障水平显著提升；"中国之治"的成色更足、优势更加彰显，为建设更高水平平安中国奠定了更加坚实牢固的社会基础。这一科学理论体系经历了实践、认识、再实践、再认识辩证唯物主义发展过程，成为新时代推进社会治理现代化的思维过程④，必将与新时代建设中国特色社会主义现代化国家实践相生相成、共进同行，并始终处于引领社会治理现代化、推进人类治理文明"中国之治"新形态的时代最前沿。

（四）习近平社会治理法治理论的时代价值

1. 习近平社会治理法治理论是对马克思主义经典作家关于国家和社会管理、国家与法基本原理在新时代的继承和发展。马克思主义经典作家在创立科学社会主义理论大厦的过程中，在深刻分析俄罗斯和中国当时的社会物质生活条件的基础上，提出在小生产占主导、经济十分落后的这些国度里可能发生革命运动，直接过渡到社会主义，跨越资本主义"卡夫

---

① 《习近平谈治国理政》第2卷，外文出版社2017年版，第116、117页。

② 《习近平谈治国理政》第2卷，外文出版社2017年版，第117页。

③ 习近平：《高举中国特色社会主义伟大旗帜　为全面建设社会主义现代化国家而团结奋斗——在中国共产党第二十次全国代表大会上的报告》，人民出版社2022年版，第16页。

④ 马克思主义过程论认为世界由自然过程、社会历史过程与思维过程组成，思维过程同自然过程和历史过程是类似的。参见《马克思恩格斯选集》第3卷，人民出版社2012年版，第793页。

丁峡谷"①。这是马克思主义经典作家提出在发达资本主义国家如美英法德等率先实现社会主义的"文明模式"之后的"东方补充"模式。他们在描述资本主义社会向无产阶级专政过渡时期国家时提出了未来社会关于社会建设、社会管理的理论框架：关于"社会本质以及人的本质在这个人积极实现自己本质的过程中才得以充分体现，才有可能朝着自由人联合体的方向发展"的观点；关于资产阶级国家社会管理性质与无产阶级国家社会管理性质根本区别的观点，指出无产阶级国家同资产阶级国家社会管理的本质区别在于无产阶级国家是人民民主和人民专政的国家；关于资产阶级国家社会管理职能与无产阶级国家社会管理职能根本对立的观点，认为社会管理真正体现为自由人联合体自治的时间是在未来的共产主义社会中，政治国家消亡以后；关于法律以社会为基础的观点，认为法的社会现象受经济基础的支配，指出"无论是政治的立法或市民的立法，都只是表明和记载经济关系的要求而已"②。他们还提出了无产阶级专政国家政府要承担起公共管理和服务职能的观点、高级阶段的共产主义社会也要拿出一部分资源用于社会的管理和发展的观点、法律应该由人民的意志创立的观点等。上述观点构成了马克思主义经典作家关于社会建设、社会管理的理论体系。习近平社会治理法治理论不仅蕴含着马克思主义经典作家关于社会建设、社会管理的基本原理，而且丰富发展了马克思主义基本原理。这一科学理论着眼于解决中国实际问题，是科学回答推进社会治理现代化时代之问的光辉理论典范，是 21 世纪马克思主义中国化时代化的标识性原创性重大理论成果。

2. 习近平社会治理法治理论是中国特色社会主义治理道路的创新发展。习近平社会治理法治理论根植于中国特色社会主义革命、建设、改革开放的百年探索实践之中，是中国特色社会主义治理道路的创新发展。新中国成立后，以毛泽东同志为主要代表的中国共产党人建立起了人民民主专政的新生政权，进行社会主义三大改造，③创立了符合中国国情、具有中国特色的社会主义道路、制度，建立起了根本政治制度、基本制度、重要制度以及社会管理等具体制度，形成了与之相适应的社会管理的理论与实践。毛泽东在《论十大关系》中指出，要正确认识和处理好我国经济、政治、文化、社会等领域涉及党和国家工作全局的若干重大关系；在《关于正确处理人民内部矛盾的问题》中强调，党和国家政治生活的主题是正确处理人民内部矛盾。党的十一届三中全会以来，以邓小平同志为主要代表的中国共产党人深刻总结新中国成立以来正反两方面经验，围绕什么是社会主义、怎样建设社会主义这一根本问题，确立社会主义初级阶段基本路线，科学回答了建设中国特色社会主义的一系列基本

---

①　卡夫丁峡谷是指公元前 321 年，萨姆尼特人在古罗马卡夫丁城附近的卡夫丁峡谷击败了罗马军队，并迫使罗马战俘从峡谷中用长矛架起的形似城门的"牛轭"下通过，借以羞辱战败军队。此处意指这些国家可以超越资本主义生产发展的整个阶段，由前资本主义的生产方式阶段直接进入以公有制为基础的社会主义生产方式阶段。参见徐汉明、徐晶：《马恩"丹麦模式"中国化之路——农民土地持有权制度》，社会科学文献出版社 2012 年版，第 28 页。

②　《马克思恩格斯全集》第 4 卷，人民出版社 1958 年版，第 121—122 页。

③　社会主义三大改造是指中华人民共和国成立后，由中国共产党领导的对农业、手工业和资本主义工商业三个行业的社会主义改造。

问题;① 指出为了保障人民民主,必须加强法制。必须使民主制度化、法律化,使这种制度和法律不因领导人的改变而改变,不因领导人看法和注意力的改变而改变。② 社会主义现代化建设必须坚持两手抓,两手都要硬;坚持共同富裕的根本原则;坚持稳定压倒一切的治国之道③。党的十三届四中全会以后,以江泽民同志为主要代表的中国共产党人根据国内外形势的发展变化,提出经济发展和社会全面进步并行,法治和德治并重,建设有中国特色社会主义全部工作的出发点和落脚点是不断实现好、维护好、发展好最广大人民根本利益,正确处理改革发展稳定关系等观点。党的十六大以后,以胡锦涛同志为主要代表的中国共产党人深刻认识和回答了实现什么样的发展、怎样发展等重大问题,形成了科学发展观,强调坚持以人为本、全面协调可持续发展,着力保障和改善民生,促进社会公平正义,大力推进社会主义和谐社会建设,坚持和完善基层群众自治制度,提高各级领导干部善于运用法治思维和法治方式深化改革、推动发展、化解矛盾、维护稳定能力,建立健全社会公平保障体系,使全体人民共享改革发展的成果。所有这些重要论述为以习近平同志为核心的党中央加快法治建设步伐,提高社会治理水平创造了条件,为进一步发展完善社会治理理论、制度、实践,开创新时代中国式社会治理现代化的新道路提供了重要基础。

3. 习近平社会治理法治理论是持续创造国泰民安、和谐稳定社会环境新奇迹,保障全面建设社会主义现代化国家的行动指南。回望党的百年奋斗历程,党始终把为人民谋幸福作为不变初心,把维持社会稳定作为平安建设重大任务,在不同历史时期作出一系列重大部署,采取一系列有效措施,党和国家事业取得了历史性成就、发生了历史性变革,实现了从站起来、富起来到强起来的伟大飞越,创造了经济快速发展奇迹、社会长期稳定奇迹、人类减贫史上的奇迹。党的十八大以来,以习近平同志为核心的党中央适应我国社会主要矛盾变化后人民群众对民主、法治、公平、正义、安全、环境的新要求新期待,直面外部环境许多新的风险挑战,提出了社会治理十四个方面的核心要义,即"根本保证论""根本宗旨论""工作布局论""治理格局论""治理动力论""治理主体论""基本原则论""治理体系论""民主协商论""依法治理论""网络综合治理论""基层治理体系论""城市治理论""全球治理体系变革论"。这一科学理论体系筹国内国际两个大局,贯通历史、现在和未来,明确提出坚定不移贯彻总体国家安全观,推进国家安全体系和能力现代化,以新安全格局保障新发展格局,深刻指明了建设更高水平平安中国,开创中国式社会治理现代化新道路的重大意义、总体要求、根本目的、发展方向、基本路径和工作重心,以及其中具有全局性、战略性、基础性的重大理论与实践问题,体现了党对平安中国建设的规律性认识,引领开创中国式社会治理现

---

① 《中共中央关于党的百年奋斗重大成就和历史经验的决议》,人民出版社 2021 年版,第 15—16 页。

② 邓小平:《解放思想,实事求是,团结一致向前看(一九七八年十二月十三日)》,载《人民日报》1983 年 7 月 1 日,第 1 版。

③ 1989 年 2 月,邓小平在会见美国总统布什时指出:"中国的问题,压倒一切的是需要稳定。没有稳定的环境,什么都搞不成,已经取得的成果也会失掉。"参见共青团中央、中共中央文献研究室编:《毛泽东　邓小平　江泽民论青少年和青少年工作》,中央文献出版社、中国青年出版社 2000 年版,第 210 页。

代化新道路的新境界。

4. 习近平社会治理法治理论是加快建设社会治理法学新兴学科"三大体系"的理论指导。习近平指出,我国有独特的历史、独特的文化、独特的国情,建设中国特色、世界一流大学不能跟在别人后面依样画葫芦,简单以国外大学作为标准和模式,而要扎根中国大地,走出一条建设中国特色、世界一流大学的新路。[①] 他在中国政法大学考察时指出,"我们要坚持从我国国情和实际出发,正确解读中国现实、回答中国问题,提炼标识性学术概念,打造具有中国特色和国际视野的学术话语体系,尽快把我国法学学科体系和教材体系建立起来"。[②] 这为全面贯彻中央办公厅、国务院办公厅印发的《关于加强新时代法学教育和法学理论研究的意见》,加快发展社会治理法学、科技法学、数字法学、气候法学、海洋法学等新兴学科,深化新时代中国特色社会主义法学教育改革、优化法治人才培养机制、构建法学学科"三大体系"提供了基本遵循,成为社会治理法学专家队伍的历史责任和学术使命。习近平社会治理法治理论科学回答了什么是中国式社会治理现代化新道路、为什么开创中国式社会治理现代化新道路、怎样开创中国式社会治理现代化新道路三个基本问题,为构建社会治理法学"三大体系"提供了学理性根本指导,为诠释中国式社会治理现代化的基本命题、核心范畴、概念体系、知识原理,社会治理法律、法理、哲理、道理提供了原创性范畴体系,其内容博大精深,构成了社会治理法治最具原创性、标识性的知识体系,成为社会治理新兴学科体系原始创新、法学交叉学科体系加快发展、传统法学学科改造升级的"根"与"魂"。因此,必须自觉以习近平社会治理法治理论为引领,正确解读和回答中国式社会治理现代化的现实问题,系统总结中国式社会治理现代化实践创新、制度创新、文化创新,提炼人类治理文明新形态的标识性学术概念,打造"中国之治"国际传播话语体系,形塑体系完备的社会治理法学教材体系、课程体系、人才培养体系、卓越人才评价体系,创新社会治理法学"四型"卓越法治人才培养机制,全面回应新时代推进中国式社会治理现代化、建设更高水平平安中国的实践之需、理论之需、时代之需,理论建设形成"中国学派"、战略研究树立"中国意识"、社会引领打造"中国话语"、国际传播提出"中国方案"。

三、社会治理法学的研究对象

社会治理法学是以一切社会治理法现象为研究对象的相关科学活动及其成果认识的总称。同其他法学二级学科一样,社会治理法学有其独特的研究对象和研究范围。社会治理法治理论的创建、社会治理法律制度的发展完善、社会治理法律实施方式的转型,都给社会治理法学研究对象提出了时代命题。这决定了社会治理法学的研究对象质的规定性和研究范围的宽域性。具体而言,社会治理法学的研究对象包括以下几个方面。

---

① 《习近平在中国人民大学考察时强调　坚持党的领导传承红色基因扎根中国大地　走出一条建设中国特色世界一流大学新路》,载《人民日报》2022年4月26日,第1版。

② 习近平:《论坚持全面依法治国》,中央文献出版社2020年版,第176页。

（一）社会治理法治理论

社会治理法学是随着社会治理法治理论研究的深入而产生并不断发展的,社会治理法治理论研究的积累给学科体系化提出了迫切要求,也为学科构建提供了坚实的基础。社会治理法治理论的发展需要通过学科化研究,将已经积累的有关中国特色社会治理的知识系统概括为科学的理论体系,并将这一理论体系运用于国家治理和社会治理的制度创新及实践活动。学科的功效在于实现智识产品的有效管理,通过科研平台构建、学科建设、人才培养等路径创新、传播中国特色社会主义治理法治理论,用中国特色社会主义治理法治理论武装头脑、培养人才、指导实践,从而为推进社会治理现代化提供有力的智力支持和人才保障。

伴随着西方治理理论的兴起,我国20世纪90年代末21世纪初在引入西方治理理论并创新性转化的过程中,始终坚持以马克思主义经典作家关于国家与社会管理的基本理论为指导,不断发展完善中国特色社会主义治理制度、治理理论和治理伟大实践,形成了与中国特色社会主义道路、制度、理论相协调相适应相匹配的治理道路、制度、实践及其理论体系。在推进我国国家治理体系和治理能力现代化的进程中,社会治理法治理论研究得到进一步深入,社会治理法学形成了比较完整的体系,在一些基本理论范畴进行了较为深层次的探讨,如社会治理法的含义、调整对象、基本原则,社会治理法的性质地位及法律体系,中国古代和近代社会治理法制史,中外社会治理法律制度比较,社会治理部门法,当代社会治理法的发展及其展望,等等。

社会治理法学从整个社会治理法律现象出发,需要研究和科学回答社会治理法的含义、调整对象、性质地位、基本原则以及产生发展等社会治理法的发展规律及其基本理论问题,科学诠释和回答为什么构建、构建什么样的以及如何构建中国特色社会治理法治理论,从而为社会治理法治体系的发展完善提供智力支持。有关社会治理法律关系主体的研究,如主导治理的政府、自治的社会组织、共同治理的合作主体、参与治理的公众等;有关社会治理法的内容研究,等等,这一系列理论问题都需要系统深入的研究,使之为社会治理法律制度建设提供科学的根据,为社会治理法治高效实施、严密监督、有力保障、坚持党在社会治理中的核心地位提供智力支持。

（二）社会治理法律规范

社会治理法律规范的主要内容包括:(1)社会治理主体法律规范。社会治理主体法律规范,是指规定各种社会治理主体在社会治理活动中的地位及其相互之间权力(利)责任(义务)的法律规则。具体而言,是指调整作为社会治理主体的执政党、政府、社会组织、公众等在社会治理活动中的法律地位及其相互关系的法律规范。(2)社会治理机制法律规范。社会治理机制,是指有效治理社会事务的工作系统和方式、方法及其作用过程。社会治理机制需要社会治理法律法规来设立和保障运行,因而社会治理机制构成了社会治理法不可或缺的重要内容。社会治理机制主要包括政府对社会的治理机制、社会自治机制、政府与社会合作共治机制、公众参与治理机制等。(3)社会治理事务法律规范。社会治理事务是社会治理活动的对象,是治理活动所需处理解决的各类事项或问题。社会治理事务影响和制约着社会治理活动的范围、任务和与之相适应的治理方式,需由社会治理法作出科学、明确的规定,以保障社会治理活动的顺利开展。(4)其他社会事务治理法律规范。社会治理事务内容繁杂,还包括有其他一些社会事务,如社会收入分配事务、社会福利提供事务、社会组织培育发展事务、社会流动人口管理事务、网络空间治理事务等。同时,在社会建设的未来发展进程中,新的社会事务还会不断出现,还需要有新的法律规范加以调整和规范。这些都对社会治理法的健全和完善提出了要求,迫切需要法学界、实务界及人文社科学术共同体加强对社会治理法学的理论研究。

社会治理法学需要以社会治理部门法为研究重点,包括基本公共服务法、社会自治法、政社合作共治法、社会矛盾预防化解法、公共安全保障法、突发事件应对法、社会治安综合治理法、网络社会治理法,以及社会治理法的实施、社会治理法治指标建设体系及其考评标准。社会治理法学以社会治理的规律性,以及社会治理法律制度安排的科学性、系统性为研究对象,从而科学诠释和回答为什么要建立社会治理部门法制度、建立什么样的社会治理部门法制度以及如何建立科学完备的社会治理部门法制度体系,使之成为职权机关"良政善治"的基本遵循,成为政府、社会组织、公民"合作共治"的可靠的法治保障。

(三)社会治理法律实施

社会治理法律实施包括实施的基础理论、实施方式与社会治理法治评估。从社会治理法治评估视角看,它是公权力机关、社会组织、专业机构及公众等评估主体,依据一定的标准和程序,对社会治理法治建设的状况进行测度、评价、预警,对背离社会治理法治建设轨道的行为和现象提出矫正意见的专门性评价活动。评估的客体是对社会治理法治建设的效果、效率、效益进行判断;评估的目的是获取有关社会治理法治建设的相关信息,观察、预测、预警、评价社会治理法治建设的状况,对背离社会治理法的实施的行为和现象提出查究矫正意见;评估的特征表现为主体参与的多元性、评估内容的多样性、评估活动的综合性、评估过程的裁断性、调整矫治的参照性。社会治理法治评估包括社会治理法治指标建设体系和考评标准两大要素,二者共同构成了体现评估功能及其价值的两大支柱,是构建科学完备的社会治理法治评估系统的基础。社会治理法治指标建设体系设计须坚持科学与简便相结合等原则,明确和细化各类指标的设计;建立评估党委领导、政府主导、社会协同、公众参与社会治理法治建设的具体标准,强化评估结果的应用,并相应设置督促整改机制、矫正惩戒机制和责任追究机制。这些关于社会治理法律实施的理论重点、难点、薄弱点是社会治理法学研究对象的重点之一,包括社会治理法律实施的基础理论、实施方式以及社会治理法治评估等。

社会治理法学须以社会治理法律实施基础理论、实施方式及社会治理法治评估为研究对象,加强适时跟踪观察与总结社会治理法律实施经验的研究,并上升为理论规范,为社会治理法律实施机制完善、社会治理法治建设指标体系和考评标准科学构建、社会治理法治化水平提高提供理论导引。

四、社会治理法学的研究方法

社会治理法学是法学的一门分支学科,是人文社会科学的一个新型学科。它既要受法

学研究方法的指导,又要坚持人文社会科学常用的研究方法。社会治理法学的研究方法主要有:

(一)阶级分析及社会分层法

阶级分析及社会分层法是人文社会科学通用的研究方法之一,是用马克思主义经典作家关于阶级的立场、观点、方法等基本原理观察、分析、处理复杂社会问题的一种方法。它同样适用于社会治理法学"三大体系"构建的深入研究。随着我国社会基本矛盾由新中国成立初期人民对于建立先进的工业国的要求同落后的农业国的现实之间的矛盾,转变为改革开放初期人民日益增长的物质文化需要同落后的社会生产力之间的矛盾,再转化为新时代人民日益增长的美好生活需要和不平衡不充分的发展之间的矛盾,善于运用社会角色、社会互动、社会分层、社会变革、社会转型、社会矛盾化解、和谐社会构建等社会视野、政治视角乃至法治思维的分析方法逐步加强该领域的研究。

(二)价值分析法

价值分析法就是通过认知、评价和选择社会现象的价值属性,揭示、批判或者确定一定社会价值或理想的方法。价值认知就是主体对于分析对象——法律中的价值的确认,并辨别其所代表的阶级或阶层的利益;价值评价则是指主体站在一定的价值立场,用特定的价值标准和框架去评价该法律制度、法律规则和法律现象;价值选择是指在前二者的基础上,按照特定的价值准则对该法律制度和法律规则进行取舍。从价值关系的角度来看,任何社会规范都是一种价值准则,因为它作为一种规范,必然要求人们作出某种行为或禁止作出某种行为。基于法与价值之间的这种不可分割的联系,价值分析法就成为社会治理法学研究的重要方法。

(三)跨学科研究法

跨学科研究法,也称交叉研究法,是指运用多学科的理论、方法和成果从整体上对某一专属学科的重大理论进行综合研究的方法。学科发展的规律表明,学科在高度分化中又高度综合,形成一个有机统一的整体。人文社会科学的发展使得学科分化的趋势不断加剧,但同时又使其联系愈来愈紧密,在语言、方法和某些概念方面,有日益统一化的趋势。社会治理法学学科的构建,强调以问题为导向,充分借鉴和利用政治学、管理学、经济学、社会学乃至理工学科有关信息工程、数据与安全等基础理论、分析方法,从跨学科的角度,打破传统法学学科的思维定势,实现法学、社会学、政治学、管理学和经济学等相关人文社会学科乃至理工学科智识资源的破垒融合、交叉发展、共同发挥作用。

(四)实证分析法

实证分析法是指以可以证实的社会事实为分析对象、以实验证明为研究方式的研究方法。该方法主要通过对经验事实的分析来建立和论证各种理论命题,为百余年来特别是20世纪以来西方法学常用的研究方法。除分析实证主义法学派外,社会法学派、自然法学派、权利法学派也采用这一方法。实证分析法最基本的特征在于对分析材料的量化处理,在社会治理法学研究中有其独特的作用。因为社会治理法学研究本身就是一种涵盖多种研究形式的综合体,人们通常所称的社会调查法、历史考察法、定性分析法、定量分析法、逻辑分析法等对于社会治理法学研究都意义重大。

(五) 大数据研究法

所谓大数据,是指基于新处理模式而具有更强的决策力、洞察力和流程优化能力的海量、高增长率和多样化的信息资产。所谓大数据研究法,是指以对数据密集型知识的收集、分析和处理为研究范式,独立于理论科学、实验科学和计算科学的第四种新型科学研究方法。社会治理法学研究需探索现代科技信息高效管理与党的机关、立法、行政、执法、司法、监督、公共服务、法律咨询服务、网络企业、社会组织的深度融合,开展有关社会治理法学研究方面的数据标准、数据采集、数据开发应用与服务的集中攻关,着力打造"横向协作、内部融合、整体统筹、互联互通、共建共享"的现代社会治理法学信息管理系统,增强社会治理法学研究的系统性、精准性、协同性、创新性、开放性,加速推进社会治理法学的繁荣发展,这些均离不开大数据研究方法的运用。

五、社会治理法学与相邻学科的关系

社会治理法学是一门以社会治理法律规范及其运行规律为研究对象的综合性法学二级学科。它以法学基础理论为引导,以政治学、管理学、社会学、经济学学科理论为补充,吸收了其他部门法学的一些研究方法、调整手段,并将上述内容高度有机整合,进而形成具有特定研究对象的法学新兴学科。

(一) 社会治理法学与法学其他二级学科的关系

社会治理法学与法学其他二级学科存在着紧密的联系,但也有具体的区别。

1. 社会治理法学与行政法学。社会治理法学与行政法学在研究范围方面有一定的交叉,二者都会涉及政府对社会事务的管理。但整体而言,二者在调整对象、法律关系、法律属性上仍有区别,由此形成社会治理法学与行政法学在研究对象、法律关系的内容等方面的分野。

(1) 两者研究对象存在差异。社会治理法学是以社会治理法为研究对象的一门学科,包括社会治理法的调整对象、社会治理法律规范的结构、法律责任等,因而它通常将社会治理法解释为有关社会治理活动的各种法律规范之总和,调整执政党、政府(行政机关)、社会组织以及公民等主体在社会治理活动中形成的纵横交错的社会关系,确立党"总揽全局、协调各方"的地位,以及各类主体在社会治理活动中的权利(力)保障与义务履行(责任承担),以保障社会治理活动规范、有序开展,从而调节社会关系、激发社会活力、维护社会公平正义、促进社会和谐、实现国家长治久安,建设更高水平平安中国。行政法学以有关行政管理活动的各种法律规范为研究对象。行政法主要调整行政机关在行政活动中形成的各种社会关系,即行政关系。当行政机关的行政活动涉及对社会事务的管理时,行政法与社会治理法在调整对象方面存在一定交叉重合,即行政机关此时既是行政主体也是社会治理主体,其活动既是行政活动也是社会治理活动,由此产生的社会关系既包含行政关系也包含社会治理关系。但行政机关的行政活动不仅包括对社会事务的管理,还包括对国防、外交、经济、文化、科技等行政事务的管理,以及对自身组织机构、行政公务人员的内部行政事务管理等。这些行政活动所产生的大量社会关系不属于社会治理法的调整范围,因而不属于社会治理法学的研究对象。同时,社会治理活动并不限于行政机关对社会事务的治理活动,它是执政党、国家机关、社会组织以及公民等众多主体对社会事务开展的合作共治所形成的纵横交错的社会关系,比行政机关与行政相对人之间的行政关系更为丰富、复杂。对于这些社会治理关系,行政法难以调整,需要专门的社会治理法加以调整。因此,这些更为丰富、复杂的社会治理关系属于社会治理法学的研究对象。

(2)两者研究对象所确立法律关系的内容有较大差别。社会治理法确立了执政党、政府(包括行政执法机关)、社会组织和公民等社会治理主体的法律地位,规定了各社会治理主体之间在社会治理活动中的权利(力)义务(责任)关系,即社会治理法律关系。而行政法确立了行政机关的行政主体法律地位,以及公民、法人或其他组织的行政相对人法律地位,规定了他们之间在行政管理中的权力(利)责任(义务)关系,即行政法律关系。社会治理法律关系中的权利(力)义务(责任)与行政法律关系中的权力(利)责任(义务)存在很大区别,尤其是基层群众性自治组织、社会组织在自治活动中进行自我管理、自我服务、自我教育、自我监督所形成的权利义务关系,是行政法律关系所不具有的。此外,在行政法律关系中,行政机关是恒定的主体一方,而社会治理法律关系中则并非如此。社会治理法学与行政法学研究对象所涉及法律关系内容的不同,导致了两学科研究范围的不同。

2. 社会治理法学与民商法学。社会治理法学与民商法学的功能及价值、适用领域、调整对象、调整方法、规范性质和主体功能等方面的差异,决定了社会治理法学与民商法学在研究对象、研究的法律规范的性质、研究的法律规范的调整方法等方面存在着不同之处。

(1)两者的研究对象不同。社会治理法通过确立社会治理多元主体地位及其社会治理权利(力)、义务(责任)来促进社会公共利益最大化,调整政府组织、非营利组织、营利组织及公民在社会公共事务治理活动中供给社会公共产品时所形成的社会关系。其调整对象是执政党、政府、社会组织和公民合作共治中的社会治理关系。社会治理关系的客体既包括社会公共事务、政社合作共治事务,又包括社会自治事务,还包括社会组织自我教育、自我管理、自我服务事务,等等。所有这些构成了社会治理法学研究对象的规定性。而民商法的调整对象为公民、法人和其他社会组织等民商事主体之间的人身关系和财产关系。民商事法律关系的客体是私人领域所涉婚姻家庭方面的身份性和财产性私人事务、市场经济方面的财产性私人事务等。由此构成了民商法学研究对象的特定性。社会治理法学研究对象的规定性和民商法学研究对象的特定性是两个学科分野的典型特征。

(2)两者研究的法律规范的性质不同。社会治理法具有公私法交融的复合性。一方面,它调整执政党、政府、社会组织与公民之间的纵向权利(力)义务(责任)关系;另一方面,它还调整社会组织、公民之间的横向平权关系。这就决定了社会治理法学是以纵向法权关系与横向平权关系为研究对象的新兴学科。而民商法主要为调整民商事主体之间意思自治的法律规范,属于典型的私法,民商事主体之间的法律关系是完全的平权关系,因而民商法学是以平权关系或私权关系为研究对象的学科。

（3）两者研究的法律规范的调整方法不同。社会治理法的公私法双重属性决定了其调整方法的多样性,采取纵横交错的调整方法,既包括政府治理社会领域政府"命令—服从"型和"指导—服务"型的公法调整方法,又包括社会自治领域非营利组织意思自治之私法调整方法,还涵盖政府管理社会及社会自治中的政社合作、志愿服务之公私合作调整方法,等等。民商法调整的是私法关系,即平等主体之间的人身关系和财产关系,主要采取民商事主体意思自治的私法调整方法。社会治理法与民商法调整方法的不同,决定了社会治理法学与民商法学之间的分野。

3. 社会治理法学与经济法学。社会治理法与经济法在调整经济转型、经济决策、经济运行引发和产生的社会问题及社会风险方面,具有协调配合作用。但两者也有较大区别,相应地分别以两者为调整对象的社会治理法学与经济法学也存在着较大区别。

（1）两者的研究对象不同。社会治理法是有关社会治理活动的各种法律规范之总和,它调整执政党、政府（行政机关）、社会组织以及公民等主体在社会治理活动中形成的各种社会关系,确立并实现各方在社会治理活动中的权利（力）、义务（责任）,以保障社会治理活动规范、有序开展,最终达成社会和谐的根本目标。这构成了社会治理法研究对象的专门性。经济法则是调整现代国家进行宏观调控和市场规制过程中发生的经济关系的法律规范的总称,它主要调整社会生产和再生产过程中各类组织参加的经济管理关系和一定范围的经营协调关系。具体包括国家规范经济组织过程中发生的经济关系,国家干预市场经济运行过程中发生的经济关系,国家管理、规范经济秩序过程中发生的经济关系,国家在经济调控中发生的经济关系,国家在协调与遵守联合国、国际组织、地区组织有关货物、贸易、服务、投资、知识产权及进出口等经济活动的规则与国内法的衔接中所产生的经济关系,等等。这构成了经济法学研究对象的专门性。虽然,对经济领域社会风险防范化解、重大突发事件应对等现象的研究,也是社会治理法学的重要研究内容,但其仅关注经济问题、经济事件、重大经济风险带来的社会治理问题。

（2）两者研究的法律规范的性质不同。社会治理法具有公私法交融的复合性,既调整公法关系,也调整私法关系。经济法则通过国家调整经济关系,体现了强烈的公法性质。

（3）两者研究的法律规范的功能不同。社会治理法的主要功能是社会治理功能,即确立并实现各方在社会治理活动中的权利（力）、义务（责任）,建立良好和谐的社会状态,更好统筹社会力量、协调社会关系、预防社会风险、化解社会矛盾、平衡社会利益,增强社会发展活力,最大限度增加和谐因素,实现政府治理和社会自我调节、居民自治的良性互动,以保障社会治理活动规范、有序开展,最终达成社会和谐、国家长治久安的根本目标。这决定了社会治理法学研究内容的特定性。经济法的功能更多体现在经济方面,在于坚持以公有制为主体、多种所有制经济共同发展,引导、推进和保障社会主义市场经济体制的建立和完善,扩大对外经济技术交流和合作,保证国民经济持续、快速、健康发展。这决定了经济法学研究内容的专门性。

4. 社会治理法学与社会法学。社会治理法学与社会法学都聚焦社会问题,两者应当是整体与部分的属种关系。

(1)两者的研究对象具有包容关系。社会治理法调整执政党、国家机关、社会组织以及公民等主体在社会治理活动中形成的各种社会关系。其不仅调整城乡劳动、教育、医疗、卫生等基本公共服务均等化保障、城乡一体化保障的法律关系,还调整社会治安综合治理法律关系、社会矛盾化解法律关系、公共安全保障法律关系、政社合作共治法律关系。社会法仅调整有关劳动关系、社会保障关系和社会福利关系。在内容上,社会法的调整内容已完全被社会治理法所涵盖。

(2)社会法作为独立法律部门已不适应社会治理现代化的客观要求。党的十八大以来,党中央依据"法治国家、法治政府、法治社会一体建设""推进社会治理现代化"的战略决策,提出了建设社会主义法治体系、建设社会主义法治国家的根本目标,这给改革传统部门法律体系,发展完善社会治理法学提出了急迫要求。我国现有的社会法与中国特色社会主义法治体系存在不相匹配的问题。究其根源,在于传统社会法形成的时间较早,我国在借鉴域外立法模式与构建法律部门时忽视"以我为主、突出特色、兼收并蓄",存在"简单克隆、全盘照抄"的偏差。同时,当代中国社会治理法治体系根植于中国特色社会主义法治道路、制度、文化、实践,是马克思主义经典作家关于"国家与社会管理"基本原理中国化时代化的重大成果,是"中国之治"最具原创性的标识成果,需要对其理论创新、法律制度安排及其实践创新进行系统性总结、理论性诠释、学术性表达、话语性传播,推动社会治理法这一法律制度体系的完善,以促进社会治理法学"三大体系"构建。据此,亟需对舶来的"社会法"进行创新性改造,使这一法律部门发展成内嵌于当代中国法律制度体系,呈现更具有包容性、开放性、实践性特点的"社会治理法"之法律部门。

(3)社会法学应当扩展成正在发展完善的社会治理法学。社会法学主要研究:保护弱势群体的法律规范,如《未成年人保护法》《老年人权益保障法》等;保障社会成员劳动、就业、福利、救助等基本生存权的法律规范,如劳动法与社会保障法;促进社会公益的法律规范,如有关社区服务、彩票、人体器官与遗体捐赠、见义勇为资助等方面的法律法规;促进科教、文卫、体育事业发展的法律规范,如《教师法》《科技进步法》《义务教育法》《教育法》等。这些内容仅构成社会治理法学学科的"社会治理法律制度"中"基本公共服务法"的主要内容。除此之外,社会治理法学还包括"社会自治法""政社合作共治法""社会矛盾预防化解法""公共安全保障法""突发事件应对法""社会治安综合治理法""网络社会治理法"所调整的相关内容。因此,社会法学学科应当扩展为社会治理法学。

(二)社会治理法学与其他学科的关系

1. 社会治理法学与政治学。社会治理法学与政治学在研究对象及研究范式等方面存在一定的关联性。社会治理法学以社会问题、社会冲突、社会转型的治理规则、程序、方式的法治化为研究对象。政治学则是以政治行为、政治体制以及政治相关领域为主要内容的社会科学学科。狭义的政治学研究国家的活动、形式和关系及其发展规律;广义的政治学研究一定经济基础之上的社会公共权力的活动、形式和关系及其发展规律。[①] 此外,社会治理法学和政治学的研究内容有所不同:社会治理法学从法的角度研究社会生活现象,而政治学从公共权力的角度研究政治生活现象。

2. 社会治理法学与公共管理学。社会治理法学以社会治理法律现象和法律制度为研究对象,具有多元主体对社会事务共商共建、共治共享、合作治理的特征;公共管理学则以政府和非营利组织依法对社会公共事务进行有效管理为研究对象,具有管理层级性、效率性等特征。两者在涉及有关公共事务的治理或管理层面具有一定的交叉性。首先,社会治理法学和公共管理学都为共同的经济基础服务。研究社会治理法学,目的是利用法律来规制、保障和推进社会事业建设,使社会统一、高效、有序运行;研究公共管理学,目的是更好地指导公共事务管理、提高公共管理效率和效益。其次,社会治理与公共管理服务都需要纳入法治轨道。一方面,社会治理与公共管理服务都需要遵从管理的规则、规律及其方法;另一方面,这些规则、方法均需上升到法律制度层面,以发挥法律在社会治理或公共管理服务领域的基础性作用,增强其长期效益,纠正和避免短期行为、短视现象,避免人治的肆意妄为与权力的滥用,提升社会治理与公共管理的法治化水平。最后,公共管理学为社会治理创新提供了各类管理模型,社会治理创新需要借用管理科学的一些研究成果,尤其是现代社会治理理念、技术、方法和机制等,按照法治思维和法治方式对传统管理模式及相应的管理方法进行改造、改进和改革,使之体现法治精神、符合依法治理规律,推进社会治理体系和治理能力现代化、法治化。

3. 社会治理法学与社会学。社会治理法学主要研究社会治理创新中的法律现象,揭示社会发展实现良法善治的规律;社会学主要研究社会结构、社会分层、社会冲突、社会互动、社会运行规律等问题,揭示社会发展的秩序性、突变性及其改良修复发展的规律。同时,社会治理法学与社会学之间存在着相互交错的关系。首先,社会治理法学研究利用法律来规制、保障、建设社会事业,使之维护社会公平正义,促进社会和谐稳定、人民安居乐业、国家长治久安;社会学则通过观察法治生活研究社会,把法律作为社会内容的表达形式。虽然两者研究的方式方法手段不同,但根本目的是一致的。其次,社会学有关社会结构、社会分层、社会组织和社会冲突等理论为社会治理法学学科提供了智力支持。要使社会治理法律制度发挥积极作用,就必须深入研究社会学领域相关问题,掌握社会学理论及相关研究方法,并把符合社会治理规律的社会治理规范上升为法律。

六、社会治理法学的理论价值和社会意义

(一)理论价值

1. 构建中国特色社会治理法治理论体系。社会治理内容的丰富性和发展性需要构建

---

① 参见王宏、王沪宁:《关于政治学的研究对象和体系问题》,载《政治与法律》1984 年第 1 期。

相应的社会治理法治理论体系。在我国,社会建设与经济建设、政治建设、文化建设、生态文明建设被确定为"五位一体"总体布局。随着世界多极化、经济全球化、文化多样化、社会信息化的深入发展,全球不稳定不确定因素日益增多。和平崛起的中国,正处在以实现"两个一百年"奋斗目标、实现中华民族伟大复兴中国梦为节点的新发展阶段,正面临百年未有之大变局条件下的各种风险与挑战。组织、领导和团结带领全体人民进行具有许多新的历史特点的伟大斗争,决定了中国共产党在统筹推进"五位一体"总体布局、协调推进"四个全面"战略布局中的坚强核心领导地位,要求其为进行这场具有许多新的历史特点的伟大斗争制定战略规划,作出战略决策,提出路线图、时间表。而推进社会治理现代化正是其中重要一环,是推进治理体系和治理能力现代化的重要实施步骤,是加快推进社会治理现代化、法治化实施路线图、时间表的重要组成部分。伟大的实践需要伟大的理论引领。正如马克思、恩格斯指出的:"一切划时代的体系的真正的内容都是由于产生这些体系的那个时期的需要而形成起来的。"① 党的十八大以来,以习近平同志为核心的党中央在推进国家治理体系和治理能力现代化的进程中,提出了社会治理法治"十四论"的理论体系,创造性地发展了中国特色社会治理法治理论。

2. 促进中国特色社会治理理论发展完善。社会治理的改革实践需要相应的法律制度加以确认。我国社会治理理念与中央高端决策及其集体行动,经历了从传统政府管理到目前强调政府与社会共同协作治理的变革。随着社会主义市场经济体制的建立,党的十四届三中全会通过的《关于建立社会主义市场经济体制若干问题的决定》首次把"社会管理"作为政府的一项新职能。党的十六大提出"完善政府的经济调节、市场监管、社会管理和公共服务的职能"。党的十六届四中全会通过的《中共中央关于加强党的执政能力建设的决定》(以下简称"党的十六届四中全会《决定》"),强调"推进社会管理体制创新""建立健全党委领导、政府负责、社会协同、公众参与的社会管理格局"。党的十八大首次把社会建设置于经济建设、政治建设、文化建设和社会建设中国特色社会主义事业总体布局之中,形成了"五位一体"总体布局。针对社会管理和社会建设领域呈现的矛盾复杂化、社会冲突日渐凸显等新情况新问题新特点,党的十八大《报告》提出四个"加快形成",强调要"提高领导干部运用法治思维和法治方式深化改革、推动发展、化解矛盾、维护稳定能力";首次提出了社会管理的"法治保障"要求。党的十八届三中全会《决定》将"社会管理"提升为"社会治理",要求推动形成党委领导、政府主导、社会组织依章自治、社区居民参与自治、政府与社会组织合作共治的社会治理新格局。党的十八届四中全会《决定》进一步提出"坚持系统治理、依法治理、综合治理、源头治理,提高社会治理法治化水平"。党的十八届五中全会通过的《中共中央关于制定国民经济和社会发展第十三个五年规划的建议》要求"完善党委领导、政府主导、社会协同、公众参与、法治保障的社会治理体制"。党的十九大《报告》要求"打造共建共治共享的社会治理格局,提高社会治理社会化、法治化、智能化、专业化水平"。

---

① 《马克思恩格斯全集》第3卷,人民出版社1960年版,第544页。

党的十九届四中全会通过的《中共中央关于坚持和完善中国特色社会主义制度　推进国家治理体系和治理能力现代化若干重大问题的决定》（以下简称"党的十九届四中全会《决定》"）进一步提出，"加强和创新社会治理，完善党委领导、政府负责、民主协商、社会协同、公众参与、法治保障、科技支撑的社会治理体系，建设人人有责、人人尽责、人人享有的社会治理共同体，确保人民安居乐业、社会安定有序，建设更高水平的平安中国"。从上述各项战略决策不难发现，中央有关社会治理决策部署的内容是不断丰富发展的，需要将具有"软法"性质的重要高层战略决策与相关规范性文件作为宏大社会治理实践的行动指南，使之成为推动社会治理创造新鲜经验、型构行为模式、完善制度安排的磅礴力量。

3. 完善中国特色社会主义法治理论。在全面建成富强、民主、文明、和谐、美丽社会主义现代化强国，实现中华民族伟大复兴中国梦的征程中，党的十八大《报告》开宗明义地提出"法治是治国理政的基本方式"；党十八届三中全会《决定》提出完善和发展中国特色社会主义制度，推进国家治理体系和治理能力现代化；党的十八届四中全会《决定》进一步提出建设中国特色社会主义法治体系，建设社会主义法治国家；党的十九大《报告》提出，坚持全面依法治国，必须严格把党的领导贯彻落实到依法治国全过程和各方面，坚定不移走中国特色社会主义法治道路，完善以宪法为核心的中国特色社会主义法律体系，建设中国特色社会主义法治体系，建设社会主义法治国家；党的十九届四中全会《决定》提出坚持和完善中国特色社会主义法治体系，提高党依法治国、依法执政能力。这些重大战略部署，是以习近平同志为核心的党中央创造性地运用马克思主义的基本原理及其世界观、方法论于现阶段中国的基本国情，在遵循社会治理一般规律的基础上，立足于推进国家治理体系和治理能力现代化，建设更高水平平安中国、法治中国的丰富实践，提出了一整套新命题、新论断、新范畴、新观点、新理念、新思想，形成了内容丰富、体系完整、逻辑严谨，具有纯熟哲学方法和鲜明实践面向的法治理论体系。

（二）社会意义

1. 适应我国法学交叉学科发展的需求。学科建设是高等学校实现人才培养、科学研究和社会服务等职能的基础。随着时代的进步和社会的发展，传统意义上的学科建设，已经无法满足高等学校实现其职能的需求，培养复合型人才、实施大型科研项目、服务于国家和地方经济建设等任务都需要多个学科间的相互协作、交叉融合，现代大学日益注重交叉学科的建设和发展。从学科设置的总体情况来看，法学交叉学科尚不能适应社会经济发展的需求。据教育部2019年发布的数据，全国普通高等院校自设5167个二级学科，其中自设二级交叉学科508个，占自设二级学科的9.83%；在自设二级交叉学科中法学交叉学科为125个，分别占自设二级学科的2.42%与交叉学科的24.60%。此外，法学界并不十分注重交叉学科的规划建设，法学与其他学科融合及知识融通不足，这在一定程度上制约了我国法学的进一步发展。我国法学学科历经多年发展，学者对熟悉的学科纵向研究十分深入，而与其他相关学科协同、参与横向研究相对较少，限制了问题意识的培育、研究方法的创新和学术视野的拓展，呈现出"职业性神秘""隔行如隔山"等知识割裂状态。因此，拓宽法学新的知识增长点、创新法学新兴学科是繁荣中国法学学科建设必须直面与亟需回应的重大问题。借鉴法律经济学产生发展的历史可以发现,只有融合不同学科的知识,才能给法学注入新的活力,使其顺应社会的发展。

2. 适应社会治理法学专业人才缺口的需求。"当今世界正经历百年未有之大变局,国际形势复杂多变,改革发展稳定、内政外交国防、治党治国治军各方面任务之繁重前所未有,我们面临的风险挑战之严峻前所未有。这些风险挑战,有的来自国内,有的来自国际,有的来自经济社会领域,有的来自自然界。我们要打赢防范化解重大风险攻坚战,必须坚持和完

拓展阅读

善中国特色社会主义制度、推进国家治理体系和治理能力现代化,运用制度威力应对风险挑战的冲击。"[1] 在此背景下,提高社会治理科学化水平,必须加强社会治理法律、体制机制、能力、人才队伍和信息化建设。这给社会治理法学高层次专业人才的培养提出了急迫要求。因此,构建社会治理法学学科,为社会治理法学领域培养"四型"卓越法治人才,为国家和社会提供专门人力资源支持,有利于满足社会治理法学卓越法治人才的社会需求。

3. 适应全面深化改革和开启全面建设社会主义现代化国家新征程的需要。"全面依法治国"与"全面深化改革"犹如"高铁快车"与"基准轨道"的互动依存体。党的十八届三中全会部署经济体制、政治体制、文化体制、社会体制、生态文明体制和党的制度建设重大改革,犹如启动高速运行的"高铁快车"。一方面,全面深化包括社会体制改革在内的六个领域改革须于法有据,使改革在法治轨道上有序推进。另一方面,全面深化改革是前无古人的伟大事业,面对体制性障碍、机制性困扰、保障性束缚、国际生存空间的挤压与挑战等,中国共产党带领 14 亿人民进行的这场波澜壮阔的改革必定是一场"啃硬骨头""趟深水区"的硬仗,但也将会生动描绘"法治中国梦"的辉煌景象,必定会为发展和完善中国特色社会主义法治体系提供鲜活的经验、材料与范例,为建设完备社会治理法律规范、高效社会治理法治实施、严密社会治理法治监督、有力社会治理法治保障,加快中国特色社会治理法治体系建设提供难得的机遇。因此,社会治理作为全面深化社会体制改革的重要内容,其法治化的实现既是全面深化改革的重要保障,也是全面深化改革成果的具体体现。

---

① 《习近平谈治国理政》第 3 卷,外文出版社 2020 年版,第 112—113 页。

上篇｜基础理论

第一章　社会治理法的含义及调整对象

第一节　社会治理法的含义

一、社会治理法的概念与特征

社会治理法是有关社会治理活动的各种法律规范的总和。它调整执政党、国家机关、社会组织以及公民等主体在社会治理活动中所形成的各种社会关系，确立并实现各方在社会治理活动中的权利（力）、义务（责任），以保障社会治理活动规范、有序开展，最终达成社会和谐的根本目标，实现国家长治久安，人民生活幸福康宁。社会治理法的特征可以从内容和形式两个方面予以概括。

（一）社会治理法内容方面的特征

1. 社会治理法规范的是社会治理活动。社会治理法不同于其他部门法的首要表征，在于其功能是规范基本公共服务、社会自治、政社合作共治、社会矛盾预防化解、公共安全保障、突发事件应对、社会治安综合治理、网络社会治理等社会治理活动，激发社会活力，调整社会关系，保障公民合法权益，维护社会公平正义，打造人人有责、人人尽责、共商共建共治共享社会治理共同体，促进经济社会更高质量发展、政府更高效率管理、人民更高品质生活、国家对外更高水平开放。社会治理法所规范的社会治理活动，与民法所规范的民事活动、行政法所规范的行政活动等都有所区别，具体体现为各类活动的范围不尽相同。

民事活动是自然人、法人和非法人组织等平等民事主体之间涉及财产、人身关系的活动；行政活动则是不平等主体即行政主体与行政相对人之间行使国家行政权力的活动。社会治理活动与民事活动有一部分重合，如社会组织与公民相互之间提供有偿的社会服务以及社会组织与公民之间进行的民事调解等，这些社会治理活动也遵循民事活动平等自愿、等价有偿的原则，而其他的大量社会治理活动都不属于民事活动。社会治理活动与行政活动也有一定的重合，如政府实施的社会管理活动和政府对社会提供的公共服务等，但又不完全相同。原因在于行政活动是行政机关实施的全方位的行政管理活动，涉及经济管理、政治管理、文化管理、社会管理、生态管理、对外国际交往管理等多个方面，而社会治理活动仅限于对社会事务的管理，不包括其他行政管理。不仅如此，社会治理活动还包含了社会自治管理，它既不是民事活动，又不属于政府的行政管理，而是社会组织和公民自我管理、自我教育、自我服务、自我监督的自治活动，这类自治活动依靠和运用的是基层自治权利和社会权利,而非国家行政权力或民事权利。

2. 社会治理法以社会治理中的特定社会关系为调整对象。这种特定的社会关系,是各类社会治理主体在处理社会事务、开展公共服务、化解社会矛盾、保障公共安全等社会治理活动中形成的纵横交错的关系。社会事务的多样性与丰富性使这类社会关系的表现形式纷繁复杂。社会治理中的纵向关系主要体现为执政党和政府在社会管理活动中形成的自上而下的领导关系、管理关系、服务关系、指导关系、监督关系等;社会治理中的横向关系体现为政府与社会组织、社会公众在共同治理社会事务中形成的平等合作、协调互助关系,以及社会组织、公民之间的自我管理、自我教育、自我服务、自我监督关系,等等。社会治理过程中形成的上述特定社会关系,与单一的横向民事关系和单一的纵向行政关系都有区别。这决定了社会治理法在调整对象上的特殊性。

3. 社会治理法兼具公法与私法的性质。一般而言,"凡涉及公共权力、公共关系、公共利益和上下服从关系、管理关系、强制关系的法,即为公法;凡属个人利益、个人权利、自由选择、平权关系的法,即为私法"[1]。公法与私法由于调整对象不同,调整方法也各有侧重。公法的调整对象为地位不对等主体之间的关系,"在国家权力控制的范围内,国家机关为了保证政务的有效推行和稳定的公法秩序,对地位不对等的社会成员必不可少地要使用强制力"[2]。而私法主要调整平等主体之间的民商事关系,私法自治原则要求或允许平等主体之间通过协商合意、等价有偿等方法开展活动。从公法的属性看,社会治理法要规范政府对公民、法人或其他组织的社会管理职权职责,规范公共服务和公共安全保障等活动,反映了公共权力、公共关系和公共利益。从私法的属性看,社会治理法规范公民、法人或其他组织相互之间的社会治理活动,如提供有偿的社会服务、社会组织与公民的自我管理、自我教育、自我服务、自我监督,包括对社会成员之间有关纠纷的调解等,这又体现了私人之间的利益关系。由此,社会治理法是基于和谐社会建设的根本目标,以公法为主并吸收了一定私法内容的综合体。社会治理的过程是规范、协调各种纵横交错社会关系的过程,既需要有调整公权力机关之间以及公权力机关与社会组织或公民之间纵向社会治理关系的公法规范,又需要有调整社会组织或公民相互之间横向社会治理关系的私法规范,其融合了公法与私法两种不同的法律规范。

4. 社会治理法的内容丰富并具有开放性。社会治理针对的社会事务范围广泛,涉及基本公共服务、社会自治、政社合作共治、社会矛盾预防化解、公共安全保障、突发事件应对、网络社会治理、社会治安综合治理等多个领域,内容覆盖了教育、卫生、医疗、劳动就业、社会保障、食品药品安全、生产安全和防灾减灾救灾、网络安全、社会治安和公共安全等多个方面,可运用教育、示范、倡导、指导、奖励、扶持以及调解、仲裁、复议、诉讼、信访等方式,这决定了社会治理法的内容丰富多样。同时,社会治理所面临的社会事务复杂多变,新情况、新问题

---

① 张文显主编:《法理学》,法律出版社 2007 年版,第 142 页。

② 方世荣:《论公法领域中"软法"实施的资源保障》,载《法商研究》2013 年第 3 期。

会不断出现,决定了社会治理法的内容不是封闭不变的,而具有开放性和发展性特点,以适应社会的发展变化。

(二)社会治理法形式方面的特征

1. 社会治理法由形式多样的法律规范构成。目前,我国尚未制定统一的社会治理法典。社会治理法体系由分散于宪法、法律、法规、规章中的有关社会治理法律规范条款构成。由于社会治理法内容具有广泛性、繁杂性、开放性,难以制定一部综合性的社会治理法典。如何使自治规范、行业规范、法律、法规、规章等在调整社会治理事务时能够协调配合,将是社会治理法治体系建设中的重点。

2. 社会治理法兼具"硬法"与"软法"两种形态。罗豪才教授指出:"法律有'硬法'与'软法'两种基本表现形式,其中'硬法'是指那些需要依赖国家强制力保障实施的法律规范;而'软法'则指那些效力结构未必完整,无需依靠国家强制力保障实施,但能够产生社会实效的法律规范。"[1]"硬法"与"软法"的区别主要是形成背景、产生程序、构成要件、实施方式和社会效果不同。法的实施通常需要"压制性资源"和"引导性资源"两种资源加以保障。"压制性资源表现为系统化的强制、惩戒规范以及警察、法庭和监狱等外在暴力力量。引导性资源是法所内含的理想目标、价值追求、道德伦理、公序良俗、利益分配、人性化管理等内在感召力量。"[2]"硬法"的实施可兼用这两类资源作为保障,要以压制性资源为底线保证;而"软法"的实施则基本运用引导性资源。换言之,"硬法"实施的是命令性、强制性的"硬性"规制,"软法"实施的则是引导性、协商性的"柔性"规制。

社会治理针对的社会事务复杂多样,社会问题的性质、类型及其成因有别,需要不同的规制方法妥善处理。如有的事务需要通过直接的命令与服从管理模式具体落实,以行政强制、行政处罚等手段予以保证;而有的事务则需要通过合作、自治等模式具体落实,以行政合同、行政指导、行政服务以及自律管理等手段加以推进。前者就需要制定社会治理法的"硬法"规范,后者就需要运用社会治理法的"软法"规范。

二、社会治理法的基本内容

(一)社会治理法内容的三个维度

社会治理法的基本内容是指用于规制社会治理过程的法律规范。对于社会治理法的基本内容,可以从社会治理主体、社会治理机制和社会治理事务三个维度来认识。

1. 社会治理主体。社会治理法首先要规定社会治理主体的适格条件、权利(力)义务(责任)、行使方式、法律责任,由此形成社会治理主体法律规范。社会治理主体法律规范主要规定社会治理活动中的各类治理主体及其法律地位和职权职责、权利(力)义务(责任)

---

[1] 罗豪才、宋功德:《认真对待软法——公域软法的一般理论及其中国实践》,载《中国法学》2006 年第 2 期。

[2] 方世荣:《论公法领域中"软法"实施的资源保障》,载《法商研究》2013 年第 3 期。

等。具体可分为执政党作为社会治理主体的法律地位、政府作为社会治理主体的法律地位、社会组织作为社会治理主体的法律地位、社会公众作为社会治理主体的法律地位等。

2. 社会治理机制。社会治理法需规定社会治理的各种方式、方法，即社会治理机制，通常表现为社会治理机制法律规范。社会治理机制法律规范主要包括政府对社会的法律治理机制、社会自治的法律治理机制、政府与社会合作共治的法律治理机制等。

3. 社会治理事务。社会治理法规范的社会事务主要包括：劳动、教育、医疗、卫生、特殊人群帮助等领域基本公共服务事务；基层群众性组织、行业非营利组织、营利组织的自治事务；政府与社会组织围绕公共安全、公共利益开展共商共建共治共享的事务；预防和化解政治风险、意识形态风险、经济风险、科技风险、社会风险、生物安全风险、重大公共卫生风险、外部环境风险和社会矛盾的事务；公共安全保障事务；网络社会治理事务；社会治安综合治理事务，等等。调整这些社会事务的法律规范构成了社会治理法律制度体系。

（二）社会治理主体法律规范

社会治理主体法律规范，是指规定各种社会治理主体在社会治理活动中的地位及其相互之间权利（力）义务（责任）的法律规范。具体而言，它是指有关作为社会治理主体的执政党、政府、社会组织、公众等在社会治理活动中的相互地位的法律规定。

1. 执政党作为社会治理主体的法律地位。对一国社会事务的治理是国家政权活动的重要内容。作为执掌国家政权的政党，执政党必然要发挥重要的领导和组织作用，因此执政党应当是社会治理的核心主体。同时，在法治国家，执政党必须坚持依法执政，坚持依宪执政与依宪治国，依法实施党对社会治理活动的全面领导。

在我国，中国共产党是执政党，是中国工人阶级的先锋队，是中国人民和中华民族的先锋队，是中国特色社会主义事业的领导核心。中国共产党代表中国先进生产力的发展要求，代表中国先进文化的前进方向，代表中国最广大人民的根本利益，是根据自己的纲领和章程，按照民主集中制组织起来的统一整体。[①]党对社会治理活动的领导，具体体现为党中央以及地方各级党组织对社会治理活动的领导，通常简称为"党委领导"。关于党在社会治理中的领导地位，我国宪法和法律都有明确具体的规定。这包括：

（1）宪法层面的规定。我国《宪法》序言载明："中国各族人民将继续在中国共产党领导下，在马克思列宁主义、毛泽东思想、邓小平理论、'三个代表'重要思想、科学发展观、习近平新时代中国特色社会主义思想指引下，坚持人民民主专政，坚持社会主义道路，坚持改革开放，不断完善社会主义的各项制度，发展社会主义市场经济，发展社会主义民主，健全社会主义法治，贯彻新发展理念，自力更生，艰苦奋斗，逐步实现工业、农业、国防和科学技术的现代化，推动物质文明、政治文明、精神文明、社会文明、生态文明协调发展，把我国建设成为富强民主文明和谐美丽的社会主义现代化强国，实现中华民族伟大复兴。"《宪法》第1条第2款明确规定："……中国共产党领导是中国特色社会主义最本质的特征。……"中国

---

① 参见《中国共产党章程》"总纲"、第 10 条。

共产党领导的多党合作和政治协商制度将长期存在和发展,这使中国共产党作为执政党,不仅具有执掌治国理政、治党治军、内政外交国家各项事务的法律地位,而且具有执掌社会建设与社会治理活动法律地位的宪法性保障。

（2）基本法律规范层面的规定。在我国,有大量法律就执政党领导实施某一领域的国家与社会事务作出了明确规定。比如,农村基层自治以村民委员会为组织形式,负有"办理本村的公共事务和公益事业,调解民间纠纷,协助维护社会治安,向人民政府反映村民的意见、要求和提出建议"等大量社会治理事务的职能。对此,《村民委员会组织法》第4条明确规定:"中国共产党在农村的基层组织,按照中国共产党章程进行工作,发挥领导核心作用,领导和支持村民委员会行使职权;依照宪法和法律,支持和保障村民开展自治活动、直接行使民主权利。"再如,涉及维护国家安全、保障公共安全和维护社会稳定的《国防法》规定:"中华人民共和国的武装力量受中国共产党领导。武装力量中的中国共产党组织依照中国共产党章程进行活动。"《国家安全法》明确规定:"坚持中国共产党对国家安全工作的领导,建立集中统一、高效权威的国家安全领导体制。"涉及企业事业单位职工基层社会管理事务的《工会法》确立了党对工会工作的领导地位和领导职责。公共教育服务也是社会治理事务的一项重要内容,我国《教育法》明确规定了中国共产党对教育工作的领导。《高等教育法》规定"国家举办的高等学校实行中国共产党高等学校基层委员会领导下的校长负责制。中国共产党高等学校基层委员会按照中国共产党章程和有关规定,统一领导学校工作,支持校长独立负责地行使职权",规定其领导职责是"执行中国共产党的路线、方针、政策,坚持社会主义办学方向,领导学校的思想政治工作和德育工作,讨论决定学校内部组织机构的设置和内部组织机构负责人的人选,讨论决定学校的改革、发展和基本管理制度等重大事项,保证以培养人才为中心的各项任务的完成";并规定"社会力量举办的高等学校的内部管理体制按照国家有关社会力量办学的规定确定"。此外,有的法律规范采用"承接省略"方式确立执政党在该领域国家与社会事务的领导地位。比如,《城市居民委员会组织法》虽然未设置专条规定执政党在城市社区治理活动中的领导地位,但采用"承接省略"方式处理执政党在城市社区治理活动领导的法律地位这一重大问题。该法第1条明确规定"为了加强城市居民委员会的建设,由城市居民群众依法办理群众自己的事情,促进城市基层社会主义民主和城市社会主义物质文明、精神文明建设的发展,根据宪法,制定本法";该法第12条规定"居民委员会成员应当遵守宪法、法律、法规和国家的政策,办事公道,热心为居民服务"。这些"根据宪法""遵守宪法"的表述就是"承接省略"的立法范式,即宪法已载明中国共产党作为执政党的宪法地位,"根据宪法""遵守宪法"就表明在城市社区治理活动应坚持宪法确立的执政党的领导地位。

2. 政府作为社会治理主体的法律地位。政府的根本职能是维持公共秩序、国家安全和增进社会公众的福利。尤其自20世纪国际社会"福利国家"的理论、制度、实践产生以来,加强民生服务、扩展社会管理已成为当代各国政府日益重要的职责任务。在我国原有的社会管理中,政府曾作为单一的社会管理主体,几乎包揽了社会管理的各项事务。现代治理理论强调政府与社会对社会事务的合作治理,但政府仍是社会治理的重要主体,对社会治理发挥着主导作用。党的十八大《报告》和党的十八届三中全会《决定》明确提出要"发挥政府主导作用","加快形成政府主导、覆盖城乡、可持续的基本公共服务体系",对政府在社会治理中的地位作了基本定位。在法律制度上,有关法律、法规对政府作为社会治理主体的法律地位作了较为系统的规定,这主要表现为《宪法》《国务院组织法》《地方各级人民代表大会和地方各级人民政府组织法》对政府有关社会事务的治理职能规定,构建了职能明确、依法行政的政府治理体系。《宪法》第89条规定,国务院行使领导和管理城乡建设、教育、卫生、计划生育、民政、公安、司法行政等工作和职权。《国务院组织法》第3条规定"国务院行使宪法第八十九条规定的职权",以落实《宪法》的授权。《地方各级人民代表大会和地方各级人民政府组织法》规定,地方各级人民政府有权管理本行政区域内的教育、卫生、环境和资源保护、城乡建设事业、民政、公安、民族事务、司法行政、计划生育等。此外,《教育法》《劳动法》《就业促进法》《治安管理处罚法》《行政复议法》《行政处罚法》等也都明确规定了政府及其相关职能部门在提供公共服务、预防化解社会矛盾以及保障公共安全中的具体职权职责。《人民调解法》《村民委员会组织法》等还规定了政府及其职能部门对人民调解工作和村民委员会的工作的指导、支持等职能。这些法律规范都较全面地确立了社会治理中政府的法律地位。

3. 社会组织及公民作为社会治理主体的法律地位。社会组织又称为非政府组织,是指政府系统之外的组织体,通常具有非政府性、非营利性和民间性等特点。[①]公民是具有一国国籍的自然人个体。在我国过去传统的社会管理格局下,社会组织和公民往往被视为社会管理对象,而忽视其作为社会治理主体的地位。随着社会治理理论、体制机制和实践创新的发展,社会组织和公民个体作为参与社会治理的重要力量,在整个社会治理活动中扮演着越来越重要的治理主体角色。我国法律法规、部门规章及其他规范性文件对社会组织及公民在社会治理中参与治理、协作治理和自我管理、自我教育、自我服务等都有大量规定,赋予其在公共服务、社会矛盾预防化解、公共安全各领域的知情权、参与权、表达权和监督权等,确立了社会组织及公民社会治理主体的法律地位。比如,《村民委员会组织法》第2条规定:"村民委员会是村民自我管理、自我教育、自我服务的基层群众性自治组织,……村民委员会办理本村的公共事务和公益事业,调解民间纠纷,协助维护社会治安,向人民政府反映村民的意见、要求和提出建议。……"该条确立了村民委员会在基层群众性组织中的法律地位。《城市居民委员会组织法》第2条第1款规定:"居民委员会是居民自我管理、自我教育、自我服务的基层群众性自治组织。"第3条规定了居民委员会的六项任务。上述规定确立了村(居)民委员会基层群众性自治组织的法律地位。《教育法》第26条第2款规定:"国家鼓励企业事业组织、社会团体、其他社会组织及公民个人依法举办学校及其他教育机构。"第24条规定:"各级人民政府、基层群众性自治组织和企业事业组织应当采取各种措施,开展

---

① 参见周红云:《中国社会组织管理体制改革:基于治理与善治的视角》,载《马克思主义与现实》2010年第5期。

扫除文盲的教育工作。"第 47 条第 2 款规定:"企业事业组织、社会团体及其他社会组织和个人,可以通过适当形式,支持学校的建设,参与学校管理。"《就业促进法》规定,工会、共产主义青年团、妇女联合会、残疾人联合会以及其他社会组织,协助人民政府开展促进就业工作,依法维护劳动者的劳动权利。《人民调解法》第 7、8、17 条规定,人民调解委员会是依法设立的调解民间纠纷的群众性组织;村民委员会、居民委员会设立人民调解委员会。企业事业单位根据需要设立人民调解委员会;当事人可以向人民调解委员会申请调解,人民调解委员会也可以主动调解。此外,《食品安全法》《电子商务法》《慈善法》《社会团体登记管理条例》等不仅明确了社会组织及公民参与社会治理的法律地位,赋予其相关权利与义务,还规定了社会组织及公民参与社会治理的范围、途径和方式。

(三)社会治理机制法律规范

社会治理机制,是指有效治理社会事务的工作系统和方式、方法及其作用过程。社会治理机制需要社会治理法律法规作出规定并保障运行,因而社会治理机制也构成社会治理法不可或缺的重要内容。社会治理机制主要包括政府对社会的治理机制、社会自治机制以及政府与社会合作共治机制等。

1. 政府对社会治理机制的法律规范。政府对社会治理机制的法律规范是规定政府作为治理主体对社会事务实施管理的工作系统以及方式、方法的法律规范之总称。社会治理法对政府管理社会事务的工作系统以及方式、方法等有着全面系统的规定,主要包括以下内容。

(1)民主决策机制。民主决策是政府为履行管理社会的职能,在处理社会事务的过程中运用民主的方式作出决定、抉择的活动。由于社会治理领域的事务大都关系社会公众切身利益,因而政府对社会治理事务的决策特别需要建立健全公众参与、民主决策制度机制。社会治理法律法规对政府的民主决策机制有大量制度性规定,如在民生建设领域,《城乡规划法》《价格法》等都具体规定了制定城乡规划、确定和调整价格中的民主决策和民主协商等方式。[1]

(2)决策、决定的执行机制。社会治理中的决策、决定的执行机制是对国家制定的社会治理政策、决策以及政府和相关职能部门作出的行政决定,予以具体执行并落实的制度。决策、决定的执行机制包括自觉履行机制和强制执行机制。自觉履行机制通过宣传教育、示范推广、行政指导等方式实施,强制执行机制则要通过检查监督、警示催告和强制执行措施等实现。决策、决定执行机制是政府实施社会管理不可或缺的重要机制,在社会治理法中有明确规定,如《治安管理处罚法》《禁毒法》等规定的强制传唤、强制隔离戒毒等。[2]

(3)行政服务机制。社会治理中的行政服务机制是政府对公民、法人或其他组织提供均等化社会公共服务的职责履行机制。为社会提供公共服务是政府的重要职责,社会治理

① 参见《城乡规划法》第 18、22、26、27 条;《价格法》第 23、24、25 条。
② 参见《治安管理处罚法》第 82 条;《禁毒法》第 38 条。

法对此有专门的制度要求。如《教育法》《劳动法》《就业促进法》《基本医疗卫生与健康促进法》等对各级政府及其相关职能部门如何为公民提供基本教育服务、为劳动者提供就业服务、为公民提供基本医疗卫生与健康服务等都有大量规定。[①] 我国法律就妇女儿童、未成年人的权益特别保障与专门服务也有明确规定。例如,《妇女权益保障法》第 2 条规定:"妇女在政治的、经济的、文化的、社会的和家庭的生活等各方面享有同男子平等的权利。实行男女平等是国家的基本国策。国家采取必要措施,逐步完善保障妇女权益的各项制度,消除对妇女一切形式的歧视。国家保护妇女依法享有的特殊权益。禁止歧视、虐待、遗弃、残害妇女。"《未成年人保护法》第 4 条规定:"保护未成年人,应当坚持最有利于未成年人的原则。处理涉及未成年人事项,应当符合下列要求:(一)给予未成年人特殊、优先保护;(二)尊重未成年人人格尊严;(三)保护未成年人隐私权和个人信息;(四)适应未成年人身心健康发展的规律和特点;(五)听取未成年人的意见;(六)保护与教育相结合。"随着我国进入老龄化社会,老年人权益保障与特别服务需求日益迫切,为此,《老年人权益保障法》规定:"国家保障老年人依法享有的权益。老年人有从国家和社会获得物质帮助的权利,有享受社会服务和社会优待的权利,有参与社会发展和共享发展成果的权利。禁止歧视、侮辱、虐待或者遗弃老年人。"对残疾人权益平等保护与公共服务特别保障是社会公平正义的基本要求,也是检验政府是否为全社会提供均等化保障与服务的关键指标,为此,《残疾人保障法》规定:"残疾人在政治、经济、文化、社会和家庭生活等方面享有同其他公民平等的权利。残疾人的公民权利和人格尊严受法律保护。禁止基于残疾的歧视。禁止侮辱、侵害残疾人。禁止通过大众传播媒介或者其他方式贬低损害残疾人人格。"

（4）奖励和惩戒机制。奖励和惩戒机制是国家实施社会管理的重要手段,包括对在社会治理中有突出贡献的组织和个人给予奖赏与鼓励,对违反社会秩序的公民实施制裁。奖励和惩戒机制是社会治理工作的长效机制,适用于众多社会事务治理。就奖励机制而言,《民办教育促进法》规定,对非营利性民办学校可以采取政府补贴、基金奖励、捐资激励等扶持措施;国家奖励和表彰为发展民办教育事业做出突出贡献的组织和个人。《基本医疗卫生与健康促进法》规定,鼓励政府举办的医疗卫生机构与社会力量合作举办非营利性医疗卫生机构,并且对在医疗卫生与健康事业中做出突出贡献的组织和个人按照国家规定给予表彰和奖励。《环境保护法》规定,政府奖励对保护和改善环境有显著成绩的单位和个人。《土壤污染防治法》规定,国家采取措施,鼓励、支持单位和个人回收农业投入品包装废弃物和农用薄膜。《固体废物污染环境防治法》规定,各级政府对在固体废物污染环境防治工作以及相关的综合利用活动中做出显著成绩的单位和个人按照国家有关规定给予表彰、奖励。《森林法》第 13 条规定,对在造林绿化、森林保护、森林经营管理以及林业科学研究等方面成绩显著的组织或者个人,按照国家有关规定给予表彰、奖励。就惩戒机制而言,《安全生产法》规定,国家对在改善安全生产条件、防止生产安全事故、参加抢险救护等方面取得显著

---

① 参见《教育法》第 14—16 条;《劳动法》第 11 条;《就业促进法》第 4、5 条;

成绩的单位和个人给予奖励,并对违反安全生产规定造成重大安全事故的单位或个人予以惩戒制裁等。

（5）审批和备案机制。审批机制是政府机关就社会治理事务,事前根据公民、法人或其他组织的申请,经依法审查决定是否批准其从事所申请的特殊活动的管理方式。备案机制是公民、法人或其他组织向行政机关报送有关社会治理事务的材料,以便其认可、公示、审查、存档或备查的管理方式。审批和备案已成为政府对社会事务的事前管理机制,我国大量社会治理法律法规都规定了这类管理机制。如中共中央、国务院出台的《法治政府建设实施纲要（2021—2025年）》提出,要完善政府的经济调节、市场监管、社会管理、公共服务、生态环境保护等职能,厘清政府和市场、政府和社会关系,深入推进"放管服"改革、分级分类推进行政审批制度改革。要求依托全国一体化政务服务平台等渠道,全面推行审批服务"马上办、网上办、就近办、一次办、自助办",推行行政审批告知承诺制,大力归并减少各类资质资格许可事项,降低准入门槛,有序推进"证照分离"改革全覆盖,积极推进"一业一证"改革,探索实现"一证准营"、跨地互认通用等。《行政许可法》对许可审批的事项范围、权限、实施、程序等作出了系统性规定。《食品安全法》建立了食品生产经营的许可制度、食品添加剂的生产许可制度以及食品安全地方标准、食品安全企业标准制定的备案机制。《安全生产法》规定生产经营单位应当按照国家有关规定将本单位重大危险源及有关安全措施、应急措施报有关地方人民政府安全生产监督管理部门和有关部门备案。《社会团体登记管理条例》规定成立社会团体的审批登记制度和银行账号、印章的备案制度,等等。由此构建了政府对相关社会治理事项监管的审批和备案机制。

（6）事中或事后监督机制。事中或事后监督是政府在管理社会事务的过程中,通过调查、检查、督促、警示等方式对社会活动过程及结果进行管理的方法。事中或事后监督机制与事先审批和备案机制具有相互配合性。大量社会治理法律法规都明确规定了这类制度。如《药品管理法》明确规定药品监督管理部门应对进口药品在进口过程中或经批准生产、进口后实施监督管理,等等。为了加强安全生产监督管理,确保人民生命财产安全,《安全生产法》第63、65条规定,负有安全生产监督管理职责的部门对涉及安全生产的事项需要审查批准（包括批准、核准、许可、注册、认证、颁发证照等,下同）或者验收的,必须严格依照有关法律、法规和国家标准或者行业标准规定的安全生产条件和程序进行审查、批准、验收或者不予批准、不予通过;对检查中发现的安全生产违法行为,当场予以纠正或者要求限期改正,对应当作出处罚的行为,依照《安全生产法》和其他有关法律、行政法规的规定作出处罚决定。

2. 社会自治机制的法律规范。社会自治机制的法律规范是指规定社会组织及公民作为社会治理主体管理自身自治事务与社会公共事务的方式、方法的法律规范之总称。社会治理法律法规对社会组织及公民参与社会管理的方式、方法也有大量规定,确立了行之有效的社会自我调节机制。这些社会自我调节机制主要包括:

（1）基层社会组织民主选举机制。基层社会组织民主选举是基层群众民主选举出村民委员会、居民委员会等,并通过选举出的村民委员会、居民委员会等基层群众性自治组织对本地域社会事务进行自我管理、自我教育、自我服务。对于村民自治事务而言,其目的在于发展农村基层民主,维护村民的合法权益,促进社会主义新农村建设;对于居民自治事务而言,其目的在于促进城市基层社会主义民主和城市社会主义物质文明、精神文明建设的发展。

(2)基层社会组织协商议事机制。协商议事机制是基层社会组织民主决策的重要方式。对涉及组织内部管理和共同利益的事项需经大家共同讨论协商后形成决定。

(3)乡规民约与居民公约自律机制。乡规民约与居民公约是基层社会组织中社会成员共同制定的社会行为规范。制定和遵守、执行符合国家法律精神、体现公序良俗的乡规民约与居民公约,是基层社会组织成员实施自我约束、自律管理的重要方法。

(4)人民调解机制。人民调解机制是基层人民调解组织通过说服、疏导等方法,促使当事人在平等协商基础上自愿达成调解协议解决民间纠纷,维护社会和谐稳定,保障社会安定团结的制度。

(5)互助服务机制。互助服务是社会成员在社会生活中相互帮助、相互照顾的制度,如扶贫济困、扶弱助残、邻里关照、紧急援救、特殊人群帮教等。

对于上述社会自治机制,我国《村民委员会组织法》《城市居民委员会组织法》《人民调解法》《仲裁法》《老年人权益保障法》《妇女权益保障法》《慈善法》《残疾人保障法》《社区矫正法》《未成年人保护法》等法律法规都有制度性规定或倡导性规定。

3. 政府与社会合作共治机制的法律规范。社会治理需要政府与社会合作共治,以实现“良法善治”与“良政善治”的最佳目标。合作共治理论从根本上改变了政府中心主义的社会管理模式与实践,[①]构建了激发社会活力,优化社会结构,协调社会关系,政府与社会良性互动,形成人人参与、人人有责、人人尽责,共商共建、共治共享社会治理共同体的新格局。我国社会治理法律法规规定了政府与社会合作共治机制的多种形式,具体包括:

(1)参与机制。参与机制是指社会公众直接参与政府管理社会事务活动的方式、方法和制度。社会公众参与政府开展的社会管理有多种方式,如通过听证会、论证会、座谈会等形式参与政府关于社会事务的行政立法、行政决策,参与政府开展的社会管理科学研究,参与社会治理的风险评估或成效评估,参与政府组织的社会治理宣传教育活动等。我国有关社会治理的法律法规对公众参与机制都有专门规定。如《立法法》规定,行政法规在起草过程中,应当广泛听取社会公众的意见。听取意见可以采取座谈会、论证会、听证会等多种形式。行政法规草案应当向社会公布,征求意见,但是经国务院决定不公布的除外。《行政许可法》规定在拟设定行政许可的法律草案、法规草案和省、自治区、直辖市政府规章草案起草过程中应当听取公众的意见。《食品安全法》规定了公众参与食品安全风险监测、评估过程以及食品安全国家标准制定过程的方式。《防震减灾法》明确了防震减灾规划制定过程

---

① 参见张康之:《论参与治理、社会自治与合作治理》,载《行政论坛》2008 年第 6 期。

中公众参与的渠道。《工会法》规定工会要组织和教育职工参与管理国家事务、管理经济和文化事业、管理社会事务,等等。

（2）协作机制。协作机制是指社会组织和公民对政府实施的社会管理活动提供帮助,协助政府有效达成社会管理目标。我国社会治理法律法规对这种协作机制有大量规定。例如,《村民委员会组织法》和《城市居民委员会组织法》分别规定村民委员会、居民委员会协助基层人民政府开展工作;《就业促进法》规定"工会、共产主义青年团、妇女联合会、残疾人联合会以及其他社会组织,协助人民政府开展促进就业工作,依法维护劳动者的劳动权利"。有关法律法规还规定公民对违法犯罪行为有权举报、制止,提倡公民见义勇为,等等。

（3）配合机制。配合机制是指在社会治理过程中,政府与社会组织之间互相配合、合作共治的机制。配合机制与协作机制的区别在于,配合机制强调社会组织和政府各自实施的社会管理工作之间存在紧密配合衔接关系,如在防范和化解社会矛盾的社会治理工作中,政府的信访工作与人民调解工作要配合衔接,教育部门的教育管理与学校的在校教育、家庭的校外教育之间应配合衔接,等等,对此我国有关法律法规都有具体规定;而协作机制强调社会组织和公民协助政府实施社会管理工作。

（四）社会治理事务法律规范

社会治理事务是社会治理活动的对象,即治理活动所要处理解决的各类事项或问题。社会治理事务决定着社会治理活动的范围、工作任务和相应的治理方式,必须由社会治理法作出科学、明确的规定,以保障社会治理活动的顺利开展。根据社会治理事务的内容和类型,社会治理事务法律规范可以概括为基本公共服务法律规范、社会矛盾预防化解事务法律规范、公共安全保障事务法律规范、其他社会治理事务法律规范等。

1. 基本公共服务法律规范。我国社会治理中的公共服务体系主要包括公共教育服务、公共医疗卫生服务、公共就业服务、社会保障服务等。因此,有关上述公共服务内容的各种法律规范构成了基本公共服务法律规范。

（1）公共教育服务法律规范。如《教育法》《义务教育法》《高等教育法》《民办教育促进法》《社会力量办学教学管理暂行规定》等。这些法律法规和部门规章共同构成保障城乡居民平等享有公共教育服务、政社合作处理国民教育相关事务的法律法规体系。

（2）公共医疗卫生服务法律规范。如《精神卫生法》《职业病防治法》《传染病防治法》《人口与计划生育法》《宁夏回族自治区公共卫生服务促进条例》等。这些法律法规和地方性法规共同构成保障公民医疗、健康、服务,保障权利平等享有,政府与社会组织及公民合作处理公共医疗卫生相关事务的法律法规体系。

（3）公共就业服务法律规范。如《就业促进法》《劳动法》《残疾人就业条例》等。这些法律法规、部门规章构成保障公民劳动就业权利、平等就业权利以及政社合作处理公共就业服务事务的法律法规体系。

（4）社会保障服务法律规范。如《社会保险法》《残疾人保障法》《城市居民最低生活保障条例》《失业保险条例》《工伤保险条例》《无锡市残疾人保护条例》《包头市残疾人保护条例》等。这些法律法规、部门规章和地方性法规共同构成保障公民及特殊群体公民平等享有社会保障权利、政社合作处理社会保障服务事务的法律法规体系。

2. 社会矛盾预防化解事务法律规范。社会矛盾是指社会群体、阶层、组织之间的紧张关系。这种紧张关系通常是由资源占有或者利益分配的不均以及意识形态、价值观等的差异造成的,通常表现为一方对另一方的负面情绪,以及基于负面情绪采取的一定形式的外显行为。[①] 在社会生活中,常见的社会矛盾主要是公民、法人和其他组织相互之间的民事纠纷以及公民、法人和其他组织与行政机关之间的行政纠纷。随着社会形势的发展变化,我国当前的社会矛盾纠纷呈现出"数量增多,参与主体多元化、有组织化,表达方式极端化、暴力化、网络化"等特征,这都需要通过一定的途径和渠道加以预防和化解。对此,单一的事后诉讼方式已难以适应,必须建立多元化的纠纷解决机制有效处置。在社会矛盾的预防和化解方面,我国目前已有大量法律法规,创立了人民调解法律规范、行政调解和行政裁决法律规范、司法调解法律规范、行政复议法律规范、仲裁法律规范和信访法律规范等。这些构成了社会矛盾预防化解事务法律规范。

(1)人民调解法律规范。包括法律行政法规、部门规章和地方性法规等。法律层面如《人民调解法》;行政法规层面如《人民调解委员会组织条例》;部门规章层面如《人民调解工作若干规定》;地方性法规层面如四川省出台的《四川省人民调解条例》等。这些对人民调解组织、调解事务、调解程序、调解协议等事项的系统规定,为社会矛盾预防化解提供了重要的法律保障。

(2)行政调解和行政裁决法律规范。这类法律规范分散于各种法律法规中,如《农村土地承包法》规定的基层人民政府对于土地承包经营纠纷的行政调解;《土地管理法》《矿产资源法》等规定的人民政府对土地使用权纠纷、矿产资源利用或开采权纠纷的裁决;《治安管理处罚法》规定的公安机关对纠纷的调解、对侵害人的治安裁决以及对民事赔偿问题的裁决;《专利法》《著作权法》《商标法》等规定的知识产权管理机关、市场监督管理机关处理专利权、商标权纠纷的调解或裁决机制,等等。这些为国家行政机关有效调解和处理农民的土地承包纠纷、土地使用权纠纷、矿产资源利用或开采纠纷、人身财产侵权纠纷、知识产权纠纷等,依法防范化解这些领域的重大风险,有效预防和处理社会矛盾,维护公民、法人和其他组织的合法权益,激发社会活力,促进社会和谐提供了法律保障。

(3)司法调解法律规范。司法调解法律规范主要是指《民法典》第五编规定的人民法院调解制度,以及《民事诉讼法》《行政诉讼法》和《刑事诉讼法》规定的司法机关处理纠纷案件的调解制度。例如,《民事诉讼法》规定:"人民法院审理民事案件,应当根据自愿和合法的原则进行调解;调解不成的,应当及时判决。"《行政诉讼法》规定:"人民法院审理行政案件,不适用调解。但是,行政赔偿、补偿以及行政机关行使法律、法规规定的自由裁量权的案件可以调解。调解应当遵循自愿、合法原则,不得损害国家利益、社会公共利益和他人合

[①]　参见马怀德:《预防化解社会矛盾的治本之策:规范公权力》,载《中国法学》2012年第2期。

法权益。"《刑事诉讼法》规定:"人民法院审理附带民事诉讼案件,可以进行调解,或者根据物质损失情况作出判决、裁定";"人民法院对自诉案件,可以进行调解;自诉人在宣告判决前,可以同被告人自行和解或者撤回自诉"。上述规定构建起司法调解法律规范,为人民法院、人民检察院履行审判、检察职能,发挥权利救济、定分止争、制约公权的作用,保障公民、法人和其他组织合法权益,妥善处理和化解这类纠纷,促进社会和谐提供了法律依据。

（4）行政复议法律规范。包括《行政复议法》《行政复议法实施条例》以及散见于各种法律法规中有关行政复议处理行政争议案件的具体规定。

（5）仲裁法律规范。包括《仲裁法》以及分布于各法律法规中有关仲裁的具体条款,如《农村土地承包法》规定的农村土地承包仲裁机构仲裁,《公务员法》规定的人事仲裁,以及《劳动争议调解仲裁法》规定的劳动仲裁等。

（6）信访法律规范。信访工作也是化解社会矛盾的重要途径,国务院在 2005 年就曾颁布《信访条例》作为信访工作的制度规范。2022 年中共中央、国务院又印发《信访工作条例》,专门对信访工作的体制机制、职责任务、处理程序、监督体系等作出了更为全面、完善的规定。各地方也制定了地方性法规,如《上海市信访条例》等。

3. 公共安全保障事务法律规范。公共安全保障事务法律规范是有关调整公共安全事务关系,防范和化解公共安全重大风险,保障公民生命健康和财产权益,维护社会秩序和公共安全的各种法律规范之总和。公共安全保障领域的社会事务包括食品、药品、医疗安全事务,生产安全事务,环境治理与保护事务,防灾减灾救灾事务,社会治安事务,以及网络信息安全事务等。公共安全保障事务法律规范可分为以下几类:

（1）食品、药品、医疗安全保障法律规范。主要包括《农产品质量安全法》《食品安全法》《药品管理法》《传染病防治法》《国境卫生检疫法》《药品管理法实施条例》《艾滋病防治条例》《医疗事故处理条例》《突发公共卫生事件应急条例》《麻醉药品和精神药品管理条例》等法律法规,以及《安徽省食品安全条例》等地方性法规。

（2）生产安全保障法律规范。法律层面有《安全生产法》《矿山安全法》《道路交通安全法》《海上交通安全法》《民用航空法》《特种设备安全法》《消防法》以及《职业病防治法》;行政法规层面有《铁路安全管理条例》《煤矿安全监察条例》《工伤保险条例》《特种设备安全监察条例》《建设工程安全生产管理条例》《生产安全事故报告和调查处理条例》等。上述法律法规为规范生产管理活动、防范化解生产领域重大风险,有效处置生产领域安全事故,确保安全生产、保障职工生命健康、维护生产秩序提供了法律保障。

（3）环境治理与保护法律规范。法律层面有《草原法》《放射性污染防治法》《进出境动植物检疫法》《水土保持法》《渔业法》《环境保护法》《水法》《水污染防治法》《海洋环境保护法》《核安全法》《森林法》《大气污染防治法》《土壤污染防治法》《野生动物保护法》《防沙治沙法》《环境影响评价法》《固体废物污染环境防治法》《噪声污染防治法》等。行政法规层面有《国家突发环境事件应急预案》《建设项目环境保护管理条例》等。地方性法规有《广东省渔业管理条例》《内蒙古自治区基本草原保护条例》《长阳土家族自治县河流保护条例》《江苏省湖泊保护条例》《乌鲁木齐市湿地保护条例》《黑龙江省野生动物保护条例》等。

（4）防灾减灾救灾法律规范。法律层面包括《防震减灾法》《防洪法》《防沙治沙法》《气象法》《传染病防治法》《突发事件应对法》等。行政法规层面有《防汛条例》《军队参加抢险救灾条例》《破坏性地震应急条例》《森林防火条例》《突发事件应急预案管理办法》等。部门规章层面有《城市公共汽电车突发事件应急预案》等。地方性法规有《河北省突发事件应对条例》《湖北省防震减灾条例》等。

（5）社会治安保障法律规范。法律层面有《治安管理处罚法》《枪支管理法》《禁毒法》《突发事件应对法》《境外非政府组织境内活动管理法》等。行政法规层面有《突发公共卫生事件应急条例》《危险化学品安全管理条例》《民用爆炸物品安全管理条例》《烟花爆竹安全管理条例》《公安机关强制隔离戒毒所管理办法》等。地方性法规有《重庆市突发事件应对条例》《辽宁省突发事件应对条例》《云南省突发事件应对条例》《江西省突发事件应对条例》《河北省突发事件应对条例》《安徽省突发事件应对条例》《山东省突发事件应对条例》《山西省突发事件应对条例》《广东省突发事件应对条例》《宁夏回族自治区突发事件应对条例》等。

（6）网络信息安全保障法律规范。法律层面有《网络安全法》《电子签名法》《电子商务法》《数据安全法》《全国人民代表大会常务委员会关于加强网络信息保护的决定》等。行政法规层面有《计算机信息系统安全保护条例》《计算机信息网络国际联网安全保护管理办法》《计算机软件保护条例》《电信条例》等。这些为确保我国网络信息安全，建设网络良好生态提供了法律支撑。

与社会治理事务相关联的是国家安全事务，我国确立国家总体安全观基本方略，加快了国家安全法治建设步伐。有关国家安全保障的法律规范主要有《国家安全法》《反间谍法》《香港特别行政区维护国家安全法》《保守国家秘密法》等，目前我国的国家安全保障法律体系还有待完善。

4. 其他社会治理事务法律规范。社会治理事务内容繁杂，从基本公共服务、社会矛盾预防化解和公共安全保障等领域加以概括只是一种大体的类型划分，并非穷尽了所有内容，社会治理还包括其他社会事务，如社会收入分配事务、社会福利提供事务、社会组织培育发展事务、基层社会组织治理事务等。国家法律法规就这些事务的规定，可以概称为其他社会治理事务法律规范。

（1）社会收入分配事务法律规范。收入分配涉及社会成员的基本生存权利和基本社会公平问题，是社会治理的重要内容。我国在市场经济建立发展过程中确立了以按劳分配为主体，多种分配方式并存的收入分配制度。随着社会经济的快速发展，社会群体之间收入差距扩大、公共服务支出比例偏低等社会问题不断显现，需要加强相应的社会治理。党的十八大以来，党和国家就完善收入分配制度改革、合理调整收入分配关系，着力解决发展不平衡不充分问题和人民群众急难愁盼问题，推动人的全面发展、全体人民共同富裕取得更为明显的实质性进展作出一系列战略部署，[①]制定和修订了一系列相关法律、法规和规章，例如，《劳动法》确立了劳动者的工资制度，《最低工资规定》规定了最低工资保障制度，《城市居民最低生活保障条例》《国务院关于在全国建立农村最低生活保障制度的通知》规定了城市和农村居民最低生活保障等。

（2）社会福利事务法律规范。社会福利事务法律规范是国家为改善和提高全体公民的物质、精神生活制定的各种规范的总称。随着社会主义法治体系的完善，为了保障公民的基本生活需要，更多更公平地享有经济社会发展的成果，提高公民的生活素质，我国社会福利保障水平不断提高，社会福利法治建设也进入了一个新的阶段。如体现职工福利的《劳动法》，体现残疾人福利的《残疾人保障法》，体现教育福利的《义务教育法》，体现老年人福利的《老年人权益保障法》，体现妇女福利的《妇女权益保障法》《母婴保健法》，发展慈善事业、弘扬慈善文化、规范慈善活动的《慈善法》，促进刑满释放人员回归社会平等获得社会权利的《中央社会治安综合治理委员会、司法部、公安部、民政部关于进一步做好服刑、在教人员刑满释放、解除劳教时衔接工作的意见》，促进贫困地区发展，促进共同富裕的《中国农村扶贫开发纲要（2011—2020年）》，救助关爱流浪乞讨人员、保障其基本生活权益的《城市生活无着的流浪乞讨人员救助管理办法》，为城镇低收入家庭、住房困难家庭提供住房救助的廉租住房制度，以及正在制定的《社会救助法》，等等。

（3）社会组织培育发展事务法律规范。社会组织是社会活动的基本组织单位，随着转变政府职能、深化行政体制改革的不断深入以及公共行政理论、社会治理理论的提出，社会组织的治理主体地位以及社会组织在基本公共服务、社会矛盾预防化解、公共安全保障等方面的重要作用日益突显。为此，积极培育发展和正确引导管理社会组织，成为社会治理不可或缺的重要内容。我国对加快保障和改善民生，推进社会治理体制创新法律制度建设，加强社会组织立法，规范和引导各类社会组织健康发展，完善相关法律制度作出了一系列战略部署。目前我国已制定了《社会团体登记管理条例》《民办非企业单位登记管理暂行条例》《基金会管理条例》《社会组织评估管理办法》《外国商会管理暂行规定》等行政法规和规章，《行业协会法》已被列入立法规划。

（4）基层社会组织治理事务法律规范。为了保障农村村民实行自治，规范村民自我管理、自我教育、自我服务，发展农村基层民主，维护村民合法权益，促进社会主义新农村建设，九届全国人大常委会第五次会议通过了《村民委员会组织法》（2018年修正）；为了加强城市居民委员会的建设，规范城市居民自我管理、自我教育、自我服务，促进城市基层社会主义民主和城市社会主义物质文明、精神文明建设发展，七届全国人大常委会第十一次会议通过了《城市居民委员会组织法》（2018年修正），形成了中国特色社会主义基层社会治理的制度体系。

通过以上简要梳理可以看到，我国社会治理法已形成一个内容丰富、结构庞大的法律规

---

① 参见习近平：《在庆祝中国共产党成立95周年大会上的讲话（2016年7月1日）》，人民出版社2016年版。

范体系。当然,这一法律规范体系还存在诸多不够健全完善之处,例如,立法尚有空缺或层次较低;有些法律条款内容不够具体细致;法律实施机制尚不健全;法律规范之间仍有待合理协调衔接,等等。同时,在法治国家、法治政府、法治社会一体建设进程中,新的社会事务还会不断出现,还需要有新的法律规范加以调整。这些对健全社会治理法律规范体系提出了更高更新要求,迫切需要加强社会治理法学的理论研究,加快推进社会治理法治体系和法治能力的现代化。

第二节 社会治理法的调整对象

一、社会治理法调整社会治理关系

法治是社会治理体系和治理能力现代化的重要依托。社会治理法是以一定范围社会关系为调整对象的。这类社会关系有其社会治理领域的特定性,是各类社会治理主体在处理社会事务、实施社会治理活动过程中形成的各种社会关系,可概称为"社会治理关系"。

在我国,社会治理主体包括执政党的组织、政府机关、各种社会组织以及公民等。各方主体在处理社会事务、开展公共服务、预防化解社会矛盾、保障公共安全的社会治理活动中必然产生联系和交往,构成特有的领导关系、管理关系、指导关系、服务关系、参与关系、合作关系和监督关系等。这些产生于社会治理过程中的社会关系即社会治理关系。社会治理关系需要由社会治理法加以调整规范,否则,就可能呈现出任意、无序的状态。这是因为,社会治理法的缺位必然导致法定权利(力)义务(责任)的内容难以确定和实现。社会治理法对社会治理关系作出全面明确的规定或确认,意味着各主体之间权利(力)与义务(责任)的法定化,也意味着社会治理法律关系内容即权利(力)义务(责任)的明晰化和稳定化,同时意味着社会治理关系调整手段需要国家"硬法"的强制力和社会"软法"规范的约束予以保障,从而有效处理社会问题,调节社会利益,充分激发社会活力,切实保障国家利益、社会公共利益和公民合法权益,维护国家和社会长治久安,形成既有统一意志又有个人心情舒畅,既有民主自由又有安定团结、人民安居乐业的和谐社会局面。

二、社会治理关系的基本类型

社会治理是一项十分复杂的社会活动,涉及的社会领域和社会事务广泛,实施治理的主体众多,治理的方式方法多样,因而在社会治理过程中将形成多种形式的社会治理关系。

(一)执政党在社会治理中对其他主体的领导关系

执政党在社会治理中对政府、社会组织和全体公民具有领导地位,形成领导与被领导的关系。执政党实现领导的基本形式是:通过党委等组织机构,以政治领导、思想领导、组织领导和加强监督等方式,组织、动员、协调和督促政府及全社会发挥各自的作用,共同开展社会治理活动。

1. 政治领导、思想领导、组织领导层面。党的政治领导、思想领导、组织领导主要包括执政党的组织即中央机关和部门、地方党委对经济社会发展形势在作出判断基础上制定的社会治理方针、政策，或者对一个时期或一个时段经济社会发展作出的政治决策、战略布局、实施方略与行动进程的措施。这通常表现为执政党把马克思主义基本原理与当代中国实际结合起来，提出妥善处理社会主要矛盾、符合社会治理阶段性特征的目标、任务及其战略布局、实施措施。在社会治理实施过程中，主要通过思想政治工作、宣传教育等方式，增强全体人民自觉践行执政党有关推进社会治理体系和治理能力现代化的方针、政策的根本要求；领导和推动立法机关对社会治理领域法律适时"废改立"，推动社会治理法律体系加快形成，为国家立法、政府管理、市场调节、社会参与形成合力提供政治保障；领导、组织、监督公权力机关及其公务人员依法、精准、优质、高效地进行社会治理事务管理与服务，纠正和防止公权力行使过程中乱作为、慢作为、不作为，确保"良政善治"；以党组织"红色引擎"、党员"先锋模范"、党政负责人"以上率下"作用动员、组织、带领全体人民自觉参与社会治理事务，形成"人人参与、人人尽责、人人享有"社会治理共同体，不断增强人民群众对社会治理领域"法福利"保障的幸福感、安全感和满意度。

2. 领导关系法治化层面。对于执政党与其他社会关系主体之间的领导关系，过去通常从政治学角度将其作为一种政治关系来认识，法学理论很少涉及。依法治国的全面推进，要求执政党依宪治国、依宪执政，执政党及其各组织机构也是重要的法律主体，具有法律意义上的权力（利）责任（义务）。这就应从法学角度来认识执政党的领导地位，将党对国家和社会的领导关系作为法的调整对象来认识，通过法律规定使领导关系法治化，形成具有法定权力（利）责任（义务）内容的法律关系。《宪法》第1条第2款规定："……中国共产党领导是中国特色社会主义最本质的特征。……"这为执政党领导地位的法治化提供了根本法保障及基本遵循。《立法法》第3条规定："立法应当遵循宪法的基本原则，以经济建设为中心，坚持社会主义道路、坚持人民民主专政、坚持中国共产党的领导、坚持马克思列宁主义毛泽东思想邓小平理论，坚持改革开放。"《公务员法》第14条将"忠于宪法，模范遵守、自觉维护宪法和法律，自觉接受中国共产党领导"规定为国家公务员应当履行的首要义务，等等，都从法律角度确立了执政党对国家事务和社会事务的领导地位。

3. 领导体制层面。社会治理法对社会治理领域党的领导关系加以调整，就是通过立法明确社会治理实行"党委领导和政府主导"的领导体制，将执政党的组织在社会治理工作中的领导地位予以制度化、法律化，明确规定其在宏观决策、政治思想和宣传教育工作、组织人事工作和实施全覆盖监督等方面的职权、职责和法律责任，规定执政党的组织、党员干部在遵守执行党的政策和国家法律法规中的模范带头作用，并承担更严格的法律责任。

（二）政府在社会治理中对其他主体的主导关系

提供公共服务、加强社会管理是当代政府的一项重要职责。由于政府掌握着重要的公共权力和充裕的公共资源，因而其在社会治理中发挥着主导作用。同时，政府由过去包揽所有社会事务的传统管理方式转变为与社会合作共治这一新的社会治理模式后，还有着组织、引导、吸收全社会力量参与社会治理的职责。由此必然形成政府在社会治理过程中对其他主体的主导关系。这种主导关系主要表现为：

1. 政府对社会公众的服务关系层面。公共服务是社会治理的主要内容。我国社会主义市场经济体制的建立，改变了政府传统"全能型"管理方式，突出了政府的服务职能，要求政府积极为社会成员提供良好的基本公共服务，并保障公共服务的均等化，包括公共教育服务、公共就业服务、公共医疗卫生服务、社会保障服务等，形成政府与社会公众之间特定的服务与被服务关系。这种关系是政府履行职责、社会公众由此受益的"提供服务与享有服务，予以保障或保护与获得保障或保护，授予利益与获得利益"[①]的关系模式。社会治理法要对这种服务关系实施调整，使政府的服务职责、履行方式以及社会公众的受益结果法律制度化，形成双方的法定权力（利）责任（义务）关系。

2. 政府对其他社会治理主体的引导关系层面。政府对其他社会治理主体的引导关系，是政府在社会治理过程中与社会组织和公民之间产生的又一种特定社会关系。在传统的单一政府管理社会模式下，社会公众只是管理的对象。治理理论的兴起和社会治理模式的变革，提升了社会公众的地位，要求充分发挥社会公众参与社会治理的作用。社会公众参与社会治理，需要起主导作用的政府给予必要的组织、引导、指导和支持，由此形成双方的引导关系。这种引导关系不是行政命令或强制式的"硬性"支配，而是以教育、示范、倡导、指导、奖励、扶持等"柔性"手段促进社会公众参与社会服务和公共社会事务管理，双方关系具有平等性。社会治理法对这种社会关系加以调整，通常规定政府对社会负有正确引导的职责，而社会公众则享有自由选择是否遵从、响应的权利，或者遵从、响应后有权获得政府给予的奖励、政策扶持等利益。

3. 政府对社会的管理关系层面。社会治理离不开必要的管理，政府一方面须调动全社会的积极性参与社会治理活动，另一方面也须就具体的社会公共事务对社会成员实施必要的管理。例如，在网络管理、社会治安等社会事务上，政府必须运用行政命令、行政许可、行政处罚、行政强制等方式，对特定对象实施管理，以维护必要的社会治理秩序，由此形成政府与其他社会主体的管理与被管理关系。不同于服务关系和引导关系，管理关系在基本特征上体现为双方地位的不对等，是政府作为管理者对社会成员自上而下的单方决定与服从关系，凸显了政府的管理权力以及社会公众的服从义务。对此种关系加以法律调整，社会治理法须规定政府对规则的制定权、命令权、处罚权、强制权、检查监督权等管理权力，规定社会公众的配合义务、服从义务和法律责任等。当然，管理关系的确立并不表明政府管理权力的拥有和行使不受约束，法律在规定管理关系的同时，还需要规定政府管理权力的限度、行使范围、行使方式和程序，社会公众的监督权利，以及救济途径，从而构成完整的社会管理权利与义务体系。与此同时，反映这种管理关系的管理理念、管理方式、管理途径、管理手段必须适应行政管理体制改革，推动行政管理方式程序化、制度化、法律化。比如，实现政

[①]   参见袁曙宏、方世荣、黎军：《行政法律关系研究》，中国法制出版社 1999 年版，第 134 页。

企分开改革,对于需要运用市场手段调节社会关系的,政府必须转变职能、简政放权,通过负面清单制度实现对营利性社会组织的有序、有效、有为管理;实现政社分开改革,政府对非营利性社会组织的监管需要由过去单一的审批制管理方式丰富发展为登记、备案制等管理方式;城市居民委员会、农村村民委员会是政府连接城乡社区的桥梁与纽带,激活基层社区组织活力,政府需要更新观念,将过去视城乡社区为"第二政府"转变为通过政策引导、购买公共服务、协商推动、合作互动等方式,形成政府与基层社区组织合作共治、生动活泼的治理局面。

(三)社会组织及公民与政府的合作参与关系

政府与社会的合作共治是社会治理不同于传统社会管理的重要表征。社会治理要求社会组织和广大公民以各种形式积极参与社会事务管理,与政府管理活动积极配合,良性互动,共同发挥治理作用。在这一过程中,将形成各种社会力量与政府之间的合作参与关系。社会治理法须对这种合作参与关系中的权利(力)义务(责任)作出规定。社会组织及公民与政府之间的合作参与关系主要体现为以下几个方面:

1. 合作与配合关系层面。社会组织及公民与政府的合作、配合是社会公众对政府管理实施的协助治理活动,体现的是一种平等合作关系。合作与配合方式主要包括:社会组织及公民通过行政合同、行政协议等方式接受政府委托,开展一定范围的社会服务或社会事务管理;村委会、居委会等基层自治组织协助基层政府办理本区域内的公共事务和公益事业,调解民间纠纷,协助维护社会治安;公众配合行政机关开展社会治理的调查、检查以及举报、阻止违法行为等。

2. 决策、决定的参与关系层面。社会组织及公民参与社会治理的决策、决定是指政府作出有关社会治理的决策、决定时,广泛听取社会组织及公民的意见和建议,确保决策、决定充分吸收民智,体现社会公众的意愿和利益诉求,保证决策、决定内容的科学性、合理性和过程的正当性。社会组织及公民参与社会治理的决策、决定,必将形成与政府之间的参与关系,社会治理法须规定社会组织及公民的参与权及其行使途径、依法有序参与的义务,同时规定政府保障社会组织及公民享有和行使参与权的相关职责等。

3. 监督关系层面。对政府的社会治理工作实施监督也是社会组织及公民有效参与社会治理的一种重要方式。社会组织及公民通过批评、建议、检举、信访、控告等多种方式对政府的决策、决定及实施等工作开展监督,以督促政府合法、正确地行使和履行社会治理的职权职责。在此过程中,会形成社会组织及公民与政府的监督与被监督关系。社会治理法须对这一社会关系予以规范,明确规定社会公众的各种监督权利和政府接受监督的义务,并通过建立社会治理规划(方案)公开征集制度,社会治理政策、行政法规、规章及规范性文件制定前公开听证制度,专家、基层代表参与咨询、论证制度,社区组织、公民代表列席政府重大行政事项审议决策旁听制度,对政府提供公共服务管理、指导服务基层社会治理绩效引入第三方评估或者专门听取基层社区公众评价制度,建立健全举报、控告、申诉及信访、接待制度,以及行政复议和行政诉讼制度等来保障这一权利(力)义务(责任)关系的实现。

（四）社会组织及公民在社会治理中的自治管理关系

自治管理关系是社会组织及公民自身形成的自我管理关系。社会治理的目标是建立良好和谐的社会状态，这一方面需要政府加强对社会的管理，另一方面也需要在社会基层发挥各社会组织及广大公民自我管理的积极作用，分担政府的治理任务，提升社会治理的效率，以实现政府治理与社会自我调节、居民自治的良性互动。

社会组织及公民在社会治理中的自治管理，形成社会组织与其内部成员、公民个体相互之间的自治管理关系。这类关系也是多样化的，通过梳理可分为以下几种类型：

1. 社会组织及其内部成员之间的基层民主管理关系。民主管理是在地位和身份平等基础上通过讨论协商、投票表决等民主形式决定事项的一种活动。在社会治理中，从社会组织及其内部成员之间的民主管理关系看，这种基层民主管理关系具体体现为：社会组织的内部成员通过民主选举的方式产生社会组织的领导管理机构，对社会组织内部重大事项实行民主决策和民主监督。例如，《村民委员会组织法》第15条第1款规定："选举村民委员会，由登记参加选举的村民直接提名候选人。村民提名候选人，应当从全体村民利益出发，推荐奉公守法、品行良好、公道正派、热心公益、具有一定文化水平和工作能力的村民为候选人。候选人的名额应当多于应选名额。……"同时规定，凡涉及村民利益的重大事项，必须按照决策程序提请村民会议或村民代表会议讨论决定。如村集体的土地承包和租赁、集体企业改制、集体举债、集体资产处置、村干部报酬、村公益事业的经费筹集方案和建设承包方案等，都要实行民主决策。对提交村民会议或村民代表会议讨论决定的重大事项，会前须向村民或村民代表公告，广泛征求意见；会后须及时公布表决结果；对决定事项的实施情况，须及时公布，自觉接受群众监督。由于我国经济社会发展不平衡，国家在推进农业现代化、新型工业化、信息化、新型城镇化过程中，基层社会事务日益增多，社会矛盾凸显，群众权益保障面临不少新问题，村（居）民委员会运用法治思维和法治方式，依法、民主、科学决策村（社区）事务的能力有待提高。对此，广东省惠州市探索推行"一村一居一法制副主任"，提高基层社区组织依法治理的水平。这一做法被全国普法办纳入《2016年全国普法依法治理工作要点》，为全国基层村（居）委员会自我教育、自我管理、自我服务社会事务提供了实践创新模式。①

2. 社会组织对其成员的内部管理关系。社会组织的领导管理机构在通过民主程序形成章程、规约或有关决策后，需要依据相关组织章程和决定对内部成员进行规范管理。如组织内部成员遵守组织章程和组织决定，实施相应的奖励、教育劝导及惩戒机制，从而形成社会组织对其成员的纵向内部管理关系。社会组织对其成员的这种内部管理关系，是对政府管理社会关系的一种补充和衔接。

3. 社会组织对公民的服务关系。经济社会的发展和转型带来了社会成员多元化的需

---

① 参见《惠州探索利用社会资源运用法治手段实现基层治理"法制副主任"制度推进农村民主法治》，载《法制日报》2014年12月3日，第6版。

求,由政府单方直接包揽公共产品供给的传统模式,已不能满足这种需要。而且,政府能力的有限性,使其难以承受这一重负,也不利于降低管理成本、提高管理效率。因此,将政府部分"管不了、管不好"的公共服务职能交由适合的社会组织承担,已成为一种恰当的选择。由一定的社会组织提供公共服务,必然形成社会组织与公民之间的服务关系。这种服务关系又分为有偿服务关系和公益服务关系。有偿服务主要通过市场提供丰富多样的公共产品,体现的是一种等价有偿的民事关系;而公益服务则是无偿的,包括:(1)政府通过购买社会组织的公共服务实现对社会的行政服务职能,体现了政府公共服务的社会化;(2)社会公益组织基于社会援助等宗旨为一定社会群体提供无偿公共服务。

4. 公民之间的互助关系。社会成员之间的互助是政治经济学家卡尔·波兰尼(Karl Polanyi)提出的互惠、再分配和市场交换三种"社会整合模式"之一。这里的"互惠"就是一种广义的互助关系。[①] 在社会治理中,公民之间的互助也是一种治理方式,是公民相互之间提供的社会服务。公民之间的互助包括民间的志愿者服务、社区邻里安全的居民巡查、紧急危难情况的互助救援等。这些互助活动过程中形成的关系,就是社会治理中公民之间的互助关系,主要是平等主体之间基于道德要求的相互关爱。公民之间的互助关系指向的对象属于公共事务的,在法律上应通过行政奖励、行政指导等方式来激励和支持,因此,应将公民互助活动关系纳入社会治理法的调整范围。

5. 社会组织及公民之间的监督关系。社会治理必须建立有效的监督机制,它是管理关系、服务关系等其他社会治理关系正常运行的重要保障。社会组织及公民之间为了形成社会治理的有序状态,应当开展自我管理中的相互督促,由此形成相互之间的监督关系。例如,行业组织之间就公共服务产品质量、技术等实施同业监督,公民之间对违法乱纪行为予以举报,公民对社会组织的工作提出批评、建议,等等。

总之,社会治理法在调整社会治理关系时具有纵横交错的复杂多样性。在基本构造上,呈现出三个维度的形态,即:(1)从治理活动的性质观察,主要分为执政党和政府代表一国政权与社会组织和公民之间形成的国家权力治理关系;社会组织和公民自身之间形成的社会治理关系。(2)从治理活动的机制观察,在上述两大类治理关系中,无论是国家与社会之间还是社会组织与成员之间,都存在不对等地位的纵向关系和平等地位的横向关系。(3)从治理活动的功能观察,上述社会治理关系包括了领导关系、管理关系、服务关系、指导关系、合作关系、自治关系和监督关系等具体的关系形态。

上述这些在社会治理过程中形成的关系,都是社会治理法的调整对象。为此,需要通过完善相关立法加以明确化、具体化,形成以各方主体之间权利(力)义务(责任)关系为内容的社会治理法律体系,反映社会治理法内涵丰富、层次交错、调整方法多样的基本特性。

---

① 参见施琳:《经济人类学》,中央民族大学出版社2002年版,第26页。

第二章 社会治理法的基本原则

第一节 社会治理法基本原则概述

一、社会治理法基本原则的概念和特征

（一）社会治理法基本原则的概念

社会治理法基本原则是社会治理法制定和实施所必须遵守的基本准则。作为对社会治理法基本原理、内在规律、独特价值的具体反映，社会治理法基本原则是贯穿社会治理法制定、实施、监督、保障与遵守全过程的基本精神，是实现社会治理法的目标任务及其价值功能的法律制度体系、实施体系、监督体系、保障体系之总和，是在制定和实施社会治理法过程中必须遵循的基本准则。

（二）社会治理法基本原则的特征

社会治理法基本原则作为社会治理法律规则的指导思想、核心要义和基本准则，主导着整个社会治理法治体系，是社会治理法的核心和灵魂。其具有以下特征：

1. 普遍性。社会治理法基本原则的普遍性主要表现在社会治理法所调整的社会治理关系和具体社会治理法律制度两个方面。首先，社会治理法基本原则是对社会治理法所调整的各种社会治理关系以及与其紧密联系的其他各种社会关系都普遍适用的原则。只适用于某一社会治理关系或其他社会关系的原则不能成为社会治理法基本原则。其次，社会治理法基本原则是社会治理各个法律部门都普遍遵守的原则，只为某一社会治理法律部门所遵守的原则不能也不应成为社会治理法基本原则。

2. 指导性。社会治理法基本原则的指导性特点突出体现在其作用上。社会治理法基本原则作为社会治理法律制度规范必不可少的组成部分，是社会治理法的基础和核心。首先，当某一社会治理法律规则与整个社会治理法治体系之间产生矛盾时，社会治理法基本原则可以通过发挥其指导作用，协调社会治理法制定、实施、监督之间的矛盾与冲突，弥补社会治理法律规则的不足与局限。当某一社会治理法律规则含义不明、难以诠释清楚或者规则缺失等时，社会治理法基本原则可以直接作为执法人员、司法人员、仲裁人员、人民调解员、社会工作者对具体案件作出执法裁定、司法裁断、仲裁决定或者调解与处理社会事务纠纷的依据。其次，社会治理法基本原则的指导性既体现在对行政执法所涉社会治理事务的决定、处罚、复议的指导，又体现在对司法所涉社会治理诉讼自由裁量的指导。社会治理法基本原

则通过对行政执法机关、司法机关所涉社会治理事务的具体案件执法与司法自由裁量的指导,能够保证个案的严格执法、公正司法,维护公平正义,避免行政执法主体、司法主体在处理社会治理事务过程中机械僵硬地适用社会治理法律规则,避免由此可能造成的执法、司法的实质不公正。因此,社会治理法基本原则的运用,在使社会治理法律制度体现规范性、统一性、强制性的同时,又彰显弹力性、协调性与兼容性的功能特点,从而发挥社会治理法既有的安定性、稳定性与衡平性的价值功能与作用。

3. 统括性。通过对各种社会治理现象进行观察、对社会治理实践进行归纳总结、对社会治理法律制度型构而形成的社会治理法基本原则,是对具体社会治理法律规则进行高度抽象、精准概括的产物。其不仅具有贯穿社会治理法制定、实施、监督、保障、遵守的基准性与统一性,而且具有高度抽象性与精准概括性。这表现在:(1)从内容方面看,社会治理法基本原则不预先设定具体的假定条件、明确的法律后果;而社会治理法律规则则需要设定具体的假定条件、明确的法律后果。(2)从形式方面看,社会治理法基本原则是社会治理法制定、实施、监督、遵守各阶段都需一体遵循的核心要义,其外在表现形式是对其核心要义高度抽象、精准概括的体现;而社会治理法律规则对社会治理主体成立条件、类型、管辖范围、治理方式与程序、法律责任等,都须明确具体规定。(3)从效力方面看,社会治理法基本原则贯穿社会治理法律规范始终,社会治理主体在实施任一社会治理部门法律规则过程中均须一体遵循;而社会治理各部门法律规则的效力对社会治理主体而言,仅以不突破该部门法规则为界限。

社会治理法基本原则除了上述特征之外,也兼具其他部门法基本原则所具有的特征,如特殊性、稳定性、权威性等。

二、社会治理法基本原则的作用

(一)对社会治理法的引领创制

1. 社会治理法基本原则直接决定了社会治理法治体系的性质、内容和价值取向。从一定意义上看,社会治理法基本原则是法治精神在社会治理法治体系中的体现,它既是整个法律制度体系的有机组成部分,更构成了社会治理法治体系的理论基础。我国实行的法治是中国特色社会主义法治。党的领导原则、以人民为中心原则、源头治理原则、系统治理原则、依法治理原则、合作共治原则、综合治理原则,共同构成了社会治理法治的基本原则体系。社会治理法基本原则的功效在于引领、主导并通过法律规范体系使权力和权利得到合理配置、法定责任和法定义务得到有序规制,使法治理念、制度安排和实施机制有机统一。在社会主义法治状态下,作为执政党,必须依法执政,既要求党依据宪法法律治国理政,也要求党依据党内法规管党治党,必须坚持党领导立法、保证执法、支持司法、带头守法,把依宪治国同依法执政统一起来,把党总揽全局、协调各方同人大、政府、政协、审判机关、检察机关依法依章程履行职能、开展工作统一起来,把党领导人民制定和实施宪法法律同党坚持在宪法法律范围内活动统一起来。对公权力而言,其必须遵循职权法定,法律授权必须为、法无授权不可为;对公民而言,必须尊法学法守法用法,既享有宪法法律规定和保障的广泛权利,又负有相应的义务。这些法治精神及法治原则决定了社会治理原则的基本取向。

2. 社会治理法基本原则是社会治理法治体系内部有机统一的保障。社会治理法治体系是由完备的社会治理法律制度、高效的社会治理法治实施、严密的社会治理法治监督、有力的社会治理法治保障以及党对社会治理领导构成的逻辑严密的结构体系。社会治理法基本原则则由党的领导、以人民为中心、源头治理、系统治理、依法治理、合作共治、综合治理等原则构成,为建设社会治理法治体系、推进社会治理体系和治理能力现代化提供了基础性、协调性、统一性保障。

3. 社会治理法基本原则对社会治理法治体系的发展完善具有导向作用。比如,源头治理原则为构建科学完备的社会治理法律制度提供了基本遵循,它要求作为社会治理部门法的基本公共服务法必须适应党的十八届三中全会《决定》、党的十八届四中全会《决定》、《中共中央关于制定国民经济和社会发展第十四个五年规划和二〇三五年远景目标的建议》、《法治中国建设规划(2020—2025年)》、《法治政府建设实施纲要(2021—2025年)》、《法治社会建设实施纲要(2020—2025年)》等的要求,适时总结新鲜经验,将教育、劳动、就业、住房、医疗、养老、福利体制改革与发展成果及时上升为基本公共服务法的新的内容,让改革与发展的成果更多更公平惠及全体人民,逐步建立以权利公平、机会公平、规则公平为主要内容的社会公平保障体系,营造公平公正的社会环境,为人民平等参与、平等发展提供法律保障,等等。

(二)对社会治理法实施的规范指导

1. 社会治理法基本原则对社会治理法的实施具有法律规范导向与解释及推理的指导作用。比如,要认真执行《网络安全法》,维护网络安全秩序,打造共建共享、阳光晴朗的"网络生态家园",就需要运用依法治理原则,对政府依法履职监管与提供公共服务的行为进行审视,对政府监管越位、错位、缺位的行为进行监督。在法律法规、部门规章及规范性文件规定不明确的情况下,则可运用依法治理原则推定这类行为的性质、行为后果和所应承担的法律责任;对网络运营商、网络经销商、网络服务商等网络组织不尊重社会公德、商业道德,缺乏诚信的行为,在相关法律法规缺失和司法解释滞后的情形下,可运用这一原则推定网络组织的上述行为,应当依照《广告法》《反不正当竞争法》及《民法典》"侵权责任"编等相关法律法规,判定或推定其违法行为的性质、法律后果及依法应当承担的法律责任。

2. 社会治理法基本原则为社会治理法实施主体在管理、治理、自治与合作共治过程中合理行使裁量权提供依据。比如,合作共治原则在社会治理部门法实施过程中不仅发挥着规范导向与解释推理的指导作用,还是社会治理法实施主体在合作共治过程中主张权利、承担义务、合理行使裁量权或自治权的依据。我国有大量法律法规对社会组织及公民在社会治理中参与治理、协作治理作出了规定,赋予其在基本公共服务、社会矛盾预防化解、公共安全保障等各领域的知情权、参与权、表达权和监督权等。这既是合作共治原则的具体体现,又是合作共治原则的基本内容,还是这一原则在社会治理法实施中起着规范导向与解释推理指导作用的依据。

（三）对社会治理法的协调弥补作用

社会治理法基本原则对社会治理法存在的漏洞具有弥补作用。首先,社会治理法调整的对象具有广泛性,包括基本公共服务事务、社会自治事务、政社合作共治事务、社会矛盾预防化解事务、公共安全保障事务、突发事件应对事务、网络社会治理事务、社会治安综合治理事务等。这些事务的性质、内容、范围及治理方式,决定了处于领导、主导、参与、合作、自治地位的社会治理主体类型、治理事务的边界。其次,我国法律法规创制经历了传统的公权力部门主导、政府法制部门主办、立法机关决定颁行的曲折历程,社会组织和大众参与较少,不少有关社会治理法律法规的条款内容仍带有"单位所有""部门利益"的痕迹。最后,事关社会治理事务的行政管理、行政执法部门常常各自为政、相互掣肘,形成"九龙治水水成龙"的尴尬局面。因此,无论是形成完备的社会治理法律制度体系、高效的社会治理法治实施体系、严密的社会治理法治监督体系、有力的社会治理法治保障体系,还是提高预防预测预警社会风险能力,都需要运用综合治理原则,纠正和防止在处理社会治理事务、化解各类纠纷及其社会矛盾、调整社会关系中的部门壁垒、相互牵制等现象,弥补社会治理部门法本身存在的漏洞,破解社会治理法实施的难题,助推社会治理系统化、科学化、智能化、法治化水平不断提高,在法治轨道上加速推进社会治理现代化。

依据社会治理法的上述特征、功能和我国社会治理法治体系建设要求,结合建设平安中国、法治中国实际,社会治理法基本原则包括党的领导原则、以人民为中心原则、源头治理原则、系统治理原则、依法治理原则、合作共治原则和综合治理原则。这七个基本原则构成了我国社会治理法内在规律和独特价值的统一体,成为现代社会治理法治的基本原理和指导准则。

第二节　党的领导原则

党的领导原则是指宪法法律确认中国共产党在国家政治、经济、文化、社会生活以及外交、国防等各项事务中的领导地位,确认了中国共产党的执政地位,确认党在国家政权结构中总揽全局、协调各方的核心地位。这为我们党长期执政提供了根本法律依据。[①] 中国特色社会主义国家制度和法律制度在实践中显示了巨大优势,其中居于首位的就是坚持党的领导的优势。党的领导是中国特色社会主义最本质的特征,是中国特色社会主义制度的最大优势。"中国特色社会主义大厦需要四梁八柱来支撑,党是贯穿其中的总的骨架,党中央是顶梁柱"[②];把坚持党的领导、人民当家作主、依法治国有机统一起来是我国社会主义法治

---

① 参见中共中央宣传部、中央全面依法治国委员会办公室:《习近平法治思想学习纲要》,人民出版社、学习出版社 2021 年版,第 14 页。

② 习近平:《论坚持党对一切工作的领导》,中央文献出版社 2019 年版,第 11 页。

建设的一条基本经验①。建设和谐社会,提供国泰民安的社会环境,持续创造经济高速发展与社会长期稳定"两个奇迹",是统筹推进"五位一体"总体布局、协调推进"四个全面"战略布局的重要方略,是全面建设社会主义现代化国家、实现"两个一百年"的目标任务之一。习近平指出:"办好中国的事情,关键在党。"②治理好我们这个世界上人口最多的国家,必须坚持党的全面领导特别是党中央集中统一领导,坚持党的民主集中制,确保党始终总揽全局、协调各方。③中国共产党的领导是我国创造社会稳定奇迹的最大奥秘。历史和现实深刻启示我们,推进社会治理现代化,建设更高水平平安中国,必须坚持党的全面领导不动摇,充分发挥党的领导政治优势,把党的领导落实到推进社会治理现代化、平安中国建设各方面全过程。④在推进社会治理现代化、平安中国建设中,坚持党的领导原则主要包括坚持党对社会治理的政治领导、思想领导、组织领导、工作领导。

一、坚持党对社会治理的政治领导

党对推进社会治理现代化、平安中国建设的政治领导决定着社会治理的性质和方向。坚持党的政治领导,就是坚持专门机关与群众相结合的路线,完善正确处理新形势下人民内部矛盾有效机制,坚持和发展新时代"枫桥经验",坚持党的领导这一根本原则,坚守以人民为中心这一根本立场,坚持综合施策这一根本途径,树立关口前移这一根本理念,夯实基层基础这一根本支撑,把重大矛盾风险防范化解在市域,把小矛盾小问题化解在基层,把大量纠纷解决在诉讼之前,走出一条具有时代特征、中国特色、治理特点的社会主义社会治理现代化之路⑤,为开创中国式社会治理现代化道路,为全球人类发展提供治理文明新形态。

坚持党对社会治理政治领导的基本要求包括:旗帜鲜明讲政治,把政治引领贯穿于社会治理全过程各方面;教育引导广大党员、干部群众深入学习贯彻习近平新时代中国特色社会主义思想,不断增强"四个意识"、坚定"四个自信"、做到"两个维护";坚持不懈推动习近平新时代中国特色社会主义思想特别是习近平法治思想、习近平社会治理理论进机关、进企业、进校园、进农村、进社区,进教材、进课堂、进头脑,使之成为人民群众的强大思想武器和行动指南,引导广大人民群众听党话、跟党走,坚定不移走中国特色社会主义治理道路。

---

① 《习近平法治思想概论》编写组:《习近平法治思想概论》,高等教育出版社 2021 年版,第 107 页。

② 习近平:《在庆祝中国共产党成立 100 周年大会上的讲话》,载《求是》2021 年第 14 期。

③ 《中共中央关于党的百年奋斗重大成就和历史经验的决议》,人民出版社 2021 年版,第 74 页。

④ 本书编写组编著:《〈中共中央关于党的百年奋斗重大成就和历史经验的决议〉辅导读本》,人民出版社 2021 年版,第 110 页。

⑤ 郭声琨:《建设更高水平的平安中国》,载《〈中共中央关于党的百年奋斗重大成就和历史经验的决议〉辅导读本》,人民出版社 2021 年版,第 109 页。

二、坚持党对社会治理的思想领导

党的思想领导是党的政治领导、组织领导的前提和基础。思想领导是在理论观点、思想方法和精神状态方面的领导。坚持党的思想领导,就是以马列主义、毛泽东思想、邓小平理论、"三个代表"重要思想、科学发展观和习近平新时代中国特色社会主义思想为社会治理工作的指导思想,教育和武装广大党员和人民群众,宣传党的路线、原则,把党的思想转变为人民群众的自愿行动。

坚持党对社会治理思想领导的基本要求包括:坚持以习近平新时代中国特色社会主义思想为指导,全面贯彻党的十九大,十九届二中、三中、四中、五中、六中全会,以及党的二十大精神,坚持总体国家安全观,认真贯彻落实习近平关于社会治理现代化的重要论述,坚定不移走中国特色社会主义社会治理之路,以坚持和发展新时代"枫桥经验"为基点,以基层治理与市域社会治理现代化为切入点,以防范和化解影响国家安全、社会安定、人民安宁的重大风险为着力点,以增强人民群众获得感、幸福感、安全感为落脚点,统筹国内国际两个大局,办好发展安全两件大事,把握网上网下两个战场,加强源头治理、依法治理、系统治理、综合治理,不断提高社会治理社会化、法治化、智能化、专业化水平,形成人人参与、人人有责、人人享有的社会治理共同体,完善党委领导、政府负责、民主协商、社会协同、公众参与、法治保障、科技支撑的社会治理体系,打造共建共治共享的社会治理新格局,确保人民安居乐业、社会安定有序,建设更高水平的平安中国,为坚持和完善中国特色社会主义制度、推进国家治理体系和治理能力现代化奠定坚实基础,为实现"两个一百年"奋斗目标和中华民族伟大复兴中国梦提供国泰民安社会环境。

三、坚持党对社会治理的组织领导

组织领导就是通过党的各级组织、党的干部和党员,组织领导群众,为实现党的任务和主张而奋斗。推动中国特色社会主义事业发展的主体是人民,政治领导、思想领导都要通过组织领导来体现。要将党的政治原则、政治立场、指导思想和意识形态建设贯穿于社会治理全过程各方面,必须加强组织建设、队伍建设,提高全体社会成员尤其是党政领导"关键少数"的政治觉悟、思想素质和实践能力。

坚持党对社会治理组织领导的基本要求包括:坚持党对社会治理工作的领导,维护党中央集中统一领导和权威;发挥中央政法委作用,加强党对社会治理工作的组织领导和统筹协调;地方各级党委和政府切实履行领导责任,须把社会治理工作纳入经济社会发展规划,摆上重要议事日程,及时研究解决有关重大问题;地方各级党委和政府主要负责同志要履行社会治理工作第一责任人责任,切实守护一方平安;各有关部门须各负其责、密切配合,分领域分行业抓好工作落实;地方各级党委政法委须充分发挥好职能作用,确保社会治理和平安建设各项措施落到实处;充分发挥乡镇(街道)、村(社区)党组织在基层社会治理中的领导作用,探索"基层党建+"工作模式,加强社会组织党建工作,把党组织的服务管理延伸到社会治理各个领域各个环节；加强基层政权治理能力建设，增强其行政执行、为民服务、议事协商、应急管理、平安建设"五个"能力；领导和推动健全基层群众自治制度，推进基层法治和德治建设。

四、坚持党对社会治理的工作领导

党对社会治理的领导，还包括对社会治理具体工作的领导。党对社会治理具体工作的领导，是党对社会治理政治领导、思想领导、组织领导的载体，确保党对社会治理的政治领导、思想领导、组织领导得以实现。

（一）明确社会治理中党的领导职责

党的领导职责，是指党发挥总揽全局、协调各方的领导核心作用，在领导社会治理工作中，对国家机关、人民团体、社会组织和其他组织等实施领导的职权职责。全面准确把握社会治理中党的领导职责需要牢牢把握：（1）党对宏观层面的领导职责。党的十九大《报告》提出，坚持党对一切工作的领导，提高党把方向、谋大局、定政策、促改革的能力和定力，确保党始终总览全局、协调各方。（2）党对社会治理的具体领导职责。这包括：统筹社会治理工作中事关维护国家安全特别是以政权安全、制度安全为核心的政治安全重要事项；统筹维护社会稳定工作，及时妥善处理影响社会稳定的重要事项和突发事件；统筹规划平安建设、法治建设与经济社会发展，做到同部署、同推进、同督促、同考核、同奖惩；推动行政执法、政法单位依法维护社会主义市场经济秩序、社会秩序，为经济高质量发展、和谐社会建设提供法治保障；组织实施党中央关于社会治安综合治理体制机制改革方案，推动完善社会治理、平安建设运行体制机制；完善党委领导、政府负责、民主协商、社会协同、公众参与、法治保障、科技支撑的社会治理体系，提高社会治理社会化、法治化、智能化、专业化水平。（3）党对各级各类组织的领导职责。社会治理实践中，党的领导职责按照党章和党内法规的规定，分解到各级各类党组织，即党的中央组织、党的地方组织、党的基层组织、党组、党的纪律检查机关、党的工作机关等在社会治理中各自履行相应的领导职责，保证党领导和推动人大、政府、政协、监察机关、审判机关、检察机关、武装力量、人民团体、企业事业单位、基层群众自治组织、社会组织等多元主体在社会治理工作中协调行动、形成合力。（4）各级各类组织领导的领导职责。各地区各部门要把社会治理、平安建设摆上重要议程，主要领导负总责、亲自抓，分管领导具体负责。

（二）规范领导社会治理的行为

党的领导活动是党组织履行领导职责、实施领导活动的行为。一方面，须提高善于运用法治思维和法治方式深化改革、推动发展、化解矛盾、维护稳定、防范风险的能力。另一方面，须依规规范党的决策活动，提高对基本公共服务、社会自治、政社合作共治、社会矛盾预防化解、公共安全保障、突发事件应对、网络社会治理、社会治安综合治理等事项决策执行监督的科学化水平；不断总结畅通和规范群众诉求表达、利益协调、权益保障通道，建立健全人民调解、行政调解、司法调解联动工作体系，完善信访制度与涉诉信访终结机制，建设社会心理服务体系等方面的经验。所有这些给社会治理工作中的领导专业化、规范化建设提出了急迫要求，即须从党内规范性文件和实施命令指示、统筹、协调、督察等强制性行为的专业化入手，以指导、调查、动员、规划、建议、号召等非强制行为的规范化运行为保障，不断增强社会治理领导制度的整体效能。同时，实施领导行为时应当坚持党的领导原则，主要包括党的全面领导原则、党中央集中统一领导原则、民主集中制原则、依规领导原则以及党总揽全局、协调各方同国家机关、人民团体、企业事业单位等依法依章程履行职责相统一原则。

（三）承担违反社会治理领导职责的相应责任

党政领导班子、领导干部违反社会治理职责或者未能正确履行职责的，应依法依规进行责任督导和追究，具体包括通报约谈、挂牌督办、实施一票否决制、引咎辞职、免职等。因违纪违法应当承担责任的，给予党纪政务处分；构成犯罪的，依法追究刑事责任。

第三节　以人民为中心原则

为了人民、依靠人民、服务人民是中国共产党的根本宗旨，是党领导全体人民进行革命、建设、改革取得百年历史性成就的根本经验，坚持以人民为中心是推进社会治理现代化、建设更高水平平安中国的力量源泉。习近平在党的十八届三中全会上提出要"以促进社会公平正义、增进人民福祉为出发点和落脚点"，"让发展成果更多更公平惠及全体人民"；党的十八届四中全会将"以人民为中心"作为中国特色社会法治体系的基本原则；党的十九大将"坚持以人民为中心的发展思想，不断促进人的全面发展、全体人民共同富裕"作为习近平新时代中国特色社会主义思想的重要内涵，将"坚持以人民为中心"作为新时代坚持和发展中国特色社会主义的基本方略；党的十九届六中全会将"坚持人民至上"作为党的百年奋斗历史经验之一，载入党的十九届六中全会《决议》。"坚持以人民为中心"，是习近平法治思想的最鲜明特征与根本政治立场，是推进社会治理现代化、建设更高水平平安中国的基本遵循，是实施全面依法治国的基本原则，也是提高社会治理社会化、法治化、智能化、专业化水平必须遵循的基本原则。正确贯彻执行以人民为中心的原则，对于牢牢把握社会治理"为了谁""依靠谁""服务谁"根本立场，满足人民群众对民主、法治、公平、正义、安全、环境的新需求新期待，不断增强人民群众的获得感、幸福感、安全感，打造人人参与、人人有责、人人共享的社会治理共同体意义重大而深远。

一、以人民为中心原则的基本内涵

以人民为中心原则，要求社会治理必须满足人民需要、依靠人民力量、实现人民共享。这一原则源自马克思主义思想政策观强调的"人民性"。马克思主义政党认为"历史活动是群众的活动"[①]，因而其必须始终站在人民立场，从人民利益出发，主张"每项政策，都要适合

---

① 《马克思恩格斯文集》第 1 卷，人民出版社 2009 年版，第 287 页。

人民的利益"[①]。人民群众作为社会存在和发展的主体,不仅是社会物质财富和精神财富的创造者,更是推动社会变革的决定性力量。社会治理应始终以人民为出发点和落脚点,维护人民利益,尊重人民意愿,坚持人民的主体地位,激发社会活力,调节利益关系,协调社会关系,形成政府治理、社会自我调节与居民自治良性互动,确保人民安居乐业、社会安定有序、国家长治久安。

(一)社会治理为了人民

以人民为中心原则的第一个面向在于"满足人民需要"。首先,社会治理法的制定与完善,价值导向在于回应并满足人民对安全、环境、和谐、安宁、幸福生活的需要。社会治理相关政策与制度必须以符合人民的利益为目标,以满足人民需要为追求,由此社会治理法才具备正当性、合理性。其次,社会治理的成效以人民满意为最根本的评价依据。毛泽东指出"只有那些受群众欢迎的政策才能成为我们党继续实行的政策"[②];邓小平把是否有利于提高人民的生活水平作为评价政策效果的重要指标;江泽民把人民作为一切工作价值的最高裁决者;胡锦涛提出把人民拥护不拥护、赞成不赞成、高兴不高兴、答应不答应作为制定各项方针政策的出发点与落脚点。习近平以人民为中心的治国理政观、法治观是对党的历届领导人关于为人民服务根本立场和思想的继承与发扬。新时代背景下,必须坚持政策实施、制度绩效评估的人民向度,确立人民在评价社会治理法及其成效中的主体地位,相信人民具有评价政策与制度的能力和智慧。同时,社会治理法的实施必须贯彻人民群众参与的全过程各方面,自觉接受人民的评价与监督,并将人民的评价与监督作为完善制度体系、优化实施机制、转化法律制度效能的依据。

(二)社会治理依靠人民

以人民为中心原则的第二个面向在于"依靠人民力量"。社会治理法律制度的制定、执行与完善必须依靠人民的力量;社会治理方针政策的贯彻实施需要体现人民意志的法律来保障。首先,社会治理法及相关制度的制定并不是凭空而来的,也不能闭门造车,必须依托于社会现实,着眼于人民的现实需求,代表广大人民的根本利益,是人民群众智慧的结晶。其次,社会治理法的执行须依靠人民的力量。社会治理法的生命在于执行,相关政策、制度只有通过执行才能落地,才能真正实现其价值。人民是推动社会发展变革的决定性力量,不能仅把人民群众作为政策、制度实施的对象。在政策、制度的执行中需尊重和保障人民的主体性地位,必须充分发挥人民群众的积极性、主动性、创造性,把党的群众路线贯彻到治国理政的全部活动中。[③]社会治理法相关政策与制度的执行需要人民群众的支持、参与和监督。最后,社会治理法的完善须依靠人民的力量。一方面,人民群众的监督是完善社会治理法的直接推动力量;另一方面,人民群众的评价与反馈是完善社会治理法的重要参考依据。社会

---

① 《毛泽东选集》第4卷,人民出版社1991年版,第1128页。
② 《毛泽东文集》第3卷,人民出版社1996年版,第188页。
③ 《习近平谈治国理政》第3卷,外文出版社2020年版,第16—17页。

治理法只有与人民深度连接,才能扎根于本国国情,真正实现适应我国国情的制度创新。

(三)社会治理成果由人民共享

以人民为中心原则的第三个面向在于"实现人民共享"。人民群众作为中国特色社会主义的建设者和创造者,社会治理的成果毫无疑问也应当由全体人民共享。首先,社会治理法的实施成效必须落脚于人民。如果一项政策或制度的推行最终无法落实到切实提高人民群众的生活水平,真正让人民获益,那么这项政策或制度无论在其他层面取得怎样的绩效,均是难以获得人民群众的认可和支持的。其次,社会治理法的实施成效必须由人民共享。共享意味着政策、制度红利须具有普遍意义,须惠及社会各界、各层面的民众,而不能仅有利于特定阶层或特定群体,损害其他阶层、其他群体的利益。社会治理法应代表人民的利益,这种代表应当是普遍的。新时代我国的社会治理应致力于让改革发展成果更多更公平地惠及全体人民,实现全体人民的共同富裕。

(四)依法保障人民权益

依法保障人民权益是全面依法治国,推进社会治理现代化,建设平安中国的根本目的。必须坚持立法为民、执法为民、司法为民,提高全社会法律意识。必须切实尊重和保障人权,依法保障全体公民享有广泛的权利,保障公民的人身权、财产权、基本政治权利等各项权利不受侵犯,保证公民的经济、文化、社会等各方面权利得到实现,[1]加强对特殊群体权益的保护,[2]努力维护最广大人民根本利益,保障人民群众对美好生活的向往和追求。

(五)维护社会公平正义

坚持以人民为中心,推进社会治理现代化、建设更高水平平安中国必须以维护社会公平正义为生命线,努力让人民群众更加真切地感受到社会公平正义就在身边。以促进社会公平正义、增进人民福祉为出发点和落脚点,既是改革与法治双轮驱动战略实施的根本目的,也是建设和谐社会、持续创造更高水平平安中国奇迹的根本目的。必须坚持法律面前人人平等,健全社会公平正义、法治保障制度,把维护社会公平正义、增进人民福祉、促进人的全面发展作为建设和谐社会的出发点和落脚点,充分调动人民群体积极性、主动性、创造性;必须发挥改革的推动作用、法治的保障作用,坚定不移走共同富裕道路,加强社会领域法律制度建设,为保障和改善民生、维护社会公平正义提供法治保障,努力使全体人民在幼有所育、学有所教、劳有所得、病有所医、老有所养、住有所居、弱有所扶上持续取得新进展,不断增强人民群众获得感、幸福感、安全感。[3]

二、以人民为中心原则的现实基础

马克思指出:"理论在一个国家实现的程度,总是取决于理论满足这个国家的需要的程

---

① 中共中央宣传部、中央全面依法治国委员会办公室:《习近平法治思想学习纲要》,人民出版社 2021 年版,第 34 页。

② 《习近平法治思想概论》编写组:《习近平法治思想概论》,高等教育出版社 2021 年版,第 144 页。

③ 《习近平法治思想概论》编写组:《习近平法治思想概论》,高等教育出版社 2021 年版,第 149—150 页。

度。"① 习近平指出："要积极回应人民群众新要求新期待,坚持问题导向、目标导向,树立辩证思维和全局观念系统研究谋划和解决法治领域人民群众反映强烈的突出问题,不断增强人民群众获得感、幸福感、安全感,用法治保障人民安居乐业。"② 当前我国社会的主要矛盾已经由人民日益增长的物质文化需要与落后的社会生产力之间的矛盾,转变为人民日益增长的美好生活需要和不平衡不充分的发展之间的矛盾。这标志着我国的社会发展已经进入历史的新阶段。新时代,必须充分考虑社会发展的现实状况,识别社会变革中存在的发展障碍,反映人民群众的现实需求,并最终落脚于切实提高人民群众的物质生活和精神生活水平,回应人民群众对美好生活的新需求新期待,不断增强人民群众的获得感、幸福感、安全感。以人民为中心原则与中国现阶段的生产力发展水平相适应,强调人民的中心地位与主体地位,标志着我们国家发展的首要价值导向已经从侧重于追求 GDP 高速增长的"以物为本",转为更加重视"人"的全面发展与人文精神的"以人为本"。这是对新时代人民群众现实需求的有效回应,是对"人民至上"理念的秉持弘扬。坚持以人民为中心原则,不再执着于追求经济增速,而将视野打开,关注经济、政治、文化、社会、生态等关系人民福祉的方方面面,不仅满足人民群众的物质文化生活需求,而且满足人民群众对民主、法治、公平、正义、安全、环境的需求;不仅丰富发展物质文明,而且强调实现社会和谐、国泰民安的社会文明。所有这些有助于缓和人与自然、人与社会、人与人之间的矛盾,有助于实现人的全面发展,有助于国家经济更高质量发展,也有助于社会更加健康、科学、可持续发展。

三、以人民为中心原则的实践指向

坚持以人民为中心原则,要尊重人民主体地位,发挥人民主体力量,做到维护人民利益,回应并满足人民对美好生活的向往。如何在推进社会治理现代化进程中全面贯彻以人民为中心原则? 首先,须在实践层面保障人民群众在社会治理相关政策与制度制定、执行与完善过程中的知情权、参与权、表达权、监督权等各项民主权利。只有人民群众的各项民主权利得到充分保障,人民的主体性地位才能真正得到体现。其次,社会治理法相关制度与政策应当具有针对性和适应性,须聚焦现实真问题,以问题导向引领制度与政策的制定,充分考虑现实条件,保证相关规定具有可操作性,从而切实解决社会发展中真正存在的阻碍人民群众美好生活实现的痛点、堵点、薄弱环节及其发展进程中出现的新问题。最后,要保障社会治理法相关配套制度与政策的体系性、科学性与全面性。完善社会治理法体系,除了关注微观层面的问题导向,还应在顶层设计上关注全局性,避免"头痛医头,脚痛医脚"。尤其须在整体上着眼长远、着眼全局,对制度体系的构建进行总体谋划、设计,并在基本公共服务、社会自治、政社合作共治、社会矛盾预防化解、公共安全保障、突发事件应对、网络社会治理、社会

---

① 《马克思恩格斯文集》第 1 卷,人民出版社 2009 年版,第 12 页。

② 中共中央宣传部、中央全面依法治国委员会办公室:《习近平法治思想学习纲要》,人民出版社 2021 年版,第 29 页。

治安综合治理等法律实施与公共政策配套的指引下完善具体制度,使创制制度政策时"由下而上"吸纳意见的广泛性与科学性、推动实施制度政策"由上而下"的群众性与社会性高度契合与协调统一。

第四节　源头治理原则

源头治理是指针对社会成员依法应获得的普惠性公共服务因政策性制度性供给渠道不畅或者供给不均等引发社会矛盾、社会冲突乃至社会对抗导致社会秩序紊乱等社会问题,社会治理主体运用不同治理方式予以应对处置所形成的优先次序、轻重缓急、标本兼治的一种现代治理状态。党的十八届三中全会《决定》强调创新社会治理体制,必须"坚持源头治理,标本兼治、重在治本,以网格化管理、社会化服务为方向,健全基层综合服务管理平台,及时反映和协调人民群众各方面各层次利益诉求"。源头治理原则包括发展权利平等享有、民生权益保障优先、国家保护义务等多个层面。

一、发展权利平等享有

发展是人类社会永恒的主题。发展权是公民一项不可剥夺的人权。唯有发展,才能保障人民的基本权利,才能推动社会文明进步。拥有平等的发展机会,共享发展成果,使每个人都得到全面发展,实现充分的发展权,既是人类社会的理想追求,也是中国共产党治国理政的第一要务,[1]还是推进社会治理现代化,建设平安中国、法治中国,实现建设富强、民主、文明、和谐、幸福、美丽的现代化国家的目标要求。新中国成立以来尤其是改革开放以来的实践证明,发展是硬道理,稳定也是硬道理,抓发展、抓稳定两手都要硬。坚定不移走中国特色社会主义治理之路,必须善于把党的领导和我国社会主义制度优势转化为社会治理的显著优势,着力推进社会治理系统化、科学化、智能化、法治化,不断完善中国特色社会主义社会治理体系,确保人民安居乐业、社会安定有序、国家长治久安。具体而言:

(一)地位与作用层面

发展权是《宪法》赋予公民的首要基本人权。在公民依法享有政治、经济、文化、社会、生态基本权利与应履行义务层面,发展权处于核心地位,是公民经济、政治、文化、社会、生态基本权利和义务的基础性权利。发展权贯穿于其他各项权利之中,其他权利为发展权的实现创造条件。在我国仍处于并将长期处于社会主义初级阶段的基本国情条件下,消除绝对贫穷、逐步实现小康乃至中等发达国家生活水平的目标,既是实现"两个一百年"奋斗目标的题中应有之义,也是保障公民发展权的具体体现。因此,发展不仅仅是消除贫困、实现小康、步入中等发达国家生活水平的渐进过程,也是消除贫困的手段、实现其他人权的条件、人挖掘自身潜能的过程,更是激发社会活力、调整社会利益关系、化解社会矛盾、预测预警预防

---

[1]　参见中华人民共和国国务院新闻办公室:《发展权:中国的理念、实践与贡献(2016年12月)》,载新华网 http://www.xinhuanet.com,访问日期:2023年1月23日。

社会风险、促进社会和谐、建设更高水平平安中国、法治中国的根本之策。

（二）主体与动力层面

坚持以人民为中心，坚持人民主体地位，是我们的制度优势，是中国特色社会主义法治区别于资本主义法治的根本所在。党和国家强调人民是推动发展的根本力量，发展为了人民、发展依靠人民、发展成果由人民共享。把增进人民福祉、促进人的全面发展作为发展的出发点和落脚点，充分调动人民的积极性、主动性、创造性，使人民成为发展的主要参与者、促进者和受益者，不仅是实现"两个一百年"奋斗目标，实现中华民族伟大复兴中国梦，建设富强、民主、文明、和谐、美丽的现代化国家的根本任务和要求，也是建设平安中国、法治中国的目标任务和要求。同时，要紧紧依靠人民群众的力量，发挥"专群结合"的传统优势，运用"网格化管理、社会化服务"的方式，精准预防和化解社会急剧转型期与发展过程中出现的社会矛盾、社会问题与社会风险，通过全面深化改革与全面依法治国"双轮驱动"，破解影响和制约发展的体制性障碍、机制性困扰、保障性束缚，为个人发展、集体发展、国家发展开辟新的空间，解放和发展社会生产力，释放社会发展正能量和社会潜能，有效化解社会消极因素为发展的积极因素，从而形成人人依法有序创造性发展、集体协作性发展、国家驱动性发展、社会和谐有序的良性互动新局面。

（三）个人人权与集体人权统一层面

个人发展权与集体发展权乃至国家发展权是相互协调相互促进的统一体。正如马克思主义经典作家所指出的："每个人的自由发展是一切人的自由发展的条件。"[1]一方面，个人的发展为集体的发展、国家的发展提供了源源不断的动力源泉和支撑力量；而由个人按一定组织结构组成的集体的发展、民族地区的发展、国家的发展，又为个人的发展提供了广阔的空间和强有力的保障。个人在依法获得和行使发展权过程中必须处理好个人发展利益与集体发展利益、国家发展利益的关系，承担依法应当履行的义务，不得以损害集体发展利益、侵害国家发展利益为代价。另一方面，集体的发展、国家的发展须以个人平等参与发展、平等享有发展成果的权利保障为前提，集体的发展不得限制、剥夺和损害个人依法享有的发展权益，国家必须通过科学完备的公共服务保障等法律制度安排和公共政策为公民依法平等享有的发展权等核心权利提供制度公平、规则公平、机会公平的通道以及保护的体制机制。因此，把统筹处理好个人发展与集体发展、国家发展的重大关系，正确处理好眼前发展利益与长远发展利益、局部发展利益与整体发展利益的具体实践关系，保护好、发展好、实现好人民的发展权等基本权益作为经济发展、政治清明、文化繁荣、社会进步、生态文明的根本标准，才是实现人民生活幸福康宁、国家长治久安的根本治理之道。这就是让人民有更好的教育、更稳定的工作、更满意的收入、更可靠的社会保障、更高水平的医疗服务、更舒适的居住条件、更优美的环境，让每个人都能更有尊严地发展自我和奉献社会，共同享有人生出彩的机会，共同享有梦想成真的机会。对此，我国在《宪法》中全方位确立和保障个人发展权，并制

---

① 《马克思恩格斯选集》第 1 卷，人民出版社 2012 年版，第 422 页。

定了一系列专门的权利保障法律法规,保障全体公民,特别是妇女、儿童、老年人、残疾人等的发展权利。

二、民生权益保障优先

源头治理关涉民生福利事项的保障水平、保障方式与保障力度,同公民在经济、文化、社会、生态领域的发展权等基本权利的实现与有效保障息息相关。应根据城乡常住人口增长趋势、空间分布以及财力水平,统筹布局建设学校、医疗卫生机构、文化设施、体育场所等公共服务设施;逐步提高城乡居民基本公共服务水平,在幼有所育、学有所教、劳有所得、病有所医、老有所养、住有所居、弱有所扶上持续取得新进展。这不仅是全面建成小康社会的目标任务,是推进国家治理体系和治理能力现代化的急迫要求,也是检验社会治理法治化程度的标尺。改革开放以来,我国在民生权益实现、民生权益法治保障、社会治理现代化等方面着力,不仅推动了社会文明进步,也取得了在加快建设国家现代化进程中破解社会矛盾凸显、社会风险增多、刑事犯罪高发等世界性难题的"中国之治"巨大成就,向世界提供了实现经济高速发展与社会和谐稳定、国家长治久安"两大奇迹"的"中国经验",传递了社会治理法治化的"中国智慧",展示了推进社会治理现代化的"中国模式"。

(一)民生权益实现层面

1. 经济权益实现方面。坚持经济更高质量发展、政府更高效率管理与服务、人民更高品质生活的新理念新思想新战略新途径,人民生活总体上实现了从贫困到温饱,再从温饱到小康的两次历史性飞跃,为民生利益的保障奠定了坚实基础。这包括:贫困人口生存权得到有效保障;劳动者工作权利充分实现;人民基本生活极大改善;人民生活水平显著提高。

2. 文化发展权益实现方面。城乡居民平等享有和获得的公共文化服务的范围扩展、渠道增多、效果良好;文学艺术、新闻出版、广播影视和体育公共品的平等享有与消费的能力提升;少数民族地区居民平等享有和实现文化权利;老年人、残疾人和进城务工人员等群体的文化发展权益逐步落实到位。

3. 社会发展权益实现方面。国家致力于发展各项社会事业,建立和完善各类社会保障和社会服务制度,不断改善社会保障水平,努力供给有效的社会资源,促进教育公平,使全体人民共享发展成果。这包括:人民健康权保障水平大幅提高;覆盖全社会的保障体系基本建成,城乡居民基本公共服务平等享有和实现;社会救助对象的社会救助权利依法平等享有和实现;城乡居民教育公平得到更好落实,区域与群体居民获得公平教育的差距进一步缩小,少数民族居民获得公平教育的机会明显增多。

4. 生态权益保障实现方面。国家坚持绿色发展理念,加快推进生态文明建设进程,良好生态环境成为人民生活的增长点,让可持续发展成果惠及全体人民,城乡居民依法享有和实现生态权益的条件改善、渠道拓宽、效果明显。

5. 政治权利依法享有与实现方面。国家不断丰富和完善适合自身发展的政治制度,公民权利和政治权利得到切实保障,人民参与、促进政治发展进程并分享政治发展成果的水平与日俱增,为民生各项权利的实现提供了政治保障。

上述城乡居民各项基本民生权益的有效实现与政治权利的充分保障,既是当代中国社会文明进步的伟大标志性成果,也是人的现代化进程的重要实践,是以发展权为核心的各项基本权利实现的重要体现,同时是中国成立70多年以来尤其是改革开放40多年以来的发展实现"两大奇迹"的治国理政基本经验。这包括:(1)以70多年时间完成发达国家二三百年才完成的工业化,由"一穷二白"的大国跃入全球第二大经济体的"跨越发展"奇迹。(2)以中国特色社会主义治理理论、基本制度与治理方式,创造了跨越"中等收入陷阱"阶段,实现社会和谐稳定、国家长治久安的奇迹。

(二)民生法治保障层面

国家建立了以《宪法》为核心,以宪法相关法、民法商法等多个法律部门的法律为主干,由法律、行政法规和地方性法规等多个层次的法律规范构成的中国特色社会主义法律体系,为实现社会成员在民生等领域的发展权提供了法律保障。

1. 宪法保障方面。宪法以国家根本法的形式全方位确立和保障公民、社会组织和其他组织的发展权。宪法序言确立了保障平等发展的根本指导原则,明确国家的根本任务是"推动物质文明、政治文明和精神文明协调发展,把我国建设成为富强、民主、文明、和谐、美丽的社会主义现代化强国"。宪法确立了人民民主、平等发展原则,宣告"中华人民共和国的一切权力属于人民","人民依照法律规定,通过各种途径和形式,管理国家事务,管理经济和文化事业,管理社会事务",规定"维护和发展各民族的平等、团结、互助关系"。宪法确立了"国家尊重和保障人权"基本原则,并在关于公民基本权利和义务的条款中明确了公民在经济、政治、文化、社会诸方面全面发展的权利。

2. 专门法保障方面。国家制定并实施了一系列专门的权利保障法律法规,平等保障全体公民,特别是妇女、儿童、老年人、残疾人等的发展权利。例如,《民族区域自治法》规定:"加速民族自治地方经济、文化的发展,建设团结、繁荣的民族自治地方,为各民族的共同繁荣,把祖国建设成为富强、民主、文明的社会主义国家而努力奋斗。"《妇女权益保障法》规定:"妇女在政治的、经济的、文化的、社会的和家庭的生活等各方面享有同男子平等的权利。实行男女平等是国家的基本国策。国家采取必要措施,逐步完善保障妇女权益的各项制度,消除对妇女一切形式的歧视。"《未成年人保护法》规定:"国家保障未成年人的生存权、发展权、受保护权、参与权等权利。"《老年人权益保障法》规定:"国家保障老年人依法享有的权益。老年人有从国家和社会获得物质帮助的权利,有享受社会服务和社会优待的权利,有参与社会发展和共享发展成果的权利。"《残疾人保障法》规定:"残疾人在政治、经济、文化、社会和家庭生活等方面享有同其他公民平等的权利。"国家还通过制定发展战略、总体发展规划、经济文化社会环境等方面的专项行动计划,从"软法"与公共政策措施层面保障和落实公民的发展权,等等。

上述立法、战略、规划、计划等发展权保障制度不仅是统筹推进"五位一体"总体布局、协调推进"四个全面"战略布局,加快推进国家治理体系和治理能力现代化的保障,也是加快建设平安中国、法治中国的重要内容和实施机制,还是坚持法治国家、法治政府、法治社会一体建设,从源头上提高预防预测预警社会风险能力,推进社会治理现代化的法治保障。

（三）互联网背景下推进社会治理现代化层面

互联网是人类最伟大的发明之一,改变了人类的空间轴、时间轴和思维维度,深刻影响着人们的学习工作生活方式。网络已成为社会的基础性设施,网络秩序的和谐稳定对国家安全、国家创新能力、经济社会的可持续发展和社会治理现代化加速推进都产生了前所未有的深刻影响。首先,它开辟了人们获取信息资源的新渠道,搭载了生产生活方式变革的助推器,强注了经济发展新模式的催化剂,创造了文化大发展大繁荣的新载体,搭建了社会治理创新的新平台,激活了国际交流合作的推动力,拓展了国家主权的新疆域。其次,它带来诸多挑战,包括:政治安全领域,网络渗透危害严重;经济安全领域,引发金融危机、经济运行困境;文化安全领域,误导价值取向;社会安全领域,网络犯罪易发高发;网络空间主权安全领域,新霸权肆意横行,等等。最后,社会治理呈现阶段性特征（相关内容在"导论"部分已作阐述,此处不再赘述）,[①]给"着力推进社会治理系统化、科学化、智能化、法治化"提出了急迫要求。职权机关、社会组织、公民应正确认识和把握我国社会主义初级阶段将长期存在的特点,正确认识和把握我国社会治理的阶段性特征,从我国国情出发,发挥制度优势,遵循治理规律,把握社会主要矛盾发生变化后人民群众对民主、法治、公平、正义、安全、环境的新要求新期待,以共商共建、良政善治、共治共享为基本目标,以推进社会治理系统化、科学化、智能化、法治化为重要支撑,以理念更新、体制机制创新、方法手段改进为切入点,推动社会治理体系和治理能力现代化。所有这些要求必须善于把制度优势转化为治理效能,充分发挥党委领导、政府主导作用,建立各方参与、群众自治、开放包容的治理模式;把政府该管的事情管住、管好,把市场能办的交给市场,把社会能做的放给社会,形成政府、市场、社会互动互补局面;保障人民主体地位,充分听取群众诉求,支持人民群众通过民主协商的方法,自主处理社会性、群众性强的社会治理事务,形成共商共治局面。

党的十八届三中全会《决定》部署全面深化经济体制、政治体制、文化体制、社会体制、生态文明体制与党的建设制度改革,强调以维护最广大人民根本利益为着眼点,增强社会发展活力,提高社会治理水平。党的十八届四中全会《决定》强调加快保障和改善民生、推进社会治理体制创新、法律制度建设,依法加强和规范公共服务,完善教育、就业、收入分配、社会保障、医疗卫生、食品安全、扶贫、慈善、社会救助和妇女、儿童、老年人、残疾人合法权益保护等方面的法律法规。这些要求给民生领域法律制度的"废、改、立"提出了急迫要求。既需要优先创制民生领域的新法律、修改完善不适合的内容、废除过时的内容,为民生领域、社会体制改革提供法律依据,又需要在社会治理过程中贯彻民生优先的原则,妥善处理地区之间、城乡之间、行业之间,公民、法人、其他组织在民生领域权益保障、利益协调、矛盾纠纷化解等涉法涉诉事项,依法切实保障和改善涉及民生领域的相关权益;更需要适时总结基层改革的

---

① 徐汉明:《习近平社会治理法治思想》,载《法学杂志》2017年第10期。

试点经验,把民生领域的改革成果通过法律程序上升为国家意志,成为制度规范,为人民群众提供民生法律保障,从而推动社会治理法治化、助推中国特色社会主义法治体系建设。

三、国家保护义务

贯彻源头治理的原则,推动社会治理法治化,前提是实现公民在教育、医疗、就业、住房、社会福利、公共安全等领域的社会权益,国家对此负有保护义务。具体途径如下:

(一)政府及其工作人员树立依法履行国家保护义务责任的观念

政府作为国家公共权力的执行者,其职责在于维护和保障国家社会的公共利益和公民个人权利。因此,法律必须明确政府机关及其工作人员负有保障国家安全、公共安全和公民个人合法权益的责任和义务。

(二)政府履行保护义务责任的实施机制

政府责任一般包括政治责任、行政责任、道义责任和法律责任等不同的责任类型。追究责任是责任主体怠于履行其应尽的职责而使之承担一定的法律后果,适当的追究责任方式是实现和落实主体责任的重要保障。

(三)政府履行保护义务责任的监督机制

社会治理中多种主体参与共治,既是针对社会治理难题的群策群力,又在实际上起到对政府履责的监督作用。因此,围绕公共服务、民生保障等方面,政府建立有责任清单、义务清单、负面清单等,并围绕其建有履职指标体系和考评办法,对政府履行保护义务责任的情况进行定期或不定期检查评估;对履行保护义务责任缺位、越位、不到位等问题适时进行观测监测和预警;对违反负面清单而未履行保护义务责任造成损失和社会危害后果的,追究行政首长和直接责任人的相关政治责任、行政责任乃至法律责任。

(四)司法救济与司法保护

首先,执法机关加强对公民以发展权为核心各项基本权利的执法保护。其次,司法机关对于以发展权为核心的各项基本权利受到侵害的自然人、法人、非法人组织的合法权益,提供司法保护与司法救济,发挥定分止争、权利救济、制约公权、保障人权、维护公平、彰显正义、促进和谐、增进人民发展权权益的"法福利"[①]功能,有效防止和惩治侵害生存权、发展权等的不法行为。最后,强化法律援助实效,确保贫困人口享有获得司法救济的权利;加大司法救济力度,保护弱势群体发展权;重视发挥仲裁功能,保护特定群体平等发展权;通过依法定分止争、制裁侵权行为人,强化权利的程序性保护。

第五节   系统治理原则

系统治理是指社会治理主体将治理事务置于一定的情景和社会条件之中,注重把握治

---

① 徐汉明、王玉梅:《我国司法职权配置的现实困境与优化路径》,载《法制与社会发展》2016年第3期。

理事务与政治、经济、文化、社会、生态文明发展之间的密切联系,把社会治理与国家治理、政府治理作为一个整体系统看待,按照系统思维、依据整体性原则谋划社会治理全局,把握各要素之间的关系,以提高社会治理效能,实现政府治理、社会调节、居民自治良性互动的目标。具体而言,系统治理是指社会治理主体依据其地位、职责,在处理社会治理事务过程中结成主导、参与、合作关系,构成人人有责、人人尽责、人人享有的社会治理系统,建设社会治理新格局。

一、系统治理原则的理论与实践价值

系统治理原则的提出,是我们党对社会治理规律认识的又一个新飞跃,是提高社会治理系统化、科学化、智能化、法治化水平,增强社会风险预测预警预防与应急处置能力,加快推进社会治理现代化的必然选择。

（一）系统治理原则体现了马克思主义经典作家有关人民主权、群众观、群众路线的基本原理

中国特色社会主义事业是亿万人民的事业,社会建设是中国特色社会主义事业总体布局的组成部分,系统治理是创新社会治理体制的重要内容。在推进法治国家、法治政府、法治社会一体建设过程中,必须坚持人民主体地位,发挥人民主人翁精神,尊重人民首创精神,最广泛地组织和动员人民投身社会主义建设与现代社会治理法治建设事业。党的十八届三中全会《决定》要求“实现政府治理和社会自我调节、居民自治良性互动”;“促进群众在城乡社区治理、基层公共事务和公益事业中,实行自我管理、自我服务、自我教育、自我监督”;“建立畅通有序的诉求表达、心理干预、矛盾调处、权益保障机制”;“维护最广大人民根本利益……确保人民安居乐业、社会安定有序”。这些要求突出人民在社会治理中的主体作用,坚持社会治理为了人民、依靠人民、成果由人民共享,充分体现了当代中国共产党人践行马克思主义经典作家关于群众观点的高度自觉。

（二）系统治理原则体现了中国共产党对法治社会建设规律认识的不断深化

新中国成立以来特别是改革开放以来,我们党在社会建设的理论和实践方面作了不懈探索,在推进国家治理体系和治理能力现代化进程中,对社会治理法治建设的内涵认识得越来越明晰,把握得越来越准确。党的十六届三中全会通过的《中共中央关于完善社会主义市场经济体制若干问题的决定》(以下简称“党的十六届三中全会《决定》”)提出完善政府社会管理和公共服务职能。党的十六届四中全会《决定》提出加强社会建设和管理、推进社会管理体制创新和建立健全党委领导、政府负责、社会协同、公众参与的社会管理格局。党的十六届六中全会通过的《关于构建社会主义和谐社会若干重大问题的决定》(以下简称“党的十六届六中全会《决定》”)提出创新社会管理体制、激发社会活力。党的十七大《报告》①提出完善社会管理、健全基层社会管理体制。党的十八大《报告》提出加强社

---

① 全称为《高举中国特色社会主义伟大旗帜　为夺取全面建设小康社会新胜利而奋斗》。

会建设,必须加快推进社会体制改革。围绕构建中国特色社会主义管理体系,提出四个"加快形成"。党的十九大《报告》提出打造共建共治共享的社会治理格局,加强"公共安全体系""社会治安防控体系""社会心理服务体系""社区治理体系""国家安全体系"五个体系建设。党的十九届四中全会《决定》强调"完善正确处理新形势下人民内部矛盾有效机制""完善社会治安防控体系""健全公共安全体制机制""构建基层社会治理新格局""完善国家安全体系"。党的二十大《报告》提出推进国家安全体系和能力现代化,坚决维护国家安全和社会稳定。所有这些决策、部署、谋略、举措是党在深刻分析我国基本国情、社会主要矛盾深刻变化、社会治理所处阶段性特征基础上提出的新论断、作出的新结论、概括出的新命题,是对 70 多年来党统领治国理政、治党治军、内政外交、国内治理与全球治理、办好发展与安全两件大事系统总结的新经验,充分体现了党对执政规律、社会主义建设规律、国家与社会治理规律认识的新升华。

(三)系统治理原则体现了党领导下的共同治理、多方参与理念和主张

系统治理原则的提出呈现出渐进完善的特点。党的十六届六中全会《决定》提出,构建的社会主义和谐社会是党领导全体人民共同建设、共同享有的和谐社会;党的十八大《报告》提出保证人民平等参与、平等发展权利,开创社会和谐人人有责、和谐社会人人共享的生动局面;党的十八届三中全会《决定》提出,坚持系统治理,加强党委领导,发挥政府主导作用,鼓励和支持社会各方面参与,推进社会组织明确权责、依法自治、发挥作用;党的十八届四中全会《决定》提出,深化基层组织和部门、行业依法治理,支持各类社会主体自我约束、自我管理,发挥市民公约、乡规民约、行业规章、团体章程等社会规范在社会治理中的积极作用,支持行业协会商会类社会组织发挥行业自律和专业服务功能,发挥社会组织对其成员的行为导引、规则约束、权益维护作用,加强在华境外非政府组织管理,引导和监督其依法开展活动,强调必须保证人民在党的领导下,依照法律规定,通过各种途径和形式管理国家事务,管理经济文化事业,管理社会事务。把党的这些主张和法律规定精神贯彻落实到社会治理中,必须坚持系统治理原则,在党领导下发挥政府、市场、社会等多元主体在社会治理中的协同协作、互动互补、相辅相成作用,形成推动社会和谐发展、保障社会安定有序的合力。

二、明晰治理主体的地位,充分发挥其在社会治理中的作用

社会治理主体是指执政党、政府、社会组织、公众在社会治理格局中所处的地位、扮演的角色,各自所承担的治理职责(权利)与义务(责任),以及相互在社会治理事务中所结成的互动关系。以互联网为代表的科技与经济社会之间结合得日趋紧密,社会治理事务的分工协作日益细密化、专业化、技术化和合作化。

(一)执政党在社会治理中的领导地位

党的执政地位决定了党在社会治理中的领导地位,要求党必须正确处理党的政策指导作用与依法治理的关系。历史经验、制度安排和实践都证明,党的政策和国家法律都是人民意志的反映,在本质上是一致的。党既领导人民制定宪法法律,也领导人民执行宪法法律,做到党领导立法、保证执法、带头守法。党善于把法治作为社会治理的基本方式,自觉从思维模式、工作举措、行动方式等方面贯彻,即:善于运用法治思维和法治方式进行社会治理;善于运用法律调节社会关系、规范人们的行为、强化法律在权利救济和解决纠纷中的权威作用;善于依法化解社会矛盾、激发社会活力、维护社会稳定、促进社会和谐、保障人民安居乐业;善于依赖科学有效的社会治理体制,建立健全依法维权和化解纠纷机制、利益表达机制、救济救助机制,畅通协调群众利益、保障群众权益的法律渠道;善于处理好维稳与维权的关系,强化法律在化解矛盾中的权威地位,使人民群众从社会治理事务中感受到公平正义。

（二）政府在社会治理中的主导作用

宪法法律赋予政府在社会治理中主导的角色地位。包括:(1)正确处理好深化经济体制改革与行政管理体制改革的关系。即既坚持依法全面履行政府职能,健全依法决策机制,深化行政执法体制改革,又严格规范公正文明执法,强化对行政权力的制约和监督,全面推进政务公开等。(2)既加快建设职能科学、权责法定、执法严明、公开公正、廉洁高效、守法诚信的法治政府,又增强政府主导社会治理的整体效能。(3)推行严格执法、人性化执法。(4)提高社会治理法治化水平。即各级行政机关、行政首长和全体公务员必须提高善于运用法治思维和法治方式深化改革、促进发展、化解矛盾、维护稳定、防范风险的能力。(5)实现国家与社会各项事务治理的制度化法律化。(6)促进社会公平正义、增进人民福祉,在幼有所育、学有所教、劳有所得、病有所医、老有所养、住有所居、弱有所扶上不断取得新进展。

（三）社会组织、公民参与治理与依法自治

社会组织、公民的依法自治地位表现在多个方面:首先,社会组织及公民在治理活动中依法享有自我教育、自我管理、自我服务的资格及地位。社会治理领域的法律、行政法规规定,基层社会组织的任务就是实现社区范围的社会事务、公益事业的自我管理、自我教育、自我服务。其次,国家把正确处理政府与社会组织的关系纳入改革项目清单,保障社会组织依法自治发挥作用。再次,基层社会组织在依法自治和参与公共事务治理方面的地位与作用日益显现。其通过群众喜闻乐见的形式宣传普及宪法法律,发挥市民公约、乡规民约等基层规范在社会治理中有益作用。最后,坚持把依法治国和以德治国结合起来,重视道德对公民行为的规范作用,引导公民既依法维护合法权益,又自觉履行法定义务,做到享有权利和履行义务相统一。

第六节 依法治理原则

依法治理就是社会治理主体运用法治思维和法治方式,并依据社会治理法律法规对社会治理事务进行判断、裁定、处置,以实现社会治理法的实体功能与程序功能有机统一的治理活动及其治理过程。依法治理原则的主要内容包括社会治理主体中政府依法全面履职、社会组织依法有效自治、村(居)民委员会依法规范自治、公民有序参与社会治理规范等。

一、政府依法全面履职

政府依法全面履职包括政府的职权法定、权责统一、履职到位。

（一）职权法定

所谓职权法定，是指行政机关及其工作人员在社会治理活动中行使的权力必须有法律明确授权，不能自行设定。行政机关对经济社会事务进行管理和服务，必须有法律明确授予的行政职权，必须在法律规定的职权范围内活动。非经法律授权，行政机关不能作出管理和服务社会的行为；超出法律授权范围，行政机关也不享有对有关社会事务的管理权，否则都属于违法。

（二）权责统一

所谓权责统一，是指赋予行政机关社会管理和公共服务的权力（职责）、义务（责任）相一致。行政机关应采取积极的措施和行动依法履行其社会治理职责，擅自放弃、不履行法定职责或违法、不当行使职权的，应承担相应的法律责任。权责统一既是法治政府的内在要求，是现代责任政府的基本价值理念，也是法治社会的根本保障。坚持权责统一，要求政府在社会管理和公共服务活动中做到有权必有责、用权受监督、执法有保障、违法受追究、侵权需赔偿。

拓展阅读

（三）履职到位

所谓履职到位，就是政府应正确处理与市场、社会的关系，厘清政府、市场和社会三者权力（利）边界，切实履行好法律赋予的市场监管、社会管理和公共服务的职能，让政府更好归位、市场更大发力、社会更有活力、群众更多受益。

二、社会组织依法有效自治

社会组织有广义、狭义之分。广义的社会组织是指人们从事共同活动的所有群体形式，包括家庭、氏族、团体、政府、军队和学校等。狭义的社会组织是指为了实现特定目标而有意识地组合起来的社会群体，如企业、政府、学校、医院、社会团体和个人媒体群等。社会治理法学研究的社会组织主要指除国家公权力机关、营利组织以外的非营利组织、人民团体与其他组织。

改革开放以来，随着国家治理体系的发展完善，我国社会组织的发展经历了复苏发展期、曲折发展期、稳定发展期、增速发展期"四个阶段。[1] 社会组织作为市场经济发展完善不可或缺的主体、经济社会发展的基本力量、社会管理和公共服务的合作者、现代社会治理秩序的建设者，在国家治理体系和治理能力现代化建设中的地位日渐凸显。

社会治理法律体系逐步发展完善，不仅为社会组织工商服务、科技研究、教育卫生、社会

---

① 马庆钰：《"十三五"时期我国社会组织发展思路》，载《中共中央党校学报》2015 年第 2 期。

服务、文化体育、生态环境、法律服务、宗教活动、农业及农村发展、职业及从业组织、国际及其他涉外文化交流服务提供了法治保障，也为这类社会组织有效自治、参与社会治理提供了制度规范，使社会组织自治活动的规范化、制度化及治理活动的法治化有了基本遵循与法治保障。与此同时，随着法治国家、法治政府、法治社会一体推进的加快，相对社会组织在社会治理中不可替代的地位与日益繁重的任务而言，社会组织法律制度建设滞后、立法规范位阶不高以及社会组织参与社会公益事业、推动社会建设方面的法律制度缺失等问题日渐凸显，需要在全面深化体制改革中总结社会组织依法自治，参与社会治理的成功经验，加快社会组织立法步伐，为提升社会组织依法自治的能力和水平提供可靠保障。

三、村（居）民委员会依法规范自治

新中国成立以来，作为执政党的中国共产党把马克思主义民主政治、人民民主专政的政权理论与中国国情有机结合起来，在建立新生人民政权的伟大实践中，创造性地探索出城市居民、农村村民基层组织自治，实现自我教育、自我管理、自我服务、自我监督的有效形式，并且上升为《宪法》的制度规范，在城市基层设立居民委员会、在农村基层设立村民委员会，对基层公益事业、公共服务实行民主选举、民主决策、民主管理、民主监督。政府对其自治活动给予指导、支持和帮助，但不干预其依法自治范围内的事项。这是中国特色社会主义治理理论的重大成果，是中国特色社会主义治理道路的重大实践，是推进国家与社会治理体系和治理能力现代化的重大创新，是开创新时代中国式社会治理现代化新道路的标志性成果。城市化进程的加速、农村基层组织结构的变动，带来了农村基层群众性自治组织发生适度减少与城市基层自治组织增量发展之变化。

（一）加强法治建设，保证基层群众自治在法治轨道上健康有序发展

依法自治，是开展基层群众自治的基本要求。构建保障人民群众在基层行使民主权利的法律法规与基层群众性村规民约、城市公约相衔接的自治体系是确保自治能力现代化的前提。从国家立法层面看，《村民委员会组织法》《城市居民委员会组织法》为基层村（居）委会依法开展自治活动，基层政府指导、支持和帮助村（居）委会开展自治工作，发展基层群众性自治组织创新自治、法治、德治、智治相结合提供了制度保障。从党内法规层面看，《中共中央办公厅、国务院办公厅关于在农村普遍实行村务公开和民主管理制度的通知》《中共中央　国务院关于加强和完善城乡社区治理的意见》《中共中央　国务院关于加强基层治理体系和治理能力现代化建设的意见》为基层治理的指导思想、工作原则、主要目标，完善党全面领导基层治理制度，加强基层政权行政执行、为民服务、议事协商、应急管理、平安建设的"五个能力"建设，健全村（居）民委员会规范化建设、自治机制、组织动员能力、服务格局等制度，推进基层法治和德治建设，加强基层智慧治理能力建设提供了政令、政策性导引。所有这些为基层社会组织自治提供了较为完备、富有特色的制度体系保障。

（二）增强社会自我调节的功能

加强村（居）民的思想道德建设,培育自尊自信、理性平和、积极向上的社会心态,引导村（居）民自觉履行法定义务、社会责任、家庭责任,自觉维护社会秩序。依托基层群众性自治组织和社会组织,加强与驻社区相关机关、单位、人民团体、企业、其他社会组织的协同合作,开展形式多样、方法灵活的平等对话、民主协商、谈判合作、规劝疏导,化解基层社区不同利益主体之间的利益冲突。推进以村规民约、社区公约与行业规范、社会组织章程协调互动的社会规范建设,充分发挥其在协调社会关系、激发社会活力、规范社会行为、保障居民合法权益等方面的作用,通过自律、他律、互律使村（居）民及其居住地的公民、法人和其他组织的行为符合社会共同体的行为准则。

（三）深化基层社会组织依法自治

以全面贯彻实施《城市居民委员会组织法》《村民委员会组织法》为契机,以深入开展以村（居）民会议、议事协商、民主听证为主要形式的民主决策实践为抓手,以自我管理、自我教育、自我服务、自我监督的民主治理实践为中心环节,以村（居）事务的民主选举、民主决策、民主管理、民主监督为载体,全面推进村（居）民自治的制度化、规范化和程序化。引导村（居）民参加社会组织活动,动员村（居）民积极参与社会治安综合治理,开展群防群治,调解民间纠纷,鼓励和支持村（居）民协助基层人民政府及其派出机关做好与其利益有关的劳动就业、社会保险、社会救助、社会福利、优待抚恤、医疗卫生、文化教育、体育健身、消费维权等工作,依法保证村（居）民对基层社会治理事务的知情权、参与权、决策权、监督权。适应新形势、顺应村（居）民新期待,拓宽村（居）民参加社会治理的范围和途径,丰富村（居）民参加社会治理的内容和形式,让村（居）民能够依法办理自己的事情,发挥村（居）民在基层社会自治中的主体作用,促进政府治理与村（居）民自治良性互动。

（四）发挥基层党组织的领导核心作用

发挥基层党组织的领导核心作用和党员的先锋模范作用,是搞好基层群众自治的关键。在民主选举过程中,基层党组织须积极参加各项准备工作,把握选举的正确方向。基层党组织领导班子成员应通过合法程序进入基层民主选举机构,主持选举机构的工作。在民主决策中,基层党组织须与基层群众性自治组织一道,积极组织群众参与民主决策,保障人民群众当家作主的权利。在日常管理和民主监督中,须组织党员和群众监督民主决策事项的实施情况。党的基层组织干部和党员,须在基层民主实践中充分发挥先锋模范作用,须适应经济社会发展的需要,不断完善基层党组织的领导方式、领导机制。浙江省诸暨市枫桥镇创造的以政治引领、思想引领、组织引领为内容的"党建统领"新时代"枫桥经验",是中国基层社会治理自治法治德治相结合的一个"样本",代表中国基层社会治理的一种"模式",具有推广价值和意义。①

---

① 参见中国法学会"枫桥经验"理论总结和经验提升课题组:《"枫桥经验"的理论构建》,法律出版社 2018 年版,第 29—35 页。

（五）统筹协调基层群众自治制度建设

把做好基层群众自治工作作为政府履行社会管理和公共服务职能的重要组成部分,建立长期稳定、有效的政府投入保障机制,充实和加强基层群众自治制度建设指导部门的工作力量,不断提高其依法办事的能力和服务群众的水平,是推进基层社区治理体系和治理能力现代化的必然要求。为此,统筹发展城乡村（居）民自治和社区建设,推动城乡社区在发展民主自治、加强管理服务上实现良性互动、共同进步,成为推进基层社区治理体系的目标选择。其实施路径在于在党"总揽全局、协调各方"的领导体系引领下,统筹协调基层群众自治制度建设与其他方面基层民主制度建设,共同推进基层群众自治制度建设与人民代表大会制度建设、中国共产党领导的多党合作和政治协商制度建设、民族区域自治制度建设,使基层群众自治制度在发展社会主义民主政治中更好地发挥基础性作用。

四、公民有序参与社会治理规范

参与权是公民的一项基本权利,是国家政治生活、经济生活、文化生活、社会事务管理与生态环境管理的实现形式。公民有序参与社会治理是参与权的重要内容,与有序参与有关的社会治理规范是公民行使参与权的重要保障。首先,依法治理必须紧紧依靠人民,坚持专门机关与群众相结合的路线,培养全民法治思维和法治习惯,使依法治理深深扎根于人民群众的创造性治理实践中。其次,须不断探索有效机制、拓宽人民群众参与社会治理法治实践的渠道。再次,须丰富发展公民有序参与社会治理的形式,不断深化立法公开、执法公开、司法公开,扩大人民群众知情权、参与权、表达权。最后,对有关社会治理事务的重大事项决策、重要干部任免、重大项目投资决策、大额资金使用,坚持公开发布信息、向社会征集意见、专家参与评估、"两委"代表与社区群众评议,确保社会治理事务决策科学、过程公开、全程监督。此外,须加强对社会治理决策执行监督的评估,增强实效,不断提高社会治理社会化、法治化、专业化、智能化水平。

第七节　合作共治原则

合作共治是指多元社会治理主体在社会治理领域通过优化治理资源,搭建沟通联络、对话协商、协调互动平台及协同合作运行机制,依据社会治理相关法律法规,对基本公共服务事务、社会矛盾预防化解事务、公共安全保障事务、社会治安综合治理事务等进行沟通、协商、合作、处置,以实现政府治理目标、公共利益目标与社会特定群体共同目标高度契合的专门治理活动及其过程。合作共治原则是多元社会治理主体平等参与和协商社会公共事务,形成共建共治共享社会治理格局所遵循的基本准则。合作是多元社会治理主体之间对社会公共事务治理模式创新的表达,是由传统"管控"的"统治型"治理模式向"平等"的"合作型"治理模式跨越。打造共建共治共享的社会治理格局,是新时代社会治理内容的丰富发展,是坚持以人民为中心,一切为了人民、一切依靠人民,使人民群众获得更多更公平的改革与发展成果的必然要求。合作共治原则主要包括多元治理、公众参与和协商合作等。

一、多元治理

法治社会的基本标志和根本要求是实现对社会的依法治理与社会依法自治的有机统一。这意味着社会治理的动力由"计划型、强力推动型"向国家主导、政府推动、社会参与三方合力推进转变；法治建设的主体由单一的国家公共权力主体向党委领导、政府主导、基层群众性自治组织、其他社会组织、公民多元主体参与合作共治转变。在法治社会视野下，社会治理通过协商合作实现利益表达、聚合和协调，进一步促进政府决策的科学化、民主化，在体现人民群众根本要求和意愿的同时，强化和优化公共政策与公共活动的公正合理性和政府运行的优良绩效性，提升社会组织的治理效能，激发社会活力，形成政府与社会合作共治的新格局。总之，政府机关、人民团体、企业事业单位、基层群众性自治组织、其他社会组织及公民等多元社会治理主体通过平等参与、民主协商、合作共治实现对社会事务的规范和有效治理，最终有效发挥政府管理、释放市场效应、激发社会活力、促进社会和谐、增进人民福祉的作用。

二、公众参与

公众参与是合作共治原则的应有之义。保障人民群众对公共事务与社会治理事务的知情权、参与权、表达权和监督权是公众参与的重要内容，是推进社会主义协商民主广泛、多元多层制度化的重要形式。充分发挥公众参与社会治理的作用，有利于全体社会成员学会用法律判断是非、用权利义务关系衡量对错，发挥公民权利对于公共权力的监督制约作用，使人民群众成为社会治理的参与者、建设者和推动者；有利于自治、法治、德治功效的有机结合，即社会矛盾纠纷依托乡规民约、城市公约等自治规范，以及人民调解、仲裁等非诉讼程序解决纠纷、化解矛盾，或依照民事诉讼、行政诉讼、刑事诉讼程序由行政执法机关、司法机关公正裁断、定分止争，保障人权、制约公权，维护公平、守卫正义，使人民群众的民生权益获得切实保障；有利于全社会忠于、遵守、维护和运用宪法法律，形成办事依法、遇事找法、解决问题用法、化解矛盾靠法的良好社会氛围，从而实现社会和谐稳定、国家长治久安。公众参与社会治理的形式多种多样，如村（居）民会议、咨询委员会、斡旋调解、居民论坛、居民评议、社区议事、党员群众议事、官民网络对话、电视问政等。这些公众参与社会治理的形式，对于推进社会治理体制创新、转变政府公共管理服务职能，推动城乡教育、劳动、就业、医疗、卫生、养老、救助等基本公共服务均等化，推动社会矛盾化解、维护社会治安秩序、解决网络秩序紊乱问题及建设网络空间精神家园，推进社会治理系统化、科学化、智能化、法治化都具有良好的效果。

三、协商合作

社会治理法律规范构建了政府与公民间的合作关系，协商合作需要政府和社会彼此以解决问题为导向,换位思考、相互信任和有效沟通。合作治理的法治化手段中最常见的是契约,契约既是至关重要的行政政策工具,又是责任性的潜在源泉。契约不仅可以提供公共服务或实现社会管理的目的,也能够作为实现诸如公正、公开和责任性等公法价值的机制。政府在社会治理尤其是在公共服务当中,须摒弃统包统揽的方式方法,善于通过契约的方式购买服务,而不能单向施恩、权力压制。特别是在社会矛盾化解、社会纠纷调解、社会治安事务处置过程中,对于公民之间、社会组织之间、公民与社会组织之间的矛盾、纠纷及冲突导致侵权后果的案件,可以通过民事调解、行业调解、行政调解或司法调解并运用契约的方式,促使双方或多方达成和解,保证纠纷双方履行所达成的和解、谅解约定,使紊乱的社会关系得以修复,纠纷双方的冲突得以化解,社区群体的心理亢奋得以平抑,社会秩序得以恢复。

拓展阅读

第八节　综合治理原则

社会治安综合治理是指执政党统一领导,政府主导,公权力部门及社会组织协调一致,依靠广大人民群众,运用政治的、经济的、行政的、法律的、文化的、教育的等多种手段,协同整治社会治安,依法惩治犯罪和预防犯罪,保障社会稳定,为社会主义现代化建设和改革开放创造良好社会环境的治理方法。它是由我国人民民主专政的国家性质决定的,是解决社会急剧转型条件下刑事犯罪高发、对敌斗争复杂、社会治安违法问题凸显的根本途径,是推进国家治理体系和治理能力现代化的必然要求,并将贯穿建设富强民主文明和谐美丽的社会主义现代化强国,实现中华民族伟大复兴中国梦的全过程。综合治理原则是新时代对新中国成立70多年尤其是改革开放40多年对社会治理实践经验的创新性总结、系统性表达、理论性升华、实践性引领,是具有中国特色的治理制度安排,是对社会治理全部活动及其过程起着牵引性、贯穿性、规制性与保障性作用的基准规则体系。

一、多种治理方式

良好社会治安秩序这一社会稀缺"公共品"的生产、提供与维护,不仅需要多元主体参与,还必须坚持政治引领、行政管理、自治为基、法治保障、道德为先,达到提高社会治理社会化、法治化、专业化、智能化水平的治理效果。

(一)政治引领

政治引领是指坚持"总揽全局、协调各方"党的领导体系。这是中国特色社会主义治理制度优势在创新社会治安综合治理、建设更高水平平安中国目标任务与实施行动的集中体现。主要包括:中央和地方各级党委为推动社会治安综合治理工作制定和采取多项方针、政策和措施;承担综合指导协调党的专门机构——政法委员会把工作着力点放在把握政治方向、协调各方职能、统筹政法综治工作与平安创建,支持指导督促建设政法综治专门队伍,支持和监督其依法履职,推动行政执法机构、司法机关、人民团体、村(居)民委员会、行业协会及其他组织形成共建共治共享社会治理格局。

（二）行政管理

行政管理是指主导社会治安事务的政府运用行政权力、行政法规和行政处罚等，实施行政管理活动，落实社会治理工作各项措施和方法。主要包括：各级政府及其职能部门把社会治理工作纳入本级本辖区经济社会发展规划和年度工作计划，适时作出部署和工作安排，并通过制定制度和颁布实施有关行政管理规章，从人、财、物等方面为社会治理工作提供保障；通过行政执法与行政监管活动，预防、发现、打击和控制危害社会秩序、影响社会稳定的违法犯罪行为；通过检查考核、评比表彰、行政处罚等措施，落实平安建设责任；支持、指导、帮助基层群众性自治组织开展社会治理、平安建设事务各项工作，促进基层社会治理体系和治理能力现代化。

（三）自治为基

自治为基是指注重以基层群众性自治组织为主体、社会各方广泛参与的新型治理方式，促进民事民议、民事民办、民事民管的实现。自治为基涵盖三个方面的内容：一是充分发挥基层群众性自治组织的作用，实现广大人民群众在党的领导下当家作主，核心是民主选举、民主决策、民主管理、民主监督。二是健全村规民约和社区公约，打牢自治基础。在国家"硬法"的框架下，筑牢村规民约、社区公约等"软法"治理的社会基础，实现村规民约、社区公约与国家法的良性互动；发挥村规民约、社区公约治理的柔性、自律性、协商民主性、共同参与性、主体能动性等优势，在乡村和城镇社区治理中发挥其自我约束和管理作用，降低治理成本；注重村规民约、社区公约实施的实际效果，实现村规民约、社区公约人人知、人人守、人人用。三是充分发挥社会组织的作用。社会组织如各种行业协会、文化团体、社会性公益组织等在基层治理中各尽所能，是实现基层自治不可或缺的主体力量。基层社会组织在改善民生、繁荣社会经济文化、化解社会矛盾、维护社会秩序、保护自然环境等各项基层治理工作中发挥着政府所不及的拾遗补缺的作用，具体体现在服务国家、服务社会、服务群众、服务行业等方面。

（四）法治保障

法治是国家治理体系和治理能力现代化的重要依托。依据法律手段治理社会的基本功能是运用法律规范规制、管理、评价、引导社会治理事务，为建设更高水平平安中国、法治中国提供保障。首先，依托公安、检察、审判等政法机关依据刑事实体法和刑事诉讼程序法对严重的刑事犯罪活动进行刑事制裁，对罪犯实施监禁、改造与社区矫正。其次，对妨害社会管理秩序的违法行为，依托市场监管、新闻出版、海关、治安管理、事故灾难应急管理、公共卫生应急管理以及国土资源、生态环境管理等国家行政机关依法实施查禁、处罚。再次，对民间一般矛盾纠纷，运用人民调解、行政调解、司法调解"三调联动"方式化解。最后，对侵犯公民、法人、其他组织合法权益的案件，依托司法机关依法裁断，确保权利救济、定分止争、制约公权、保障合法权益、维护社会公平正义。

（五）道德为先

"国无德不兴，人无德不立。"一个国家公民的道德素质，既影响和制约着法治进程，更关乎建设更高水平平安中国的进程。习近平多次强调，要坚持依法治国和以德治国相结合，把法治建设和道德建设紧密结合起来，把自律和他律紧密结合起来，做到法治与德治相辅相成、相互促进。我国古代的德治思想十分丰富，"儒法并用、德刑相辅"是我国数千年来传统的治理文化，在新时代建设更高水平平安中国征程中需要对其优质基因进行创新性挖掘。因此，运用道德手段推进社会治理体系建设，提高社会治理"四化"水平，就是通过加强公民的社会公德、职业道德、家庭美德、个人品德，推进"公民道德建设工程"，深入挖掘和阐发中国优秀传统文化基因中的讲仁爱、重民本、守诚信、崇正义、尚和合、求大同的时代价值，增强自治为基，激发治理活力，坚持法治为本，增强治理效能的道德底蕴；通过教育引导、舆论宣传、文化熏陶、实践养成、制度保障，把道德建设融入法治建设及社会治理的各个环节，强化规则意识，倡导契约精神，弘扬公序良俗，用良好的社会道德风尚引领全体公民自觉守法，维护法律权威，从而筑牢建设更高水平平安中国的社会基础。"中国之治"创造经济高速发展与社会保持长期稳定"两大奇迹"的实践证明，运用综合治理思维和综合治理方式回应和处理改革开放条件下面临的社会关系深刻变化、社会结构深刻调整、社会矛盾复杂多变、社会问题凸显，并依法有效防范化解重大风险，解决社会问题，调节社会关系，激发社会活力，促进社会公平正义，不断满足社会主要矛盾发生变化后人民群众对民主、法治、公平、正义、安全、环境的新要求新期待，是实现国家长治久安的一条基本经验。因此，运用法治思维和法治方式，规范社会行为，调节利益关系，协调社会关系，强化道德约束，形成自治、法治、德治相结合的基层治理体系，是推进社会治理现代化的长期基本遵循。

拓展阅读

二、多层次的综合治理

多层次的综合治理是指不同层级的社会治理主体在社会治理格局中发挥各自职能作用，在社会治理事务中运用法治思维和法治方式开展依法治理活动，推进社会治理系统化、科学化、智能化、法治化进程的一种状态及其发展过程。多层次综合治理的内容包括以下几个方面。

（一）深化城乡基层社区综合治理

1. 在根本目标层面，须以习近平社会治理法治理论为引领，紧紧围绕统筹推进"五位一体"总体布局和协调推进"四个全面"战略布局，坚持以基层党组织建设为关键、政府治理为主导、居民需求为导向、改革创新为动力，健全体系、整合资源、增强能力，完善城乡社区治理体制，为把城乡社区建设成为"和谐有序、绿色文明、创新包容、共建共享"的幸福家园提供可靠保证。

2. 在治理体系层面，应重点把握：把加强基层党的建设、巩固党的执政基础作为贯穿社会治理和基层建设的主线，以改革创新精神探索加强基层党的建设引领社会治理的路径；按照条块结合、以块为主的原则，制定公权力机关在社区治理方面的权责清单，增强基层群众性自治组织开展社区协商、服务社区居民的能力，弘扬公序良俗，促进自治、法治、德治有机融合；统筹发挥社会力量协同作用；增强社区"六个能力"，即居民参与、服务供给、文化引领、依法办事、矛盾预防化解、信息化应用等能力；着力补齐城乡社区治理短板，包括改善社区人居环境，加快社区综合服务设施建设，优化社区资源配置，推进社区减负增效，改进社区物业服务管理。与此同时，还应强化社区治理组织保障，包括完善领导体制和工作机制，加大资金投入力度，加强社区工作者队伍建设，完善政策标准体系和激励宣传机制，营造全社会关心、支持、参与城乡社区治理的良好氛围。

（二）强化行业治理

强化行业治理对于破解国内行业协会商会参与社会治理存在的若干难点问题，整合治理资源，推动行业治理与政府主导治理、社会自治良性互动，形成社会治理合力，提升综合治理效能具有现实针对性和急迫性。第一，需在党的领导下，教育、引导、组织社团组织、行业协会商会依照法律规定，通过各种途径和形式参与管理国家事务、管理经济和文化事业、管理社会事务；发挥其自身特点和优势，建立制度化管道，完善工作机制。第二，建立健全社会组织参与社会事务、维护公共利益、救助困难群众、帮教特殊人群、预防违法犯罪的机制和制度化渠道。支持行业协会商会类社会组织发挥行业自律和专业服务功能，发挥社会组织对其成员的行为导引、规则约束、权益维护作用。第三，依照《境外非政府组织境内活动管理法》，加强在华境外非政府组织管理，引导和监督其依法开展活动。第四，健全法人治理结构，建立和完善以章程为核心的内部管理制度，实行民主管理，建立健全党的基层组织，充分发挥党组织的监督保障作用。第五，加快行业协会立法步伐，健全规章制度，实现依法设立、民主管理、行为规范、自律发展。

（三）深入推进社会治安综合治理

深入推进社会治安综合治理是解决社会治安问题，建设更高水平平安中国，确保人民安居乐业、社会安定有序、国家长治久安的根本途径。坚持和运用综合治理原则，预防和减少刑事犯罪易发高发等突出社会问题，必须坚持"打防结合、预防为主、专群结合、依靠群众"的工作方针，把依法严厉打击严重暴力、涉枪涉爆、拐卖妇女儿童、制毒涉毒、暴力恐怖、涉黑涉恶、邪教组织犯罪等严重危害人民群众生命健康和严重破坏社会秩序的犯罪活动，作为社会治安综合治理问题的首要环节，实行专项治理、重点整治，坚持区域治理与行业治理相结合，铲除滋生"黄、赌、毒"社会丑恶现象的土壤。大力推进一流治安防控体系建设，着力构建党政主导、综治协调、部门负责、社会协同、全民参与的立体化社会治安防控体系建设格局，有效防范、化解和管控影响社会安定的问题。深入开展基层平安创建活动，加强信息网络安全管理基础性制度建设，依法打击和整治网络违法犯罪，维护网络社会安全。[1]结合推行法治建设指标体系和考评标准，落实党政领导干部法治建设目标责任考核，深化社会治安综合考评和领导责任制，使社会治安综合治理的目标、任务、措施落实到基层。

---

① 汪永清：《推进多层次多领域依法治理》，载《〈中共中央关于全面推进依法治国若干重大问题的决定〉辅导读本》，人民出版社 2014 年版，第 226—227 页。

第三章 社会治理法的地位及其体系

第一节 社会治理法的法律地位概述

一、社会治理法的法律地位的概念

社会治理法的法律地位,是指社会治理法与整个法律体系逻辑结构的有机联系及其所处的地位。具体而言,是指社会治理法能否成为一个独立法律部门及其缘由和依据,表现为社会治理法创制的正当性、客观性及必要性。社会治理法在我国法律体系中,与行政法、经济法、刑法、环境保护法一样,处于专门法的法律地位,是我国法律体系中的一个独立法律部门。

从法律形式上看,我国目前尚无社会治理法法典。但实际上,有关调整社会治理法律关系的制度安排已分散规定在各种基本法、专门法、行政法规、部门规章、地方性法规、党内法规之中。按照社会治理法的基本原理、法律渊源、历史演进、法律制度范式的理论逻辑,对现行 294 部法律、702 部行政法规及相关部门规章与地方性法规进行系统梳理(其中党的十八大以来党领导和推动立法机关创制新法律 70 部、修订相关法律 237 部次),[1] 可以发现,社会治理法律制度体系包括基本公共服务法律制度、社会自治法律制度、政社合作共治法律制度、社会矛盾预防化解法律制度、公共安全保障法律制度、突发事件应对法律制度、网络社会治理法律制度、社会治安综合治理法律制度等。这标志着新时代社会治理法律制度体系建设取得了历史性成就,形成了与其他相关部门法协调配套、科学完备的社会治理法律制度体系。社会治理法律制度体系不仅为在法治轨道上推进国家治理体系和治理能力现代化提供了制度保障,而且为社会治理法学"三大体系"构建提供了制度基础。

二、社会治理法作为独立法律部门的提出

当代中国,社会治理理论的发展、法治需求以及实践现状等,对社会治理法作为独立部门法的地位确定、系统构建及体系创建都提出了客观要求。其正当性的基础不仅在于现代社会建设、社会治理、社会服务和社会发展必须法治化,还在于遵循独立法律部门所需的"顶层设计、结构严密、体系完备、运行协调"的创制规律;其客观性在于社会治理法治实践

---

[1] 数据截至 2022 年 12 月 31 日。

不仅需要社会治理法,还需要对社会治理法律实施效果进行评估监督。

（一）社会治理法的理论支撑

1. 现代社会的建设机理。

（1）关于社会建设内涵的学术争鸣。对于什么是社会建设,即社会建设的内涵界定问题,人文社科领域多个学科已经展开了较多探讨和争鸣,但并未达成共识。虽然,社会建设是一个综合性概念,可以从不同学科角度定义,但不能否认社会学视角是主要视角之一,因为社会学是一门不同于单科性学科的人文社科领域综合性科学。[①] 根据界定社会建设内涵的标准不同,可将社会建设内涵概括为一元说、二元说、三元说等。根据社会建设的内容不同,又可将社会建设的内涵分为两层说、三层说、四层说等。虽然学界关于社会建设的内涵争论颇多,但不论是因对社会建设内涵的理解不同而观点不同,还是因对社会建设内容的理解不同而观点不同,对实体建设是社会建设的内容等已基本达成共识。

（2）社会建设机理的表达。党的十九大《报告》将社会建设纳入加强和创新社会治理部署,指出必须始终把人民利益摆在至高无上的地位,让改革发展成果更多更公平惠及全体人民,朝着实现全体人民共同富裕不断迈进。这包括优先发展教育事业、提高就业质量和人民收入水平、加强社会保障体系建设、坚决打赢脱贫攻坚战、实施健康中国战略、打造共建共治共享的社会治理格局、有效维护国家安全。

2. 现代社会治理的法治机理。

（1）基本内涵。社会治理是政府、社会组织及公民等多元主体运用法律、法规、制度、政策、村规民约、社区公约、道德习俗等多种资源和手段,直接或间接对社会生活、社会事务、社会组织不同领域和各个环节进行监管、控制,规范、协调,组织、引导的活动及其过程。其目标任务是满足社会成员生存和发展的基本需求,调节社会关系、规范社会行为、激发社会活力、化解社会矛盾、解决社会问题、促进社会公正,提高社会生活质量。其主要内容包括:一是促进社会自治;二是化解社会矛盾;三是规范社会行为;四是监督、测度、评价社会行为的社会效度,引导和促进人人有责、人人尽责、人人享有社会治理共同体的构建。

（2）法治机理。基于不同视角,可以对社会治理的目标进行不同的概括。从法学角度看,法治化是社会治理创新的目标之一。现代社会建设作为整个社会系统中的一个子系统,与政治、经济、文化处于同一层面,必须使其达到符合自身发展规律的自治程度。具体表现在:第一,执政党在领导和实施社会治理过程中,必须坚持依宪执政与依规治党的有机统一,领导、支持和推动国家权力机关、政协机关、司法机关、人民团体、社会组织依法依规依章开展活动、协调行动、增强活力,使国家各项工作法治化。第二,政府对社会的治理不仅要求职权法定,在治理方式上科学民主,而且必须依法进行,通过"职责明确、依法行政"政府治理体系的有序运行保障和推进社会治理法治化。第三,社会组织在自治活动中必须遵循村（居）两委组织法、行政法规、自治章程、村规民约、城市公约等,组织和引导村（居）民、非营

---

① 郑杭生、杨敏:《关于社会建设的内涵和外延——兼论当前中国社会建设的时代内容》,载《学海》2008 年第 4 期。

利组织成员依法对自治事务进行自我管理、自我服务、自我教育、自我监督。

3. 现代社会的发展机理。

（1）现代社会发展概述。社会大分工催生新的社会共同体，社会共同体的有序参与推动社会文明的发展进步，社会分工越精细，社会发展的文明程度就越高。社会文明的发展进步又需要社会共同体有序参与和社会活动的规范开展，二者互相作用。同时，社会大分工和新的社会共同体的产生又使社会阶层呈现出愈发多元复杂的状况，社会结构分层的多元化和社会成员贫富悬殊等现象往往造成层际关系紧张及伦理关系失范，阶层结构的畸形导致伦理秩序紊乱，甚至引发社会动荡。尤其是伴随大数据时代的到来，互联网技术获得迅速发展并被广泛应用，网络正以惊人的速度颠覆传统的社会生活方式，加速社会结构转型，优化社会制度变迁路径。当代社会发展呈现出传统社会结构与现代社会结构并存，实体社会共同体与虚拟社会共同体交织，多元社会文化理念碰撞冲突，社会主体呈现互动、多元、多样、虚拟等特点。与此同时，互联网技术迅速发展普及与巨量虚拟社会共同体的聚合等必然带来社会问题叠加、社会矛盾凸显、社会风险预测防范和有效化解难度增大、社会发展不确定性因素增多等诸多难题。特别是当代中国处于社会转型时期，面临与国际社会治理话语体系冲突的局面，社会发展呈现出更为错综复杂、极为曲折、波动不定的状况和特点。所有这些都给社会治理体系和治理能力现代化的加速推进提出了新挑战新要求，法治在现代社会发展中的地位和作用也更为凸显。

（2）现代社会发展的法治保障。有序是社会主体参与社会治理形成良性互动、合作共治局面的前提，法律秩序具有更为明确和务实的价值指引和社会担当，更为系统和组织化的制度安排和规范表达，更为理性和文明的意识支撑和思想承载。在现代社会，法治已然成为保证社会主体有序参与社会治理的最重要手段和最有效形式。作为整个社会系统中的一个子系统，法治社会建设是现代社会发展的应有之义。江必新教授认为，建设法治社会是现代社会发展的基本诉求。中国在全球化浪潮中既面临西方强势话语和根深蒂固传统观念，又遭逢前现代、现代、后现代三股思潮相互激荡，对于法治国家向法治社会建设的重心移转应放入社会全系统和演进大格局中进行观察。法治社会为社会发展指明了建设方向，法治社会必然是现代理想社会的必要基础。[①] 现代社会发展的法治保障之正当性可概括如下：首先，法治是坚持中国特色社会主义治理道路的重要依托。其次，法治是全面建成社会主义现代化强国的可靠保障。最后，法治是提高社会建设科学化水平的根本途径。

（二）社会治理法的实践价值

社会治理法的提出，既是建设中国特色社会主义法治体系的迫切需要，又是中国特色社会主义法治实践及其现代化事业加速推进的客观要求。实践对社会治理法的迫切需要是多层次多维度多领域的。其中，在统筹推进"五位一体"总体布局、协调推进"四个全面"战略布局，推动社会主义现代化建设迈上新台阶，实现中华民族伟大复兴中国梦的时代背景下，

---

① 江必新、王红霞：《法治社会建设论纲》，载《中国社会科学》2014 年第 1 期。

社会治理法的实践价值尤为凸显。

1. 它是中国共产党执政方式法治化的需要。

（1）它是中国共产党执政理念发展创新的需要。党的十八大以来，以习近平同志为核心的党中央提出"依法治国、依法执政、依法行政共同推进""法治国家、法治政府、法治社会一体建设"①，更加鲜明地强调法治是治国理政的基本方式，不断提高社会治理"四化"水平②，强调打造共建共治共享的社会治理格局，要求各级领导干部提高运用法治思维和法治方式深化改革、推动发展、化解矛盾、维护社会稳定、增进人民福祉的能力。因此，党的执政理念和法治理论既深刻揭示出法治在社会治理中的基础性作用，又诠释了社会治理法治化建设的全新命题。

（2）它是中国共产党依法执政的内在要求。十三届全国人大一次会议表决通过的《宪法修正案》将"中国共产党领导是中国特色社会主义最本质的特征"增写入《宪法》第1条第2款。这是对党领导全体人民进行革命、建设、改革百年辉煌历史尤其是执政兴国多年来经验的创新性总结，是对社会主义法治建设重大成果的制度化，是执政安全、制度安全、国家长治久安的法治保障。依法执政的总要求是党必须带头遵守体现人民根本利益及共同意志的宪法法律，必须坚持全面推进依法治国、建设法治中国的基本方略，领导人民制定法律，在宪法和法律的范围内活动，采取措施保证宪法法律的统一正确实施，不断推进国家各项工作的法治化、科学化及现代化。保证党领导人民有效治理国家、管理经济文化社会事务，推动社会建设和发展。因此，社会治理法治化既是党执政理念发展创新的需要，也是党依法执政的内在要求。

2. 它是推进国家治理体系和治理能力现代化的需要。在全面建设社会主义现代化国家、实现中华民族伟大复兴的征程中，我国既面临着"百年未有之大变局"背景下国际激烈竞争与严峻挑战的多重压力，又面临着国内发展"绕不过、躲不开"的诸多矛盾，在办好人民满意教育、实现更高质量就业、增加居民收入、建设城乡社会保障体系、提高人民健康水平、保障改善民生等方面面临诸多难题，这需要以习近平社会治理法治理论为引领，加强和创新社会治理，深化社会体制改革，最大限度增加和谐因素、增强社会发展活力，实现政府治理和社会自我调节、村（居）民自治良性互动，提高社会治理法治化水平，推进国家治理体系和治理能力现代化，建设更高水平平安中国、法治中国。

3. 它是深化社会体制改革的需要。法治是全面深化社会体制改革的保障。在实施改革与法治"双轮驱动"战略过程中，既要使改革于法有据，又需围绕社会体制改革的目标任务、路线图和时间表加快推进各项改革项目落地生根，具体包括：建立健全社会征信体系、户籍制度，完善社会组织管理制度，健全境外非政府组织管理机制、信访工作机制，加强重点领

---

① 参见习近平：《在首都各界纪念现行宪法公布施行30周年大会上的讲话（2012年12月4日）》，人民出版社2012年版。

② 参见《习近平就加强和创新社会治理作出指示强调 完善中国特色社会主义社会治理体系 努力建设更高水平的平安中国》，载《人民日报》2016年10月13日，第1版。

域基层行政执法力量,建立科学完善的食品药品监管体系,完善安全生产预防控制体系,建立安全生产长效机制,创新立体化社会治安防控体系,增强全民法治观念,推进法治社会建设等。在完善社会组织管理制度方面,需要修订出台相关法律法规,加强社会治理制度建设,完善党委领导、政府负责、社会协同、公众参与、法治保障的社会治理体制;健全公共安全保障体系,完善安全生产责任制,坚决遏制重特大安全事故,提升防灾减灾救灾能力;加强社会心理服务体系建设,培育自尊自信、理性平和、积极向上的社会形态;加强社会治理体系建设,推动社会治理重心向基层下移,发挥社会组织作用。必须加强和创新社会治理,完善党委领导、政府负责、民主协商、社会协同、公众参与、法治保障、科技支撑的社会治理体系,建设人人有责、人人尽责、人人享有的社会治理共同体,确保人民安居乐业、社会安定有序,建设更高水平平安中国。

4. 它是实现全面建设社会主义现代化国家目标任务的需要。随着中国特色社会主义进入新时代,我国社会主要矛盾已经转化为人民日益增长的美好生活需要和不平衡不充分的发展之间的矛盾。人民不仅对物质文化生活提出了更高要求,在民主、法治、公平、正义、安全、环境等方面的要求也日益增长。在实现"两个一百年"奋斗目标的伟大征程中,机遇与挑战并存,社会治理领域诸多难题亟待解决。其中,社会问题概括起来包括保障性社会问题(贫困、失业、疾病、意外伤亡损害等)、越轨性社会问题(犯罪、越轨行为等)、歧视性和排斥性社会问题(性别歧视、农民工歧视、病残人士歧视等)、失调性社会问题(心理失调、婚姻家庭破裂、生活环境资源破坏等)、整合性社会问题(贫富分化、城乡差别、地区差别等)、需求性社会问题(养老服务需求、儿童照料需求、休闲需求、交往和结社需求等)。[1] 依法有效解决这些社会问题,既是全面建成小康社会在社会治理领域的重要任务,也是法治社会建设的目标追求。社会治理法治化为全面建成富强民主文明和谐美丽社会主义现代化国家,实现中华民族伟大复兴中国梦提供了法治保障。

拓展阅读

第二节 社会治理法与相关法律部门

社会治理法与宪法、民法、商法、行政法、经济法、社会法、刑法、诉讼与非诉讼程序法等法律部门一样,包括了社会治理法律、社会治理行政法规、社会治理地方性法规三个层面,共同构成中国特色社会主义社会治理法律制度体系。当前,社会治理法尚处于形成、发展和不断完善之中,其与其他传统部门法,特别是行政法、经济法、社会法之间关系密切。

一、社会治理法与宪法

社会治理法与宪法都是我国社会主义法律体系的重要组成部分,都是中国特色社会主

① 何增科主编:《中国社会管理体制改革路线图》,国家行政学院出版社 2009 年版,第 13 页。

义法治体系建设的重要内容,是完备的法律规范体系的组成部分,符合法律基本规律和法治基本精神。两者是母法与子法的关系,这表现在:宪法是社会治理法的立法基础,社会治理法的制定和实施要以宪法及宪法相关法关于社会治理的规定为依据。尤其是宪法的相关条款,如宪法有关教育事业、医疗卫生事业、劳动就业、福利保障、社会治安、网络安全、公共安全等社会建设与管理内容的原则性规定,是制定社会治理法规范的依据。

二、社会治理法与行政法

(一)社会治理法与行政法的区别

1. 主体范围不同。社会治理法主体是指社会治理法调整的各种社会治理关系的参加者,包括执政党、立法机关、行政机关、监察机关、审判机关、检察机关、社会组织以及公民等。社会治理法主体多元,某一主体也不能始终是一方当事人。行政法主体是指行政法调整的各种行政关系的参加人,包括行政主体和行政相对人。其中,行政主体包括国家行政机关和法律、法规授权的组织;行政相对人是与行政主体相对应的另一方当事人,包括权益受行政主体行政行为影响的个人或组织。在行政法律关系中,行政主体始终是一方当事人。

2. 调整对象不同。社会治理法调整的是执政党、国家机关、社会组织以及公民等主体在社会治理活动中形成的各种特定社会治理关系。具体而言,社会治理关系是在社会治理活动中形成的,其产生有的基于国家意志,有的基于社会共同体意志,有的基于个人自由意志,是国家权力运行、社会自治以及社会治理主体间合作共治等表现形式的集合。而行政法的调整对象是国家行政机关在管理社会事务中发生的行政关系和监督行政关系。行政关系和监督行政关系根据国家意志产生,是国家权力运行的表现形式。

3. 涵盖内容不同。社会治理法律关系是指各类社会治理主体在参与社会治理活动过程中形成的形式多样的关系,主要包括执政党在社会治理中对其他主体的领导关系,政府在社会治理中对其他主体的主导关系和与社会组织、公众的合作关系,社会组织及公民对政府的监督与合作参与关系,以及社会组织及公民在社会治理中的自治管理关系。行政法律关系是指行政主体在行使行政职权和接受行政法制监督过程中与行政相对人、行政监督主体之间发生的各种关系,主要包括行政管理关系、行政法制监督关系、行政救济关系、内部行政关系。二者内容有交叉但不完全相同。比如,行政法律关系中就包含了国家行政机关履行的政治职能、经济职能、文化职能、社会职能等各个方面。其中,社会职能是社会治理法律关系和行政法律关系内容的重叠部分,政治职能、经济职能、文化职能则是行政法律关系的独有内容。

4. 调整方式不同。社会治理法律关系内容的丰富性及其公法与私法的双重属性,决定了其调整手段的多样性,既有体现强制意志的行政强制方式,又有体现地位、权利(力)义务(责任)平等合意的合作(契约)方式,还有指引、服务、互助、志愿等多种调整方式。而行政法主体在行政法律关系中的地位、权力(利)、责任(义务)等方面的不平等及规范的强制性,决定了行政法的调整方式具有鲜明的单向度与强制性的特点,往往采取命令与服从的方式实施。

5. 性质定位不同。社会治理法既要规范政府对公民、法人或其他组织的社会管理、公共服务和公共安全保障等反映公共权力、公共关系和公共利益的公法性质的治理活动,又要规范公民、法人和其他组织相互之间体现私人利益的私法性质的治理活动,因而兼具公法与私法双重属性,社会治理法律关系既包括主体权利(力)义务(责任)不对等(称)、非平权的管理与被管理关系,也包括主体地位平等的平权关系。而行政法属于典型的公法范畴,行政主体与行政相对人权力(利)责任(义务)不对等,主体间所产生的行政关系具有管理与被管理性质,是一种非平权关系。

（二）社会治理法与行政法的联系

规范政府对公民、法人或其他组织的社会管理、公共服务和公共安全保障等活动的公法属性,决定了社会治理法与行政法二者联系密切,相互交叉渗透。其联系主要表现在:

1. 主体具有交叉重合性。社会治理法与行政法主体都包括但又不限于政府。具体而言,社会治理法的主体包括执政党、政府、社会组织、公众等,政府只是其中重要主体之一。行政法主体是指行政法律关系中权力(利)享有者与责任(义务)的承担者,包括执掌行政权的行政主体和行政相对人。其中,行政主体是指以政府的名义行使行政职权并独立承担责任的组织。二者主体交叉重叠但又并不完全重合。

2. 调整对象具有交叉重叠性。社会治理法以社会治理主体在处理社会事务、提供公共服务、化解社会矛盾、维护公共安全、开展合作共治等特定社会治理活动中所形成的交错纵横社会治理关系为调整对象,内容丰富多样。而作为行政法调整对象的行政关系主要包括行政管理关系、行政法制监督关系、行政救济关系和内部行政关系四类。二者交叉重叠但不完全重合,如二者的调整对象都包含有政府对社会的管理关系,但又不局限于政府对社会的管理关系这一种,其中内部行政关系就是行政法调整对象的独有内容。

三、社会治理法与经济法

（一）社会治理法与经济法的区别

1. 调整对象不同。社会治理法调整的是各类主体在社会治理活动中形成的特定社会治理法律关系。其以人民安居乐业、社会安定有序为保护对象,调整的是具有全局性和社会公共性的秩序性社会关系。同时,其内容丰富,涉及领域广泛,并不局限于经济领域。例如,食品药品安全保障关系既涉及公共安全保障等社会领域,又涉及国家干预公民、法人、其他组织与政府在经济活动中因经济事务权益冲突产生的矛盾、纠纷、事件,使其包含经济性要素。而经济法是国家为保障社会整体经济利益,实现经济协调发展,规制经济运行行为的法律规范。其以社会整体经济利益为保护对象,运用综合调整手段保障社会经济的协调发展。经济法调整的这种具有全局性和社会公共性的经济关系,是经济性的社会关系,表明经济法并不保护某个特定的利益,而是站在全局的角度保护整体社会进步所必需的利益。同时,并非所有全局性和社会共同性的经济关系都由国家干预,国家仅在需要时对这些关系进行干预。

2. 性质定位不同。社会治理法调整的是社会治理主体在社会治理活动中形成的特定社会关系,以人民安居乐业、社会安定有序为保护对象,其调整对象的秩序性、法益目标的秩序性、运行机制的秩序性、效果评价的秩序性决定了社会治理法具有鲜明的以秩序性为核心要素的社会性特征。经济法是国家干预经济的基本法律形式,其调整的是需要国家干预的经济关系。经济性是经济法的一个重要特征,包括调整对象的经济性、法益目标的经济性、运行机制的经济性、效果评价的经济性。因而,社会治理法与经济法最本质的区别在于社会治理法的秩序性和经济法的经济性。

3. 目的与功能不同。社会治理法的主要功能是社会治理功能,其目标主要在于确立并实现各方在社会治理活动中的权利(力)义务(责任),形成良好和谐的社会状态,更好统筹社会力量、协调社会关系、预防社会风险、化解社会矛盾、平衡社会冲突,增强社会发展活力,最大限度增加和谐因素,实现政府治理和社会自我调节、村(居)民自治的良性互动,以保障社会治理活动规范、有序开展,最终达成社会和谐有序的根本目标。而经济法与社会治理法的调整对象及性质的不同,决定了其立法目的也不同。经济法源于市场失灵以及民商法、行政法等解决社会经济问题能力的欠缺,以社会整体经济利益为保护重心,目的在于通过国家的适当干预解决市场失灵以及政府失灵问题,促进经济健康快速发展。其本质是国家管理经济的法律,侧重于在经济领域实现社会公平、正义,偏重经济功能;社会治理法侧重于在社会治理领域实现社会公平、正义和社会安定有序和谐的目标,偏重秩序性的社会功能。

4. 价值取向不同。社会治理法主张社会治理活动规范、有序开展,保障社会建设、社会管理和社会发展多元主体参与、多途径合作共治、多手段协同治理,实现和谐、人权、平等、正义、参与、合作、秩序等社会公共品均等获得、享有及保障;而经济法倡导经济物质利益等经济品公平理念,主张保障经济快速健康发展,经济活动的投资、生产、交换、分配规范有序,经济品总量持续、稳定、有序增加,从而实现经济品分配、享有、保障的公平公正。

(二)社会治理法与经济法的联系

1. 二者都具有社会性。社会治理法调整的是社会治理主体在社会治理活动中形成的特定社会治理关系,具有鲜明的以秩序的有序性与安定性为核心要素的社会性特点。而经济法是国家为保障社会整体经济利益,实现经济协调发展,规制经济运行行为的法律规范,以社会整体经济利益为保护对象。二者的本质功能和理念都是追求社会公平,有着鲜明的社会性特征。

2. 二者都具有现代性。同其他传统部门法相比,社会治理法与经济法均具有独特的现代性。伴随着工业化、信息化、都市化的现代化发展变迁,整个社会中的现代性因素不断增加。法作为一种调整社会关系的手段和符号系统,必然会对此作出相应的调整和反应。在此背景下产生的经济法与社会治理法,自然有着不同于传统部门法的现代性特征,主要包括形成背景的现代性、法域归属上的现代性、制度构成上的现代性。这三方面都源于现代社会的属性特征,反映现代社会的内在需求。

　　总之,社会治理法和经济法作为独立的法律部门,它们既存在共性,又不能相互取代。社会治理法对社会治理问题的解决,势必使国民经济在有序的社会环境中健康发展;经济法对国民经济发展的促进作用,使整个社会的物质资料大大丰富,从而为社会每一个成员的权益保障提供良好的物质基础。因此,二者各有优势,只有协调发展,才能构建和谐的法律体系,实现我国经济社会健康永续发展。

四、社会治理法与社会法

（一）主体范围的属种性

　　社会治理法调整各类社会治理主体在社会治理活动中形成的各种特定社会治理关系,其主体包括执政党、国家机关、社会组织以及公民等。社会治理事务的丰富多样决定了社会治理关系中治理主体多元、内容丰富、范围宽泛,这是其主体的鲜明特征。而社会法主体既有抽象的国家,也有具体的行政机关、用人单位和自然人,如《义务教育法》中的国家、《劳动法》中的劳动仲裁委员会、《妇女权益保障法》中的妇联以及《劳动法》中的劳动者与用人单位等,具有复合性、层级性和社会性等特征。[1] 社会治理法与社会法的主体范围之间具有"属种"关系,即社会治理法律主体涵盖社会法的所有主体,而社会法的主体仅仅是社会治理法律主体的一部分,因而两者构成包含与被包含的关系。

（二）调整对象的涵盖性

　　社会治理法调整的特定社会治理关系包括各种社会治理主体在处理社会事务、开展公共服务、化解社会矛盾、保障公共安全等社会治理活动中形成的交错纵横的关系。其中,纵向关系体现为执政党和政府在社会管理中形成的自上而下的领导关系、管理关系、服务关系、指导关系、监督关系等;横向关系体现为政府与社会组织、公众在共同治理社会事务中形成的平等合作、协调互助关系,社会组织、公民之间的自我管理、自我教育、自我服务关系等。而社会法调整有关劳动关系、社会保障和社会福利关系,其调整对象只是社会治理法调整对象的一部分,因而两者的调整对象具有涵盖性。

（三）调整内容的包容性

　　在社会治理法领域,我国目前已形成一个内容丰富、结构庞大的法律规范体系,主要包括"基本公共服务法""社会自治法""政社合作共治法""社会矛盾预防化解法""公共安全保障法""突发事件应对法""网络社会治理法""社会治安综合治理法"以及其他社会事务治理法等法律规范。而社会法则是仅调整劳动关系、社会保障关系和社会福利关系的法律规范的总和,是基本公共服务保障法的一个重要组成部分。因此,社会治理法调整的内容比社会法要丰富得多。

（四）目标任务的互补性

　　社会治理法的目标任务在于:首先,确立社会治理主体在社会治理活动中的基本权利

---

① 徐丽红:《社会法理论与实践问题探索》,中国社会科学出版社 2012 年版,第 34 页。

（力）与义务（责任），为社会治理主体在社会治理活动中的地位、权益、责任提供平等的法律保障。其次，对公民、法人和其他组织的有关社会权益提供明晰的法律制度安排，使之获得充分的生存权和发展权。最后，通过构建共建共管共治共享平台，调整执政党在社会治理中的领导关系、政府的主导关系、社会组织和公众的参与合作关系，从而调节社会关系、化解社会矛盾，激发社会活力，形成政府治理和社会自我调节、村（居）民自治的良性互动，实现社会安定有序、国家长治久安的根本目标。而社会法的目标任务在于对劳动者、失业者、丧失劳动能力的人和其他需要扶助的人提供必需的、切实的保障，其目标是单维度、单层次的，侧重于调整公民、法人和其他组织的社会权益保障关系，而对于与公民、法人和其他组织相关联的内部自治事务、政社合作共治事务、社区公共事务以及公共安全事务等多个维度、多个层面的对象，并未涉及也难以调整。因此，两者目标任务具有互补性。

五、社会治理法与民法、商法、刑法

（一）社会治理法与民法、商法、刑法的区别

1. 调整对象不同。社会治理法调整的是各类社会治理主体在社会治理活动中形成的特定社会治理关系，包括各类社会治理主体在处理社会事务、开展公共服务、化解社会矛盾、保障公共安全等社会治理活动中形成的交错纵横的关系，兼具公法与私法双重属性。

民法调整的是平等主体之间的财产和人身关系；商法调整的是平等主体之间的财产关系。二者都以平等主体之间发生的法律关系为调整对象，调整的是单一的横向民事或商事法律关系，都属于私法范畴。

刑法是规定犯罪与刑罚的法律，其调整对象是社会关系，但并不调整所有的社会关系，只调整具有特殊重要性的社会关系。[①] 刑法是国家直接干预社会关系、行使统治权力的手段和工具，调整单一纵向刑事法律关系，是公法的重要组成部分。

2. 主体关系结构不同。社会治理法主体是指社会治理法调整的各种社会治理关系的参加者，包括执政党、政府、社会组织以及公民等。社会治理法主体间既有纵向管理隶属关系，又有横向合作共治关系。

民事主体是指根据法律规定，能够参与民事法律关系，享有民事权利和承担民事义务的当事人，包括公民、法人及其他组织。商法主体也称商事法律关系主体、商主体，是指按照商法的规定具有商事权利能力和商事行为能力，能够以自己的名义独立从事商事行为，在商事法律关系中享有权利和承担义务的个人和组织。民事、商事主体在民商法律关系中，是单一横向主体，法律地位平等，没有管理隶属关系。

刑法主体是犯罪主体，是指实施危害社会的行为、依法应当负刑事责任的自然人和单位，分为一般主体和特殊主体。

3. 涵盖内容不同。社会治理法的内容是散见于众多调整社会治理事务规范的法律、法

---

① 参见赵秉志、袁彬：《刑法与相关部门法关系的调适》，载《法学》2013 年第 9 期。

规和地方性法规与具有"软法"性质的乡规民约、行业规约、城市公约等。

民法的内容主要是关于民事主体、行为、权利、义务、责任等的规定,包括我国《民法典》《专利法》《著作权法》等以及散见于其他法律法规及规范性文件中的有关民事条款。商法是民法的一个特殊部分,调整平等主体之间的商事关系,主要包括《公司法》《保险法》《合伙企业法》《海商法》《票据法》等单行商事法律和散见于其他法律法规及规范性文件中的有关商事条款。

刑法是规定犯罪、刑事责任和刑罚的法律,是刑事法律规范的总称,主要内容是《刑法》及刑法司法解释和相关刑事条款。

4. 价值取向不同。社会治理法以社会整体利益为本位,其价值取向主要在于确立并实现社会治理各主体在社会治理活动中的权利(力)和义务(责任),侧重于社会空间维度的安全、秩序、公正,社会活力的持续稳定,以及社会关系的和谐,以提高社会治理"四化"水平,维护社会公平正义、人民安居乐业、国家长治久安为根本目标。民法、商法属于私法范畴,以自由平等为核心,意思自治是其基本原则和价值追求。其以个人权利为本位,以保护个人利益为导向,保障民事主体权利,侧重于私权自治。刑法则通过国家强制干预,实现惩罚犯罪、保护人民的目标任务。

（二）社会治理法与民法、商法、刑法的联系

社会治理法与民法、商法、刑法也存在着诸多联系。社会治理法作为一个独立的法律部门,其产生与发展、外在形式与内在本质、理论构成与实践探索等都遵循着民法、商法、刑法作为部门法所应遵循的法律创制规律。如从形式上看,它们都是组成中国特色社会主义法律体系的独立法律部门,都在宪法统领下发挥作用,都遵守基本法治精神和法治原则,都有独特的法律主体、调整对象、内容及对应的法律实践等。

此外,社会治理法和诉讼与非诉讼程序法的联系在于,它们都是独立的法律部门,区别在于前者属于实体法,后者属于程序法。

第三节　社会治理法的体系

社会治理法的体系是指社会治理法作为一个整体应当具有的内在逻辑结构。它是该法各个部分之间具有的特定联系,如并列从属关系、协调一致关系、职能从属关系等。[①]我国现行的社会治理法是由各级各类分散立法组成的,尚未如民法那样制定统一的法典。从内容方面看,我国社会治理法可分为总则性规定和分则性规定。其中,总则性规定是各类社会治理法律规范中的共性规则,包括社会治理法的基本原则、社会治理主体组织法、社会治理行为法等内容;分则性规定则是将总则性规定运用于某一具体社会治理领域,并规定这一领域

---

① 钱大军、马新福:《法律体系的重释——兼对我国既有法律体系理论的初步反思》,载《吉林大学社会科学学报》2007 年第 2 期。

特定社会治理事项的法律规范,如基本公共服务法、社会自治法、政社合作共治法、社会矛盾预防化解法、公共安全保障法、突发事件应对法、网络社会治理法、社会治安综合治理法等。

一、社会治理法总则

社会治理法总则是社会治理的共性法律规定。社会治理活动,从本质上讲,是一定的社会主体根据一定的治理原则或理念,采取一定的行为机制或方式实施社会治理的一种法律实践活动。据此,我们可以将社会治理法总则内容概括为三部分:社会治理法基本原则、社会治理主体组织法和社会治理行为法。其中,社会治理法基本原则旨在为社会治理主体的治理活动提供理念和原则指引;社会治理主体组织法解决的是社会治理主体的组织设置问题;社会治理行为法则规定社会治理的基本活动方式。

(一)社会治理法基本原则

目前我国学界从不同角度对社会治理法的基本原则进行了讨论,其中较有代表性的原则包括正当性原则、合法性原则、价值正义原则、共同性与区别性原则、均等性原则、坚持依法治理和法治为民相统一原则。如张国清教授认为,正当性原则要求社会治理活动不得违反人民作为国家主人的政治地位及其根本意志,社会治理的最终目的是保护人民的基本权利和利益。国家安全、人民财产与人身安全为社会治理的基本出发点。[①]这些学者对前述各项原则的概括大都是从学理规范角度进行诠释的,对于社会治理法治体系的构建、实施、监督、保障具有一定的启迪作用,但作为引领、指导、贯穿社会治理法的创建、实施、监督、评价全过程的基本准则,这些原则的提出仍缺乏现实的针对性、精准性和实施评价的可操作性。为此,本书认为社会治理法的基本原则可概括为:(1)党的领导原则;(2)以人民为中心原则;(3)源头治理原则;(4)系统治理原则;(5)依法治理原则;(6)合作共治原则;(7)综合治理原则。这些原则在本书第二章已有介绍,在此不再赘述。

(二)社会治理主体组织法

社会治理主体组织法是关于社会治理主体的组织机构设置及其职能的法律规范。党的十九届四中全会《决定》明确提出,坚持和完善共建共治共享的社会治理制度,保持社会稳定、维护国家安全,必须加强和创新社会治理,完善党委领导、政府负责、民主协商、社会协同、公众参与、法治保障、科技支撑的社会治理体系,建设人人有责、人人尽责、人人享有的社会治理共同体,确保人民安居乐业、社会安定有序,建设更高水平的平安中国。这就对各类主体在社会治理中的地位和作用作了原则性规定:一是坚持中国共产党在社会治理中的领导地位,强化党委"总揽全局、协调各方"的领导体系。二是进一步明确各级政府在社会治理中的权力与责任,突出政府在社会治理体系中的主导地位。三是充分支持各类社会组织和社会团体参与社会事务、维护公共利益,发挥社会组织对其成员的行为导引、规则约束、权益维护和专业服务作用。四是坚持和完善中国共产党领导的多党合作和政治协商制度,推

---

① 参见张国清、汪远旺:《社会治理的原则、模型和路径》,载《天津社会科学》2015年第2期。

进社会主义协商民主广泛多层制度化发展。五是坚持人民主体地位,保证人民在党的领导下,依照法律规定,通过各种途径和形式参与管理经济与社会事务。六是加快社会治理领域的立法,形成科学完备的社会治理法律制度体系;全面深化司法体制改革,完善司法保障体系;建立强力实施、严密监督、有效保障的社会治理法治体系。据此,社会治理主体组织法应当包括以下支架性结构:(1)中国共产党领导地位的法律规范。(2)政府主导社会治理的法律规范。(3)社会组织协同社会治理的法律规范。(4)司法机关支持、参与和保障社会治理的法律规范。(5)公众参与社会治理的法律规范。

(三)社会治理行为法

社会治理行为是指社会治理主体在社会治理活动过程中依据法律、法规、规章规定的职权或授权,运用一定的工作机制或措施手段,实现特定社会治理目标任务的行为方式及其活动状态。社会治理活动是通过各种类型的社会治理行为来有效实现的,社会治理法行为是社会治理法律规范与具体法律实践的纽带,实际处理着政府与社会组织及其他社会治理主体之间的法律关系。因此,社会治理行为法在社会治理法治体系中具有枢纽性、基础性地位,对社会治理的法律规范系统具有统领和衔接功能。从社会治理行为主体的角度来看,社会治理行为法可以分为政府治理行为法、社会自治行为法、政府与社会协作治理行为法等部分。

1. 政府治理行为法。政府治理行为法是关于政府作为治理主体对社会进行治理和服务的法律规范。具体包括:(1)有关社会治理事务的重大决策与决定行为法。(2)有关社会治理事务的政府主导执行行为法。(3)有关社会治理事务的行政服务行为法。(4)有关社会治理事务的行政奖励和处罚行为法。

2. 社会自治行为法。社会组织、公民等社会主体是社会治理的主体之一,因而,规范该社会主体自治行为的法律法规是社会治理行为法的组成部分。在我国,社会自治行为法包含四个层面内容:(1)规范基层群众性自治组织行为的法律,如《村民委员会组织法》《城市居民委员会组织法》;(2)规范社团行为的《社会团体登记管理条例》和《民办非企业单位登记管理暂行条例》;(3)规范基金会、行业协会商会行为的《基金会管理条例》和《国务院办公厅关于加快推进行业协会商会改革和发展的若干意见》;(4)规范、引导境外非政府组织在中国境内行为的《境外非政府组织境内活动管理法》。目前,我国有关规范社会组织和公民自治行为的法律规定的内容有:基层社会组织民主选举机制;基层社会组织协商议事机制;村规民约、城市公约的自律机制;人民调解机制;互助服务机制,等等。

3. 政府与社会协作治理行为法。现代社会是一个复杂社会,由于社会环境和社会事件具有复杂性和不确定性,任何一个社会治理主体都无法具备解决复杂社会问题所需的全部知识、工具、资源和能力,以政府为单一管理主体的管理模式也无法全方位主导复杂的社会治理活动,且一定程度上存在着治理高成本、低效率和低社会响应的现实缺陷。[1]因此,在现

---

① 范如国:《复杂网络结构范型下的社会治理协同创新》,载《中国社会科学》2014 年第 4 期。

代社会治理过程中,政府与社会协作治理是达成善治的必然要求。政府与社会协作治理主要有两种法律行为机制:(1)参与机制。即社会成员以直接或间接的方式参与国家对社会事务的管理。随着我国社会主义民主政治的不断发展,有关基层群众性自治组织、社会组织以及公众等社会治理主体参与社会治理事务的各类法律规范不断出台并实施。(2)契约机制。即政府与基层群众性自治组织、社会组织及其他社会主体通过协商的方式依法就特定公共事务或社会治理事项达成对双方均具有法律约束力的合意,并以此为依据管理或执行社会事务。相对于参与机制,契约机制的特点和优势在于政府与社会组织在有关社会治理事务决策、支持、参与、合作过程中的权利(力)义务(责任)更加明晰、确定,双方地位更加对等,合作程度更加密切。现行社会治理法律实践中已有大量的契约机制,对政府与社会协作治理发挥了积极的推动作用。

二、社会治理部门法

以社会治理法的调整对象与社会治理法律关系所指向的客体为标准,可将社会治理法划分为基本公共服务法、社会自治法、政社合作共治法、社会矛盾预防化解法、公共安全保障法、突发事件应对法、网络社会治理法、社会治安综合治理法等若干部门法。

(一)基本公共服务法

基本公共服务法是规范和调整政府在提供基本公共服务过程中与社会组织及公民所产生的法律关系的法律规范的总和。作为社会治理法体系的重要组成部门,基本公共服务法的目的在于保障全体公民获得和享有基本公共服务权益的制度公平、机会公平、权利公平,适应与经济社会发展水平相适应的生存和发展需要,促进基本公共服务体系建设和基本公共服务均等化。在社会治理法治体系中,基本公共服务法处于先导性、预防性化解社会矛盾,承载源头治理功能的法律地位。新中国成立以来社会治理的成功经验与挫折教训证明,以政府为主导的基本公共服务的优质、精准、高效供给,不仅是有效实现宪法法律赋予全体公民的经济、文化、社会、生态权益的重要体现,是构建职责明确、依法行政的政府治理体系的目标要求,是测度法治政府遵循"法定职责必须为"的标尺之一,也是社会治理体系和治理能力现代化的标志。基本公共服务的多寡、优劣常常影响和制约社会治理的效度,是人民群众对基本公共服务与社会公平正义产生获得感、满足感、安全感的首要途径,因而其承载着激发社会活力,保障人民权益,实现政府治理和社会自我调节、村(居)民自治良性互动、源头治理的价值功能。基本公共服务法具体调整基本公共教育、劳动就业、基本医疗卫生、公共文化、基本社会服务、特殊人群权益保障等。其公共政策与法治保障具有适用范围的普遍性、财力保障的一体性、层级制度的结合性、准入规则的规范性等主要特征。基本公共服务法理论需研究和诠释基本公共服务法治保障的一般原理、历史沿革、法律渊源及其具体的法律制度体系。

(二)社会自治法

社会自治法是调整社会自治主体通过社会自治组织进行管理与服务活动产生的法律关

系的法律规范的总和。其主要调整社会自治关系,规范和控制社会自治活动。所谓社会自治关系,是指社会自治组织进行社会自治活动和接受社会自治活动规制时与社会自治主体、社会自治监管机构发生的各种关系,以及社会自治组织内部发生的各种关系。社会自治法的调整对象主要包括社会自治组织与社会自治主体之间的关系、社会自治组织的内部关系、社会自治组织监督管理机关与社会自治组织之间的监督与被监督关系。我国并没有制定统一完备的《社会自治法》,有关社会自治的法律规范是由一系列法律法规汇集而成的,主要包括:(1)规范工会组织活动的《工会法》。其调整对象是工会组织与职工通过各种途径和形式参与管理国家事务、管理经济和文化事业、管理社会事务,协助人民政府开展工作,维护工人阶级领导的、以工农联盟为基础的人民民主专政的社会主义国家政权过程中发生的各种关系;(2)规范基层群众性自治组织活动的法律,如《村民委员会组织法》《城市居民委员会组织法》;(3)规范社团登记管理活动的行政法规,如《社会团体登记管理条例》《基金会管理条例》《民办非企业单位登记管理暂行条例》;(4)规范行业协会商会活动的规范性文件,如《国务院办公厅关于加快推进行业协会商会改革和发展的若干意见》,以及人民团体、行业协会、商会的自治章程,等等。这些法律、法规、部门规章、规范性文件及自治章程共同构成了规范和调整社会自治活动的法律制度体系。

(三)政社合作共治法

政社合作共治法属于社会治理法的一个分支,是指规范和调整政府和社会组织、市场组织以及公民个人,在对社会公共事务共同进行管理和服务过程中所产生的法律关系的法律规范的总和。它主要调整政社合作共治关系,规范和引导政社合作共治行为。目前我国并无专门的《政社合作共治法》,相关规定散见于众多涉及公共教育事务、涉农事务、慈善事业、社会救助、社区矫正、安置帮教的法律、法规和行政规章及其他规范性文件中。因而,政社合作共治法具有实质意义而非形式意义上的特点。我国政社合作共治法的特征表现为:法律渊源多样化;法律规范具有多样性;法律调整对象丰富;实体法与程序法并重。强化政社合作共治法的实施有利于加快推进转变政府职能,促进政府角色转换,构建职责明确、依法行政的政府治理体系;有利于为多元主体参与社会治理领域的重点、难点、薄弱点治理事务,为政社合作、共建共管、共治共享提供法治保障;有利于多途径地提高社会治理"四化"水平,加快推进社会治理法治体系和法治能力现代化。

(四)社会矛盾预防化解法

社会矛盾预防化解法是指调整与规范党委、政府、社会组织、公民等多元主体在社会治理过程中实施的预防和化解社会矛盾活动的法律规范总和。这些法律法规之间有内在紧密的逻辑关系,共同发挥着调整、规范、预防和化解社会矛盾的功能。社会矛盾预防化解法以社会矛盾的预防和化解为调整对象,以纠纷调处与社会矛盾预防化解法律制度为主要内容。我国目前没有统一、成文的《社会矛盾预防化解法》,其由调解、仲裁、行政诉讼、民事诉讼、刑事诉讼相关规范、自治规范、城市公约、乡民乡规、村规民约、公序良俗等构成。这些法律法规及规范性文件在社会治理法治体系中发挥着综合治理、系统治理的独特功能,有利于预防和化解矛盾、维护社会稳定、促进社会发展。社会矛盾预防化解法理论需研究和诠释社会矛盾预防化解的一般原理、历史沿革、法律渊源及其具体的制度规范。

（五）公共安全保障法

公共安全保障法是调整公共安全法律关系的法律制度。公共安全法律制度与国家安全法律制度共同构成维护国家安全与公共安全的法律制度体系，主要包括立体化社会治安防控、安全生产、食品药品安全、生态空间安全保障等法律制度。

1. 社会治安防控法律制度。我国目前尚未制定一部专门的《社会治安防控法》，其内容散见于其他法律规范之中，主要由社会治安管理、户籍管理、出入境和边防管理、消防管理、道路交通管理、计算机信息管理、禁毒管理、网络监管、监狱与看守所管理、行政强制措施、犯罪侦查与刑罚执行、监督与救济等构成。社会治安防控法律制度需贯彻党委领导、政府主导、执法机关和司法机关各司其职、社会协同、公众支持、法治保障的原则，确保社会和谐稳定、人民安居乐业，实现法律效果、社会效果、政治效果的有机统一。

2. 安全生产法律制度。它是指调整生产经营活动中所产生的与劳动者或生产人员的安全与生命健康等相关社会关系，保障生产资料、社会财富安全与生产活动正常进行的法律规范总称，包括安全生产监督管理制度、生产经营单位安全保障制度、生产经营单位负责人安全责任制度、从业人员安全生产权利义务制度、安全中介服务制度、安全生产责任追究制度以及事故应急处理制度等，其调整的内容涵盖消防安全、道路交通安全、铁路交通安全、水上交通安全、民用航空安全、核与辐射安全、特种设备安全等。

3. 食品药品安全法律制度。它是指国家用来规范食品药品生产、运输、储存、使用、消费、监管、执法、司法、遵守等活动及过程的一系列法律规范的总称。食品药品安全法律制度调整的法律关系具有主体多元性、客体复合性、对象多样性等特点，根本主旨在于保障公众身体健康和生命安全，因而又被称为"生命健康保障法"，主要由《食品安全法》和《药品管理法》构成。

4. 生态空间安全保障法律制度。它是指规范和调整公民、法人、其他组织和公权力机关在依托、利用、开发、改造生态资源与保护生态环境过程中所形成的特定社会关系的法律规范的总称。其制度功能在于规范和调整节约资源、防治污染、生态平衡，实现经济社会协调、有序、绿色、美丽、共享发展，促进人与自然和谐、人类社会文明永续发展。生态空间安全保障法律制度具有实施主体的多元性、规范客体的多层性、调整对象的多样性、监管手段的技术性、功能的预防性与强制性等特征。生态空间安全保障法律制度与传统环保法律制度的区别在于，前者强调切实维护和保障公民、法人和其他组织的生态空间与生态空间安全秩序、国家对生态空间的主导权、政社合作共治权；后者则强调保护和改善环境，防治污染和其他公害，保障公众健康。两者共同点在于推进生态文明建设，促进经济社会可持续发展，建设美丽中国。

（六）突发事件应对法

突发事件应对法是指国家通过设定一定的权力（利）、程序规则、应急处置预案、技术规则、综合协调机制等,调整权力机关、公民、法人和其他组织在应对处置突发事件过程中所形成的管理监督、支持参与、互动合作的特定社会关系,确保有效控制、减轻、消除突发事件所造成的自然灾害、事故灾难、严重危害人民生命健康的公共卫生事件、社会治安突发事件等法律规范的总称。突发事件应对法具有调整范围的广泛性、结构体系的系统性、监测预警的层级性、应急处置的多样性、参与主体的多元性、法律责任的专门性等特征。其法律制度在贯彻落实总体国家安全观,加快推进公共安全法治建设、推进公共安全法治体系和法治能力现代化等方面发挥着重要的支撑作用。

(七)网络社会治理法

网络社会治理法是指调整和规范网络主体在网络网域范围内维护信息产生、传递、控制、利用安全中形成的权利(力)义务(责任)关系的法律规范的总称。它调整执政党、政府机关、企业法人、社会组织以及公民等主体在网络社会治理活动中形成的各种特定社会关系,确立并实现各方在网络社会治理活动中的权利(力)义务(责任),以保障网络社会治理活动规范、有序开展,实现良政善治,最终达成社会和谐的根本目标。我国网络社会治理法实现了由传统集中统一管控体制机制向现代网络治理法治模式的转型跨越,基本形成了具有中国特色的网络治理法治体系,开创了全球网络空间治理法治建设的新路径。其发展历程呈现出如下特点:(1)传统"集中管理模式"为网络治理法治建设提供了承接条件;(2)改革开放之初"分业管理、条块结合"管理实践为网络治理法治建设提供了启动条件;(3)外在挤压与自主创新对网络治理法治建设快速起步起到了催生作用;(4)"快速起步、重点突破、追赶发展"成为我国网络治理体系和治理能力法治化的主要表征。当前,我国尚未制定统一的《网络社会治理法》,其由分散于宪法、法律、法规、规章中的有关网络社会治理的法律规范及相关的网络社会治理专门立法组成。①

(八)社会治安综合治理法

社会治安综合治理法是指调整社会治理主体运用综合、系统、依法、源头治理等方式预防、减少和惩治违法犯罪所形成的权利(力)义务(责任)关系的法律规范的总称。社会治安综合治理法具有独特的调整对象,主要是社会治安综合治理过程中形成的以下关系:(1)执政党对社会治安事务综合施治所形成的"总揽全局、协调各方"的关系;(2)党的政法委员会、社会工作部与成员单位之间的主导与具体权责关系;(3)基层群众性自治组织、社会组织、驻社区企业事业单位及其他组织、志愿者与社区居民在参与"平安社区"创建、开展社会治安综合治理活动中所形成的权利(力)义务(责任)关系;(4)承担社区治理、基层治理、市域治理、"平安建设",履行社会治安综合治理职能的行政执法机关、行政监管机关、司法机关等公权力机关依法、依章、依规以及社会组织积极参与预防和处置、惩治、矫治违法犯罪行为,增强自治、法治、德治合力所形成的关系。

---

① 参见徐汉明:《我国网络法治的经验与启示》,载《中国法学》2018年第3期。

第四章　中国社会治理法制史

第一节　春秋以前各部落国家的社会治理模式

一、新石器时代晚期各部落国家的社会治理模式

近现代中国史学一直将夏朝作为中国国家形成之始,而几十年来中国考古学家们发掘出越来越多的证据,表明早在五千年前的新石器时代晚期,即考古学上的龙山文化时代和传说中的五帝时代,黄河及长江流域就已经形成了早期国家。陕西省神木市高家堡镇的石峁城遗址可能是传说中黄帝的都城①,山西临汾市襄汾县陶寺遗址可能是尧帝的都城,湖北天门石家河遗址则可能是舜禹时代三苗国的首都②,浙江杭州余杭区的良渚遗址为古良渚国的都城③。根据美国人类学家塞维斯(E.R.Service)的酋邦理论,谢维扬教授将这些早期国家称为"酋邦"④,苏秉琦教授则将之称为"古国"⑤。

这些"酋邦"或"古国"的国家结构形态仍属于部落国家性质,中央政府为实力最强大的部落,地方则为臣服于中央的部落。从各不同地区发掘的龙山文化时代的生活遗址与墓葬组合来看,这一时期的部落内部社会组织已经开始从氏族转向宗族⑥。因而,这些"酋邦"或"古国"往往是酋长控制下多部落构成的血缘自治联合单位,其最主要的治理方式首先是宗族长老式的血缘管理。在各大都城遗址中发现的巨大祭坛与精美祭器,表明这些"酋邦"或"古国"已经形成了崇拜山川、日月、龙虎、祖先等多神的原始宗教,也可以推测其权力在很大程度上是依靠原始宗教获得并行使的,进而可以推断出"酋邦"或"古国"的另一个主要治理方式为宗教的精神控制方法。《易经·观卦》云:"圣人以神道设教,而天下服矣。"直到春秋时期,《左传》犹有"国之大事,在祀与戎"的说法,说明在中国国家形成的早期,宗教活动一直是国家的主要政治活动。

---

① 沈长云:《石峁古城是黄帝部族居邑》,载《光明日报》2013年3月25日,第15版。

② 参见杨权喜:《石家河古城社会性质浅析》,载《中原文物》1995年第4期。

③ 参见韩建业:《良渚:具有区域王权的早期国家》,载《中国社会科学报》2019年8月5日,第5版。

④ 参见谢维扬:《中国早期国家》,浙江人民出版社1995年版,第258、271、290—293、295页。

⑤ 参见苏秉琦:《中国文明起源新探》,辽宁人民出版社2009年版,第119页。

⑥ 宗族的特点在于完全以男系为中心并实行个体家庭制度和私有制;而氏族既可能以男系为中心,也可能以女系为中心,通常实行公有制与群婚制。

二、夏商部落国家的社会治理模式

夏商时代,中国土地上的国家实体依然是部落之间的联合体。夏、商中央政府分别由姒姓、子姓大部落控制,地方政府则为名义上服从中央部落之各异姓中小部落。各部落内部依然按宗族血缘规则在政治事务与社会事务方面实行完全自治化的治理,中央部落尚没有委派代表对地方部落实行统治,政治国家与血缘社会基本合一。宗教控制依然是中央部落统治各地方部落、各部落长老统治本部落民众的基本政治与社会治理手段。与前夏时代不同的是,从夏禹开始,国家元首不再由各部落推举,而分别由姒姓、子姓王族一家世袭垄断。

三、西周及春秋时期以血缘礼治为主、地域"法(刑)治"为辅的双重社会治理模式

西周时期国家结构形式最大的变化在于,控制中央政府的姬姓部落首领派遣大量子弟以及姬姓部落的联盟者统治被征服地区,这便是分封制。受封者率领本部落武装行军至封地后,为防止封地的土著攻击,纷纷筑城以自卫。因而,继新石器时代晚期第一次筑城运动之后,西周初期出现了中国历史上第二次大规模的筑城运动。只有作为征服者的姬姓部落、同盟部落、臣服于姬姓部落统治的部落以及西周特别保留的被征服者部落(如商遗民部落),才有权居住在城堡及其近郊(即所谓"国",包括"邑"和"郊"),组成各级血缘性的"宗族公社";其他被征服部落则居住在田野中(即所谓"野"),形成地缘性的"农村公社"。"国""野"之别,形成了中国最早的城乡社区治理的二元格局。两种公社的不同社会机理决定了两种不同的社会治理制度。

(一)"国"中宗族公社的血缘礼治与地域之治

各级宗族公社为属人主义的血缘自治组织,公社成员的权利义务主要以其距离宗族首领血缘关系的近远为标准,由此形成了分封制、宗庙制、宗族成员等级制、父家长制与嫡长子继承制等一系列制度构成的血缘宗法制度。以宗法制度为核心,形成了禄田制、家族军事等级制等一系列政治、经济与社会制度。上述系列制度的规范形式被称为"礼"。

1. 宗族公社的血缘治理及其规范形态——礼。

(1)宗族公社是集政治、经济、军事及社会功能于一体的血缘自治共同体。现代史学目前尚无法描述新石器时代晚期至夏代宗族公社的经济与社会形态,但对商周时代的宗族公社则有了一定的研究。商周以诸侯为中心的宗族公社既是军事组织,也是政治组织;以大夫、士为中心的不同等级的宗族公社,更是集军事、政治、经济与社会组织于一体的完全封闭的自治共同体。

拓展阅读

(2)宗族公社的礼治形态。依现代法理学,法规范必须具备假定条件、行为模式与法律后果三要素。春秋成文法颁布以前,严格意义上的法规范尚未出现,宗族公社的内部管理依"礼"进行。

礼的规范形成于新石器时代晚期的原始宗教活动——祭祀,主要通过使用各种不同等

级的礼器、履行各种不同的仪式来表达各个社会等级的权利与义务。从新石器时代晚期到夏商周三代，原始宗教崇拜的多神逐渐减少并集中于天、地与祖先等主要神祇类型，因而部分礼规范渐渐地被抽去了宗教的内容而保留了等级仪式的外壳，但仍有相当部分的礼规范依然是宗教规范。作为吉、凶、军、宾、嘉五礼之一的吉礼基本就是祭祀规范。

礼规范是一种不完全的法规范，它有法规范必要的假定条件和行为模式要素，即在什么样的情况下应当做什么、不应当做什么，但没有规定违反行为模式应受到何种处罚。也就是说，制裁手段与礼规范是相分离的。因而，礼规范主要不是通过统一规定的强制性暴力制裁手段保障其效力，而是通过庄严肃穆的礼仪、宗教信仰（主要是天地崇拜与祖先崇拜）与道德教育形成的巨大心理强制力保障其实施，此即所谓"礼治"，实际上就是"神治""德治"与"人治"。西周以前，礼治具有更强烈的宗教神权主义至上的特征；西周以后，人道主义观念统辖了对天地、祖先的神权宗教崇拜，所谓"天视自我民视，天听自我民听"[1]"民之所欲，天必从之"[2]，因而礼治的宗教神权色彩越来越淡化，人文道德主义的意识越来越强化，宗教与政治、道德发生了一定程度的分离，礼的规范也开始从宗教规范中分离出来。

春秋以前，礼规范与作为制裁手段的刑规范是相分离的。刑规范包括承自三苗古国的"劓、刵、椓、黥、大辟"五刑，以及尧舜创设的"画地为牢""画衣冠而异章服"以及仅具象征意义的"象刑"等。宗族成员违背了礼规范也会受到处罚，但由于礼规范没有统一制裁的标准，因而宗族长老通常会召开会议讨论，对越礼的行为依行为人的身份以及其他具体情形给予不同的处罚，比如降低、剥夺犯罪贵族的爵位，或者在宗庙秘密处死犯罪贵族等。此即所谓"议事以制，不为刑辟"[3]或"临事制刑，不预设法"[4]。

西周时代的贵族礼制达于极盛，成为贵族宗族主要的行为规范，所谓"非礼勿视，非礼勿听，非礼勿动"。《周礼》《仪礼》《礼记》就是记载周礼内容的最基本的三部典籍。

2. "国"中地域之治。

（1）"里""邑"之基层地域之治。商周时代的邑，通常是指建有一定防御设施的居民聚居点。西周的邑分为四级，即王都（镐京与洛邑）、诸侯国都、卿大夫家邑以及各级贵族直接控制的田野中的据点。前三种邑，均建于国中；最后一种邑在野中，但亦为贵族所控制。已出土的西周时期金文中，有"邑人"一职。对此，杨宽先生认为，"'邑人'，当为乡邑之长官"[5]，属国中地域性的行政官职。这一说法已为学界所认同[6]。

拓展阅读

①　《尚书·泰誓中》。

②　《尚书·泰誓上》。

③　《左传·昭公六年》。

④　《左传·昭公六年》。

⑤　杨宽：《论西周金文中的"六𠂤""八𠂤"和乡遂制度的关系》，载《考古》1964年第8期。

⑥　参见张亚民、刘雨：《西周金文官制研究》，中华书局1986年版，第52页；谢维扬：《中国早期国家》，浙江人民出版社1995年版，第453页。

血缘性"族群"与地域性"里"之间是一种怎样的关系？商周史学者大都认为"里"跨于各"族"之上，其主要功能是协调、处理各族之间的公共事务。"里"内实行封闭式的管理，如《诗经·郑风·将仲子》中的"将仲子兮，无逾我里"，说的是少女恳求怀春的少年不要翻越"里"墙来找她。

（2）各诸侯国内的地域之治。春秋时期，各诸侯国内，大夫、士等各级贵族集团对外的统治也是有地域性范围的。在中央集权制度形成之前，各上级贵族集团对下级贵族的地域性统治，很大程度上是依靠以武力威慑为后盾的命令来实现的。这种以武力威慑为后盾的命令，后来发展为诸侯国君或大夫单方面制定的刑书、刑鼎，成为自上而下的强制性成文法。各同等级的贵族集团之间，治理模式则更多地表现为政治协商，规范形式则是贵族集团之间签署的政治性、社会性契约。如1965年山西侯马晋国遗址出土的"侯马盟书"，就是春秋晚期晋国最大的宗族首领赵鞅同其他各宗族之间签署的政治、社会盟约。这种具有政治、社会契约性的成文法，汉初称为"约法"。随着中央集权制的逐渐形成，"约法"逐渐从华夏区域的社会治理法形态中淡出。

（二）"野"中农村公社之地域治理及其规范形式——刑

征服者对被征服部落的处置通常是"杀其兄父，系累其子弟，毁其宗庙，迁其重器"[1]。被征服部落的部民被称为"庶人"，即农奴。"庶人"只能居住在城外的农村社区，即所谓"野"，因而"庶人"也被称为"野人"。统治者不允许"野人"组织自己的宗族，不允许他们建庙祭祖。"野人"对自己的父祖只能"祭于寝"（在家中祭祀），只可有名而不可有姓。因为没有宗族组织，"野人"的血缘谱系混乱，只能由居于野中之邑的小贵族或专职官员对之实行地域性的行政管理。因为实行社区共耕制，因而现代史学称之为"农村公社"。基于经济上的公有制以及对土地的共同信仰，农村公社亦有一定程度的自治性。

由于史料缺乏，贵族及其代理人对农村公社的管理情形已不甚了了。但有一点是可以肯定的，那就是血腥的刑治是不可或缺的。部落战争结束之后，对不服从管理的异族俘虏，则有从肉刑至死刑的"五刑""伺候"，此即所谓"刑治"。农村公社社员均为被征服的异族，刑治也就成为农村公社必然的治理手段。"礼治"只适用于贵族而不适用于农奴，"刑治"只适用于农奴而不适用于贵族。这就是周礼中所谓的"礼不下庶人，刑不上大夫"社会治理法原则。

拓展阅读

（三）市的管理体制——坊市分离、官设市场

史前时代，在大规模的城出现之前，"城"与"市"是相互分离的。贵族们居住在城堡里，而最初的商品交换场地——"市"则自发形成于距各原始部落等距离的农村中心。《易·系辞》云："神农氏作……日中为市，致天下之民，聚天下之货，交易而退，各得其所。"说的是上古神农氏创设了市场，市场距各部落约步行半日路程，各部落酋长于中午完成交易后，下午即可返回。这是一种自然形成的市场，类似于近现代农村之"集""墟""圩"等。

---

[1]　《孟子·梁惠王下》。

拥有大量财富居住在城堡里的部落贵族们,其人身与财产相对安全,但生活受到很大限制。因为原始的市场在田野里,居住在城里的贵族们不能很方便地获得生活必需品与奢侈消费品。于是,他们便利用政权的强制力将田野中的市场迁至城内。这样既可以使自己很方便地享用各地丰盛的商品,又能掌控商业这一最能积累财富也最能抗衡权力的产业,一直迁延于宋代达数千年的"官设市场"制度便形成了。城内由政府指定专门的区域作为市场,与居民区相隔离,即所谓"坊市分离"。《周礼》详细地叙述了周代城市规划与市内管理组织的设置。

拓展阅读

所有的交易都必须在市内进行。《周礼·地官·司市》载:"夕市,夕时而市,贩夫贩妇为主。"作为小商贩的"贩夫贩妇",也必须入市交易。据周宣王时期的《兮甲盘》铭文记载,无论周人还是"淮夷之贾"都必须进入市内交易[1]。

春秋中后期,国家之间激烈的实力竞争迫使各国先后变法,一定程度上缩小、取消了在"国"之贵族、平民与在"野"之庶人之间的身份差别,放弃以等级身份为基本宗旨的血缘礼治规范,改为颁布有统一制裁要素的地域性成文法规范——刑书或刑鼎。法规范从礼规范中分离出来,成为独立的新的社会治理规范。

第二节   战国及秦代国家全能主义的地域性"法治化"管理

一、法家的国家全能主义管理思想在"百家争鸣"中胜出

春秋战国时期的"百家争鸣",推动了中国国家的形成和社会治理理论、社会治理制度的多元化发展。在社会治理方面,儒家以宗族血缘情感为基本价值观,主张回归西周时期的宗族自治与礼治(即德治与人治),反对国家权力对宗族的过度肢解与渗透,其代表人物主要为孔子、孟子。墨家以手工劳动者利益至上为基本价值观,主张小生产者在"兼相爱""交相利"的原则之下实行互助,自行立法,实行完全的社团自治管理,其代表人物为墨子。道家以自然主义为最高价值目标,主张实行完全的自然主义放任,解散国家与各种社会组织,废除包括法律与道德在内的所有行为规范,回归到原始氏族乃至动物世界,其代表人物有老子、庄子。法家的基本价值观为国家利益至上,主张强化国家与君主权力,将国家权力自上而下地插入到最基层社会直至每个家庭的门口,甚至延伸至家庭之内,以统一的官僚系统严格地执行国家与君主统一的法令,排斥一切社会自治权,实行所谓的"法治"。其在春秋末期的代表人物有管仲、子产、邓析,在战国初期为李悝、吴起,战国中期为商鞅、慎到、申不害,战国晚期为韩非、李斯等。

上述各家都希望在各国推行自己的社会治理思想,但除少数国家如魏、燕等国曾先后采用过儒家思想而致失败外,战国中后期各国政府都不约而同地聘用法家政治家改造本国

---

① 参见陈连庆:《兮甲盘考释》,载《吉林师范大学学报(哲学社会科学版)》1978 年第 4 期;尚秀妍:《兮甲盘铭汇释》,载《殷都学刊》2001 年第 4 期。

的国家机器与基层社会,其中以秦国最为典型。秦国统一六国之后,将法家国家全能主义的"法治"思想与制度在全国范围内强制推行,使整个中国社会完全笼罩在国家主义"法网"的全面管控之下。

二、乡村行政管理体制

（一）大规模的强制移民

早在统一中国前,秦王嬴政为逼使其政敌的宗族离开其世代盘踞的根据地,常常大规模强制移民。"八年,王弟长安君成蟜将军击赵,反,死屯留,军吏皆斩死,迁其民于临洮";平定嫪毐之乱后,"夺爵迁蜀四千馀家"。秦始皇统一中国后,"二十六年,……徙天下豪富於咸阳十二万户";"三十五年,……因徙三万家丽邑,五万家云阳"。①

（二）《分户令》对宗族组织的肢解

战国时期,各国变法的重要内容之一就是以郡县制取代分封制,打破贵族的世袭与宗族的自治,限制乃至消灭贵族及其宗族。秦国的商鞅变法更为彻底,其颁布的《分户令》规定:"民有二男以上不分异者,倍其赋。"这一法令强行分割了数世同堂的大家族,实行一夫一妻多妾制的个体家庭制度,消灭了贵族世系,使血缘组织完全丧失了与国家政权抗衡的能力,也加速了公有制经济的瓦解和个体经济的形成,为秦统一六国提供了财力、人力等物质条件和制度保障。

（三）乡官制及乡里、（什）伍制

在破坏了贵族的宗族组织之后,战国时期各国及秦朝政府便开始将王(皇)权的末端延伸到基层社会,最大限度地动员并控制社会资源。在郡县系统的下端接续了乡、里组织系统,又在乡、里组织之下接续了"伍"这一组织系统,从而将中国社会的每一个家庭、每一个人都编织在国家行政组织的罗网之中。

县以下分为乡、里两级,分别设乡长、里长(正)。乡长由县令或郡守任命,里长(正)由县令任命,均为有职级、薪俸的公务人员。乡长、里长(正)须绝对执行国家法令与上级政府的命令,同时受县政府之命履行部分辅助性的司法职能,如逮捕、搜查、扣押、勘查犯罪现场等。与乡级政府平行而设的,还有县政府派驻各乡的专门治安机构——亭。汉高祖刘邦发迹之前,就曾任秦王朝治下的沛县泗水亭长。

里实行封闭式管理。《睡虎地秦墓竹简·法律答问》载:"越里中之与它里界者,垣为'完(院)'不为?"意思是越过里与其他里之间的界墙,该墙算不算是院墙?"旞火延燔里门,当赀一盾",可见,里建有封闭的围墙,设里门以供出入。农民集中居住于里墙之内,出入时,极不自由。

在里之下,战国时期各国大都设立了"伍"这一组织。"伍"最早始于春秋时代管仲创立的轨伍制。在冷兵器时代,伍为基本的战术单位,兵家以 5 个士兵为单位,其进退、成败实

---

① 《史记·秦始皇本纪》。

行一体连坐,以强化士兵的责任意识。法家将此兵法移植于基层社会控制和管理,在相邻的5户居民之间实行相互监察、举报犯罪的治安责任连坐。[①]《史记·商君列传》云:商鞅"令民为什伍,而相牧司连坐"。但《睡虎地秦墓竹简》中仅有"伍"而没有"什"。

三、城市行政管理体制

(一)秦国县辖城的管理体制在全国的推行

战国时期的城市管理有两种类型:一是设立专门市政管理机构进行管理,以楚国为最典型;二是由县管辖城市,以秦国为最典型。

根据《包山楚简》,楚国有"大司城""少司城"两种官职。1978年出土的曾国国君曾侯乙墓竹简中也载有此两项官职,应分别是较大城市的最高长官与次高长官。此两项官职说明战国时期楚国的大城市中设有专门的市政管理机构。

秦灭蜀后,先后派张仪与张若"城成都"。"成都县本治赤里街,(张)若徙置少城内。"[②]《蜀王本纪》中也有类似的记载:"秦惠王遣张仪、司马错定蜀,因筑成都而县之。成都在赤里街,张若徙置少城内,始造府县寺舍,令与长安同制。"两个文献都记载了成都城辖于成都县。秦亡六国,六国都城沦为郡治,并辖于各自所在的县。这种县辖城的城市管理体制的形成可能与秦国重农抑商政策有关。秦国重视城市的政治与军事功能而轻视其工商业功能,对城市的管理与农村并无本质上的区别,故无须设置专门的城市管理机构。这一体制为后世所继承,除辽、金、元三朝少数民族政权曾设有专门的市政机构外,自汉代直到民国初,城市所在的县政府一直是城市的主要管理机关。

(二)坊市分离与官设市场体制的继续

战国、秦朝与西周时期的城市一样,仍实行居民区与商业区相隔离的坊市分离制度。城内居民区设"乡""里",商业区设"市",全部由政府派设官员实行完全的行政化管理。市区以外不允许有商业贸易存在。市建有围墙,并设有市门,为封闭结构。市的长官称市令、市长或市啬夫,大致相当于现代城市的市场监管局局长、物价局局长一类的职务。市内分"肆",所谓"肆",即同类商品排列成行。"肆"下设有最基层的组织——"伍",每5家商户为一伍。

四、编户齐民的户籍管理方法

国家对城乡民众的行政与司法控制都依赖户籍的编制。古代的户籍管理既有属地主义的性质,也有属人主义的性质。其属地主义性质主要表现为户籍的登记以地域为单位而不再以宗族为单位进行;其属人主义性质则表现为户籍将各种不同身份的人户进行分类、分等,对各类、各等不同户籍的人规定不同的权利和义务,实行差别对待。中国古代的户籍至

---

①   张少瑜:《兵家法思想通论》,人民出版社2006年版,第275—283页。

②   《华阳国志·蜀志》。

少附载了六种功能：区分户等身份、征收赋税、征发兵役、统计人口、控制治安（包括侦查排查、实行家庭连坐和由家长控制人民）以及为司法提供涉及人身关系的判决依据。

春秋时期的管仲以士、农、工、商对居民进行分类，创立了中国古代按职业分类的户籍分类、分等制度。四民的地位依次降等，分类居住，实行世袭，不允许改换户籍类型。战国时期，各国定期进行户口登记，"四境之内，丈夫女子皆有名于上，生者著，死者削"①。禁止迁徙与逃亡，如有擅自脱籍者，治以"脱籍"之罪。商鞅在秦国还实行了个人身份证制度，凡过往关卡、住宿驿站必须持有相应证件以供查验。后商鞅被诬谋反，仓促逃亡中未携带身份证明，"亡至关下，欲舍客舍。客人不知其是商君也，曰：'商君之法，舍人无验者坐之。'商君喟然叹曰：'嗟乎，为法之敝一至此哉！'"②

五、"以法治国"的社会管理方法

中国古代的"法治"口号最早出自春秋中期的管仲，他主张"以法治国"，即用法规范来治理国家。春秋后期郑国的邓析甚至提出"事断于法"，即法是一切行为的是非判断标准。法规范与礼规范最大的区别是：前者规定有统一的制裁条款而后者没有；法的标准适用于所有人而礼的标准则因人而异。中国已知最早公布的成文法为郑国执政子产于公元前536年铸的"刑书"。

法家都是唯物主义者，因而排斥宗教规范与道德规范，将法律的作用推向极端。《史记·秦始皇本纪》谓秦朝"治道运行，诸产得宜，皆有法式"，其立法之细密，已为湖北云梦县睡虎地出土秦简所载秦法证实。其执法之严，荆轲刺秦王案最可佐证："秦法：群臣侍殿上者，不得持尺寸之兵，诸郎中执兵皆陈殿下，非有诏召不得上。方急时，不及召下兵。"③故荆轲于殿上追杀秦王之时，无一人上殿救助，事后也未见处罚卫士的记载。

战国及秦代的"法治"与现代法治不可相提并论。其区别在于：（1）前者的基本价值观是国家主义至上，个人仅仅是国家实现其目标的工具；后者则以个人人权至上为基本价值观，国家是实现个人人权的工具。（2）战国及秦代的"法治"秩序中，法仅仅是君主实现其统治的手段与工具，因而君主凌驾于法律之上；现代法治秩序中，法是凌驾于权力之上的最高统治权威。（3）战国及秦代"法治"缺乏救济程序，"法治"只是官吏对民众单向的执法，而民众对官吏违法的暴虐行为无由抵抗，对自己的合法利益无由救济；现代法治要求人民有权对官吏违法行为予以抵抗以及获得救济。（4）战国及秦代"法治"极其残酷与恐怖，法网森森，人民动辄得咎，"赭衣塞路，囹圄成市"④，"劓鼻盈絫，断足盈车，举河以西，不足以受天下之徒"⑤。按历史学家范文澜的统计，被判处徒刑的人差不多占全国人口的15%。现代法

---

① 《商君书·境内篇》。

② 《史记·商君列传》。

③ （汉）刘向：《荆轲刺秦王》。

④ 《汉书·刑法志》。

⑤ 《盐铁论·卷十》。

治则以人为本,实行轻刑主义。(5)战国及秦代的"法治"完全排斥了宗教与道德的辅助作用,失去了宗教与道德支撑的法律系统,极其硬脆,缺乏必要的弹性,一处破裂,就会全面崩溃;而现代法治因有宗教信仰与道德的护佑,柔软而富于弹性。

第三节   汉唐以"法治"为主、礼治为辅社会治理模式的形成

单极的国家行政组织完全遮蔽了社会组织,但又不可能满足基层社会的所有需求。国家利益至上的观念导致政府完全无视社会与民众的利益,国家与社会之间利益关系的紧张至秦末达于极致。从管理技术与手段上看,国家法律繁琐、严酷且僵硬,缺乏必要的温情与弹性,既为人民所极恶,亦无法调整自适。秦朝的覆灭标志着法家国家主义价值观和单纯"法治"方法的破产。有鉴于此,汉代在继承了秦代乡里体制与"法治"体系的同时,一定程度上恢复了宗族的自治,重建农村社会的道德精神与道德力量,改善农村社会结构,并以道德教化手段辅助行政化的"法治"管理。

魏晋南北朝之后,内生的社会活跃元素如宗族组织、商品经济开始冲破政府封闭而僵化的行政茧壳,无论是农村封闭式的乡里组织还是城市坊市分离的管理系统都出现了裂缝,转向相对开放。到隋唐时期,这些新的社会元素增长更加迅速,但政府只是在局部修补了这些裂缝,将新的元素纳入其中,宏观上仍然顽强地维护着传统的城乡社会管理系统。

一、"德主刑辅"社会治理思想的名实悖反

自春秋中晚期开始,为适应社会的变化,一种既不反对礼治又强调"法治"的异端开始从西周的礼治思想体系中析出。管仲认为"礼义廉耻,国之四维"[①],"仓廪实,则知礼节;衣食足,则知荣辱"[②],同时也主张"以法治国"。这应当是最早的礼治与"法治"相结合的思想,以"法治"的手段实现礼治的目的,于是"王道"转向了"霸道"。尔后郑国的子产主张"为政必以德",保留了批评政府的舆论所在——"乡校",但其晚年开始转向以"猛"治国,颁布了中国历史上最早的成文法。进入战国时期,孟子作为孔子的继承人,自然主张礼治,但其思想中已经不知不觉地渗入了法家的思想元素,如不反对成文法,重视物质条件对于道德维持的重要性,认为必须"制民之产"才能培养民众良好的道德心,所谓"有恒产者有恒心"[③],等等。到了战国后期,作为大儒的荀子已经明显地跨居儒法两者之间,主张"礼法并用",而且培养出了两个著名的法家学生——韩非与李斯。从此,儒家的德治、礼治思想体系中已经包含了法家的"法治"思想。

汉初,法家思想因为秦朝的败亡而丧失了其绝对的思想垄断地位,受到迫害的儒家思想开始恢复生机,其代表人物先有贾谊,后有董仲舒,但他们的思想都不可能回归孔子乃至

---

① 《管子·牧民》。

② 《管子·牧民》。

③ 《孟子·滕文公上》。

西周时期纯粹的礼治。贾谊固然致力于恢复被秦朝破坏的道德观念与道德秩序,但也主张"建法以习之,设官以牧之"[①],并对封藩势力过大危害中央集权表示了警惕与担忧。董仲舒提出了著名的"德主刑辅"思想,甚至要求"罢黜百家,独尊儒术",但实际上他的儒术中已经深深嵌入了法家的思想元素。他主张的"大一统",实际上就是中央集权;他创造的"春秋决狱"方式,实际上也只是用儒家的判例法来补充法家成文法的不足。作为学者与思想家的董仲舒希望实现以礼治为主、"法治"为辅的政治理想,但作为政治家的汉武帝,他理想中的社会治理模式是被司马迁称之为"外儒而内法",或者以"法治"为主、以礼治为辅的结构。深谙武帝思想意图的汉宣帝,在批评喜好纯儒之学的太子(汉元帝)时说:"汉家自有制度,本以霸王道杂之,奈何纯任德教,用周政乎?"[②]

此后中国社会治理模式,一直是在"德主刑辅"之名下掩藏着"法治"为主、礼治为辅之实。此所谓"法治",即法家的中央集权体制下的行政管理法制、刑法等法律系统与"以法治国"的方法。所谓礼治,即儒家主张的血缘宗族自治、文化权力对国家权力的制约以及个人、社会的道德自律。

二、乡村基层行政组织的变化

(一)唐以后乡级组织被虚化

唐以前各代以及唐初,均继承了秦代的乡里制,农村基层行政组织依然为乡、里两级。但从唐贞观十五年(公元 641 年)始,乡级组织即被废除,里成为最基本的农村基层行政组织。"在唐代虽然用乡的名义制作正式的文书簿籍上报,但实际上里这一层在基层政权中起着重要作用,执行着监察人民、均田课农、催驱赋役的具体工作。里是名副其实的基层政权机构,……在唐代,实际上不存在乡这一级基层政权机构。"[③]张哲郎也认为:"事实上,乡制到了唐代,已经名存实亡。"[④]即乡虽作为地域名称还存在,但其行政功能逐渐丧失了。

(二)从封闭性的乡里制到开放式的乡里(村)制

汉代承袭了秦代的乡里制与伍制,里仍为封闭的社会组织,伍则仍为连坐组织。但自魏晋时起,在封闭的里之外出现了开放型的居民组织——村,同时"伍"组织开始衰落。

"村"字在正史中最早出现在《三国志·魏书·任苏杜郑仓传》中:"入魏郡界,村落齐整如一,民得财足用饶。"汉末及魏晋南北朝的长期战乱中,农村社会中强宗大族之长纠合私兵、奴婢和流民,自发形成了防御乱兵侵袭的坞、堡、壁等新的自治组织,打破了原来的乡里组织。在战后的农村,农民处于散居状态,政府无法完全重建乡里组织,遂默许了这一散居形态的社会组织,并设立了村长、村正一类职务。《梁书·本纪·武帝中》载有天监十七年(公元 519 年)的诏令:"若流移之后,本乡无复居宅者,村司、三老及余亲属,即为诣县,占

① (汉)贾谊:《新书·服疑》。

② 《汉书·元帝纪》。

③ 孔祥星:《唐代里正——吐鲁番、敦煌出土文书研究》,载《中国历史博物馆馆刊》1979 年第 1 期。

④ 张哲郎:《乡遂遗规——村社的结构》,载《吾土与吾民》,生活·读书·新知三联书店 1992 年版,第 200 页。

请村内官地官宅,令相容受,使恋本者还有所托。"说明至晚于梁朝时,国家已承认了村的法律地位,开始规制村的组织,并对村民行使权力。这一时期各政权组织建设乏力,似无统一之制,乡以下里、村两制并存。

"伍"依然为治安连坐单位,隶于"里"或"村"之下。南朝政权更替频繁,中央政权的权力有限,重建乡里既难,"伍"组织亦不易恢复,因而干脆予以废除。大约梁、陈时,实行连带行政责任与刑事责任的"伍"制就完全不存在了。唐武德七年(公元624年)始定律令:"……百户为里,五里为乡;四家为邻,五家为保;在邑居者为坊,在田野居者为村;村坊邻里,递相督察。"[①] 村首次成为全国统一的农村基层行政组织。

(三)从乡官制到乡里职役制

《旧唐书·舆服志》云:"《武德令》,……诸州县佐史、乡正、里正、岳渎祝史、斋郎,并介帻,绛褛衣。"说明乡、里官员有正式职级,还有法定的制服。村正则为白丁所充,似乎已无职级。到唐末时,乡里组织负责人逐渐沦为职役,为义务职。村官有义务填补本村赋税之不足,于是官府便强迫富户充当。至此,乡里(村)长彻底职役化了。这一现象说明,国家权力在一定程度上退出农村,将农村统治权让与了农村豪强,但同时强化了豪强对国家的义务。

(四)乡村教化系统的非行政化

战国以后,中国农村社会就设有专司精神教化的人员——三老。《管子·度地》载:"故吏者,所以教顺也,三老、里有司、伍长者,所以为率也。"此三老者,有教化民众之责,与里有司并列同属于吏,显然为政府所设立。《史记·滑稽列传》载:"邺三老、廷掾常岁赋敛百姓";"西门豹往会之河上。三老、官属、豪长者、里父老皆会"。秦朝亦有"三老"之设。《史记·陈涉世家》载,陈胜入据陈地,"号令召三老、豪杰与皆来会计事"。但三老在乡村如何教化百姓,则史无记载。

汉唐时代,支撑农村社会道德精神的绅士阶层尚未形成,故沿用了战国时代的三老之职负责农村社会的教化。与战国、秦朝不同的是,这一教化系统属于非行政系列,但可以享有某些特权,通常由农村社会年高德劭的长老担任。

里内除里正等吏员外,还设有里父老,负责劝农与道德教化。《汉书·食货志上》载:"武帝末年,……二千石遣令长、三老、力田及里父老善田者受田器,学耕种养苗状。"

在汉代,里中有社,因祭祀社神而形成了春社和秋社两个社日[②],其主要形式是祭祀与娱乐,体现了秦汉时期里在精神信仰与文化娱乐方面的自治功能。显然,汉朝政府不仅希望将里建成贯彻国家政令的基层行政组织,还希望里成为具有共同道德信仰的精神共同体,作为基层社会的精神支撑,用以安顿居民的心灵,从而形成并维护农村社会秩序。汉魏以后的里名大都与孝悌、节义、仁善有

拓展阅读

---

① 《旧唐书·食货志》。

② 参见钟敬文主编《中国民俗史·汉魏卷》,人民出版社2008年版,第227—233、243页。

关,也说明了这一点。唐代农村也设有疑似为乡里推举的荣誉职——孝悌、力田。

三、乡村宗族自治的沉浮

(一)宗族的复活——两汉

1. 皇族、王族与军功贵族自治制度的恢复与废除。汉初在部分地区恢复了分封制,王族享有爵位世袭、自食租税、自设军队与官吏以及自铸货币等自治权,侯亦"得臣其所食吏民"[1]。为保证皇族与王族血统秩序,中央与各王国均设有宗正官,按照嫡庶身份及与皇帝在血缘上的亲疏远近关系,每年分别编辑皇族与王族族谱。同时,汉政府也为异姓列侯建立了"侯籍"制度。后来景帝削藩及平定七国之乱,武帝颁布《推恩令》《左官律》《阿党附益之法》《酎金律》等律令削弱贵族宗族,最后将贵族封地全部变为郡县。此外,武帝还利用酷吏大力打击农村社会的豪强大族、迁徙豪强大族至关中居住。抑制贵族宗族与豪强可视为秦始皇之后的第二次统一。

2. 士族雏形的形成。在武化的宗族自治受到裁抑的同时,汉武帝开始扶持另一类文化的宗族——经学世家。元光元年(公元前134年),汉武帝采纳董仲舒的建议,下诏郡国每年察举孝廉、茂才,儒家学者与道德家开始进入仕途,儒学被确定为唯一的官学,实现了孔子"学而优则仕"的政治理想。这一举措在社会治理方面的深远意义在于促成了学、官两栖的经学世家大族的自治倾向。

自武帝将儒学确立为唯一的官学以来,研习经学便成为社会各阶层的进身之阶。原处在国家政治体制之外的豪族大宗,以及已进入国家官僚体制之中的权贵宗族纷纷转向研习经学,部分大家族由于累世研学遂成了经学世家。这些经学世家不仅控制了农村基层社会,还在一定程度上控制了地方政府乃至中央政府。

武帝以后的经学世家虽然在农村社会有了很大的势力,但除了在学术研究方面形成了相对自主的话语权之外,尚没有发育为自足的自治共同体。在与外戚、宦官的政治对峙中,文化贵族并没有取得绝对的优势。此外,文化宗族在政治、军事方面与汉初的王族与军功贵族相比也存在着天然的不足,故而不可能获得相对独立的宗族自治权。无论经学世家有着怎样巨大的政治影响,它也不可能恢复到西周及汉初那样完全的贵族宗族自治。

3. 东汉墓祭制度的出现。两汉只允许皇帝、诸王与列侯宗族设立宗庙进行宗族的公开祭祀活动,官员与豪族仍只能"祭于寝"。但到光武帝时,皇帝也常常下诏恩赐功臣"归家上冢"或"过家上冢",即墓祭。"西汉中期以后,随着豪族的形成和发展,墓祭遂成为会集宗族、宾客、故人,强化大族的手段。"[2]"明帝遂有上陵之制"[3],将墓祭制度化了。这实际上是对普通官员不得立宗庙而采用的变通办法,墓祭制度的形成为宗族的收聚与公开活动提供了条件。

---

[1]　《后汉书·百官志》。

[2]　常建华:《宗族志》,上海人民出版社1998年版,第113页。

[3]　(清)赵翼:《陔余丛考·墓祭》。

4. 素封宗族对国家权力的威胁。除以上可以建立宗庙并实行合法自治的宗族外,两汉还存在着大量没有法定建庙资格但事实上世代共族而居的豪强大族,即所谓"素封宗族"。他们横行乡里、对抗官府,威胁到汉政府的统治秩序,因而自武帝时起,西汉政府采用强制迁徙、酷吏诛杀和刺史监察等手段抑制这些豪强大族,但并不能阻止富豪的发展。光武帝的建国标志着地主政权即豪族政权的确立,以后政权落到外戚宦官手中,可算是转入豪族自由支配时期了。[①]这种自由支配,实为一种事实上的宗族自治,其自治性主要表现为经济上自给自足、军事上私兵防卫、政治上具有准行政管理权的宗族庄园制度[②],公然抗衡国家权力。如曾为南阳豪强的光武帝刘秀,"为白衣时,臧亡匿死,吏不敢至门"[③]。

(二)魏晋南北朝宗族自治制度的鼎盛发展

1. 士族的自治。魏晋南北朝时期,中央权力的嬗递很多都是通过所谓"禅让"进行的,实际上都是权臣的篡位。篡位的君主为了取得各派政治势力的支持,通常会以分割国家权力给各大士族和官僚宗族为代价,大士族与官僚宗族的自治性有了很大的增长,以至于常常威胁到皇权的安全。这些大士族就是自汉武帝以来由经学世族发展而来的文化大族。

士族的自治首先表现为法律允许宗族领袖公开荫庇支配部分族人及其他荫户。西晋武帝时公布的《户调式》允许士族免役并荫庇部分族人免纳赋税,确立了士族分割国家赋税收入的权力,从而显示出士族宗族在财政上的自治权。这种自治权仅仅表现为士族对本宗族成员有限的经济庇护,士族宗族内尚未形成包括共同祭祀、征收赋税、司法裁判在内的政治统治权以及宗族集体经济形式。但在士族内部,士族主人对奴婢、部曲则不仅有人身上的支配权,甚至可以任意斩杀。其次表现为士族谱牒制度的发达。除私修的家谱(即族谱)外,自晋时起,出现了具有官颁性质的总谱(即全国重要宗族谱系),如东晋贾弼之的《姓氏簿状》,梁武帝还正式设立掌管士族谱牒的机构。但这一时期的家谱与总谱的主要作用首先是区别士、庶身份,作为选官、社交与婚配的依据,其次才是对宗族的族籍实行自我管理。

2. 士族官僚家庙制度的创设。"'家庙'一词是唐代法制上用来称呼官人依唐制建立起来的宗庙,也有称作'私庙'者。"[④]其非贵族宗族之公共祖庙,而是官员个人祭祀祖先的私庙。至晚从北朝时起,各品级的官员可以建立本宗族的宗庙。北齐武帝河清三年(公元564年)大抵依魏晋故事颁布的《河清令》是现存最早详载家庙制度的令文。[⑤]根据此令,七品官以上(含七品)均可立庙;七品官以下及平民,依然只能祭于寝。家庙制度的创设使得贵族拥有的宗庙特权下移至普通官僚宗族。

---

① 参见杨联陞:《东汉的豪族》,载《清华学报》1936年第4期。
② 参见刘毓璜:《论汉晋南朝的封建庄园制度》,载《历史研究》1962年第3期;徐扬杰:《中国家族制度史》,人民出版社1992年版,第197—209页。
③ 《后汉书·董宣传》。
④ 甘怀真:《唐代家庙礼制研究》,台湾商务印书馆1991年版,第6页。
⑤ 甘怀真:《唐代家庙礼制研究》,台湾商务印书馆1991年版,第28页。

3. 从"宗主督护制"到"三长制"。北魏的"宗主督护制"是这一时期最具宗族自治性质的制度。北魏国家完全形成之前,中央政府赋予各部落、各宗族中的血缘首长统治宗族的权力,由其暂时代行国家权力,即所谓"宗主督护制"。但由于宗族豪强独霸乡里,荫庇户口,逃避赋役,严重侵蚀了中央权力,孝文帝遂以"三长制"取代了"宗主督护制",即以地域行政化的邻长、里长、党长三级组织破坏并代替宗族自治组织。

(三)唐代士族势力的衰落与宗族制度的进一步下移

唐朝的门阀士族开始衰落,原因在于:一是均田制的实行,将族民从大士族宗族首领的荫庇与束缚中解放出来。士族不再有荫客荫族的权力,其经济权力受到限制。二是科举制取代九品中正制,选官主要不再依据门阀。三是政府通过重修《氏族志》将皇室宗族置于传统士族之上,有意识地抑贬后者。四是隋末及唐末的农民战争中都曾经大批处死公卿贵族。

唐代国家在有意识地抑制士族的同时,对士族以外的宗族设庙的限制却逐渐放松。五品以上的官员即可设立家庙,二品以上官员可祭四庙,五品以上兼爵者祭三庙。[①] 家庙有设于宗族聚居地者,也有设于官员任职地者。《赋役令》还明确规定官员可以荫庇同居宗族对国家的课役义务[②],因而唐代官员们常常携带数百号宗族人口随身赴任,从而形成官员宗族的聚族而居。但由于官员身份不能世袭,官员的家庙随官员身份的得失而存废。由于庶人不得立宗庙与家庙,故无法聚集宗族,平民宗族很难扩大,其对农村基层组织影响非常有限。

唐代,宗族的自我服务与自我管理功能所有扩张。僖宗时,江州义门陈氏(从唐末到宋仁宗200余年数代同堂,后奉宋仁宗之旨分家为291家,散于全国各地)家法中就有立书堂的规定。唐以来宗族的自我管理功能最重要的发展在于族规的创制,如杭州的《遗训》、江州的《陈氏家法》等。其中最完备的族规为《陈氏家法》,该法对陈氏家族的内部组织、生产生活都作了明确的规定,并有刑事处罚措施,如杖刑、役刑(即徒刑)等。

四、传统城市管理体制的延续与草市的萌芽

汉至隋唐,城市依然实行县辖城、坊市分离以及官设市场的体制。

隋唐时代,日益发达的商品经济不断试图突破坊市分离的限制,将触角延伸至坊区,当街开设商店,却又不断地为政府的法令禁止。市内仍实行封闭式管理和宵禁。魏晋南北朝时期,在官设的城市市场之外,出现了自发而成的乡间草市,政府已向草市派设负责治安的政府官员。

这些草市已经突破了传统的坊市分离和官设市场的限制,成为两宋以后集市与江南市镇之源头。

---

① 参见《大唐开元礼》卷三"序例"下。

② 参见 [日] 仁井田　陞原著:《唐令拾遗》,栗劲等编译,长春出版社 1989 年版,第 614 页。

第四节　两宋至明清的基层行政管理体制与多元社会自治法体系

一、乡村社会基层行政组织的特点

（一）基层行政系统的二元化——乡里制和保甲制

体现法家国家主义宗旨的"伍"制在南北朝时就已被废除,具有强烈法家思想倾向的王安石变法继承了这一制度,创设了具有准警察与准军事性质的保甲组织。这一组织最初用于维护治安,但由于这一组织具有明显的准警察与准军事性质,故又被用来催征赋税,取代了传统的乡、里组织。自熙宁八年（1075 年）始,"诸县有保甲处已罢户长、壮丁,其并耆长罢之。以罢耆、壮钱募承帖人,每一都保二人,隶保正,主承受本保文字。乡村每主户十至三十轮保丁一,充甲头,主催租税、常平、免役钱,一税一替"[①];原取代乡的"管"被废除。由于保甲的基本组织为甲、保、大保、都保,故此后许多农村基层行政区划不再以乡、里称,而名之曰"保""都"。为强化地方治安,同时减少财政开支,王安石决定恢复久已被废除的农村居民治安连坐制度,什伍其民而用之,将农民重新编入细密的行政组织网络,实行保甲制。这一制度除恢复了商鞅的伍连坐之外,还赋予了保甲准军事功能。因为其具有明显的强制性,故很快就取代了乡里组织成为县以下的催税机构。

明代保甲制始于孝宗时,"弘治初,兵部臣条上方略。于是严保甲之法,家给由牌,悬之门,具书籍贯、丁口、名数,有异言服者,即自纠发,不告奸同罪。命如议行"[②]。但明代保甲制并不统一,其制度、效果在各地有所不同,其中以正德年间王阳明在江西赣州推行的《十家牌法》与万历年间吕坤在山西推行的"乡甲约"制度较为成功。清初,清朝政府在全国范围内重建了明代的里甲与保甲两大基层组织系统,里甲负责征税,保甲负责治安,形成了农村社会治理二元化的行政组织体系。由于保甲具有明显的强制性,因而明清时期,保甲成为农村基层社会的主要权力机关。

（二）乡里长（正）与保甲长的完全职役化

宋、元、明、清的乡里长实行完全职役化。宋代的乡里、保甲乃至县衙的部分差役均由农村的富户充当,"耆长为一乡之长,负责治安和接受县政府的公事,以及乡内的修路建桥等事,是乡户一、二等户差役。里正为一里之长,负责税收（田赋）及部分县役,因而被视为'脂膏',淳化五年（994 年）开始定为一等户差役。户长为二等户差役,具体负责征收田赋,并缉拿盗贼。乡书手隶属耆长,负责书算事务,为乡户四等户差役。壮丁负责接收和递送公文,以及乡内治安,是乡户四、五等户差役"[③]。但一、二等户常常利用财势与县吏勾结,将其职

---

① 《续资治通鉴长编》卷二六三。

② 《后明世法录·兵制》。

③ 陈振:《宋史》,上海人民出版社 2003 年版,第 124 页。

役义务转嫁给下等户,致贫户雪上加霜,"州县生民之苦,无重于里正、衙前。有媚母改嫁,亲族分居;或弃田与人,以免上等;或非命求死,以就单丁"①。

(三) 募充、轮充职役取代秦汉乡官之制

为均平乡村职役,宋代以来各代里正、保甲长常常实行募充、轮充。"熙宁二年募耆长、壮丁,四年仍旧于本等人户轮差,五年罢户长,六年行保甲法,始置保正副,大小保长,讥察盗贼,七年轮保丁充甲头催税。"②里正、主首"专与乡里大家理田亩丈尺、税赋等,则出入谓之乡司,至贱之职也"③,由乡、都内田地资产较多的上户轮充。明代粮长之役,由中户甚至下户轮充,或由各里长兼充,或由贫户"朋充"(即由数人共同担任粮长,以分散负担),乃至雇充。"递年派粮编差,无所归者,俱令小户赔偿;小户逃绝,令里长;里长逃绝,令粮长。粮长负累之久,亦皆归于逃且绝而已。……故凡人家遇金当粮长,大小对泣,亲戚相吊,民间至有'宁充军,毋充粮长'之谣。"④

宋代及其之后的职役制取代秦汉的乡官制,表明国家放弃了对乡村社会的直接管控,改由乡民"自治"。保甲成为乡村社会的主要权力机关之后,豪强便成了农村社会的主要控制力量。

二、农村宗族自治制度的鼎盛与宗族法体系的形成

中国国家形成以来,国家皇权与大宗族一直进行着不间断的博弈。五代时,士族彻底的消失终于消除了贵族对国家上层政治的威胁。这固然是中国政治史的进步,但在专制政治体制与土地私有的经济制度之下,社会组织的极不发达使得个人与个体家庭常常无力抵御各种自然与社会的风险,极易沦入破产败亡的境地。农业生产和农村生活缺乏必要的互助,儒家所憧憬的乡土田园式的道德被严重破坏。此外,宋代商品经济的发达,导致社会价值观念日益背离血缘身份而趋向于物质财富。商业活动使得宗族成员迁徙四散,促进了宗族内部的贫富分化,宗族血缘亲情越来越淡化。在这种情形下,即使是贵为皇帝的宋太祖,也只能追溯到自己四代以内的祖先。至于范质、王溥这些名臣宰相,都只能上数到自己的父亲。"及五代荡析,士民求生有所未遑,礼颓教弛,庙制遂绝。"⑤

北宋时,以弘扬儒家道德为己任的学者张载、程颐、程颢、范仲淹等人就意识到只有重建宗族制度,才能挽救垂于崩溃的乡村道德,以儒家的方法帮助国家治理农村社会。为此,他们都对宗族制度进行过理论上的论证、设计与实践上的探索。到南宋,朱熹集宗族理论与实践之大成,创制了平民宗族自治制度。

明清时期,由国家法律与民间习惯共同创造的宗族自治制度逐渐成熟,形成了包括祠

---

① 《宋史·食货志》。

② 《淳熙三山志·版籍》,载《宋元方志丛刊》第8册,中华书局1990年版,第7898页。

③ 《至正直记·广德乡司》。

④ 《明臣奏议·昭代经济言》。

⑤ (宋)司马光:《潞国公文公先庙碑》,载王云五主编:《司马温公文集》,商务印书馆1936年版。

堂、族谱、族长、族田、族学、族规等制度在内的庞大的宗族自治制度体系与宗族法体系：祠堂作为祖宗崇拜的物质载体，具有西方社会教堂的功能；族谱是宗族确定血缘等级身份、进行丁口登记的族籍册，是宗族族规的载体，也是记载本族历史的宗族志；族长是行使宗族公共管理权的行政首长；族田是宗族共同的经济基础；族学是宗族的文化教育机构；族规相当于宗族的法规体系。这一宗族自治制度体系与宗族法体系由儒家思想精英设计发起并示范，由政府认可，在农村社会实践中形成。

（一）祠堂制度

整个北宋，"庙制不立"。南宋时，朱熹突破了平民不能有宗族更不能有宗庙的传统礼制，从理论上创造性地设计出适用于所有平民的祠堂制度。祠堂绕过传统礼制中宗庙、家庙的身份限制，混一了官员与平民祭祖的差别。朱熹还根据古代庙祭之礼，参酌当时的祭祖礼俗，设计了祠堂的建筑模式、神祖之位、祭祀器具以及祭祀程序等规范，使得"上自卿相，下至庶人，皆得建立祠堂"。设立宗族终于从贵族的特权变为普通平民的权利，祠堂制度得以平民化。

明嘉靖十五年（1536年），皇帝发布诏令，允许民间祠堂祭宗族始祖。在传统礼制中，始祖牌位是只能在天子太庙中祭祀的。可见，过去极其神圣的宗庙制已经越来越从皇室贵胄走向民间宗族。到明代中叶以后，士大夫家庙与庶民祠堂之间的差别几乎不存在了。清乾隆朝的学者赵翼说："今世士大夫家庙皆曰祠堂。"[①]

祠堂供奉着祖先牌位，是整个宗族的象征与寄托，所有宗族的公共生活均以祠堂为中心进行，如宗族祭祀的举行、宗族会议的召开、族学的开办、族谱的保存、宗族的文化娱乐等。以祠堂为中心，宗族构成了一个基本自足的社会共同体。

（二）族谱制度

直至唐代，贵族宗族因为在税法与司法上享有许多特权，在通婚方面也有着诸多的限制，故族谱多为官修。南宋时起，平民宗族得以创制并扩大，其中的平民族谱多为宗族自行修纂。宗族修纂族谱的目的首先在于追溯本族源头，以先祖为纽带，强化宗族的共同血缘意识，尤其是宗族史上记录的著名人物可以满足族众的荣誉与自豪感。苏洵在《谱例序》中说："自秦汉以来，仕者不世，然其贤人君子犹能识其先人，或至百世而不绝，无庙无宗而祖宗不忘、宗族不散，其势宜亡而独存，则由有谱之力也。"其次在于分清宗族血缘谱系，明确宗族内部不同的亲属关系，以确定相互之间的权利义务。《谱例序》云："谱图之法，……凡诸房子孙，各纪其当纪者，使谱牒互见，亲疏有伦。"最后在于统计族内丁口，一族有族谱犹如一国有户籍，本族成员应享有之权利与应履行之义务皆以此为据。此外，族规通常都载于族谱。由于族谱在宗族自治活动中有着非常重要的作用，故宋、元、明、清四代，民间宗族修谱极为盛行。

（三）族长制度

宋以后各代宗族都设有族长，但族长的人选不再是古礼中的嫡长子，通常是宗族中政治

---

① （清）赵翼：《陔余丛考》卷三二《祠堂》，中华书局1963年版，第691页。

地位最高者。清雍正以前,宗族族长的权力尚没有国家法律上的依据。到雍正朝,确认族长权力与义务的条例不断被编纂入律。如《大清律例·刑律·贼盗律》规定:"地方有堡子、村庄,聚族满百人以上,保甲不能编查,选族中有品望者立为族正。若有匪类,令其举报,倘徇情容隐,照保甲一体治罪。"此后,雍正朝多次制定新条例,要求族正(长)对宗族内的犯罪负责,并赋予族正(长)管理治安的权力。

(四)族田制度

属于宗族所有的族田有两大类:义田与祭田。义田制为范仲淹所创,皇祐二年(1050年),范仲淹"来守钱塘,遂过姑苏,与亲族会。……乃创义田,计族人口数而月给之"①。所谓义田,是指范仲淹为范氏宗族购置的用于补贴宗族成员、帮助族中生活困难者及就学子弟的土地,又称义庄。范仲淹首创义庄规矩13条,其子范纯仁兄弟先后10次续订。治平元年(1064年),范纯仁上书朝廷说,"今诸房子弟有不遵规矩之人,州县既无敕条,本家难为伸理,五七年间渐至废坏,遂使子孙饥寒无依",希望"朝廷特降指挥下苏州,应系诸房子弟,有违犯规矩之人,许令官司受理"②。这一要求得到了朝廷的批准。从此,义庄规矩成为地方司法机关予以适用的法。

义庄规矩的意义不仅在于确定了宗族法规与国家法律之间良好有序的位阶关系,更在于它创立了一种新的类似于现代基金会的家族公益团体。经历代皇帝广为提倡,义田制成为宋、元、明、清四朝通用的宗族慈善制度。因其对宗族具有一定的独立性,也可以视为中国古代财团法人的雏形。

祭田则是由宗族成员捐赠或集资创设的专用于祭祀宗族祖先的集体土地制度,它恢复了自战国以来久已消失的宗族土地公有制,为平民宗族组织与宗族自治制度的形成奠定了经济基础。

(五)族学制度

宋以后农村公益事业的主办者主要是宗族。公益事业主要包括教育、文化与慈善等事业。

牟巘在《义学记》一文中说:"范文正公尝建义宅,置义田、义庄,以收其宗族,又设义学以教,教养咸备,意最近古。"③可见范仲淹在办义庄的同时还办有族学。如果说范氏宗族在宋代的族学还只停留在蒙学与举业教育的话,到了元代,范氏宗族还建有文正书院这样的高端学术研究机构,并一直延续至清代,构成了完整的范氏宗族学校教育与学术研究体系。明清两代,族学更加发达,尤其在江、浙两省最为集中。除族学教育外,江浙的少数大宗族还办有大型图书馆,如明代宁波范钦创办的天一阁藏书楼。

除族学外,宋以后的大宗族还办有义宅、义仓、义冢。族学、义宅、义冢的经费来源有族

---

① 《范文正公集补编》,载《范仲淹全集》,李勇先、王蓉贵校点,四川大学出版社2002年版。

② 《义庄规矩》,载《范仲淹全集》,李勇先、王蓉贵校点,四川大学出版社2002年版。

③ 《义学记》,载《范仲淹全集》,李勇先、王蓉贵校点,四川大学出版社2002年版,第1188页。

田收入、族人捐献以及宗族集资数种;义仓的经费则主要由族众于平时纳粟积累。

(六)族规制度

范仲淹创设的族规在宋仁宗的倡导之下很快推行到了全国,各大宗族都开始订立自己的族规。

到明清时期,族规的制定更加普及,在形式上更加成文化,作为法的规范性与强制性特征也更加显著。首先,族规的体系越来越详备。除将所有规范杂糅于"诸法合体"的族规外,明清还出现了针对宗族某一事项的专门性族规,如规范祠堂管理与祭祀仪式的"祠规"、规范义田管理的"义庄规条"、针对族学的"义塾规则"、关于修谱的"修谱条例"。其次,在族规的发布程序上,相当多的宗族将族规呈报地方政府批准,以征得国家的认可,强化其合法的效力。最后,族规与国家法之间形成了既相互补充又有可能相互冲突的复杂关系。

拓展阅读

三、农村绅士自治规则——乡约

最早的农村绅士自治始于北宋陕西蓝田吕氏兄弟的乡约组织。熙宁九年(1076年),陕西蓝田县乡绅吕大钧、吕大防兄弟在家乡设立旨在实行乡村道德教化与生活互助的组织。该组织乡约规定,乡绅与乡民自愿参加(亦可自愿退出),推举年高德劭者一人为都约正,另推两位有学行者为约副。每月另选一人为值月,月终对善行者给予奖励,对有过者加以劝改并处以罚款。乡约规则由参加者共同议定,其基本内容为:德业相劝,过失相规,礼俗相交,患难相恤。其中相恤不限于约内之人,邻里之间如有患难,亦应予以救济。这一以乡村道德教化与生活互助为宗旨的乡约组织与乡约规则被称为"吕氏乡约"。但由于政府不大重视甚至不信任民间结社,故宋元间并没有得到广泛的推广。

除乡约组织这类道德自律组织外,宋代绅士还建立了诸如经济合作会社、民间救济组织、士绅武装、耆老会(类似于乡绅老年协会)与文艺会社五大类功能型社会组织,分别在农村社会的某一领域实行自我管理、自我教育与自我服务,但从没有形成全面、综合性的地方自治组织。

宋代开创的这种农村绅士自治方式,在明清得到了全面的继承与发展。在农村,职役型的乡里、保甲仅负责税收与治安,其他农村公共事务如道德与文化教育、公益、慈善、纠纷调解等基本上均为绅士和宗族包办。

到明朝,乡约组织出现了官办化的趋向。最早者为英宗正统年间的潮州知府王源,其"刻《蓝田吕氏乡约》,择民为约正、约副、约士,讲肄其中"[①]。王阳明在赣州及福建龙岩、江西吉安、广东揭阳等地也举办了乡约组织。嘉靖年间,提督广西学政的黄佐还创立了一种将乡约、保甲、社学与社仓一体化,集道德教化、文化教育、治安保卫、社会保障以及地方祭祀于一体的半自治组织。万历年间巡抚山西的都察院右佥都御史吕坤推行乡约与保甲一体化的乡

---

① 《明史·循吏》。

甲约组织等。这些乡约组织虽名为乡约,也具有一定的自治性,但由于由官方督办,其更倾向于基层行政组织。后来的南京国民政府试图将保甲制度与地方自治相融合,便是这一做法的翻版。

顺治十六年(1659年),"议准译书六谕,令五城各设公所,择善讲人员讲解开谕,以广教化,直省府州县亦皆举行乡约。该城司及各地方官责成乡约人等于每月朔望日聚集公所宣讲"[1]。此时的乡约组织已正式成为官方设定机构,但其职能仅限于宣讲圣谕。雍正之后,乡约组织的权力逐渐扩张至乡村纠纷的调解甚至行政事务,异化为与里甲、保甲并行的第三个半官方的农村基层组织。

宋至清代,豪强、绅士、宗族成为农村社会的三大结构性社会力量。豪强一方面是国家权力在农村基层社会的代表,也是国家权力秩序的破坏者;绅士的地位是国家赋予的,也是国家的后备官员,但也会在一定程度上表达地方基层社会的要求,体现社会道德、文化对国家权力的相对独立性;宗族既在一定程度上分割了国家权力,又在很大程度上起到了对国家权力的补充作用。三大结构性社会力量在国家权力的主导下,相互制约、相互渗透,形成了稳定的农村社会治理秩序。

拓展阅读

四、城市行会自治及行规

(一)宋代"坊市混一"与城市行会自治制度的形成

"北宋初年,东京基本上仍保留古代的坊(里)、市制度,市民居住区为坊,商业区则有东市、西市。"[2] 随着商品经济的进一步发展,宋朝逐渐废除了市籍制度和坊市分离制度,实行了商、农平等的户籍制度以及坊市合一的城市管理体制。坊名虽存,但坊垣、市墙都被拆除,百姓、商人皆面街开门,任何人均可在任何地点、任何时间设店铺交易,市场出现了高度开放和分散的特点,政府无法实行直接、封闭式的管理,大量的工商经济管理职能只能由行会来承担。

早在隋唐时,封闭的市场越来越难以容纳日渐丰富的交易量,在官设市场的体制之下,政府只能增加市场数量。如汉代长安设东、西二市,而唐时增设为九市。市场的增加给政府增加了很大的管理成本,政府不得不要求经营同类商品的商人建立具有一定自治功能的组织,在政府的监控下,由商人自己管理自己。这类组织便是"行"。隋唐时期,行的自治与其说是一种权利,不如说是一种义务,其主要协助市场管理官员执行国家的各种商业法令、征收商税、摊派商役等。

宋代行会在工商业管理方面的自治主要表现为:首先,政府不再对分散而流动的商人进行专门的"市籍"登记(即进行专门的商人户籍管理),而要求所有商人向各自的行会注册

① 陈梦雷、蒋廷锡:《古今图书集成》,载《明伦汇编·交谊典》卷二七《乡里部·汇考二》,中华书局、巴蜀书社1986年影印版,第40013页。

② 吴涛:《北宋东京城的营建与布局》,载《郑州大学学报(哲学社会科学版)》1982年第3期。

登记,并接受本行会的管理,即所谓"投行"。行会注册登记代替了国家的商籍登记。其次,宋代各行会为防止业内的无序竞争,开始形成本行业经营的地域范围规则。再次,各业行规要求本业实行价格联盟,即统一定价,不准擅自涨落。最后,宋代城市各行,均由本行统一雇工,分发所属各店。

各行业甚至有统一的服装与语言。《东京梦华录·风俗》载:"其士农工商,诸行百户,衣装各有本色,不敢越外。谓如香铺裹香人,即顶帽披背;质库掌事,即着皂衫角带、不顶帽之类。街市行人,便认得是何色目。"从以上行会的自治功能来看,自治主要限于经济领域,尚未涉及公益尤其未达到政治上的自治,更没有形成地域性的自治。

(二)半官治半自治的牙行管理体制

牙行是各行业中负责居间说合买卖双方的商业组织。出身农家小户的朱元璋对居间渔利的牙行极其厌恶,一度全面革除。但在专业化服务以及信息不甚发达的古代,如果没有牙行,外来商人在本地的商业代理、批发销售或收购便无从进行。此外,外来商人也需要本地的货栈、邸店、运输等市场服务设施,而这些都只能由熟悉本地商业情形且有一定资本实力的牙行提供。而且如果全面禁革了牙行,政府也不可能设立众多的市场管理人员直接管理市场。因此,明朝政府在永乐年间不得不恢复牙行的合法地位,允许牙行在当地垄断其所在行业的交易(即本行业的交易必须通过牙行进行,并向牙行交纳佣金),同时委托牙行行使部分市场行政管理权、商品定价权和商税征收权,使牙行成为集经营权与管理权于一身的特殊商业组织。

清代继承并进一步发展了宋明以来的牙行制度,颁布了大量关于牙行的管理规范,由此形成了比较系统的牙行法律制度体系。[①] 作为私人经济组织,牙行向政府购买牙帖、交纳牙税,承担政府的各种差徭,以此换取政府授予它管理本行业经营乃至征收商税的权力。身兼经营与市场管理职能的牙行必然利用公权力为自己谋求垄断利益,但牙行没有强制执法权,为了攫取高额利润,有些牙行甚至采用欺骗手段诱使客商"投行",或者使用流氓暴力手段强迫买卖双方"投行"交易。虽然《大清律例》中有禁止牙行强买强卖、欺行霸市的专门规定,但只要有牙行制度存在,牙行就不可避免地利用其行业管理与垄断权牟取利益。

(三)会馆、公所的自治与商事习惯法

为抵制牙行的垄断与欺压,从明朝后期起,各城市的同籍商人遂自发结成同乡组织——商人会馆与之抗衡。

"早期的商人会馆几乎完全是属人主义的,仅仅以为同乡提供各种帮助、敦睦乡谊为主,尚不涉及行业经营","很多会馆虽然兼有属人性和行业性,但属人性仍然是其主要特征"[②]。因而,商人会馆主要是旅居同一城市的商人建立起来的同乡互助自治组织,尚不是真正意义

---

① 参见吴奇衍:《清代前期牙行制试述》,载中国社会科学院历史研究所清史研究室编:《清史论丛》第 6 辑,中华书局 1985 年版。

② 武乾:《江湖之道:长江流域的行会与商规》,长江出版社 2014 年版,第 36、37、41 页。

上的行会组织。

鸦片战争前夕，城市商业的发达使得各城市开始自发形成单纯的行业组织——公所。公所已经突破了传统的地域界限，走向同业之间的联合，把自己建立在同行同业的基础上。公所为同业制定行规，使同业统一遵守，以达互利的目的。会馆的衰落和同业公所的兴起，是一个势在必行的自然趋势。[1]因而，公所是中国古代行业组织发展的最高阶段，基本上摆脱了同乡商人会馆的属人主义局限，成为真正意义上的行会。[2]

由于会馆、公所是城市商人自发组织的，因而其内部治理具有一定的民主性和自治性。如首领的产生通常以公举或轮值的方式，重大决策往往由成员大会或其代表机构集体作出，有权自行决定组织负责人的产生方式，有权制定并执行章程、规则，有自己独立的财产，有权通过仲裁解决内部纠纷，有权保护本行业及其成员利益不受官府以及其他各方面的侵犯，并为本行业商人提供各种公共服务与社会保障，如旅店、义冢、文化娱乐乃至破产救济等。

对自治组织的自治规范与内部仲裁结果，地方政府会进行监督性的审查，凡不违反国家法律和地方政府意志者，予以确认和公布；对自治组织申请保护的财产给予保护。这些自治规范，经地方政府认可，便成了商事习惯法；经地方政府确认的仲裁结果，也具有了执行的效力。因而，在城市工商业领域，地方政府的监管与会馆、公所组织的自治活动之间，得以形成良性的互动、共治秩序。

五、长江沿岸商业城市的地方自治与江南市镇的有限自治及自治规则

（一）长江沿岸商业城市的地方自治及自治规则

明清时期，在上海、芜湖、汉口、沙市、重庆等长江沿岸码头城市，工商业更加繁盛。在城市由各附郭县分而治之的传统体制之下，官员编制有限的府、县政府，在工商业管理能力上明显不足，因而会馆、公所组织的工商自治权相较其他城市更为强大。如重庆八大客籍商人的联合组织——八省客长实际成为巴县县政府以外的第二政府；汉口商业区缺乏统一的行政管理机构，各码头基本上为各帮商人组成的会馆所割据，各帮会馆的势力范围在很大程度上通过武力划定，俗称为"打码头"。在地方政府与会馆、公所的长期共治实践中，这些码头城市形成了以行业习惯法为主、以地方政府工商立法为辅的城市工商业立法结构模式。

在清代，苏州、上海、汉口、重庆等商业中心城市还出现了大量由大商人投资举办的育婴堂、普济堂等救助社会弱势群体的慈善机构。在地方政府的认可下，这些慈善机构自行制定社团章程，从而形成了本地的慈善习惯规则。随着商业势力的扩张，这些城市的慈善习惯规则的影响力逐渐向周边城镇辐射。同工商行业规则一样，这些城市的慈善规则也以民间慈善机构自发形成的习惯规则为主、以地方政府的立法为辅。

太平天国运动之后，地方政府在这些商业中心城市的控制力量明显萎缩，行业机构与慈

---

① 参见吕作燮：《明清时期苏州的会馆和公所》，载《中国社会经济史研究》1984 年第 2 期。

② 参见武乾：《江湖之道：长江流域的行会与商规》，长江出版社 2014 年版，第 36、37、41 页。

善财团势力则逐渐增强,其公共服务与公共管理范围逐渐从行业自治与慈善自治延伸到市政建设、社会治安等方面,开始具有了地方自治的萌芽。但这种地方自治是在官治的夹缝中成长起来的,其自治程度非常有限。因而,社会治理的政治结构以官治为主、自治为辅。

（二）江南市镇的有限自治及自治规则

由于商业经济的迅速增长,到宋代,县以下的乡村地区逐渐自发地形成了无数个对周边农村具有一定辐射能力的经济中心——市镇。江南传统的县、乡、里（都）的划分往往以河流、道路为界,而河流与道路两旁尤其是河流、道路的交叉口正好是商品交换的最好场所,因而作为本地经济中心的江南市镇常常形成于数里（都）、数乡乃至数县的交界处,正如西欧中世纪时期的城市缘起于各封建领主领地交界的河流、渡口一样。这样,市镇作为新兴的经济区域,与县、乡、里（都）传统行政区域之间形成了错位。一个市镇常常同时受数里（都）、数乡乃至数县管辖,既不利于政府的行政管理,更破坏了市镇经济的统一性与社区的完整性。故而宋代将规模较大的市镇升格为县,而对于规模相对较小的市镇,则由朝廷派出监镇官进行管理,作为县以下一级独立的政权。对非建制市镇,仍由乡都体制管辖,但县政府在市镇上设有巡检、税务或税场等专门的治安、税收机构。蒙元政府取消了"市镇"这一具有独立建制的单位,而仅仅保留了由县派出的税务机构或负责治安的巡检司。

明清时期,江南市镇更加密集也更加发达。清代的市镇周围建有四栅,有的还筑有城墙、挖有护城河,无论在经济形态还是社会形态上均越来越接近于城市,但传统的县、乡、都、图管辖体制,仍将市镇分割得破碎不堪。市镇内的居民,在经济与社会公共生活中属同一市镇,在行政管辖上却分属不同的图、保、都、乡、县,乃至不同府、省。明清政府对江南市镇经济与社会的发展反应非常迟缓,只是出于对市镇巨大的商税利益和基本治安的关心,才由府或县政府在市镇设立了相关的派出机构,而一直没有恢复宋代在县以下设立的市镇独立建制。

除治安、税收之外,市镇其他的公共事项,如市政设施建设、社区服务、民商事仲裁、手工业管理、教育与慈善事业等,上述官方派出机构既无力亦无心承担,只能由民间社会组织负责办理。市镇中的民间社会组织有宗族、行会、民间宗教社团、绅士主持的慈善机构以及义仓等社会保障与社会福利机构等。这些机构都是明清政府允许存在的社会组织,都具有一定的社会服务与管理功能,具有一定的影响力,它们与官方派出机构以及传统的里甲、保甲等准行政组织经过长期的博弈,最后达成了一种相对稳定的社会政治平衡,形成了以某一组织为主导,其他组织参与其中的自治格局。由于各市镇的历史传统与现实的经济、政治状况各不相同,各市镇的自治格局各有特点。其中居于主导地位的,有的市镇是宗族,有的则是行会,到清中期以后,由绅士主持的慈善机构开始成为大多数市镇的政治权力中心。如清末的浙江湖州双林镇,蔡氏大族绅士蔡召成主导的崇善堂便是该镇的政治权力中心。[①] 除慈善

---

① 参见赵世瑜、孙冰:《市镇权力关系与江南社会变迁——以近世浙江湖州双林镇为例》,载《近代史研究》2003 年第 2 期。

机构由绅士主导外,江南很多地方的市镇还普遍存在以兴办水利为主要职能的机构,通常也由地方绅士主导。

明清江南市镇的自治之所以由绅士主导而不像长江沿岸码头城市由商人社团主导,主要原因在于,江南各市镇的地理位置决定了其商业辐射的能力与范围较小,外省籍客商的力量较小,而江南发达的文化又使得各市镇成为科举考试的重要基地,因而绅士具有举足轻重的作用。

由于明清江南市镇自治机构是存在于市镇的各种政治、经济以及社会组织经长期博弈形成的,在政治结构上仍以官治为主、自治为辅。①

六、进退交替的户籍制度

（一）宋代户籍管理对身份差异的弱化与相对的迁徙自由

宋代的户籍分类与前朝有所不同,其主要不是依据身份,而是依据土地与财产占有状况,将户籍分为主户、客户两大类共五等。主户即农村有田产并有能力承担赋税的民户,客户是指没有田产的佃耕之户。

当然,宋代户籍亦有身份分类。除主、客户外,还有形势户、坊郭户及诸贱籍户之分。宋朝的形势户包括官户和充当州县衙门的公吏、乡里基层政权头目的上户。其中,官户是指品官之家,即一品至九品的官员之家。官户占少数,吏户占多数。其中官僚、贵族免赋役,而地方豪强要多承担赋役。坊郭户则指城市户口,与农村主户相对应。但设立城乡户口的主要目的不在于实行歧视性管理,而在于征收不同类型的赋税:坊郭户征收的是"营运钱"与"免行钱",主户征收的是两税。贱籍户包括奴婢与从事娱乐、色情行业的乐户。

宋代的户籍制度相对于以前各朝大大向前跨进了一步。首先,依财产与实际税负能力来划分户等,将财产状况纳入户籍登记的范围。在以户籍为征税主要依据的时代,这一制度完全符合现代税负的公平原则。其次,户籍制度取消了许多以歧视为目的设立的户籍类型如市籍、番户(匠户)、兵户等,商人也可以参加科举。当然,宋代仍存在着依身份、职业划分的形势户、贱籍户。再次,宋代的户籍类型之间的转化相对自由。不仅主、客户的户籍类型常依土地、财产的变化情况而发生变化,户籍的迁徙也相对自由。景德二年(1005 年),宋真宗发布诏令,称"有乡里暇远,久住京师,许于国子监取解,仍须本乡命官委保"②,即离家远,长期居住在首都的,只要有本乡的官员担保,就可在国子监参加考试。

（二）元、明户籍制度的倒退

蒙元的户籍制度相对于宋朝大大倒退了,其分类主要以身份和职业为依据。依民族身份,可分为蒙古人户、畏吾尔户、答失蛮户、也里可温户、汉人户等;依职业,有民户、军户、站

---

① 参见武乾:《官治夹缝中的自治:明清江南市镇的非正式政体》,载《法学》2013 年第 12 期。

② 《文献通考·选举考》。

户(以驿站交通为业人户)、匠户、灶户(以煮盐为业)、医户之分;依非自由人的人身依附形式,可分为驱户、佃户、投下户、亲管户等,其中,驱户为战争中被俘获为奴的人户,投下户为蒙古及色目贵族私人管辖的农奴户。各类户籍相互交叉,异常复杂。如依职业分为军、民、站、匠等户籍,驱户即有军驱、民驱、站驱、匠驱之别。元代户籍不仅取消了宋代依土地、财产分户的制度,恢复了宋以前按职业、身份分类的落后制度,而且重新禁止不同类别之间户籍的转化,使户籍成为身份固化乃至世袭的手段。

明代很大程度上继承了元代落后的户籍制,创设了赋役黄册,作为征收田赋及摊派徭役的依据。田赋根据土地亩数确定,徭役根据男丁数确定。黄册将户籍分为官绅户、民户、军户、匠户、灶户与贱籍户(包括乐户、丐户等)。不仅良、贱之间不能逾越,良人各类户籍也只能世袭,不得相互转化。商人虽未被单列户籍,但商人外出必须持有"路引"并"占籍"。所谓"路引",即本籍政府开具的外出通行证;所谓"占籍",是指旅居外地的商人除了保留其本地户籍外,还必须编入其经商所在地的户籍,作为其承担当地各种徭役的依据。明朝的户籍分民、军、匠、灶四种,并没有专门的商籍,但政府在进行户籍登记时,会将民、军等各户籍种类中从事商业的人户另作专门登记,称为"军铺户"或"民铺户"①,要求他们交纳商税、承担商役。赋役黄册以 10 年为一周期重新编造。

(三)清代户籍制度对宋代有限的回归

清初继承了明代的户籍制度,将人户分为宗室户、旗户、民户、商籍户,除宗室户与旗户具有明显的特权色彩外,民户、商籍户几乎一体化了。清代的商籍户特指在政府有专门登记的盐商,类似于明朝的商人"占籍"制。但与明朝不同的是,清代商籍户并不是基于歧视的目的设立,而是基于征税的需要,甚至在一定程度上是为了照顾商人而设立。如清代就曾专门给各地占籍的盐商子弟提供单独的科举考试名额。

乾隆三十七年(1772 年),清政府下令:"户口之岁增繁盛,俱可按籍而稽,而无籍五年一次,另行查办。嗣后编审之例,著永行停止。"②正式废除了基于征税而存在的里甲编审丁数制度,代之以基于治安而实行的保甲户口编审制。根据嘉庆十八年(1813 年)的保甲法,无论旗户、民户,一体编制。至此,旗、民户籍分类分等制度基本取消。

第五节   清末民初社会治理模式的转型

中日甲午战争以后,中国引入了三大社会治理思想——自由结社、地方自治以及政府应当为社会提供公共服务。晚清政府与北洋政府先后制定了相应的法律与法令,在一定程度上实现了社会团体自治与地方自治,实行官治、民治以及官民共治并存的社会治理模式。

---

① 参见许敏:《明代商人户籍问题初探》,载《中国史研究》1998 年第 3 期。

② 《清实录·高宗实录》卷九一一《乾隆三十七年六月壬午》。另参见《清会典事例》卷一三三《户部·户口·编审》。

一、地方自治制度的法律化

（一）清末地方自治制度的设立

1. 城、镇、乡地方自治的实行与农村社会的土豪劣绅化。1908年,清政府颁布了《城镇乡地方自治章程》,县城、满5万人口的镇以及不满5万人口的乡均为地方自治团体,分别设立议事会（乡设选民大会）和董事会（乡仅设董事）,取代原来的乡里、保甲组织,作为同级自治机构的议决机关与执行机关,在经济、教育、医疗卫生、公共设施、公益、慈善等方面实行自治。清末以前,中国社会形成了较为稳固的农村绅士自治,江南地方则形成了非正式的市镇自治,因而清末的乡镇自治实际上是在法律上确认了绅士在农村,绅、商在市镇的自治权。

上述地方自治法移植于日本,与中国农村情形并不完全符合。两千多年来生活在政府专制之下的中国农民已经丧失了自主意识与对公共生活的热情,对地方自治缺乏理解与积极性;两权的分立、制衡与对抗型的竞选制亦不符合中国绅士温良恭俭让的道德传统。尤其是1905年科举制度的废除与近代持续的城市化运动,深刻改变了中国农村的社会结构。乡绅及其子弟开始从农村公共生活中退出并向近代城市转移,仍然居留在农村的绅士也不屑于竞选,再加上国家权力完全从农村社会退出,使得土豪劣绅失去了两种正面力量的制约。土豪劣绅们通过实施地方自治掌控了乡镇,以自治新政的名义巧立名目、横征暴敛,致全国许多地方因地方自治而发生农民暴动,因而,清政府由绅士在乡镇实行自治的制度设计目的基本落空。

《城镇乡地方自治章程》在中国历史上第一次确立了镇的自治法律地位,但由于中国社会区域发展不平衡,并不是所有的镇都适合实行自治制度。江南市镇由于有明清数百年的自治传统,因而相对比较成功。而其他区域尤其是市镇不发达的区域,很少有5万人以上的建制镇,因而其自治徒有虚名。

1914年2月3日,袁世凯以地方自治立法未善,各地自治机构良莠不齐为由,下令停止实行清末以来的地方自治。

2. 府厅州县自治。1910年,清政府颁布《府厅州县地方自治章程》,规定县以及直辖人民的府、厅、州、县均为地方自治团体。府、厅、州、县的议决机关为议事会,由居民选举产生。中央政府任命的府、厅、州、县长官为执行机关,其权力远大于议事会,而议事机关对行政长官则几乎不存在监督权。实际上,府、厅、州、县仍以官治为主,自治仅居于辅助地位。

3. 省级自治。为了给地方新兴社会阶层提供政治上的出路,同时对权力过大的总督巡抚施加一定的制约,1908年,清廷颁布《各省谘议局章程》。这一章程具有西方国家地方自治政体两个最基本的特征:一是地方的事务由地方决定;二是地方事务实行一定程度的民主化。谘议局虽然没有做到完全的民主化,但对于总督巡抚专制的传统而言,已有了民主化的倾向。

尽管《各省谘议局章程》规定的谘议局不完全具备西方资本主义国家地方议会的性质,但它毕竟在中国历史上第一次在地方设立了具有一定程度民主性质的机构,第一次将国家的地方政权向社会作了一定程度的开放。在实际的政治活动中,各省的立宪派充分利用了这一合法的政治舞台与该章程赋予谘议局的权力,与专制的督抚进行了激烈的斗争,将谘议局变成了具有相当地位与政治影响力的机构,在地方形成了事实上的分权机制。在清末最后几年全国召开国会的请愿活动以及保路运动中,各省谘议局都突破了本省的地域与法定职权的限制,变成了全国性政治运动的组织者。在辛亥革命后各省的政治活动中,各省谘议局的主要议员们都成了本省地方自治运动的重要力量。

（二）北洋政府时期的自治制度

1. 袁世凯时代的区自治。1914年12月,袁政府颁布《地方自治试行条例》,1915年4月修正了该条例。按该条例,县为完全的行政区,县下之区一级实行自治,清末自治立法中相对便于人民生产与生活,且自然形成的"城""镇""乡"的自治地位被取消。人口较多之区为合议制自治区,以区董与自治员为执行机关,由自治员组成的自治会议为议决机关;人口较少者为单独制自治区,以区董为执行机关,不设议决机关。自治会议虽为议决机关,其最后决定权却操之于县知事。县知事有权要求自治机关与职员向其报告工作,有权撤换其认为逾越权限、违背法令或妨害公益的自治职员,其对地方自治的监督与控制较前清时期有过之而无不及。自治团体完全成为县知事的直接行政下属机构。直到袁世凯死去,该条例一直未能实施。

2. 段祺瑞时代的县自治。1919年9月,北洋政府公布《县自治法》。依该法,县自治团体的议决机关为县议会,由县内有选举权的住民选举议员组成;执行机关为参事会,参事由县议会选举、县知事任命。县自治监督机关为道尹、省长和内务总长等各级国家行政首长,监督机关可以对自治团体发布命令或为一定处分,县自治团体如不服,可依诉愿法提起行政诉愿。道尹有权惩戒县参事会参事或呈请上级监督官解散违法越权之县议会。这一规定实际上将县自治团体沦为道尹下级行政机关。根据北洋政府法令,《县自治法》的实施范围也只限于浙江、绥远等少数省份。

3. 曹锟时代的联省自治。1915年,袁世凯称帝,西南六省军阀趁反袁之机纷纷宣布独立,拥兵自重,形成与北洋军阀集团分庭抗礼的局面。段祺瑞执政后,以"武力统一"的旗号,向南方大举进攻。部分自由主义学者如胡适认为,这种混乱局面的根源在于政治上的中央集权制,只有采取西方的联邦制,全面改造中国的政治结构,才能息止纷争,谋取国家统一,从而形成了类似于联邦制的"联省自治"政治思潮。这一思潮,在地方精英与地方军阀的政治推动下,成为一种政治运动。

1920年7月,湖南首先倡导发动了"联省自治"运动,随即波及全国大部分地区。1921年1月,"湖南自治法筹备处"聘请李剑农、王毓祥、王正廷、蒋百里等13人为湖南省宪法起草委员会委员,并组织对省宪草案进行全省总投票。该宪草于12月以1800余万票通过,于次年元旦正式公布,成为中国第一部联邦制省自治宪法。其他如浙江、广东等都相应起草了本省的宪法草案。

1923年颁布的《中华民国宪法》(即"贿选宪法")在"地方制度"章中允许省、县两级地方实行自治,各省有权制定省宪法,但"省不得自置常备军","不得缔结有关政治之盟约"；如中央与省之间发生权力之争，由最高法院裁决。但随着曹锟政权的失败，联省自治运动也随之偃旗息鼓。

"联省自治"是自由主义知识分子、地方精英以及地方军阀联合推动发起的一项要求地方分权，重构中国国家结构的政治运动。即使没有政局动荡，这一运动也必将失败。因为建立联邦制国家结构，必须先有独立的地方，在此基础上始可建立联邦（省）制。但中国两千余年的大一统中央集权制度与观念，使得地方的独立缺少法理上的历史依据。

（三）近代独立城市自治政体的昙花一现

中国古代城市没有独立的市政机构，即使是人口超百万的大城市亦由各县分辖，县上设府。如汉代的长安城由长安县管辖，唐代则由长安、万年两县管辖。在传统县管城市的模式下，城市缺乏专门的市政机构，如道路、消防、治安、祠庙、慈善、文化教育等城市公共设施与公共管理事务，通常由城市的行会和绅士主办。

近代西方城市自治制度传入中国之后，上海绅商在邻近租界的影响下，尝试着向上海知县请求经办城市的部分公共管理事务，开始了最早的城市自治运动。1895年，为兴建南市马路，上海绅商曾奏准设立南市马路工程局。1897年，南市马路建成后，该局改为上海南市马路工程善后局，其组织形式与上海租界工部局相仿，主要管理电灯、车船捐、自来水和巡捕房事宜，属上海县知事下设的办事机构。但由于其经办人员均为绅士或商人，且经费均为自筹，故具有一定的地方自治性质。1898年"戊戌变法"期间，较为激进的省份如湖南便以官方与地方绅士合办的近代警察机构——湖南省保卫局代替了保甲局，成为晚清废除保甲制度、地方办理城市警政自治的先声。1905年，上海县绅郭怀珠、李钟珏（即李书平）等人向上海道呈文，要求在上海县举办地方自治，得到上海道台袁树勋的批准。10月3日正式成立上海城厢内外总工程局，成为上海县地方自治团体。此后，天津、汉口等城市也开始举办城市地方自治。1908年清政府颁布《城镇乡地方自治章程》之后，各城市先后开始兴办地方自治，但其地方自治的层级与程度尚不可能形成独立的市级自治。

1912年，苏州商人还创立了一种城、镇、乡以下的街道层级的自治制度——市民公社制度。苏州市民公社的自治范围，除《城镇乡地方自治章程》第5条规定的办理本地的学务、卫生、道路工程、农工商务、慈善事业、公共营业（如电车、电灯、自来水等）等外，还延伸到了治安、金融、税务、物价甚至军需杂捐等方面，实际上成了苏州商会控制下的基层商人政府。

1912年，临时大总统孙文以大总统令要求政府法制局制定《南京市制》，试图设立独立的南京市。1918年10月，广东军政府设立广州市政公所，成为中国近代第一个独立的市政府。1921年，孙科主持制定《广州市暂行条例》，并担任广州市首任市长。此后，中国城市开始摆脱由县分辖城市的传统管理体制。

1921年，北洋政府亦颁布《市自治制》，要求全国城市全部设立独立的市政自治机构。《市自治制》将城市分为特别市与普通市，均为独立自治团体。市自治会作为城市议决机构，由市民选举产生；市自治公所为执行机构，由市自治会

拓展阅读

选举产生。但由于北洋政府时期战争与政争不断,大小军阀割据一方,这一城市自治制度从来没有真正实施过。

二、社团自治的法律化

（一）自由结社的思潮

戊戌变法时期,维新党人极力主张由民间社会组织各种学会。维新派创办的学会既有政治性的,也有学术性的、专业性的以及社会公益性的。戊戌变法期间,全国各地成立的社团已超过百个。全国性的学会有康有为、梁启超创立的强学会、保国会;地方性的学会有北京的知耻学会、粤学会,上海的商学会、农学会、医学善会、女学会等。这些学会已经具有了近代社团的性质。如商学会类似于商会,农学会相当于农业协会,女学会类似于妇女组织,而强学会、保国会则已经具有政党的性质了。

1901年清末开始实行新政,要求结社自由的思潮更加汹涌,一些朝廷重臣亦明确赞成民间结社。宪政编查馆在向皇帝上奏所拟《结社集会律》的说明中认为,"在欧西立宪各国,国愈进步,人民群治之力愈强",故拟订《结社集会律》35条。

（二）中国第一部结社法——《结社集会律》

光绪三十四年(1908年)2月,清政府颁布《结社集会律》。依该律,凡政事结社,应由发起人于该社成立前呈报警察部门(在京申呈民政部核准,在外由巡警部门申呈本省督抚核准并在民政部备案),人数上限为100人;军人、预备役军人、警察、僧道及其他宗教教徒、各学堂教师、学生、男子年未满20者、妇女、曾被处徒刑以上者以及不识文义者不允许加入政事社团;其他按照法律准许之教育会、商会、农会议事董事等会及经官批准立案之结社,无须警察部门核准;凡关系公事之结社集会,虽与政治无涉,若巡警或地方官团为维持公安起见,谕令呈报,应即遵照办理;所有社团,民政部或本省督抚及巡警道(局)地方官为维持公安起见,有权饬令解散或令暂时停办。

该律是中国历史上第一部明确允许人民结社的法律,虽然对政治性结社控制极严,但于农、商及教育等领域的结社则限制较宽。因而,从政治自由的角度看,该律是极为保守的;但从社会治理的角度看,该律允许政治性以外的社团在一定范围内参与公共管理与公共服务,默认了非政治性社团参与公共管理与公共服务的权利。

光绪三十四年(1908年)8月颁布的《钦定宪法大纲》规定:"臣民于法律范围以内,所有言论、著作、出版及集会、结社等事,均准其自由。"1912年颁布的《中华民国临时约法》也规定:"人民有言论、著作、刊行及集会结社之自由。"民国初年以袁世凯为首的北洋政府将清末的《结社集会律》稍作修改后,并入1914年公布的《治安警察条例》(后改为《治安警察法》)。

（三）社团自治的样本——商会自治

1904年,清政府公布《奏定商会简明章程》,动员、鼓励省以下各级地方工商业者成立商会,并要求"凡各省各埠,如前经各行众商公立有商业公所及商务公会等名目者,应即遵照现定部章一律改为商会,以归划一"。于是,各公所、会馆整体加入了商会。依该章程,商会突破了传统行会的行业限制,成为省以下范围内所有工商业者的联合会,享有一定的工商业自治权。例如,商会有办理公司注册、合同见证、商人专利、决议物价以及商事仲裁等各种权力。各地商会成立之后,聚积起了巨大的经济、政治与社会能量,成为实现工商管理自治、保护商人、抗衡政府对商人与商业的不法侵害最有力的城市社团组织。清末民初,苏州、广州等地的商会还成立了自己的武装——商团。

北洋政府颁布的《商会法》与《工商同业公会规则》等法规,不仅继承了清末城市商会的自治传统,还将清末商会下的会馆、公所等传统行业组织改组成工商同业公会,实行新型的工商同业公会自治。

清末民初的商会具有很强的力量,常常抵制政府不合理的命令。如1916年4月,袁世凯为保存现银,命令中国银行、交通银行停止兑付现银。中国银行上海分行为维持信誉,拒绝执行停兑命令,得到上海总商会的公开支持。

清末民初的商会还比较广泛地参与了政府的公共管理,其最为典型的事例便是参与商法的制定。在南京国民政府统一全国金融之前,清末民初的上海银行业公会和上海钱业公会,在一定程度上承担着上海区域性金融立法与金融管理的职能。商会还积极帮助政府推动经济改革。商会虽然是工商行业的自治组织,但它也积极为社会提供公共服务。如各地商会不仅创办了大量的商业学校、实业(工业)学校、商业图书馆与商业报纸,还积极主办或参与公共慈善,主持或协助进行城市公共建设。此外,各地商会积极主办或参与各种赈灾,为所在城市捐资、募款进行市政建设。因此,商会不仅是工商业的经济自治组织,实际上也是具有综合性社会服务功能的社会自治组织。

拓展阅读

三、近代新式公共管理与公共服务机构的形成

自清末新政以来,西方国家政府的专业化分工与公共服务职能为近代中国所效仿,政府职能开始从单纯的社会管制转向为社会提供更多的公共教育与文化服务。

1911年清政府颁布《内阁官制》,将传统的中央六部改为外交、民政、度支、学务、陆军、海军、法部、农工商、邮传及理藩10个部,其中与基层社会治理关系较为密切的主要有民政部、学务部和农工商部。民政部主管警察,学务部主管教育,农工商部主管农、工、商并为之提供服务。近代教育行政机关的主要职能是为社会提供广泛的公共教育(古代各级教育行政机关只是为政府提供后备官员),警察则是为社会提供广泛公共服务的机构,因而近代公共教育与警察制度的引进为近代社会治理最重大之改革。

(一)近代公共教育制度的形成

清末教育改革使教育的目的从为官府培养并选拔后备官员转向为社会提供文化知识,教育本身已具有很强的公共服务性质。在新的教育体系中,更有专门为全社会提供免费教育的公共教育,包括义务教育、初级师范免费教育以及社会教育。

1. 义务教育。中国近代义务教育制度始自清末。光绪三十二年(1906年),学部颁布《强迫教育章程》10条,要求各省城、府、州、县各设蒙学若干,各村须设蒙学1处;幼童至7

岁必须入学,否则罪其父兄;以学堂多寡考核劝学员之功过;各府厅州县长官不认真督率办理,徒以敷衍者,查实议处。在当时的历史条件下,此类所谓义务教育当然不可能真正实行,但在观念与制度层面已开中国义务教育之端。

2. 初级师范免费教育。光绪三十年(1904年),清政府颁布《奏定学堂章程》。该章程包括各类学堂章程,如《初级师范学堂章程》和《优级师范学堂章程》等。《初级师范学堂章程》要求每州县必设1所初级师范学堂,乡间老生寒儒,有欲从事教育者,可来学堂观听,不限额。所有师范学生一律免费。

3. 社会教育。1912年,中华民国南京临时政府教育部成立,蔡元培任教育总长,极力提供社会普及教育。他说:"必有极广之社会教育,而后无人不可以受教育,乃可谓教育普及。"[1] 在他的主持下,教育部于普通教育与专门教育两司之外增设社会教育司,主要负责通俗教育、演讲会、博物馆、图书馆、美术馆、音乐会演艺馆诸事项。鲁迅曾任该司第一科科长,主管图书馆、博物馆等事项。所谓通俗教育,即补习教育与成人通俗文化教育。社会教育机构的设置意味着政府首次将大众文化教育纳入公共教育系列,是中国近代公共教育服务的又一大进步。此后,各级教育行政部门亦开始设立社会教育机构,为社会提供通俗教育服务。1912年2月,教育部公布《半日学校规程》,要求各地设立半日学校或夜校为幼年失学者及女子入学补习文化。

(二)警察制度的建立

西式警察负责清查户籍、巡查街道、预防犯罪、救助火灾、帮人急难、整洁街道、卫生检疫等,不仅使城市街头治安得到了很好的控制,而且保持了街道整洁与良好的交通秩序,使市民能够得到及时的服务与保护。这些职能远非旧中国各级政府中以刻薄人民为能事的捕快与差役所能比拟,而且西方的地方警察机构与警察事务多具有地方自治的性质。

1902年,直隶总督袁世凯、湖广总督张之洞先后奏请清廷,分别在天津、武昌设立巡警局。1905年,清政府设立巡警部(次年改为民政部),这是中国最早设立的对于全国警察的最高监督与指挥机关。1907年,为划一地方警察机构,各省设立巡警道,由督抚节制,受民政部指导;各州县改巡警署。近代早期警察的公共管理职能并不限于治安与司法辅助,还包括户口调查、道路管理、卫生医疗、屠宰、防疫检疫等。

拓展阅读

至于县以下的乡镇警察,拟采官民合办,但刚开始筹办,清政府就覆灭了,乡镇治安仍以团练(或团防)、保甲为主,但其并不具备公共医疗、道路工程与清理、防疫检疫等公共管理职能。

四、私权保护理念下的新式户籍管理

1908年清政府颁布《清查户口章程》与《调查户口章程》。前者规定由警察定期和不定期稽查户口,"以便尽保卫之责";后者则是对户口进行调查统计的法规。调查机关由地方

---

① 北京大学新潮社编辑:《蔡孑民先生言行录》,商务印书馆1920年版,第24页。

自治董事会或乡长办理,在地方自治尚未开办之地方由警察部门会同本地公正绅士办理,这一变化反映出清末户口调查宗旨已不再以治安、征税为重点,而以办理地方自治中的人口统计、选举为目的。《调查户口章程》仅调查户数、口数及户内亲属关系,不对人户进行等级分类,也不调查财产状况,户籍登记已经完全排除了区分身份差别和征税派役的传统功能。该章程施行后,所有从前保甲一概停办。

1911 年,晚清政府公布了中国历史上第一部单行的《户籍法》。该法相对于传统户籍制度有很大的进步。户籍制度不再是确定身份差别、征税的依据,甚至主要不以社会控制为目的,而以保障个人私权为宗旨。但是,《户籍法》制定后未及颁布,清政府便灭亡了。

北洋政府时期没有颁布正式的户籍法。1915 年颁布了《警察厅户口调查规则》《县治户口编查规则》两个行政规章。《警察厅户口调查规则》适用于京师及各省会、商埠设有警察厅的地方,其他地方适用《县治户口编查规则》。《警察厅户口调查规则》要求登记个人之出生年月、籍贯、住址、宗教、教育程度、健康状况等信息,关于户的问题仅登记户内人口与户主之关系,显然继承了清末保障个人隐私权的精神。对公署、监狱、学校、工厂及其他公共处所人口实行单位编号,这应当是南京国民政府 1946 年《户籍法》实行的集体户口的雏形。基于治安的需要,对受过刑事处分、素行不正或形迹可疑以及一户内多数非家属人杂居者,实行特别登记。《县治户口编查规则》由县知事直接监督,由警察、保卫团或地方绅士负责执行。该规则在一定程度上恢复了保甲制,将住户分编为牌、甲。10 户为 1 牌,10 牌为 1 甲。相对于清末的各项户籍法规,北洋政府时期的户籍制度更侧重于治安功能。

拓展阅读

五、宗族制度逐渐没落

晚清时期,以沈家本、杨度、董康为主要代表的法理派主张按欧美尤其是大陆法系国家的政治、社会制度与法律观念全面改造中国传统社会与法律,在很大程度上废除家法族规。杨度在 1910 年曾在资政院代表宪政编查馆作了著名的《论国家主义与家族主义之区别》的报告,明确反对家族主义。《大清新刑律》《大清民律草案》等,在很大程度上废除了家族主义的原则与规范,例如,不再承认族长的权力(但承认家长权),更偏重个人财产而不承认宗族的共有财产,不再限制同姓为婚,等等。但上述法律或法律草案并没有施行。

北洋政府继续实行西化,但对传统的宗族与宗族观念采取了较为温和的态度。一方面在立法中继续抑制家族主义,另一方面又通过大理院的判例和解释例保留了传统的宗族习惯,如宗祧继承。南京国民政府的刑、民事立法在更大程度上削弱了家族主义传统,更多地采用了欧陆个人主义兼社会本位的观念与制度,但对宗族并没有以行政法令加以取缔,仍然允许其事实上存在。

固有的宗族组织虽然受到了新法律的削弱与限制,但仍然顽强地存在并艰难地维护着其自治的传统。在新旧社会转型之际,民国时期的社会组织虽然日趋没落,但从社会治理的角度看,其在对抗革命、保族安民以及维护旧的秩序方面仍然保持着一定的独立性。

第六节　南京国民政府对社会控制的强化及公共服务功能的扩大

南京国民政府时期的社会治理模式呈现两个特点：一是官治强化、自治萎缩；二是政府公共服务功能扩大。

一、寓乡镇自治于保甲的悖论

（一）孙中山的地方自治思想

南京国民政府在建立之初，就表示要按照孙中山的地方自治思想实行地方自治。孙中山的地方自治思想主要载于《中国同盟会革命方略》《地方自治开始实行法》《中国国民党第一次全国代表大会宣言》《国民政府建国大纲》等文件中。

孙中山认为地方自治应达到民权、民生两种目的，因此，地方自治团体就不应当只是一个政治团体，而应是兼具政治、经济、文化教育等多项功能的组织。地方自治应以县为基本区域，在国家进入训政时期后，由政府派出训练考试合格人员，到各县协助人民筹备自治。筹备自治的程序为：调查全县人口；使全县人民接受行使选举、罢免、创制与复决等四权的训练，并选举出自治机关；测量全县土地，核定地价；修筑全县道路；开垦荒地；设立学校。至此，县自治基本完成。省长为本省各自治县的监督机关。

孙中山关于在县以下实行地方自治的思想无疑体现了近代民主与分权的社会治理理念，但这一思想不仅非常粗糙，如没有设计出县级自治体与乡镇之间的关系，没有规划出地方自治权与国家权力的界限范围等，更重要的在于这一设计严重超越了中国的历史与现实。在乡、镇甚至村级自治实现真正民主化的自治之前，县级地方根本就不具备实行地方自治的历史与现实条件。人口调查、土地测量、道路修筑、荒地开垦、设立学校，固然较易做到，但要求人民接受行使选举、罢免、创制、复决四权的训练并能够熟练行使以上各项权利，则非一日之功，至于实行地方自治所必须具备的如官吏对民权的敬畏，乡镇经济与社会结构的转型完成，人民财富、智识与权利意识的提高等项条件，更非经百年发展无法实现。尽管孙中山关于地方自治的理论准备严重不足，但充满了领袖崇拜精神和强烈的政治功利主义意识的国民党还是企图在最短的时间内完成这一任务，其失败是必然的。

（二）南京国民政府对土豪劣绅的打击

自科举制度被废除后，传统绅士及其政治、道德权威开始逐步退出农村社会，近代的乡镇自治运动没有实现真正的民主化自治，却破坏了保甲组织。在国民政府尚来不及将国家权力延伸至农村基层之时，农村社会的土豪劣绅化也就势所必然。他们借各种政治、经济之势，上对抗或勾结官府，下鱼肉乡里。因而第一次国内革命战争时期国共两党的共同目标之一便是打倒农村的土豪劣绅。1927年北伐期间，湖南、湖北等省的国民党省党部在共产党的推动下，分别制定了《湖南省惩治土豪劣绅暂行条例》与《湖北省惩治土豪劣绅暂行条例》。南京国民政府建立之初,浙江等省也制定过类似的法规。但为维护基层政权,南京国民政府又必须依赖这些在农村有相当势力的土豪劣绅建立基本秩序并肃清农村中的共产党,因而在重建乡村行政组织时又将土豪劣绅吸收进去了,这一重建的乡村行政组织便是以地方自治之名重新恢复的保甲组织。

（三）寓乡镇自治于保甲之中

清末的《城镇乡地方自治章程》的实施效果非常有限。袁世凯在民国初期取消了县以下的自治,仍实行传统的乡里、都图或保甲制,直到南京国民政府建立。1928年,南京国民政府公布《县组织法》。该法规定,县为国家最基层的行政单位,其下分为区、村（里）、闾、邻四级自治组织,议决机关由各级区域选民选举生产,执行机关由议决机关选举产生。1930年修改后的《县组织法》将村改为乡,将里改为镇。

由于中国一向缺乏民主选举的传统,区、乡（镇）、闾、邻组织体系难以建立起来。有鉴于此,国民政府决定先重建以实现治安为宗旨的保甲组织。1934年,保甲制在全国推行。同年,立法院通过《县自治法》并呈报国民政府,未被批准公布,乡镇自治基本停止。

1939年,南京国民政府公布《县各级组织纲要》（又称"新县制"）。以该纲要为依据,1941年又颁布了《乡镇组织暂行条例》。根据上述两法,县为地方自治单位,但县长暂不由选举产生,仍由上级政府任命;区为县自治团体派出的辅助行政机关;乡（镇）、保甲为两级地方自治单位,分别设立议决机关与执行机关。在办选举以前,保长、副保长由乡镇公所推定、县政府委任。这一新的乡镇体制被称为"寓保甲于自治"。

地方自治是一项庞大而复杂的社会工程,它需要政治、经济与文化等各项社会要素的相互支持与共同发展,而南京国民政府却过于倚重政治要素中的行政要素,将各种复杂的政治、经济与文化事业的建设,全部寄托于保甲这样一个只为强化治安而设立的准警察与准军事组织,其失败本已可以想见,再加以保甲制度的集权性与地方自治的民主性、地方性、自发性完全不能兼容,其结果必定是南辕北辙。尤其是农村豪强与保甲权力的结合更加败坏了农村的政治与道德文化,阻碍了农村社会的改革,加速了农村社会的衰落。[1]

二、家族主义法的进一步衰落

受五四运动的影响,南京国民政府时期的家族主义法律制度与观念受到更多的批评,虽然政府没有制定反对家族主义的专门立法,但在民事立法中更多地体现了废除家族主义的精神。

在清末与北洋政府民法草案的基础上,《中华民国民法典》进一步排除了传统礼教对民法的影响。这一特点尤其体现在亲属与继承两编。亲属编完全抛弃了传统的五服亲属制度,在亲属分类上将历次民律草案中以男系为中心将亲属划分为宗亲、外亲及妻亲三种改为体现男女平等的血亲、姻亲和配偶三种;在亲等计算上将历次民律草案中规定的寺院亲等计

---

① 参见武乾:《南京国民政府的保甲制度与地方自治》,载《法商研究》2001年第6期。

算法改为罗马法亲等计算法；对旧民律草案中规定的宗祧继承，嫡子、庶子、嗣子、养子、私生子在民事权利上的差别，妻为限制行为能力人，妇女无继承权，检察官可以公力干涉家庭事务等诸多具有传统礼教内容的条款予以废除，使中国民法越来越远离传统宗法精神。但鉴于家在中国传统习惯中的重要性，亲属法保留并改造了家庭制度，专列"家"为一章，规定家设家长，但家长对家属不再具有人身权，法律更为强调家长对家庭全体成员所负的义务。

三、城市的官治化

1927年，南京国民政府先后设立了南京、上海、杭州、重庆等特别市。1928年颁布《特别市组织法》与《市组织法》，分别规定特别市直辖于国民政府，普通市隶于省政府。两类市均设立市政府与市参议会，市长由政府任命，参议会只是市政府的咨议机构。因而市只是国家地方行政区域，不具有自治机关的性质。

1930年国民政府将《特别市组织法》与《市组织法》合并修改为《市组织法》，将特别市改为院辖市，将普通市改为省辖市，市之地方行政区域的法律地位没有变化。1943年修改后的《市组织法》更是将集权的保甲制度引入城市基层社会，在市长之下设区长、保长、甲长，城市基层社会的自治性质就更加淡化了。清末以来形成的苏州基层商人政府——市民公社也在1928年被取消。

四、国民党与国民政府对社团管控的加强以及社团的公共服务

具有一定立法权的国民党中央先后制定了一系列的社团法规，要求"所有容许组织之团体，都必须接受中国国民党之指挥"，"服从政府命令"，各人民团体必须接受三民主义，从而将各社团纳入国民党的统一控制之下。

南京国民政府没有颁行统一的社团管理法。其社团立法仅包括两类单行法：一是对所有社团实行某种专项管理的单行法。二是针对各专门社团制定的单行法。此外，《律师法》《新闻记者法》《医师法》《药剂师法》《会计师法》等法律中规定有律师、新闻记者、医师、药剂师、会计师等职业从业规范。

各类社团基本上保持了自主性，但相对于清末民初，其自治性因受到国民党与国民政府的控制而有所减弱。如抗战时期，法令强迫各种职业之同业人加入职业团体；对未达到法定要求的各职业团体，由政府指派负责人；各团体必须接受三民主义；新《商会法》取消了商会及商会联合会对商法制定、修改的建议权以及自行进行商事仲裁的权力；等等。南京国民政府时期的民间社会团体及大学都承担着向社会提供各种公共服务的义务。

五、政府公共服务职能的强化

（一）社会部的成立及社会保障法律法规的颁行

南京国民政府成立之初，工农、妇女等社会事务尚未脱离群众运动状态，因而没有被纳

入常态化的行政法律调整范围。同时，社会慈善与救灾机构的设置比较混乱。1940年，南京国民政府颁布《社会部组织法》，在行政院内设立社会部。

社会部及各级政府社会局的成立统一了政府的社会工作管理，社会立法活动也出现了高潮。到抗战结束时，基本形成了社会保障法律体系。

（二）农村复兴运动的开展

早在20世纪20年代后期，就有民间社团到农村开展乡村建设运动，为农村提供公共服务。例如，梁漱溟领导的村治学院（后改为乡村建设研究院）就先后在河南、山东等地农村开展乡村建设运动，中华平民教育促进会总干事晏阳初在河北定县翟城村进行平民教育（识字运动）。

1932年国民党四届三中全会议决通过冯玉祥等人提出的"救济农村案"。1933年行政院通过《农村复兴委员会章程》，规定"为计划复兴农村方法筹集复兴款项，并补助复兴事业之通行起见，设农村复兴委员会"，各省政府设立分会，由省主席兼任。

（三）公共文化服务法的颁行

1. 图书馆。南京国民政府关于图书馆的主要法规为1927年颁布的《图书馆条例》。该条例在1930年被修改为《图书馆规程》，后经1939年、1947年先后两次修改。该规程没有规定图书馆可以收费，事实上，20世纪30年代的各图书馆已全面实行免费阅览。

2. 社会教育。南京国民政府在教育部下设立民众教育委员会、全国义务教育委员会，实行社会教育与义务教育。1939年，教育部颁布《民众教育馆章程》，要求每一行政督察专员区内至少设立一所省立民众教育馆，各县市设立一所县立民众教育馆（发达县应每区设一所）；民众教育馆设教导部门负责民众学校、补习学校、图书阅览等，生计部门负责职业指导、农业推广、工艺改良及合作事业，艺术部门负责电影、戏剧、播音、音乐、幻灯等及各项艺术展览。教育部还颁布了《民众学校办法大纲》《民众学校规程》《民众教育馆暂行规程》《举办简易识字学校办法》《农民识字办法纲要》等法规。1938年，教育部颁布《各级学校兼办社会教育办法》，要求各大、中、小学兼办社会教育。

3. 义务教育。1935年，行政院通过《实施义务教育暂行办法大纲》（以下简称《大纲》）。该《大纲》的目的是"使全国学龄儿童（指六岁至十二岁之间儿童而言）于十年期限内逐渐由受一年制、二年制达于四年制之义务教育"。各级政府教育行政部门应增设义务教育机构，义务教育经费以地方负担为原则。相较北洋政府时期的强迫教育法，《大纲》的进步之处在于它规定的教育义务为国家义务。同时，《大纲》规定，本《大纲》实施1年后，由教育部视情形拟订《义务教育法》，但该法一直未能出台。

六、劳动法规的颁行

1927年，南京国民政府成立劳动法起草委员会，开始起草劳动法。1929年春，《劳动法典（草案）》完成，但未能通过。抗战前，国民政府虽然没有制定统一的《劳动法典》，但先后公布了许多单行的劳动法规，初步形成了现代劳动立法体系。

七、"双轨制"式的户籍管理

1931 年颁布的《户籍法》继承了清末《户籍法》的体例,实行个人信息登记与户信息登记相分离。南京国民政府的户籍制度完全剥离了传统户籍制度的户等区分、赋税征收与人身控制功能,成为中国历史上最具有进步意义的户籍制度。

除上述户籍制度外,南京国民政府还有一套以社会控制为宗旨的特别户籍制度,即保甲制度下的单行户籍制度。其要者计有 1937 年行政院颁布的《保甲条例》、1941 年内政部颁布的《县保甲户口编查办法》。与前述《户籍法》相比,这些单行户籍制度的制定与公布机关的级别虽低,但实效更好,根本原因就在于这些制度比《户籍法》更能够达到社会控制的目标。

第五章 中国式社会治理现代化道路的发展历程及其重大成就

习近平在庆祝中国共产党成立 100 周年大会上提出一个崭新的命题,即"中国式现代化新道路"。中国式现代化是中国共产党领导的社会主义现代化,内容十分丰富,涵盖人口规模巨大、全体人民共同富裕、物质文明和精神文明相协调、人与自然和谐共生、走和平发展道路等各方面。[①] 其不仅涉及经济、政治、文化、生态领域,而且涉及社会领域;不仅涵盖推进国家治理体系和治理能力现代化,而且涵盖中国式社会治理现代化。全面建成社会主义现代化强国,总的战略安排是分两步走:从 2020 年至 2035 年基本实现社会主义现代化;从 2035 年至本世纪中叶把我国建成富强民主文明和谐美丽的社会主义现代化强国。[②] 和谐社会是中国式现代化的重要内容,是中国式现代化"五位一体"总体布局的重要组成部分,建设和谐社会是中国式社会治理现代化的题中应有之义。中国式社会治理现代化经历了党领导亿万人民在新民主主义革命时期的开探阶段、社会主义革命和建设时期的开辟阶段、改革开放和社会主义建设新时期的开拓阶段、中国特色社会主义新时代的开创阶段,呈现出与党领导亿万人民进行革命、建设、改革百年辉煌成就相伴随的历史轨迹与鲜明特色。

第一节 新民主主义革命时期党领导人民开探中国式社会治理现代化道路

新民主主义革命时期,为了实现中华民族伟大复兴,中国共产党团结带领全体人民浴血奋战,经历了北伐战争、抗日战争、解放战争,反对帝国主义、封建主义、官僚资本主义,争取民族独立、人民解放,为实现中华民族伟大复兴创造根本社会条件。[③] 与此同时,党领导人民开探新民主主义革命时期中国式社会治理现代化道路。

---

① 习近平:《高举中国特色社会主义伟大旗帜 为全面建设社会主义现代化国家而团结奋斗——在中国共产党第二十次全国代表大会上的报告(2022 年 10 月 16 日)》,人民出版社 2022 年版,第 22—23 页。

② 习近平:《高举中国特色社会主义伟大旗帜 为全面建设社会主义现代化国家而团结奋斗——在中国共产党第二十次全国代表大会上的报告(2022 年 10 月 16 日)》,人民出版社 2022 年版,第 24 页。

③ 《中共中央关于党的百年奋斗重大成就和历史经验的决议》,人民出版社 2021 年版,第 3 页。

一、第一次国内革命战争时期人民团体的兴起

十月革命一声炮响给中国送来了马克思列宁主义。1921年7月,中国共产党在中国人民和中华民族的伟大觉醒中,在马克思主义同中国工人运动紧密结合中诞生了。这一开天辟地的大事件不仅改变了中华民族的命运,开启了中国式现代化的新纪元,而且为开启中国式社会治理现代化道路提供了政治保障和前提条件。

（一）中华全国总工会的成立及其组织法规保障的开探性实践

中国共产党甫经成立就开始从事领导工人运动。1921年8月,中国共产党在上海成立中国劳动组合书记部。1922年8月,该机构主持制定了《劳动法大纲》。1925年5月,国共两党共同召开的第二次全国劳动大会,成立了中国历史上第一个全国性工会——中华全国总工会,并颁布了《中华全国总工会章程》。1926年,中华全国总工会制定《各县或独立市工会组织大纲》。随后,湖南、湖北两省全省总工会第一次代表大会先后通过了本省总工会章程,初步形成了工会组织法体系。在京汉铁路工人大罢工、省港大罢工以及上海工人武装起义中,共产党领导下的工会组织中均设有具有工人自治武装性质的工人纠察队,以维护罢工秩序,执行罢工纪律。

（二）农民协会的创立及其法规保障的开探性实践

1924年,由共产党主导的国民党中央农民部起草《农民协会章程》,经孙中山批准予以公布。随后,广东、湖南、江西、湖北等省的农会组织大力开展农民夜校、减租减息、实行耕者有其田、组织农民自卫军以及打倒土豪劣绅的运动。1927年,毛泽东在《湖南农民运动考察报告》中第一次提出"一切权力归农会";"八七"中央紧急会议文件中的《最近农民斗争的议决案》规定"农村政权属于农民协会",其后农民协会逐渐演变为乡村实际基层政权。同时,各级农民协会章程、农民自卫军组织大纲等制度体系初步形成。各地各级农会组织通常设有具有农民自治武装性质的农民自卫军,负责维持农村治安、惩办土豪劣绅以及支援北伐军。

（三）妇女组织的创建及其活动规范的开探性实践

1922年7月,党的二大首次提出《妇女运动决议案》,将妇女运动纳入党的社会运动中。1922年2月,中国共产党在上海创办第一所培养妇女干部的学校——平民女校。1924年,国共两党第一次合作。1925、1926年,两党的全国代表大会分别制定了《妇女运动决议案》等文件,指导妇女组织的成立以及妇女参加女工及学生运动。北伐战争中,南方各省的妇女组织广泛参与了军事、政治以及社会活动。

（四）共青团的创建及其活动规范的开探性实践

1922年5月,中国社会主义青年团第一次全国代表大会在广州隆重开幕。这次大会讨论通过了团的纲领、章程及各项决议案。此后,中国青年在中国共产党的领导下,英勇地参加各种革命活动,成为反帝反封建斗争的一支坚强力量。

二、土地革命战争时期开探社会管理法制建设

党在中央苏区和革命根据地建立新民主主义政权组织的同时,还领导了苏区各人民团体的建设并参与社会治理,这为土地革命战争时期社会管理法治建设提供了开探性实践经验。

（一）人民团体及其法规建设

1. 农会。中国共产党独立领导革命之初,农民协会(简称"农会")仍是乡村政权机关。为建立苏维埃政权,1927 年 11 月,中共中央临时政治局扩大会议通过《中国现状与共产党的任务决议案》,宣布"'乡村政权归农民协会'的口号,应当取消"。根据各根据地颁布的贫农团或农会的组织法规及相关章程,农会从政权机关回归为人民团体,领导农民进行抗捐、抗税、抗租、抗债、抗夫斗争,开展农业互助合作运动,改善农民生活以及建立各种形式的农民文化教育等,成为党联系、团结、教育农民群众的社会组织。在组织机构上,农会最高只设置到县级,中央、省一级没有成立相应的机构。

2. 工会。第一次国共合作破裂后,中国共产党独自领导中华全国总工会及其苏区、白区的工人运动。1929 年 12 月,中华全国总工会颁布《苏维埃区域工会工作大纲》,要求在苏区建立赤色工会。1931 年 11 月,中华苏维埃颁布《中华苏维埃共和国劳动法》,规定了工会的法律地位,但存在着过于激进的"左"倾错误。1933 年 10 月修订《中华苏维埃共和国劳动法》时,对其适当地予以了纠正。苏区赤色工会的职能主要为维护工人利益,动员、组织工人参军,为苏维埃政权输送干部,组织工人进行苏区工业经济建设。

3. 劳动妇女代表会议。1932、1933 年,中共苏区中央局先后发布《劳动妇女代表会议组织及工作大纲》《关于女工农妇代表会议的组织暨工作大纲》,要求设立中央、省、县、乡(区)四级劳动妇女代表会议,作为妇女组织接受同级党组织及人民团体组织的领导。

（二）人民群众参与司法的开探性实践

1. 创建人民陪审员制度。1932 年 6 月,中华苏维埃共和国中央执行委员会颁布《裁判部的暂行组织及裁判条例》,规定凡合议制审判庭,由裁判部长或裁判员为主审,其余两人为陪审员。陪审员由职工会、雇农会、贫农团及其他群众团体选举产生。从而开创了人民参与司法、实行陪审员制、创建人民司法制度之先河。

2. 创设工农检察部与群众法庭。群众法庭是中华苏维埃共和国创设的一种由群众临时推举法官审判官僚腐化案件的公务员惩戒机构。临时中央政府在苏维埃国家最高行政机关——中央人民委员会之下设工农检察人民委员部,专门负责监督各国家机关、公营企业单位的行政违法行为。必要时,工农检察人民委员部可组织群众法庭,审理不涉及犯罪的官僚腐化案件。群众法庭有权开除有官僚腐化行为的公务人员。1933 年 10 月,工农检察人民委员部召集中央政府各机关、各工厂工人及工作人员,组织同志审判会,由到会群众临时公推周月林等 5 人为审判委员,即时开始审问,最后由审判委员会作出结论,认定国家银行出纳科职员袁雨山、刘道彬贪污腐化,判决开除其职务并送法庭依法讯办。中央苏区党的机关

报——《红色中华》称"这是苏维埃第一次破天荒的群众法庭,苏区利用这一法庭形式来清查、揭发苏维埃机关中一切贪污腐化分子"。1934年3月,瑞京(即瑞金)同志审判会审理了曾还连、刘忠泗等6名贪污官僚案,判决移送其中4名至最高法庭办理,1名至胜利县裁判部办理,1名限期将赃物交还公家并给予严重警告。这种"群众法庭"并非司法意义上的法庭,而是对公务员的行政惩戒以及是否将嫌疑人交付法庭审判的民主投票机构。

3. 创建劳动感化院。劳动感化院是土地革命战争时期苏维埃政权的监狱。《裁判部的暂行组织及裁判条例》规定,在各级裁判部下可设立看守所,以监禁未审判的犯人或判决短期监禁的犯人。县省两级裁判部,除设立看守所外,还须设立劳动感化院,以备监闭判决长期监禁的犯人。1932年8月,中央司法人民委员部颁布《中华苏维埃共和国劳动感化院暂行章程》,规定劳动感化院隶属同级裁判部,看守、教育及感化违犯苏维埃法令的一切犯人,使这些犯人在监禁期满之后,不再违犯苏维埃的法令。1933年,中央司法人民委员部与国民经济部共同决定设立劳动感化院企业管理委员会,由劳动感化院所在地的国民经济部长、裁判部长、劳动感化院院长、劳动感化院工厂厂长、劳动感化院营业部经理等5人组成,指导劳动感化院工厂的生产与销售,从而将劳动感化院经济纳入国民经济计划序列。裁判部与劳动感化院负责罪犯改造业务。劳动感化院通过强迫犯人进行无报酬的劳动改造其犯罪恶习,培养其劳动习惯与技能,并在强迫劳动的同时,对犯人实行政治教育与文化教育。劳动感化院的收入除实现自给外,还有剩余的,应上交国家。这一制度成为新中国建立劳动改造制度的发端。

三、抗日战争时期开探社会管理法制建设

抗日战争时期,党实行抗日民族统一战线政策,提出和实施持久战的总战略方针和一整套人民战争的战略战术,领导人民抗日武装英勇作战。同时,党领导和推动制定以《陕甘宁边区施政纲领》为代表的各边区施政纲领,领导人民反抗外敌入侵并第一次取得完全胜利,成为民族解放斗争的中流砥柱。社会管理法制建设方面有新的探索与实践。

(一)社会团体实行"三三制"管理方式

根据地各边区的施政纲领中都规定人民有结社的自由。依此规定,各边区除成立了工人、农民、青年、妇女四大救国会组织外,还成立了工业合作协会(简称"工合")、商会、文艺、宗教、医疗以及学术等各类社会团体。各类社会团体都在中国共产党的领导之下。依1942年西北局《关于民众团体领导机关实行"三三制"的决定(草案)》,在民众团体领导机关中,共产党员只能占1/3,其余2/3为非党的左派进步分子和中间派。

(二)陕甘宁边区保卫制度

1935年11月,党中央着手重建西北政治保卫局。1937年9月,成立陕甘宁边区政府;将西北政治保卫局改称陕甘宁边区政府保安处,首任处长周兴。保卫处在中共中央、西北局、边区政府直接领导下,为保卫党中央和边区政府机关安全,保卫红色政权,锄奸肃特,巩固扩大陕甘宁边区,保卫抗日民族统一战线,解放西北诸省做出了重要贡献。1937年"七七

事变"后,党中央将公安保卫任务调整为:(1)以日本帝国主义为主要敌人;(2)严厉镇压日本特务和汉奸、奸细;(3)打击国民党特务反共破坏活动;(4)巩固抗日根据地和民主政权;(5)保卫党和军民安全。陕甘宁边区保安处下属成立延安市公安局,下设人民警察队、骑警队、派出所,人民政府领导下的早期公安机关模式初步形成。1938年11月,延安警察改称"人民警察",警察的属性定义为"人民",与国民党旧警察有了根本切割。毛泽东曾赞扬"延安的人民警察不是世界第一也是中国第一!"从此,"人民警察"这一崇高称呼伴随中国公安队伍走过80余年。

(三)创设中共中央社会部

为了唤起前线与后方一切军民的警觉性,厉行锄奸运动,根据党的六届六中全会的精神,中央于1939年创设了中央社会部。其背景是:抗日战争全面爆发后,国共两党再度携手合作。但是,1939年1月,国民党五届五中全会通过《限制异党活动办法》,确立"溶共、防共、限共、反共"方针。对此,中央书记处在《关于成立社会部的决定》中指出:"目前日寇汉奸及顽固分子,用一切方法派遣奸细企图混入我们内部,进行阴谋破坏。为了保障党的组织的巩固,中央决定在党的高级组织内,成立社会部。"中央社会部主要负责抗日根据地的锄奸肃特任务,并围绕这一中心任务发展敌占区和国统区的情报保卫工作。此后,根据中央决定,从各中央局到省委、区委或县委,相继成立了社会部。1941年9月,根据形势和任务的变化,党中央将中央社会部与中央军委总参谋部的一部分合并,组建了由中共中央与中央军委统一领导的军政战略情报机关——中央情报部,与中央社会部合署办公,这种组织形式一直延续到解放战争结束。1949年11月,军委情报部成立,中央社会部和中央情报部被撤销。中央社会部撤销后,其保卫工作职责部分归入了公安部(在政府建立之前归军委建制),情报工作职责部分改设为中央军委联络部,由原中央社会部秘书长邹大鹏任部长,并由原中央社会部副部长、时任中央军委总情报部部长李克农主管。

(四)开探人民群众参与政府管理制度

1.边区施政实行"三三制"。中国共产党在延安政权建设过程中不断探索施政新制度,颁布了《陕甘宁边区施政纲领》。依据该纲领规定,在选举边区各级参议会参议员和各级政府工作人员时,候选名单上的共产党员只占1/3。依此规定,各级参议会和各级政府的人员组成分配上,2/3的人员应由党外人士(包括各党各派及无党派人士)组成。当选的"共产党员应与这些党外人士实行民主合作,不得一意孤行,把持包办"。毛泽东对这一制度给予高度评价,称其为"真正普遍平等的选举制"。他认为,只有这种选举制,"才能适合于各革命阶级在国家中的地位,适合于表现民意和指挥革命斗争,适合于新民主主义的精神"[①]。"三三制"的重大意义在于:首先,加强了各阶层人民的团结,调动了各方面的抗日积极性。其次,是抗战时期中国共产党创建民主政权的成功尝试。最后,造就了一批巩固的抗日根据地,对战时及新中国的民主政治进程产生了重要影响。

---

① 《毛泽东选集》第2卷,人民出版社1991年版,第677页。

2. 推行"马锡五审判方式"。抗战时期各边区民主政权继承了土地革命战争时期中华苏维埃红色政权创建的人民陪审员制度。其中,陕甘宁边区政府陇东行政公署专员兼边区高等法院陇东分庭庭长马锡五及其属下法官创造了由人民广泛参与司法审判的审判模式——"马锡五审判方式"。其主要特点是:深入基层社会对案件进行实地调查;尽可能地简化诉讼程序,实行审判与调解相结合,注重案件的社会效果;实行司法的民主化,广泛征求群众意见,让群众充分参与审判、调解。

3. 创建人民调解制度。为正确处理根据地群众之间各种矛盾纠纷,维护边民合法权益,调动边区人民群众支持和参与抗日斗争的积极性,帮助边区政权机关组织抗日斗争、政权建设、锄奸防特、生产运动、维护社会秩序等各项事务,各抗日边区政权颁布了一系列关于人民调解的法规,形成了人民调解制度:由人民群众和群众团体或专门的调解委员会主持调解,如调解不成或调解后反悔,可向法院起诉。

(五)人民团体组织的发展

在妇女组织方面,抗日根据地建立妇女救国会等,充分发挥妇女组织在抗日战争中的作用。在共青团组织方面,社会主义青年团于 1925 年更名为中国共产主义青年团,广大青年奋勇投入抗日斗争,成为彻底推翻帝国主义、封建主义、官僚资本主义的重要力量。在工会组织方面,自 1929 年在上海召开第五次全国劳动大会之后,基于抗日战争的艰巨性、残酷性一直未能召开全国性大会,但是,工人阶级在抗日战争时期无论在苏区还是"白区"都发挥着重大作用。

四、解放战争时期开探社会管理法制

(一)各主要人民团体参与政治协商会议制度

政治协商会议制度源于抗战时期中国共产党首创的建立抗日民族统一战线的思想与政策,解放战争时期则演变为人民民主统一战线。1946 年 1 月,在重庆召开了共产党、国民党、民主同盟、青年党等党派以及部分人民团体、社会贤达共 38 位代表参加的政治协商会议,作为人民民主统一战线的最初政治与法律形式。

(二)农会参与土地改革制度

1. 农会是土地改革执行机关。根据 1947 年 10 月中共中央颁布的《中国土地法大纲》,乡村农民大会及其选出的委员会,无地少地的农民组织的贫农团大会及其选出的委员会,以及区、县、省等各级农民代表大会及其选出的委员会为土地改革的执行机关。

2. 农会代表参与人民法庭审判。依《中国土地法大纲》,各解放区在土地改革运动中设立人民法庭作为专门的临时性审判组织。各级人民法庭由各级农会或农民代表会选举的成员及由政府委派的人员共同组成。

(三)人民团体的活动

在妇女联合会组织方面,解放区建立妇女联合会,在国民党统治区或日本侵略占领区建立妇女团体,为推动全国妇女解放运动的发展奠定了基础。在共青团组织方面,中国新民主主义青年团第一次全国代表大会于 1949 年 4 月在北平召开,明确其是在中国共产党领导下,为彻底实现新民主主义而斗争的先进的群众组织。在工会组织方面,全国第六次劳动大会于 1948 年 8 月在哈尔滨召开,对白区和革命根据地工人运动的经验做了总结,制定了工运路线和方针政策,发挥了承上启下的作用。

第二节　社会主义革命和建设时期党领导人民开辟中国式社会治理现代化道路

中国共产党自成立之日就致力于建立人民当家作主的新政权新制度新社会。经过二十八年浴血奋战,党领导人民彻底结束了旧中国半殖民地半封建社会的历史,彻底结束了极少数剥削者统治广大劳动人民的历史,彻底废除了列强强加给中国的不平等条约和帝国主义在中国的一切特权,建立了中华人民共和国,实现了中国从几千年封建专制政治向人民民主的伟大飞跃;党领导建立和巩固工人阶级领导的、以工农联盟为基础的人民民主专政的国家政权,为国家迅速发展创造了条件;党领导人民在进行社会主义革命和建设,开辟中国式现代化伟大征程中开辟了中国式社会治理现代化道路。

一、关于人民团体的社会政策

(一)《中国人民政治协商会议共同纲领》中的社会政策

1949 年,在中国共产党的领导下,具有政治机构性质的各主要人民团体先后建立,如中国新民主主义青年团、中华全国学生联合会、中华全国总工会、中华全国体育总会、中华全国妇女联合会、中华全国文学艺术界联合会和中华全国青年联合总会(简称"全国青联")。其中,全国青联包括了中国新民主主义青年团、中华全国学生联合会、中华基督教青年协会、中华基督教女青年协会等四个全国性团体;中华全国文学艺术界联合会的团体会员有中华全国电影艺术工作者协会、中华全国文学工作者协会、中华全国戏剧工作者协会、中华全国音乐工作协会和中华全国舞蹈工作者协会等。

1949 年 9 月中国人民政治协商会议第一届全体会议通过的《中国人民政治协商会议共同纲领》规定了新民主主义时期的社会治理政策。其中,第 5 条规定,人民有结社的自由权;第 7 条规定,必须镇压一切反革命活动,严厉惩罚一切勾结帝国主义,背叛祖国,反对人民民主事业的国民党反革命战争罪犯和其他怙恶不悛的反革命首要分子。前者是中华人民共和国关于社会团体最早的宪法性规定,后者可以视为取缔反革命旧社团的宪法性依据。根据上述规定,1950 年 9 月,政务院通过了《社会团体登记暂行办法》。该办法对社会团体进行了两种不同的分类:以是否登记为标准将社会团体分为免于登记和必须登记两种;从功能上将社会团体分为人民群众团体、社会公益团体、文艺工作团体、学术研究团体、宗教团体和其他合于人民政府法律组成的团体六种。免于登记的社会团体有:参加中国人民政治协商会议的各民主党派和人民团体;中央人民政府另有法令规定的团体;机关、学校、团体、部队内部经其负责人许可组织的团体。

（二）1954 年《宪法》中的社会治理法律条款

1954 年《宪法》"序言"部分规定："我国人民在建立中华人民共和国的伟大斗争中已经结成以中国共产党为领导的各民主阶级、各民主党派、各人民团体的广泛的人民民主统一战线。"这一规定表明，各人民团体为人民民主统一战线的组成部分，不单纯是社会组织，更多地属于中国共产党领导下的政治性组织。第 4 条规定："中华人民共和国依靠国家机关和社会力量，通过社会主义工业化和社会主义改造，保证逐步消灭剥削制度，建立社会主义社会。"这表明在新民主主义向社会主义过渡期间，原社会团体必须配合国家完成社会主义改造运动。第 93 条规定："……国家举办社会保险、社会救济和群众卫生事业，并且逐步扩大这些设施，以保证劳动者享受这种权利。"这一规定表明，社会保险、社会救济事业将由国家直接办理，而不是由社会组织办理。

1975 年《宪法》、1978 年《宪法》基本沿袭了上述关于社会治理法律条款的规定。

二、城乡社会管理"二元结构"的户籍管理制度

随着对农业、手工业、资本主义工商业的社会主义"三大改造"任务完成，以及国民经济与社会发展由第一个"五年计划"向第二个"五年计划"的加速实施，城乡户籍管理由依自愿原则流动管理向"二元结构"转型。1958 年 1 月，全国人大常委会通过《户口登记条例》，将户口区分为两类——农业户口和非农业户口，并限制农业户口向城市迁移。此后，国家在粮食供应、教育、就业、提干、参军等各方面实行两种户口区别待遇制度，形成了城乡二元差别社会管理体制，社会管理法制呈现确认和维系城乡"二元结构"的社会运行系统。

三、农村人民公社社会管理体制

（一）人民公社社会管理体制

1950 年 6 月，中央人民政府委员会通过《土地改革法》，确立了消灭地主阶级的革命成果。在这一大背景下，农村形成了缺乏组织与规模的小农经济形态。

1953 年 12 月，中共中央发布了《关于发展农业生产合作社的决议》，明确我国农业合作化的道路是由互助组到半社会主义的农业初级生产合作社，再到完全社会主义的高级农业生产合作社。为此，全国人大常委会通过了《农业生产合作社示范章程》（1955 年）和《高级农业生产合作社示范章程》（1956 年）。由于农业合作社是由政府以行政手段在短时间内组织起来的，因而各类农业合作社呈现出具有一定行政性质的经济与社会组织的特点，乡村行政组织开始虚化。

1958 年召开的中共中央政治局北戴河扩大会议通过了《中共中央关于在农村建立人民公社的决议》；1962 年召开的党的八届十中全会通过了《农村人民公社工作条例》，由此建立起了较稳定的农村人民公社制度。《农村人民公社工作条例》第 1 条规定："农村人民公社是政社合一的组织，是我国社会主义社会在农村中的基层单位，又是我国社会主义政权在农

村中的基层单位。……"由此改变了 1954 年《宪法》和《地方各级人民代表大会和地方各级人民委员会组织法》有关农村经济组织、社会组织与政府相分离的管理体制,形成了农村人民公社的经济、政治与社会"三合一"的管理制度。

（二）人民公社社会管理体制下的社会管理制度

1. 政经合一管理制度。人民公社分公社、生产大队和生产小队三级组织,均为实行独立核算的经济实体。其中,生产大队、生产小队主要负责农业生产,亦有少量的工业被称为副业;公社既办有农业,亦有社办工业和以供销社为主体的乡村商业,均被纳入国家经济计划体制。传统的乡镇政府、行政村村公所和自然村被取消。上述三级经济组织兼为各级行政组织。

2. 政社合一管理制度。作为行政组织与经济组织的人民公社、生产大队、生产小队同时也是承担各种社会功能的社会组织。工会、青年团、妇联、学校、医院、文艺以及各类社保事务,分别由三级组织以行政方法筹办。

四、城镇社会管理体制

（一）国营与集体企业管理体制

1952 年 1 月,中共中央发布《关于在城市中限期展开大规模的坚决彻底的"五反"斗争的指示》,在私营工商业者中开展反对行贿、反对偷税漏税、反对盗骗国家财产、反对偷工减料、反对盗窃国家经济情报的斗争,打击了不法资本家。

1954 年 9 月,政务院通过《公私合营工业企业暂行条例》,要求在自愿原则下,由国家入股私营企业,与私人资本家、工人共同管理企业。1956 年 2 月,国务院公布《关于在公私合营企业中推行定息办法的规定》,规定资方不再拥有股权,不再参与企业管理,由国家每年付给资本家企业资产总额 5% 的利息,同时对资方从业人员保留高薪,利息支付为期 10 年。

1966 年,国家停止支付私股定息,企业完全改为国有国营或集体所有制企业。此外,原城镇手工合作社以及街道筹资办理的企业也成为集体所有制企业,城镇私营企业完全被消灭。

（二）以单位为主体的社会管理体制

随着城市社会主义改造及农村人民公社化的完成,中国的城市与镇的社会组织归为三类:国家机关、国有和集体企业以及事业单位。这三类组织不仅全部由各级政府直接管理,而且本应由社会统筹或市场供应的社会公共管理与公共服务职能,包括就业、基础教育、住房、医疗卫生、文体娱乐、生育托儿、退休养老、优抚扶贫、丧葬抚恤、后勤供应、食堂等,均分别由这三类组织自行筹办,使得上述各类组织成为相当程度自给自足的小社会共同体。这些分散而自足的小社会共同体,就是所谓的"单位"。这种社会管理领域普遍实行的单位制度,使得各单位负责人对本单位的所有成员与各项事务(包括本职事务与综合性社会事务)均享有很高的自治权,可以最大限度将国家意志贯彻至单位所有成员,有助于社会力量的整合与动员。

这种以单位为主导的社会管理体制的弊端诸多。首先,单位负责人统管本单位所有公共资源的分配,必然形成各单位的"一言堂"现象。其次,由单位负责提供公共管理与公共服务,使得各单位背负了沉重的社会负担,从而影响到单位本职职能的履行。再次,公共管理与公共服务的封闭化与零散化,不仅造成大量公共设施的重复建设与浪费,也妨害了社会公共管理与公共服务的统筹性与专业化,导致各单位及其成员在社会资源分配方面严重不公,等等。

(三)城市居民委员会制度

20世纪50年代初,各城市管理结束军事管制后,开始建立了市、区两级政府体制,并在街道设立区政府的派出机构——街道办事处,在街道以下设立群众性的自治组织——居民委员会。1954年12月,全国人大常委会通过《城市街道办事处组织条例》与《城市居民委员会组织条例》,较大的单位,可以自行设立居民委员会;较小单位的居民以及没有单位的居民,则由区域性的居委会管理。由于市、区政府及其工作部门可以向居民委员会布置行政任务,而且居民委员会的公杂费和居民委员会委员的生活补助费,由省、直辖市的人民委员会统一拨发,因而居民委员会实际上相当于城市基层准政府组织。

(四)政社相结合的社会治安管理制度

新中国成立不久,从中央到县的各级公安机关都内设治安部门,负责辖区的治安管理工作。在城市街道与农村乡镇设公安派出所,在农村各区和不设区的乡设公安特派员,形成从上到下严密的、多层次的治安管理组织体系。第一次全国治安行政会议(1950年7月至8月)与第二次全国民警治安工作会议(1953年9月)分别确定了治安管理和公安派出所的工作任务。[①] 这一阶段,国务院及其部委先后制定了《治安管理处罚条例》《公安派出所组织条例》《消防监督条例》《城市交通规则》《爆炸物品管理规则》《枪支管理暂行办法》《城市旅栈业暂行管理规则》《公共娱乐场所暂行管理规则》《印铸刻字业暂行管理规则》等十几种治安管理法规和规章,形成了以户口管理为中心,以派出所工作为基础,以交通、消防、公共复杂场所、特种行业、危险物品管理为重点的社会治安管理体系。[②] 此外,在机关团体企事业单位设立治安保卫委员会,加强内部安全保卫工作。政务院发布的《治安保卫委员会暂行组织条例》(1952年)将治安保卫委员会定位为群众性治安保卫组织,在基层政府和公安保卫机关领导下进行工作;其主要任务是防奸、防谍、防盗、防火等,其职权和纪律各规定为4项,经市、县公安局批准,可以建立治安保卫小组;实行基层政府与公安机关双重领导。这一制度安排至今仍发挥着组织功效。

五、"文化大革命"期间社会管理实践的教训

"文化大革命"期间,在"无产阶级专政条件下继续革命"的错误理论指导下,国家推行政治上的全面无产阶级专政,由单一指令计划代替社会建设与社会管理,国家成了无所不

---

① 宫志刚主编:《治安学导论》,中国人民大学出版社2015年版,第47页。
② 宫志刚主编:《治安学导论》,中国人民大学出版社2015年版,第47—48页。

包、无所不能的唯一管理主体。在城镇,所有居民都被划为"单位人";在农村,所有农民均被划为"社里人",基层社区、社会组织没有生存和发展的条件和空间;社会管理与公共服务被指令性计划主导,被单位管理替代。

第三节　改革开放和社会现代化建设新时期党领导人民开拓中国式社会治理现代化道路

　　改革开放和全面建设小康社会新时期,党领导人民继续探索中国特色社会主义道路,解放和发展社会生产力,进行经济建设、政治建设、文化建设、社会建设,取得一系列重大成就,"实现了从生产力相对落后的状况到经济总量跃居世界第二的历史性突破,实现了人民生活从温饱不足到总体小康、奔向全面小康的历史性跨越,推进中华民族从站起来到富起来的伟大飞跃"[1],"为实现中华民族伟大复兴提供充满新的活力的体制保证和快速发展的物质条件"[2]。一方面,社会主义法制方针得以确立,党领导人民勇敢拨乱反正、正本清源,确立了"发扬社会主义民主、人民当家作主、健全社会主义法制""有法可依、有法必依、执法必严、违法必究"的基本方针,确立了"依法治国、健全社会主义法治国家"的基本方略,确立了"坚持党的领导、人民当家做主、依法治国有机统一"的基本原则,提出"尊重和保障人权"的国家理念,初步形成中国特色人权保障法治体系。[3]另一方面,社会主义法律制度体系基本建成。党中央适时提出基本建成中国特色社会主义法律体系的目标。十一届全国人大四次会议宣布,以宪法为统帅,以宪法相关法、民法商法等多个法律部门的法律为主干,由法律、行政法规、地方性法规等多个层次的法律规范构成的中国特色社会主义法律体系如期形成,具体包括1部宪法、236部法律、690多件行政法规、8 600多件地方性法规。[4]与此同时,社会管理法律制度体系建设也取得了重大进展。

一、完善村民自治制度

　　1982年《宪法》第111条第1款规定:"城市和农村按居民居住地区设立的居民委员会或者村民委员会是基层群众性自治组织。居民委员会、村民委员会的主任、副主任和委员由居民选举。居民委员会、村民委员会同基层政权的相互关系由法律规定。"该条成为农村村民自治与城市居民自治的新的城乡"二元治理"制度体系的宪法渊源。

　　1983年10月,中共中央、国务院下发《关于实行政社分开建立乡政府的通知》,要求建立乡政府,其下设立村民委员会作为村级自治组织。从1984年始,全国实际解散了人民公社。1993年《宪法修正案》删除"人民公社"的规定,确定集体经济组织为农村经济组织,

---

①　《中共中央关于党的百年奋斗重大成就和历史经验的决议》,人民出版社2021年版,第28页。

②　《中共中央关于党的百年奋斗重大成就和历史经验的决议》,人民出版社2021年版,第15页。

③　张文显:《论中国式法治现代化新道路》,载《中国法学》2022年第1期。

④　《吴邦国在十一届全国人大四次会议上作的常委会工作报告(摘登)》,载《人民日报》2011年3月11日,第2版。

但与村民委员会的职能存在交叉重合。1987 年 11 月,六届全国人大常委会第二十三次会议审议通过了《村民委员会组织法(试行)》,确定在农村建立基层群众性自治组织,由农村基层群众直接行使民主权利。其后,全国人大总结地方实践经验,于 1998 年和 2010 年对该法进行两次修订,增加规定村民委员会民主选举程序和罢免程序,完善民主决策、民主议事制度;增加规定乡、民族乡、镇的人民政府"不得干预依法属于村民自治范围内的事项";增加规定设立村务监督机构等,完善民主管理和民主监督制度。

二、完善城市居民自治制度

在总结 1954 年颁行《城市居民委员会组织条例》35 年运行实践的基础上,适应党的十一届三中全会之后城市的政治、经济、文化、街道居民人口构成变化以及城市管理新形势,七届全国人大常委会第十一次会议于 1989 年通过《城市居民委员会组织法》。该法规定居民委员会为城市居民自治组织,实行居民自我管理、自我服务与自我教育。该法的特点包括:一是增加了居委会的任务,包括"宣传宪法、法律、法规和国家的政策,维护居民的合法权益,教育居民履行依法应尽的义务,爱护公共财产,开展多种形式的社会主义精神文明建设活动""协助人民政府或者它的派出机关做好与居民利益有关的公共卫生、计划生育、优抚救济、青少年教育等项工作"等内容。二是确立居民委员会的性质与地位。规定其为城市居民自治组织,实行居民自我管理、自我服务与自我教育。三是明确了居委会设置规模及其原则,增加了居民会议的条款。四是明确了居民委员会的组成人员及其产生方法,以及居民委员会的任期。五是明确相关职能和保障条件,如居民委员会可以兴办便民利民的生产生活服务事业;保障居民委员会的工作经费、居民委员会成员的生活补贴以及居民委员会的办公用房等;本法适用于乡、民族乡、镇的人民政府所在地设立的居民委员会。其后,依据该法,原附属于单位的社会管理与服务功能逐渐剥离,形成政府主导、市场主体参与、单位自主管理的社会管理体制。

三、建立社会组织自治制度

改革开放以来,原来由政府包办的各类社会组织逐步从政府中剥离出来。到 21 世纪初,我国基本形成了以人民团体、基层群众性自治组织为主体,社会团体、民办非企业单位、基金会、慈善组织相配合的社会组织制度体系。同时,国务院出台行政法规,对国资事业单位管理体制进行规范。

(一)事业单位的性质定位

2011 年 3 月,中共中央、国务院联合发布《关于分类推进事业单位改革的指导意见》,明确将承担行政职能的事业单位改革定位为行政机构;将从事经营活动的事业单位改革定位为企业;从事公益服务的事业单位仍保留其原有性质地位。

(二)有关社会团体管理法律法规

1998 年 10 月,国务院颁布《社会团体登记管理条例》,明确规定除参加中国人民政治协商会议的人民团体、经国务院批准免于登记的团体及各单位内部团体外,其他所有社会团体均须在民政部门登记,接受民政部门、业务主管部门及财政部门的管理与监督。与此同时,经批准登记的社会团体组织内部实行依章程自主管理,并接受行政监管与行业监督。2000年《中共中央办公厅、国务院办公厅关于印发〈21个群众团体机关机构改革意见〉的通知》明确将全国总工会、共青团中央、全国妇联等21个人民团体参照《公务员法》管理,由此构建了行政管理与自治管理"双元管理"体制。[①]此外,还颁布了《工会法》《妇女权益保障法》《残疾人保障法》《律师法》《体育法》等法律,为相关社会团体的运行和监管提供了法律保障。

（三）有关社会服务机构管理的法律法规

1998年10月,国务院颁布《民办非企业单位登记管理暂行条例》,规定民办非企业单位,是指企业事业单位、社会团体和其他社会力量以及公民个人利用非国有资产举办的,从事非营利性社会服务活动的社会组织。其依法必须向民政部门登记并接受民政部门、业务主管部门以及财政部门的监管,内部实行自治。此外,《民法通则》《民办教育促进法》《科学技术进步法》《科学技术普及法》等,为相关社会服务机构提供了法律保障。

（四）有关基金会管理的行政法规

2004年3月,国务院公布了《基金会管理条例》。依该条例规定,基金会是指利用自然人、法人或者其他组织捐赠的财产,以从事公益事业为目的,按照本条例的规定成立的非营利性法人。基金会应当根据章程规定的宗旨和公益活动的业务范围使用其财产;捐赠协议明确了使用方式的捐赠,根据捐赠协议的约定使用。基金会应当接受民政部门、业务主管部门以及税务、会计主管部门的监管。

四、建立公共安全制度

（一）立体化社会治安防控体系

社会治安防控体系的决策最早见于改革开放后全国治安工作会议的若干法规规章与党内法规。六届全国人大常委会第十七次会议通过的《治安管理处罚条例》是改革开放后立法机关制定的有关社会治安防控体系建设的第一部法规。随着社会主义市场经济体制的建立和发展,针对社会治安防控面临错综复杂的新形势,中共中央、国务院和全国人大相继出台《国籍法》《出境入境管理法》《关于加强社会治安综合治理的决定》《消防法》《居民身份证法》《道路交通安全法》《治安管理处罚法》等法律、行政法规和党内法规,均涉及公共

---

① 由中央编办直接管理其机关机构编制的群众团体共计22家。其中,2000年确定21个,包括中华全国总工会、中国共产主义青年团中央委员会、中华全国妇女联合会、中国文学艺术界联合会、中国作家协会、中国科学技术协会、中华全国归国华侨联合会、中国法学会、中国人民对外友好协会、中华全国新闻工作者协会、中华全国台湾同胞联谊会、中国国际贸易促进委员会(中国国际商会)、中国残疾人联合会、中国红十字会总会、中国人民外交学会、纪念宋庆龄国家名誉主席基金会、黄埔军校同学会、欧美同学会(中国留学人员联谊会)、中国思想政治工作研究会、中华职业教育社、中华全国工商业联合会;2006年将中国计划生育协会列入群众团体序列。

安全、社会治安防控等内容,标志着我国立体化社会治安防控体系基本形成。

（二）食品卫生安全与药品管理制度

1983 年 7 月,五届全国人大常委会第二十五次会议审议通过《食品卫生法（试行）》;1984 年 9 月,六届全国人大常委会第七次会议审议通过《药品管理法》;1995 年 10 月,八届全国人大常委会第十六次会议审议通过《食品卫生法》;2009 年 2 月,十一届全国人大常委会第七次会议审议通过《食品安全法》。此外,国务院及其部委发布了《药品管理法实施条例》《药品注册管理办法》等数十部药品安全行政法规及部门规章,初步形成了食品卫生安全与药品管理制度体系。

（三）安全生产管理制度

随着改革开放的不断深入,我国安全生产立法工作进入全面恢复与发展阶段。中共中央发布了《中共中央关于认真做好劳动保护工作的通知》等党内规范性文件。1979 年 7 月,五届全国人大二次会议审议通过《刑法》,将"交通肇事罪""重大伤亡事故罪"等列入其中。其后,国务院及相关部委起草的《劳动保护法（草案）》《劳动安全卫生法（草案）》《职业安全法（草案）》等,经九届全国人大常委会综合更名为《安全生产法》并审议通过。这标志着我国安全生产管理制度体系基本形成。

第四节　中国特色社会主义新时代党领导人民开创中国式社会治理现代化新道路

党的十八大以来,以习近平同志为核心的党中央把推进社会治理体系和治理能力现代化,努力建设更高水平平安中国作为推进国家治理体系和治理能力现代化的重要棋局,将全面深化社会体制改革,增强社会发展活力,建设法治社会纳入改革与法治双轮驱动战略部署,深刻指明了推进社会治理现代化、建设更高水平平安中国的重大意义、总体目标、根本目的、发展方向、基本路径和工作重心,全面阐明了社会治理现代化、平安中国建设具有全局性、战略性、基础性的重大理论和实践问题;引领新时代社会治理现代化、平安中国建设不断开辟新境界;领导全体人民开展复杂而宏大的社会治理制度创新、实践创新,形成了中国式社会治理十个方面的制度形态,成功开创了一条中国式社会治理现代化道路。

一、平安中国建设理论与实践实现新飞跃

党的十八大以来,习近平以巨大的政治勇气和高超的政治智慧,就推进国家安全体系和能力现代化,开创中国式社会治理现代化道路,建设更高水平平安中国提出了一系列新论断、新命题,新思想、新理论,新战略、新举措,形成了内容丰富、结构严密、体系完备、具有鲜明哲学实践面向的原创性经典观点,堪称"习近平平安中国建设理论"。这一系列原创性经典观点丰富发展了习近平法治思想,全面阐明了推进国家安全体系和能力现代化、完善社会治理体系、建设更高水平平安中国的时代背景、核心内容、科学内涵、价值功能及其理论

意义、实践意义、历史意义、世界意义,是新时代对马克思主义经典作家关于"国家与社会管理""公共安全""社会建设"等基本原理的守正创新,是对党领导全体人民探索中国式社会治理现代化道路,实现从"社会管控"到"社会管理"再到"社会治理"的创新性总结,是21世纪马克思主义中国化时代化的原创性成果,标志着党对中国式社会治理现代化、建设更高水平平安中国规律性认识实现了新飞跃。另一方面,以习近平同志为核心的党中央将全面深化社会治理体制改革,创新社会治理体制,建设法治社会,激发社会活力,推进社会治理体系和治理能力现代化置于改革与法治双轮驱动战略,同部署同检查同落实。党的十八届三中、四中全会《决定》全面部署以建立健全社会征信体系、加快户籍制度改革、完善社会组织管理制度、健全境外非政府组织境内活动管理机制、改革信访工作机制、加强重点领域基层行政执法力量、建立科学完善的食品药品监管体系、完善安全生产预防控制体系、建立安全生产长效机制、创新立体化社会治安防控体系、增强全民法治观念、推进法治社会建设为主要内容的10个领域48项清单项目,并以"目标任务方案化、主体责任明晰化、落实时间节点化、改革效能指标化、检查验收评估化"的"五化"方式扎实推进;到党的十九大部署打造共建共治共享社会治理格局,提出健全公共安全体系、加快社会治安防控体系建设、加强社会心理服务体系建设、加强社区治理体系建设、健全国家安全体系,提高防范和抵御安全风险能力;党的十九届四中全会提出坚持和完善共建共治共享社会治理制度,加强创新社会治理,完善党委领导、政府负责、民主协商、社会协同、公众参与、法治保障、科技支撑的社会治理体系,确保人民安居乐业,社会安定有序,建设更高水平的平安中国;党的十九届六中全会对十年社会建设和社会治理现代化纳入党百年重大奋斗成就和历史经验予以总结,明确指出党的十八大以来,我国社会建设全面加强,人民生活全方位改善,社会治理社会化、法治化、智能化、专业化水平大幅度提升,发展了人民安居乐业、社会安定有序的良好局面,续写了社会长期稳定奇迹;党的二十大报告对十年国家安全体系和能力现代化建设进行全面总结,指出国家安全得到全面加强,共建共治共享的社会治理制度进一步健全,民族分裂势力、宗教极端势力、暴力恐怖势力得到有效遏制,扫黑除恶专项斗争取得阶段性成果,有力应对一系列重大自然灾害,平安中国建设迈向更高水平;党的二十届二中全会审议通过的《党和国家机构改革方案》决定组建中央社会工作部,作为党中央职能部门。其职能包括:(1)统筹指导人民信访工作,指导人民建议征集工作;(2)统筹推进党建引领基层治理和基层政权建设;(3)统一领导全国性行业协会商会党的工作,协调推动行业协会商会深化改革和转型发展;(4)指导混合所有制企业、非公有制企业和新经济组织、新社会组织、新就业群体党建工作;(5)指导社会工作人才队伍建设等。中央社会工作部统一领导国家信访局,并划入民政部、中央和国家机关工作委员会、国务院国有资产监督管理委员会党委、中央精神文明建设指导委员会办公室等的相关社会治理工作职责,解决了以往社会治理工作职责分散在不同党政部门,缺乏集中统一领导和高效统筹协调的问题,使社会工作力量在党的领导下得到有效整合,形成合力并发挥有力作用。

　　总之,社会治理体系和能力现代化迈出坚实步伐,取得历史性成就,实现历史性变革,成为中国式国家治理制度的典型形态。不仅集中展示了中国特色社会主义治理制度之优势，开创了中国式治理文明新道路，而且为人类治理文明提供了新形态。

二、社会治理制度更加成熟定型并取得显著成就

党的十八大以来，以习近平同志为核心的党中央把平安中国建设置于中国特色社会主义事业全局中谋划推进，以坚定的意志品质维护国家主权、安全、发展利益，社会稳定突出问题得到有效解决，城乡社会治理现代化深入推进，国家安全体系更加成熟定型，开创了一条中国式社会治理现代化新道路，平安中国建设取得十大成就。

（一）国家安全体系更加成熟定型，维护国家政治安全能力显著提升

面对百年未有之大变局加速变化，外部极端打压遏制，香港局势一度出现严峻局面，敌对势力渗透、破坏、颠覆、分裂等活动，以及全球恐怖活动多发高发的大环境，以习近平同志为核心的党中央坚持总体国家安全观，统筹发展和安全，坚持人民安全、政治安全、国家利益至上有机统一，设立国家安全委员会，建立"集中统一、高效权威"的国家安全领导体制；领导和推动全国人大及其常委会出台了《国家安全法》《反间谍法》《国家情报法》《网络安全法》《数据安全法》《国际刑事司法协助法》《境外非政府组织境内活动管理法》《密码法》《香港特别行政区维护国家安全法》等专门法律11部；修订涉及人民警察、反分裂国家、核安全、保护国家秘密、国防、军事设施保护、枪支管理、国防教育、测绘等法律9部，进一步使国家安全制度体系定型化成熟化法律化。坚持专群结合、紧紧依靠人民群众，铸牢国家安全人民防线；全面加强国家安全体系和能力建设，有效防范化解处置各类政治安全风险，在纷繁复杂的国际乱象和快速深刻的经济社会变革中有力维护了国家政治安全。这集中表现在：我国主权、安全、发展利益及海外利益得到有力保护；香港特别行政区维护国家安全的法律制度和执行机制建立健全；香港特别行政区依法止暴制乱、政治经济社会秩序快速恢复，实现了香港局势由乱到治的重大转折；国家政权安全、制度安全、意识形态安全取得历史性成就；防范和打击跨国恐怖犯罪有力，反分裂反恐怖斗争取得了阶段性压倒性胜利。

（二）立体化信息化社会治安防控体系全面形成

加强立体化信息化社会治安防控体系建设是平安中国建设的关键。深化执法和政法体制改革，运筹帷幄、指令通达、横向协作、高效运行的组织指挥体系全面建立；适时修订治安管理处罚法、行政处罚法、行政复议法、行政强制法等法律法规，将改革成果定型化制度化法律化；整合组建市场监管、文化市场、交通运输、农业综合、生态环境保护五大行政综合执法体系和运行机制；深化政法体制改革，修订两院"组织法"、法官法、检察官法、警察法，推进政法工作体系和能力现代化，社会治安防控法律制度定型化成熟化。执法司法机关以践行总体国家安全观、建设更高水平平安中国为目标，以提升立体化信息化治安防控能力为重点，依法履行职责，防范和打击新型网络犯罪、跨国犯罪以及黄赌毒、盗抢骗、食药环等违法犯罪，全国社会治安形势持续好转；坚持专群结合、群防群治，着力提升社会治安社会化、法

治化、专业化、智能化水平。2021年全国刑事立案总数实现六连降,八类主要刑事案件和查处治安案件数量实现七连降;杀人、抢劫等严重暴力犯罪从2013年的7.5万件9.57万人,下降到2021年的4.9万件5.68万人;[①] 我国长期处于全球命案发案率最低国家行列,每10万人中命案数为0.56,是命案发案率最低的国家之一;每10万人中刑事案件数为339件,是刑事犯罪率最低的国家之一;持枪、爆炸案件连续多年下降,是枪爆犯罪最少的国家之一,[②] 这是西方发达国家所难以企及的。持续开展扫黑除恶专项斗争,共打掉涉黑组织3 644个、涉恶犯罪集团11 675个,查处涉黑涉恶腐败和保护伞问题8.97万起、立案处理11.59万人,排查清理存在"村霸"、涉黑涉恶等问题的村干部4.27万人,[③] 黑恶犯罪得到根本遏制,社会各界普遍认为,扫黑除恶专项斗争是党的十八大以来最得人心的大事之一;法治化营商环境持续改善;基层基础全面夯实,社会风气明显好转,群众安全感由2012年的87.55%上升至2021年的98.62%[④];在青年群体作为中国人感到最自豪的事项中,"社会安全稳定"居于首位;在2020年主要民生领域现状满意度调查中,群众对社会治安的满意度排在第一。[⑤] 国际社会普遍认为,中国是世界上最安全的国家之一。在国际权威民调机构盖洛普发布的《2021年全球法律与秩序报告》中,中国位列第2位[⑥],"平安"已成为中国一张靓丽的国家名片。

（三）公共安全体系定型成熟,保障水平全面提高

公共安全保障是人民群众的新要求新期盼。针对日趋复杂的内外部环境与社会矛盾叠加、风险挑战增多的新情况,党中央统一部署深化公共安全与应急管理体制改革,"指令通达、权责一致、反应灵敏、权威高效"的国家应急体系快速建立,风险防范、预测预警、化解应对运行机制健全完善;适时出台或修订涉及传染病防治、动物防疫、国境卫生检疫、安全生产、职业病防治、消防、道路交通安全、保险、证券等领域多部法律及相关行政法规,形成了完备的公共安全法律体系;自然灾害、事故灾难、公共卫生、社会安全突发公共事件应对、处置、灾后恢复重建的实施体系、监督体系、保障体系成熟化定型化制度化。公共安全保障能力显著提升。据统计,2021年全国生产安全事故起数、死亡人数相比2012年分别下降56.8%和45.9%,事故总量连续10年实现持续下降;其中,重特大事故的起数从2012年的59起下降

① 参见《我国严重暴力犯罪案件从2013年7.5万件降至2021年4.9万件》,载光明网 https://m.gmw.cn,访问日期:2022年9月3日。

② 参见本书编写组编著:《〈中共中央关于党的百年奋斗重大成就和历史经验的决议〉辅导读本》,人民出版社2021年版,第109页。

③ 参见本书编写组编著:《〈中共中央关于党的百年奋斗重大成就和历史经验的决议〉辅导读本》,人民出版社2021年版,第108页。

④ 参见《数读平安中国背后的公安非凡十年》,载公安部网站 https://www.mps.gov.cn,访问日期:2022年9月3日。

⑤ 参见《公安部:调查显示群众对社会治安的满意度位列第一》,载光明网 https://www.gmw.cn,访问日期:2022年9月3日。

⑥ 参见《人民至上的人权实践——新时代我国人权保障取得历史性成就》,载光明网 https://www.gmw.cn,访问日期:2022年9月3日。

到 2021 年的 17 起,下降幅度 71%。[①]这充分展示了中国特色社会主义制度优势,为全球提供了"中国经验",分享了"中国智慧"。

（四）社会矛盾预防化解制度成熟定型并取得显著成就

针对新时代经济社会发展同人民群众对民主、法治、公平、正义、安全、环境需求的不适应不协调不符合的矛盾,以习近平同志为核心的党中央坚持以人民为中心,以促进社会公平正义为核心价值追求,以实施改革和法治双轮驱动战略为引领,直面教育、就业、社会保障、医疗、住房、生态环境、食药安全、安全生产、社会治安、严格执法、公正司法等关系群众切身利益诸多问题。首先,发展完善正确处理新形势下人民内部矛盾有效机制,不断提高从源头上、根本上预防化解人民内部矛盾的能力水平。这包括:畅通和规范群众诉求表达、利益协调、权益保障通道;出台《反家庭暴力法》《法律援助法》《社区矫正法》《慈善法》;修订《未成年人保护法》《预防未成年人犯罪法》《老年人权益保障法》《人口与计划生育法》,修订《农村土地承包法》《农民专业合作社法》《土地管理法》《森林法》《草原法》,颁布《民法典》,赋予农民专业合作社特别法人地位,修订《人民调解法》《仲裁法》《信访工作条例》等,推进社会矛盾化解工作法治化;建立人民调解、行政调解、司法调解联动工作体系,提升人民调解协议的权威性和公信力;健全社会心理服务体系和危机干预机制;建立律师代为申诉制度;完善社会矛盾纠纷多元预防调处化解综合机制,社会矛盾化解法律制度成熟化定型化。其次,赋予"枫桥经验"新的时代内涵,将"枫桥经验"纳入党内法规,推动"枫桥经验"由诸暨"盆景"、浙江"园景"向全国"全景"辐射释放,使之成为新时代"广泛联系服务群众、有效化解社会矛盾"新范式。最后,选择若干大中城市进行市域社会治理现代化试点,健全党组织领导的城乡基层治理体系,探索构建"把重大矛盾风险防范化解在市域,把小矛盾小问题化解在基层,把大量纠纷解决在诉讼之前"的社会风险防范新模式,打造人人有责、人人尽责、人人享有的社会治理共同体,确保人民安居乐业、社会长治久安,建设更高水平平安中国。近年来,全国信访总量明显下降,集体访总量已连续 11 年下降;2020 年,全国法院受理的诉讼案件总数、民事诉讼案件数在持续增长 15 年之后首次实现"双下降";[②]全国四级法院以及 7.8 万个调解组织、6.9 万家基层治理单位、32.8 万名调解员在法院调解平台开展调解工作,平均每分钟有 57 件成功化解在诉前;[③]社会矛盾总量出现历史性拐点,走出了一条中国式社会治理现代化成功之路。

（五）食品安全体系成熟定型并实现历史性跨越

食品安全为"人命关天"之大事。针对食品安全面临的法制不健全、执法不严、职责不清等困境,各级执法司法机关以人民健康为出发点,践行党中央"用最严谨的标准、最严格的监管、最严厉的处罚、最严肃的问责,确保广大人民群众'舌尖上的安全'"的决策部署,深

---

①   参见《数说新时代应急管理领域改革发展这十年》,载光明网 https://www.gmw.cn,访问日期:2022 年 9 月 3 日。

②   《续写社会长期稳定奇迹新篇章》,载《人民法院报》2021 年 12 月 16 日,第 2 版。

③   参见《健全完善中国特色一站式多元纠纷解决体系　推动建设更高水平的平安中国法治中国》,载《人民法院报》2022 年 8 月 24 日,第 1 版。

化食品监管机构和综合执法体系改革,健全食品安全法制,不断加强监测、预测、防控力度,提高执法水平,加快推进食品安全保障体系和保障能力现代化。

顶层设计食品安全监管体系。党中央统筹深化市场监管、食品药品安全监管与综合执法机构改革,组建国家卫生健康委员会、国家市场监督管理总局,从源头上根治了多头分段监管、"九龙治水水成龙"的突出问题,型构监管体系,强化监管效能;组建国家标准评审委员会,发布食品安全国家标准 1 419 项,包含 2 万余项指标(截至 2022 年 7 月);我国因食品监管取得的成就及国际信誉连续 15 年担任国际食品添加剂、农药残留国际法典委员会主持国。[①]

着力完善食品安全法律体系。出台《反食品浪费法》;三次修改《食品安全法》,两次修改《食品安全法实施条例》;最高法、最高检多次修改食品安全相关司法解释。覆盖食品生产、流通、餐饮服务、食用农产品销售等环节的全过程监管制度定型化成熟化。

全链条全过程监管食品安全。组建了国家、省、市、县四级食品污染和有害因素监测与食品安全评估体系。党的十八大以来,我国食品污染和有害因素监测的县区监测点覆盖率从 41.7% 增加到 99.0%;监测食品类别从 15 类扩展到 32 类,监测指标从 114 项增加到 1 432 项,形成了涵盖从农田到餐桌各环节危害健康指标控制与检测标准的全链条全过程监测监管防控体系。[②]

重拳出击食品安全问题。国家市场监管总局、公安部、农业农村部、国家卫生健康委、国家药监局、国家网信办等执法监管部门多次联合开展专项执法活动,对原料、加工、存储、运输、销售等开展综合执法监督,重拳出击、整治乱象;全国检察机关 2021 年依法起诉制售有毒有害食品、假药劣药等犯罪人数,办理食药安全领域公益诉讼件数,以及督促查处假冒伪劣食品数量同比分别上升 29.8%、10%、26.9%;[③] 连续举办十届全国食品安全宣传周,构建政府、企业、消费者、行业协会等社会各方共同参与的食品治理共同体,确保老百姓"舌尖上的安全",初步实现了食品安全从"吃得安全"向"吃得健康"的转型跨越。

(六)生态空间治理体系成熟定型,成为"美丽中国"新名片

"生态兴则文明兴,生态衰则文明衰。"党的十八大以来,我国生态文明建设从认识到实践发生历史性、全局性变化,"美丽中国"建设迈出重大步伐。这包括:

高标准型塑"美丽中国"宏伟蓝图。中国共产党是第一个向世界宣告将生态文明建设纳入行动纲领的执政党,领导和推动将"美丽中国"作为全面建设社会主义现代化国家、实现中华民族伟大复兴的宏伟目标之一,相继制定了加快推进生态文明建设、生态文明体制改革总体方案,型塑了生态空间治理体系"四梁八柱",制定了提升治理能力、增强治理实效的

①　参见《人民健康这十年:做到'四个最严'守护食品安全》,载光明网 https://www.gmw.cn,访问日期:2022 年 9 月 3 日。

②　参见《数说中国·食品安全和营养健康工作成效》,载 https://www.163.com,访问日期:2022 年 9 月 3 日。

③　参见张军《最高人民检察院工作报告——2022 年 3 月 8 日在第十三届全国人民代表大会第五次会议上》,载中华人民共和国最高人民检察院网站 https://www.spp.gov.cn,访问日期:2022 年 9 月 3 日。

路线图、时间表。

加速推进生态空间安全立体保护法律体系建设。制定和实施"史上最严"环境保护法，强化按日连续计罚的执法手段；新出台涉及环境保护税、土壤污染防治、噪声污染防治、长江保护等法律7部，修订涉及大气污染防治、水污染防治、固体废物污染环境防治等法律26部（次），型构了以《环境保护法》《核安全法》《长江保护法》《黄河保护法》为主干，以空气、大江、大河、净水、土壤等污染防治的部门法为支撑的生态空间安全立体保护的法律制度体系，实现蓝天、白云、净水、空气、土壤、森林、植被、河流法律保护全覆盖，生态空间治理法律制度成熟化定型化。

着力健全生态空间治理法治实施体系、监督体系、保障体系，实施大气污染防治行动、打赢"蓝天保卫战"，强化生态空间治理综合执法，惩治和防范破坏生态环境严重犯罪，生态安全领域重大突发事件明显减少。2021年，全国339个地级及以上城市平均空气质量优良天数比例为87.5%，3 641个国家地表水考核断面中，全年水质优良断面比例为84.9%，森林覆盖率23.04%，[①]生态空间治理质效全面提升，使老百姓真正获得"天更蓝、水更清、万物更加生意盎然"的高品质生活。中国带头推动193个国家签署《联合国2030年可持续发展议程》。

（七）市域社会治理体系成熟定型并取得突破性进展

随着城镇化快速发展，人口、资源、风险快速聚集，市域治理现代化试点成为国家治理的重要支柱、加快推进城市治理现代化的战略抓手。一方面，中央政法委2020年启动416个城市市域单位试点工作。三年来试点单位的党政组织及全体人民坚持以习近平关于城市治理的重要论述为指导，自觉践行总体国家安全观，对标中央部署要求，剖析短板、高点定位，锁定目标、善治善为，着力提升"统筹谋划、群众工作、政法改革、创新驱动、破解难题、依法打击、舆论导控"七个能力，型构"政治、自治、法治、德治、智治"五大体系，高标准高质量推进试点工作，取得了实质性进展。这表现在：首先，协调推进成效明显。第一批247个城市单位对标考评指标体系，已通过验收评估。其次，难题破解刀刃向内。着力破解人民群众"五最"期盼难题：在治理"黄赌毒""保护伞""最恨"难点上下大功夫；在治理"盗抢骗""最急"热点上下苦功夫；在治理"食药环""最怨"薄弱点上下真功夫；在治理邻里纠纷多、物业安保服务质量差、基本公共服务不到位"最烦"重点上下硬功夫；在治理住房、就业、工资、特殊人群保障、公平分享改革发展成果"最盼"关切点上下巧功夫。[②]最后，社会治理基本盘发展良好。试点治理体系、治理方式、治理基础、治理成效预期目标任务取得重大突破，治理能力全面提升，维护国家政治安全、社会治安防控、公共安全、网络治理体系、社会矛盾化解、社会心理服务6个方面取得显著成效。市域治理层级体系科学高效运行；统筹有

---

①　参见栗战书：《全国人民代表大会常务委员会执法检查组关于检查〈中华人民共和国环境保护法〉实施情况的报告》，载中国人大网 http://www.npc.gov.cn，访问日期：2022年9月3日。

②　参见徐汉明：《市域社会治理现代化：内在逻辑与推进路径》，载《理论探索》2020年第1期。

力的社会治理机制健全完善;人人有责、人人尽责、人人享有的社会治理共同体优良环境全面营造。通过试点,试点单位不仅寻找到了推进市域治理现代化的有效实现形式,而且激发了社会活力,保障了人民安居乐业,促进了社会安定有序,保障和促进了管辖区域经济发展、政府管理、人民生活、对外开放、城市文明发展提升。推进市域治理现代化是中国式城市发展道路的"重要一招",是建设更高水平平安中国的"先手棋",是让老百姓更多更公平分享改革发展成果、推进以人为核心的现代化的"大福利"。

(八)基层治理体系成熟定型并扎实推进

党的十八大以来,推进基层治理体系和治理能力现代化取得重大成就。首先,基层治理体制健全完善。党委领导、党政统筹、简约高效的乡镇(街道)管理体制全面优化;基层政权"行政执行、为民服务、议事协商、应急管理、平安建设"的治理能力明显增强;实施政社分开、激发社会组织活力的社会管理体制改革48项重大清单落地生根,社会组织快速发展。据统计,截至2021年底,全国共有社会组织90.2万个,比2011年增长120%。[①]其次,基层治理法治体系持续完善。适时修改《村民委员会组织法》《城市居民委员会组织法》;自治、法治、德治相结合的乡村社会治理体系被写入《乡村振兴促进法》《中国共产党农村工作条例》;加强基层治理体系和治理能力现代化建设、乡镇干部队伍建设、乡镇政府服务能力建设等纳入法规体系。再次,群众自治制度更加成熟。村(居)委会被赋予特别法人资格,任期年限由3年调整为5年。将民主协商纳入基层民主范围,与民主选举、民主决策、民主管理、民主监督共同推进,推动全过程人民民主在基层落地;基层党组织战斗堡垒作用持续增强,政治引领、思想引领、组织引领能力明显提升。最后,"自治、法治、德治、智治"相结合机制有序运行。新时代"枫桥经验"在基层全面推广;村(居)委会规范化建设持续加强。2021年村(社区)党组织书记与主任"一肩挑"比例达到95.6%和93.9%;[②]社会治理重心和力量向基层移转,"街道(乡镇)吹哨、驻地单位部门报到"的政社合作机制全面建立;村(居)委会(居民小组)、业委会、物业企业"三方联动"机制创新运行;社区与社会组织、社会工作者、社区志愿者、社区慈善人员"五社联动"机制运行良好;"红色物业""新乡贤""能人"参与基层社会治理成效明显;"网格发现、社区呼叫、分级响应、协同处理、末梢精细"的"民呼我应"网络治理新形态初具规模;市、区(县)、街道(乡镇)、社区(村)"四级联动""线上线下融合"新型服务管理体系建设迈出坚实步伐;按照"数据融合、部门融合、上下贯通、精准高效"大数据风险监测、感知系统与有效应对处置模式在北京、上海、深圳、广州、杭州、南京、苏州、武汉、天津等城市率先取得突破,社会风险预警预测预防与应急应对能力明显提高;党员下基层、社区群众、志愿者合力应对疫情、社会治安、特殊人群服务帮助形成良好氛

---

① 参见《2021年民政事业发展统计公报》《2011年社会服务发展统计公报》,载中华人民共和国民政部网站 http://mca.gov.cn,访问日期:2023年5月30日。

② 参见《用心用情用力绘就民生幸福底色——"中国这十年"系列主题新闻发布会聚焦民政工作历史性成就》,载中华人民共和国民政部网站 https://www.mca.gov.cn,访问日期:2022年9月3日。

围。2021年共有2 227.4万人次在民政领域提供了6 507.4万小时志愿服务。①党委统一领导,政府治理同社会调节、居民自治良性互动,人人有责、人人尽责、人人享有的共建共治共享的基层治理共同体基本形成。

（九）网络空间治理体系成熟定型,治理能力显著增强

针对网络空间治理存在的"法治飞地"与安全威胁等突出问题,各级公权力机关、执法司法部门坚持以习近平关于网络强国重要论述为遵循,以网络强国战略实施为切入点,网络法治体系建设加快推进。首先,网信体制机制全面型构。组建中央网络安全和信息化委员会,确立网信三级工作体系,建立起了"决策科学、指令通达、领导有力、高效运行"的网络安全和信息化指挥体系,形成全国"一张网""一盘棋"。其次,网络治理法律体系全面完善。以《网络安全法》《数据安全法》为骨干,以《电子商务法》《个人信息保护法》《反电信网络诈骗法》《反间谍法》《国家安全法》《国家情报法》为支撑,以《民法典》《消费者权益保护法》《广告法》《全国人民代表大会常务委员会关于加强网络信息保护的决定》《刑法》以及行政法规、部门规章、司法解释、地方性法规协调配套的网络治理法律制度框架体系全面搭建。最后,老百姓分享"数字福利"满意度显著提升。随着"网络强国、数字中国、智慧社会"战略的协同推进,数字技术的广泛应用催生和加速了数字经济发展;在新冠疫情大背景下,数字经济突破了与实体经济、服务经济三分天下的格局,成为经济社会发展的强大引擎;电子政务、电子商务、数字乡村的便捷化规范化,不仅让老百姓分享智慧社会带来的"数字红利"殷实可感,而且受到了西方发达国家居民的青睐。网络治理执法力度显著增强,网络监管执法机关持续开展"清朗""净网"等专项监管执法活动。2017年以来,全国公安机关五年组织网络执法专项行动,共侦破各类网络犯罪案件25.5万起,抓获犯罪嫌疑人38.5万名。②依法管网、依法办网、依法用网、依法护网形成良好氛围,网络综合治理体系建设成效明显。领导管理、正能量传播、内容管控、社会协同、网络法治、技术治网的网络综合治理体系加速建设。参与全球网络治理影响力明显提升。针对互联网领域发展不平衡、规则不健全、秩序不合理问题日益凸显的安全环境,党中央将网络安全置于统筹发展和安全两件大事之中,率先提出共同构建和平、安全、开放、合作的网络空间,建设多边、民主、透明的全球互联网治理体系,率先倡议构建网络空间命运共同体,为让更多国家和人民搭乘数字时代的快车、共享互联网发展成果贡献"中国主张",分享"中国智慧"。这些既增强了我国作为网络大国在国际网络治理中的地位、话语权及影响力,又为有效防范国际网络风险转化为国内风险提供了宽广视野和有效途径,使互联网这一最大变量成为办好统筹国内国际两个大局、办好安全与发展两件大事的最大增量。

---

① 参见《2021年民政事业发展统计公报》,载中华人民共和国民政部网站 https://mca.gov.cn,访问日期:2022年9月3日。

② 参见《公安机关推进更高水平平安中国建设成效发布》,载央视网 http://tv.cctv.com,访问日期:2022年9月3日。

（十）公共服务体系成熟定型，保障水平显著提升

"小康不小康，关键看老乡。"党的十八大以来，党和政府始终把老百姓过上好日子作为一切工作的出发点和落脚点，把补齐民生保障短板、解决好人民群众急难盼愁问题作为调节社会关系、化解社会矛盾、激发社会活力、建设更高水平平安中国的基础工程，推动全社会凝聚共识和力量，在幼有所育、学有所教、劳有所得、病有所医、老有所养、住有所居、弱有所扶上持续发力，取得了显著成就。第一，"职责明确、依法管理"的政府治理体系加快建设。党中央把依法行政、法治政府提升到全面依法治国的战略高度，纳入"三个共同推进""三个一体建设"的战略布局，统筹"放管服"改革与法治建设"双轮驱动"，简政放权、放管结合、优化服务深入推进，行政审批制度深化改革，先后取消和下放国务院部门行政审批事项的比例达47%，压减国务院部门行政审批中介服务事项达71%，^①营商环境持续改善，有效激发了市场的活力和社会创造力。第二，脱贫攻坚战取得全面胜利。全国832个贫困县全部摘帽，12.8万个贫困村全部出列，近1亿农村贫困人口全部脱贫，提前10年实现联合国2030年可持续发展议程减贫目标，历史性地解决了绝对贫困问题，创造了人类减贫史上的奇迹。^②共建"一带一路"将使相关国家760万人摆脱极端贫困、3 200万人摆脱中度贫困。^③联合国秘书长古特雷斯祝贺中国取得脱贫攻坚全面胜利，称这一重大成就为实现全球2030年可持续发展议程所描绘的更加美好和繁荣的世界作出了重要贡献。中国取得的非凡成就为整个国际社会带来了希望，提供了激励。^④社会救助、社会福利、基本养老服务、优待优抚制度体系发展完善，特殊人群弱势群体权益保障制度健全完善，成为维护社会公平正义的制度"闸门"，彰显了中国式社会治理现代化呈现出的源头治理、综合治理、依法治理、系统治理的制度优势，建立起了保证人民生存权、发展权的制度"堤坝"。第三，教育公平、医疗卫生保障水平显著提升。2012—2021年10年间，全国小学净入学率从99.85%提高到99.9%以上^⑤，仅用10年左右时间达到了县域基本均衡发展，实现了人民群众从"有学上"到"上好学"的转变跨越，成为我国义务教育发展史上又一个新的里程碑。截至2021年底，基本医疗保险参保人数136 297万人，参保率稳定在95%以上，编织起全球最大的基本医疗保障网。^⑥完善大病保险和医疗救助制度，深化医药卫生体制改革，实行医疗、医保、医药联动，推进医药

---

① 参见《新时代，法治体系建设取得了哪些成就？》，载中华人民共和国司法部网站 http://www.chinalaw.gov.cn，访问日期：2022年9月3日。

② 参见《中共中央关于党的百年奋斗重大成就和历史经验的决议》，人民出版社2021年版，第48页。

③ 参见《共建"一带一路" 让沿线数千万民众有了脱贫希望》，载新华网 http://www.xinhuanet.com，访问日期：2022年9月3日。

④ 参见《联合国秘书长古特雷斯致函习近平　祝贺中国脱贫攻坚取得重大历史性成就》，载新华网 http://www.xinhuanet.com，访问日期：2022年9月3日。

⑤ 参见《数说中国这十年丨全国小学净入学率提高到99.9%以上》，载中共中央纪律检查委员会、中华人民共和国国家监察委员会网站 https://www.ccdi.gov.cn，访问日期：2022年9月3日。

⑥ 参见《2021年全国医疗保障事业发展统计公报》，载国家医疗保障局网站 http://www.nhsa.gov.cn，访问日期：2022年9月3日。

分开,实行分级诊疗,世界卫生组织称赞"中国在实现全民健康覆盖等方面迅速迈进,改革成就举世瞩目"[1]。第四,人口老龄化问题获得有效应对。坚持从以治病为中心向以人民健康为中心转变,推动基本医疗卫生制度作为公共产品向全民提供,持续深化医疗、医保、医药"三医"联动,用较短时间建立起世界上规模最大的基本医疗卫生保障网,将健康扶贫作为打赢脱贫攻坚战的关键举措,全民健康助力全面小康。我国居民人均预期寿命由 2011 年的 76 岁提高到 2021 年的 78.2 岁,孕产妇死亡率从 26.11/10 万下降到 16.1/10 万,婴儿死亡率从 12.1‰下降到 5.0‰。[2] 第五,基层服务水平不断提高。基层组织动员能力和服务格局不断优化,"互联网＋基层治理"一站式服务模式高效运行;城乡社区综合服务设施覆盖率城市由 82% 提升到 100%、农村由 31.8% 提升到 79.5%,为民便民安民功能不断增强。[3]

① 参见《医改"中国解法":老百姓得实惠药品回归治病功能》,载中国新闻网 https://www.chinanews.com,访问日期:2022 年 9 月 3 日。

② 参见《〈中国妇女发展纲要(2011—2020 年)〉终期统计监测报告》,载中华人民共和国中央人民政府网站 http://www.gov.cn;《卫生部:2011 年全国婴儿死亡率下降到 12.1‰》,载中华人民共和国国务院新闻办公室网站 http://www.scio.gov.cn,访问日期:2023 年 5 月 30 日。

③ 参见《用心用情用力绘就民生幸福底色——"中国这十年"系列主题新闻发布会聚焦民政工作历史性成就》,载中华人民共和国民政部网站 https://www.mca.gov.cn,访问日期:2022 年 9 月 3 日。

中篇 | 法律制度

第六章　基本公共服务法律制度

第一节　基本公共服务法概述

推进城乡居民基本公共服务保障均等化,是全面建成小康社会、实现改革与发展成果更多更公平惠及全体人民的应有之义,对于促进社会公平正义、增进人民福祉、增强全体人民在共建共享发展中的获得感、实现中华民族伟大复兴中国梦,都具有十分重要的意义。党的十八大以来,以习近平同志为核心的党中央在对新中国成立以来尤其是党的十六届六中全会实施基本公共服务“民生保障工程”以来的实践创新性总结的基础上,从加速推进以人为核心的城乡一体化的高度,把推进城乡居民基本公共服务保障均等化精准化纳入改革与法治“双轮驱动”战略,强调“实现发展成果更多更公平惠及全体人民,必须加快社会事业改革,解决好人民最关心最直接最现实的利益问题,努力为社会提供多样化服务,更好满足人民需求”[1];提出“推进覆盖城乡居民的公共法律服务体系建设,加强民生领域法律服务”[2];“坚持人人尽责、人人享有,坚守底线、突出重点、完善制度、引导预期、完善公共服务体系,保障群众基本生活”[3];将幼有所育、学有所教、劳有所得、病有所医、老有所养、住有所居、弱有所扶等方面的基本公共服务保障体系建设作为法治国家、法治政府、法治社会一体建设的重要任务,作为依法治国、依法行政、依法执政的重要目标;领导和推动全国人大及其常委会、国务院出台和修订一系列基本公共服务方面的法律法规,为保障公民基本公共服务合法权益,调节社会发展与分配差距,激发社会活力,调动全体人民建设社会主义现代化国家的积极性、创造性,从源头上防范和化解社会矛盾,防止两极分化,逐步实现共同富裕,促进社会和谐,建设更高水平平安中国发挥了巨大作用,取得了历史性成就。这为新时代发展完善具有源头治理、系统治理、综合治理、依法治理制度功效的基本公共服务保障法律制度体系提供了长期基本遵循。党的二十大报告进一步强调,要健全基本公共服务体系,提高公共服务水平,增强均衡性和可及性。

---

① 参见《〈中共中央关于全面深化改革若干重大问题的决定〉辅导读本》,人民出版社 2013 年版,第 42 页。

② 参见《〈中共中央关于全面推进依法治国若干重大问题的决定〉辅导读本》,人民出版社 2014 年版,第 29 页。

③ 参见《中共中央关于制定国民经济和社会发展第十三个五年规划的建议》,载中华人民共和国中央人民政府网站 http://www.gov.cn,访问日期: 2023 年 5 月 30 日。

一、基本公共服务的概念、基本原则和特征

（一）基本公共服务的概念

基本公共服务是由政府主导、保障全体公民生存和发展基本需要、与经济社会发展水平相适应的公共服务。其内容涵盖基本公共教育、基本劳动就业创业、基本社会保险、基本医疗卫生、基本社会服务、基本住房保障、基本公共文化体育、残疾人基本服务八大类项目。经过70多年以来奠基起步、改革开放和新时代发展建设，我国总体上建成了覆盖全民的包括城乡居民上学、就业、就医、社会保障、文化生活等在内的基本公共服务体系，各级各类基本公共服务设施不断改善，国家基本公共服务项目和标准得到全面落实，保障能力和群众满意度进一步提升。

（二）基本公共服务的基本原则

1. 尽力而为，量力而行。在加大保障和改善民生工作力度的同时，充分考虑各地发展的阶段性特征和财政承受能力，不作脱离实际的福利承诺。

2. 兜住底线，保障基本。明确政府兜底保障的标准与水平，促进基本公共服务资源向基层延伸、向农村覆盖、向边远地区和生活困难群众倾斜，织密扎牢民生保障网。

3. 统筹协调，动态调整。既坚持中央统筹，又赋予地方一定自主权，因地制宜细化完善地方具体实施配套标准，推动标准水平衔接平衡并适时进行动态调整。

4. 政府主导，多元参与。突出政府在基本公共服务保障中的主体地位，充分发挥市场机制作用，推动基本公共服务供给主体多元化、提供方式多样化。

5. 创新机制，便民利民。以服务半径和服务人口为依据，统筹基本公共服务设施布局和共建共享，推进信息化应用和"一站式"办理，提高经办机构标准化服务管理水平，使群众能够享有各项基本公共服务。

（三）基本公共服务的特征

1. 目的的特定性。基本公共服务目的的特定性表现为满足社会成员的基本公共需求。基本公共服务是为了保障人类的基本生存权，而提供满足社会成员基本需求的基本公共服务应与现阶段社会的经济发展水平相协调；满足个性化需求的产品和服务则不属于基本公共服务。例如，提供基本就业保障、基本养老保障、基本生活保障、基本的教育和文化服务、基本的健康保障等是基本公共服务的重点领域，而这些领域及其内容应随着社会经济的发展而逐步调整。

2. 资源的多途性。资源的多途性是指提供基本公共服务所需的资源不能仅由政府包办，还需多元主体参与，动员社会资源。基本公共服务具有公益的性质，政府承担主体责任。但是，公共财政等资源是有限的，政府主导提供基本公共服务的同时还需要不断创新基本公共服务的供给模式，审时度势地引入社会资源，使多主体的竞争机制得以发展完善，扩大供给合力。

3. 重心的下移性。重心的下移性是指基本公共服务要更加注重城乡统筹和基层强化。鉴于城乡二元结构带来的公共服务供给不平衡，党和国家一直注重稳步提高城乡、区域基本公共服务均等化发展，特别注重使贫困地区基本公共服务主要领域指标接近全国平均水平；

强调将广大群众享有基本公共服务的可及性显著提高,城乡、区域发展差距和居民生活水平差距显著缩小,作为未来 15 年基本公共服务均等化精准化,推进以人为核心的城乡一体化的目标任务。

二、基本公共服务法律制度的特征

基本公共服务法律制度主要包括基本公共教育法律制度、劳动就业法律制度、基本医疗卫生法律制度、公共文化法律制度、基本社会服务法律制度。其主要特征是:

(一)适用范围的普遍性

政府必须履行应尽职责,勇于担当,主动作为,结合区域发展的实际情况及其阶段性特征,创造性地贯彻中央决策部署,高效实施基本公共服务法律制度和公共政策,动员和有效配置公共资源、市场资源、社会资源,不断扩充基本公共服务保障范围、提升保障标准,加强实施的监督,尽最大可能保障全体公民获得兜底性的基本公共服务。因此,基本公共服务法律制度的首要特征是适用范围的普遍性。

(二)财力保障的一体性

政府在基本公共服务供给中不可或缺的作用与地位,决定了财力保障的兜底性与一体性。财力保障一体性的实现须遵从政府财权与事权相匹配、与层级分权相统一的原则。具体来说,基本公共服务保障标准在全国范围乃至省级范围应具有相对均等性与一体性,同时,由于地方财力不平衡,再加上财政事权分级行使的运行体制,基本公共服务的保障标准又具有差异性、精准化水平提升的不平衡性。

(三)层级制度的结合性

基于基本公共服务项目与覆盖对象的不同,基本公共服务法律制度与公共政策应首先确定国家基本保障标准,然后各省(自治区、直辖市)再依据国家基本保障标准,结合本地实际,适当拓展服务的范围和提高标准。

(四)准入规则的规范性

党的十八大以来,我国深入推进"放管服"改革,加快政府职能转变,极大激发了市场活力和社会创造力,促进了经济社会发展,在行政审批事项、改革商事制度、削减职业资格、清理审批中介、实行减税降费、放开政府定价、压缩专项转移支付、政府购买服务、项目清单管理、规范事中事后监管、优化政府公共服务等方面取得了实质性成效。立法机关、行政机关将这些改革实践成果适时上升为法律法规规范,有立法权的地区适时出台地方性法规,由此构成了政府、市场、社会多元主体准入与退出机制,成为基本公共服务法律制度的显著特色。

第二节　基本公共服务均等化

加快推进我国基本公共服务均等化进程,向社会成员提供均等的基本公共服务,是现代政府的重要职责之一,也是基本公共服务法律保障制度的重要内容。党的十六大首次明确提出要实现城乡基本公共服务均等化目标,经过党的十七大、十八大、十九大、二十大等多次部署,总体实现基本公共服务均等化已成为全面建成小康社会战略目标的重要内容,基本公共服务均等化已逐步成熟化、定型化、制度化、法律化。

一、基本公共服务均等化概述

(一)均等化的含义和标准

均等化包含均衡的意思,而均衡有调节使之平衡发展最后大体相当的含义。均等化与平均化有本质区别。平均化强调全民平均分享一切社会财富。而对均等化标准则有三种理解:第一种理解是均等化代表着最低标准,起着兜底作用,认为一个国家的公民无论居住在哪个地区,都有平等享受国家最低标准的基本公共服务的权利。这种理解针对的是类似九年义务教育、社会救助等这类需要政府兜底、保证最低供给量的公共服务。[①]第二种理解是均等化代表着平均标准,即政府提供的基本公共服务要达到中等水平。第三种理解是均等化代表着相等的标准,即人人都能享受到同等数量和质量的公共服务。上述对均等化标准的三种理解,从最低标准到中等水平再到相等的标准,正是随着经济发展水平和财政能力水平逐步提高而提出的不同要求。

(二)基本公共服务均等化的内涵

基本公共服务均等化,指全体公民都能公平可及地获得大致均等的基本公共服务的制度安排。其核心是权利公平、制度公平、机会公平,而不是简单的平均化和无差异化。

我国特有的城乡二元结构,加之中、东、西部经济发展的总体水平的差异,使得人与人之间享受到的基本公共服务呈现出地区性、结构性差异。这种差异对整个国家的稳定和长远发展构成了某种挑战。对于教育、就业、医疗、文化、社会保障这些关系民生的基本公共服务,政府应逐步建立城乡一体化的基本公共服务制度,健全促进区域基本公共服务均等化的体制机制,促进基本公共服务资源在城乡、区域之间均衡配置。

二、基本公共服务非均等化的具体现实

(一)基本公共服务的城乡差异

现阶段,我国城乡共同拥有的基本公共服务有义务教育、公共卫生、社会保障、基础设施、公共安全、环境保护等。[②]城乡在基本公共服务提供方面的差异主要表现在政府对于公共服务的资金支持及公共服务的数量和质量方面。一是在政府对于公共服务的资金支持方面,城市是优于农村的,城市地区的绝对量和人均量都显著高于农村。二是在公共服务的数量质量方面,城市也是优于农村的。比如,在城乡基础教育方面,师资条件、办学条件、教育经费差别非常明显(如表6-1所示)。在社会保障制度(包括最低生活保障制度、基本养老

---

①　贾康:《区分"公平"与"均平"　把握好政府责任与政策理性》,载《财政研究》2006年第12期。

②　刘尚希等:《基本公共服务均等化与政府财政责任》,载《财会研究》2008年第6期。

保险制度和基本医疗保险制度）方面，特别是在城乡基本养老保险制度方面，城镇基本养老保险制度强调风险分摊，而农村基本养老保险制度强调保基本、广覆盖、有弹性、可持续。在公共卫生方面，资金投入来源、卫生条件和待遇等方面，城市均优于农村。

表6-1 义务教育办学条件的城乡比较

阶段	内容	农村	镇区	城区
小学	生师比（教师为1）	14.01	17.63	18.42
	本科及以上教师占比（%）	49.65	59.47	76.65
	网络多媒体教室比重（%）	59.75	77.69	90.02
初中	生师比（教师为1）	11.65	13.08	13.12
	本科及以上教师占比（%）	81.59	84.78	93.08
	网络多媒体教室比重（%）	73.44	79.84	88.37

资料来源：中华人民共和国教育部发展规划司：《中国教育统计年鉴2019》。

据民政部统计，截至2020年底，全国共有社区综合服务机构和设施51.1万个，社区养老服务机构和设施29.1万个。其中，城市社区综合服务设施覆盖率100%，而农村社区综合服务设施覆盖率仅为65.7%。[1] 可见，城乡社区之间的基本公共服务平台建设本身也存在差距。

（二）基本公共服务的区域差异

我国不同地区的经济发展水平存在明显差异，相应地，各地的公共服务供给能力也有所不同。党的十六届六中全会《决定》指出，要注重向农村、基层、欠发达地区倾斜，逐步形成惠及全民的基本公共服务体系。如果要求向全国各省市毫无差别地提供水平和内容完全相同的公共服务，对于欠发达地区来说无疑是一个难以完成的任务，不仅在财政资金上十分吃力，已有的配套设施和政策也远远无法达到要求。这样的结果不仅无益于提高地方的公共服务水平，还有可能对地方经济发展和社会稳定造成冲击；而对于经济发达的地区来说，全国平均化意味着要放弃一部分既得利益，利益的刚性特征会为政策的推行带来巨大的阻力，也不是合理的选择。

伴随我国对基本公共服务的重视程度不断提高以及推进区域协调发展战略的实施，我国的基本公共服务投入不足和区域经济、社会发展差距大等问题得到了较大程度的解决。但区域之间公共服务的均等化目标依然没有实现，供给的碎片化、省际不均衡等问题较突出。

基本公共服务均等化在区域上的差异体现在基本公共服务内容和基本公共服务水平两方面。从基本公共服务内容上看，党的十六届六中全会《决定》将教育、公共卫生、文化、就业再就业服务、社会保障、生态环境、公共基础设施、社会治安等列为基本公共服务。教育

[1] 参见民政部：《2020年民政事业发展统计公报》，载 https://images3.mca.gov.cn/www2017/file/202109/1631265147970.pdf，访问日期：2022年9月3日。

在我国各省、自治区、直辖市的差距不是很大,其均等化程度较高,尤其是基础教育均等化水平,只是在师资力量、教育设施等方面依然存在一定的差距。优质公共卫生资源大量集中在东部地区,中西部地区与东部地区有较大的差距,这对当地居民的健康水平有很大的影响,是亟需解决的问题。生态环境由于是具有较大外部性的公共产品,各地区均等化程度较高。公共基础设施由于与地区经济发展联系紧密,受到更多的关注和重视,整体水平较高,地区之间虽有一定的差异,但差距不大。就业再就业服务和社会保障均等化程度较低,尤其是社会保障,在统筹层次不高的情况下,无法带来直接经济效益的社会保障项目在东中西部差异明显。具体而言,中西部地区社会保障的覆盖范围小、保障水平低、养老负担重,再加上属地化管理政策和户籍制度的限制,其与东部地区之间的协调发展难以实现。社会治安状况在我国各地区的差异并不大,社会长期稳定是新中国成立70多年来创造的"两大奇迹"之一,只是在警务资源、公共法律服务、安全技术防范系统等社会治安资源的分配中,存在相对的区域差异和城乡差异。从基本公共服务水平看,我国各省区的基本公共服务水平整体偏低,东部沿海地带主要以高水平区域为主,中部地带以中高水平区域为主,而西部地带则主要以中低水平区域为主,整体表现出东高西低的分布格局。[①]虽然西部地区基本公共服务的水平较低,但近年来发展速度较快,有些甚至超过了中部地区,我国区域之间的基本公共服务差距总体上也呈现出不断缩小的趋势。

三、基本公共服务非均等化治理

基本公共服务均等化并不是绝对的均等,而是大体均等或相对均等。具体而言,就是在保证各地区基本公共服务的差距控制在可接受范围的前提下,由国家设立最低标准,保障各地区居民能够享有最基础的基本公共服务。除此之外,对于不同的群体和不同的地区允许有不同水平的基本公共服务的存在。总的来说,就是"上不封顶,下有保底"[②]。

(一)事权与支出责任相适应

党的十八大提出建立事权和支出责任相适应的制度。1994年开始实行的分税制财政管理体制划分了中央政府和地方政府的财政税收关系,但相对而言,中央政府拥有较多的财政收入,而地方政府承担着较多的支出责任。财权划分应该建立在科学划分各级政府事权的基础上,然而实际情况却是各级政府间权力和责任边界模糊不清,各种错位、越位和缺位问题依然存在,这种事权与财权的不对称导致基层政府陷入"心有余而力不足"的困境,不利于发挥地方政府的能动性,加大了地区之间提供基本公共服务能力和水平的差距。

中央政府作为统筹全国的主体,除了提供主要的财政和制度保障外,对于那些具有较强的非竞争性和非排他性的全国受益的公共服务负有完全的责任;地方政府则根据各地的实际情况负责公共服务的具体实现。因此,地方政府提供的一般都是地方性公共服务,一般也

---

① 王晓玲:《我国省区基本公共服务水平及其区域差异分析》,载《中南财经政法大学学报》2013年第3期。

② 边旭东:《我国区域基本公共服务均等化研究》,中央民族大学2010年博士学位论文。

是地方受益的。对于那些外部性较强的公共服务,地方政府在承担主要责任的同时,中央政府应采取相应的措施予以激励或与地方政府共同提供。为此,党的十八届三中全会《决定》明确要求建立事权和支出责任相适应的制度,适度加强中央事权和支出责任,国防、外交、国家安全、关系全国统一市场规则和管理等作为中央事权;部分社会保障、跨区域重大项目建设维护等作为中央和地方共同事权;区域性公共服务作为地方事权。中央和地方按照事权划分相应承担和分担支出责任;深化税收制度改革,完善国税、地税征管体制。党领导和推动全国人大、国务院总结财税体制改革经验,适时修改《预算法》《税收征收管理法》,出台《印花税法》《契税法》《城市维护建设税法》《资源税法》,建立起与事权相适应的支出责任的中央,省、自治区、直辖市,设区的市、自治州,县、自治县、不设区的市、市辖区,乡、民族乡、镇五级预算体系,明确国家预算体系由中央预算和地方预算组成;推动统一税制、公平税负、促进公平竞争、区域税收优惠政策规范管理的制度体系,为中央与地方事权与支出责任相适应提供了强有力的制度保障。

（二）完善公共财力转移支付

由于我国不同地区资源分布不均,经济发展水平不同,提供同样使用价值的公共服务的成本在不同的地区是不同的,政府在转移支付帮助各地区提供同种公共服务时,也应当根据各地实际情况有所区别,不能搞平均主义。

首先,从转移支付的主体来看。当地方政府用于公共服务的财政收入无法弥补支出,也即出现入不敷出的情况时,中央政府往往会承担起“兜底”的责任,纵向地给予地方政府财政支持,这种传统的做法对于缓解地方的财政压力无疑有着十分重要的作用。但我国不同地区经济水平不同,中央政府的财力有限,也不能破坏自身的财务稳定性,因此单靠中央对地方、上级对下级的单一纵向的转移支付肯定是不可持续的。应合理划分中央和地方财政事权与支出责任,适度加强中央政府承担基本公共服务的职责和能力。推进转移支付制度改革,增加一般性转移支付规模和比例,重点增加对老少边穷地区的转移支付,缩小地区间财力差距,提高县级财政保障能力,引导地方将一般性转移支付资金投入到民生等重点领域。对新疆维吾尔自治区、新疆生产建设兵团、西藏自治区、四省藏区（青海藏区、四川藏区、云南藏区、甘肃藏区）、革命老区、集中连片特困地区的民生保障和改善、基础设施建设、基层政权和社会管理能力建设等项目,中央预算内投资给予倾斜支持。

其次,从转移支付的内容来看。合理利用一般性转移支付和专项转移支付,明确一般性转移支付为主、专项转移支付为辅的原则,在适度加大一般性转移支付的同时,要严格专项转移支付项目的准入和退出机制。原则上,列入专项转移支付的项目应具有突发性、特殊性、外溢性、非固定性等特征。我国《预算法》将转移支付纳入中央一般预算收入,包括中央各部门（含直属单位）的预算和中央对地方的税收返还、转移支付预算,地方各级一般公共预算收入包括地方本级收入、上级政府对本级政府的税收返还和转移支付,地方各级一般公共预算支出包括地方本级支出、对上级政府的上解支出、对下级政府的税收返还和转移支付。《国务院关于改革和完善中央对地方转移支付制度的意见》从优化转移支付结构、清理整合一般性转移支付、建立一般性转移支付稳定增长机制、加强一般性转移支付管理、清理整合专项转移支付、规范专项转移支付分配和使用、逐步取消竞争性领域专项转移支付、强化转移支付预算管理、调整优化中央基建投资专项、完善省以下转移支付制度、加快转移支付立法和制度建设、加强组织领导等方面改革和完善中央对地方转移支付制度。《国务院关于深化财政转移支付制度改革情况的报告》提出进一步推进转移支付制度改革,坚持以问题为导向,坚持以事权属性为遵循,将转移支付改革同中央与地方财政事权和支出责任划分改革相衔接,同绩效评价、预算公开、问责机制等制度建设相结合,从根本上解决转移支付与财政事权和支出责任不相匹配,转移支付交叉重叠、退出难、资金使用效益不高等问题。上述法律、法规、规范性文件为区域公共服务标准相对均等化、基本公共服务均等化精准化,从财政转移支付制度安排层面提供了保障。

（三）引入市场与社会力量

随着基本公共服务水平的提高和范围的扩大,在基本公共服务领域适当引入市场力量和竞争机制既有利于减轻政府的财政压力,也有利于公益性社会组织的发展和社会公共精神的培育。具体而言,应在坚持政府主导的前提下,通过推进政府购买公共服务、加强政府与社会资本合作、发展志愿者和慈善服务、发展"互联网+"益民服务、扩大开放交流合作等方式吸引社会力量参与,扩大基本公共服务有效供给,提高服务质量和水平。

（四）完善相关法律法规

加强法治供给是加快基本公共服务均等化进程的基本途径。本部分从分析立法现状入手,找出现有法治体系中存在的问题,提出完善基本公共服务均等化法治保障的可行性措施,确保基本公共服务均等化落到实处。

1. 基本公共服务均等化立法现状。我国目前有关基本公共服务均等化立法的法律法规可从宪法层面、一般法律层面、行政法规及部门规章层面和地方性法规层面进行归纳。首先,在宪法层面,我国《宪法》第33条关于平等权和人权保护的规定,第42条关于劳动权与促进就业的规定,第45条关于社会保障权的规定,为我国公民享有区域基本公共服务均等化的基本权利提供了根本法保障。其次,在一般法律层面,《公共文化服务保障法》规定国家扶助革命老区、民族地区、边疆地区、贫困地区的公共文化服务,促进公共文化服务均衡协调发展。《教育法》第10条规定扶持边远地区、少数民族地区教育发展。《社会保险法》第64条规定基本养老保险基金逐步实行全国统筹、其他社会保险基金逐步实行省级统筹。再次,在行政法规及部门规章层面,2022年财政部制定的《中央对地方均衡性转移支付办法》、2021年教育部、国家发展改革委、财政部发布的《关于深入推进义务教育薄弱环节改善与能力提升工作的意见》等都有相关规定。最后,在地方性法规层面,全国各地方在不违反国家相关立法的情况下,结合本地实际,为实现基本公共服务均等化制定了地方性法规。

2. 完善基本公共服务均等化法制保障体系。从立法现状看,我国现有的基本公共服务均等化的立法比较零散,没有一部法律法规对公共服务中的利益主体的权利和义务作出统一规定,对公共服务提供的约束大多还停留在政策层面。因此,迫切需要尽快完善基本公共服务均等化法制保障体系。

（1）完善宪法等相关内容。以宪法精神为基础制定针对基本公共服务均等化的专项法律，对基本公共服务保障的具体内容进行细化规定。完善基本公共服务均等化保障的实施程序。此外，还应辅之以相关的行政法规、规章和地方立法，形成基本公共服务均等化法制保障体系。

（2）加快制定《基本公共服务均等化保障法》。首先，应明确基本公共服务均等化的目标、标准和范围。应在《"十四五"公共服务规划》基础上纵向设立长期和短期目标，横向设立不同地区的建设目标。由于各区域差异的客观存在，均等化的标准只能就原则性、基本性的内容设立一个统一的规则；应将义务教育、社会保障等列入基本公共服务均等化范围，在此基础上逐步推进社会服务、住房保障、公共文化体育等区域均等化。其次，在宪法相关规定的基础上，相关法律应明晰中央政府和地方政府在均等化中的权责、措施等，以及公民和社会组织的享用权和监督权等。最后，应明确法律责任机制，对违反法律规定的情况，谁应该负责任、负什么样的责任、怎样负责任都应当予以明确规定。

（3）适时制定基本公共服务均等化保障配套法规。基本公共服务的供给情况没有被纳入地方政府的政绩评价体系，获得的财政收入大多投入促进地方生产、消费等直接关系经济发展的领域，这是许多地方基本公共服务不完善的重要原因之一。在相关立法中，应设计一套完备的基本公共服务提供水平及均等化保障方面的指标体系和评估标准，对于基本公共服务保障水平提高幅度大和均等化保障水平实现程度好的地区，可以设立相应的奖励制度，激励地方政府促进本地区基本公共服务均等化的实现。

3. 基本公共服务标准体系建设。新时代必须发展完善公共服务标准化、均等化、规范化、法治化保障体系。为了明确中央与地方提供基本公共服务的质量水平和支出责任，以标准化促进基本公共服务均等化、普惠化、便捷化，2018年，中央全面深化改革委员会第三次会议审议通过了《关于建立健全基本公共服务标准体系的指导意见》（简称《指导意见》），以弥补法治体系尚不完善的不足。《指导意见》按照系统性、层次性和协调性的要求，从国家、行业、地方、基层服务机构四个层面，建构起了基本公共服务标准体系的总体框架。

第三节 基本公共教育法律制度

一、基本公共教育法律制度的内容

（一）基本公共教育法律体系

我国基本公共教育法律体系由各位阶法律、法规等组成，是以宪法为根本法，以《教育法》为基本法，以《义务教育法》《职业教育法》《高等教育法》《教师法》《民办教育促进法》等法律为主体，以《幼儿园管理条例》《民办教育促进法实施条例》等行政法规为配套，以大量的部门规章、地方性立法为补充，包括大量的其他规范性文件和我国加入的有关国际公约在内的多层次、多类型的法律规范体系。此外,我国《国民经济和社会发展第十四个五年规划和 2035 年远景目标纲要》等重要中央文件也都涉及学前教育、义务教育、职业教育、素质教育,为基本公共教育的发展提供方向性指导。

（二）基本公共教育制度体系

1. 基本公共教育行政管理体制。《教育法》第 14—16 条对我国基本公共教育行政管理体制作出了明确规定:"国务院和地方各级人民政府根据分级管理、分工负责的原则,领导和管理教育工作。中等及中等以下教育在国务院领导下,由地方人民政府管理。高等教育由国务院和省、自治区、直辖市人民政府管理。""国务院教育行政部门主管全国教育工作,统筹规划、协调管理全国的教育事业。县级以上地方各级人民政府教育行政部门主管本行政区域内的教育工作。县级以上各级人民政府其他有关部门在各自的职责范围内,负责有关的教育工作。""国务院和县级以上地方各级人民政府应当向本级人民代表大会或者其常务委员会报告教育工作和教育经费预算、决算情况,接受监督。"

2. 受教育者权益保障制度。《教育法》第 37 条规定:"受教育者在入学、升学、就业等方面依法享有平等权利。学校和有关行政部门应当按照国家有关规定,保障女子在入学、升学、就业、授予学位、派出留学等方面享有同男子平等的权利。"该条中的"受教育者"包括所有符合入学条件的群体,如学前教育、义务教育、职业教育、高等教育、继续教育等受教育群体。受教育者权益保障制度主要包括两个方面:（1）首先,为家庭经济困难的儿童、少年、青年以及残疾人、违法犯罪未成年人等特殊群体提供经济资助等各种形式的帮助。如对符合入学条件、家庭经济困难的儿童、少年、青年,提供各种形式的资助;国家、社会、学校及其他教育机构根据残疾人身心特征和需要实施教育,并为其提供帮助和便利;国家、社会、家庭、学校及其他教育机构为有违法犯罪行为的未成年人接受教育创造条件。其次,从业人员有依法接受职业培训和继续教育的权利和义务,国家机关、企业事业组织和其他社会组织,应当为本单位职工的学习和培训提供条件和便利。最后,未成年人的父母或者其他监护人应当为其未成年子女或者其他被监护人受教育提供必要条件。（2）公共教育机构应保障受教育者的权益,为受教育者创造良好的学习环境,制订完善的教学计划,开展各种教学活动,提供基本教育设施、奖学金、助学金等;受教育者对学校给予的处分不服的,有权向有关部门提出申诉;学校、教师侵犯其人身权、财产权等合法权益的,受教育者有权提出申诉或者依法提起诉讼。

3. 基本公共教育经费投入与保障。《教育法》第 54 条规定:"国家建立以财政拨款为主、其他多种渠道筹措教育经费为辅的体制,逐步增加对教育的投入,保证国家举办的学校教育经费的稳定来源。企业事业组织、社会团体及其他社会组织和个人依法举办学校及其他教育机构,办学经费由举办者负责筹措,各级人民政府可以给予适当支持。"国家通过财政收入为公共教育提供经费保障。国家财政性教育经费支出占国民生产总值的比例应当随着国民经济的发展和财政收入的增长逐步提高。据统计,2020 年国家财政性教育经费 42 908.15

亿元,占 GDP 的 4.23%;比 2011 年(18 586.70 亿元)增加 130.85%。① 各级人民政府的教育经费支出,按照事权和财权相统一的原则,在财政预算中单独列项。需要特别指出的是,《义务教育法》第 42 条第 1 款规定:"国家将义务教育全面纳入财政保障范围,义务教育经费由国务院和地方各级人民政府依照本法规定予以保障。"国务院及县级以上地方各级人民政府应当设立教育专项资金,重点扶持边远贫困地区、少数民族地区实施义务教育。我国建立了高等教育经费以财政拨款为主、其他多种渠道筹措为辅的体制,使高等教育事业同经济、社会发展水平相适应。近年来,为更好地实施科教兴国战略,发展职业教育,提高劳动者素质,促进社会主义现代化建设,我国大力发展职业教育,国务院有关部门、各级人民政府及有关单位拨付专项资金用于支持职业学校和职业培训机构的发展,鼓励通过多种渠道依法筹集发展职业教育的资金。与此同时,民办教育填补了国家教育经费的不足,扩大了教育规模的总量,有效利用了教育资源,适应了人民群众对不同层次、不同形态的教育需求。国家将改革开放以来民办教育试点改革实践上升为制度规范,制定了《民办教育促进法》,对民办教育发展与政府管理行为予以规范化法律化,推动民办教育健康有序发展。

4. 法律责任。我国基本公共教育经费主要来自财政拨款,为保证资金规范使用,《教育法》第 63 条规定:"各级人民政府及其教育行政部门应当加强对学校及其他教育机构教育经费的监督管理,提高教育投资效益。"《义务教育法》《高等教育法》《职业教育法》等法律规范也具体规定了各级教育机构使用教育经费的原则及法律责任。《职业教育法》第 55 条规定,各级人民政府应当按照事权和支出责任相适应的原则,根据职业教育办学规模、培养成本和办学质量等落实职业教育经费,并加强预算绩效管理,提高资金使用效益。这意味着各级地方政府在基本公共教育管理方面权利和义务相匹配,有利于规范教育经费的合理使用。由于义务教育经费全部来源于财政拨款,《义务教育法》第 46 条规定:"国务院和省、自治区、直辖市人民政府规范财政转移支付制度,加大一般性转移支付规模和规范义务教育专项转移支付,支持和引导地方各级人民政府增加对义务教育的投入。地方各级人民政府确保将上级人民政府的义务教育转移支付资金按照规定用于义务教育。"县级以上人民政府建立健全义务教育经费的审计监督和统计公告制度。如果基本公共教育机构违反了相关法律规定,上级人民政府或者上级人民政府教育行政部门可以会同财政部门、价格行政部门和审计机关责令违法单位限期改正;情节严重的,对直接负责的主管人员和其他直接责任人员依法给予行政处分。

二、我国基本公共教育法律制度存在的问题及其完善

基本公共教育法律法规的颁布,对我国落实教育优先的发展战略,推进中国特色社会主义教育现代化提供了法律保障。尽管我国已经建立了比较完善的教育法律法规制度,但在

---

① 参见《教育部 国家统计局 财政部关于 2020 年全国教育经费执行情况统计公告》,载中华人民共和国教育部网站 http://www.moe.gov.cn,访问日期:2022 年 9 月 3 日。

实际操作中还存在如下问题：

首先，配套法律法规不完善，可操作性不强。《教育法》是教育工作的基本法，很多方面是原则性规定，对于义务教育、特殊教育等具体教育工作，须以《教育法》为依据，制定配套的法律、法规加以规范。现行的很多法律、法规是国务院和教育主管部门发布的办法、条例等，多是针对不同时代的不同情况对某一法律进行的补充规定，或是对某一单一问题作出的规定，还没有上升到法律的高度，因此体现的是一种行政命令。

其次，执法裁量基准不明晰，处罚力度不大。目前，我国教育综合执法基准裁量标准缺乏、程序运行不规范、执法不公不严不廉问题较为突出，导致一些教育机构侵占、挪用义务教育经费、向学生乱摊派费用、上级主管部门向学校非法收取或者摊派费用的现象屡禁不止。教育机构出现违法情形时，仅仅以限期整改措施替代综合执法，对情节严重的也只是给予行政处分，刑事惩罚常常缺位，使得教育综合执法没有足够的威慑力，这也是一些违法事件屡禁不止的原因之一。

再次，监督体制不健全。新中国成立以来，教育领域至今尚未建立起监管有效、执法有力的监察体制。教育经费被违法使用，某些办学机构私自改变学校办学性质，从中牟利；教育机构主要由上级人民政府或者教育行政主管部门负责监管，没有第三方监督和公众监督。

最后，我国相关领域教育立法缺乏。对于继续教育或成人教育、学前教育等，我国尚未制定一部专门的法律法规。虽然从《教育法》中可以找到关于成人教育的相关规定，但是这种原则性的规定缺乏可操作性。而各种有关教育的地方性法规的法律效力相对薄弱，很多时候，成人教育的行政工作缺乏有力的法律依据；学前教育如幼儿园、托儿所、学前班教育管理混乱，课程体系、教材体系脱离实际，甚至出现"快班""慢班""富豪子女班"，乱收费现象盛行，严重损害了幼儿的身心健康，为中国现代人才培养埋下了隐患。

为了解决上述问题，应当从以下几个方面入手：

首先，制定完备的教育法律制度体系，保证我国教育的各个环节都能够有法可依，使教育法规形成层次排列有序的法律体系，提高教育法规的法律效力。同时，要大力改进教育立法技术，使教育法规语言简洁、规范，含义明确，既定性又定量，准确界定"该做什么""不该做什么""怎么做""违规责任与后果"等方面的问题，增强教育法规的可操作性。

其次，健全高效的教育法治实施体系。政府及行政执法部门必须严格执行教育法律制度，做到有法必依，将法律的各项规定落到实处。

再次，健全严密的教育法治监督体系。首先从完善立法监督着手，在此基础上，进一步强化权力机关的权威监督，改善行政机关的内部监督，充分发挥社会舆论监督的重要作用，极大地促进依法治教的实现程度。

最后，尽快填补相关领域的教育立法空白。纠正教育立法进展缓慢的倾向，加快立法进程，尽快出台一些急需的重要法规，如《幼儿健康成长保障法》《教育投资法》《中外合作办学法》等。

第四节　劳动就业法律制度

一、劳动就业法律制度概述

作为基本公共服务内容之一的劳动就业服务,因其特殊的公共政策寓意而有特殊的服务对象与服务内容。目前,我国关于劳动就业问题的法律有《劳动法》《就业促进法》《妇女权益保障法》《残疾人保障法》等。促进就业的相关行政法规和部门规章有《劳动就业服务企业管理规定》《残疾人就业条例》《就业服务与就业管理规定》等。另外,还有一些地方性法规,如《山东省就业促进条例》《天津市就业促进条例》等。

（一）劳动关系调节法律制度

1. 劳动合同法律制度。《劳动法》第 16 条第 1 款规定:"劳动合同是劳动者与用人单位确立劳动关系,明确双方权利和义务的协议。"劳动合同制度一般包括双方的告知制度、试用期制度、违约金制度、劳动合同解除和终止制度。告知制度要求签订劳动合同的双方在签合同之前履行诚信原则,如实告知工作职责及与劳动合同直接相关的基本情况。试用期制度要求用人单位根据合同期长短确定试用期,最长不超过 6 个月。违约金制度要求用人单位只能约定保守商业秘密事项和服务期事项的违约金。劳动合同的解除是指劳动合同订立后,履行完毕以前,合同双方或者一方的法律行为导致双方当事人提前消灭劳动关系的法律行为。《劳动合同法》对用人单位单方面解除劳动合同作出了严格规定,尤其规定了不得解除劳动合同的情形。劳动合同的终止是指劳动合同期满,或者当事人约定的劳动合同终止条件出现,劳动合同关系自然失效,双方不再履行的情形。

2. 职工民主协商制度。《工会法》规定:"工会通过平等协商和集体合同制度等,推动健全劳动关系协调机制,维护职工劳动权益,构建和谐劳动关系。""工会参加企业的劳动争议调解工作。"职工民主协商制度是指用人单位和劳动者双方组成协商机关,以企业的生存、维持及发展为前提,站在合作协力的立场上展开对话的制度。

3. 劳动争议调解制度。劳动争议又称劳动纠纷,是劳动者与用人单位之间的争议。劳动争议调解,是指由第三方对争议当事人双方进行疏导、说服,促使双方在相互谅解的基础上达成协议解决纠纷的方式。劳动争议调解委员会由企业代表和职工代表组成。劳动争议调解必须在收到仲裁申请之日起 5 日内,在双方当事人都自愿的基础上进行,劳动争议调解协议书由双方当事人签字并经调解员签名后生效。

（二）工资保障法律制度

1. 最低工资制度。所谓最低工资,是指劳动者在法定工作时间内或依法约定的工作时间内提供了正常劳动的,雇主支付给劳动者的工资必须达到的法定最低限额。根据《劳动合同法》规定,国家实行最低工资保障制度。用人单位支付给劳动者的工资不得低于当地最低工资标准,低于最低工资标准的,由当地劳动保障部门责令其在限期内补发所欠工资,并可责令按照应付金额 50% 以上 100% 以下的标准向劳动者支付赔偿金。各级工会组织发现用人单位违反该规定的,有权要求当地劳动保障行政部门处理。

2. 破产程序中的工资支付保障制度。依据《企业破产法》《民事诉讼法》的相关规定,职工工资债权被列为优先拨付破产费用和共益债务后的第一顺序受偿。

(三)就业促进法律制度

目前,就业促进法律制度以《就业促进法》为根本,以《就业服务与就业管理规定》《残疾人就业条例》为辅助,形成了就业统筹协调、多方联动促进的制度体系。其构成包括促进就业协调机制与就业服务机制两大部分。

1. 促进就业协调机制。《就业促进法》明确了国务院建立全国促进就业工作协调机制,负责协调推动全国的促进就业工作,国务院劳动行政部门具体负责全国的促进就业工作,县级以上人民政府有关部门按照各自的职责分工,共同做好促进就业工作。同时,政府应该加强就业服务和管理,县级以上人民政府应当培育和完善统一开放、竞争有序的人力资源市场,大力开展职业培训,建立健全失业保险制度和开展失业调查制度。

2. 就业服务机制。就业服务,是指为用人单位招用人员和劳动求职所提供的中介服务以及其他相关服务。政府和职业中介提供的就业服务主要包括就业咨询、职业信息发布、职业指导、职业介绍、办理就业和失业登记、职业培训等服务。《就业促进法》明确规定,政府应当加强就业服务和管理工作,逐步完善覆盖城乡的就业服务体系,应当建立预警、统计和登记制度。

(四)就业援助法律制度

就业援助是政府为就业困难人员提供的特殊就业服务和帮助。《就业促进法》规定了就业援助的措施和对象,并规定政府通过公益性岗位安置和就业援助服务等措施,对就业困难人员实行优先扶持和重点帮助。

1. 就业援助政策。《劳动法》《残疾人保障法》《兵役法》等法律以及其他法规对残疾人、退役军人、下岗失业人员等就业困难人员的就业援助作了具体的规定。我国鼓励困难人员就业的优惠政策有三个方面:一是税费减免政策;二是贷款贴息政策;三是社会保险补贴政策。

2. 就业援助措施。就业援助措施主要包括政府投资开发公益性岗位、鼓励企业招用就业困难人员、鼓励就业困难人员自谋职业或自主创业。

3. 就业援助服务。就业援助服务包括提高就业能力的服务和畅通就业渠道的服务。《就业促进法》要求地方各级人民政府加强基层就业援助服务工作,对就业困难人员实施重点帮助,提供有针对性的就业服务和公益性岗位援助。就业援助服务一般包括:求职登记和职业指导;岗位援助;职业技能培训。

二、劳动就业法律制度的完善

(一)劳动就业法律制度的薄弱环节

现阶段我国的劳动就业法律制度存在诸多薄弱环节,主要包括:(1)立法层次比较低,大多是行政法规、部门规章之类。（2）有些国际劳工组织确定的劳动者权益在我国的劳动法中没有相应的规定，如罢工权。（3）我国的劳动立法更多地保护劳动者权益，而忽略了对劳动单位的保护。

（二）劳动就业法律制度完善途径

1. 须以城乡居民劳动权、就业权及其相关权利保障相对均等化为基点，制定统一的《劳动就业保障法》，形成科学完备的劳动就业保障法律体系。

2. 以优化劳动就业保障的立法、执法、司法、守法为中心环节，推进劳动就业保障法高效实施。

3. 以建立劳动就业评价指标体系和考评标准为切入点，对承担劳动就业管理、服务、帮助、促进的机关、团体、社会组织、社区进行评价，形成《劳动就业保障法》严密监督体系。

4. 以完善劳动就业保障权益救济制度为途径，把劳动就业方面的申诉、控告、举报、纠纷纳入法治化轨道，有效实现权利救济、定分止争、保障人权、维护公平、创造财富、增进人民福祉等功能，激发社会创新活力，形成新型劳动就业保障法律体系。

第五节 公共卫生法律制度

一、公共卫生法律制度概述

（一）基本医疗卫生法律制度

基本医疗卫生法律制度包括基本公共卫生制度、基本医疗服务制度、药品供应和安全保障制度。从经济性质来说，除了公共卫生和药品安全保障市场力量一般难以胜任、需要政府干预以外，其他制度和产品从消费上都是排他的，因此在市场可以更好地生产、供给的情况下，政府有必要从中退出或至少部分退出，承担市场活动监督者、执法者的角色。也只有这样，政府才能有更多的精力应对市场力不能及的领域，建立、健全基本医疗卫生服务体系。目前，我国颁布并实施的与公共卫生相关的法律法规主要有《公共场所卫生管理条例》《公共场所卫生管理条例实施细则》《传染病防治法》《传染病防治法实施办法》《红十字会法》《国境卫生检疫法》《突发公共卫生事件应急条例》等。公共卫生服务通常涉及具有很强的负外部性的传染病和流行病的防控，需要信息反映及时、准确、全面，处置果断、得力。这些基本上无法交由民间力量实施，只能由政府通过合法的强制力予以贯彻，如采取针对疫病行之有效的强制隔离措施。《传染病防治法》的内容包括传染病预防，疫情报告、通报和公布，疫情控制，医疗救治，监督管理，保障措施，以及法律责任等方面。《国务院办公厅关于加强传染病防治人员安全防护的意见》要求加强传染病疫情调查处置的卫生防护，加强传染病患者转运救治的感染控制与职业防护，加强实验室生物安全条件建设和管理，做好医疗废物处置、患者遗体处理及相关人员防护，完善传染病防治人员工资待遇。

（二）慢性病防治法律制度

多年来在我国局部地区和示范地区开展的慢性病防治工作已经积累了大量的成功经验，并初步形成了具有中国特色的慢性病预防控制策略和工作网络。但是，慢性病防治工作仍面临着严峻挑战，全社会对慢性病严重危害普遍认识不足，政府主导、多部门合作、全社会参与的工作机制尚未建立，慢性病防治网络尚不健全，卫生资源配置不合理，人才队伍建设亟待加强。今后一个时期是加强慢性病防治的关键时期，要把加强慢性病防治工作作为改善民生、推进医改的重要内容，采取有力有效措施，尽快遏制慢性病高发态势，降低疾病负担，提高居民健康期望寿命，努力全方位、全周期保障人民健康。

（三）卫生计生法律制度

《国家卫生计生委关于印发 2017 年卫生计生工作要点的通知》就推进基本公共卫生服务均等化和重大疾病防控，推进单独两孩政策稳妥扎实有序实施，加强顶层设计和规划引领，加强依法行政和优质服务，着力提高卫生计生治理能力，加快建设人民满意的卫生计生事业作出了规定，对全面做好卫生应急、重大疾病防治、食品安全等公共卫生工作进行了规划：（1）建立完善卫生应急工作制度。（2）预防和控制重大疾病制度。预防和控制重大疾病制度包括：疾病预防控制中心岗位设置管理机制；疾控机构能力管理制度；艾滋病、结核病、疟疾、包虫病、麻风病等重点传染病及地方病防治规划和行动计划；脊灰疫苗使用策略和预防接种异常反应补偿机制；社会组织参与艾滋病防治基金机制；慢性病综合防控示范区管理制度；癌症防治行动计划；严重精神障碍患者的救治管理；职业病防治服务体系和能力建设；饮用水监测和空气污染（雾霾）监测覆盖制度；城乡环境卫生行动计划；国家卫生城镇动态管理和退出机制；健康城市指标和评价体系。（3）妇幼健康服务制度。妇幼健康服务制度包括：基层妇幼保健和计划生育技术服务资源优化整合规范化建设；妇幼健康优质服务"示范工程"；计划生育免费基本技术服务项目管理；困难家庭免费基本生育服务管理；出生缺陷三级预防协调推进机制；国家免费孕前优生健康检查项目城乡居民全覆盖管理制度；国家贫困地区儿童发展规划、儿科体系建设规划；人类辅助生殖技术监管机制；避孕药具管理服务制度等。（4）精神卫生法律制度。依据《精神卫生法》规定，我国的精神卫生法律制度包括心理健康促进和精神障碍预防、精神障碍的诊断和治疗、精神障碍的康复、保障措施和法律责任。

二、公共卫生法律制度的完善

医疗卫生关系到人民群众的身体健康甚至生命安危，但长期以来"看病难、看病贵"的痼疾使医疗卫生广为诟病。相较城市，农村、基层的医疗问题更加严峻。对此，可以采取以下措施予以完善：

（一）完善公共卫生法律制度

系统完备的公共卫生法律制度体系是实现公共卫生法治的基础。但现行公共卫生保障机制仍然存在诸多不足之处，尤其是近年来新冠疫情防控暴露出一些急迫性问题。需以宪法为统领,以保障公民健康权利为核心,不断完善公共卫生法律制度体系,为公共卫生领域的执法、司法、守法等提供规范依据。

（二）完善农村的卫生法制建设

我国农业人口占全国总人口的大多数,虽然目前农村缺医少药的状况得到了很大的改善,农民的健康水平和平均寿命有了很大的提高,但是农村的卫生工作依然很薄弱,体制改革落后,卫生人才匮乏,基础设施落后。农民因病致贫因病返贫现象突出。因此,须建立完善与社会主义市场经济体制和农村经济社会发展水平相适应的农村卫生服务体系和农村合作医疗制度,为广大农民群众得到更好的医疗卫生服务提供法律保障。

（三）完善突发公共卫生事件应急法律制度

完善突发公共卫生事件应急法律制度,须在"统一指挥、反应灵敏"的应急指挥体系的基础上,明确政府、社会组织和公民在其中的地位、权力（利）和责任（义务）,以及纠纷处理原则、方式、救济程序等内容,使突发公共卫生事件应急法律制度与自然灾害、事故灾难应急处置法律制度以及社会治安应急处置法律制度相协调,从而发展完善国家重大风险预测预警防范与应急处置制度体系。

第六节　公共文化法律制度

一、公共文化法律制度体系

公共文化的发展离不开法律制度的支撑与制约。经过数十年发展,我国已形成较为完备的公共文化法律制度体系:（1）法律层面。包括《公共文化服务保障法》《文物保护法》《著作权法》《非物质文化遗产法》《国家通用语言文字法》《关于处理违法的图书杂志的决定》《公共图书馆法》《电影产业促进法》《广告法》《网络安全法》《电子商务法》《数据安全法》《个人信息保护法》。（2）行政法规层面。包括《著作权法实施条例》《出版管理条例》《地图管理条例》《印刷业管理条例》《电影管理条例》《音像制品管理条例》《广播电视管理条例》《广播电视设施保护条例》《广告管理条例》《信息网络传播权保护条例》《互联网上网服务营业场所管理条例》《营业性演出管理条例》《娱乐场所管理条例》《文物保护法实施条例》《古生物化石保护条例》《长城保护条例》《历史文化名城名镇名村保护条例》《传统工艺美术保护条例》《博物馆条例》《美术馆工作暂行条例》。（3）地方规范性文件层面。据统计,我国与文化工作密切相关的地方性法规有 154 部,地方政府规章有 138 部,地方其他规范性文件达 13 000 余件。① 目前,我国正围绕推进社会主义文化强国建设,满足人民日益增长的美好生活需要,积极推进科学立法、民主立法、依法立法,着力填补立法

---

① 《我国现有多少"管文化"的法律法规》,载中华人民共和国中央人民政府网站 http://www.gov.cn,访问日期:2022年12月5日。

空白点,补强立法薄弱点。[①]

（一）公共文化法律制度应保护和发展民族特色和地域特色

我国地域辽阔、区域差距较大,各地的地域风貌、民俗风情、资源禀赋各不相同。这就要求我们在准确理解现代公共文化服务体系的内涵、把握其精神实质的前提下,实事求是,因地制宜,突出特色。在公共文化服务的具体提供上,《公共文化服务保障法》第 28 条规定:"设区的市级、县级地方人民政府应当根据国家基本公共文化服务指导标准和省、自治区、直辖市基本公共文化服务实施标准,结合当地实际,制定公布本行政区域公共文化服务目录并组织实施。"在建设地方性的公共文化服务设施方面,第 15 条第 1 款规定:"县级以上地方人民政府应当将公共文化设施建设纳入本级城乡规划,根据国家基本公共文化服务指导标准、省级基本公共文化服务实施标准,结合当地经济社会发展水平、人口状况、环境条件、文化特色,合理确定公共文化设施的种类、数量、规模以及布局,形成场馆服务、流动服务和数字服务相结合的公共文化设施网络。"地域文化与民族文化是紧密相连的。因此,公共文化法律制度的建设应该有利于保护和发展具有民族特色和地域特色的文化,以弘扬我国多民族的优秀文化遗产,并将其发扬光大。

（二）公共文化各级政府主管部门应根据相关规定负责公共文化服务工作

在公共文化法律制度建设方面,国务院起着统领全局的作用,通过建立公共文化服务规范性文件,指导、推动全国公共文化服务工作。县级以上地方各级人民政府则在国务院的协调下,结合当地群众需求、政府财政能力和文化特色,统一领导、组织、协调本行政区域内的公共文化服务工作。国务院相关部门如文化旅游主管部门、新闻出版广电主管部门根据相关法律和国务院规定的职责负责全国的公共文化服务工作;县级以上地方人民政府等主管文化的相关部门应各司其职,结合本地区的群众要求、当地的财政承受能力以及地区文化特色管理本地区的公共文化服务工作。

（三）公共文化资金主要来自国家财政

公共文化的公共性和公益性决定了公共文化的资金主要来自国家财政。根据服务项目和服务对象的不同,其来源也略有差异。在公共文化服务提供方面,国务院和地方各级人民政府应当合理划分各自负责的公共文化服务供给与支出责任,建立健全公共文化服务财政保障机制,将公共文化服务所需资金落到实处。同时,各级人民政府应当根据国务院相关要求和当地实际情况将公共文化服务所需经费纳入本级财政预算。在资金分配方面,应该有所侧重,转移支付资金应当重点扶助革命老区、民族地区、边疆地区和贫困地区开展公共文化服务,支持农村和城市社区公共文化服务工作。另外,也可以采用发行公益彩票的方式,为公共文化建设筹集资金。

[①] 《中共文化和旅游部党组　文化和旅游部关于 2021 年度法治政府建设情况的报告》,载中华人民共和国文化和旅游部网站 http://mct.gov.cn,访问日期:2023 年 2 月 10 日。

二、公共文化法律制度的完善

法律是治国之重器,良法是善治之前提。只有形成科学完备的公共文化法律制度,才能让人民群众依法公平公正分享基本公共服务。一个完善的公共文化法律制度体系应该是由一系列与公共文化服务相关的基本法、配套法律法规等构成的多层次多领域的法律系统。为此,应从以下方面着手构建公共文化法律制度体系。

（一）制定公共文化服务立法规划

公共文化服务法律制度的完善是一个循序渐进的过程,它的制定应遵循一定的路径:一是进行相关的立法规划。在这个过程中,应向全社会了解立法需求,并根据已有的预备立法项目,规划制定各期立法目标,并对规划进行动态管理。二是及时收集、整理、汇编国内外关于公共文化的立法案例并展开细致深入的分析研究。把公共文化服务立法规划与公共文化服务制度设计工作结合起来,最终确定公共文化服务立法一系列规划和设计。

（二）统筹推进多层次多领域立法工作

为完善公共文化法律制度,我国已出台或计划出台一系列相关法律法规,如《文化产业促进法（草案）》《公共文化服务保障法》《文物保护法》《公共图书馆法》《著作权法》《广告法》《著作权法实施条例》《地图管理条例》《出版管理条例》《印刷业管理条例》《音像制品管理条例》《广播电视管理条例》。此外,有立法权的地方也结合本地实际进行了地方公共文化立法等。以上这些从中央到地方的系统性立法为我国公共文化法律制度的建设提供了多层次多领域的法律支撑。

（三）扩大地方立法权限

我国《立法法》规定,设区的市的人民代表大会及其常务委员会根据本市的具体情况和实际需要,在不同宪法、法律、行政法规和本省、自治区的地方性法规相抵触的前提下,可以对城乡建设与管理、环境保护、历史文化保护等方面的事项制定地方性法规,法律对设区的市制定地方性法规的事项另有规定的,从其规定。截至2021年,省、自治区、直辖市共制定地方性法规779件,设区的市、自治州、不设区的地级市地方性法规688件,自治条例和单行条例87件,经济特区法规40件,司法解释251件,香港特别行政区法律42件,澳门特别行政区法律17件。[1] 这些地方性法规在具体创制过程中须注意以下几点:（1）基层在实践中发现的行之有效的经验须及时向中央总结报告,使之及时上升到法律层面;（2）对于基层的一些积极实践探索,中央须积极鼓励支持,秉承"摸着石头过河"的理念适时依法依程序批准试点,给予地方更多的自主权;（3）对于地方的探索,中央须做好全局的指导工作,对于地方探索过程中出现的问题,应及时指出并予以纠正;（4）中央须在法律层面,为改革实践保驾铺路,对于不适于新实际的法律法规要及时修改废除,做到文化改革探索有法可依、于法无碍。

---

[1]　参见莫纪宏、田禾主编:《法治蓝皮书:中国法治发展报告 No.20（2022）》,社会科学文献出版社2022年版。

（四）健全法律实施与相关监督机制

良法既得,若实施过程荒废,亦不得善治。因此,须建立健全法律实施的管理机制,对法律的实施进行追踪评估和监督。一方面,法律条文能否适用需经过实践的检验,相关部门应对各地法律的适用情况进行持续的调研评估,并对各地在法律实施过程中出现的新情况及时总结分析,为法律的修改和政策的调整提供参考。另一方面,法律实施的质量决定了法律最后的效果。在法律实施中,各地要做到政务公开、开支透明,接受来自上级主管部门、人大政协、社会团体（人民团体和社会组织）、媒体以及群众的多方监督。

第七节　基本社会服务法律制度

基本社会服务包括社会救助、社会福利、社会事务和优抚安置四大领域。政府应着力健全以城乡居民最低生活保障制度为核心,以农村五保供养制度、自然灾害救助制度、医疗救助制度、流浪乞讨人员救助制度为主要内容,以临时救助制度为补充的社会救助体系,以扶老、助残、救孤、济困为重点,逐步拓展社会福利的保障范围,推动社会福利由补缺型向适度普惠型转变,逐步提高国民福利水平。

一、基本社会服务法律制度的内容

基本社会服务法律制度分为社会救助法律制度、社会福利法律制度、基本养老服务法律制度、优抚安置法律制度。

（一）社会救助法律制度

随着《社会救助暂行办法》的颁布,我国的社会救助工作摆脱了长期以来缺乏统一的全国性法律法规的现状,初步形成了以最低生活保障、受灾人员救助、医疗救助、临时救助为主体,以社会力量参与为补充的社会救助制度体系。《社会救助暂行办法》与配套的《农村五保供养工作条例》《城市居民最低生活保障条例》《自然灾害救助条例》《城市生活无着的流浪乞讨人员救助管理办法》等,从不同方面协同推进我国的社会救助工作。

1. 城乡居民最低生活保障制度。最低生活保障制度是指当公民的收入难以维持基本生活时,由政府按照法律规定提供基本物质生活帮助以保障公民基本生存权利的制度。最低生活保障制度已经成为解决城乡困难群众基本生活问题、统筹协调城乡社会保障制度建设、构建社会主义和谐社会的重大举措。

（1）低保审核审批制度。低保审核审批制度是为了保证低保制度的公开、公平、公正而对相关环节进行审查的制度,具体可划分为资格条件认定、申请受理工作、家庭经济状况调查、民主评议和审核审批几个步骤。低保审核审批工作是城乡低保工作的重要准备工作,只有这个环节做好了,其他环节才有落实的可能,才能保证"应保尽保"的制度目标的实现。

（2）低保工作绩效评价制度。低保工作绩效评价制度是指运用科学合理的评价方法、指标体系和评价标准,全面客观衡量各省（自治区、直辖市）年度低保工作的规范性、效率性和有效性。目前,我国正围绕推进社会主义文化强国建设,满足人民日益增长的美好生活需要,积极推进科学立法、民主立法、依法立法,着力填补立法空白点、补强立法薄弱点。[①]

（3）低保行政处罚制度。当从事城乡居民最低生活保障管理工作的人员或享受城乡居民最低生活保障待遇的居民不履行法定义务或有不符合法律法规规定的行为时,低保监督管理机关有权进行行政处罚。

2. 自然灾害救助制度。自然灾害救助是指国家和社会对因遭受自然灾害袭击而生活困难的社会成员紧急提供援助的一种社会救助。我国的自然灾害救助制度以《突发事件应对法》《自然灾害救助条例》为基础,辅之以一系列其他法律规范,对灾害救助的救助过程和相关辅助工作作了详细的规定,具体包括以下制度:

（1）自然灾害救助行政管理体制。《自然灾害救助条例》第3条规定:"自然灾害救助工作实行各级人民政府行政领导负责制。国家减灾委员会负责组织、领导全国的自然灾害救助工作,协调开展重大自然灾害救助活动。国务院应急管理部门负责全国的自然灾害救助工作,承担国家减灾委员会的具体工作。国务院有关部门按照各自职责做好全国的自然灾害救助相关工作。县级以上地方人民政府或者人民政府的自然灾害救助应急综合协调机构,组织、协调本行政区域的自然灾害救助工作。县级以上地方人民政府应急管理部门负责本行政区域的自然灾害救助工作。县级以上地方人民政府有关部门按照各自职责做好本行政区域的自然灾害救助相关工作。"

（2）自然灾害救助准备制度。自然灾害救助准备制度包括应急预案制度和物资储备制度。自然灾害应急预案是国家为了规范紧急救助行为,提高紧急救助能力,最大限度减少人民群众生命和财产损失,建立的应对突发重大自然灾害的紧急救助体系和运行机制。我国目前已基本形成省、市、县三级应急预案制度,在应对重特大自然灾害的过程中发挥了至关重要的作用。2016年,国务院办公厅颁布了修订后的《国家自然灾害救助应急预案》。《中央救灾物资储备管理办法》第2条将中央救灾物资定义为中央财政安排资金,由民政部购置、储备和管理,专项用于紧急抢救转移安置灾民和安排灾民生活的各类物资。该办法还对救灾物资的购置、储备、调拨、使用和回收等工作环节作出了具体规定。

（3）应急救助制度。当自然灾害发生并满足自然灾害救助应急预案启动条件时,县级以上人民政府或者人民政府的自然灾害救助应急综合协调机构应当按照《自然灾害救助条例》的规定采取相应的措施,争取将人民的生命和财产损失降到最低。

（4）灾后救助制度。具体包括灾后对受灾人员的过渡性安置、受灾地区的恢复重建工作、居民住房恢复重建补助对象的确定及补助的发放、受灾人员基本生活救助等。

（5）救灾捐赠管理制度。该制度适用于发生自然灾害时,救灾主体开展募捐活动,以及自然人、法人或者其他组织捐赠财产,用于支援灾区建设、帮助灾民的情况。《救灾捐赠管

---

① 《中共文化和旅游部党组 文化和旅游部关于2021年度法治政府建设情况的报告》,载中华人民共和国文化和旅游部网站 http://mct.gov.cn,访问日期:2023年2月10日。

理办法》明确了组织捐赠与募捐、接受捐赠、境外救灾捐赠、救灾捐赠款物的管理和使用等工作。

（6）灾害信息员培训制度。灾害信息员是指从事灾害信息的收集、传递、整理、分析、评估等工作的人员。《民政部办公厅关于进一步加强灾害信息员队伍建设的通知》强调，建设覆盖城乡基层的灾害信息员队伍，是国家救灾应急体系建设的重要内容，也是加强民政技能人才专业化、职业化的必然要求。而要实现这些目标，必须做好灾害信息员的培训工作，将灾害信息员日常业务培训和职业资格鉴定培训有机结合，提高灾害信息员的工作质量和效率。

（7）灾情统计、核定和报告制度。为及时、准确掌握自然灾害情况，给救灾工作和其他有关工作提供决策依据，根据《自然灾害救助条例》《自然灾害情况统计调查制度》《特别重大自然灾害损失统计调查制度》规定，灾情稳定前，受灾地区人民政府民政部门应当每日逐级上报自然灾害造成的人员伤亡、财产损失和自然灾害救助工作动态等情况，并及时向社会发布。各级应急管理部门在灾害发生初期、灾害基本稳定后或重特大自然灾害应急救援期结束后，要对灾害发生时间、灾害种类、受灾范围、灾害造成的损失以及救灾工作开展情况和受灾人员冬春救助情况等进行统计、核定和报告。

3. 医疗救助制度。医疗救助制度主要包括门诊救助制度、住院救助制度、重特大疾病救助制度、疾病应急救助制度。其中，门诊救助制度主要帮助解决符合条件的救助对象在患有常见病、慢性病、需要长期药物维持治疗以及急诊、急救时个人负担的医疗费用。住院救助制度主要用于解决因病住院救助对象个人负担的医疗费用。重特大疾病救助制度主要针对患有重大疾病并造成医疗和家庭生活困难的城乡居民，在医疗保险之外给予一定金额的现金救助。《关于进一步完善医疗救助制度　全面开展重特大疾病医疗救助工作的意见》将重特大疾病救助制度化，弥补了我国社会救助制度的短板。《国务院办公厅关于建立疾病应急救助制度的指导意见》规定，对于在中国境内发生急重危伤病、需要急救但身份不明确或无力支付相应费用的患者，医疗机构对其紧急救治所发生的费用，可向疾病应急救助基金申请补助，由包括卫生部门、医疗机构、医保部门、民政部门、公安机关等在内的多部门多方联动共同落实疾病应急救助制度。

4. 流浪乞讨人员救助制度。流浪乞讨人员是指自身无力解决食宿，无亲友投靠，又不享受城市最低生活保障或者农村五保供养，在城市流浪乞讨度日的人员。流浪乞讨人员作为社会弱势群体的一员，对其进行的救助在整个社会救助工作中扮演着极其重要的角色。通过对流浪乞讨人员的救助，不仅可以保障公民的基本生存权利不受侵犯，对维护社会稳定也具有重要意义。

（1）救助管理机构管理制度。《生活无着的流浪乞讨人员救助管理机构工作规程》指出，救助管理机构包括县级以上人民政府设立的救助管理站、未成年人救助保护中心等专门机构。救助管理机构应当为流浪乞讨人员提供临时性救助服务，具体包括接待服务（求助接待、安检登记）、在站服务（生活服务、寻亲服务、医疗服务、未成年人教育服务）、离站服务（离站准备、自行离站、接送返回）等。同时也规定了终止服务的情形。在自身建设方面，救助管理机构需要建立岗位培训制度、安全保卫制度、值班巡查制度、信息管理制度、财务管理制度、消防安全制度、突发事件处置制度、救助工作档案管理制度和工作人员休假制度等。《民政部关于在全国开展救助管理机构规范化建设的意见》强调要大力开展街头救助和开放式救助，在内部管理方面实行岗位责任制。

（2）特殊困难救助对象救助制度。这里的特殊困难救助对象主要是指受助人员中的残疾人、未成年人和其他行动不便者等。省级承担特殊困难救助对象跨省返乡工作的救助管理站负责接收救助对象，省级民政部门负责接回流出地。

此外，对于涉及的多个政府部门的职责和应采取的主要措施以及流浪未成年人需求和家庭监护情况评估等都有统一的规定。

（二）社会福利法律制度

社会福利是指在社会保障体系中，社会保险、社会救济和社会优抚以外的有关社会保障的措施。

1. 孤儿养育保障制度。我国的孤儿养育保障制度以《国务院办公厅关于加强孤儿保障工作的意见》为基础，以《民法典》为指导，以《家庭寄养管理办法》《外国人在中华人民共和国收养子女登记办法》《国家级福利院评定标准》《民政部关于规范生父母有特殊困难无力抚养的子女和社会散居孤儿收养工作的意见》《收养登记工作规范》等一系列行政法规、部门规章等为配套，规范了孤儿保障工作中各方主体权利义务关系。

2. 农村五保供养制度。农村五保供养是指在吃、穿、住、医、葬方面给予村民的生活照顾和物质帮助。《农村五保供养工作条例》《农村五保供养服务机构等级评定暂行办法》《民政部关于农村五保供养服务机构建设的指导意见》共同对农村五保供养的供养内容、供养对象、供养标准、供养资金、供养形式、供养工作的管理制度以及供养服务机构的管理制度等予以规范。

3. 殡葬管理制度。我国传统的殡葬方式以土葬为主，不仅浪费土地，对环境保护也会产生不利影响，因此近年来我国极力推行殡葬改革。但由于传统风俗习惯已根深蒂固，殡葬改革事业任重而道远，急需完善的法律体系予以规范。《殡葬管理条例》第 2 条规定殡葬管理的方针是：积极地、有步骤地实行火葬，改革土葬，节约殡葬用地，革除丧葬陋俗，提倡文明节俭办丧事。

（1）殡葬设施管理。各级人民政府民政部门对殡仪馆、火葬骨灰盒、公墓、殡仪服务站等殡葬设施的建立、维护和更新等进行管理和监督。

（2）遗体处理和丧事活动管理。包括遗体处理和丧失活动应当遵循的规定及不能违反的规定。

（3）殡葬设备和殡葬用品管理。即对包括火化机、运尸车、尸体冷藏柜在内的殡葬设备和相关丧葬用品的管理规定。

（4）殡葬激励政策。除了上述殡葬管理的一般制度外，为了加快殡葬改革进程，我国建立了惠民殡葬政策和改革示范单位两项激励制度。前者主要内容为减免基本殡葬服务费用,减轻群众丧葬负担,并向农村、贫困地区和城乡低收入群体倾斜;后者全称为全国殡葬改革示范单位,是由各地县级人民政府民政部门主导的示范标准制度,用于激励殡葬机构提高服务水平,改善服务质量。

4. 婚姻登记制度。《婚姻登记条例》以及其他相关配套规定规范了我国的婚姻登记制度。

(1)婚姻登记一般制度。包括结婚登记、离婚登记、婚姻登记档案和婚姻登记证的管理,适用于一般公民的婚姻登记工作。

(2)特殊人群的婚姻登记制度。例如,《民政部、总政治部关于士官婚姻管理有关问题的通知》和《民政部办公厅关于暂未领取居民身份证军人办理婚姻登记问题的处理意见》就规范了军人婚姻登记的相关工作。

(3)婚姻登记规范化建设工作。包括婚姻登记的信息化建设工作、婚姻登记机关的评定工作以及督导检查工作。

5. 社会福利机构管理制度。社会福利机构是指国家、社会组织和个人举办的,为老年人、残疾人、孤儿和弃婴提供养护、康复、托管等服务的机构。社会福利机构管理制度由《社会团体登记管理条例》《养老机构管理办法》《城市社会福利事业单位管理工作试行办法》《国家级福利院评定标准》《民政部关于制定福利机构儿童最低养育标准的指导意见》等组成。该管理制度对社会福利机构的资格条件、申请流程、日常管理工作及服务标准等进行了明确规定。

(三)基本养老服务法律制度

老年人口基数大、增长快的国情加剧了我国人口老龄化,随着老龄化程度加深,近年来,党和政府对基本养老服务越来越重视,党的二十大报告明确提出,实施积极应对人口老龄化国家战略,发展养老事业和养老产业,优化孤寡老人服务,推动实现全体老年人享有基本养老服务。这为推进基本养老服务体系提供了政策指引。与此同时,《老年人权益保障法》第5条提出"国家建立和完善以居家为基础、社区为依托、机构为支撑的社会养老服务体系"。结合基本社会服务体系建设的实际,现将基本养老服务制度归纳如下:

1. 居家养老服务制度。居家养老服务是指政府和社会力量依托社区,为居家的老年人提供生活照料、家政服务、康复护理和精神慰藉等方面服务的一种服务形式。它是对传统家庭养老模式的补充与更新,是我国发展社区服务,建立养老服务体系的一项重要内容。2015年颁布的《北京市居家养老服务条例》是我国第一部居家养老服务领域的地方性法规,在若干方面规范了居家养老服务的管理与运行。

(1)居家养老服务内容。主要包括用餐服务、家庭护理服务、紧急救援服务、日间照料服务、家政服务、精神慰藉服务、老年人娱乐和体育活动。

(2)多元主体参与。主要指政府引导、支持、鼓励企业和社会组织以资金投入、提供居家养老服务设施和场所等方式参与居家养老服务,同时鼓励养老机构为周边社区居家老年人提供服务。

（3）无障碍设施工程。即居住区的建造要符合国家无障碍设施工程建设标准,为老年人生活带来不便的生活服务设施要进行改造。

（4）社区卫生服务。即在为老年人提供体检、疾病预防、常见病和慢性病医疗服务的同时,建立与其他医疗机构的双向转诊制度。

（5）长期护理保险。探索建立失能老人的长期护理保险制度。

（6）居家养老服务补贴。在评估的基础上,对符合条件的困难老人提供居家养老服务补贴。

（7）人才培养。即培养专业的居家养老服务工作者。

2. 机构养老服务制度。包括:

（1）机构养老服务内容。《养老机构管理办法》第9条规定养老机构要为收住的老年人提供生活照料、康复护理、精神慰藉、文化娱乐等服务。

（2）养老机构备案制度。设立营利性养老机构,应当在市场监督管理部门办理登记;设立非营利性养老机构,应当依法办理相应的登记。养老机构登记后即可开展服务活动。营利性养老机构和非营利性养老机构应当依法向相关部门备案。

（3）入院评估制度。评估老年人的健康状况,并根据服务协议和生活自理能力,对老年人实施分级分类服务。

（4）服务收费管理机制:一是民办养老机构服务收费标准由市场形成;二是政府投资兴办养老机构区分服务对象实行不同收费政策;三是探索建立公建民营的养老机构收费管理模式。

（5）人员聘用和培养制度。养老机构工作人员不仅要持有相关的专业技术等级证书,还要接受相应的技能、业务和职业道德培训。

（6）老年人安全保障和突发事件应急制度。即针对老年人安全或突发事件处置所建立的安全保障和应急处置制度。

（7）养老机构责任保险制度。养老机构责任保险是指入住养老机构的老年人,在接受护理人员服务过程中,由于各类原因导致的意外事故遭受人身伤害时,在约定限额内获得赔偿的一种责任保险。

（8）养老机构评估制度。由民政部门或委托第三方定期对养老机构的人员、设施、服务、管理、信誉等进行综合评价。

3. 政府购买养老服务制度。《政府购买服务管理办法》将政府购买服务与满足老年人基本养老服务需求相结合,由政府出面与其他社会组织签订合约,购买其他社会组织提供的养老服务。这种将市场主体引入公共服务的做法,既满足了老年人多样化的养老需求,又减轻了政府的财政压力。

除了前述基本养老服务制度之外,《民政部关于建立养老服务协作与对口支援机制的意见》鼓励在城乡之间、养老机构之间、跨地区之间建立养老服务业协作与对口支援机制,加快农村和欠发达地区的养老服务业发展。

（四）优抚安置法律制度

优抚安置实际上是优待、抚恤、退役军人安置三种待遇的总称。优待是国家和社会按照立法规定和社会习俗，对军人及其亲属提供维持一定生活水平和生活质量的资金和服务的保障项目。抚恤主要指慰问伤残人员或死者家属并发给一定数额的费用，可分为死亡抚恤和残疾抚恤。退役军人安置是指对退役军人、离退休军人提供的扶持、帮助和就业安排。

1. 优待制度。包括：

（1）优先权待遇。享受的主体是烈士遗属及因公牺牲、病故的军人家属，其在就业、教育、住房、养老及其他领域享有优先权。

（2）优待待遇。享受的主体是现役军人家属，主要包括发放优待金、保留入伍前单位福利或土地、乘坐交通工具优惠、景点游览优惠等。

（3）生活福利待遇。享受的主体是伤残军人，主要包括医疗待遇、工伤待遇以及一些生活福利待遇等。

（4）定期定量补助待遇。享受的主体是复员、退伍军人，主要包括在医疗、就业、教育、住房等方面享有优惠或优先权，并在生活困难时有权获得定期定量补助。

2. 抚恤制度。抚恤制度包括死亡抚恤和残疾抚恤。

（1）死亡抚恤对象的认定和待遇。《军人抚恤优待条例》规定，现役军人死亡被批准为烈士、被确认为因公牺牲或者病故的，其遗属有资格享受抚恤，并明确规定了可被批准为烈士、被确认为因公牺牲或者病故的情形，除此之外的情形不可享受死亡抚恤。《人民警察抚恤优待办法》将被评定为烈士、被确认为因公牺牲或者病故的人民警察遗属也纳入死亡抚恤的范围。现役军人和人民警察被批准为烈士的，依照《烈士褒扬条例》的规定发给烈士遗属烈士褒扬金；现役军人和人民警察死亡的，根据其死亡性质和死亡时的月工资标准，由县级人民政府部门发给其遗属一次性抚恤金；获得荣誉称号或者立功的烈士、因公牺牲军人以及病故军人、人民警察的遗属可再获得增发的一次性抚恤金；对符合规定条件的烈士遗属、因公牺牲军人遗属、病故军人遗属、病故人民警察遗属，国家发给定期抚恤金。

（2）残疾抚恤的对象认定和待遇。因战、因公致残，残疾等级被评定为一级至十级的，以及因病致残，残疾等级被评定为一级至六级的，享受残疾抚恤。退出现役的残疾军人，按照伤残等级享受残疾抚恤金；服现役的残疾军人，由所在部队按照规定发给残疾抚恤金；退出现役的一级至四级残疾军人，由国家终身供养；残疾人民警察按照《军人抚恤条例》的标准享受残疾抚恤金。值得一提的是，《人民警察抚恤优待办法》将抚恤优待的覆盖范围扩大到了人民警察队伍。

3. 退役军人安置制度。包括：

（1）退役士兵安置制度。根据《退役士兵安置条例》规定，退役士兵安置制度包括对退役士兵的移交和接收、退役士兵的安置、退役士兵的退休与供养以及退役士兵保险关系的接续等内容。

（2）军队离休退休干部服务管理制度。这里所指的军队离休退休干部,是指移交政府安置的由民政部门服务管理的中国人民解放军和中国人民武装警察部队离休退休干部。服务内容主要包括重大节日慰问、离退休费和津贴补贴、医疗交通探亲等待遇、医疗保障、文化体育活动等。

二、基本社会服务法律制度的完善

（一）社会救助法律制度的完善

近年来,我国的社会救助制度不断发展,社会救助法律制度也在不断完善,基本的社会救助体系已经基本建立。《社会救助暂行办法》解决了我国一直以来缺乏统一的社会救助法律法规的现状,但总体来看,我国的社会救助法律体系仍然存在一些不容忽视的问题。

1. 现代立法观念淡薄。社会救助传统上在我国被视为政府的一种慈善或公益行为,还没有意识到接受社会救助实际上是我国公民的一项基本权利。

2. 法规体系不健全。我国现有的社会救助法律制度中涉及最低生活保障制度的政策制度较多,而住房救助、医疗救助、教育救助等涉及公民日常生活的专项救助则缺乏相应的依据,已有的制度也很零散,不成体系。

3. 法规位阶较低。如《社会救助暂行办法》虽然已经颁布,但法律位阶较低,法律效力不强,无法从根本上提高社会救助领域的法制化和规范化水平。

4. 法律实施机制不健全。我国社会救助的管理机制、运行机制和监督机制都还不完善,导致社会救助对象范围狭窄,救助水平低,救助经费不足,这都严重阻碍了社会救助效用的发挥。

5. 城乡救助差异明显。我国城乡二元结构的现状在社会救助法律制度领域也有所体现,不管在救助对象、救助项目还是在救助资金投入和救助管理水平方面,城市和农村都有着较大的差异。

基于以上社会救助法律制度存在的问题,应当有针对性地采取措施不断规范和完善社会救助法律体系。

1. 确立现代社会救助立法观念。只有真正将社会救助当作公民应当享受的基本权利,才能从根本上加快推进社会救助法制化的进程。

2. 提高社会救助法律位阶,建立配套的法律法规。要在全国统一的《社会救助法》的基础上,建立配套的、全面的法规、条例和规章,将社会救助的管理体系法制化。

3. 健全法律实施机制。一方面,提高社会救助的管理水平,杜绝违法违规行为,建立强有力的监督体系;另一方面,要明确社会救助的对象和水平,在财政能力之内,尽可能全面地将需要救助的人纳入社会救助的范围。

4. 统筹城乡社会救助法律制度。城市和农村的经济不平衡是客观存在的事实,一味地强调无差别的公平是不现实也是不科学的。应当从城市和农村各自的实际出发,建立在救助水平、救助项目、救助管理等方面与其实际相适宜的统一社会救助制度。

（二）社会福利法律制度的完善

对于社会福利法律制度,须结合我国法律创制地方先行、试点推广、全面提升、制度规范的特点予以完善。

1. 完善社会福利法律制度的体系性。在建立统一的社会福利法的基础上,建立健全具体的和配套的法规体系。

2. 兼顾社会福利的普适性和针对性。在完善社会福利法律制度的过程中,既要保证相同条件的公民享有相同的福利,又要为不同的人群设计有差别的福利制度。

3. 提高社会福利制度的管理和监督水平。既须适度扩大对社会福利事业的参与投入,又须改变社会福利领域多头管理的格局,厘清行政管理体系,保证社会福利法律制度的贯彻落实。

4. 完善基本养老服务、优抚安置等法律制度。一方面,完善基本养老服务法律制度。我国现有基本养老服务法律制度大多仅停留在国家政策层面,缺乏法律效力较强的法律法规的约束。因此,亟需建立国家层面统一的和针对基本养老服务各个组成部分的法律体系。另一方面,须完善优抚安置法律制度。如增加优待制度的强制性调整,使优待对象按规定享受的待遇更加具体和明确;适当提高抚恤待遇标准;将因见义勇为而伤亡或因同犯罪分子作斗争而伤亡的群众纳入抚恤优待的范围。

第七章　社会自治法律制度

第一节　社会自治法概述

一、社会自治概述

（一）社会自治的内涵

"自治"（autonomy）一词来源于希腊语，auto 意指自我（self），nomos 意指规则（law）。在西方语境中，自治意味着自我管理。在我国，"自治"一词较早出现在《三国志·魏志·毛玠传》中魏太祖所言："用人如此，使天下人自治，吾复何为哉！"其大意是指使用人能够达到这样的程度，使天下的老百姓都能够自己治理自己，我还有什么可做的呢！可见，自治的本意就是指老百姓自己管理自己。我国法律制度安排语境下的社会自治，是指基层群众性自治组织、非营利组织等依据自治法规、规章等自行处理其内部事务的活动，包括自我管理、自我教育、自我服务、自我监督等。

（二）社会自治的类型及特征

1. 村民自治。村民自治指农村的村民为了实现其共同利益，通过村民委员会依法进行自我管理、自我教育、自我服务。村民自治的特征包括：（1）地域性。村民自治是在农村地区实行的，受制于农村的社会物质生活条件。我国农村地域辽阔，村风民俗各异，村民个性多样，经济发展不平衡，文化传承各具特色，所有这些决定了村民自治的地域性。（2）乡土性。乡土性是指村民自治保留了乡土特征，它是人丁繁衍、代际延续、血亲相连、文化传承、聚居生活、经济社会交往的一种历史遗留。村民行为习惯的历史烙印形成乡土人情的熟人社会结构，大大增加了村民自治管理、服务、协调的难度。（3）非强制性。村民自治事务的多样性、复杂性要求其坚持以人为本、尊重意愿、协商互助、和衷共济、民主公开，妥善处理矛盾纠纷，办理公益事业，提供社区服务，其实施依靠的是自治力量的非强制性即自愿性，而不是国家法的强制性。

2. 社区自治。社区是聚居在一定地域范围内的人们所组成的社会生活共同体。社区自治的特征包括：（1）范围的特定性。社区是居民的聚居地，社区居民因为地域的聚集而具有共同的利益，由居民进行自我管理与服务更方便快捷。（2）主体的特定性。其自治主体由社区居民构成，辖区居民因聚居地而产生社会关系。这种辖区范围内居民社会关系的相对静止性决定了其社区事务自我管理与服务的便利性。（3）活动的组织性。居民自治共同体由众多素不相识的居民聚居构成,其依托具有组织性的居民委员会、居民会议和居民代表会议等形式,为居民开展自治活动,办理公益事业,提供社区服务。

3. 其他社会组织自治。其他社会组织是相对于政府组织和企业组织且区别于基层群众性自治组织的第四种组织形态,亦称为非营利组织或非政府组织。其他社会组织自治是指特定社会群体包括社会团体、民办非企业单位、基金会为实现共同利益,依托特定社会自治组织形态对自身内部事务依法自我管理与自我服务的活动。其特征包括:(1)主体的同质性。不同类型的社会组织基于志趣、专业、理念和目标的相向性依法结成自治共同体,一方面使不同类型的主体呈现同质化的特点,另一方面使同一类型自治主体组织内的成员呈现自治心理与自治行为的相向性。(2)内容的专业性。特定社会组织目标的共同性与其成员兴趣的趋同性,是由其专业特点乃至专业取向所决定的,由此依法结成的社会自治共同体的自治内容必然呈现专业性特点。(3)保护的专属性。其他社会组织内部的自治章程、规约等不仅反映了共同体成员的利益诉求,也有助于其组织的专业性发展与规范性自治,体现出保护的专属性特征。

（三）社会自治的方式

如前所述,社会自治主要有村民自治、社区自治和其他社会组织自治三种类型,社会自治主体通过行使社会自治权,开展一系列的自治活动,体现和维系社会自治制度。民主选举、民主决策、民主管理、民主监督是社会自治活动的载体及其功效的实现形式。

1. 民主选举。民主选举指社会自治组织全体成员根据自己的意愿,依据相关规则,遵循相关程序,选定自治组织的代表,如主任、委员、监督委员、村（居）民小组长等。民主选举遵循普遍原则、平等原则、差额原则、无记名投票原则、公开计票原则等。其特点是:(1)平等性,即社会自治组织的全体成员可以依法、平等、自主地选举社会自治组织的代表。平等性是民主选举的根本特征。(2)竞争性。差额原则决定了社会自治组织的管理与服务者或代表者只能是少数人,故而选举具有一定的竞争性。这既能够保证选出综合素质较好、有责任心、具有为全体居民服务能力的代表,又有利于促使他们忠实履行职责。(3)公开性。民主选举必须公开进行,而不能搞暗箱操作。只有全面公开与选举相关的信息,使社会自治组织全体成员知悉选举的相关信息,全面了解被选举人的相关信息,才能保障选举活动的透明性、公正性。

2. 民主决策。民主决策指事关自治事务的决策和程序能够保证全体成员的广泛参与,决策过程能够多途径倾听意见,多渠道集中民智,决策结果具有民主性、科学性与可执行性。社会组织成员广泛参与决策,不仅使决策执行具有坚实的群众基础,而且有利于提高决策的执行效率,调动社会自治组织全体成员自觉地投身社会自治活动的积极性。与此同时,还有利于拓宽群众监督的渠道,预防和化解决策风险。

3. 民主管理。民主管理指社会自治组织的全体成员对自身自治事务的自觉参与、表达、监督之全部活动及其过程,是行使宪法法律与自治章程赋予的各项权利、承担与之相应的责任（义务）的直接表达。依据村（居）民委员会组织法之规定,村（居）民民主管理的方式是参加村（居）民全体成员会议、代表会议、委员会会议或小组会议,行使知情权、参与权、表达权、监督权,承担相应的义务（责任）。

4. 民主监督。民主监督指社会自治组织接受全体成员对自治事务的建议、批评和意见,并对社会公众的建议、批评和意见实施评估、采纳、改进、反馈的一种自治活动。实行民主监督有利于社会自治组织端正发展方向、优化自治结构、健全配套制度、树立良好作风,克服官僚主义、形式主义,加快推进社会自治组织的自治体系和自治能力现代化,提高其自治水平。

（四）社会自治的意义

在我国国家治理体系中,对基层群众性事务、非营利组织的内部事务实行社会自治,意义重大。表现为:（1）通过社会自治组织的自我管理、自我教育、自我服务,培育、保持社会巨大活力,实现社会创新。（2）社会自治组织推选代表参加人民代表大会或政治协商会议,作为本组织的代表参加政治活动,有助于维护本组织的利益。（3）公民个人依法组成社会自治组织,有助于实现国家管理、公共服务与社会调节良性互动,维护社会公平正义,实现"良政善治"。（4）社会自治组织的自治活动可以大大节约国家的管理成本,促进国家治理体系和治理能力现代化。

拓展阅读

二、社会自治法的内涵与特征

（一）社会自治法的内涵

社会自治法是规范和调整社会自治主体在社会自治组织管理与服务活动过程中所产生的法律关系的法律规范的总和。它主要调整社会自治关系,规范和控制社会自治活动。所谓社会自治关系,是指社会自治组织进行社会自治活动时与社会自治主体、社会自治监管机构产生的各种关系,以及社会自治组织内部及其成员之间产生的各种关系。我国有关社会自治的法律规范由一系列法律法规汇集而成,主要包括《村民委员会组织法》《城市居民委员会组织法》《境外非政府组织境内活动管理法》《社会团体登记管理条例》《民办非企业单位登记管理暂行条例》《基金会管理条例》,以及人民团体、非营利组织的章程等。这些法律法规、规章、规范性文件、地方性法规及章程,共同构成了规范和调整社会自治组织自治活动的依据。

（二）社会自治法的特征

1. 法律形式的层次性。社会自治法以多种多样的法律形式表现,包括:规范基层群众性自治组织的基本法,如《村民委员会组织法》《城市居民委员会组织法》;规范境外非政府组织境内活动管理的专门法,如《境外非政府组织境内活动管理法》;规范社团登记、民办非企业单位登记、基金会管理的法律法规,如《社会团体登记管理条例》《民办非企业单位登记管理暂行条例》《基金会管理条例》《社会团体分支机构、代表机构登记办法》《残疾人服务机构管理办法》《慈善组织保值增值投资活动管理暂行办法》,以及地方性法规如《上海市促进行业协会发展规定》《广东省行业协会条例》等。另外,行业组织自治规范也是调整社会自治活动的软法。上述多种多样的法律形式形成了社会自治法律制度体系。

2. 调整对象的复合性。社会自治组织的自治活动具有很强的自主性、互助性、合作性，其目的是依法办理群众自己的事情，促进基层民主，维护自治共同体成员的合法权益，促进社会主义物质文明、精神文明建设的发展。此外，作为一种特殊自治组织的基金会，其组织功能的公益性、经济性决定了其目标任务不同于基层群众性自治组织、人民团体、非营利组织，其虽以从事公益事业为目的，但其任务是维护基金会、捐赠人和受益人的合法权益，促进社会力量参与公益事业。[①]

三、社会自治法的调整对象

社会自治法的调整对象主要包括：社会自治组织与社会自治主体之间的关系；社会自治组织的内部关系；社会自治组织监督管理机关与社会自治组织之间的监督管理关系。

社会自治组织是代表社会自治主体进行自我管理与服务的自治组织。社会自治主要是通过组织的形式来实现的，只有通过社会自治组织才能实现社会自治主体自我管理与服务的目标。因此，社会自治主体与社会自治组织之间的关系主要表现为社会自治组织在行使管理与服务职能的过程中与社会自治主体之间发生的关系。但是，社会自治组织的管理与服务功能并不直接针对社会自治主体，而是通过社会自治活动与社会自治主体发生联系。法律主要通过规范和调整社会自治活动来调整社会自治主体与社会自治组织之间的关系。

社会自治组织的内部关系，就是一定自治范围的社会自治组织成员与社会自治组织之间的关系以及社会自治组织的组织结构之间的关系。社会自治组织为了实现自治目标，充分发挥自治功能，不仅要与社会自治主体发生联系，还需要划定社会自治组织的内部关系，为社会自治活动提供组织保障。社会自治组织的成员是社会自治组织的重要组成部分，社会自治组织的良性运行离不开社会自治组织成员之间的明确分工，厘清社会自治组织成员的职能是保障社会自治组织良性运行的前提。除此之外，社会自治组织的内部组织结构之间也必须分工清晰。《村民委员会组织法》第23条通过给村民会议和村民代表会议授权的形式，规范了村民会议、村民代表会议与村民自治组织执行机关——村民委员会之间的关系，明晰了村民自治权力机关与执行机关的关系。社会自治法通过规范一定范围内社会自治组织与社会自治组织成员之间以及社会自治组织的组织结构之间的关系，调整了社会自治组织的内部关系。

监督管理关系包括两种类型：（1）依据《村民委员会组织法》《城市居民委员会组织法》规定，村（居）委会与基层政权组织之间的关系为接受指导、支持、帮助的关系，即乡、民族乡、镇（街道办事处）的人民政府对村民委员会的工作给予指导、支持和帮助，但是不得干预依法属于村民自治范围的事项，村民委员会协助乡、民族乡、镇（街道办事处）的人民政府开展工作。政府有关部门需要居民委员会协助工作的，经层级政府同意并统一安排，可以对

---

① 参见《基金会管理条例》第1、2条。

居民委员会进行业务指导；居民公约须报政府及其派出机构备案，并由居民委员会监督执行。基层群众性自治组织成员生活补贴费的范围、标准和来源，由政府财政部门规定并拨付。其中，基层群众性自治组织涉及土地管理等方面的事务须由县级土地管理部门监管，涉及市场经营活动的应接受税务、审计、市场监管部门的监督管理。（2）非营利性社会组织由社团登记机关实施登记监管，接受税务、审计、市场监管等部门的监督管理。如《社会团体登记管理条例》第9条规定，申请成立社会团体，应当经其业务主管单位审查同意，由发起人向登记管理机关申请登记。《基金会管理条例》第7条规定，国务院有关部门或者国务院授权的组织，是国务院民政部门登记的基金会、境外基金会代表机构的业务主管单位；省、自治区、直辖市人民政府有关部门或者省、自治区、直辖市人民政府授权的组织，是省、自治区、直辖市人民政府民政部门登记的基金会的业务主管单位，等等。

第二节　新中国成立以来社会自治法律制度演进

新中国的社会自治法律制度是以马克思主义为指导，结合中国国情，在推翻国民党反动政府、摧毁其旧的制度体系和旧法统，创建新生人民政权、建立社会主义制度的过程中创建发展起来的。

一、社会组织创建期（1949年—1954年）

在新中国成立前夕，依据毛泽东在1948年9月在中央工作会议上提出的"建国方略"的指导思想，全国政治协商会议于1949年9月通过的具有临时宪法作用的《中国人民政治协商会议共同纲领》第5条规定人民有结社的自由权；第7条规定必须镇压一切反革命活动，严厉惩罚一切勾结帝国主义、背叛祖国、反对人民民主事业的国民党反革命战争罪犯和其他怙恶不悛的反革命首要分子。前者是关于新型社会团体最早的根本法规定，后者可以视为取缔反革命旧社团的宪法性依据。早在新中国成立之前，东北、华北、山东等地的党组织或人民政府就颁布过取缔反动会道门的指示、布告。根据1950年《社会团体登记暂行办法》第4条规定精神，党和政府开始全面取缔民国时期遗留的反对新政权的社团，其中最主要的是"一贯道"这一宗教团体；在农村广泛开展的土地改革没收了族田，摧毁了农村宗族的经济基础；划分阶级成分运动以阶级等级打破了传统的宗族组织，宗族组织与宗教活动受到很大抑制。[①]

二、社会组织自治弱化与行政强化消长期（1956年—1966年）

随着社会主义农村合作化运动、反右派斗争以及社会主义教育运动的开展，在探索建设

[①]　参见刘世奎、陈永平：《建国以来我国农村宗族势力兴衰的历史考察》，载《江汉论坛》1994年第7期；王瑞芳：《没收族田与封建宗族制度的解体——以建国初期的苏南土改为中心的考察》，载《江海学刊》2006年第5期。

社会主义制度,推进农业、工业、科技、国防现代化的曲折实践中,对社会组织与社会建设在理论认识上不统一,实践中一度以"一大二公""计划经济"的苏联传统社会主义模式为标准,社会组织发展呈现萎缩状态,自治功能作用受到严重削弱,一些基层自治组织处于停滞状态。社会组织功能呈现出新的特点。

(一)单位组织的行政化

随着对农业、工业、资本主义工商业社会主义改造的完成,以及以计划经济为主体的制度模式的全面建立,我国建立起了半行政化、半自治化的社会组织——单位治理模式。这种模式的特点在于无论是承担管理的党政机关,从事社会服务工作的事业机构,还是从事生产与经营等经济职能的国营或集体企业,都附带为本单位组织成员提供公共管理与公共服务的社会功能,形成分散而自足的社会共同体。这种共同体对其内部成员及其子女承担着户籍、就业、基础教育、住房、医疗卫生、文体娱乐、退休养老、抚恤、丧葬及后勤供应、维修、服务保障等职能,单位与社会组织职能一体化,单位与社区同质化,单位办社会普遍化,许多社会组织的自治功能被行政功能替代,不少社会组织异化为公权力部门的附属机构。

(二)农村基层社区组织的行政化

我国农村基层政权组织与群众性自治组织交叉重叠、一体融合发展历经了四个阶段:从1950 年颁布《土地改革法》,确立乡农民代表大会选举农民协会作为乡行政机关,到政务院1950 年通过的《农民协会组织通则》将农民协会作为农民自愿结合的群众组织,即土地改革的合法执行机关为第一阶段。从政务院于 1950 年 12 月通过《乡(行政)村人民代表会议组织通则》和《乡(行政)村人民政府组织通则》,乡人民行使政权的机关为乡人民代表大会(或乡人民代表会议)和乡人民政府,到县、区、乡农民协会同时撤销为第二阶段。[①] 根据1954 年颁布的《宪法》和《地方各级人民代表大会和地方各级人民委员会组织法》,乡镇政府之下设立居民组或行政村,行政村与居民组的负责人由乡人民代表担任,到行政村村级政府被取消,改为乡人民代表选举村主任、居民小组长,管理村、居民组两级事务,对乡政府负责为第三阶段。从政社合一的农村基层社会体制,到"三级所有,队为基础"及其后将农民集体土地所有权改造为"准国有"[②] 为第四阶段。

(三)城市基层社区组织的行政化

随着新生人民政权在城市的建立,经历了最初实行军管体制,到建立市、区两级政府体制,并在街道设立区政府的派出机构——区公所或街道办事处,在街道以下则设立群众性的自治组织——居民委员会,新中国城市居民自治制度得以确立。1954 年《城市街道办事处组织条例》与《城市居民委员会组织条例》规定,在城市实行机关、学校和较大的企业等单位组织与城市居委会双元管理体制。由于市、市辖区政府及其工作部门统一拨发居民委员

---

① 陈益元:《革命与乡村——建国初期农村基层政权建设研究:1949—1957——以湖南省醴陵县为个案》,上海社会科学院出版社 2006 年版,第 121、120 页。

② 徐汉明:《中国农民土地持有产权制度新论》,社会科学文献出版社 2009 年版,第 111 页。

会的公杂费和生活补助费,政府应当履行的有关职责便分配给居民委员会,使其实际成为城市基层准政府组织。

三、"文化大革命"导致社团组织运行停滞期(1966年—1977年)

"文化大革命"的发生,有着复杂的国际国内社会历史原因。帝国主义国家长期对我国进行孤立、封锁,苏联在中苏关系恶化后给我国施加巨大压力。这样的外部环境对党在科学判断国内政治形势,确定党和国家中心任务和方针政策,发展完善中国特色社会主义制度体系,构建内嵌于根本制度、重要制度的具体社会自治制度都产生了极大影响。"文化大革命"使党、国家和各族人民遭受新中国成立以来时间最长、范围最广、损失最大的挫折,党的组织和国家政权受到极大削弱,国家的基本法律秩序完全被破坏,[①] 社会组织活动几乎全部停滞。

四、社会自治制度的恢复重建与发展期(1978年—2011年)

1. 社会组织与社区事业发展方面。党的十一届三中全会决定将党和国家工作重心转移到以经济建设为中心上来,确立了"有法可依、有法必依、执法必严、违法必究"的社会主义法制方针,强调要建立比较成熟的社会主义制度。

2. 基层群众性自治法律制度建设方面。为了加快社会主义民主与法制建设,总结新中国成立以来贯彻宪法精神,吸取农村实行人民公社政社合一制度的教训,寻找人民当家作主、建设社会主义民主政治最佳实现形式,六届全国人大常委会第二十三次会议审议通过了《村民委员会组织法(试行)》(以下简称《试行法》),确定在农村建立基层群众性自治组织。

3. 人民团体自治制度全面恢复方面。随着党的十一届三中全会确定党的工作重心转移,社会主义民主和法制建设不断推进,国家制度、基层群众性自治制度不断完善,人民团体自治制度得以全面恢复。

4. 非营利组织快速发展方面。为了贯彻党的十四大以来关于发展市场中介组织、行业组织和社会公益组织,规范民办非企业单位的登记管理,保障民办非企业单位的合法权益,促进社会主义物质文明、精神文明建设的要求,国务院于1998年发布《民办非企业单位登记管理暂行条例》,我国非营利组织在这一时期得到较快发展。

5. 基金会曲折发展方面。我国第一家基金会于1981年成立。随着社会的发展和国家政策的调整,基金会也获得了长足发展,经历了缓慢起步、多重监管、清理整顿、快速发展四个阶段。

五、新时代社会治理体系现代化加速推进期(2012年11月至今)

1. 中央关于推进社会治理体系和治理能力现代化的战略决策和顶层制度设计相继出台。从党的十八大《报告》提出构建中国特色社会主义管理体系和四个"加快形成",到党

---

① 参见本书编写组:《中国共产党简史》,人民出版社2021年版,第204—206页。

的十八届三中全会《决定》提出加快形成科学有效的社会治理体制；从党的十八届四中全会《决定》提出支持各类社会主体自我约束、自我管理，发挥市民公约、乡规民约、行业规章、团体章程等社会规范在社会治理中的积极作用，到党的十九大《报告》提出加强社会治理制度建设，完善党委领导、政府负责、社会协同、公众参与、法治保障的社会治理体制，提高社会治理社会化、法治化、智能化、专业化（以下简称"四化"）水平；从党的十九届二中全会《决定》提出按照共建共治共享的要求，完善党委领导、政府负责、社会协同、公众参与、法治保障的社会治理体制，到党的十九届四中全会《决定》提出必须加强和创新社会治理，完善党委领导、政府负责、民主协商、社会协同、公众参与、法治保障、科技支撑的社会治理体系，建设人人有责、人人尽责、人人享有的社会治理共同体，确保人民安居乐业、社会安定有序，建设更高水平的平安中国，围绕社会征信体系、户籍制度、社会组织管理、境外非政府组织活动管理、信访工作机制、法治社会建设等开展社会体制改革；从党的十八届三中全会《决定》部署 60 项任务清单，通过明确项目责任、实施主体、落实时间、考核评价的方式加速推进，到党的十九届二中、三中全会将社会体制改革成果上升为党和国家机构改革总体布局，构建"联系广泛、服务群众"的群团工作体系。所有这些为发挥党对法治国家、法治政府、法治社会一体建设的坚强领导，实现政府治理和社会自我调节、居民自治良性互动提供了长期基本遵循。

2. 基层群众性自治制度发展完善。为适应新时代基层群众性自治组织体系法治化要求，围绕完善村民委员会的任期及连选连任，居民委员会的组成、居住地区居民的选举权和居民委员会的任期及连选连任，十三届全国人大常委会第七次会议对《村民委员会组织法》《城市居民委员会组织法》进行修改，发展完善了基层群众性自治制度。党的二十大报告指出，健全基层党组织领导的基层群众自治机制，加强基层组织建设，完善基层直接民主制度体系和工作体系，增强城乡社区群众自我管理、自我服务、自我教育、自我监督的实效。这为新时代基层群众性自治制度的发展完善指明了方向。

3. 人民团体自治与行政管理兼容的制度基本型构。为了发展完善"联系广泛、服务群众"的人民团体工作体系，中共中央组织部、人事部于 2017 年发布《工会、共青团、妇联等人民团体和群众团体机关参照〈中华人民共和国公务员法〉管理的意见》，将 21 个人民团体和群众团体参照《公务员法》管理，从而形成了行政管理与自治相结合的人民团体自治法律制度体系。

4. 非营利组织快速发展。党的十八大以来，党中央关于推进社会组织管理机制改革的决策、经济社会发展条件与社会组织自身发展规律，为非营利组织的快速发展提供了公共政策指引、社会动力支持与客观物质生活条件，非营利组织迎来了新中国成立以来最为健康与快速发展的时期。截至 2021 年第 4 季度，我国民办非企业单位达到 52.1 万个，比 2011 年增长 158%。①

---

① 参见《2021 年 4 季度民政统计数据》《2011 年民政事业发展统计公报》，载中华人民共和国民政部网站 http://www.mca.gov.cn，访问日期：2023 年 2 月 5 日。

5. 基金会加速发展。步入新时代,我国以促进公益慈善事业发展为目的的基金会的发展速度加快,社会影响力进一步提升。截至 2021 年底,我国基金会共有 8885 个,比 2011 年增加 236.3%。[①]

6. 强化了对境外非政府组织境内活动的法律规制。为了加强对境外非政府组织的管理,防范和化解非传统安全领域的重大风险和挑战,党中央领导和推动全国人大总结分析改革开放以来同境外颠覆破坏我国政权和危害国家安全的势力作斗争,维护政治安全和国家安全的经验,将境外非政府组织由民政系统划归国家安全系统管理,于 2017 年通过《境外非政府组织境内活动管理法》,对境外非政府组织的登记和备案、活动规范、便利措施、监督管理和法律责任作了明确规定,发展完善了境外非政府组织境内管理体系,为维护国家安全与促进国际人文交流合作提供了法律保障。

第三节　社会自治法的渊源

一、村民自治法的法律渊源

（一）宪法及宪法性法律

1. 宪法。根据我国《宪法》第 111 条规定,农村按居民居住地区设立的村民委员会是基层群众性自治组织。村民委员会的主任、副主任和委员由居民选举。村民委员会同基层政权的相互关系由法律规定。村民委员会设人民调解、治安保卫、公共卫生等委员会,办理本居住地区的公共事务和公益事业,调解民间纠纷,协助维护社会治安,并且向人民政府反映群众的意见、要求和提出建议。这为基层群众性自治组织法律制度提供了宪法渊源。

2. 宪法性法律。安徽小岗村创立的家庭联产承包制瓦解了人民公社的集体劳动、统一分配的农业经济体制。但集体土地由各家庭承包之后,原生产大队与生产队因其权力基础不复存在而事实上被解散,导致农村公共社会生活的瘫痪。1980 年 2 月,广西河池地区宜州县三岔公社合寨大队果作屯(自然村)的 6 个生产队为办理村公共事务,以户为单位派出代表选举产生了由 5 人组成的村民委员会。同年 12 月,合寨大队所有村子都通过选举成立了村民委员会,并制定了村规民约。[②]这一农村基层社会自治创举很快被中央认可,写进了党的十二大报告,并载入了 1982 年 12 月 4 日公布的《宪法》。1987 年 11 月 24 日,《村民委员会组织法(试行)》颁布;1998 年 11 月 4 日,《村民委员会组织法》颁布施行。这为基层群众性自治组织法律制度提供了宪法性法律渊源。

（二）法律

《农业法》将村民委员会列为农业法律关系的重要主体,要求村务公开,按村民会议或

---

① 参见《2021 年 4 季度民政统计数据》《2011 年民政事业发展统计公报》,载中华人民共和国民政部网站 http://www.mca.gov.cn,访问日期:2023 年 2 月 5 日。

② 参见罗平汉:《村民自治史》,福建人民出版社 2006 年版,第 23—37 页。

村民代表会议筹资筹劳,禁止村民委员会侵犯农民的经济利益。《农村土地承包法》规定,村民委员会可以作为农村土地发包主体。《民法典》第99条规定,农村集体经济组织依法取得法人资格。这些法律规定赋予了村民委员会特别法人的民事法律地位。

(三)行政法规、地方性法规

民政部办公厅于1998年12月18日下发《关于贯彻执行〈村民委员会组织法〉的若干问题的补充通知》;国务院办公厅于2001年7月22日转发《民政部、公安部关于规范村民委员会印章制发使用和管理工作意见》;民政部、司法部于2003年1月8日联合颁布《关于进一步加强农村基层民主法制建设的意见》;国务院办公厅于2007年1月16日转发《村民一事一议筹资筹劳管理办法》;民政部于2013年5月2日颁布《村民委员会选举规程》。此外,为贯彻落实《村民委员会组织法》,各省、自治区、直辖市相继制定了地方性法规。

(四)党内法规

1998—2021年共制定了有关村民自治的党内法规12部,为村民自治法律高效实施、严密监督,推进基层社区治理体系和治理能力现代化提供了有力保障。

二、居民自治法的法律渊源

(一)宪法及宪法性法律

《宪法》第111条规定,城市按居民居住地区设立的居民委员会是基层群众性自治组织。居民委员会的主任、副主任和委员由居民选举。居民委员会同基层政权的相互关系由法律规定。居民委员会设人民调解、治安保卫、公共卫生等委员会,办理本居住地区的公共事务和公益事业,调解民间纠纷,协助维护社会治安,并且向人民政府反映群众的意见、要求和提出建议。《城市居民委员会组织法》规定,居民委员会是居民自我管理、自我教育、自我服务的基层群众性自治组织。

(二)法律

依据《民法典》第96、101条规定,基层群众性自治组织法人,为特别法人,居民委员会具有基层群众性自治组织法人资格,可以从事为履行职能所需要的民事活动。这为居委会作为特别法人从事民事活动提供了制度保障。

(三)行政法规、部门规章

行政法规层面,国务院颁布的《关于加强和改进社区服务工作的意见》,对城市社区服务及居民委员会在社区服务中的作用作了原则性规定。国务院颁布的《物业管理条例》,对规范物业管理活动,维护业主和物业服务企业的合法权益,改善人民群众的生活和工作环境作出一系列规定,为完善居委会自治法律制度提供了重要补充。

部门规章层面,改革开放以来有关社区自治的部门规章主要有:民政部下发的《关于贯彻执行〈中华人民共和国城市居民委员会组织法〉的通知》,民政部、国家计委等印发的《关于加快发展社区服务业的意见》,民政部印发的《全国社区服务示范城区标准》,民政部印发的《全国城市社区建设示范活动指导纲要》，民政部印发的《关于切实做好城市社区居民委员会换届选举工作的通知》，民政部印发的《关于进一步推进和谐社区建设工作的意见》，民政部等印发的《城乡社区服务体系建设规划（2016—2020 年）》，住建部等 13 部门联合印发的《关于开展城市居住社区建设补短板行动的意见》等，从部门规章层面完善了居委会法律制度安排。

（四）党内法规

自 2010 年至 2021 年，中央出台了 6 部有关居民自治的党内法规，这为居委会自治制度发展完善提供了有力保障。

三、社会团体自治法的法律渊源

（一）宪法

依据《宪法》第 35 条规定，我国公民享有言论、出版、集会、结社、游行、示威的自由。这一规定是公民组织社会团体的宪法依据。

（二）法律

我国《妇女权益保障法》《残疾人保障法》《工会法》《慈善法》《仲裁法》《律师法》《注册会计师法》《医师法》《体育法》《对外贸易法》《反垄断法》《消费者权益保护法》以及《民法典》等多部法律对社会团体自治进行了规定。

（三）行政法规、部门规章和地方性法规

1998 年，国务院办公厅发布了《社会团体登记管理条例》。2013 年《国务院机构改革和职能转变方案》要求改革社会组织管理制度，逐步推进行业协会、商会与行政机关脱钩，强化行业自律，使其真正成为提供服务、反映诉求、规范行为的主体；探索一业多会，引入竞争机制；重点培育、优先发展行业协会商会类、科技类、公益慈善类、城乡社区服务类社会组织，成立这些社会组织，直接向民政部门依法申请登记，不再需要业务主管单位审查同意。此外，民政部发布的多部部门规章及各地制定的地方性法规也对社会团体自治作出了规定。

四、社会服务机构自治法的法律渊源

（一）宪法

依据《宪法》第 19 条规定，国家鼓励集体经济组织、国家企业事业组织和其他社会力量依照法律规定举办各种教育事业。第 45 条规定，国家和社会保障残废军人的生活，抚恤烈士家属，优待军人家属；国家和社会帮助安排盲、聋、哑和其他有残疾的公民的劳动、生活和教育。第 47 条规定，公民有进行科学研究、文学艺术创作和其他文化活动的自由，国家对于从事教育、科学、技术、文学、艺术和其他文化事业的公民的有益于人民的创造性工作，给以鼓励和帮助。第 22 条还规定，国家发展为人民服务、为社会主义服务的文学艺术事业、新闻广播电视事业、出版发行事业、图书馆博物馆文化馆和其他文化事业，开展群众性的文化活动。这些宪法条款内容是社会服务机构自治法的渊源。

（二）法律

我国《慈善法》《科学技术进步法》《民办教育促进法》《民法典》《公共图书馆法》《劳动法》《就业促进法》《证券法》《公益事业捐赠法》《基本医疗卫生与健康促进法》均对社会服务机构自治进行了规定。

（三）行政法规、部门规章

国务院制定的行政法规、国务院部门制定的部门规章也对社会服务机构作出规定，构成了社会服务机构自治管理的渊源。

五、基金会自治法的法律渊源

（一）法律

《民法典》第92条规定，具备法人条件，为公益目的以捐助财产设立的基金会、社会服务机构等，经依法登记成立，取得捐助法人资格。该法对捐助法人的组织机构及财产管理作出规定。《慈善法》第8条规定，慈善组织是指依法成立、符合《慈善法》规定，以面向社会开展慈善活动为宗旨的非营利性组织。慈善组织可以采取基金会、社会团体、社会服务机构等组织形式。《公益事业捐赠法》第2条规定，自然人、法人或者其他组织自愿无偿向依法成立的公益性社会团体和公益性非营利的事业单位捐赠财产，用于公益事业的，适用本法。第10条规定，本法所称公益性社会团体是指依法成立的，以发展公益事业为宗旨的基金会、慈善组织等社会团体，其中包括有基金会。《信托法》第六章规定了"公益信托"。这些法律规定构成了基金会自治法律制度的渊源。

（二）行政法规、部门规章

有关基金会管理的行政法规有《基金会管理条例》。相关部门规章包括《基金会名称管理规定》《基金会年度检查办法》《基金会信息公布办法》《民政部关于现职国家工作人员不得兼任基金会负责人有关问题的通知》《民间非营利组织会计制度》《中国人民银行、民政部关于做好社团基金会监管职责交接工作的通知》《财政部、国家税务总局关于非营利组织企业所得税免税收入问题的通知》《财政部、税务总局关于非营利组织免税资格认定管理有关问题的通知》等。

第四节   社会自治具体法律制度

我国社会自治法律制度由村民自治法律制度、居民自治法律制度、社会团体自治法律制度、民办非企业单位自治法律制度、基金会自治法律制度构成。

一、村民自治法律制度

（一）村民自治组织法律制度

1. 议决机构。依据《村民委会组织法》相关规定，农村村民自治的议决机构包括村民会议、村民代表会议、村民小组会议。村民自治通常实行直接民主,但如果村里人数较多且居住分散,亦可由村民代表会议讨论由村民会议授权的事项。村民小组实行完全的直接民主。

2. 村民自治的执行机构。村民委员会为村民自治的执行机构,村民小组长为村民小组会议的执行机构。《村民委员会组织法》第6条第1款规定:"村民委员会由主任、副主任和委员共三至七人组成。"

3. 村民自治的内部监督机构。村民自治的内部监督机构为村民会议(或村民代表会议)与村务监督委员会。其中,村务监督委员会是法定的村内专门监督机构。村民会议(或村民代表会议)作为议决机关,对村民委员会及其成员享有监督权。

(二)村民自治组织中村民的选举权与罢免权

1. 选举类别。村民自治组织的选举包括:(1)村民代表选举。村民代表选举程序如前述"村民代表会议"。(2)村民委员会选举。《村民委员会组织法》第11条第1款规定:"村民委员会主任、副主任和委员,由村民直接选举产生。任何组织或者个人不得指定、委派或者撤换村民委员会成员。"

2. 享有选举权与被选举权人的范围。凡本村村民及在本村居住、户籍不在本村但具备一定条件的居民均享有选举权与被选举权。

3. 选举主持机构。依据《村民委员会组织法》第12条规定,村民委员会的选举,由村民选举委员会主持。

4. 选举程序。依据《村民委员会组织法》第15条规定,选举村民委员会,由登记参加选举的村民直接提名候选人。

5. 村民委员会成员的罢免。依据《村民委员会组织法》第16条规定,本村1/5以上有选举权的村民或者1/3以上的村民代表联名,可以提出罢免村民委员会成员的要求,并说明要求罢免的理由。

(三)村民自治组织的权利

依据《村民委员会组织法》规定,村民自治组织享有以下权利:

1. 自行选举村民委员会,基层政府不得包办和干预。

2. 自行制定村民自治章程和村规民约。

3. 自行决定村内以下经济事务,政府不得干预:本村享受误工补贴的人员及补贴标准;从村集体经济所得收益的使用;本村公益事业的兴办和筹资筹劳方案及建设承包方案;土地承包经营方案;村集体经济项目的立项、承包方案;宅基地的使用方案;征地补偿费的使用、分配方案;以借贷、租赁或者其他方式处分村集体财产;村民会议认为应当由村民会议讨论决定的涉及村民利益的其他事项。[①]

4. 自行决定村内社会事务。村内社会事务包括治安、调解、环境、教育、医疗卫生、社会

---

① 参见《村民委员会组织法》第24条的规定。

保障等公益事业以及道德教育等精神文明事业。

5. 获得乡镇政府帮助和支持的权利。依据《村民委员会组织法》第 37 条规定,人民政府对村民委员会协助政府开展工作应当提供必要的条件;人民政府有关部门委托村民委员会开展工作需要经费的,由委托部门承担。村民委员会办理本村公益事业所需的经费,由村民会议通过筹资筹劳解决;经费确有困难的,由地方人民政府给予适当支持。依据《中国共产党农村基层组织工作条例》第 44 条规定,各级党委应当健全以财政投入为主的稳定的村级组织运转经费保障制度,建立正常增长机制。落实村干部基本报酬,发放人数和标准应当依据有关规定、从实际出发合理确定,保障正常离任村干部生活补贴。

（四）村民自治组织的义务

1. 建立村务档案,实行村务公开的义务。依据《村民委员会组织法》第 30 条规定,村民委员会实行村务公开制度,村民委员会应当及时公布法律规定事项,接受村民的监督。

2. 接受行政机关委托并协助行政机关开展工作的义务。依据《村民委员会组织法》第 5 条规定,村民委员会协助乡、民族乡、镇的人民政府开展工作。第 37 条规定,人民政府对村民委员会协助政府开展工作应当提供必要的条件;人民政府有关部门委托村民委员会开展工作需要经费的,由委托部门承担。

3. 履行人民调解工作职责、承担相关义务。村民委员会依据《人民调解法》规定设立人民调解委员会,履行相关职责、承担相关义务,其办公条件和必要的工作经费由村民委员会承担。

（五）对村民自治的监督

对村民自治的监督包括内部民主监督、政府行政监督、司法监督等。

1. 内部民主监督。村民自治的内部民主监督机制包括:(1)村务监督委员会对村民委员会的监督。(2)村民会议或村民代表会议对村民委员会成员以及由村民或者村集体承担误工补贴的聘用人员进行民主评议。(3)村民会议审议或授权审议村民委员会的年度工作报告。(4)村民会议撤销或变更村民代表会议或村民委员会不适当的决定。(5)村民会议授权村民代表会议撤销或变更村民委员会不适当的决定。(6)村民对村民委员会的监督主要通过村务公开的形式。

2. 政府行政监督。依据《村民委员会组织法》,其监督方式包括:(1)县级人民政府批准村民委员会的设立、撤销及范围调整。(2)乡、民族乡、镇的人民政府审核并责令改正与国家法相抵触的村民自治章程及村规民约。(3)乡、民族乡、镇的人民政府监督新旧村民委员会的工作移交。(4)村民委员会应当接受乡镇人民政府的指导。(5)乡镇或县人民政府有权调查并依法处理妨害村民行使选举权、被选举权以及破坏村民委员会选举的行为。(6)责令村民委员会依法公布村务。(7)负责组织对村财务及村民委员会成员进行审计。

3. 司法监督。依据《村民委员会组织法》第 36 条规定,村民委员会或者村民委员会成员作出的决定侵害村民合法权益的,受侵害的村民可以申请人民法院予以撤销,责任人依法承担法律责任。在现有的最高人民法院司法判例中,此类申请可以通过行政诉讼的方式提起。

（六）村民自治组织与驻村其他单位之间的关系

1. 与农村集体经济组织之间的关系。依据《村民委员会组织法》第8条规定，村民委员会应当支持和组织村民依法发展各种形式的合作经济和其他经济，承担本村生产的服务和协调工作，促进农村生产建设和经济发展。村民委员会依照法律规定，管理本村属于村农民集体所有的土地和其他财产，引导村民合理利用自然资源，保护和改善生态环境。村民委员会应当尊重并支持集体经济组织依法独立进行经济活动的自主权，维护以家庭承包经营为基础、统分结合的双层经营体制，保障集体经济组织和村民、承包经营户、联户或者合伙持有的合法财产权和其他合法权益。

2. 与驻在本村的外单位及其人员的关系。村民自治具有强烈的身份自治属性，而非社区性自治，驻在本村的外单位人员不具有本村村民身份，因而一般不能参加本村的自治活动。由此产生的相关关系包括：（1）驻在农村的机关、团体、部队、国有及国有控股企业、事业单位及其人员应当通过多种形式参与农村社区建设，并遵守有关村规民约；村委会、村民会议或者村民代表会议讨论决定与上述单位有关的事项，应当与其协商（《村民委员会组织法》第38条）。（2）与驻本村私营企业及其人员的关系。《村民委员会组织法》对这一关系未加规定，如企业主及其员工属本村村民，应依法参加本村的自治活动；如不属本村村民，可参照《村民委员会组织法》第38条规定执行。

（七）党对村民自治的领导

1. 党领导、支持、保障村民自治。依据《村民委员会组织法》第4条规定，中国共产党在农村的基层组织，按照《中国共产党章程》进行工作，发挥领导核心作用，领导和支持村民委员会行使职权；依照宪法和法律，支持和保障村民开展自治活动、直接行使民主权利。

2. 基层党组织与村民委员会的交叉任职。《中国共产党农村基层组织工作条例》第19条第2款规定："村党组织书记应当通过法定程序担任村民委员会主任和村级集体经济组织、合作经济组织负责人，村'两委'班子成员应当交叉任职。村务监督委员会主任一般由党员担任，可以由非村民委员会成员的村党组织班子成员兼任。村民委员会成员、村民代表中党员应当占一定比例。"第26条第4款规定："根据工作需要，上级党组织可以向村党组织选派第一书记。"

3. 村党组织可以提议、审议村级重大事项。《中国共产党农村基层组织工作条例》第19条第3款规定："村级重大事项决策实行'四议两公开'，即村党组织提议、村'两委'会议商议、党员大会审议、村民会议或者村民代表会议决议，决议公开、实施结果公开。"

二、居民自治法律制度

（一）居民自治机构与民主制度

1. 居民会议。依据《城市居民委员会组织法》规定，居民会议的职权包括选举、撤换、补选居民委员会成员,讨论决定本居住区利益的重要问题,讨论决定本居民区公益事业费用,制定居民公约,决定从居民委员会经济收入中补贴居民委员会成员等事务,听取居民委员会的汇报。居民会议可以由全体18周岁以上的居民或者每户派代表参加,也可以由每个居民小组选举代表2—3人参加。居民会议必须有全体18周岁以上的居民、户的代表或者居民小组选举的代表的过半数出席,才能举行。会议的决定,由出席人的过半数通过。居民会议由居民委员会召集和主持。有1/5以上的18周岁以上的居民、1/5以上的户或者1/3以上的居民小组提议,应当召集居民会议。

2. 居民委员会及其民主选举。

(1)居民委员会的机构设置。依据《城市居民委员会组织法》第7条、第13条、第14条规定,居民委员会是城市居民自治的执行机构,由主任、副主任和委员共5—9人组成;居民委员会根据需要设人民调解、治安保卫、公共卫生等委员会;居民委员会成员可以兼任下属委员会的成员;居民较少的居民委员会可以不设下属委员会,由居民委员会的成员分工负责有关工作,居民委员会可以分设若干居民小组,小组长由居民小组推选。

(2)居民委员会成员的选举。依据《城市居民委员会组织法》第8条规定,居民委员会主任、副主任和委员,由本居住地区全体有选举权的居民或者由每户派代表选举产生;根据居民意见,也可以由每个居民小组选举代表2—3人选举产生。居民委员会每届任期5年,其成员可以连选连任。年满18周岁的本居住地区居民,不分民族、种族、性别、职业、家庭出身、宗教信仰、教育程度、财产状况、居住期限,都有选举权和被选举权;但是,依照法律被剥夺政治权利的人除外。

(3)居民委员会民主化的组织原则和工作方法。《城市居民委员会组织法》第11条规定,居民委员会决定问题,采取少数服从多数的原则。居民委员会进行工作,应当采取民主的方法,不得强迫命令。

3. 居民小组长、楼栋长。依据中共中央办公厅、国务院办公厅联合发布的《关于加强和改进城市社区居民委员会建设工作的意见》(简称"中办、国办《意见》")要求健全社区居民委员会下属的委员会,选齐配强居民小组长、楼院门栋长,积极开展楼院门栋居民自治,推动形成社区居民委员会及其下属的委员会、居民小组、楼院门栋上下贯通、左右联动的社区居民委员会组织体系新格局。

(二)城市居民自治组织的权利

1. 自治事务权限。依据《城市居民委员会组织法》,居民委员会的自治事务范围包括:(1)宣传宪法、法律、法规和国家的政策,维护居民的合法权益,教育居民履行依法应尽的义务,爱护公共财产,开展多种形式的社会主义精神文明建设活动;(2)办理本居住地区居民的公共事务和公益事业;(3)调解民间纠纷;(4)协助维护社会治安;(5)协助人民政府或者它的派出机关做好与居民利益有关的公共卫生、计划生育、优抚救济、青少年教育等项工作;(6)向人民政府或者它的派出机关反映居民的意见、要求和提出建议。此外,居民委员会应当开展便民利民的社区服务活动,可以兴办有关的服务事业。

2. 经费管理权。（1）自筹经费权。依据《城市居民委员会组织法》第16条规定，居民委员会办理本居住地区公益事业所需的费用，经居民会议讨论决定，可以根据自愿原则向居民筹集，也可以向本居住地区的受益单位筹集，但是必须经受益单位同意；收支账目应当及时公布，接受居民监督。（2）接受财政补贴的权利。《城市居民委员会组织法》第17条规定，居民委员会的工作经费和来源，居民委员会成员的生活补贴费的范围、标准和来源，由不设区的市、市辖区的人民政府或者上级人民政府规定并拨付；经居民会议同意，可以从居民委员会的经济收入中给予适当补助。居民委员会的办公用房，由当地人民政府统筹解决。中办、国办《意见》明确要求，要将社区居民委员会的工作经费、人员报酬以及服务设施和社区信息化建设等项经费纳入财政预算。

3. 居民公约制定权。依据《城市居民委员会组织法》第15条规定，居民公约由居民会议讨论制定，报不设区的市、市辖区的人民政府或者它的派出机关备案，由居民委员会监督执行。居民应当遵守居民会议的决议和居民公约；居民公约的内容不得与宪法、法律、法规和国家的政策相抵触。

4. 对社区单位监督权。中办、国办《意见》赋予了社区居民委员会对基层政府、驻社区单位参加社区建设的活动以及市政服务单位、社区内社会组织、居住住宅小区内业主大会及业主委员会、物业管理企业的监督权，居民委员会应依法依规组织开展有关监督活动。居民委员会是社区居民利益的重要维护者，要组织居民有序参与涉及切身利益的公共政策听证活动；组织居民参与对城市基层人民政府或者它的派出机关及其工作人员的工作、驻社区单位参与社区建设的情况进行民主评议，对供水、供电、供气、环境卫生、园林绿化等市政服务单位在社区的服务情况进行监督；指导和监督社区内社会组织、业主委员会、业主大会、物业服务企业开展工作，维护社区居民的合法权益。

（三）城市居民自治组织的义务

1. 收支账目要公开。依据《城市居民委员会组织法》第16条规定，收支账目应当及时公布，接受居民监督。

2. 协助政府相关行政工作。居民委员会作为接受财政补贴的自治组织，有义务协助市及市辖区的人民政府有关部门的行政工作。如协助政府维护社会治安，协助人民政府或者它的派出机关做好与居民利益有关的公共卫生、计划生育、优抚救济、青少年教育等项工作（《城市居民委员会组织法》第3条）；市、市辖区的人民政府有关部门，需要居民委员会或者它的下属委员会协助进行的工作，应当经市、市辖区的人民政府或者它的派出机关同意并统一安排（《城市居民委员会组织法》第20条）。中办、国办《意见》规定，凡属于基层人民政府及其职能部门、街道办事处职责范围内的事项，不得转嫁给社区居民委员会；凡依法应由社区居民委员会协助的事项，应当为社区居民委员会提供必要的经费和工作条件。

3. 协助社区矫正司法事务。随着法治体系的健全完善和司法文明制度建设之完善，我国将大量轻型罪犯交由由刑罚执行机关、公安机关、检察院、法院组成的矫正工作机构，实行社区矫正监管，促使矫正对象尽快回归社会，成为自食其力的新人，节省了大量的刑罚执行与司法运行成本,建立起矫正犯罪与社会修复机制。在总结多年社区矫正试点经验的基础上,十三届全国人大常委会第十五次会议通过了《社区矫正法》。该法规定:居民委员会依法协助社区矫正机构做好社区矫正工作(第 12 条);居民委员会等组织应当为社区矫正工作提供必要的协助(第 18 条);社区矫正对象的情况,居民委员会的人员可以参加社区矫正小组(第 25 条);居民委员会可以引导志愿者和社区群众,利用社区资源,采取多种形式,对有特殊困难的社区矫正对象进行必要的教育帮扶(第 38 条)。该法还规定各级人民政府应当将社区矫正经费列入本级政府预算,居民委员会和其他社会组织依法协助社区矫正机构开展工作所需的经费应当按照规定列入社区矫正机构本级政府预算(第 6 条)。

4. 履行人民调解工作职责、承担相关义务。居民委员会依据《人民调解法》设立人民调解委员会,履行相关职责、承担相关义务,其办公条件和必要的工作经费由设立该调解委员会的居民委员会承担。

(四)党对城市居民自治的领导

《城市居民委员会组织法》第 1 条对其立法的目的、宗旨、依据作出规定,明确"根据宪法,制定本法"。我国《宪法》第 1 条第 2 款规定:"中国共产党的领导是中国特色社会主义本质特征。"《城市居民委员会组织法》采用承接省略式立法模式,开宗明义地确定并坚持中国共产党对城市居民自治实施领导这一宪法原则。

(五)政府对居民自治的监督和指导

《城市居民委员会组织法》第 15 条规定,居民公约由居民会议讨论制定,报不设区的市、市辖区的人民政府或者它的派出机关备案。第 2 条规定,不设区的市、市辖区的人民政府或者它的派出机关对居民委员会的工作给予指导、支持和帮助。居民委员会协助不设区的市、市辖区的人民政府或者它的派出机关开展工作。

(六)居民委员会与驻社区机关、团体、部队、企业事业单位之间的关系

1. 驻社区单位对居民委员会工作的参与及支持。这包括:(1)参加当地居民委员会会议。《城市居民委员会组织法》第 19 条规定,机关、团体、部队、企业事业组织应当支持所在地的居民委员会的工作。所在地的居民委员会讨论同这些单位有关的问题,需要他们参加会议时,他们应当派代表参加,并且遵守居民委员会的有关决定和居民公约。(2)家属聚居区单独成立家属委员会。驻社区单位的职工及家属、军人及随军家属,参加居住地区的居民委员会;其家属聚居区可以单独成立家属委员会,承担居民委员会的工作,在不设区的市、市辖区的人民政府或者它的派出机关和本单位的指导下进行工作。家属委员会的工作经费和家属委员会成员的生活补贴费、办公用房,由所属单位解决。

2. 居民委员会与驻社区单位的联营共建。中办、国办《意见》鼓励和支持有关单位服务设施向社区居民开放。按照互惠互利、资源共享原则,积极引导社区内或周边单位内部食堂、浴池、文体和科教设施等向社区居民开放。充分利用社区内的学校、培训机构、幼儿园、文物古迹等开展社区教育活动。有关单位开展社区服务,既可以单独经营,也可以与社区组织联营共建。

3. 居民委员会对驻社区单位参与社区建设情况的指导、协调、监督、服务。依中办、国办《意见》，居民委员会可以对驻社区单位参与社区建设的情况进行民主评议，指导和监督社区内社会组织、业主委员会、业主大会、物业服务企业开展工作，维护社区居民的合法权益。通过政府购买服务、设立项目资金等途径，积极引导各种社会组织和各类志愿者参与社区管理和服务。

（七）居民委员会与居民住宅小区之间的关系

1. 指导和监督关系。根据中办、国办《意见》，社区居民委员会有权指导和监督社区内社会组织、业主委员会、业主大会、物业服务企业开展工作，维护社区居民的合法权益；提倡社区党组织班子成员、社区居民委员会成员与业主委员会成员交叉任职；发挥业主大会和业主委员会在社区管理和服务中的积极作用；社区居民委员会须积极支持物业服务企业开展多种形式的社区服务，业主委员会和物业服务企业须主动接受社区居民委员会的指导和监督。

2. 协调互动关系。中办、国办《意见》要求建立健全社区党组织、社区居民委员会、业主委员会和物业服务企业协调机制，及时协调解决物业服务纠纷，维护各方合法权益；召开业主大会、业主委员会会议应当告知所在社区居民委员会，并听取其意见。

3. 共治共享关系。《物业管理条例》第 14 条规定，住宅小区的业主大会会议，应当同时告知相关的居民委员会。第 20 条规定，业主大会、业主委员会应当配合公安机关，与居民委员会相互协作，共同做好维护物业管理区域内的社会治安等相关工作；在物业管理区域内，业主大会、业主委员会应当积极配合相关居民委员会依法履行自治管理职责，支持居民委员会开展工作，并接受其指导和监督；住宅小区的业主大会、业主委员会作出的决定，应当告知相关的居民委员会，并认真听取居民委员会的建议。

三、社会团体自治法律制度

（一）社会团体成立的条件

依据《社会团体登记管理条例》第 10 条规定，成立社会团体，应当具备下列条件：（1）有 50 个以上的个人会员或者 30 个以上的单位会员；个人会员、单位会员混合组成的，会员总数不得少于 50 个；（2）有规范的名称和相应的组织机构；（3）有固定的住所；（4）有与其业务活动相适应的专职工作人员；（5）有合法的资产和经费来源，全国性的社会团体有 10 万元以上活动资金，地方性的社会团体和跨行政区域的社会团体有 3 万元以上活动资金；（6）有独立承担民事责任的能力。成立社会团体还应当满足以下要求：社会团体的名称应当符合法律、法规的规定，不得违背社会道德风尚；社会团体的名称应当与其业务范围、成员分布、活动地域相一致，准确反映其特征；全国性的社会团体的名称冠以"中国""全国""中华"等字样的，应当按照国家有关规定经过批准，地方性的社会团体的名称不得冠以"中国""全国""中华"等字样。

（二）社会团体的组织机构

因为社会团体是人的组合，因而《民法典》第 91 条规定，社会团体法人应当设会员大会或者会员代表大会等权力机构；社会团体法人应当设理事会等执行机构，理事长或者会长等负责人按照法人章程的规定担任法定代表人。

（三）社会团体的自治权利

1. 自行选举并罢免本社会团体工作人员的权利。《工会法》第10条规定，各级工会委员会由会员大会或者会员代表大会民主选举产生，工会会员大会或者会员代表大会有权撤换或者罢免其所选举的代表或者工会委员会组成人员。

2. 参与与自身事务有关的公共生活并保护本社会团体成员的权利。《工会法》第2条规定，中华全国总工会及其各工会组织代表职工的利益，依法维护职工的合法权益。第5条规定，工会组织和教育职工依照宪法和法律的规定行使民主权利，发挥国家主人翁的作用，通过各种途径和形式，参与管理国家事务、管理经济和文化事业、管理社会事务；协助人民政府开展工作。

3. 自行决定本社会团体事务，不受外来非法干涉的权利。《社会团体登记管理条例》第5条规定，国家保护社会团体依照法律、法规及其章程开展活动，任何组织和个人不得非法干涉。

4. 社会团体资产受保护的权利。《社会团体登记管理条例》第26条规定，任何单位和个人不得侵占、私分或者挪用社会团体的资产。

5. 对违反法律、社团章程的成员进行纪律处分的权利。《中国足球协会章程》第27条规定，根据《体育法》精神，对于在比赛中弄虚作假、营私舞弊以及赌球、打假球、贿赂裁判、制造赛场暴力和混乱、服用兴奋剂等违反纪律和体育规则、体育道德的行为，本会将按照有关规定给予处罚。处罚包括开除会员、暂停会员资格等。《中国法学会章程》第19条第2款规定，个人会员或团体会员有严重违纪违法行为的，经所在地法学会审核，撤销其会员资格。

6. 向政府或人民法院申请救济的权利。《工会法》第50条规定，工会对违反本法规定侵犯其合法权益的，有权提请人民政府或者有关部门予以处理，或者向人民法院提起诉讼。《民事诉讼法》《行政诉讼法》分别赋予作为法人的社会团体提起民事诉讼与行政诉讼的权利。

（四）社会团体的义务

1. 自觉接受和服从党的领导。《中国共产党章程》第30条规定，企业、农村、机关、学校、科研院所、街道社区、社会组织、人民解放军连队和其他基层单位，凡是有正式党员3人以上的，都应当成立党的基层组织。2015年，中共中央办公厅印发的《关于加强社会组织党的建设工作的意见（试行）》规定，社会组织党组织是党在社会组织中的战斗堡垒，发挥政治核心作用；明确全国性社会组织党建工作分别归口中央直属机关工委、中央国家机关工委、国务院国资委党委统一领导和管理；地方社会组织党建工作由省、市、县级社会组织党建工作机构统一领导和管理；推进社会组织党的组织和党的工作有效覆盖。

2. 确保资产来源合法。《社会团体登记管理条例》第26条规定，社会团体的资产来源必须合法。不得接受外国资助；不得违反国家有规定收取费用、筹集资金或者接受、使用捐赠、资助；资产的运用应向业务主管单位报告；资产必须用于章程规定的业务活动，不得在会员中分配；不得侵占、私分、挪用社会团体资产或者所接受的捐赠、资助。

3. 资产使用应当合法。根据《社会团体登记管理条例》规定，社会团体接受捐赠、资助，必须符合章程规定的宗旨和业务范围，必须根据与捐赠人、资助人约定的期限、方式和合法用途使用；不得设立地域性分支机构；不得从事营利性的经营活动；不得超出章程规定的宗旨和业务范围进行活动；等等。

（五）对社会团体自治的监管

1. 监管机关。社会团体的常设监管机关分为登记管理机关和业务主管机关，前者为各级政府民政部门，后者依社会团体从事的业务性质而定。此外，财政部门、审计部门亦对社会团体享有财务监管之权。

2. 监管职责。民政部门负责社会团体的成立、变更、注销登记；对社会团体实施年度检查；对社会团体违反《社会团体登记管理条例》的行为给予行政处罚。业务主管单位负责社会团体成立登记、变更登记、注销登记前的审查；监督、指导社会团体遵守宪法、法律、法规和国家政策，依据其章程开展活动；负责社会团体年度检查的初审；协助登记管理机关和其他有关部门查处社会团体的违法行为；会同有关机关指导社会团体的清算事宜。此外，社会团体必须执行国家规定的财务管理制度，接受财政部门的监督；资产来源属于国家拨款或者社会捐赠、资助的，还应当接受审计机关的监督；社会团体在换届或者更换法定代表人之前，登记管理机关、业务主管单位应当组织对其进行财务审计。

（六）社会团体法律责任

《社会团体登记管理条例》第六章"罚则"规定了社会团体违反相关法律时，社会团体及其负责人应当承担的法律责任。该条例规定的法律责任分为行政责任、刑事责任。其中，行政责任有撤销登记、警告、责令改正、限期停止活动、责令撤换直接负责的主管人员、没收、罚款；刑事责任指对违反条例构成犯罪的行为，依刑法的相关规定予以刑事惩罚。

四、民办非企业单位自治法律制度

（一）民办非企业单位的概念

所谓民办非企业单位，是指企业事业单位、社会团体和其他社会力量以及公民个人利用非国有资产举办的，从事非营利性社会服务活动的社会组织。[①]《慈善法》第 8 条规定，慈善组织可以采取基金会、社会团体、社会服务机构等组织形式。《民法典》第 92—94 条将民办非企业单位定义为"社会服务机构"。

（二）设立民办非企业单位的条件

依据《民办非企业单位登记管理暂行条例》第 8 条规定，申请登记民办非企业单位，应当具备下列条件：经业务主管单位审查同意；有规范的名称、必要的组织机构；有与其业务

---

① 参见《民办非企业单位登记管理暂行条例》第 2 条。

活动相适应的从业人员;有与其业务活动相适应的合法财产;有必要的场所。民办非企业单位(社会服务机构)的成立也有禁止性条件,例如,民办非企业单位(社会服务机构)的名称应当符合国务院民政部门的规定,不得冠以"中国""全国""中华"等字样。

(三)民办非企业单位的组织机构

《社会团体登记管理条例》没有规定民办非企业单位的组织机构;《民法典》第93条规定以捐助财产设立的社会服务机构的组织机构,即捐助法人应当设理事会、民主管理组织等决策机构,并设执行机构;理事长等负责人按照法人章程的规定担任法定代表人;捐助法人应当设监事会等监督机构。

(四)民办非企业单位的自治权利

虽然《社会团体登记管理条例》没有明确规定这一类自治主体的自治权,但依据社会服务机构的自治功能及有关规定,其自治权包括:自行产生机构负责人的权利;自行设置组织机构的权利;从事非营利的社会服务并不受政府及其他组织、个人干涉的权利;接受公益捐助的权利;享有独立的产权并受保护的权利(注意其产权不是个人产权,而是法人产权);任何单位和个人不得侵占、私分或者挪用民办非企业单位的资产。例如,《民办教育促进法》第36条规定,民办学校对举办者投入民办学校的资产、国有资产、受赠的财产以及办学积累,享有法人财产权。上述规定意味着无论投资人、捐赠人还是其他个人均不享有社会服务机构的财产所有权。

(五)民办非企业单位的义务

根据《社会团体登记管理条例》,民办非企业单位(社会服务机构)负有以下法定义务:(1)必须登记,不得从事营利活动。(2)开展章程规定的活动,按照国家有关规定取得的合法收入,必须用于章程规定的业务活动。(3)接受捐赠、资助,必须符合章程规定的宗旨和业务范围,必须根据与捐赠人、资助人约定的期限、方式和合法用途使用;应当向业务主管单位报告接受、使用捐赠、资助的有关情况,并将有关情况以适当方式向社会公布。(4)必须执行国家规定的财务管理制度,接受财政部门的监督;资产来源属于国家资助或者社会捐赠、资助的,还应当接受审计机关的监督。(5)变更法定代表人或者负责人的,应接受登记管理机关、业务主管单位组织的财务审计。依据《民法典》第95条规定,为公益目的成立的非营利法人终止时,不得向出资人、设立人或者会员分配剩余财产;剩余财产应当按照法人章程的规定或者权力机构的决议用于公益目的;无法按照法人章程的规定或者权力机构的决议处理的,由主管机关主持转给宗旨相同或者相近的法人,并向社会公告。

(六)对民办非企业单位的监管

对民办非企业单位的监管分为登记管理机关的监管、业务主管单位的监管、财政部门的监管和社会监督。具体内容包括:

1. 登记管理机关的监管。登记管理机关履行下列监督管理职责:负责民办非企业单位的成立、变更、注销登记;对民办非企业单位实施年度检查;对民办非企业单位违反《社会团体登记管理条例》的行为进行监督检查,对民办非企业单位违反《社会团体登记管理条例》

的行为给予行政处罚。(《社会团体登记管理条例》第 24 条)

2. 业务主管单位的监管。业务主管单位履行下列监督管理职责:负责民办非企业单位成立、变更、注销登记前的审查;监督、指导民办非企业单位遵守宪法、法律、法规和国家政策,按照章程开展活动;负责民办非企业单位年度检查的初审;协助登记管理机关和其他有关部门查处民办非企业单位的违法行为;会同有关机关指导民办非企业单位的清算事宜。业务主管单位履行上述职责,不得向民办非企业单位收取费用。(《社会团体登记管理条例》第 25 条)

3. 财政部门的监管。民办非企业单位必须执行国家规定的财务管理制度,接受财政部门的监督;资产来源属于国家资助或者社会捐赠、资助的,还应当接受审计机关的监督;民办非企业单位换届或者更换法定代表人之前,登记管理机关、业务主管单位应当组织对其进行财务审计。(《社会团体登记管理条例》第 27 条)

4. 社会监督。民办非企业单位接受捐赠、资助,必须符合章程规定的宗旨和业务范围,必须根据与捐赠人、资助人约定的期限、方式和合法用途使用。民办非企业单位应当向业务主管单位报告接受、使用捐赠、资助的有关情况,并应当将有关情况以适当方式向社会公布(《社会团体登记管理条例》第 26 条)。《民法典》第 94 条规定,捐助人有权向捐助法人查询捐助财产的使用、管理情况,并提出意见和建议,捐助法人应当及时、如实答复;捐助法人的决策机构、执行机构或者法定代表人作出决定的程序违反法律、行政法规、法人章程,或者决定内容违反法人章程的,捐助人等利害关系人或者主管机关可以请求人民法院撤销该决定。但是,捐助法人依据该决定与善意相对人形成的民事法律关系不受影响。

五、基金会自治法律制度

(一) 基金会的含义和分类

1. 基金会的含义。所谓基金会,是指利用自然人、法人或者其他组织捐赠的财产,以从事公益事业为目的,按照《基金会管理条例》的规定成立的非营利性法人。[①]

2. 基金会的分类。以是否面向公众募捐为标准,可将基金会分为公募基金会和非公募基金会。[②]公募基金会的设定条件与管理程序要严于非公募基金会。以募捐的地域范围为标准,可将公募基金会分为全国性公募基金会和地方性公募基金会。全国性公募基金会的设定条件要高于地方性公募基金会。

(二) 基金会的内部组织制度

1. 决策机关——理事会。《基金会管理条例》第 21 条规定,理事会是基金会的决策机构,依法行使章程规定的职权;理事会每年至少召开 2 次会议。理事会会议须有 2/3 以上理事出席方能召开;理事会决议须经出席理事过半数通过方为有效。下列重要事项的决议,须

---

① 参见《基金会管理条例》第 2 条。
② 参见《基金会管理条例》第 3 条。

经出席理事表决,2/3 以上通过方为有效:(1)章程的修改;(2)选举或者罢免理事长、副理事长、秘书长;(3)章程规定的重大募捐、投资活动;(4)基金会的分立、合并。理事会会议应当制作会议记录,并由出席理事审阅、签名。

2. 监督机构——监事。《民法典》第 93 条规定,捐助法人应当设监事会等监督机构。《基金会管理条例》第 22 条规定,基金会设监事。监事任期与理事任期相同。理事、理事的近亲属和基金会财会人员不得兼任监事;监事依照章程规定的程序检查基金会财务和会计资料,监督理事会遵守法律和章程的情况;监事列席理事会会议,有权向理事会提出质询和建议,并应当向登记管理机关、业务主管单位以及税务、会计主管部门反映情况。为保证监事的公正,《基金会管理条例》第 23 条规定,监事和未在基金会担任专职工作的理事不得从基金会获取报酬。

(三)基金会的自治权利

1. 自行组织理事会,选举理事长与监事。理事可由捐赠人或捐赠人代表、热心公益事业的专家或有关人士、基金会员工或财会人员担任。依据《基金会管理条例》规定,非公募基金会理事会中,相互具有近亲属关系的理事不得超过总理事人数的 1/3。公募基金会中,具有近亲属关系的人不得同时在理事会中任职。理事会设理事长、副理事长和秘书长,从理事中选举产生。《基金会管理条例》第 23 条规定,基金会理事长、副理事长和秘书长不得由现职国家工作人员兼任。

2. 自行募集资金并决定资金的管理与使用。《基金会管理条例》第 31 条规定,基金会可以与受助人签订协议,约定资助方式、资助数额以及资金用途和使用方式。

3. 基金会财产受法律保护。《基金会管理条例》第 27 条规定,基金会的财产及其他收入受法律保护,任何单位和个人不得私分、侵占、挪用。接受捐赠的物资无法用于符合其宗旨的用途时,基金会可以依法拍卖或者变卖,所得收入用于捐赠目的。

4. 享受税收优惠。《基金会管理条例》第 26 条规定,基金会及其捐赠人、受益人依照法律、行政法规的规定享受税收优惠。

5. 对资助的使用情况进行监督。《基金会管理条例》第 31 条规定,基金会有权对资助的使用情况进行监督。受助人未按协议约定使用资助或者有其他违反协议情形的,基金会有权解除资助协议。

(四)基金会的义务

1. 募捐、接受捐赠、使用财产,应当符合章程的宗旨和公益活动的业务范围。《基金会管理条例》第 25 条规定,基金会组织募捐、接受捐赠,应当符合章程规定的宗旨和公益活动的业务范围。第 27 条规定,基金会应当根据章程规定的宗旨和公益活动的业务范围使用其财产。第 28 条规定,基金会应当按照合法、安全、有效的原则实现基金的保值、增值。

2. 每年的支出必须符合法律规定的比例。《基金会管理条例》第 29 条规定,公募基金会每年用于从事章程规定的公益事业支出,不得低于上一年总收入的 70%;非公募基金会每年用于从事章程规定的公益事业支出,不得低于上一年基金余额的 8%;基金会工作人员工资福利和行政办公支出不得超过当年总支出的 10%。

3. 终止时不得向出资人、设立人或会员分配剩余财产。《基金会管理条例》第 33 条规定,基金会注销后的剩余财产应当按照章程的规定用于公益目的;无法按照章程规定处理的,由登记管理机关组织捐赠给与该基金会性质、宗旨相同的社会公益组织,并向社会公告。《民法典》第 95 条规定,为公益目的成立的非营利法人终止时,不得向出资人、设立人或者会员分配剩余财产。

4. 依法向社会公开相关信息。《基金会管理条例》第 25 条规定,公募基金会组织募捐,应当向社会公布募得资金后拟开展的公益活动和资金的详细使用计划。第 30 条规定,基金会开展公益资助项目,应当向社会公布所开展的公益资助项目种类以及申请、评审程序。第 38 条规定,基金会、境外基金会代表机构应当在通过登记管理机关的年度检查后,将年度工作报告在登记管理机关指定的媒体上公布,接受社会公众的查询、监督。第 33 条规定,基金会注销后的剩余财产应当按照章程的规定用于公益目的;无法按照章程规定处理的,由登记管理机关组织捐赠给与该基金会性质、宗旨相同的社会公益组织,并向社会公告。《民法典》第 95 条规定,剩余财产应当按照法人章程的规定或者权力机构的决议用于公益目的;无法按照法人章程的规定或者权力机构的决议处理的,由主管机关主持转给宗旨相同或者相近的法人,并向社会公告。

5. 执行国家统一的会计制度。《基金会管理条例》第 32 条规定,基金会应当执行国家统一的会计制度,依法进行会计核算、建立健全内部会计监督制度。

(五)对基金会的监督

1. 捐赠人的监督。《基金会管理条例》第 39 条规定,捐赠人有权向基金会查询捐赠财产的使用、管理情况,并提出意见和建议。对于捐赠人的查询,基金会应当及时如实答复。基金会违反捐赠协议使用捐赠财产的,捐赠人有权要求基金会遵守捐赠协议或者向人民法院申请撤销捐赠行为、解除捐赠协议。《民法典》第 94 条规定,捐助人有权向捐助法人查询捐助财产的使用、管理情况,并提出意见和建议,捐助法人应当及时、如实答复;捐助法人的决策机构、执行机构或者法定代表人作出决定的程序违反法律、行政法规、法人章程,或者决定内容违反法人章程的,捐助人等利害关系人或者主管机关可以请求人民法院撤销该决定。但是,捐助法人依据该决定与善意相对人形成的民事法律关系不受影响。

2. 基金会监事的内部监督。《基金会管理条例》第 22 条规定了监事对基金会的内部监督机制。《民法典》第 93 条规定,捐助法人应当设监事会等监督机构。

3. 接受政府有关部门的监督。首先,接受登记机关的审查、管理与监督。《基金会管理条例》第 34 条规定,基金会登记管理机关履行下列监督管理职责:(1)对基金会、境外基金会代表机构实施年度检查;(2)对基金会、境外基金会代表机构依照本条例及其章程开展活动的情况进行日常监督管理;(3)对基金会、境外基金会代表机构违反本条例的行为依法进行处罚。其次,接受业务主管部门的监督与管理。《基金会管理条例》第 35 条规定,基金会业务主管单位履行下列监督管理职责:(1)指导、监督基金会、境外基金会代表机构依据法律和章程开展公益活动;(2)负责基金会、境外基金会代表机构年度检查的初审;(3)配合登记管理机关、其他执法部门查处基金会、境外基金会代表机构的违法行为。

4. 接受税务、会计主管部门及审计等的监督。《基金会管理条例》第 37 条规定,基金会应当接受税务、会计主管部门依法实施的税务监督和会计监督;基金会在换届和更换法定代表人之前,应当进行财务审计。审计由注册会计师进行。

5. 接受社会监督。《基金会管理条例》第 25、33、38 条要求基金会向社会公开相关资料的目的,在于使基金会接受社会监督并获得社会公信力。

(六)基金会法律责任

1. 行政责任。这包括:首先,取缔并没收财产。《基金会管理条例》第 40 条规定,未经登记或者被撤销登记后以基金会、基金会分支机构、基金会代表机构或者境外基金会代表机构名义开展活动的,由登记管理机关予以取缔,没收非法财产并向社会公告。其次,警告、责令停止活动、撤销登记。《基金会管理条例》第 41 条规定,基金会、基金会分支机构、基金会代表机构或者境外基金会代表机构有下列情形之一的,登记管理机关应当撤销登记:(1)在申请登记时弄虚作假骗取登记的,或者自取得登记证书之日起 12 个月内未按章程规定开展活动的;(2)符合注销条件,不按照本条例的规定办理注销登记仍继续开展活动的。《基金会管理条例》第 42 条规定,基金会、基金会分支机构、基金会代表机构或者境外基金会代表机构有下列情形之一的,由登记管理机关给予警告、责令停止活动;情节严重的,可以撤销登记:(1)未按照章程规定的宗旨和公益活动的业务范围进行活动的;(2)在填制会计凭证、登记会计账簿、编制财务会计报告中弄虚作假的;(3)不按照规定办理变更登记的;(4)未按照本条例的规定完成公益事业支出额度的;(5)未按照本条例的规定接受年度检查,或者年度检查不合格的;(6)不履行信息公布义务或者公布虚假信息的。基金会、境外基金会代表机构有上述所列行为的,登记管理机关应当提请税务机关责令补交违法行为存续期间所享受的税收减免。第 44 条规定,基金会、境外基金会代表机构被责令停止活动的,由登记管理机关封存其登记证书、印章和财务凭证。

2. 民事责任。基金会具有独立法人资格,根据《民法典》第 60 条规定,应当承担相应的民事责任。《基金会管理条例》第 43 条规定,基金会理事会违反本条例和章程规定决策不当,致使基金会遭受财产损失的,参与决策的理事应当承担相应的赔偿责任。

3. 刑事责任。《基金会管理条例》第 43 条规定,基金会理事、监事以及专职工作人员私分、侵占、挪用基金会财产的,应当退还非法占用的财产;构成犯罪的,依法追究刑事责任。基金会虽为法人,但不能作为犯罪主体,犯罪主体为基金会理事、监事及专职工作人员。

第八章　政社合作共治法律制度

　　政社合作共治是指政府与基层群众性自治组织、人民团体、非营利组织、企业、公民发挥各自优势,采取沟通、协商、谈判、分工、参与、协作、契约等合作方式共同治理社会领域公共事务,促进社会公共利益最大化的行动及其过程。随着人类社会由农业社会发展到工业社会再发展到后工业社会,社会领域的治理模式相应发生了从"统治型"向"管控型"再向"治理型"的转变。社会公共事务的复杂性及单一社会治理主体治理能力的有限性决定了社会治理领域政府失灵或非营利组织失灵现象发生的必然性,政府、市场、非营利组织社会治理目标的共同性及功能互补性奠定了政社合作共治的逻辑基础,民主政治制度及特定社会历史文化、政府与社会的自主性确立了政社合作共治的制度文化基础,政社互信及积极主动的协调沟通形成了政社合作共治的现实基础,使社会治理的政社合作共治由可能走向必然。政社合作共治须以法治为根基,良法善治是社会治理现代化的衡量标准。政社合作共治法律制度是政府与社会合作治理社会公共事务的根本保证,是治理逻辑和法治逻辑的双重彰显。本章主要阐释政社合作共治的概念及特征、法律制度渊源、政社合作共治类型与法律制度安排。

第一节　政社合作共治的概念及特征

一、政社合作共治的概念

　　党的十八大以来,以习近平同志为核心的党中央从推进国家治理体系和治理能力现代化的高度,围绕构建社会治理体系,推进社会治理能力现代化,就创新政社合作共治体制机制、完善政社合作共治法律制度作出了系列部署。从党的十八大《报告》提出"加快形成党委领导、政府负责、社会协同、公众参与、法治保障的社会治理体制",到党的十八届三中全会《决定》强调改进社会治理方式,"坚持系统治理,加强党委领导,发挥政府主导作用,鼓励和支持社会各方面参与,实现政府治理和社会自我调节、居民自治良性互动";从党的十八届四中全会《决定》强调"坚持系统治理、依法治理、综合治理、源头治理,提高社会治理法治化水平",到党的十九大《报告》进一步强调,"加强和创新社会治理","打造共建共治共享的社会治理格局";从党的十九届四中全会《决定》把"建设人人有责、人人尽责、人人享有的社会治理共同体"作为坚持和完善中国特色社会主义制度的重要组成部分,到党的十九届五中全会审议通过《中共中央关于制定国民经济和社会发展第十四个五年规划和二〇三五年远景目标的建议》，领导和推动全国人大通过《国民经济和社会发展第十四个五年规划和2035年远景目标纲要》，将"健全党组织领导的自治、法治、德治相结合的城乡基层社会治理体系，完善基层民主协商制度，建设人人有责、人人尽责、人人享有的社会治理共同体"作为社会发展的重要组成部分；从习近平在庆祝建党100周年大会上对"维护社会公平正义，着力解决发展不平衡不充分问题和人民群众急难愁盼问题，推动人的全面发展、全体人民共同富裕取得更为明显的实质性进展"作出精准判断，到党的十九届六中全会《决议》对"健全党组织领导的自治、法治、德治相结合的城乡基层治理体系，推动社会治理重心向基层下移""社会治理社会化、法治化、智能化、专业化水平大幅度提升""发展了人民安居乐业、社会安定有序的良好局面，续写了社会长期稳定奇迹"的深刻总结；从党中央领导推动出台的《法治社会建设实施纲要（2020—2025年）》将"引领和推动社会力量参与社会治理""深化城乡社区依法治理，在党组织领导下实现政府治理和社会调节、居民自治良性互动"作为推进社会治理法治化的重要内容，到《法治中国建设规划（2020—2025年）》提出"广泛推动人民群众参与社会治理，打造共建共治共享的社会治理格局""发挥工会、共青团、妇联等群团组织引领联系群众参与社会治理的作用"的规划布局，再到《法治政府建设实施纲要（2021—2025年）》提出"引导、规范基层组织和社会力量参与突发事件应对""明确社会组织、慈善组织、社会工作者、志愿者等参与突发事件应对的法律地位及其权利义务"，推动社会治理政社合作的体系化，所有这些均彰显了中央高层有关政社合作共治理念的一步步升华、战略决策的一步步精细、推动实施举措的一步步加强。

二、政社合作共治的特征

政社合作共治是因应社会公共事务的高度复杂性和高度不确定性产生的，是后工业社会服务型社会治理模式的显著特征。这种治理模式强调政府与社会以及政府组织与非营利组织、营利组织、公民在社会治理领域的合作共治关系。在当代中国，政社合作共治是由人民民主专政国家性质决定的，人民当家作主的宪法原则内嵌于中国特色社会主义的制度，是其制度逻辑、实践逻辑及理论逻辑的体现。这不仅决定了多元主体在参与公共事务治理方面权利的平等性与表达方式的多样性，也决定了政府与社会力量共商共建共治共享的必然性，以及政社合作共治内容的丰富性、途径的宽广性、形式的多样性。

（一）政社合作共治主体的多元性

公共治理理论强调，根据不同类型和不同特点的公共事务实行不同主体治理，并依此对不同的实施主体进行科学定位、合理分工。[①] 政社合作共治主体的确认与职能划分，关系政社合作共治制度的构建及其实效，关系不同社会阶层和群体的真实意志能否充分表达，反映了国家治理体系是否科学、治理能力和水平高低，因而它是社会文明程度的重要标志之

---

① 参见滕世华：《公共治理视野中的公共物品供给》，载《中国行政管理》2004年第7期。

一。[①] 政社合作共治主体不限于政府组织,还包括基层群众性自治组织、非营利组织、营利组织与公民。其中,政府组织、基层群众性自治组织、非营利组织是承担社会公共事务职责的主体力量。政府组织并非狭义的行政机关,而是广义上的,包括国家意志的表达机关及执行机关,涵盖国家立法、行政、监察、审判、检察等机关,在我国政治体制下还包括作为执政党的共产党组织、政治协商组织及其他行使行政执法权的事业单位等。政府作为国家意志的表达及执行机关,是社会公共利益的最主要代表者,凭借自身对社会公共事务管理资源的合法性垄断地位,履行公共事务管理职能,以制度化方式对社会资源进行权威性分配,并以国家权力主体身份组织公共物品和公共服务的生产和提供,支配和影响社会公共利益的实现,以有效解决"公共品"与公共服务中普遍存在的"搭便车"与不合作问题。基层群众性自治组织、非营利组织作为社会治理的重要主体,通过发挥其组织、动员社会资源、志愿服务及媒介政社桥梁的功能,实行城市居民自治、农村村民自治和非营利组织自治,实现社会自我调节,国家与社会良性互动,代表公众向政府表达利益诉求,参与有关社会治理领域的法律与公共政策的制定、实施和监督。而参与社会公共事务治理的公民和非营利组织、市场组织,无论是否以营利为目的,均属于政社合作共治的主体,企业也可以通过竞标政府购买公共服务项目的方式间接向社会提供公共服务。

（二）政社合作共治领域的特定性

社会治理中,政社合作共治领域具有特定性。它是指与政治、经济领域分离的社会领域。社会领域与政治领域、经济领域逐步分离,是社会发展演进的必然产物,而没有政社分开即政治领域与社会领域的分开,亦谈不上政社合作即政府组织与基层群众性自治组织、非营利组织的合作。狭义的社会发展建设和管理,是指与政治、经济、文化、生态各子系统并列的社会子系统的发展、建设和管理。[②] 社会建设的主要任务在于保障公民的生存权和发展权,包括基本公共服务保障、公共安全保障、社会自我调节等具体社会治理活动,它所体现的政社合作共治行为无不内嵌于基本公共服务保障领域。

（三）政社合作共治目标的公共性

合作是人类社会的基本生存状态,是人的自身需要。只有在与他人、组织的交往、合作中,个人才能获得生活资料和生产资料,才能实现个人的价值。合作的特点在于,合作是主体之间自觉的、共同的行动,是平等的、自愿的和自治的,是手段与目的的统一,合作关系是一种彼此信任、信赖的关系。[③] 社会治理中,政府必须超脱各种具体的利益,进一步彰显公共权力的公共性,为不同利益主体的生存和发展提供合理的制度环境,更好地协调社会多元利益诉求及利益冲突;非营利组织不以营利为目的且具有正式组织形式,具有自治性、志愿性、公益性或互益性特征,也将公共利益的实现与维护作为自身的目标和使命。党的十八届

---

①　参见王名、李健:《社会共治制度初探》,载《行政论坛》2014年第5期。

②　参见郑杭生、杨敏:《关于社会建设的内涵和外延——兼论当前中国社会建设的时代内容》,载《学海》2008年第4期。

③　参见贺乐民、高全:《论行政法的合作理念》,载《法律科学（西北政法学院学报）》2008年第4期。

三中全会《决定》将创新社会治理目标定位为促进社会公共利益,即维护最广大人民根本利益,最大限度增加和谐因素,增强社会发展活力,确保人民安居乐业、社会安定有序。这意味着政社合作共治活动中,无论是基层群众性自治组织、非营利组织等社会力量参与政府对社会的治理,还是政府支持、引导基层群众性自治组织、非营利组织通过社会自治实现社会自我调节,政社合作共治的目标均在于增进社会公共利益,促进人的生存和发展。

(四)政社合作共治客体的可分性

社会治理的终极目标是推进以人为核心的现代化。在这一进程中需要促进社会发展、增进公共利益,需要在规范的社会治理法律、公平的公共政策框架下提高社会治理活动的效率。西方公共物品的生产与供应分离理论及资源依赖理论分别解释了社会公共事务的可分性及政社合作共治的可能性和必然性。"没有任何逻辑理由证明公共服务必须由官僚机构来提供,私人企业、非营利组织、半独立的公共企业也可以提供公共服务。"[1] 政府与社会各自的资源比较优势及资源的相互依赖关系促成了二者的互动合作,对互补性资源的需求是推动组织间合作的关键,即政府与基层群众性自治组织、非营利组织功能互补、相互合作,各自承担不同环节的社会公共事务,共同促进公共利益最大化,提高公共服务效率。政府本质上是公共物品的提供者和安排者,公共物品的生产和提供完全可以通过合同承包、补助、特许经营、政府购买等形式由营利组织、非营利组织来完成。

(五)政社合作共治范围的广泛性

在社会治理行政决策制定中,公众主动汇集行政决策意见并反映给政府、参与行政决策听证或论证,政府则向公众收集行政决策所需信息、听取公众提出的行政决策意见、召开听证会和论证会论证行政决策方案、反馈行政决策建议采纳情况及理由给公众,由此形成政社合作互动的社会治理行政决策制定程序,奠定社会治理行政决策的社会正当性基础。社会治理行政决策实施中,无论是民生保障还是秩序保障,单凭任何社会治理主体的治理均不能完成社会治理任务,政府需与基层群众性自治组织、营利组织、非营利组织及公民相互支持与配合,共同促进社会治理行政决策实施的效益和效率最大化。社会治理法律、公共政策实施监督中,政府监督与社会监督共同保障社会治理法律、公共政策的公平、合理实施。社会自治活动中,政府税收优惠、财政补贴、行政激励、行政指导等举措促进非营利组织的发育成长,提升非营利组织的自组织能力,形成社会自治领域的政社合作共治局面。

(六)政社合作共治方式的多样性

合作共治是政府与基层群众性自治组织、非营利组织以及其他社会治理主体以合作的方式共同完成政府治理社会领域事务和社会自治领域事务的手段。合作共治是政府与社会力量共同处理社会公共事务模式及状态的集合性描述,合作共治的方式是政府与基层群众性自治组织、非营利组织以及其他社会治理主体合作共治的具体手段、方法和模式。从社会

---

[1]   参见 [美] 詹姆斯·M. 布坎南:《自由、市场与国家——80 年代的政治经济学》,平新乔、莫扶民译,上海三联书店1989 年版,第 33 页。

治理模式的宏观层面看,各国基于不同的国情及发展道路,存在政府中心主义治理模式与多元中心主义治理模式之分。政府中心主义治理模式存在集权式与民主参与式之分,民主参与式政府中心主义治理模式主要采取政府主导与非营利组织参与型合作共治方式。[①] 多元中心主义治理模式下,政府与非营利组织往往采取平等协商型合作共治方式。[②] 从政社合作共治的微观层面看,政社合作共治贯穿政府治理社会的秩序行政、给付行政和社会自治全过程,社会自治、社会秩序安全保障和基本公共服务保障目标的决策及实施离不开政社合作共治,合作共治的具体方式亦呈现出多样性特征。合作共治的核心是政府与社会为达到共同的目标而采取联合或相互依赖的行动,政府与社会从公众参与和公私合作两个维度合作治理社会公共事务。政府治理社会领域,社会治理决策的公众参与方式主要为公众参与社会治理立法、行政及司法环节的决策活动,如社会治理立法环节的听证、专家论证、公开征求公众或专家意见、公众对社会治理立法项目提出起草建议或修改意见、共同协商制定法律规则、政府委托社会力量起草社会治理立法草案等。政府治理社会领域和社会自治领域的公私合作主要体现在社会治理立法、行政及司法决策的实施活动中,公私合作方式主要包括契约型公私合作方式(如特许经营、政府购买公共服务、合作规制、行政助手、行政委托、专家参与)、法定授权型公私合作方式(如法律授权的民事和行政公益诉讼等)、单方行为型公私合作方式(如政府提供的行政指导、行政资助和社会力量提供的志愿服务等)。

第二节　政社合作共治法律制度的渊源

一、宪法及宪法性法律

我国宪法及宪法性法律中有关政社合作共治的条款内容构成政社合作共治法律制度的重要渊源。《宪法》第 2 条第 3 款规定:"人民依照法律规定,通过各种途径和形式,管理国家事务,管理经济和文化事业,管理社会事务。"第 19 条第 4 款规定:"国家鼓励集体经济组织、国家企业事业组织和其他社会力量依照法律规定举办各种教育事业。"第 21 条第 1 款规定:"国家发展医疗卫生事业,发展现代医药和我国传统医药,鼓励和支持农村集体经济组织、国家企业事业组织和街道组织举办各种医疗卫生设施,开展群众性的卫生活动,保护人民健康。"这些条款规定了集体经济组织、国家企业事业组织、其他社会力量和公民在管理国家事务、举办各种教育事业、发展医疗卫生事业、发展现代医药和我国传统医药、开展群众性卫生活动、保护人民健康等公共事务方面与政府合作共治的职责与义务,构成了政社合作共治法律制度的宪法渊源。《立法法》第 5 条规定:"……坚持立法公开,保障人民通过多种

[①]　参见王名、李健:《社会共治制度初探》,载《行政论坛》2014 年第 5 期。

[②]　参见张康之:《论参与治理、社会自治与合作治理》,载《行政论坛》2008 年第 6 期。

途径参与立法活动。"第36条规定,法律案有关问题存在重大意见分歧或者涉及利益关系重大调整,需要进行听证的,应当召开听证会,听取有关基层和群体代表、部门、人民团体、专家、全国人民代表大会代表和社会有关方面的意见。《人民法院组织法》《人民检察院组织法》分别规定法院、检察院应当接受人民群众监督,保障人民群众对法院、检察院工作依法享有知情权、参与权和监督权。在人民参与司法、监督司法方面,《人民法院组织法》第34条规定:"人民陪审员依照法律规定参加合议庭审理案件。"《人民检察院组织法》第27条规定:"人民监督员依照规定对人民检察院的办案活动实行监督。"《村民委员会组织法》第2、3条规定,村委会协助维护社会治安,向人民政府反映村民的意见、要求和提出建议。《城市居民委员会组织法》第3条规定,居民委员会协助人民政府或者它的派出机关做好与居民利益有关的公共卫生、计划生育、优抚救济、青少年教育等项工作;向人民政府或者它的派出机关反映居民的意见、要求和提出建议。《村民委员会组织法》第37、38条规定,人民政府对村民委员会协助政府开展工作应当提供必要的条件;人民政府有关部门委托村民委员会开展工作需要经费的,由委托部门承担。驻在农村的机关、团体、部队、国有及国有控股企业、事业单位及其人员不参加村民委员会组织,但应当通过多种形式参与农村社区建设,并遵守有关村规民约。村民委员会、村民会议或者村民代表会议讨论决定与前款规定的单位有关的事项,应当与其协商。《城市居民委员会组织法》第17、19条规定,居民委员会的工作经费和来源,居民委员会成员的生活补贴费的范围、标准和来源,由不设区的市、市辖区的人民政府或者上级人民政府规定并拨付;经居民会议同意,可以从居民委员会的经济收入中给予适当补助。居民委员会的办公用房,由当地人民政府统筹解决。机关、团体、部队、企业事业组织,不参加所在地的居民委员会,但是应当支持所在地的居民委员会的工作。所在地的居民委员会讨论同这些单位有关的问题,需要他们参加会议时,他们应当派代表参加,并且遵守居民委员会的有关决定和居民公约。上述有关政社合作共治内容的条款,构成了政社合作共治的宪法性法律渊源。

二、法律

党的十八大以来,党中央领导和推动立法机关、行政机关、监察机关、审判机关、检察机关和全体人民建设完备的社会主义法律制度体系、高效的法治实施体系、严密的法治监督体系、有力的法治保障体系、健全的党内法规体系,建设社会主义法治国家,社会主义法治体系建设取得历史性成就。这些立法工作坚持以人民为中心,强化人民在管理国家事务、管理经济和文化事业、管理社会事务中的地位与作用,突出建立健全政社合作、共建共治共享的法律制度,丰富发展了农业农村农民发展,公共卫生,劳动就业、教育、民生保障,消费者权益保护,生态环境保护,国家安全与公共安全,妇女、未成年人、老年人、残疾人权益保障,职工利益保障,国土资源保护,城乡发展规划,诉讼权利保障与公正司法,人民调解,社区矫正,禁毒,预防未成年人犯罪等领域有关政社合作共治的内容。其中,涉及农业农村农民发展的有《农业法》《农民专业合作社法》《农村土地承包法》《乡村振兴促进法》;涉及公共卫生的有《食品安全法》《传染病防治法》《基本医疗卫生与健康促进法》;涉及劳动就业、教育、民生保障的有《就业促进法》《民办教育促进法》《法律援助法》《慈善法》;涉及消费者权益保护的有《消费者权益保护法》;涉及生态环境保护的有《环境保护法》《固体废物污染环境防治法》《海洋环境保护法》《土壤污染防治法》《大气污染防治法》《长江保护法》《黄河保护法》;涉及国家安全与公共安全的有《国家安全法》《反分裂国家法》《反间谍法》《反恐怖主义法》《电子商务法》《数据安全法》《突发事件应对法》;涉及妇女、未成年人、老年人、残疾人权益保障的有《妇女权益保障法》《未成年人保护法》《老年人权益保障法》《残疾人保障法》;涉及职工利益保障的有《工会法》《劳动合同法》;涉及国土资源保护的有《森林法》《草原法》;涉及城乡发展规划的有《城乡规划法》;涉及诉讼权利保障与公正司法的有《行政诉讼法》《刑事诉讼法》《民事诉讼法》;涉及人民调解的有《人民调解法》;涉及社区矫正的有《社区矫正法》;涉及禁毒的有《禁毒法》;涉及预防未成年人犯罪的有《预防未成年人犯罪法》。上述内容构成了政社合作共治的法律渊源。

三、行政法规、部门规章

国务院及各部委立法是政社合作法律制度的重要渊源之一。《突发公共卫生事件应急条例》第 36 条规定,国务院卫生行政主管部门或者其他有关部门指定的专业技术机构,有权进入突发事件现场进行调查、采样、技术分析和检验,对地方突发事件的应急处理工作进行技术指导,有关单位和个人应当予以配合;任何单位和个人不得以任何理由予以拒绝。《志愿服务条例》第 23 条规定,国家鼓励和支持国家机关、企业事业单位、人民团体、社会组织等成立志愿服务队伍开展专业志愿服务活动,鼓励和支持具备专业知识、技能的志愿者提供专业志愿服务。《优化营商环境条例》第 66 条规定,国家完善调解、仲裁、行政裁决、行政复议、诉讼等有机衔接、相互协调的多元化纠纷解决机制,为市场主体提供高效、便捷的纠纷解决途径。《保障农民工工资支付条例》第 5 条规定,保障农民工工资支付,应当坚持市场主体负责、政府依法监管、社会协同监督,按照源头治理、预防为主、防治结合、标本兼治的要求,依法根治拖欠农民工工资问题。《自然灾害救助条例》第 5 条规定,村民委员会、居民委员会以及红十字会、慈善会和公募基金会等社会组织,依法协助人民政府开展自然灾害救助工作。国家鼓励和引导单位和个人参与自然灾害救助捐赠、志愿服务等活动。《社区矫正法实施办法》第 2 条规定,社区矫正工作坚持党的绝对领导,实行党委政府统一领导、司法行政机关组织实施、相关部门密切配合、社会力量广泛参与、检察机关法律监督的领导体制和工作机制。《民办教育促进法实施条例》第 3 条规定,各级人民政府应当依法支持和规范社会力量举办民办教育,保障民办学校依法办学、自主管理,鼓励、引导民办学校提高质量、办出特色,满足多样化教育需求。《农作物病虫害防治条例》第 19 条规定,国家鼓励和支持科研单位、有关院校、农民专业合作社、企业、行业协会等单位和个人研究、依法推广绿色防控技术。这些行政法规、部门规章既是政社合作共治法律制度的组成部分,也是政社合作共治行为的重要依据。

四、地方性法规、地方政府规章及其他规范性文件

在各省、自治区、直辖市及设区的市制定的地方性法规、地方政府规章及其他规范性文件中,也有涉及政社合作共治的,如《深圳经济特区社会建设促进条例》《深圳经济特区平安建设条例》《成都市社区发展治理促进条例》《南京市社会治理促进条例》等。此外,在各级地方政府及其组成部门颁布的行政指导、行政奖励以及协商共治类的决定、通告、公告等规范性文件中,也有不少涉及政社合作内容的规定。由此构成了政社合作共治法律制度不可或缺的渊源。

五、党内法规

党对政社合作共治的领导是推进社会治理社会化、法治化、专业化、智能化的根本保障。有关政社合作共治的决策性文件既包括中央对有关社会治理宏观战略的决策,又包括对社会治理中长期规划的决策,还包括对处理相关重大问题所应采取的有关政社合作共治等的指导方针、政策导向及其行动方略,等等。这为党领导和保证政社合作共治法律制度实施提供了政治保证与公共政策支撑。

第三节   政社合作共治的类型

政社合作共治是社会治理的重要组成部分,是政府、市场与社会等多元主体参与社会治理的有机结合,也是政府与社会力量共同处理社会公共事务的模式及状态,其主要包括行政主导型政社合作共治、法定授权型政社合作共治、公众直接参与型政社合作共治、契约实践型政社合作共治等。

一、行政主导型政社合作共治

行政主导型政社合作共治是指政府通过运用具有软法性质的行政指导、行政资助和行政允诺等非强制性的行政方法、方式、政策与基层群众性自治组织、企业、其他非营利组织合作、协商治理公共事务的一种模式。

1. 行政指导。行政指导是行政机关在其职能、职责或管辖范围内,为适应复杂多变的社会治理现实需要,适时灵活地采取符合法律法规精神、原则、规则或政策的指导、劝告、建议等不具有国家强制力的方式,谋求相对人同意或协助,以有效打造人人有责、人人尽责、人人享有的社会治理共同体。行政指导的内容包括共同参与社会治理事务的指导主体(指导方)、指导对象(接受指导方)、指导内容、指导方式等。

2. 行政资助。行政资助是指行政主体为实现特定的社会治理共建共治共享目的,以直接或间接的方式向特定的公民、社会组织和其他组织等给予资金、物质或其他助成性财产

利益的活动,^①即行政主体以将公共财政收入资助给特定的社会治理主体的方式提供公共服务。

3. 行政允诺。行政允诺,亦称行政承诺,是指行政主体对特定社会治理主体作出的将来行为或不行为的承诺。行政允诺不仅具备行政行为的主体要素、职权要素、法律规范要素、法律效果要素,而且关注特定社会治理领域的事务,具有公益性、公共性、社会性特征,因而兼具公法和私法的双重属性。

二、法定授权型政社合作共治

法定授权型政社合作共治是指基层群众性自治组织、人民团体、非营利组织等依据立法授权或行政授权完成本应由国家负担的社会治理领域公共事务之政社合作模式。其本质特征在于某项社会治理职权及责任彻底从国家任务清单中剔除,国家并非通过个别委托而是采取概括授权的方式将公共事务转移给基层群众性自治组织、人民团体、非营利组织等完成。法定授权型政社合作共治可分为立法授权型政社合作共治与行政授权型政社合作共治两类。

1. 立法授权型政社合作共治。立法授权型政社合作共治是指法律、法规授权基层群众性自治组织、社团法人、非营利组织完成本应由国家负担的社会治理领域公共事务之合作行为。根据立法授权的客体不同,立法授权型政社合作共治可分为两种类型:(1)授权基层群众性自治组织、社团法人、非营利组织社会治理行政权型政社合作共治,即基层群众性自治组织、社团法人及非营利组织依据立法授权协助政府开展具有政府管理职能的社会治理公共事务。(2)授权基层群众性自治组织对有关公共卫生、计划生育、优抚救济、青少年教育、社区矫正、社会治安等公共事务和公益事业,以及调解民间纠纷、协助维护社会治安等自治事务进行自我管理、自我教育、自我服务;授权社团法人有序参与所属企业事业组织、机关事务管理与社会事务管理,反映职工意见和利益诉求,维护职工合法权益,协助政府工作,发挥职工主人翁作用,维护国家政权等;授权非营利组织有序参与自治事务与社会事务管理。

2. 行政授权型政社合作共治。行政授权型政社合作共治指行政主体依法将其全部或部分行政职能授予基层群众性自治组织、社团法人、非营利组织以其自身名义行使,并独立承担法律责任的政社合作共治方式。根据授权的依据和主体不同,行政授权型政社合作共治可分为两种类型:(1)有立法权的行政主体授权(第一授权主体)型政社合作共治。(2)无立法权的行政主体(第二授权主体)授权型政社合作共治。

三、公众直接参与型政社合作共治

公众是相对于国家、政府的一个集合概念,在法治国家、法治政府、法治社会一体建设中具有特殊的地位与作用,泛指基层群众性自治组织、非营利组织、社区物业管理组织、不具

---

① 参见尤乐:《论行政资助的概念、主体和目的》,载《天津行政学院学报》2010 年第 5 期。

有行政管理职能和未被授予行政管理职能的其他行业性组织以及企业法人和其他社会组织。公众直接参与型政社合作共治是指公众依照一定程序、遵守一定规则,有目的、有秩序地协助政府管理公共事务或直接依自身章程、村规民约、城市公约等处理所涉公共事务的系列活动。公众以权利主体身份参与社会治理,通过提供信息、发表意见、表达利益诉求、参与决策等直接方式与政府互动合作,有利于推进社会治理社会化、法治化、智能化、专业化,促进建设人人有责、人人尽责、人人享有的社会治理共同体。依据公众直接参与影响社会治理决策结果的作用不同,公众直接参与可划分为信息供给型公众参与和价值聚合型公众参与等类型。

1. 信息供给型公众参与。它是以社会治理决策信息为基础,以社会治理决策科学为目标的一种公众直接参与社会治理的模式。其主要功能是公众为社会治理决策机关提供社会治理决策信息,协助决策机关作出准确的事实判断,遵循公众参与范围最广、参与成本最小和参与效率最高原则。信息供给型公众参与的途径具有多样性的特点,可以采用接触关键公众、访谈群众"意见领袖"、公民调查(包括书面问卷调查及利用现代通信手段调查)、公民投诉等形式。

2. 价值聚合型公众参与。它是以社会治理事项的利益平衡为基础,以社会治理决策民主为目标的一种公众直接参与社会治理的模式。其主要功能是公众与社会治理决策机关共同就社会治理决策事项达成一致的价值判断,促进有关公共利益、公共事务决策公开、公正、有序达成。决策前遵循充分辩论、良性互动和公益目标约束原则,[1] 决策中可以采用公民会议、听证会、座谈会、论证会、书面征求意见、专家咨询、调解斡旋等形式。

四、契约实践型政社合作共治

契约实践型政社合作共治主要适用于社会治理领域的公共事务秩序行政和给付行政。契约实践型政社合作共治的特征包括:(1) 须具备适格的公法主体和私法主体;(2) 合作方式有别于私法契约;[2](3) 合作目标具有公益优位性;(4) 合作行为具有公私法交融性和责任二分性。契约实践型政社合作共治主要包括政府购买公共服务、特许经营及行政委托等类型。

1. 政府购买公共服务。它是指政府通过契约方式将本应由其向社会公众提供的公共服务事项或自身履职需要的服务事项交由具备条件的基层群众性自治组织、非营利组织及企事业单位承担,并由政府依约向其支付费用,以提高公共服务质量和财政资金使用效率,改善社会治理结构,满足公众对公共服务的多元化、个性化需求。

2. 特许经营。它是指政府吸引私人部门参与公用事业和基础设施的建设、经营,通过授予私人部门排他性权利(直接向公众出售其服务和产品)获取私人部门建设的公用事业和基础设施之所有权;私人部门在一定期限内代替政府向公众提供公共产品和服务,并通过

---

① 参见夏金莱:《行政决策中的公众参与类型研究》,载《广州大学学报(社会科学版)》2015年第8期。

② 参见施建辉:《论行政契约的形式与缔结方式》,载《东南大学学报(哲学社会科学版)》2008年第1期。

向使用者收费和（或）必要的政府付费获取投资回报。

3. 行政委托。它是指行政机关将自身非决定性或非强制性的公共领域治理事务委托给私法主体行使，受托私法主体以委托机关名义管理受托公共事务，其行为产生的法律后果由委托机关承担。[①]

第四节　政社合作共治具体法律制度

一、党对社会治理事务政社合作共治实施领导的制度

党对社会治理事务政社合作共治实施领导的制度是政社合作共治法律制度的基本内容，是党对社会治理事务进行政治、组织、思想领导及其实施行动的根本保障。发展完善党对社会治理事务政社合作共治实施领导的制度，对于我国在社会急速转型期的大背景下有效调整社会关系、激发社会活力、预测预防预警社会风险、化解社会对抗冲突及其他矛盾、保持社会安定有序、实现国家长治久安有着重大意义。《宪法》第 1 条第 2 款规定，中国共产党领导是中国特色社会主义最本质的特征。这不仅是中国特色社会主义根本制度的重要体现，是"构建系统完备、科学规范、运行高效的党和国家机构职能体系，形成总揽全局、协调各方的党的领导体系，职责明确、依法行政的政府治理体系，中国特色、世界一流的武装力量体系，联系广泛、服务群众的群团工作体系，推动人大、政府、政协、监察机关、审判机关、检察机关、人民团体、企事业单位、社会组织等在党的统一领导下协调行动、增强合力，全面提高国家治理能力和治理水平"[②] 的根本法保障，也是贯穿社会治理事务政社合作共治法律制度的一条红线，为社会治理事务政社合作共治法律制度高效实施、严密监督提供了宪法保障。《村民委员会组织法》规定，中国共产党在农村的基层组织，按照中国共产党章程进行工作，发挥领导核心作用，领导和支持村民委员会行使职权。这为基层群众性自治组织运用政社合作方式处理自治事务与参与公共事务治理提供了根本保障。《工会法》规定，工会必须坚持中国共产党的领导。这为工会推动企业事业单位、机关围绕职工权益保障等事务的政社合作提供了坚强有力的政治领导。《反间谍法》规定，反间谍工作坚持党中央集中统一领导；《国家安全法》规定，坚持中国共产党对国家安全工作的领导，建立集中统一、高效权威的国家安全领导体制。这为实行专门机关与群众相结合的路线，动员一切社会力量，运用包括政社合作共治方式在内的法治思维和法治方式维护国家安全提供了根本保障。

---

① 参见刘国乾：《基于行政任务属性判断的行政委托界限》，载《人大法律评论》编辑委员会组编：《人大法律评论》2015 年卷第 2 辑，法律出版社 2015 年版。

② 参见《中国共产党第十九届中央委员会第三次全体会议公报》，载新华网 http://www.xinhuanet.com，访问日期：2023 年 5 月 30 日。

二、促进基本公共服务均等化的政社合作共治制度

对于构建政社合作共治体制机制、发展完善政社合作共治制度,我国有关促进就业、民办教育、基本医疗卫生与健康、残疾人保障等方面的法律都作出了明确规定。

1. 有关促进就业的政社合作共治制度。这包括:(1)一般规定。《就业促进法》明确规定工会、共青团、妇联、残联以及其他社会组织,协助政府开展促进就业工作,依法维护劳动者的劳动权利。(2)保障农民工工资支付。《保障农民工工资支付条例》规定,保障农民工工资支付,应当坚持市场主体负责、政府依法监管、社会协同监督,按照源头治理、预防为主、防治结合、标本兼治的要求,依法根治拖欠农民工工资问题。(3)劳动者最低工资保障。充分就业与劳动报酬保障是公民生存权、发展权的重要实现形式。我国社会主义初级阶段的基本国情在经济发展方面凸显不同地区的资源禀赋、产业结构、生产力水平等方面的不平衡性、差异性及复杂性,这决定了公民在就业与劳动报酬方面存在较大的差异性与不平衡性。为此,劳动和社会保障部于2004年颁布了《最低工资规定》,建立起了劳动者最低工资保障制度。

2. 有关民办教育的政社合作共治制度。具体包括:(1)一般规定。为破解公共教育资源短缺难题,动员和组织社会力量投入教育事业,加快实施科教兴国战略,不断满足人民群众对教育公共品的急迫需求,促进民办教育事业的健康发展,《民办教育促进法》规定各级政府应当将民办教育事业纳入国民经济和社会发展规划,为政社合作共治、多元主体成员投资促进民办教育发展提供了制度安排。(2)财税支持。为了促进民办教育的发展,《民办教育促进法》规定由政府提供一系列的优惠扶持政策,非营利性民办学校不仅可以享受与公办学校同等的税收优惠政策,而且能够享受国家规定的其他税收优惠政策。(3)激励政策。《民办教育促进法》规定,对非营利性民办学校可以采取基金奖励、捐资激励等激励政策;国家奖励和表彰为发展民办教育事业做出突出贡献的组织和个人。

3. 有关基本医疗卫生与健康的政社合作共治制度。具体包括:(1)一般规定。《基本医疗卫生与健康促进法》从保障公民依法享有从国家和社会获得基本医疗卫生服务权益出发,明确规定全社会应当共同关心和支持医疗卫生与健康事业的发展;社会力量可以选择设立非营利性或者营利性医疗卫生机构。(2)财税支持。《基本医疗卫生与健康促进法》规定,国家鼓励和支持公民、法人和其他组织通过依法举办机构和捐赠、资助等方式参与医疗与健康事业,并依法提供税收优惠;非营利性医疗卫生机构享受与政府举办的医疗卫生机构同等的税收、财政补助、用地、用水、用电、用气、用热等政策。(3)激励政策。《基本医疗卫生与健康促进法》鼓励政府举办的医疗卫生机构与社会力量合作举办非营利性医疗卫生机构,并对在医疗卫生与健康事业中做出突出贡献的组织和个人按照国家规定给予表彰和奖励。

4. 有关残疾人保障的政社合作共治制度。这包括:(1)一般规定。《残疾人保障法》规定,中国残疾人联合会及其地方组织依照法律、法规、章程或者接受政府委托,开展残疾人工作,动员社会力量、发展残疾人事业。(2)康复制度。各级人民政府鼓励和扶持社会力量兴办残疾人康复机构;地方各级人民政府和有关部门,应当组织和指导城乡社区服务组织、

医疗预防保健机构、残疾人组织、残疾人家庭和其他社会力量,开展社区康复工作。(3)捐助服务。国家鼓励社会组织和个人为残疾人提供捐助和开展残疾人服务,促进残疾人慈善事业的发展。

三、保障妇女权益的政社合作共治制度

保障妇女权益的政社合作共治制度的内容包括:(1)一般规定。《妇女权益保障法》《反家庭暴力法》把保障妇女的合法权益作为全社会的共同责任,规定:工会、共产主义青年团应当在各自的工作范围内做好维护妇女权益的工作;公安、民政、司法行政等部门以及城乡基层群众性自治组织、社会团体,应当在各自的职责范围内预防和制止家庭暴力,依法为受害妇女提供救助;县级以上人民政府有关部门、司法机关、人民团体、社会组织、居民委员会、村民委员会、企业事业单位,应当依照有关规定,做好反家庭暴力工作。(2)奖励政策。各级政府和有关部门对保障妇女合法权益成绩显著的组织和个人给予表彰和奖励。

四、保护未成年人的政社合作共治制度

保护未成年人的政社合作共治制度的内容包括:(1)一般规定。《未成年人保护法》明确规定,共产主义青年团、妇女联合会、工会、残疾人联合会、关心下一代工作委员会、青年联合会、学生联合会、少年先锋队以及其他人民团体、有关社会组织,应当协助各级人民政府及其有关部门、人民检察院、人民法院做好未成年人保护工作,维护未成年人合法权益。(2)加强未成年被害人综合救助。司法机关联合民政、共青团、妇联、医疗等部门,与社会组织、爱心企业、爱心人士、志愿者等社会力量联动,引入司法社工和心理咨询师等专业人员,为未成年被害人提供司法救助、心理疏导、身体康复、生活安置、复学就业等多元综合救助,帮助未成年被害人及其家庭渡过难关。(3)对涉罪未成年人实施精准帮教矫正。如司法机关探索由检察官和司法社工、心理专家、学校、家庭等共同组成帮教组织,根据其行为特点和教育矫正规律,结合涉案未成年人具体情况,依法惩戒和精准帮教相结合,保护、教育、管束一体落实,最大限度教育挽救涉罪未成年人。(4)鼓励支持政策。《未成年人保护法》规定,国家鼓励、支持和引导人民团体、企业事业单位、社会组织以及其他组织和个人开展多种形式的有利于未成年人健康成长的社会活动。

五、保障老年人权益的政社合作共治制度

积极应对人口老龄化事关国计民生、民族兴盛和国家的长治久安。我国保障老年人权益的政社合作共治制度的内容包括:(1)一般规定。《老年人权益保障法》明确规定,国家机关、社会团体、企业事业单位和其他组织为老年人权益保障工作的责任主体,应当将养老服务设施纳入城乡社区配套设施建设规划。(2)网络服务体系。《老年人权益保障法》规定,建立适应老年人需要的生活服务、文化体育活动、日间照料、疾病护理、康复等服务设施和网点,就近为老年人提供服务;发扬邻里互助的传统,提倡邻里间关心、帮助有困难的老年人。鼓

励慈善组织、志愿者为老年人服务。倡导老年人互助服务。（3）鼓励政策。地方各级政府和有关部门鼓励、扶持专业服务机构及其他组织和个人为居家的老年人提供多种形式的服务。

六、保障农民权益的政社合作共治制度

（一）共享促进乡村振兴发展成果的政社合作共治制度

保障农民权益的政社合作共治制度内容十分丰富，包括：（1）一般规定。《乡村振兴促进法》在政社合作共治、实现乡村振兴的目标要求和总原则层面，制定了包括以"共享"为出发点和落脚点的五大新发展理念，明确"治理有效""促进共同富裕"的目标要求与基本原则；在以工补农、以城带乡层面，对推动形成工农互促、城乡互补、协调发展、共同繁荣的新型工农城乡关系作出规定。（2）多元主体参与。《乡村振兴促进法》规定，各级政府及其有关部门应当采取多种形式，广泛宣传乡村振兴促进相关法律法规和政策，鼓励、支持人民团体、社会组织、企业事业单位等社会各方面参与乡村振兴促进相关活动。（3）政策支持。《乡村振兴促进法》规定，国家支持农民专业合作社、家庭农场和涉农企业、电子商务企业、农业专业化社会化服务组织等以多种方式与农民建立紧密型利益联结机制，让农民共享全产业链增值收益。（4）人才流动。《乡村振兴促进法》鼓励城市人才向乡村流动，建立健全城乡、区域、校地之间人才培养合作与交流机制。（5）激励机制。《乡村振兴促进法》明确规定国家鼓励企业、高等学校、职业学校、科研机构、科学技术社会团体、农民专业合作社、农业专业化社会化服务组织、农业科技人员等创新推广方式，开展农业技术推广服务。（6）法律服务。《乡村振兴促进法》从健全乡村矛盾纠纷调处化解机制，推进法治乡村建设层面，明确规定地方各级人民政府应当加强基层执法队伍建设，鼓励乡镇人民政府根据需要设立法律顾问和公职律师，鼓励有条件的地方在村民委员会建立公共法律服务工作室，深入开展法治宣传教育和人民调解工作，健全乡村矛盾纠纷调处化解机制，推进法治乡村建设。

（二）促进农村土地承包经营纠纷多元化解的政社合作共治制度

《农村土地承包法》从土地承包经营纠纷矛盾化解，保护农民合法权益方面，明确规定建立当事人协商、村民委员会和乡（镇）人民政府等调解、向农村土地承包仲裁机构申请仲裁以及向人民法院起诉等多元权利救济与矛盾纠纷化解方式。

（三）推动农民专业合作社合作与联合发展的政社合作共治制度

其内容包括：（1）财产多元主体出资。《农民专业合作社法》在农民专业合作社的财产多元主体出资构成层面，明确规定农民专业合作社对由成员出资、公积金、国家财政直接补助、他人捐赠以及合法取得的其他资产所形成的财产，享有占有、使用和处分的权利，并以上述财产对债务承担责任（第5条）。（2）综合协调。《农民专业合作社法》从建立农民专业合作社工作的综合协调机制层面，规定县级以上人民政府统筹指导、协调、推动农民专业合作社的建设和发展；县级以上政府农业主管部门、其他有关部门和组织应当依据各自职责，对农民专业合作社的建设和发展给予指导、扶持和服务（第11条）。（3）政策奖励。《农民专业合作社法》从政府支持、多元主体参与发展层面，规定国家通过财政支持、税收优惠和

金融、科技和人才的扶持以及产业政策引导等措施促进农民专业合作社的发展；国家鼓励和支持公民、法人和其他组织为农民专业合作社提供帮助和服务；对发展农民专业合作社事业做出突出贡献的单位和个人，按照国家有关规定予以表彰和奖励。

（四）巩固和加强农业在国民经济中的基础地位的政社合作共治制度

其内容包括：（1）合作激励机制。《农业法》明确规定，全社会应当高度重视农业，支持农业发展。国家对发展农业和农村经济有显著成绩的单位和个人，给予奖励（第8条）；国家鼓励农民在家庭承包经营的基础上自愿组成各类专业合作经济组织（第11条）。（2）利益共同体机制。《农业法》规定，国家引导和支持从事农产品生产、加工、流通服务的企业、科研单位和其他组织等多元主体建立收益共享、风险共担的利益共同体运行机制；建立鼓励社会多元主体投资农业、捐资设立农业建设和农业科技、教育基金的合作共享机制（第41条）；政府主导和鼓励支持企业事业单位等多元经济主体农业信息服务的合作共享机制（第42条）；国家鼓励、吸引企业等多元社会力量的农业科技投入，举办农业科技、教育事业与技术推广的共建共享机制（第48、52条）。（3）社会化服务一体化运行机制。《农业法》规定，国家鼓励供销合作社、农村集体经济组织、农民专业合作经济组织、其他组织和个人发展多种形式的农业生产产前、产中、产后的社会化服务事业。县级以上人民政府及其各有关部门应当采取措施对农业社会化服务事业给予支持（第44条）。（4）行业协调与自律机制。《农业法》规定，各种农产品行业协会为其成员提供服务，维护成员和行业利益（第14条）。（5）政策支持。《农业法》规定，国家鼓励和扶持农用工业的发展。国家采取税收、信贷等手段鼓励和扶持农业生产资料的生产和贸易，为农业生产稳定增长提供物质保障（第43条）。

（五）促进森林资源的开发、建设、利用和保护的政社合作共治制度

其内容包括：（1）共造共享机制。《森林法》明确规定，国家所有和集体所有的宜林荒山荒地荒滩可以由单位或者个人承包造林绿化（第43条）。（2）认建认养机制。《森林法》规定，国家鼓励公民通过植树造林、抚育管护、认建认养等方式参与造林绿化（第44条）。

（六）草原的开发、建设、投入、利用的政社合作共治制度

其内容包括：（1）保护投资者利益。《草原法》鼓励单位和个人投资建设草原，按照谁投资、谁受益的原则保护草原投资建设者的合法权益。（2）鼓励机制。《草原法》规定支持、鼓励和引导农牧民开展草原围栏、饲草饲料储备、牲畜圈舍、牧民定居点等生产生活设施的建设（第26、28条）。

上述从促进乡村振兴，农村土地承包经营纠纷化解，农民专业合作社发展，巩固和加强农业在国民经济中的基础地位，森林资源的开发、建设、利用和保护，草原的开发、建设、投入、利用等方面，构建起有关农业发展中政府主导，农村集体经济组织、其他社会组织、市场组织和农民多元主体参与的共商共建共治共享的政社合作共治法律制度。

七、社会救助的政社合作共治制度

社会救助是指为保障公民的基本生活，促进社会公平，维护社会和谐稳定，坚持托底线、救急难、可持续原则,建立的与其他社会保障制度相衔接,与经济社会发展水平相适应,具有社会调节与维稳功能的制度安排。[①] 社会救助包括最低生活保障、特困人员供养、受灾人员救助、医疗救助、教育救助、住房救助、就业救助、临时救助等。[②] 具体包括以下内容:(1)一般规定。国家建立由社会救助管理部门负责,基层政府、街道办事处受理申请、调查审核,村民委员会、居民委员会协助,工会、共青团、妇联、残联、红十字会、慈善组织根据职责分工或者章程参与,自然人、法人和其他组织以及全媒体参与的,[③] 政社合作、多元主体参与,共商共建共治共享的社会救助共同体格局。(2)购买服务。政府可以通过委托、承包、采购等方式,向社会力量购买服务。[④](3)社会参与。县级以上地方人民政府应当发挥社会工作服务机构和社会工作者作用,为社会救助对象提供社会融入、能力提升、心理疏导等专业服务。社会救助管理部门及相关机构应当建立社会力量参与社会救助的机制和渠道,提供社会救助项目、需求信息,为社会力量参与社会救助创造条件、提供便利。[⑤](4)税收政策。社会力量参与社会救助,按照国家有关规定享受财政补贴、税收优惠、费用减免等。[⑥](5)激励机制。国家鼓励、支持社会力量参与社会救助,对在社会救助工作中作出显著成绩的单位、个人,按照国家有关规定给予表彰、奖励。[⑦]

八、保障公共安全的政社合作共治制度

(一)保障食品安全的政社合作共治制度

1. 一般规定。针对市场经济加速发展进程中出现的毒奶粉、毒大米、"苏丹红"等充斥食品市场,严重威胁广大消费者的生命、健康等"公害"问题,国家立法机关从破解"五最"[⑧]难题,切实维护人民群众的权益出发,将"社会共治"作为《食品安全法》的基本原则。

2. 多元主体。《食品安全法》规定食品安全的共治主体包括食品生产经营者、国家食品安全监督管理机关、食品检验机构、各类协会、新闻媒体、公民等。

3. 法律责任。《食品安全法》明确规定了食品安全领域的生产、经营安全、监管、行业自律和监督等多元主体的法律责任,为构建食品安全多元主体合作共治提供了制度保障。

(二)保护生态环境的政社合作共治制度

1. 一般规定。针对生态环境保护形势日益严峻的状况,为切实保障人民群众的生态权益、加快推进建设"美丽中国",立法机关多次对《环境保护法》作出修订,将综合治理、公众

---

① 参见《社会救助暂行办法》第1、2条。
② 参见《社会救助暂行办法》第二至九章。
③ 参见《社会救助暂行办法》第3、4条;《广东省社会救助条例》第5、6、9条;《浙江省社会救助条例》第4—7、43条。
④ 参见《社会救助暂行办法》第54条。
⑤ 参见《社会救助暂行办法》第55、56条。
⑥ 参见《社会救助暂行办法》第53条。
⑦ 参见《社会救助暂行办法》第7、8条。
⑧ "五最"为"最恨、最烦、最难、最急、最盼"。参见徐汉明:《市域社会治理现代化:内在逻辑与推进路径》,载《理论探索》2020年第1期。

参与、损害担责作为政社合作共治的重要内容。《土壤污染防治法》规定,土壤污染防治应当坚持预防为主、保护优先、分类管理、风险管控、污染担责、公众参与的原则。《森林法》规定,各级政府应当组织各行各业和城乡居民造林绿化。国家鼓励公民通过植树造林、抚育管护、认建认养等方式参与造林绿化。

2. 多元主体合作。在环境保护宣传和普及方面,《环境保护法》明确要求各级政府鼓励基层群众性自治组织、社会组织、环境保护志愿者等多元主体开展合作,营造保护环境的良好风气,为推进生态环境治理体系和治理能力的科学化、系统化、专业化、法治化提供了制度保障。

3. 保护义务。《大气污染防治法》规定,企业事业单位和其他生产经营者应当采取有效措施,防止、减少大气污染,对所造成的损害依法承担责任。公民应当增强大气环境保护意识,采取低碳、节俭的生活方式,自觉履行大气环境保护义务。《海洋环境保护法》规定,一切单位和个人都有保护海洋环境的义务。《森林法》规定,政府负有组织全民义务植树活动的职责,全体公民负有植树造林、保护森林的义务;政府应加强宣传教育和知识普及工作,鼓励和支持基层群众性自治组织、新闻媒体、林业企业事业单位、志愿者等开展森林资源保护宣传活动;教育行政部门、学校承担对学生进行教育的责任。

4. 政策支持。《环境保护法》规定,国家采取财政、税收、价格、政府采购等方面的政策和措施,鼓励和支持环境保护技术装备、资源综合利用和环境服务等环境保护产业的发展,鼓励和支持企业事业单位和其他生产经营者,在污染物排放符合法定要求的基础上进一步减少污染物排放。《土壤污染防治法》规定,国家鼓励并提倡社会各界为防治土壤污染捐赠财产,并依照法律、行政法规的规定给予税收优惠。

5. 奖励机制。《环境保护法》规定,政府奖励对保护和改善环境有显著成绩的单位和个人。《土壤污染防治法》规定,国家采取措施,鼓励、支持单位和个人回收农业投入品包装废弃物和农用薄膜。《森林法》规定,对在造林绿化、森林保护、森林经营管理以及林业科学研究等方面成绩显著的组织或者个人,按照国家有关规定给予表彰、奖励。《固体废物污染环境防治法》规定,各级政府对在固体废物污染环境防治工作以及相关的综合利用活动中做出显著成绩的单位和个人,按照国家有关规定给予表彰、奖励。

（三）保障网络安全的政社合作共治制度

1. 一般规定。随着以 AI 技术为代表的高科技的推广应用,在网络社会领域,维护国家主权空间安全、保护个人信息、确保网络空间秩序和谐稳定、构建网络综合治理体系成为网络法治建设的重要议题,《网络安全法》规定了"积极利用、科学发展、依法管理、确保安全"的方针。

2. 多元主体参与。《网络安全法》规定,所有网络建设、运营、维护和使用主体以及网络安全监督管理主体,都须采取措施提高全社会的网络安全意识和水平,打造全社会共同参与、促进网络安全的良好环境。

（四）促进电子商务健康发展的政社合作共治制度

1. 一般规定。《电子商务法》规定,为了保障电子商务各方主体的合法权益,规范电子商务行为,维护市场秩序,促进电子商务持续健康发展,制定本法。

2. 电子商务经营者主体多元。电子商务经营者是指通过互联网等信息网络从事销售商品或者提供服务等经营活动的自然人、法人和非法人组织,包括电子商务平台经营者、平台内经营者以及通过自建网站、其他网络服务销售商品或者提供服务的电子商务经营者。

3. 电子商务经营者义务。电子商务经营者从事经营活动,应当遵循自愿、平等、公平、诚信的原则,遵守法律和商业道德,公平参与市场竞争,履行消费者权益保护、环境保护、知识产权保护、网络安全与个人信息保护等方面的义务,承担产品和服务质量责任,接受政府和社会的监督。

4. 建立多元主体共同参与的电子商务市场治理体系。《电子商务法》规定,国家建立符合电子商务特点的协同管理体系,推动形成有关部门、电子商务行业组织、电子商务经营者、消费者等共同参与的电子商务市场治理体系。

（五）保障数据安全的政社合作共治制度

1. 一般规定。围绕数据安全多元主体协同守护,规范数据处理活动,保障数据安全,促进数据开发利用,保护个人、组织的合法权益,维护国家主权、安全和发展利益,《数据安全法》规定,国家支持有关部门、行业组织、企业、教育和科研机构、有关专业机构等在数据安全风险评估、防范、处置等方面开展协作。

2. 宣传普及。国家支持开展数据安全知识宣传普及,提高全社会的数据安全保护意识和水平,推动有关部门、行业组织、科研机构、企业、个人等共同参与数据安全保护工作,形成全社会共同维护数据安全和促进发展的良好环境。

（六）社区矫正政社合作共治制度

1. 一般规定。《社区矫正法》规定,县级以上地方政府及其有关部门应当通过多种形式为教育帮扶社区矫正对象提供必要的场所和条件。

2. 激励机制。《社区矫正法》对在社区矫正工作中做出突出贡献的组织、个人,按照国家有关规定给予表彰、奖励,以促进社区矫正政社合作共治机制的完善和发展。

九、应对重大事件的政社合作共治制度

（一）应对重大突发事件的政社合作共治制度

1. 一般规定。《突发事件应对法》明确规定了政府的职责,并规定了公民、法人和其他组织参与自然灾害、事故灾难、公共卫生和社会治安重大突发事件应对工作的义务;明确县、乡政府（街道办事处）、村（居）委员会及时调解处理矛盾纠纷、信息报告、普及宣传、应急演练、自救互救、协助维护社会秩序的职责。

2. 管理体制。《突发事件应对法》规定,国家建立统一领导、综合协调、分类管理、分级负责、属地管理为主的应急管理体制。

3. 奖励激励机制。《突发事件应对法》规定,国家鼓励公民、法人和其他组织为政府应对突发事件工作提供物资、资金、技术支持和捐赠;鼓励培养应急管理专门人才;规定了公

民参加应急救援工作或者协助维护社会秩序的职责,对表现突出、成绩显著的单位和个人给予表彰和奖励。

（二）应对自然灾害的政社合作共治制度

1. 一般规定。《自然灾害救助条例》规定,村民委员会、居民委员会以及红十字会、慈善会和公募基金会等社会组织,依法协助政府开展自然灾害救助工作。

2. 防灾减灾宣传。《自然灾害救助条例》规定,村民委员会、居民委员会、企业事业单位应当根据所在地政府的要求,结合各自的实际情况,开展防灾减灾应急知识的宣传普及活动。

3. 奖励制度。《自然灾害救助条例》规定,国家鼓励和引导单位和个人参与自然灾害救助捐赠、志愿服务等活动;对在自然灾害救助中作出突出贡献的单位和个人,按照国家有关规定给予表彰和奖励。

（三）应对突发公共卫生事件的政社合作共治制度

1. 一般规定。《突发公共卫生事件应急条例》规定,突发事件应急工作,应当遵循预防为主、常备不懈的方针,贯彻统一领导、分级负责、反应及时、措施果断、依靠科学、加强合作的原则。

2. 主体权利义务。《突发公共卫生事件应急条例》规定,任何单位和个人有权向政府及其有关部门报告突发事件隐患,有权向上级政府及其有关部门举报地方政府及其有关部门不履行突发事件应急处理职责,或者不按照规定履行职责的情况;任何单位和个人对突发事件,不得隐瞒、缓报、谎报或者授意他人隐瞒、缓报、谎报;国家建立突发事件举报制度,公布统一的突发事件报告、举报电话。

3. 公众专门教育。《突发公共卫生事件应急条例》规定,县级以上各级政府卫生行政主管部门和其他有关部门,应当对公众开展突发事件应急知识的专门教育,增强全社会对突发事件的防范意识和应对能力。

4. 奖励激励机制。《突发公共卫生事件应急条例》规定,县级以上各级政府及其卫生行政主管部门,应当对参加突发事件应急处理的医疗卫生人员,给予适当补助和保健津贴;对参加突发事件应急处理作出贡献的人员,给予表彰和奖励;对因参与应急处理工作致病、致残、死亡的人员,按照国家有关规定,给予相应的补助和抚恤;对举报突发事件有功的单位和个人,县级以上各级政府及其有关部门应当予以奖励。

十、维护国家安全的政社合作共治制度

维护国家安全是保障改革开放和社会主义现代化建设顺利进行,实现中华民族伟大复兴中国梦的重要任务。维护国家安全的政社合作共治制度内容包括:（1）一般规定。《国家安全法》规定,国家安全工作应当坚持总体国家安全观,以人民安全为宗旨,以政治安全为根本,以经济安全为基础,以军事、文化、社会安全为保障,以促进国际安全为依托,维护各领域国家安全,构建国家安全体系,走中国特色国家安全道路。（2）领导体制。《国家安全法》

规定,坚持中国共产党对国家安全工作的领导。(3)工作原则。《国家安全法》明确坚持预防为主、标本兼治,专门工作与群众路线相结合的原则,形成统一领导、协同联动、有序高效的国家安全危机管控制度体系。(4)多元主体的主体责任和义务。《国家安全法》规定了公民、一切国家机关和武装力量、各政党和各人民团体、企业事业组织和其他社会组织防范、制止间谍行为,维护国家安全的主体责任和义务。(5)奖励机制。《国家安全法》规定,国家表彰和奖励对在维护国家安全工作中作出突出贡献的个人和组织,推动全社会形成维护国家安全的强大合力。

十一、促进城乡融合的政社合作共治制度

促进城乡融合的政社合作共治制度的内容包括:(1)一般规定。《乡村振兴促进法》从整体筹划城镇和乡村发展,科学有序统筹,优化城乡设施布局层面,明确规定逐步健全全民覆盖、普惠共享、城乡一体的基本公共服务体系,加快县域城乡融合发展,促进农业高质高效、乡村宜居宜业、农民富裕富足(第50条)。(2)促进公共服务与自我服务有效衔接。《乡村振兴促进法》从推进城乡基本公共服务均等化层面,规定国家发展农村社会事业,促进公共教育、医疗卫生、社会保障等资源向农村倾斜,提升乡村基本公共服务水平,健全乡村便民服务体系,提升乡村公共服务数字化智能化水平,促进公共服务与自我服务有效衔接(第53条)。(3)社会保障制度。从国家完善城乡统筹的社会保障制度层面,《乡村振兴促进法》规定建立健全保障机制,支持乡村提高社会保障管理服务水平(第54条)。(4)人力资源市场构建。从健全城乡均等的公共就业创业服务制度层面,《乡村振兴促进法》规定国家推动形成平等竞争、规范有序、城乡统一的人力资源市场(第55条)。上述规定,为实现创新融合,推进城乡一体化,让亿万农民共享城乡一体基本公共服务,实现富裕富足提供了制度安排。

十二、基层群众自治事务的政社合作共治制度

基层群众自治事务的政社合作共治制度的内容包括:(1)一般规定。《村民委员会组织法》规定,为了保障农村村民实行自治,由村民依法办理自己的事情,发展农村基层民主,维护村民的合法权益,促进社会主义新农村建设,根据宪法,制定本法。村民委员会是村民自我管理、自我教育、自我服务的基层群众性自治组织,实行民主选举、民主决策、民主管理、民主监督。《城市居民委员会组织法》规定,为了加强城市居民委员会的建设,由城市居民群众依法办理群众自己的事情,促进城市基层社会主义民主和城市社会主义物质文明、精神文明建设的发展,根据宪法,制定本法。居民委员会是居民自我管理、自我教育、自我服务的基层群众性自治组织,应当采取民主的方法实行自治。(2)民主监督与行政监督。《村民委员会组织法》规定,对以暴力、威胁、欺骗、贿赂、伪造选票、虚报选举票数等不正当手段,妨害村民行使选举权、被选举权,破坏村民委员会选举的行为,村民有权向乡、民族乡、镇的人民代表大会和人民政府或者县级人大常委会和人民政府及其有关主管部门举报,由乡级或者县级人民政府负责调查并依法处理;村民委员会工作移交由村民选举委员会主持,由乡、民族乡、镇的政府监督;

村民自治章程、村规民约以及村民会议或者村民代表会议的决定违反宪法、法律、法规和国家的政策规定的,由乡、民族乡、镇的政府责令改正;村民委员会不及时公布应当公布的事项或者公布的事项不真实的,村民有权向乡、民族乡、镇的人民政府或者县级人民政府及其有关主管部门反映,有关人民政府或者主管部门应当负责调查核实,责令依法公布;村民委员会成员实行任期和离任经济责任审计,审计包括政府拨付和接受社会捐赠的资金、物资管理使用情况等。《城市居民委员会组织法》规定,居民公约由居民会议讨论制定,报不设区的市、市辖区的人民政府或者它的派出机关备案,由居民委员会监督执行;收支账目应当及时公布,接受居民监督;依照法律被剥夺政治权利的人编入居民小组,居民委员会应当对他们进行监督和教育。(3)自治权利保障与自治事务的政府支持指导。《村民委员会组织法》规定,地方各级人大及县级以上地方各级人大常委会保障村民依法行使自治权利;村民委员会成员的任期和离任经济责任审计,由县级人民政府农业部门、财政部门或者乡、民族乡、镇的人民政府负责组织,人民政府对村民委员会协助政府开展工作应当提供必要的条件;政府有关部门委托村民委员会开展工作需要经费的,由委托部门承担;村民委员会办理本村公益事业所需的经费,由村民会议通过筹资筹劳解决;经费确有困难的,由地方人民政府给予适当支持。《城市居民委员会组织法》规定,居民委员会办理本居住地区公益事业所需的费用,经居民会议讨论决定,可以根据自愿原则向居民筹集,也可以向本居住地区的受益单位筹集,但是必须经受益单位同意。(4)协助政府治理。《村民委员会组织法》规定,村委会协助政府开展工作。《城市居民委员会组织法》对居委会协助政府或者它的派出机关做好与居民利益有关的公共卫生、计划生育、优抚救济、青少年教育等社会化治理事务作出了规定。(5)驻地多元主体支持。《村民委员会组织法》规定,驻在农村的机关、团体、部队、国有及国有控股企业、事业单位及其人员应当通过多种形式参与农村社区建设,并遵守有关村规民约;村委会应当支持服务性、公益性、互助性社会组织依法开展活动,推动农村社区建设。《城市居民委员会组织法》则规定,机关、团体、部队、企业事业组织,应当支持所在地的居民委员会的工作;所在地的居民委员会讨论同这些单位有关的问题,需要他们参加会议时,他们应当派代表参加,并且遵守居民委员会的有关决定和居民公约;其所属职工及家属、军人及随军家属,参加居住地区的居民委员会,其家属聚居区可以单独成立家属委员会,家属委员会的工作经费和家属委员会成员的生活补贴费、办公用房,由所属单位解决。

十三、公众参与立法、执法、司法等公共事务的协助协作制度

随着我国城镇化的加速推进,公众在社会治理事务中的地位日渐凸显,其参与社会治理的范围不断扩大、途径不断增多。公众参与立法、执法、司法等公共事务协助协作制度的内容包括:(1)参与立法活动。《立法法》规定,立法应当体现人民的意志,发扬社会主义民主,坚持立法公开,保障人民通过多种途径参与立法活动;有关法律案,可以采取座谈会、论证会、听证会等多种形式听取意见。(2)参与促进就业、保障妇女权益、保护未成年人权益、保障老年人合法权益活动。《就业促进法》《妇女权益保障法》《未成年人保护法》《老年人权

益保障法》等法律赋予团体协会、社会组织、企业事业单位等在促进就业、保障妇女权益、保护未成年人权益与保障老年人合法权益方面的协同、支持、参与的职责。（3）承担防范、制止间谍行为的义务。《反间谍法》在规定机关、武装力量、各政党防范、制止间谍行为职责的同时，还规定了各人民团体、企业事业组织和其他社会组织和公民防范、制止间谍行为的义务。（4）参与社区矫正。《社区矫正法》规定，国家鼓励、支持企业事业单位、社会组织、志愿者等社会力量依法参与社区矫正工作。（5）参与人民调解。《人民调解法》规定，调解委员会根据调解纠纷的需要，在征得当事人的同意后，可以邀请当事人的亲属、邻里、同事等参与调解，也可以邀请具有专门知识、特定经验的人员或者有关社会组织的人员参与调解，人民调解委员会支持当地公道正派、热心调解、群众认可的社会人士参与调解。（6）参与打造乡村治理体系。《乡村振兴促进法》从综合整治农村水系、治理农村垃圾和污水、持续改善农村人居环境层面，明确规定建立政府、村级组织、企业、农民等各方面参与的共建共管共享机制；从建设充满活力、和谐有序的善治乡村层面，明确规定建立健全党委领导、政府负责、民主协商、社会协同、公众参与、法治保障、科技支撑的现代乡村社会治理体制和自治、法治、德治相结合的乡村社会治理体系；从发挥基层群团组织、农村社会组织团结群众、联系群众、服务群众等多元主体作用层面，明确规定县级以上政府主导加强基层群团组织建设，支持、规范和引导农村社会组织发展。（7）以民事诉讼代理人身份参与民事诉讼。《民事诉讼法》规定，对损害国家、集体或者个人民事权益的行为，当事人所在社区、单位以及有关社会团体推荐的公民可以被委托为诉讼代理人。（8）以行政诉讼参与人身份参与行政诉讼。《行政诉讼法》规定，在当事人、法定代理人作为诉讼当事人缺位的情形下，当事人所在社区、单位以及有关社会团体可以推荐公民作为诉讼代理人。（9）以委托辩护人身份参与刑事辩护。《刑事诉讼法》规定，犯罪嫌疑人、被告人除自己行使辩护权以外，还可以委托人民团体或者犯罪嫌疑人、被告人所在单位推荐的人作为辩护人。（10）以见证人身份参与三大诉讼的见证。如《民事诉讼法》规定，受送达人或者他的同住成年家属拒绝接收诉讼文书的，送达人可以邀请有关基层组织或者所在单位的代表到场，说明情况，在送达回证上记明拒收事由和日期，由送达人、见证人签名或者盖章，把诉讼文书留在受送达人的住所；勘验物证或者现场，勘验人必须出示人民法院的证件，并邀请当地基层组织或者当事人所在单位派人参加；当事人或者当事人的成年家属应当到场，拒不到场的，不影响勘验的进行；有关单位和个人根据人民法院的通知，有义务保护现场，协助勘验工作；勘验人应当将勘验情况和结果制作笔录，由勘验人、当事人和被邀参加人签名或者盖章。《刑事诉讼法》规定，送达传票、通知书和其他诉讼文件，收件人本人或者代收人拒绝接收或者拒绝签名、盖章的，送达人可以邀请收件人的邻居或者其他见证人到场，说明情况，把文件留在他的住处，在送达证上记明拒绝的事由、送达的日期，由送达人签名，即认为已经送达。

十四、构建信息公开的政社合作共治制度

构建信息公开的政社合作共治制度，是保障基层群众性自治组织、企业事业单位、非营

利组织、其他社会组织、城乡社区居民参与社会治理的知情权、参与权、表达权、监督权的有效途径。我国多部法律对以信息公开促进政社合作等作出规定。

（一）政府信息公开，保障公民对政府活动的知情权、参与权、表达权、监督权方面

《政府信息公开条例》涉及政社合作共治的内容包括：

1. 一般规定。《政府信息公开条例》规定，为了保障公民、法人和其他组织依法获取政府信息，提高政府工作的透明度，建设法治政府，充分发挥政府信息对人民群众生产、生活和经济社会活动的服务作用，制定本条例。

2. 公开原则。《政府信息公开条例》规定，行政机关公开政府信息，应当坚持以公开为常态、不公开为例外，遵循公正、公平、合法、便民的原则。

3. 公开主体和范围。《政府信息公开条例》规定，行政机关制作的政府信息，由制作该政府信息的行政机关负责公开。行政机关从公民、法人和其他组织获取的政府信息，由保存该政府信息的行政机关负责公开；行政机关获取的其他行政机关的政府信息，由制作或者最初获取该政府信息的行政机关负责公开。法律、法规对政府信息公开的权限另有规定的，从其规定。行政机关设立的派出机构、内设机构依照法律、法规对外以自己名义履行行政管理职能的，可以由该派出机构、内设机构负责与所履行行政管理职能有关的政府信息公开工作。两个以上行政机关共同制作的政府信息，由牵头制作的行政机关负责公开。

4. 对政府信息公开的监督。公民、法人和其他组织有权对行政机关的政府信息公开工作进行监督，并提出批评和建议；公民、法人和其他组织认为行政机关在政府信息公开工作中侵犯其合法权益的，可以向上一级行政机关或者政府信息公开工作主管部门投诉、举报，也可以依法申请行政复议或者提起行政诉讼；教育、卫生健康、供水、供电、供气、供热、环境保护、公共交通等与人民群众利益密切相关的公共企业事业单位，公开在提供社会公共服务过程中制作、获取的信息的，依照相关法律、法规和国务院有关主管部门或者机构的规定执行。

（二）网络公共数据资源共享、应急处置与警示方面

《网络安全法》规定，国家鼓励开发网络数据安全保护和利用技术，促进公共数据资源开放，推动技术创新和经济社会发展。《电子商务法》规定，国家采取措施推动建立公共数据共享机制，促进电子商务经营者依法利用公共数据。《电子签名法》规定，取得认证资格的电子认证服务提供者，应当按照国务院信息产业主管部门的规定在互联网上公布其名称、许可证号等信息。《数据安全法》规定，国家建立数据安全应急处置机制；发生数据安全事件，有关主管部门应当依法启动应急预案，及时向社会发布与公众有关的警示信息。

（三）公共安全信息公开方面

《突发事件应对法》规定，县级以上地方各级政府要定时向社会发布与公众有关的突发事件预测信息和分析评估结果；在居委会、村委会和有关单位建立专职或者兼职信息报告员制度。《自然灾害救助条例规定》规定，县级以上政府或者政府的自然灾害救助应急综合协调机构应当根据自然灾害预警预报启动预警响应，向社会发布规避自然灾害风险的警告，宣传避险常识和技能，提示公众做好自救互救准备。《突发公共卫生事件应急条例》规定，国家建立突发事件应急报告制度与信息发布制度,国务院卫生行政主管部门负责向社会发布突发事件的信息。必要时,可以授权省、自治区、直辖市人民政府卫生行政主管部门向社会发布本行政区域内突发事件的信息。

（四）社区矫正信息公开方面

《社区矫正法》规定,国家支持社区矫正机构提高信息化水平;社区矫正工作相关部门之间依法进行信息共享。

（五）食品安全信息公开方面

《食品安全法》规定,国家建立统一的食品安全信息平台,实行食品安全信息统一公布制度,对食品安全风险警示、食品安全国家标准草案和食品安全年度监督管理计划都要向社会公布。

（六）环境保护和污染防治信息公开方面

《环境保护法》规定,公民、法人和其他组织依法享有获取环境信息的权利。《土壤污染防治法》规定,土壤污染防治主体应当将土壤污染防治的情况上传全国土壤环境信息平台;确保公民、法人和其他组织享有依法获取土壤污染状况和防治信息、参与和监督土壤污染防治等权利。《海洋环境保护法》规定了环境保护行政主管部门、海洋行政主管部门和其他行使海洋环境监督管理权的部门依法公开海洋环境相关信息的职责。《大气污染防治法》规定,有关大气污染防治重点任务、环境保护完成情况、大气污染监测信息等与人民生存环境紧密相关的信息,应当向社会公布;城市人民政府应当将大气环境质量限期达标规划执行情况向社会公开。

（七）基本医疗卫生与健康信息公开方面

《基本医疗卫生与健康促进法》规定,国家运用信息技术促进优质医疗卫生资源的普及与共享,对医疗机构的监督信息和评估结果应当向社会公开。《传染病防治法》规定,国家建立传染病疫情信息公布制度。传染病暴发、流行时,国务院卫生行政部门负责向社会公布传染病疫情信息,并可以授权省、自治区、直辖市人民政府卫生行政部门向社会公布本行政区域的传染病疫情信息。

十五、专家参与的政社合作共治制度

专家参与政社合作共治,有利于科学解决社会治理事务涉及的专业性、技术性问题,进而调整利益关系,化解社会矛盾,促进社会协调发展与安定有序。我国多部法律对专家参与政社合作共治都有明确规定。主要包括:（1）一般规定。《立法法》规定,法律案有关问题专业性较强,需要进行可行性评价的,应当召开论证会,听取有关专家、部门和全国人大代表等方面的意见;法律案有关问题存在重大意见分歧或者涉及利益关系重大调整,需要进行听证的,应当召开听证会,听取有关基层和群体代表、部门、人民团体、专家、全国人大代表和社会有关方面的意见。（2）生态环境专业保护方面。确定生态环境专业保护标准,往往会涉及普惠性民生福祉保障领域若干专业性、技术性问题,需要专业人士建言献策。为此,

《环境保护法》规定,政府应当充分考虑对环境的影响,将有关方面和专家的意见纳入经济、技术政策制定的考虑中。《大气污染防治法》规定,编制城市大气环境质量限期达标规划,应当征求有关行业协会、企业事业单位、专家和公众等方面的意见。《环境影响评价法》规定,环境影响报告书须由有关部门代表和专家组成的审查小组对环境影响报告书进行审查。《土壤污染防治法》规定,在制定相关污染风险管控标准时,要组织专家进行审查和论证。(3)食品卫生专业方面。《食品安全法》规定,食品安全国家标准审评委员会由医学、农业、食品、营养、生物、环境等方面的专家以及国务院有关部门、食品行业协会、消费者协会的代表组成,对食品安全国家标准草案的科学性和实用性等进行审查。(4)突发事件应对专业方面。《突发事件应对法》规定,县级以上地方各级政府应当及时汇总分析突发事件隐患和预警信息,必要时组织相关部门、专业技术人员、专家学者进行会商,对发生突发事件的可能性及其可能造成的影响进行评估;组织有关部门和机构、专业技术人员、有关专家学者,随时对突发事件信息进行分析评估,预测发生突发事件的可能性、影响范围和强度以及可能发生的突发事件的级别。(5)社区矫正专业方面。为确保社区矫正质量,提高社区矫正水平,《社区矫正法》规定,社区矫正机构根据需要,组织具有法律、教育、心理、社会工作等专业知识或者实践经验的社会工作者开展社区矫正相关工作。

十六、效能监督的政社合作共治制度

我国多部法律对政社合作效能监督作出了明确规定,从而为社会治理政社合作共治观念更新、体制机制创新、多元主体参与、方式方法改进、治理效能和质量提高等提供了法律保障。其内容包括:

(一)基本医疗卫生与健康的效能监督

《基本医疗卫生与健康促进法》规定,国家建立健全机构自治、行业自律、政府监管、社会监督相结合的医疗卫生综合监督管理体系;国家鼓励公民、法人和其他组织对医疗卫生与健康促进工作进行社会监督。

(二)食品安全的效能监督

《食品安全法》规定,县级以上人民政府食品安全监督管理等部门应当公布本部门的电子邮件地址或者电话,接受咨询、投诉、举报。对属于本部门职责的,应当受理并在法定期限内及时答复、核实、处理;对不属于本部门职责的,应当移交有权处理的部门并书面通知咨询、投诉、举报人。有权处理的部门应当在法定期限内及时处理,不得推诿。

(三)环境保护与污染防治的效能监督

《环境保护法》《土壤污染防治法》分别赋予公民、法人和其他组织依法监督环境保护、土壤污染的权利;规定排污信息和污染防治情况应当向社会公开并接受社会监督;任何组织和个人都有权报告和举报土壤污染行为。《大气污染防治法》规定,有关部门要提供民众举报监督的信息,如举报电话、电子邮箱等,并对属实的举报人予以奖励。《海洋环境保护法》赋予一切单位和个人对污染损害海洋环境的单位和个人监督和检举的权利。

（四）网络安全和国家主权保护的效能监督

《网络安全法》规定，网络运营者开展经营和服务活动，必须接受政府和社会的监督，承担社会责任。《电子商务法》规定，电子商务经营者应当建立便捷、有效的投诉、举报机制，公开投诉、举报方式等信息，及时受理并处理投诉、举报。《国家安全法》赋予公民和组织对国家安全工作提出批评建议和对国家机关及其工作人员的违法失职行为提出申诉、控告和检举的权利。《反间谍法》规定，任何个人和组织对国家安全机关及其工作人员的违法行为享有检举、控告的权利。

（五）促进行政执法公正清廉文明的效能监督

对行政执法的不作为、乱作为行为实行内部监督、国家监察与社会监督相结合。《行政处罚法》规定，行政处罚的实施机关、立案依据、实施程序和救济渠道等信息应当公示，以保障公民对行政执法的知情权、参与权、表达权和监督权。《治安管理处罚法》规定，公安机关及其人民警察办理治安案件，应当自觉接受社会和公民的监督。

（六）妇女、未成年人权益保障的效能监督

《妇女权益保障法》规定，妇女组织对于受害妇女进行诉讼需要帮助的，应当给予支持。妇女联合会或者相关妇女组织对侵害特定妇女群体利益的行为，可以通过大众传播媒介揭露、批评，并有权要求有关部门依法查处。《未成年人保护法》规定，父母或者其他监护人不依法履行监护职责，或者侵犯未成年人合法权益的，其居住地的居委会、村委会有权予以劝诫、制止。

（七）消费者权益保护的效能监督

《消费者权益保护法》规定，国家鼓励、支持一切组织和个人对损害消费者合法权益的行为进行社会监督；对国家机关及其工作人员在保护消费者合法权益工作中的违法失职行为，消费者有权举报和控告。

（八）社会保险的效能监督

《社会保险法》规定，县级以上政府鼓励和支持社会各方面参与对社会保险基金的监督；任何组织或者个人有权对违反社会保险法律、法规的行为进行举报、投诉。

（九）司法的效能监督

《人民法院组织法》《人民检察院组织法》规定，人民法院、人民检察院接受人民群众监督，保障人民群众依法享有知情权、参与权和监督权；人民陪审员依法参加合议庭审理案件，人民监督员依照规定对人民检察院的办案活动实行监督等。这为人民群众参与司法事务，支持和监督审判机关、检察机关正确处理司法事务，使其发挥定分止争、权利救济、制约公权的作用，保证公正司法、提高司法公信力，让人民群众从每个司法个案中感受到公平正义提供了法律依据。

（十）党内监督与外部效能监督相结合

《中国共产党党内监督条例》规定，各级党委应当支持和保证同级人大、政府、监察机关、司法机关等对国家机关及公职人员依法进行监督，人民政协依章程进行民主监督，审计机关依法进行审计监督；各级党组织应当支持民主党派履行监督职能，重视民主党派和无党派人士提出的意见、批评、建议，完善知情、沟通、反馈、落实等机制；各级党组织和党的领导干部应当认真对待、自觉接受社会监督，利用互联网技术和信息化手段，推动党务公开、拓宽监督渠道，虚心接受群众批评；新闻媒体应当坚持党性和人民性相统一，坚持正确导向，加强舆论监督，对典型案例进行剖析，发挥警示作用。《监察法》在规定监管机关对所有行使公权力的公职人员实现国家监察全面覆盖的同时，又规定监察机关应当接受外部监督，包括依法公开监察工作信息，接受民主监督、社会监督、舆论监督。

第九章　社会矛盾预防化解法律制度

第一节　社会矛盾预防化解法概述

一、社会矛盾预防化解法的概念

社会矛盾预防化解法是指多元主体依据国家"硬法"与"软法"规范对社会矛盾纠纷有序协调与消解并使之不至外化为社会冲突与社会对抗,或者已呈现显性冲突对抗而予以有效控制与转化的社会治理行为规范的总称。我国现有宪法、法律、行政法规、规章及地方性法规中诸多涉及社会矛盾预防化解法律制度的条款,构成了结构严密、体系完备,具有实践性并呈现引领性、规范性、实施效度性的社会矛盾预防化解法律制度体系。

二、社会矛盾预防化解法的特征

社会矛盾预防化解法律制度的构成要素包括社会矛盾预防化解法律关系的主体、客体［即承担社会矛盾预防化解主体之权利(力)和义务(职责)所指向的对象］、内容［主体依法享有的权利(力)与承担的法定义务(职责)及其履行的法律责任］。社会矛盾预防化解法具有以下特征:

(一)以社会矛盾预防化解关系为调整对象

社会矛盾预防化解法具有独特的调整对象,主要调整多元治理主体在预防和处置、协调、化解社会矛盾过程中所形成的特定社会关系。对于社会矛盾预防化解关系,从不同的角度可以作出不同的分类:(1)从社会矛盾预防化解关系内容角度,可以分为社会矛盾预防关系和社会矛盾化解关系。(2)从社会矛盾预防化解关系主体角度,社会矛盾预防化解关系包含多个层面。首先,社会矛盾预防化解关系涉及政府与社会组织、公民之间的关系,此种层面的关系侧重社会矛盾预防化解主体之间的关系;其次,社会矛盾预防化解关系涉及政府与社会成员之间的关系、社会组织与社会成员之间的关系、社会成员之间的关系,此种层面的关系侧重社会矛盾预防化解主体与对象之间的关系。最后,社会矛盾预防化解关系常常涉及某一具体的社会关系冲突,这种社会关系冲突又与其他社会关系相互交织、相互关联,使社会矛盾预防化解关系具有化解标的的多样性、化解对象的多元性、化解性质的复杂性、化解方式的多途径性的特征,这既对社会矛盾预防化解的总体方针、政策、谋略提出了更高要求,也对具体的社会矛盾化解方法提出了新要求。

（二）以社会矛盾预防化解法律制度为主要内容

社会矛盾预防化解法律制度主要由社会矛盾预防法律制度和社会矛盾化解法律制度构成。其中,社会矛盾预防法律制度主要包括诉求表达制度、心理干预制度、权益保障制度和风险评估制度。社会矛盾化解法律制度主要包括诉讼制度、调解制度、仲裁制度以及和解制度等。

（三）形式上是一系列法律规范的总称或综合

社会矛盾预防化解法不是指某一个法律规范、某项法律规定,而是指具有共同目的、共同功能、性质相同、相互联系的一系列法律规范的总称。从社会矛盾预防化解法的构成看,其既涉及诉讼的法律法规,也涉及调解的法律法规等。

三、社会矛盾预防化解工作原则

社会矛盾预防化解工作原则是指制定、执行、监督、评价预防化解社会矛盾及其风险工作的依据及其必须遵守的准则。其主要包括:（1）属地管理原则。即所有机关团体、基层群众性自治组织、企业、非营利性社会组织预防化解社会矛盾及其风险的工作,须服从所在地党委、政府的统一领导,依法有效承担起本辖区、本系统、本行业、本单位的社会矛盾纠纷及其风险的预防化解职责。（2）各负其责原则。即各级党政机关、企业事业单位、人民团体、基层群众性自治组织、非营利组织在实施"谁主管、谁负责"原则过程中,对社会矛盾纠纷及其风险预防化解实行"归口排查、三调联动、精准对接、兜底负责",做到政治效果、法律效果、社会效果有机统一。（3）积极防范原则。即从源头上预防化解社会矛盾及其风险,建立健全风险决策与评估机制。（4）依法调处原则。即按照自治、法治、德治相结合的方式,正确处理社会矛盾纠纷,做到依照法定程序定分止争、救济权利、制约公权、保障人权、促进社会和谐稳定。（5）综合施策原则。即在各级党委领导、政府主导下,各有关部门充分发挥职能作用,协调一致、齐抓共管、依靠广大人民群众,充分运用政治、经济、行政、法律、文化和教育等手段和综合措施,深化人民调解、行政调解、司法调解的"三调联动"机制,整治社会治安,打击预防犯罪,完善市域、县域、基层社会治理,提高预防化解社会矛盾的社会化、法治化、智能化、专业化水平,保障和促进建设更高水平平安中国,为建设社会主义现代化国家创造国泰民安的社会环境。

第二节　社会矛盾预防化解法律制度的渊源

我国宪法、法律、行政法规、地方性法规等"硬法"与"软法"规范为相关主体履行职责、承担义务提供了依据,构成了党"总揽全局、协调各方",推动多元主体协同预防化解社会矛盾纠纷,最大限度激发社会活力,最大限度减少不稳定因素的法律渊源。

一、执政党预防化解社会矛盾及重大风险领导地位的制度渊源

（一）宪法

我国《宪法》第1条第2款规定："……中国共产党领导是中国特色社会主义最本质的特征。禁止任何组织或者个人破坏社会主义制度。"这不仅赋予了中国共产党作为执政党执掌治国理政、治党治军、内政外交等国家各项事务权力的法律地位，也为其在预防化解社会矛盾及重大风险中的领导地位提供了宪法保障。

（二）法律

我国现有多部法律就执政党领导公权力机关、人民团体、基层群众性自治组织及全体人民预防化解重大风险与处置社会矛盾、民生保障、社会治安等治理事务作出了明确规定。这表现在有关执政党对国防武装力量、国家安全工作、人民团体、公共教育事业、基层群众性自治组织的领导。例如，我国《国防法》《国家安全法》《工会法》《高等教育法》《村民委员会组织法》等法律均规定了执政党的领导地位。此外，《城市居民委员会组织法》等法律采用承接省略方式确立执政党在该领域治理事务的领导地位。上述法律构成了执政党预防化解社会矛盾及其重大风险领导地位的法律渊源。

（三）行政法规、部门规章及地方性法规

行政法规、部门规章、地方性法规中有关执政党领导公权力机关、人民团体、基层群众性自治组织及全体人民处置社会矛盾和社会治安等治理事务，预防化解重大风险的规定是执政党领导公权力机关、人民团体、基层群众性自治组织及全体人民在预防化解社会矛盾及重大风险中的领导地位的制度渊源。重要渊源。比如《民办教育促进法实施条例》《重大行政决策程序暂行条例》《宗教事务条例》均采取承接省略方式明确规定"遵守宪法"，确立了党的领导地位。部门规章如民政部、国家发展改革委、公安部等印发的《关于做好易地扶贫搬迁集中安置社区治理工作的指导意见》明确要求，到2022年，以党组织为核心的安置社区组织体系全面建立。地方性法规如《上海市促进多元化解矛盾纠纷条例》《武汉市多元化解纠纷促进条例》都规定把坚持党委领导作为多维构建多元化解纠纷机制的核心。

（四）党内法规

党内法规体系是社会主义法治体系的重要组成部分。党内法规中有关党在处理公共事务与社会治理事务中"总揽全局、协调各方"的地位与预防化解社会矛盾及重大风险的规定，构成了其制度渊源。例如，《中国共产党章程》《中国共产党中央委员会工作条例》《中国共产党重大事项请示报告条例》《中国共产党政法工作条例》《健全落实社会治安综合治理领导责任制规定》《中共中央、国务院关于加强基层治理体系和治理能力现代化建设的意见》等党内法规均规定了中国共产党对公共事务与社会事务治理的领导。这为社会矛盾预防化解法的全面正确实施提供了政治组织保证与公共政策支撑。

二、公权力机关依法预防化解社会矛盾及重大风险职责的制度渊源

我国国家制度体系中的公权力机关包括党中央集中统一领导的人大及其常委会、政府及其行政执法机构、监察机关、审判机关、检察机关、军事机关等。依法预防化解社会矛盾及其重大风险是公权力机关的法定职责之一。其制度渊源具体包括：

（一）人大及其常委会预防化解社会矛盾及重大风险的制度渊源

人大及其常委会在我国公权力体系中享有独特的地位，其承担预防化解社会矛盾及重大风险职责的形式、途径及规则具有自身的特点，包括有关国家机构设置及其职权的设定、有关立法权限的设定、有关人大立法机关的职责调整等。这为多元主体预防化解社会矛盾及重大风险提供了具有基础性、可预期性、持久性保障功效的制度渊源。

（二）政府及行政执法机关预防化解社会矛盾及重大风险的制度渊源

依法预防化解社会矛盾及重大风险是政府及行政执法机关的重要职责。其职权由宪法、宪法性法律及相关法律规定，而预防化解社会矛盾及重大风险的职责内嵌于这些法律制度之中。

1. 宪法及宪法性法律。《宪法》第 89 条规定国务院享有领导和管理教育、科学、文化、卫生、体育、计划生育、民政、公安、司法行政等工作，领导和管理国防建设事业，领导和管理民族事务、对外事务等 18 项职权，其中包含着预防化解社会矛盾及重大风险的内容。《地方各级人民代表大会和地方各级人民政府组织法》规定地方各级人民政府的职权为执行本级人大及其常委会的决议，执行上级国家行政机关的决定和命令，规定行政措施，发布决定和命令，编制和执行国民经济和社会发展规划纲要、计划、预算等。其中涵盖了预防化解社会矛盾及重大风险，有效应对重大突发事件等内容。

2. 专门法律。我国政府及其行政执法机关依法管理经济、政治、文化、社会、生态与国防事务，提供教育、科技、卫生健康、住房以及妇女、未成年人、老人、残疾人权益保障等基本公共服务时更多通过行政政策、行政许可与确认、行政处罚、行政褒奖、行政指导、行政合同、行政诉讼、行政赔偿与补偿、行政调解与信访等方式予以实现，并由多部法律予以规范，由此构成了"职责明确、依法管理"的政府治理体系。对于自然灾害、事故灾难、公共卫生、社会治安、国家安全、网络空间主权安全等重大突发事件的预防与应对处置，则由政府应急管理、卫健委、公安、国家安全、中央和国家网信办等监管机关承担，其预防应对则依照有关专门法律规定，采取行政处罚、行政强制及其他应对处置方式，从而构成行政监管、执法机构防范和应对处置重大突发事件的制度渊源。[①] 同时，《行政诉讼法》对政府及其行政执法机构参与行政诉讼执行、行政诉讼裁判、承担行政赔偿等义务作出规定，赋予行政相对人对行政行为的评价、监督权利。行政法规还赋予政府及行政执法机构运用行政调解、信访等途径处理行

---

① 16 个领域安全包括政治安全、国土安全、军事安全、经济安全、文化安全、社会安全、科技安全、网络安全、生态安全、资源安全、核安全、海外利益安全、生物安全、太空安全、极地安全、深海安全。

政纠纷事务的权力。

（三）监察机关预防化解社会矛盾及重大风险的制度渊源

1. 宪法。十三届全国人大对《宪法》作出部分修改，把党和人民在实践中取得的重大理论创新、实践创新、制度创新成果上升为《宪法》规范，增设"国家监察机关"一节，实现了"国家机构"由"一府两院"向"一府一委两院"新型国家权力结构的发展完善；明确监察委员会在国家权力结构中的性质、地位；规定各级监察委员会由人大产生，对人大负责、受人大监督；监察委员会与行政机关、社会团体、公民个人的关系是，"监察委员会依照法律规定独立行使监察权，不受行政机关、社会团体和个人的干涉"；监察委员会与审判机关、检察机关、执法部门的关系是，"监察机关办理职务违法和职务犯罪案件，应当与审判机关、检察机关、执法部门互相配合，互相制约"。这不仅构建起党统一指挥、全面覆盖、权威高效的监督体系，实现了党内监督、国家机关监督、民主监督、司法监督、群众监督、舆论监督的贯通，为监察制度优势转化为治理效能提供了宪法依据，而且是监察机关通过履行监察权，发挥其依法预防化解社会矛盾及重大风险，确保执政安全、制度安全、国家长治久安根本作用的宪法保障。

2. 法律。《监察法》《公职人员政务处分法》《监察官法》以及其他监察规范的相关条款规定，为防止监察权滥用，预防化解监察渎职行为引发的社会矛盾及重大风险提供了制度渊源。

（四）审判机关预防化解社会矛盾及重大风险的制度渊源

1. 宪法及宪法性法律。《宪法》规定了审判机关的人民性；审判层级与专门审判机关的设置、审级监督关系、审判公开；人民法院依法独立行使审判权，不受行政机关、社会团体、个人干涉；审理职务违法和职务犯罪案件与监察机关互相配合，互相制约的关系；人民法院审理刑事案件与检察机关、公安机关分工负责，互相配合，互相制约的关系。《人民法院组织法》规定，审判机关由人大产生，对人大负责，向人大报告工作，接受人大监督；明确"坚持司法公正，以事实为根据，以法律为准绳，遵守法定程序，依法保护个人和组织的诉讼权利和其他合法权益，尊重和保障人权"的审判工作原则；接受人民群众监督，保障人民群众对人民法院工作依法享有知情权、参与权和监督权；规定了最高人民法院、高级人民法院、中级人民法院、基层人民法院及专门人民法院的设置与职能；规定基层人民法院对人民调解委员会的调解工作进行业务指导的职权；法院通过行使审判职权，惩罚犯罪，保障无罪的人不受刑事追究，解决民事、行政纠纷，保护个人和组织的合法权益，监督行政机关依法行使职权。

2. 专门法律。我国多部法律对审判机关在行使审判职权过程中发挥定分止争、救济权利、制约公权、保障人权、维护公平、预防化解社会矛盾及重大风险、促进社会和谐的作用作出规定，如《法官法》《人民调解法》《刑事诉讼法》《民事诉讼法》《仲裁法》及相关司法解释。

（五）检察机关预防化解社会矛盾及重大风险的制度渊源

1. 宪法及宪法性法律。《宪法》明确规定了人民检察院作为国家法律监督机关的性质、在国家机构中的地位；最高人民检察院对全国人大和全国人大常委会负责；地方各级人民检察院对产生它的国家权力机关和上级人民检察院负责；最高人民检察院、地方各级人民检察院与专门人民检察院的设置；人民检察院依法独立行使检察权不受行政机关、社会团体和个人的干涉；人民检察院办理职务违法和职务犯罪案件与监察机关互相配合、互相制约的关系；人民检察院办理刑事案件与审判机关、公安机关分工负责，互相配合、互相制约的关系。除《人民检察院组织法》赋予的8项职权外，人民检察院还有权运用调查核实，依法提出抗诉、纠正意见、检察建议方式实施监督；有权对最高人民法院的死刑复核活动实行监督；有权对属于检察工作中具体应用法律的问题进行解释；有权发布指导性案例；人民检察院检察长或者检察长委托的副检察长，可以列席同级人民法院审判委员会会议等；有权通过行使检察权，追诉犯罪，彰显"五个维护""两个保障"根本任务。

2. 专门法律。《刑事诉讼法》规定检察机关享有批准逮捕、侦查直接受理案件、提起公诉等职权，有权依法对刑事诉讼实行法律监督；依法独立行使检察权不受行政机关、社会团体和个人的干涉；与审判机关、公安机关在进行刑事诉讼时分工负责，互相配合，互相制约。《民事诉讼法》《行政诉讼法》均规定检察机关有权对民事诉讼、行政诉讼实行法律监督；对审判机关已经发生法律效力的判决、裁定，或者发现调解书损害国家利益、社会公共利益的，有权提出抗诉；对审判监督程序以外的其他审判程序中审判人员的违法行为，有权向同级人民法院提出检察建议；检察机关在履行职责中发现破坏生态环境和资源保护、食品药品安全领域侵害众多消费者合法权益等损害社会公共利益的行为的，可向人民法院提起诉讼。《检察官法》对检察官的职责、义务和权利作出规定，明确其履行5项职责、承担8项义务、享有6项权利；检察官在检察长领导下开展工作，重大办案事项由检察长决定，检察长可以将部分职权委托检察官行使，可以授权检察官签发法律文书。这些规定为检察机关通过履行法律监督职责，有效预防化解社会矛盾及重大风险，促进社会公平正义，维护社会稳定，建设更高水平平安中国提供了制度渊源。

三、基层群众性自治组织依法预防化解社会矛盾及重大风险的制度渊源

（一）宪法

我国《宪法》将村（居）民委员会纳入"国家机构"一节，将其定位为基层群众性自治组织；明确规定村（居）民委员会主任、副主任和委员由居民选举；村（居）民委员会同基层政权的相互关系由法律规定。《村民委员会组织法》《城市居民委员会组织法》规定村（居）民委员会负有以下职责：宣传宪法、法律、法规和国家的政策；维护村（居）民的合法权益，教育村（居）民履行依法应尽的义务，爱护公共财产；开展多种形式的社会主义精神文明建设活动；办理本村（居住地区）公共事务和公益事业；调解民间纠纷；协助维护社会治安；协助人民政府或者它的派出机关做好与村（居）民利益有关的公共卫生、计划生育、优抚救济、青少年教育等项工作；向人民政府或者它的派出机关反映居民的意见、要求和提出建议等。

（二）法律

我国《民法典》《行政诉讼法》《民事诉讼法》《人民调解法》《农村土地承包法》《未

成年人保护法》《预防未成年人犯罪法》《社区矫正法》《农业法》等对基层群众性自治组织的特殊法人地位以及履行相关自治事务职责范围、途径、方式作出规定。这不仅确立了村（居）民委员会独立的特别法人地位，扩大其参与调解、行政与民事诉讼法治事务、保护未成年人和预防未成年人犯罪、社区矫正、保障农民权益等公共事务的范围及职责，为其协助政府、行政执法机关和司法机关参与社会公共特殊事务、依法办理村（居）民委员会自治事务提供了法律依据，也为村（居）民委员会履行自治事务与参与社会公共事务过程中依法预防化解社会矛盾及重大风险提供了制度渊源。

四、公民、法人、其他组织参与社会矛盾预防化解的制度渊源

依照宪法法律规定，公民、法人、其他组织在参与社会矛盾预防化解方面享有广泛权利，承担相应义务。一方面，公民依法享有以下权利：（1）参与政治生活方面，包括平等权、选举权和被选举权及言论、出版、结社自由等，以及对国家机关工作人员的批评、建议、申诉、控告、检举的权利；（2）人身自由和信仰自由方面，包括人身自由和人格尊严不受侵犯、住宅不受侵犯、通信自由和秘密受法律保护，以及宗教信仰自由等；（3）社会、经济、教育、文化权利方面，包括私有财产权、劳动的权利和义务、劳动者休息权、获得物质帮助权、受教育权利和义务，以及进行科学研究自由等；（4）特定人权利方面，包括妇女、退休人员、军烈属、儿童、老人、青少年、华侨等依法享有的权利。另一方面，公民依法承担拥护中国共产党的领导，维护社会主义制度，维护国家统一和民族团结，维护祖国的安全、荣誉和利益，保卫祖国、依法服兵役和参加民兵组织，依照法律纳税以及其他方面的义务。公民基本权利和义务的制度安排具有权利和义务的广泛性、平等性、现实性和统一性的特点，公民在行使自己的权利和自由时，不能放弃履行法定义务，不得违反法律，不得损害国家、社会、集体的利益和其他公民的合法自由和权利。所有这些确定了公民享有上述权利、承担上述义务的适格主体，以及独立参与社会矛盾预防化解的资格及地位，其参与社会矛盾预防化解的行为受法律保护。此外，公民、法人、其他组织违背国家"硬法"或"软法"规范，不履行法定义务且产生一定的实际损害后果的，依法应当受到"硬法"或"软法"规范的评价或规制，其行为转化为社会矛盾预防化解法调整和规制的对象。总之，这些规定为形成全社会办事依法、遇事找法、解决问题用法、化解矛盾靠法的良好法治氛围，构建人人有责、人人尽责、人人享有的社会治理共同体提供了制度渊源。

第三节　社会矛盾预防化解法律制度演进

一、运用建国方略、巩固政权、政策导向多措并举方式预防化解社会矛盾探索阶段（1949 年 10 月—1953 年 8 月）

这一时期社会主要任务是恢复国民经济与社会秩序，打击和清除国内反革命势力，抵

御以美国为首西方发达国家的武力威胁,建立和保卫新生的人民政权,实现由新民主主义向社会主义转变,为建设具有中国特色社会主义开辟出一条新路。有关制定建国方略,创建国体政体,应对国际反动势力武装挑衅,惩治反革命及破坏分子,解放和发展社会生产力,进行"三大改造",治理城市经济领域违法犯罪猖獗问题,惩治贪污腐败、净化政治生态,创建人民信访制度等的决策、决定和法规中均有涉及预防化解社会矛盾的内容。这为扫除国内反革命残余势力,粉碎国际反华势力的侵略图谋,缔造新中国、巩固人民政权、确保人民当家作主,在恢复国民经济秩序及社会秩序过程中有效预防化解各种社会矛盾,抵御国内外敌对势力侵略、破坏、干扰等重大风险提供了保障。

二、运用制度供给与发展经济相结合预防化解社会矛盾阶段(1953年9月—1957年3月)

首先,针对新民主主义革命向建设社会主义的转变面临的人民日益增长的物质文化需要同落后的社会生产力之间的矛盾,以毛泽东同志为主要代表的中国共产党人领导和推动制定"五四宪法",以根本法的形式确立了以工人阶级为领导、工农联盟为基础的人民民主专政的国体和人民代表大会的政体;颁布《全国人民代表大会组织法》《国务院组织法》《人民法院组织法》《人民检察院组织法》《地方各级人民代表大会和地方各级人民委员会组织法》,构建"一府两院"(人民政府、人民法院、人民检察院)政权组织形式,把党创建的根本政治制度,经济、文化、社会等基本制度,党制定的基本方针和重要政策予以宪法化、条文化;将公民的政治、经济、文化、社会各项权利上升到宪法规范,予以切实保障。这标志着中国特色社会主义制度的建立,不仅为社会主义各项事业的发展提供了正确道路,也为预防和化解社会主要矛盾,实现国家长治久安提供了制度保障。其次,针对"一穷二白"的基本国情,以制定和实施国民经济社会发展第一个五年计划"软法"方式,[①]集中力量进行工业化建设,为其后推进工业、农业、科技和国防现代化,有效解决各种社会问题,预防和化解诸多社会矛盾,实现"站起来"起到开拓奠基作用。最后,适时颁行《人民调解委员会暂行组织通则》,明确规定人民调解委员会的性质、宗旨、指导关系、任务、机构设置、组成人员条件以及调解工作的原则、纪律、方法等。它不仅是人民调解工作制度化、规范化的基本遵循,是调解民间纠纷、消除社会纷争,以非诉讼纠纷解决方式预防化解具体社会矛盾的第一部单行成文法规,也是调节社会关系、疏通社会心结、激发社会活力、预防化解社会矛盾纠纷的"第一道防线",成为预防化解社会矛盾及重大风险最具原创性、标识性的制度创新成果,被国际社会誉为"东方之花"[②]。

---

① 一届全国人大二次会议审议通过了《发展国民经济的第一个五年计划(1953—1957)》《关于根治黄河水害和开发黄河水利的综合规划的决议》。

② 参见《人民调解法让"东方之花"更加绚烂绽放》,载全国人民代表大会网站 http://www.npc.gov.cn,访问日期:2023年2月10日。

三、运用"政策主导""群众运动"与"软法"规范相结合方式预防化解社会矛盾阶段（1957 年 4 月—1966 年 4 月）

全面建设社会主义十年,我国社会基本矛盾仍是先进的社会主义制度同落后的社会生产力之间的矛盾。中苏关系破裂、以美国为首的发达国家对我国实施武力威胁、中印边界冲突等复杂国际环境,与国内经济社会发展曲折变化等矛盾交错交织。如何在这一大背景下有效预防化解社会矛盾,保障人民权益,推进社会主义建设事业,维护政权安全、国家安全?对此,以毛泽东同志为主要代表的中国共产党人采取了系列举措,涉及处理人民内部矛盾理论指导、政治建设、经济建设、社会管理、行政法规建设等方面,为国民经济恢复和发展,促进农业、工业、商业、城乡手工业、科学、教育、文艺、农村发展,以及预防化解社会矛盾,维护社会稳定发挥了积极作用。[①]

四、运用"无产阶级专政条件下继续革命"与"文化大革命"相结合方式预防化解社会矛盾阶段（1966 年 5 月—1978 年 11 月）

"无产阶级专政条件下继续革命"错误理论指导下的"文化大革命",使得第三届全国人民代表大会审议通过《努力把我国逐步建设成为一个具有现代农业、现代工业、现代国防和现代科学技术的社会主义强国》的决议未能有效实施。正如《中国共产党中央委员会关于建国以来党的若干历史问题的决议》指出的:"在人民民主专政的国家政权建立以后,尤其是社会主义改造基本完成、剥削阶级作为阶级已经消灭以后,虽然社会主义革命的任务还没有最后完成,但是革命的内容和方法已经同过去根本不同。"[②]"文化大革命"使得党的八大所作出的重大决定未能得到有效实施,使党、国家和人民遭到新中国成立以来最严重的挫折和损失,教训极其惨痛。以"无产阶级专政条件下继续革命"与"文化大革命"相结合的方式预防化解党内矛盾与社会矛盾,根本错误在于严重混淆了人民内部矛盾与敌我矛盾;对于党和国家肌体中确实存在的某些阴暗面,未能作出恰当的估计并依据宪法、法律和党章规定加以解决。"实践证明,'文化大革命'不是任何意义上的革命或社会进步,它根本不是'乱了敌人'而只是乱了自己,因而始终没有也不可能由'天下大乱'达到'天下大治'。"[③]这一历史教训必须汲取。由于党长期的教育引导,以工人、农民、人民解放军为主体的中坚力量在预防化解社会矛盾及重大风险、维护社会稳定、保持社会系统整体正常运行中发挥了不可替代的作用。

---

① 参见《中国共产党中央委员会关于建国以来党的若干历史问题的决议》,载中共中央文献研究室编:《改革开放三十年重要文献选编》(上),中央文献出版社 2008 年版,第 148 页。

② 《中国共产党中央委员会关于建国以来党的若干历史问题的决议》,载中共中央文献研究室编:《改革开放三十年重要文献选编》(上),中央文献出版社 2008 年版,第 196 页。

③ 《中国共产党中央委员会关于建国以来党的若干历史问题的决议》,载中共中央文献研究室编:《改革开放三十年重要文献选编》(上),中央文献出版社 2008 年版,第 196 页。

五、运用"硬法""软法"规范与行政管控相结合方式预防化解社会矛盾阶段（1978年12月—2012年10月）

以党的十一届三中全会确定"把党和国家工作重心转移到经济建设上来"为标志，中国特色社会主义事业步入了改革开放时期。经济社会发展既处于战略机遇期，又呈现人民内部矛盾凸显、刑事犯罪高发、与境外敌对势力斗争复杂的高风险状态，社会治安综合治理、平安建设面临诸多新变化新挑战。为此，以邓小平同志、江泽民同志、胡锦涛同志为主要代表的中国共产党人制定和坚持"一个中心，两个基本点"的基本路线，回答和正确处理改革开放新的条件下先进社会主义制度同落后生产力基本矛盾的新难题，有效预防化解社会矛盾，激发社会活力，建设和谐社会，为全面建设小康社会，实现历史性伟大转变提供保障。从发展生产力、改善人民生活、增强综合国力，构建法制体系，确保法制体系结构合理、功能完备、协调配套、运行有效，构建行政调解与司法调解协调对接机制，发展完善非诉讼方式，夯实基层群众性自治组织等自治机制，综合治理社会治安，畅通信访诉求渠道等8个层面为预防化解社会矛盾提供物质基础、法制保障、制度通道、新途径新方法新路径。

六、运用"自治、法治、德治、智治"相结合方式预防化解社会矛盾阶段（2012年11月至今）

社会矛盾预防化解法律制度是党和人民在长期实践探索中形成的科学制度体系，在中国特色社会主义法律制度体系中具有独特的地位与作用。党的十八大以来，以习近平同志为核心的党中央为社会主要矛盾变化后有效预防和化解重大风险，推进社会治理现代化，建设平安中国、法治中国，实现中华民族伟大复兴中国梦提出了一整套新范畴、新命题、新论断，作出了一系列决定决策部署，经济社会发展取得了跨越式发展，预防化解社会矛盾取得历史性成就，集中展示了中国特色社会主义制度的显著优势。

（一）统筹"五位一体"总体布局，协调推进"四个全面"战略布局的有效实施，为预防化解社会矛盾提供物质基础

为适应新时代人民日益增长的美好生活需要和不平衡不充分的发展之间的矛盾，以习近平同志为主要代表的中国共产党人团结率领全体人民，高效实施"一个时段，两个阶段"全面建设社会主义现代化国家、实现中华民族伟大复兴中国梦以及"新三步走战略"宏伟目标任务，围绕改革、法治、经济社会发展、机构、制度相继作出重大决定，加快推进国家治理体系和治理能力现代化。

（二）以构建科学完备的法律制度体系，实现向新时代法治体系转型跨越为重心，为预防化解社会矛盾提供"良法善治"保障

"法律是治国之重器，良法是善治之前提。"[1]以习近平同志为核心的党中央以提高立法

---

[1] 参见田传锋：《以良法促善治》，载《光明日报》2015年1月7日，第13版。

质量、以良法促善治作为建设社会主义法治体系的中心环节,领导和推动立法机关立良法,执法司法机关严格执法、公正司法。这表现在加速推进由法律制度体系向法治体系转型跨越,立良法促善治,适时出台"软法"规范,适时修订完善经济、教育、文化、科技等立法,构建科学完备的法律制度体系、高效实施的法治体系、严密的法治监督体系、有力的法治保障体系、健全的党内法规体系,加速建设中国特色社会主义法治体系。

(三)以构建总体国家安全、生态空间治理、公共卫生与健康为抓手,为预防化解社会矛盾提供互联互通平台

围绕总体国家安全观、生态环境保护、"美丽中国"建设、人民生命健康全周期管理等完善法律制定与实施,为城乡不同群体居民、中西部欠发达地区人民群众一体公平分享基本公共卫生与健康公共服务提供法治保障。

(四)以完善城乡居民权益增量提质的战略决策、公共政策与"软法""硬法"制度为途径,构建预防化解社会矛盾的"法治堤坝"

从支持城乡居民权益增量提质,保障城乡劳动职工相关权益,保护农民土地财产权益,保障人民群众健康权,保障妇女权益(反家庭暴力),保护未成年人、预防未成年人犯罪、保障老年人权益,保障特殊人群权益,保护消费者权益,规范电子商务市场秩序,保障人民群众文化权益,促进教育公平,推进城镇基本公共服务和便利常住人口全覆盖,以及健全公民及政治权利保障等方面出台新的法律或修订相关法律,构建科学完备的预防化解社会矛盾的"法治堤坝"。

(五)以"职能科学、权责法定、严明执法、公正司法、监督有力"的权力运行体系为切入点,为预防化解社会矛盾提供法治保障

首先,党中央把构建"职能科学、权责法定、执法严明、司法公正、廉洁高效、监督有力"的权力运行体系纳入改革与法治"双轮驱动"战略,从顶层制度设计出台若干重大决定,加强对行政权力监督,健全社会矛盾预防化解机制,完善调解、仲裁、行政裁决、行政复议、诉讼等有机衔接、相互协调的多元化纠纷解决机制。其次,党中央确立"保证公正司法,提高司法公信力"的主题,领导和推动全面深化以"司法人员分类管理""员额制""司法责任制""人财物省级统一管理"为主要内容的 77 项改革,[1] 司法管理体制改革取得历史性成就。[2] 再次,以习近平同志为主要代表的中国共产党人作出《关于全面推进依法治国若干重大问题的决定》,首次将法治建设成效评价作为衡量各级领导班子和领导干部工作实绩的标准;中共中央、国务院相继发布《法治中国建设规划(2020—2025 年)》《法治政府建设实施纲要(2021—2025 年)》《法治社会建设实施纲要(2020—2025 年)》,出台《中国共产党中央委员

---

① 参见《中共中央关于全面深化改革若干重大问题的决定》,人民出版社 2013 年版,第 31—35 页;《中共中央关于全面推进依法治国若干重大问题的决定》,人民出版社 2014 年版,第 20—26 页。

② 四项重点改革的成效:"法官检察官 + 司法辅助人员 + 司法行政人员 + 合同制文职人员"的现代司法人员分类管理体制得以建立;以"员额制"管理体制改革为关节点,法官检察官专业化、规范化、职业化的管理机制得以确立;以"司法责任制"改革为着力点,权责明晰、激励有力、监督有效的司法权运行体系全面启动;以司法财物"省级统管"目标改革为攻坚点,"类型化"的司法财物"省级统管"保障体系初步建立。

会工作条例》《党政主要负责人履行推进法治建设第一责任人职责规定》《中国共产党问责条例》等。最后,在完善"硬法"规制层面,党中央领导和推动全国人大修订《立法法》,把"科学合理地规定公民、法人和其他组织的权利与义务、国家机关的权力与责任"作为法治国家、法治政府、法治社会一体建设,以立良法促善治的目标要求;根据"以人为核心的城镇化"进程提速造成法治建设任务加重的情况,优化立法权配置,适应地方发展需求,[①]赋予设区的市的人民代表大会及其常委会对城乡建设与管理、环境保护、历史文化保护等方面的事项制定地方性法规的权力;出台《公职人员政务处分法》。

(六)推动诉讼程序与非诉讼程序相结合,形成多层次预防化解社会矛盾新格局

出台《行政强制法》,修改《行政复议法》《行政处罚法》,强化对行政决策权、行政执法权、行政监督权的运行监督与制约机制,构建科学严密、逻辑严谨的行政程序法律体系。适时总结检察机关开展公益诉讼改革试点的新鲜经验,修改《行政诉讼法》《民事诉讼法》等相关法律,赋予检察机关公益诉讼起诉权和支持起诉权。修改《人民法院组织法》《人民检察院组织法》,将跨行政区划法院和检察院、互联网法院的改革成果上升为宪法性法律规范;总结人民群众参与司法的新鲜经验,出台《人民陪审员法》,使司法民主、司法监督、司法公开定型化、制度化、法律化。推动民事诉讼、行政诉讼、刑事诉讼与人民调解有序衔接。

第四节　社会矛盾预防化解具体法律制度

社会矛盾预防化解法律制度是党和人民在长期实践探索中形成的预防化解社会风险,保障人民权益,维护社会公平正义,创造国泰民安社会环境,建设更高水平平安中国的科学制度体系。其在中国特色社会主义法律制度体系中具有独特的地位与作用。

一、社会矛盾预防化解组织制度

社会矛盾预防化解组织制度是有关承担社会矛盾预防化解工作的相关职能机构及其协助组织的制度,它是社会矛盾预防化解法律制度的重要内容。

(一)平安建设与法治建设领导小组

依据 2018 年《深化党和国家机构改革方案》,设立中央全面依法治国委员会办公室、平安中国建设协调小组,原中央社会治安综合治理委员会及其办公室的职能划归中央政法委员会,内设基层治理局、综合治理督导局;各省(自治区、直辖市)、市(州)、县(自治县、区)设立平安建设领导小组、依法治省(市、县)领导小组。平安建设领导小组办公室设在同级政法委员会,依法治省(市、县)领导小组办公室设在同级司法厅(局),相关职能机构整合为内设机构;将预防和化解社会矛盾分别纳入有关全面依法治国与社会治安综合治理五项

[①]　赋予 240 个设区的市、30 个自治州、4 个不设区的地级市地方立法权。参见中华人民共和国国务院新闻办公室:《中国人权法治化保障的新进展(2017 年 12 月)》,载中华人民共和国中央人民政府网站 http://www.gov.cn,访问日期:2022 年 12 月 5 日。

职责之中。根据 2023 年党的二十届二中全会通过的《党和国家机构改革方案》,将有关平安建设领导小组的组织协调职能,整体划转交由同级党的政法委员会承担。

(二)综治信访维稳中心与人民调解组织网络

在乡镇(街道)建立起党委政府统一领导、综治部门牵头组织协调,派出所、司法所、人民法庭、信访、民政、市场监管、税务、农业、国土管理等部门参与的综治信访维稳中心,将社会矛盾纠纷调处服务纳入工作范围,直接调处或与有关部门联合调处重大疑难矛盾纠纷,对影响社会稳定的倾向性、苗头性问题进行分析研判,及时预警,加强督办。在行政村、城镇社区设立调解室;在区划交界地带建立区域性人民调解组织;在企业事业单位建立人民调解组织;在各类市场建立发展行业性人民调解组织;在农村村民小组、城镇小区楼幢院落、企业车间班组等建立调解信息员队伍,把调解的触角延伸到社会的各个角落。

(三)矛盾纠纷排查调处联席会议制度

建立联席会议制度,通过定期、不定期召开会议,分析社会治安和社会稳定的形势,对影响社会治安的矛盾纠纷进行排查分析,研究对策,按照"属地管辖"与"归口承担"的原则积极预防和有效化解。联席会议坚持社会矛盾预防化解协调、督促、指导的原则,消除和减少上下层级之间、部门之间推诿扯皮问题,推动上下联动、横向协作,形成预防化解社会矛盾的合力。

(四)专门职能机构与协调机构

专门职能机构主要包括行政复议机关、社区矫正机构、仲裁机构、信访部门、社会救助组织、青少年违法帮教机构等。党的关心下一代工作委员会等作为协调机构,在履行专门职责过程中,承担社会矛盾预防化解相关职责。

二、重大决策风险评估制度

重大决策风险评估制度是指针对重大决策的实施可能造成社会稳定、公共安全等方面不利影响或严重后果的情况,由决策承办单位或者负责风险评估的主体对决策的风险可控性予以事前评价的制度安排。依据传染病防治、防震减灾、大气污染防治、土壤污染防治,消防、核安全,网络安全、电子商务、数据安全、个人信息保护、突发事件应对,[①] 重大行政决策程序,信访工作,突发公共卫生事件应急等方面的法律、行政法规,重大决策风险评估制度包括如下内容:

(一)重大决策风险评估范围

重大决策风险评估范围包括:(1)制定有关公共服务、市场监管、社会管理、环境保护等方面的重大公共政策和措施;(2)制定经济和社会发展等方面的重要规划;(3)制定开发

---

① 参见《突发事件应对法》第 20 条,《传染病防治法》第 19 条,《网络安全法》第 62 条,《电子商务法》第 20 条,《数据安全法》第 30 条,《个人信息保护法》第 51、64 条,《消防法》第 34、69 条,《核安全法》第 23 条,《防震减灾法》第 30、58 条,《大气污染防治法》第 12、28、78 条,《土壤污染防治法》第 35 条。

利用、保护重要自然资源和文化资源的重大公共政策和措施;(4)决定在本行政区域实施重大公共建设项目;(5)决定对经济社会发展有重大影响、涉及重大公共利益或者社会公众切身利益的其他重大事项(以下简称"四重一大")。

(二)重大决策风险评估原则

重大决策风险评估原则是指对"四重一大"进行风险评估必须遵循的基本准则。其内容包括:(1)坚持和加强党的全面领导原则,把党的领导贯彻到重大决策全过程。(2)遵循科学决策原则,贯彻创新、协调、绿色、开放、共享的新发展理念,运用科学技术和方法,尊重客观规律,适应经济社会发展和全面深化改革要求。(3)遵循民主决策原则,充分听取各方面意见,保障人民群众通过多种途径和形式参与决策。(4)遵循依法决策原则,严格遵守法定权限,依法履行法定程序,保证决策内容符合法律、法规和规章等规定。

(三)科学规范重大决策风险评估程序

1. 决策启动。首先,对"四重一大"决策事项按规定论证后,报请决策机关决定启动决策程序。其次,明确决策事项的承办单位。承办单位应当在广泛深入开展调查研究、全面准确掌握有关信息、充分协商协调的基础上,拟订决策草案。

2. 公众参与。承办单位采取便于社会公众参与的方式,如座谈会、听证会、实地走访、书面征求意见、向社会公开征求意见、问卷调查、民意调查等,充分听取意见;承办单位对社会各方面提出的意见进行归纳整理、研究论证,充分采纳合理意见,完善决策草案。

3. 专家论证。对专业性、技术性较强的"四重一大"决策事项,承办单位应当组织专家、专业机构论证其必要性、可行性、科学性等,并提供必要保障;组织专家论证,可以采取论证会、书面咨询、委托咨询论证等方式;省(自治区、直辖市)、市(州)、县(自治县、区)人民政府应当建立决策咨询论证专家库,规范专家库运行管理制度,健全专家诚信考核和退出机制。

4. 风险评估。风险评估结果是作出重大决策的重要依据。决策机关认为风险可控的,可以作出决策;认为风险不可控的,在采取调整"四重一大"决策草案等措施确保风险可控后,可以作出决策。通过舆情跟踪、重点走访、会商分析等方式,运用定性分析与定量分析等方法,对决策实施的风险进行科学预测、综合研判;听取有关部门的意见,形成风险评估报告,明确风险点,提出风险防范措施和处置预案;必要时可以委托专业机构、社会组织等第三方进行。

5. 合法性审查。"四重一大"决策草案提交决策机关讨论前,应当由负责合法性审查的部门进行合法性审查。重点审查决策事项是否符合法定权限,决策草案的形成是否履行相关法定程序,决策草案内容是否符合有关法律、法规、规章和国家政策的规定,并组织法律顾问、公职律师提出法律意见。

6. 集体讨论和决策公布。"四重一大"决策草案应当经决策机关常务会议或者全体会议讨论,由决策机关行政首长在集体讨论的基础上作出决定。重大决策出台前应当按照规定向同级党委请示报告。决策机关应当通过本级人民政府公报和政府网站以及在本行政区域内发行的报纸等途径及时公布重大决策。对社会公众普遍关心或者专业性、技术性较强的重大决策,应当说明对公众意见、专家论证意见的采纳情况,通过新闻发布会、接受访谈等方式宣传解读。

三、人民调解制度

人民调解是指人民调解委员会对民间纠纷当事人进行说服教育,规劝疏导,促使纠纷各方自愿消除纷争的群众性自治活动,是社会矛盾预防化解法律制度的重要组成部分。依据《人民调解法》,其主要内容包括:

（一）调解原则

人民调解活动应当遵循以下原则:在当事人自愿、平等的基础上进行调解;不违背法律、法规和国家政策;尊重当事人的权利,不得因调解而阻止当事人依法通过仲裁、行政、司法等途径维护自己的权利。

（二）调解组织形式

《人民调解法》明确人民调解委员会是依法设立的调解民间纠纷的群众性组织;规范村（居）民委员会、企业事业单位的人民调解委员会的设立、组成和推选程序;扩大人民调解组织的范围,规定乡镇、城市街道以及社会团体或者其他组织根据需要可以设立人民调解委员会,调解民间纠纷。

（三）人民调解员的条件、行为规范

人民调解员包括经推选产生的人民调解委员会委员和人民调解委员会根据需要聘任的符合法定条件的调解员。调解员应当公道正派、善于联系群众、热心人民调解工作,并具有一定文化水平、政策水平和法律知识,不得强迫调解,不得偏袒一方当事人,不得侮辱当事人,不得收取财物以及泄露当事人的个人隐私、商业秘密等。

（四）调解程序

人民调解程序主要包括申请程序、调解员的选择、调解的方法步骤以及当事人在调解中的权利义务等内容。

（五）衔接机制

《人民调解法》确立了人民调解与司法纠纷解决的衔接机制,即法院对适宜通过人民调解方式解决的纠纷,可以在受理前动员当事人向人民调解委员会申请调解;法院对经人民调解委员会调解达成的具有民事权利、义务内容的调解协议进行司法确认。

（六）人民调解工作的指导和保障

国家鼓励和支持人民调解工作,县级以上地方人民政府对人民调解工作所需经费给予必要的支持,对有突出贡献的人民调解委员会和人民调解员按照国家有关规定给予表彰奖励。村（居）民委员会和企业事业单位应为人民调解委员会开展工作提供办公条件和必要的工作经费。

四、仲裁制度

仲裁是指发生争议的双方当事人,根据其在争议发生前或发生后所达成的仲裁协议,自愿将该争议提交中立的仲裁机构进行裁决的一种纠纷解决方式。仲裁制度是社会矛盾预防化解制度的重要组成部分。依据《仲裁法》,其主要内容包括:

(一)仲裁范围

平等主体的公民、法人和其他组织之间发生的合同纠纷和其他财产权益纠纷,可以仲裁。婚姻、收养、监护、扶养、继承纠纷和依法应当由行政机关处理的行政争议,不能仲裁。

(二)实行或裁或审和一裁终局

当事人达成仲裁协议,一方向法院起诉的,法院不予受理,但仲裁协议无效的除外;仲裁实行一裁终局的制度,裁决作出后,除另有规定外,当事人就同一纠纷再申请仲裁或者向法院起诉的,仲裁机构或者法院不予受理。

(三)仲裁自愿

当事人采用仲裁方式解决纠纷,应当双方自愿,达成合法、有效的仲裁协议;向哪个仲裁委员会申请仲裁,由当事人协议选定;仲裁员由当事人选定或者委托仲裁委员会主任指定;当事人可以自行和解,达成和解协议的,可以请求仲裁庭根据和解协议作出裁决书,也可以撤回仲裁申请。

(四)仲裁委员会

仲裁委员会独立于行政机关;根据实际需要,可设立某个方面的仲裁委员会;仲裁委员会不分级别,不实行级别管辖和地域管辖。

(五)法院对仲裁的监督

法院对仲裁的监督主要表现在对《民事诉讼法》第 281 条第 1 款规定的当事人在合同中没有订有仲裁条款或者事后没有达成书面仲裁协议等四种情形不予执行,以及对《仲裁法》第 58 条第 1 款规定的没有仲裁协议等六种情形作出撤销裁决。

五、失信被执行人惩戒制度

失信被执行人惩戒制度是指法院依照法定程序,将具有履行能力而拒不履行生效法律文书确定的义务,并具有转移财产规避执行等情形的被执行人列入失信名单,通过公开发布个人信息和拒不履行的情况、限制高消费等方式,对其进行信用惩戒,促使其主动履行义务的一项制度安排。失信被执行人惩戒制度对于确保生效判决或裁定执行,应对和防范被执行人失信引发定分难止争、案结事难了,进而导致涉法涉诉矛盾增多、酿成重大突发事件意义重大,构成了社会矛盾预防化解法律制度的重要内容。依据《中共中央办公厅、国务院办公厅关于加快推进失信被执行人信用监督、警示和惩戒机制建设的意见》《最高人民法院关于公布失信被执行人名单信息的若干规定》,国家发展改革委、最高人民法院、中国人民银行、中央组织部、中央宣传部、中央编办、中央文明办、最高人民检察院等 44 家单位联合签署

了《关于对失信被执行人实施联合惩戒的合作备忘录》等,其主要内容包括:

(一)基本原则

对失信被执行人惩戒坚持合法性、信息共享、联合惩戒、政府主导和社会联动等原则。

(二)联合惩戒

对失信被执行人从事特定行业或项目、政府支持或补贴、任职资格、准入资格、荣誉和授信、特殊市场交易、高消费及有关消费、协助查询、控制及出境等方面进行限制;加强日常监管检查,加大刑事惩戒力度。

(三)信息公开与共享

法院要及时准确更新失信被执行人名单信息,并通过全国法院失信被执行人名单信息公布与查询平台、有关网站、移动客户端、户外媒体等多种形式向社会公开,供公众免费查询;失信被执行人信用监督、警示和惩戒信息列入政务公开事项;各地区各部门通过全国信用信息共享平台,加快推进失信被执行人信息与公安、民政、人力资源社会保障、国土资源、住房城乡建设、财政、金融、税务、市场监管、安全监管、证券、科技等部门信用信息资源共享,推进失信被执行人信息与有关人民团体、社会组织、企业事业单位信用信息资源共享;推进失信被执行人信用信息共享体制机制建设,建立健全政府与征信机构、信用评级机构、金融机构、社会组织之间的信用信息共享机制。

(四)综合措施

提高执行查控工作能力,推进网络执行查控系统建设,拓展执行查控措施,完善远程执行指挥系统;从名单纳入、退出、信息准确规范、风险提示与救济、惩戒措施解除、责任追究等方面完善失信被执行人惩戒制度;加强协助执行,落实执行工作综治考核责任,强化对干扰党政机关执行行为的责任追究;建立健全党政机关对法院执行工作的支持机制。

六、矛盾纠纷多元化解制度

矛盾纠纷多元化解制度是指对社会矛盾纠纷或者涉法涉诉纠纷依法运用协调联动、和解、调解、行政裁决、行政复议、仲裁、诉讼等方式有序化解、依法处理,达成定分止争、案结事了、修复受损秩序、促进社会和谐目标的制度安排。它在社会矛盾预防化解法律制度安排中具有不可替代的地位与作用,是该项法律制度的重要内容。依据我国法律法规、行政规章,以及上海、四川、江西、黑龙江以及武汉等地的地方性法规,其主要内容包括:

(一)基本原则

矛盾纠纷多元化解应当坚持尊重当事人意愿,遵守法律法规、尊重公序良俗,公平公正、诚实守信,预防与化解相结合,属地管理与“谁主管,谁负责”相结合,多方协调联动等原则。

(二)主体职责

1. 政府职责。各级政府应当将矛盾纠纷多元化解工作纳入国民经济和社会发展规划,加强预防化解纠纷能力建设,培育各类纠纷化解组织,督促有关部门落实纠纷化解责任;街道办事处、乡镇政府应当依托街道、乡镇综治中心建设综合调解室,吸纳市场监管、城市管理、物业管理、医疗卫生等有关单位协助调解；社会治安综合治理统筹协调部门负责多元化解纠纷工作的组织协调，促进多种纠纷化解途径有机衔接。

2. 监管行政执法部门职责。人力资源和社会保障、卫生健康、自然资源和规划、生态环境、农业农村、市场监管、应急管理、民政、城乡建设、金融、社会治安等主管部门，应当按照各自职责依法开展行政调解、行政裁决、综合执法等工作，支持、指导和监督本系统行业调解组织的工作。

3. 司法机关职责。法院建立健全诉讼与非诉讼纠纷化解途径相衔接的工作机制，加强与行政机关、仲裁机构、公证机构和调解组织协调配合；检察院建立健全参与纠纷化解工作机制，依法做好纠纷化解工作；公安机关建立健全治安案件调解、道路交通事故损害赔偿争议调解等工作机制，加强与检察院、法院在刑事案件和解工作上的协调配合。

4. 司法行政机构综合指导职责。司法行政部门负责本级政府人民调解、行政调解、行政裁决和行政复议的综合协调和指导工作，完善人民调解、行政调解、行政裁决、行政复议工作机制，促进人民调解、行政调解与司法调解的衔接联动，培育和发展行业性、专业性人民调解组织，引导律师事务所、公证机构、司法鉴定机构、基层法律服务所等单位参与纠纷化解。

5. 基层群众性自治组织职责。村（居）委会应当设立人民调解组织，街道、乡镇、企业事业单位、其他社会组织根据需要设立人民调解组织。

6. 行业协会职责。工会、共青团、妇联、残联、工商联、消费者权益保护协会、法学会和行业协会等可以设立行业性、专业性人民调解组织；鼓励商会、行业协会、民办非企业单位、民商事仲裁机构等设立商事调解组织，在投资、贸易、金融、房地产、工程承包、运输、知识产权、技术转让等商事领域开展商事纠纷调解服务。

7. 信访工作机构职责。信访工作机构应当依法协调处理信访事项，推动各类信访诉求有序分流，建立信访事项办理与其他纠纷化解途径有机衔接的工作机制。

8. 协调联动工作职责。对跨行政区域、跨部门、跨行业的纠纷，负有纠纷化解职责的国家机关和社会组织应当加强协调配合和工作联动，共同推动纠纷化解。

（三）纠纷化解途径

当事人可以依法自主选择和解、调解、行政裁决、行政复议、仲裁、诉讼或法律法规规定的其他途径解决纠纷。

（四）程序衔接与效力确认

政府及其有关部门、社会治安综合治理统筹协调部门、法院、检察院、仲裁机构、公证机构和调解组织等，通过委派、委托、邀请、移送等方式，加强协调配合，推动程序衔接，促进纠纷化解；经调解达成的调解协议，当事人可以依法向调解组织所在地的基层法院申请确认其效力，经法院依法确认有效的调解协议，一方当事人不履行或者未全部履行的，对方当事人可以依法向法院申请执行。

（五）监督考核与责任追究

社会治安综合治理统筹协调部门、政府有关部门、法院、检察院、有关人民团体建立健全多元化解纠纷工作责任制度,将多元化解纠纷工作纳入社会治安综合治理考核;调解员在调解工作中有以下六种情形之一的,由其所在的调解组织给予批评教育、责令改正;情节严重的,由推选或者聘任单位予以罢免、解聘;造成严重后果的,依法追究法律责任:(1)偏袒一方当事人的;(2)侮辱当事人的;(3)索取、收受当事人财物或者牟取其他不正当利益的;(4)泄露当事人个人隐私、商业秘密的;(5)属于调解范围,无正当理由拒不调解的;(6)实施其他违反法律法规、违背职业道德行为的。

(六)保障措施

各级政府应当对多元化解纠纷工作所需经费给予支持和保障;鼓励纠纷化解组织发展专业化调解员队伍;在道路交通、劳动人事、医疗卫生、婚姻家庭、消费者权益保护、农村土地承包、建筑工程、生态环境保护、物业管理、安全生产等纠纷多发领域建立纠纷多元化解综合性服务平台,为当事人化解纠纷提供便利;鼓励律师协会、律师事务所建立律师调解员队伍;有关国家机关、人民团体和其他社会组织建立健全调解员培训机制;法律援助机构可以根据当事人的委托,参与协商解决纠纷。

七、人民调解、行政调解、司法调解"三调联动"制度

"三调联动"是指依据相关法律,党内法规、有关司法解释,人民调解、行政调解、司法调解精准对接、互相联动、效能整合的工作体系。依据《人民调解法》《仲裁法》《治安管理处罚法》《行政复议法》《民事诉讼法》等法律规范,其主要内容包括:

(一)多元主体

依据相关法律法规规定,"三调联动"的主体包括中直机关、省、自治区、直辖市、市(州)、县主管机关,乡镇、街道(村居)辖区内的综治中心、矛盾调解中心、司法所、派出所、法庭、检察室,以及工会、妇联、劳动、民政、市场监管、土地管理等单位。其在依法承担政府监管、行政执法、司法、基层自治事务的过程中,承担起贯彻人民调解、行政调解、司法调解的"精准对接、三调联动",预防化解矛盾纠纷,参与处置公共应急突发事件,维护社会安定与社会秩序等职责。

(二)网格管理

整合各类调解资源和力量,依托基层公共服务"一站式"平台,搭建"三调联动"平台,使之进乡村、进社区、进网格(以下简称"三进"),形成党委领导、政府主导、部门、基层群众性自治组织、企业事业单位各司其职,"三调联动"融入基层社会治理的格局;充分发挥行政机关、执法部门、司法机关、基层群众性自治组织、人民团体、企业、非营利组织的主体作用,依托"三调联动"平台,在线对接基层解纷力量,通过"请进来""走出去",确定分层递进、源头预防化解矛盾纠纷的路径。建立城市居委会、业委会、物业服务企业"三方联动"治理机制,推进建立矛盾"早小化解"、情报信息"三方联动排查"制度,确保风险隐患早发现、早部署、早稳控。

（三）方式多样

从国家行政机关、司法机关发布的规范性文件与基层探索实践来看，"三调联动"方式包括：（1）人民调解与行政调解对接；（2）人民调解与司法调解对接，包括"公调对接""检调对接""诉调对接""执调对接""信调对接"等[①]。

（四）绩效流程管理

邀请政府在基层派出的公安、司法、市场监管、税务、土地管理、金融等所（站），以及妇联、共青团、企业事业单位、志愿者等相关主体，在基层党组织领导下，协调推动基层纠纷解决力量的整合，构建预警、分流、化解、调解、司法确认、跟踪评估、结果反馈、指导督办等全流程纠纷解决机制，增强"三调联动"的实效。

（五）相关管理规范

1. 入驻平台管理。基层"一站式"公共服务平台增设"调解诉源"治理工作模块，负责组织基层治理单位以及专业性行业性调解组织将其管理的调解员、网格员、乡镇（街道）干部、村（社区）干部以及其他基层解纷人员信息录入调解平台，对接归口调解工作，明确多元主体纠纷解决职责。

2. 告知。对于既可以通过人民调解方式，也可以通过其他调解方式解决的纠纷，告知各类调解方式和渠道，由当事人自愿选择；在诉讼、信访活动中宣传"三调联动"的优势、特点；对简单、争议不大的纠纷，告知或介绍当事人选择所在地（所在单位）或纠纷发生地调解组织进行调解。

3. 司法确认。人民调解协议司法确认，是指法院根据双方当事人的申请，对人民调解协议的效力进行审查，并决定是否予以确认的司法对接活动。法院经审查，认为人民调解协议有效的，出具确认决定书，并赋予其强制执行效力。

4. 案件分流。调解主体根据纠纷数量、人员编制等实际情况，灵活将立案窗口人员或者其他人员作为专（兼）职案件分流员，开展在线"三调联动"、诉非分流、案件指派、诉调对接、督促督办、结果跟踪、考核评价等工作。具体包括与村居（社区）开展分流对接，与乡镇、街道基层治理单位开展分流对接，与专业性行业性调解组织开展分流对接，与其他社会力量开展分流对接，等等。

5. 调解联络员。调解主体邀请基层治理单位、专业性行业性调解组织中与行政监管、行政执法、司法、信访开展分流对接的人员作为"三调联动"联络员，负责排查上报信息、自行或者指定相关人员开展诉前调解、化解矛盾、协助送达、维护基层解纷人员信息、跟踪调解协议执行等工作。

6. 分类分级委派案件。对于不服行政裁决、执行，向法院提起行政、民事诉讼与向检察

---

① 参见《中共中央办公厅、国务院办公厅关于完善矛盾纠纷多元化解机制的意见》；《最高人民法院关于加快推进人民法院调解平台进乡村、进社区、进网格工作的指导意见》；《全国人民调解工作会议在北京召开》，载《人民法院报》2017年6月29日，第2版；《最高人民检察院工作报告——2016年3月13日在第十二届全国人民代表大会第四次会议上》，载中华人民共和国最高人民检察院网站 http://www.spp.gov.cn，访问日期：2023年4月10日。

院提起行政诉讼、轻微违法的纠纷案件,依法适宜村居(社区)处理的,先行引导由辖区内的村居(社区)逐级调解息纷;适宜在乡镇(街道)综治中心、矛盾调处中心、司法所等基层治理单位处理的,由与行政监管和执法机关、公安机关、检察机关、法院对接的基层治理单位调解息纷;适宜专业性行业性调解组织处理的,由与行政监管和执法机关、公安机关、检察机关、法院对接的专业性行业性调解组织调解息纷。

7. 诉非实质化对接。调解主体需要法官、检察官、警察参与指导的,可以向行政监管和执法机关、公安机关、检察机关、法院在线提出申请,基层治理单位通过推送典型案例、进行法条解释、提供法律咨询、"调解员现场调解 + 法官,或 + 行政监管、或 + 执法人员、或 + 警察、或 + 检察官,远程视频参与调解"联合调解、实地参与调解等方式提供法律指导。

8. 信息公开。调解主体应在公共服务机关、行政监管和执法机关、公安机关、检察机关、法院等服务大厅或者调解平台上公开入驻的基层治理单位、专业性行业性调解组织、参与化解和调解的基层解纷人员基本信息、"三进"工作流程、相关诉讼指引等,方便当事人参与"三进"工作,自觉接受群众监督。

八、律师代理申诉制度

律师代理申诉制度是指当事人不服司法机关生效裁判和决定,由律师代理其申诉的制度。这一制度对于破解无理缠诉闹访难题,规范诉源治理,预防化解社会矛盾及重大风险意义重大,是社会矛盾预防化解法律制度的重要组成部分。依据《最高人民法院、最高人民检察院、司法部关于逐步实行律师代理申诉制度的意见》《中央政法委关于建立律师参与化解和代理涉法涉诉信访案件制度的意见(试行)》等规定,其主要内容包括:

(一)工作原则

律师代理申诉坚持自愿平等原则。当事人对法院、检察院作出的生效裁判、决定不服提出申诉的,可以自行委托律师进行;法院、检察院可以引导申诉人、被申诉人委托律师代为进行。

(二)审查程序

律师接受申诉人委托,可以到法院、检察院申诉接待场所或者通过来信、网上申诉平台、远程视频接访系统、律师服务平台等提交申诉材料;不符合要求的,法院或检察院可以通知其限期补充或者补正,并一次性告知应当补充或者补正的全部材料;符合法律规定条件的,应当接收材料,依法立案审查。

(三)服务范围

律师服务范围包括听取申诉人诉求,询问案件情况,提供法律咨询;经审查认为不符合法院或者检察院申诉立案条件的,应做好法律释明工作;经审查符合法院或者检察院申诉立案条件的,为申诉人代写法律文书,接受委托代为申诉;经审查认为可能符合法律援助条件的,协助申请法律援助;接受委托后,代为提交申诉材料,接收法律文书,代理参加听证、询问、讯问和开庭等。

（四）公开听证

对律师代理的申诉案件,除法律规定不能公开、当事人不同意公开或者其他不适宜公开的情形外,法院、检察院应当公开立案、审查程序,并告知申诉人及其代理律师审查结果;案件疑难复杂的,申诉人及其代理律师可以申请举行公开听证,法院、检察院可以依申请或者依职权举行公开听证,并邀请相关领域专家、人大代表、政协委员及群众代表等社会第三方参加。

（五）激励表彰

司法行政部门指导当地律师协会将律师代理申诉业绩作为律师事务所检查考核和律师执业年度考核的重要指标。法院、检察院、司法行政部门全面加强律师代理申诉业务培训和指导,将代理申诉业绩作为评选优秀律师事务所、优秀律师的重要条件,定期开展专项表彰,在人才培养、项目分配、扶持发展、办案补贴等方面给予倾斜;采取同等条件下优先招录表现优异的律师作为法官、检察官等激励措施。

（六）监管处罚

律师在代理申诉过程中违反《律师法》《律师执业管理办法》等规定,具有以下行为的,司法行政部门或者律师协会给予相应行业处分和行政处罚;构成犯罪的,依法追究刑事责任:煽动、教唆和组织申诉人以违法方式表达诉求;对代理申诉案件过程中获得的案件信息进行歪曲、有误导性的宣传和评论,恶意炒作案件;与申诉人订立风险代理协议;在法院或检察院驻点提供法律服务时接待其他当事人,或者通过虚假承诺、明示或暗示与司法机关的特殊关系等方式诱使其他当事人签订委托代理协议等。

（七）保障支持

依法保障代理申诉律师人身安全,保障其阅卷权、会见权;建立多层次经费保障机制。将符合法律援助条件的申诉人纳入法律援助范围;律师代理申诉属于公益性质的,由党委政法委协调有关部门争取经费,购买服务。运用信息技术,探索建立律师事务所、法律援助机构与法院、检察院之间视频申诉系统,鼓励律师通过视频形式开展工作;开发律师申诉接待平台,实现与法院、检察院可公开申诉信息的互联互通、共享共用;法院、检察院在诉讼服务大厅等地开辟专门场所,提供必要的办公设施,由律师协会派驻律师开展法律咨询等工作;全额支付律师在提供服务过程中产生的费用,并给予适当补助及奖励。

九、领导接访制度

领导干部定期接待群众来访,是坚持党的群众路线、密切联系群众的具体体现,是正确处理人民内部矛盾,预防化解社会矛盾,提高党的执政能力的重要形式。我国《信访工作条例》《关于领导干部定期接待群众来访的意见》等相关规定,共同构建了领导接访制度。其主要内容包括:

（一）基本原则

各级党政机关及其工作部门应当坚持科学、民主决策,依法履行职责,从源头上预防信访事项导致的矛盾和纠纷。

（二）工作格局

县级以上党政机关应当建立统一领导、部门协调，统筹兼顾、标本兼治，各负其责、齐抓共管的信访工作格局，通过联席会议、建立排查调处机制、信访督查工作制度等方式，及时化解缠访缠诉等突出矛盾和纠纷。

（三）工作职责

各级党政机关及其工作部门的负责人应当阅批重要来信、接待重要来访、听取信访工作汇报，研究解决信访工作中的突出问题。

（四）方式方法

1. 公示。各地区各部门要根据实际情况，采取适当方式，在一定范围内对接访领导干部的姓名、职务、分管工作以及接访的时间、地点、形式等情况进行公示，方便信访群众了解和参与。

2. 接访。根据情况可以采取定点接访、重点约访和带案下访等多种方式进行。定点接访是指在固定的接访场所面对面接待来访人。重点约访是指有针对性地约请信访人并协调解决相关信访问题。带案下访是指深入到矛盾突出、解决难度大的地方，广泛听取群众意见，剖析问题症结，研究解决办法。

3. 包案。对群众反映强烈的突出问题实行领导包案制，并落实包掌握情况、包思想教育、包解决化解、包息诉息访的"四包"责任制。对涉及人数多的群体性问题，包案的领导干部须组织有关部门提出解决问题的意见和建议，提交领导班子集体研究。包案情况须通过适当方式予以公开，接受群众监督。

4. 落实。领导干部接访的重点定位在"事要解决"上，在"案结事了"上狠下功夫。综合运用政策、法律、经济、行政、社会救助以及思想教育等手段，促使问题得到有效解决。

十、信访终结制度

信访终结制度是指政法机关对基于同一事实和理由反复信访的事项，按照有关规定予以审查终结，以根治无理缠诉闹访，破坏信访秩序、行政监管秩序、执法及司法秩序等问题，规范诉源治理，维护司法既判力与法制统一尊严权威的制度安排，是社会矛盾预防化解法律制度的重要内容。依据《信访工作条例》《中共中央办公厅、国务院办公厅关于依法处理涉法涉诉信访问题的意见》《依法分类处理信访诉求工作规则》以及中央政法委颁布的《关于建立涉法涉诉信访事项导入法律程序工作机制的意见》《关于健全涉法涉诉信访依法终结制度的意见》等规定，其主要内容包括：

（一）总体要求

信访终结应当依法有据，慎用终结手段，以终结促进息诉息访。

（二）实行涉诉与非诉信访分离

把涉及民商事、行政、刑事等诉讼权利救济的信访事项从普通信访体制中分离出来，由政法机关依法处理。信访部门对到本部门上访的涉诉信访群众的职责是引导其到政法机关反映问题；对按规定受理的涉及政法机关的涉法涉诉信访事项，转同级政法机关依法处理。

（三）终结范围

当事人不服政法机关生效法律结论，其救济权利已经充分行使、放弃行使或者已经丧失，反映问题已经依法律按政策公正处理后，仍反复申诉控告、缠访缠诉的，除法律规定情形外，政法机关可依法作出终结结论，对该信访事项不再启动复查程序。

（四）终结标准

信访终结标准是"四个到位"：一是法律问题解决到位。即终结案件须认定事实清楚、适用法律正确、程序合法、定性准确、处理得当，经审查不存在执法错误、瑕疵，或者执法错误已经依法纠正、瑕疵已经妥善补正。二是执法责任追究到位。即执法办案过程中因故意或过失造成执法错误，或有其他违纪违法行为的，已经依纪依法作出相应处理。三是解释疏导教育到位。即从法理、道理、情理等方面对涉法涉诉信访人进行了耐心细致的解释说明、思想疏导。四是司法救助到位。即涉法涉诉信访人生活困难，符合国家司法救助规定的，已经给予必要的救助帮扶。

（五）责任主体

依法终结的责任主体是中央政法单位和省级政法单位。不服省级及省级以下政法单位生效法律结论的，一般由省级政法单位审查终结；不服中央政法单位生效法律结论的，由中央政法单位审查终结；中央政法单位经复查，维持地方政法单位生效法律结论的，根据需要可由省级政法单位终结；不服省级政法单位生效法律结论的重大疑难事项，可报中央政法单位终结；涉及诉讼监督的事项由原办案单位按程序终结。

（六）终结工作程序

信访终结工作程序主要包括复查听证、终结申报、审查决定、终结备案、终结告知。

十一、法律援助制度

法律援助是国家建立的为经济困难公民和符合法定条件的其他当事人无偿提供法律咨询、代理、刑事辩护等法律服务的制度。它从公共法律服务层面发挥着社会矛盾预防化解的特殊作用，是社会矛盾预防化解法律制度的组成部分。依据《法律援助法》等法律法规，其内容如下：

（一）工作原则

坚持中国共产党领导，坚持以人民为中心，尊重和保障人权，遵循公开、公平、公正的原则，实行国家保障与社会参与相结合。

（二）提供法律援助的主体

依据《法律援助法》第16、17条规定，提供法律援助的主体包括执业律师、法律援助机构律师、基层法律服务工作者、法律援助志愿者。

（三）援助范围

依据《法律援助法》规定,法律援助的类型包括刑事法律援助和民事法律援助。《法律援助法》将聘不起律师的申诉人纳入法律援助范围;法律援助不受经济困难条件的限制;明确值班律师法律帮助是法律援助的一种服务形式,并规定法律援助机构可以在法院、检察院和看守所等场所派驻值班律师;明确了值班律师法律帮助内容、保障值班律师履职、有关工作程序等。

（四）援助程序

司法机关与有关部门履行通知、指派、权利告知等义务;规定了提出法律援助申请、经济困难审查、决定和指派、办理情况报告等程序;明确免于经济困难审查、先行提供法律援助等情形;并对法律援助人员工作规范、受援人的权利义务、终止法律援助、救济程序等作出相应规定。

（五）保障措施

《法律援助法》规定法律援助属于国家责任,明确了政府及各部门的职责,对总体发展要求、经费保障、培训、监督管理和质量考核、信息化建设、宣传教育等作出规定。

十二、刑满释放人员安置制度

刑满释放人员安置制度是指为有效预防和减少重新违法犯罪,有关部门采取一定安置措施,为刑满释放人员提供就业等社会保障的制度安排。它在预防和减少重新犯罪方面具有独特作用,是社会矛盾预防化解法律制度的重要组成部分。依据《监狱法》《商业部、教育部、公安部、农牧渔业部关于犯人刑满释放后落户和安置的联合通知》以及中央综治委等联合颁布的《关于进一步做好刑满释放、解除劳教人员促进就业和社会保障工作的意见》等规定,其主要内容包括:

（一）安置主体

各级安置工作机构会同司法行政、公安、人社保障、民政、财政、税务、市场监管、人民银行等部门切实履行职责,相互协调配合,为刑满释放人员(简称"刑释人员")的就业和社会保障提供服务和指导;工会、共青团、妇联等人民团体和社会组织充分发挥各自的优势,动员组织各方面力量,协助做好刑释人员就业和社会保障工作。

（二）安置方式

鼓励刑释人员通过灵活多样的形式实现就业,包括非全日制、临时性、季节性工作等,逐步实现就业市场化、社会化。在帮助和引导刑释人员依靠自身努力实现就业的同时,制定并落实政策措施,使其获得相应的社会保障或临时社会救济;将社区就业作为刑释人员就业的一个主要渠道。鼓励刑释人员在社区服务业的岗位就业,特别是在政府开发的面向社区居民生活服务、企业事业单位后勤保障和社区公共管理的就业岗位以及清洁、绿化、公共设施养护等公益性岗位上实现就业。

（三）安置政策

劳动和社会保障部门对刑释人员提供就业指导服务和就业岗位信息,刑释人员参加由各级劳动和社会保障部门组织的再就业定点单位培训的,经考核合格并实现就业后,根据当地政府有关规定减免培训费用;刑释人员从事个体经营的,给予一定年限免征营业税、城市维护建设税、教育附加和个人所得税优惠政策;对刑释人员就业实体实行税收扶持。

（四）保障措施

对城市（含城镇）户籍的刑释人员,其家庭人均收入低于当地最低生活保障标准的,各级民政部门将其纳入当地最低生活保障范围,实现"应保尽保";在服刑前已参加失业保险或正在领取失业保险金,刑满释放后仍符合条件的,按规定享受或恢复失业保险待遇;被判刑前已经参加企业职工基本养老保险的刑释人员,重新就业的,按国家有关规定接续养老保险关系,按时足额缴纳养老保险费;达到法定退休年龄的,按规定享受相应的养老保险待遇。对于农村籍的刑释人员,在刑满释放回原籍居住地后,应及时落实其责任田（山、地）;因无生活来源造成生活困难的,经本人申请、村委会出具证明、乡镇司法所和民政办报县（市、区）司法局、民政局审核同意后,可领取地方政府临时社会救济。

（五）组织领导

各级党委要从维护改革发展稳定大局,实现国家长治久安的高度,切实加强对这项工作的领导,作为一项长期的任务来抓,最大可能地化消极因素为积极因素,为社会主义现代化建设事业服务;须将刑释人员促进就业和社会保障工作作为落实社会治安综合治理的一项重要内容,层层分解,督促检查,认真落实。

十三、反家庭暴力制度

反家庭暴力制度是指预防和制止家庭成员之间实施的身体、精神等侵害行为,维护平等、和睦、文明的家庭关系,化解家庭矛盾纠纷,促进家庭和谐、社会稳定的制度安排。其在社会矛盾预防化解法律制度中具有不可替代的作用。依据《反家庭暴力法》《最高人民法院、最高人民检察院、公安部、司法部关于依法办理家庭暴力犯罪案件的意见》《民政部、全国妇联关于做好家庭暴力受害人庇护救助工作的指导意见》以及全国妇联等七部委联合颁布的《关于预防和制止家庭暴力的若干意见》等规定,其主要内容包括:

（一）预防措施

反家庭暴力工作遵循预防为主、教育与惩处相结合的原则。其预防措施包括:（1）国家开展反家庭暴力宣传教育,鼓励社会力量开展反家庭暴力宣传活动,工会、共青团、妇联、中小学、用人单位开展反家庭暴力宣传教育。（2）政府有关部门、司法机关、妇联、医疗机构将反家庭暴力纳入业务培训。（3）乡镇政府、街道办事处组织开展家庭暴力预防工作,城乡基层群众性自治组织配合协助,人民调解组织依法调解家庭纠纷。

（二）报案义务主体

家庭暴力受害人及其法定代理人、近亲属,可以向公安机关报案;中小学、幼儿园、医疗机构及其工作人员在工作中发现无民事行为能力人、限制民事行为能力人遭受或者疑似遭受家庭暴力的,应及时向公安机关报案;未按规定报案,造成严重后果的,对直接负责的主管人员和其他直接责任人员依法给予处分。

（三）治安告诫

家庭暴力情节较重的，依法给予加害人治安管理处罚乃至追究刑事责任；情节较轻，依法不给予治安管理处罚的，由公安机关对加害人给予批评教育或者出具告诫书，城乡基层群众性自治组织的工作人员或者社区民警对收到告诫书的加害人、受害人进行查访，督促其不再实施家庭暴力。

（四）人身安全保护令

当事人因遭受家庭暴力或者面临家庭暴力的现实危险向法院申请人身安全保护令的，法院应当受理。人身安全保护令包括下列措施：（1）禁止被申请人实施家庭暴力。（2）禁止被申请人骚扰、跟踪申请人。（3）责令被申请人迁出申请人住所等。同时，作出人身安全保护令，应当有明确的被申请人、具体的请求以及遭受家庭暴力或者面临家庭暴力现实危险；其有效期不超过6个月，自作出之日起生效。

（五）法律责任

违反《反家庭暴力法》的法律责任包括：（1）治安处罚与刑事责任。加害人实施家庭暴力，构成违反治安管理行为的，依法给予治安管理处罚；构成犯罪的，依法追究刑事责任。（2）未履行报案义务的责任。学校、幼儿园、医疗机构、村（居）委会、社会工作服务机构、救助管理机构、福利机构及其工作人员未依照规定向公安机关报案，造成严重后果的，由上级主管部门或者本单位对直接负责的主管人员和其他直接责任人员依法给予处分。（3）公职人员渎职的法律责任。负有反家庭暴力职责的国家工作人员玩忽职守、滥用职权、徇私舞弊的，依法给予处分；构成犯罪的，依法追究刑事责任。

十四、慈善制度

慈善是指自然人、法人和其他组织以捐赠财产或者提供服务等方式，自愿开展公益事业、促进社会和谐稳定的社会活动。慈善制度具有扶贫、济困、扶老、救孤、恤病、助残、优抚，救助损害，促进教育、科学、文化发展，防治污染和其他公害，保护和改善生态环境，弘扬慈善文化等功能，是社会矛盾预防化解法律制度的重要组成部分。依据《慈善法》《国务院关于促进慈善事业健康发展的指导意见》等规定，其主要内容包括：

（一）慈善宗旨

建立慈善制度的宗旨是发展慈善事业，弘扬慈善文化，规范慈善活动，保护慈善组织、捐赠人、志愿者、受益人等慈善活动参与者的合法权益，依托慈善方式预防化解社会矛盾，促进社会进步，共享发展成果。

（二）慈善活动范围

自然人、法人和其他组织以捐赠财产或者提供服务等方式，自愿开展的慈善活动包括：（1）扶贫、济困。（2）扶老、救孤、恤病、助残、优抚。（3）救助自然灾害、事故灾难和公共卫生事件等突发事件造成的损害。（4）促进教育、科学、文化、卫生、体育等事业的发展。（5）防治污染和其他公害,保护和改善生态环境。(6)符合法律规定的其他公益活动。

(三)慈善组织管理的内容

慈善组织管理内容包括慈善组织设立条件、慈善募捐活动、慈善捐赠方式、慈善信托、财产管理、慈善服务、信息公开、监督管理等。

(四)保障措施

1. 县级以上政府根据《慈善法》和当地经济社会发展情况,制定促进慈善事业发展的规划、政策和措施。

2. 慈善组织、捐赠人、受益人依法享受税收优惠,税收优惠的条件、税种、税率等由专门税收法律作出具体规定。

3. 慈善组织开展扶贫、济困、助残、养老、救孤需要慈善服务设施用地的,可依法使用国有划拨土地或者农村集体建设用地,慈善服务设施用地非经法定程序不得改变用途。

4. 国家采取措施弘扬慈善文化,培育公民慈善意识。

5. 国家建立慈善表彰制度,对在慈善事业发展中做出突出贡献的自然人、法人或者其他组织予以表彰。

(五)法律责任

民政部门根据慈善组织具体违法行为采取警告、责令限期改正、吊销登记证书并予以公告、责令限期停止活动并进行整改等制裁措施。有违法所得的,由民政部门予以没收;对直接负责的主管人员和其他直接责任人员处一定数量罚款;构成违反治安管理行为的,由公安机关依法给予治安管理处罚;构成犯罪的,依法追究刑事责任。

十五、责任制及考核奖惩制度

社会矛盾预防化解责任制及考核奖惩制度是社会治安综合治理法律制度的重要组成部分。有关适用主体、责任制内容、督查与考核、"一票否决权"与重特大事件负面清单制度、表彰奖励与责任督导等内容参见本书第十二章第四节相关内容,此处不再详述。

十六、报告制度

我国建立起了包括党内请示报告制度、人大工作报告制度、政府工作报告制度在内的科学完备、运行有序的报告制度体系,为在党领导下推动人大、政协、行政、监察、审判、检察、人民团体协调行动、形成合力提供了保障。报告制度涵盖应对和处置自然灾害、事故灾难、公共卫生、社会治安等突发事件,妥善处理和化解社会矛盾等重要内容,因而有关社会矛盾预防化解方面的报告制度是社会矛盾预防化解法律制度的重要组成部分。其内容可以概括如下:

(一)党内请示报告制度

依据《宪法》《中国共产党章程》《中国共产党中央委员会工作条例》《中国共产党政法工作条例》《中国共产党重大事项请示报告条例》之规定,党内请示报告制度类型主要包括党的代表大会报告制度,中央委员会报告制度,中央政治局常委会报告制度,党的请示报告制度,中央政治局委员报告制度,重大改革措施、重大立法事项、重大体制变动、重大项目推进、重大突发事件、重大机构调整、重要干部任免、重要表彰奖励、重大违纪违法和复杂敏感案件处理等"九重一敏"重大事项报告制度,以及党员个人重大事项报告制度等。党内请示报告制度是巩固党执政的阶级基础、群众基础,保障人民主体地位,防范脱离群众危险的重要制度安排,对于确保党始终成为中国特色社会主义事业的坚强领导核心具有重大现实意义。对于社会矛盾预防化解而言,党内请示报告制度有利于增强预防化解社会矛盾及重大风险的预见性、科学性、实效性;有利于提高依法应对与有效处置自然灾害、事故灾难、公共卫生、社会治安、生态环境、网络安全、国家主权安全等突发事件应对能力;有利于强化道德约束、规范社会行为、调节利益关系、协调社会关系、解决社会问题,实现政府治理与社会自我调节、居民自治良性互动。因此,党内请示报告制度对预防化解社会矛盾及重大风险具有不可替代的作用。

(二) 人大工作报告制度

依据《全国人民代表大会组织法》《国务院组织法》《地方各级人民代表大会和地方各级人民政府组织法》《监察法》《人民法院组织法》《人民检察院组织法》等规定,人大工作报告制度包括全国人民代表大会报告制度,全国人大常委会报告制度,全国人民代表大会主席团及委员长会议报告制度,全国人民代表大会专门委员会报告制度,地方人民代表大会报告制度,地方各级人民代表大会主席团及其主任会议报告制度,乡、民族乡、镇的人民代表大会报告制度。它是坚持党的领导、人民当家作主、依法治国有机统一根本政治制度的重要实现形式。对于社会矛盾预防化解而言,全面落实人大工作报告制度,通过听取行政机关、监察机关、审判机关、检察机关的工作报告、执法检查、专项事项监督,不仅加强了对"一府一委两院"依法应对和处置自然灾害、事故灾难、公共卫生、社会治安、生态环境、网络安全、国家主权安全等突发事件,以及以案件为载体的社会矛盾纠纷的定分止争、权利救济、保障人权、维护社会和谐稳定、保证法制统一的监督作用,还具有维护国家统一、民族团结,建设更高水平平安中国的作用。

(三) 政府工作报告制度

依据《宪法》《国务院组织法》《地方各级人民代表大会和地方各级人民政府组织法》等规定,政府工作报告制度包括国务院所属部委的请示报告制度和地方政府工作报告制度。对于社会矛盾预防化解而言,强化这一领域的政府工作报告制度,有利于发展完善突发事件应对体系,强化依法应对与有效处置自然灾害、事故灾难、公共卫生、社会治安、生态环境、网络安全、国家安全等重大突发事件的能力;有利于运用政策、行政、经济、文化、法律多种手段处置社会矛盾纠纷,推动建立行政裁决、行政复议、行政和解与人民调解、仲裁、公证、司法调解等非诉讼机制的有机衔接,形成协调互动的多元化纠纷解决机制;有利于充分发挥政府在多元化纠纷解决机制建设中的主导及保障作用,为促进经济社会持续健康发展提供有力保障。

十七、责任追究制度

社会矛盾预防化解法的主体多元性、调整对象多样性决定了其与其他专门法的法律责任制度存在一定的差异。对违反社会矛盾预防化解法的行为采用非诉讼方式确认与归责,属于问责制度体系;对违反社会矛盾预防化解法的行为适用民事、行政、刑事诉讼方式确认与评价,则属于法律责任制度体系。两者共同构成了相互衔接协调的责任追究制度体系。

（一）问责制度体系

1. 党内问责。

（1）问责依据。《中国共产党中央委员会工作条例》《中国共产党政法工作条例》《中国共产党问责条例》《中国共产党纪律处分条例》《党政领导干部考核工作条例》《党政主要负责人履行推进法治建设第一责任人职责规定》等为行为主体因违反社会矛盾预防化解法并触犯党纪规范而承担纪律责任提供了依据。

（2）问责范围。对于相关党组织、党的领导干部在组织领导、监督、直接参与预防化解社会矛盾或处置关涉教育医疗、生态环境保护、食品药品安全、公共卫生、扶贫脱贫、社会保障、社会治安等涉及人民群众最关心最直接最现实的利益问题或重大突发事件中,存在的不作为、乱作为、慢作为、假作为等行为,应当追究其失职失责的党组织和党的领导干部的主体责任、监督责任、领导责任。

（3）责任承担的类型。主要包括:党组织领导班子在职责范围内负有全面领导责任,领导班子主要负责人和直接主管的班子成员在职责范围内承担主要领导责任,参与决策和工作的班子成员在职责范围内承担重要领导责任。

（4）问责方式。包括:对党组织的问责采用检查、通报、改组等方式;对党的领导干部的问责采用通报、诫勉、组织调整或者组织处理、纪律处分等方式。

2. 行政问责。行政问责是指对不履行法定职责等不作为、违法履行法定职责等乱作为、怠于履行法定职责等慢作为进行问责。其方式主要包括:对行政机关责令限期整改、责令作出书面检查、通报批评、责令公开道歉;对行政机关工作人员批评教育、责令作出书面检查、通报批评、诫勉谈话、责令限期改正、责令公开道歉、停职检查、调离岗位、引咎辞职、责令辞职、免职、辞退或解聘等。

3. 政务问责。

（1）问责依据。《公职人员政务处分法》《党政领导干部考核工作条例》《关于改进贫困县党政领导班子和领导干部经济社会发展实绩考核工作的意见》《中央社会治安综合治理委员会关于实行社会治安综合治理一票否决权制的规定（试行）》等为违反社会矛盾预防化解法行为的确认、评价并给予政务问责提供了依据。

（2）问责方式。问责的方式包括按照管理权限作出通报批评、诫勉、停职检查、责令辞职等问责决定,或者向有权作出问责决定的机关提出降职、免职等问责建议。从问责类型看,国家工作人员在预防化解社会矛盾、应对处置突发事件过程中滥用职权,不履行或者不正确履行职责,玩忽职守造成不良后果或者影响的,予以警告、记过或者记大过;情节较重的,予以降级或者撤职;情节严重的,予以开除。[1] 对于扶贫脱贫开发重视不够、工作不力的,视情况进行约谈提醒、诫勉谈话,督促整改;对损害国家和群众利益造成恶劣影响、资源严重浪费、生态遭到严重破坏等行为实行终身追责。

（二）法律责任制度体系

根据相关法律法规规定,行为人违反社会矛盾预防化解法的行为涉及民事诉讼、行政诉讼、刑事诉讼的,依据实体法规范承担相应的民事责任、行政责任和刑事责任。

1. 民事责任。在预防化解社会矛盾及重大风险过程中,民事法律归责具有重要作用。其主要功能是救济当事人权利,赔偿或补偿当事人损失。这有助于规范各类民事主体的各种人身关系和财产关系,有效预防社会矛盾"民转刑"二次转化。

2. 行政责任。行政责任是指行政机关及其工作人员和行政相对人因违反行政法律或基于行政法规定而应承担的法律责任。其主要调整行政机关与行政相对人之间的管理与被管理的非平行关系。对于违反社会矛盾预防化解法的行政机关或行政相对人的行为,运用行政法予以评价和归责,有利于强化社会矛盾预防化解法的实施,监督行政监管、执法活动,促进法治国家、法治政府、法治社会一体建设。

3. 刑事责任。刑事责任是指行为人因实施犯罪行为而应当承担的法律责任。刑事犯罪因危害人的生命权、健康权,破坏社会秩序和经济秩序,甚至侵犯国家主权、领土完整和安全,对国家、社会、群体或个体造成巨大威胁,是社会矛盾未能有效化解的具体体现。因此,对于社会矛盾基于种种原因转化为刑事违法犯罪案件的情形,应由具有社会矛盾预防化解功能的刑事实体法与刑事程序法予以有效控制、评价、归责。

拓展阅读

---

[1] 参见《公职人员政务处分法》第39条。

第十章　公共安全保障法律制度

第一节　公共安全保障法律制度概述

作为包含社会治安防控、食品药品安全、安全生产、生态空间安全、网络安全、突发事件应对的公共安全保障法是国家总体安全制度框架的重要组成部分。它在保障公民、法人、其他组织合法权益，维护生产、教学、科研、社会公共秩序，确保人民安居乐业、社会和谐稳定、国家长治久安方面发挥着重大作用。

一、公共安全保障法的内涵、特征与功能

（一）公共安全保障法的内涵

公共安全保障法是指调整社会治安防控、食品药品安全、安全生产、生态空间安全、网络安全、突发事件应对法律关系的制度安排。其根本任务是切实保障人民群众生命财产安全，维护社会治安秩序、食品药品安全秩序、安全生产秩序、生态空间安全秩序、网络空间安全秩序，使人民安居乐业，社会安定有序，国家长治久安。健全的公共安全保障法律制度是建设更高水平平安中国的必然要求。

（二）公共安全保障法的特征

公共安全保障包括物质保障和非物质保障。通过政府的组织管理，有效整合处置公共安全事件的优质资源是公共安全保障的基本途径。当下我国经济社会由高速发展向高质量发展转型，公共安全事件的数量增加，类型增多，且通常不可预知、破坏性大、处置难，由此，公共安全保障法的功能呈现出以下阶段性特征：

1. 实施主体多元性。公共安全保障法的实施需在党的统一领导下，由政府、行政执法机关、司法机关、社会组织和公众等多元主体跨领域、多维度合作，协调和制定科学有效保障公共安全的方案。

2. 作用对象不特定性。公共安全保障法的目标在于维护社会稳定和公共安全秩序，其作用对象是全体社会公众，并不具体到某个确定的对象。

3. 运用方法综合性。公共安全保障法实施过程中，公共安全保障主体需综合运用政治、经济、行政、法律、文化、教育等多种手段，通过加强教育、防范、管理、打击、改造、建设等方面的工作，消除不安定因素，维持公共秩序，维护社会稳定，确保公共安全。

4. 社会联系密切性。公共安全保障法的实施与社会生活各方面紧密联系，与社会公众

的人身安全、财产安全等事关生存和发展的切身利益密切相关。

（三）公共安全保障法的功能

公共安全保障法的功能集中体现在：（1）公共安全保障法是建设更高水平平安中国的保障；（2）公共安全保障法是守卫社会公平正义，维护社会和谐稳定的主要方式；（3）公共安全保障法是最大限度减少人员伤亡和财产损失的重要途径。

二、公共安全保障的类型

公共安全保障是一个涉及社会诸多领域的复杂系统，包括：（1）社会治安防控，具有防控主体多元化、防控体系层次化、防控方法综合化的特征。（2）食品药品安全，具有相对安全性、作用对象不特定性、危害广泛性、实施方式温和性等特征。（3）安全生产，具有主体特定性、内容丰富性、功能多样性、客体复合性等特征。（4）生态空间安全，具有全球性、不可逆性、不确定性、外部性、综合性、需求性等特征。（5）突发事件应对与网络安全，将分别在第十一章、第十三章专门阐述，此处不再赘述。

拓展阅读

第二节　公共安全保障法律关系

一、公共安全保障法律关系的概念

公共安全保障法是调整公共安全保障关系的法律规范的总称，是调整社会治安防控、安全生产、食品卫生安全、生态空间安全、网络安全，预防和应对处置自然灾害、事故灾难、公共卫生与社会安全突发事件法律关系的制度规范总和。公共安全保障法律关系是由公共安全保障法律规范所确认和调整的政府、公民、法人和其他组织在处理公共安全事务、从事公共安全行为时产生的权力（利）和责任（义务）关系。

二、公共安全保障法律关系的要素

公共安全保障法律关系由公共安全保障法律关系主体、客体及内容构成。这三个要素相互联系，互为补充，不可分割。

（一）主体

公共安全保障法律关系的主体是指在公共安全保障法律关系中享有权力（利）和履行责任（义务）的组织或个人，具体包括政府、基层群众性自治组织、人民团体、非营利组织、营利组织及公民。

1. 社会治安防控法律关系主体。社会治安防控法律关系主体具有多元化特征，主要由三部分力量构成，即公安机关、群防群治力量、社会公众。构建防控体系的目的，就是要将相互独立、分散甚至各自为政的公安力量，以及一切社会治安资源，按照系统优化原则组建成一个"经济"（少内耗）、"合理"（能协调互补）的治安防控体系，以提高公安机关、其他行政执法机关、司法机关的整体效能，增强其驾驭社会治安的整体能力。

2. 食品药品安全法律关系主体。食品药品安全的核心问题是责任归属问题，即谁来对食品药品安全负责。食品药品安全的责任主体是食品药品生产经营者和政府监管部门。食品药品生产经营者是生产、经营食品药品的主体，控制着食品药品安全的源头，是整个食品药品安全流程中至关重要的一环。政府监管部门是食品药品安全的"裁判员"，依法对违反《食品安全法》《药品管理法》的违法犯罪行为予以行政处罚、刑事处罚，确保食品药品安全。

3. 安全生产法律关系主体。安全生产法律关系主体指依照相关法律、法规的规定享有安全生产权利（力）、负有安全生产义务（责任）的法人、其他组织与公民。其中，安全生产责任主体主要包括：（1）有关政府和负有安全生产监督管理职责的部门及其领导人、负责人。（2）生产经营单位及其负责人、有关主管人员。（3）生产经营单位的从业人员。（4）安全生产中介服务机构及其中介服务人员等。

4. 生态空间安全法律关系主体。传统视野下，生态空间安全法律关系的主体包括国家、国家机关、企业事业单位、其他社会组织和公民。有学者将其分为两类：一是代表国家对自然环境和自然资源的开发利用进行监督管理的主体（简称"管理主体"）；二是在经济社会活动中从事自然环境和自然资源的开发利用并接受国家监督管理的主体（简称"开发主体"）。

此外，有关突发事件应对法律关系主体、网络安全法律关系主体将分别在第十一章、第十三章予以阐述，此处不再赘述。

（二）客体

公共安全保障法律关系的客体是指公共安全保障法律规范调整的对象，也是公共安全保障权力（利）和责任（义务）的载体。从本章所讨论的内容来看，公共安全保障法的调整对象主要包括社会治安防控、食品药品安全、安全生产、生态空间安全等，有关突发事件应对与网络安全的客体将分别在第十一章、第十三章专章阐述。

（三）内容

公共安全保障法律关系的内容是指公共安全保障法律关系主体在公共安全保障法律关系中享有的权力（利）和承担的责任（义务），具体包括社会治安防控法律关系、食品药品安全法律关系、安全生产法律关系、生态空间安全法律关系等，有关突发事件应对与网络安全法律关系的内容分别在第十一章、第十三章专章阐述。

第三节　社会治安防控法律制度

一、社会治安防控法律制度的含义及特征

社会治安防控法律制度是指国家有关社会治安防控法律的原则和规则的总称。社会治安防控法律制度的宗旨是维护社会秩序、经济秩序，保障公共安全，保卫社会主义制度，保

护公民、法人和其他组织合法权益,确保社会主义建设事业顺利进行。其特征包括:(1)法律效力的权威性,即该制度以国家的强制力为后盾,具有要求全体社会成员一律遵守的权威性。(2)规范内容的明确性,即该制度以社会治安管理、户籍管理、出入境和边防管理、消防管理、道路交通管理、计算机信息管理、禁毒管理、监所管理、行政强制措施、犯罪侦查与刑罚执行、监督救济等为内容,以保障社会治理活动有序进行。(3)调整对象的广泛性。该制度的调整对象为社会治安防控法律制度各类主体在社会治安防控领域形成的权力(利)与责任(义务)关系。(4)实施程序的规范性。社会治安防控法律制度规定了公共部门、社会组织、社会公众在治安防控领域可为与不可为的行为模式、程序规则与救济途径及方式,有助于社会治安防控法律制度规范有序运行。

二、社会治安防控法律制度的演进

新中国社会治安防控法律制度建设经历了改革开放前后两个不同发展时期。1978年之前,社会治安防控体系是在计划经济条件下启动与推行的。新中国成立后至20世纪70年代末期,在计划经济体制下,各类资源的流动频率较小;传统的户籍制度极大地限制了人口的流动,整个社会结构相对静态凝固;传统区域自闭高压严控的治安防控模式使得社会秩序达到了一个相对稳定的状态。改革开放以后,随着社会主义市场经济体制改革的逐步深入,各种人财物等资源流动频率不断增加,犯罪行为也随之增多。基于社会转型期社会治安防控面临的新形势、新任务,党和国家适时提出了社会治安综合治理的方针,并推动社会治安防控体系的建设。改革开放以来的四十余年,社会治安防控体系建设经历了四个发展阶段:

(一)社会治安防控体系建设探索起步阶段(1978年—1990年)

建设社会治安防控体系的决策最早见于改革开放后全国治安工作会议的若干法规规章与党内法规,如《第三次全国治安工作会议纪要》《中共中央关于加强政法工作的指示》《全国政法工作会议纪要》《全国人民代表大会常务委员会关于严惩严重危害社会治安的犯罪分子的决定》《中央五讲四美三热爱活动委员会关于抓紧打击刑事犯罪的有利时机,推动社会风气进一步好转的通知》《治安管理处罚条例》等。这一时期的社会治安防控主要采取静态化的本地防范、各自防范方式。

(二)社会治安防控体系建设阶段(1991年—2000年)

随着社会主义市场经济体制的建立和发展,社会治安防控体系逐步实现了三个转变:社会治安综合治理由政策导向向探索建立制度规范转变;社会治安防控手段由单一引导向预防、教育、管理、建设和改造并举转变;社会治安防控主体由公安等职能部门孤军奋战向党委领导、党政负责、各职能部门协调、群防群治的多元主体承担转变。这一时期,党中央、国务院出台了一系列关于加强社会治安综合治理的决定、决策和部署,对社会治安防控体系向动态化转变起到了保障作用。

(三)社会治安防控体系建设基本形成阶段(2001年—2012年10月)

进入21世纪,我国社会经济发展面临着错综复杂的国内外环境,影响社会稳定的因素依然存在。针对社会治安防控面临的错综复杂的新形势,党中央领导和推动立法机关、国务院相继出台《道路交通安全法》《治安管理处罚法》等法律法规,均涉及社会治安防控体系,这标志着"立体化"社会治安防控体系基本形成。

(四)创新发展立体化信息化社会治安防控体系阶段(2012 年 11 月至今)

党的十八大以来,以习近平同志为核心的党中央把推进立体化信息化社会治安防控体系上升为建设平安中国,推进国家治理体系和治理能力现代化,实现国家长治久安的重要战略布局,形成了一系列新理念、新思想、新观点、新方略、新部署、新举措。从习近平在全面深化改革第八次会议上提出加快创新立体化社会治安防控体系、提高平安建设现代化水平,到将创新立体化社会治安防控体系、提升有效控制犯罪的能力纳入经党中央批准的《关于全面深化公安改革若干重大问题的框架意见》;从习近平关于努力为人民安居乐业、社会安定有序、国家长治久安编织全方位立体化的公共安全网的提出,到将加快社会治安防控体系、社会心理服务体系、社区治理体系建设,健全国家安全体系、公共安全体系,将打造共建共治共享社会治理格局纳入党的十九大报告;从党的十九届三中全会《决定》将"构建统一领导、权责一致、权威高效的国家应急能力体系"纳入工作布局,到将完善社会治安防控体系,坚持专群结合、群防群治,提高社会治安立体化、法治化、专业化、智能化水平,增强社会治安防控的整体性、协同性、精准性纳入党的十九届四中、五中、六中全会《决定》,这些决策部署的目标任务是着眼于国家长治久安、人民安居乐业,加快建设更高水平平安中国、法治中国;总要求是使立体化信息化的社会治安防控体系建设步入快车道,即确立"一个格局"、实现"两个目标"、提高"三个水平"、健全"四个机制"、密织"五张网络"。党的二十大报告明确提出,推进国家安全体系和能力现代化,坚决维护国家安全和社会稳定;强化社会治安整体防控,推进扫黑除恶常态化,依法严惩群众反映强烈的各类违法犯罪活动;增强全民国家安全意识和素养,筑牢国家安全人民防线;提高公共安全治理水平;建设更高水平的平安中国,以新安全格局保障新发展格局。这标志着立体化信息化社会治安防控体系步入了创新发展阶段。

三、社会治安防控法律制度的渊源

我国目前尚未制定专门的社会治安防控法。社会治安防控法律制度主要由社会治安管理、户籍管理、出入境和边防管理、消防管理、道路交通管理、计算机信息管理、禁毒管理、看守所管理、行政强制措施、犯罪侦查与刑罚执行、监督救济等制度构成。其渊源包括:

(一)宪法

我国《宪法》第 51 条规定,中华人民共和国公民在行使自由和权利的时候,不得损害国家的、社会的、集体的利益和其他公民的合法的自由和权利。第 54 条规定,中华人民共和国公民有维护祖国的安全、荣誉和利益的义务,不得有危害祖国的安全、荣誉和利益的行为。这些宪法规定为社会治安防控法律制度的目标任务、基本原则、主体力量等提供了根本依据。

（二）法律

全国人大及其常委会制定的有关社会治安防控方面的法律涵盖警察履行治安管理职责、行政执法行为、治安管理、出入境管理、消防监管、道路交通管理、禁毒监管、金融监管、公职人员公共安全领域监管、执法司法全覆盖监督、惩治刑事犯罪、维护社会秩序稳定、计算机和网络安全管理、国家安全等方面，截至 2021 年共计 35 部法律。这些法律中有关治安防控的法律规范是公共安全保障法的主要内容，构成了立体化信息化社会治安防控体系运行的重要依据。

（三）行政法规和部门规章

为了实施全国人大及其常委会颁布的社会治安防控法律，国务院及公安部等部委制定了有关社会治安防控方面的行政法规和部门规章。具体包括：（1）规范警察职权方面。国务院及公安部等部委制定了规范警察巡逻、使用警械、110 接处警工作、警车管理、现场制止违法犯罪行为操作规程等方面的行政法规及部门规章。（2）规范治安管理方面。国务院及公安部等部委制定了包括身份户籍管理，危险品管理，枪支、管制刀具管理，大型活动管理，娱乐场所治安管理，行业部门服务管理，特种行业管理，文化行业治安管理等方面的行政法规及部门规章。（3）出入境和边防管理方面。国务院及公安部等部委出台了涉及旅游管理、沿海船舶边防治安管理、台湾渔船停泊点边防治安管理、出境入境边防检查行政处罚等方面的行政法规及部门规章。（4）消防管理方面。国务院及公安部等部委出台了涉及高层居民住宅楼防火、公共娱乐场所消防安全、高等学校消防安全、民用建筑外保温系统及外墙装饰防火、消防产品监督管理等方面的行政法规及部门规章。（5）交通管理方面。国务院及公安部等部委颁布了城市道路管理、道路交通安全法实施、校车安全管理、公路巡逻、警队警务工作规范等行政法规及部门规章。（6）毒品管理方面。国务院及公安部等部委颁布了麻醉药品和精神药品管理、易制毒化学品管理、吸毒成瘾认定、公安机关强制隔离戒毒所管理、司法行政强制隔离戒毒所安全警戒工作等方面的行政法规及部门规章。（7）看守监管方面。国务院颁布了《看守所条例》。这些行政法规及部门规章构成了立体化信息化社会治安防控体系的制度渊源。

（四）国家监察法规

国家监察委出台了有关社会治安防控职务违法和职务犯罪管辖、社会治安防控职务违法和职务犯罪监察立案、政务处分等方面法规。这为监察机关通过履行对公职人员行使职权全覆盖监察职责，加强对公职人员在履行社会治安防控监管、执法、司法过程中不作为、乱作为的监察，确保立体化信息化社会治安防控体系一高效运行提供了制度渊源。

（五）司法解释

围绕社会治安防控体系运行中涉及的刑事犯罪侦查、追诉、法律适用，司法机关出台了一系列司法解释，涉及对刑事违法犯罪的侦查管辖、对刑事犯罪的追诉、刑事案件法律适用等方面，为社会治安防控体系高效运行提供了制度渊源。

拓展阅读

四、社会治安防控具体法律制度

（一）社会治安防控许可制度

社会治安防控许可制度主要是指对危险物品、娱乐场所、大型活动等方面实行许可管理，以强化社会治安防控的行政执法力度的制度。具体包括：（1）危险物品管理方面。根据易制毒化学品管理、民用爆炸物品安全管理等法规，国家对危险废物经营、剧毒化学品购买和公路运输实行许可管理。（2）娱乐场所管理方面。根据娱乐场所管理等法规，国家对曾有相关犯罪行为、被剥夺政治权利、强制戒毒、处以行政拘留的人员实行"限制排除法"设定许可管理。

（二）身份户籍管理制度

1. 户口登记制度方面。依据《户口登记条例》规定，户口登记由各级公安机关主管，户口登记、变更与注销等实行户口登记管理制度。

2. 身份证管理方面。依据《居民身份证法》规定，国家对身份证申领与发放、身份证使用和查验、违反身份证管理的法律责任等实行管理。

3. 身份实名制管理方面。依据相关规定，国家对个人存款账户、电话用户身份信息、铁路旅客车票、互联网上网服务营业场所等实行身份实名制管理。

（三）特殊物品管理制度

1. 危险化学品、民用爆炸物品、烟花爆竹安全管理方面。根据危险化学品安全管理、民用爆炸物品安全管理、烟花爆竹安全管理等法律法规，国家对危险化学品、民用爆炸物品、烟花爆竹等实行特殊物品管理。

2. 枪支管理方面。依据《枪支管理法》和专职守护押运人员枪支使用管理、仿真枪认定标准、射击竞技体育运动枪支管理等法律法规，国家实行严格的枪支管理制度。

3. 重点安全防范恐怖活动管理方面。依据反恐怖主义法律法规，国家将枪支等武器、弹药、管制器具、危险化学品、民用爆炸物品、核与放射物品的生产、运输、进出口等作为重点安全防范的对象。

（四）特种行业管理制度

国家对印铸刻字管理、废旧金属收购治安管理、租赁房屋治安管理、机动车修理与报废机动车回收治安管理、印刷业管理、再生资源回收管理、旅馆业治安管理等实行特种行业管理。

（五）特殊人群服务管理制度

特殊人群包括吸毒人员、监狱人员、社区矫正人员、重性精神疾病患者等。围绕特殊人群，为保障其合法权益，维护社会治安秩序，我国逐步建立起了特殊人群服务管理制度：（1）戒毒管理方面，依据禁毒法律法规，国家对特殊吸毒人员实施戒毒管理。（2）看守所管理方面，依据《看守所条例》，国家对被羁押的人犯实行武装警戒看守，对人犯进行教育，管理人犯的生活和卫生，保障侦查、起诉和审判工作的顺利进行。（3）监狱管理方面，为了正确执行刑罚,惩罚和改造罪犯,预防和减少犯罪,我国颁布了《监狱法》,建立起了监狱管理制度。(4)社区矫正管理方面,依据《社区矫正法》规定,国家对被判处管制、宣告缓刑、假释和暂予监外执行的罪犯,依法实行社区矫正。对社区矫正对象的监督管理、教育帮扶等活动,适用本法。(5)精神病患者强制医疗管理方面,依据《刑法》《刑事诉讼法》及相关司法解释,国家对依法不负刑事责任的精神病人实施强制医疗管理。

(六)重点场所、区域安全管理制度

依据企业事业单位内部治安保卫、大型群众性活动安全管理、机关团体企业事业单位消防安全管理、普通高等学校学生安全教育及管理、高等学校消防安全管理、国家物资储备仓库安全保卫等相关规定,国家对公共娱乐场所、机关团体企业事业单位消防、企业事业单位内部治安保卫、国家物资储备仓库、中小学幼儿园、大型群众性活动区域、高等学校等重点场所、区域实行安全管理。

(七)社会治安调解制度

依据《治安管理处罚法》《道路交通事故处理程序规定》等法律法规,由民间纠纷引起的打架斗殴或者损毁他人财物等违反治安管理行为,情节较轻的,公安机关可以调解处理;当事人对道路交通事故损害赔偿有争议,且各方当事人一致请求公安机关交通管理部门调解的,交通管理部门采取公开方式进行道路交通事故损害赔偿调解。经调解达成协议的,应当制作调解书。调解书具有民事合同的效力,对各方当事人具有约束力。

(八)出入境管理制度

依据《国籍法》《护照法》《出境入境管理法》等法律法规,国家建立了出入境管理制度,明确了管理主体、管理方式、违反管理的法律责任,为维护国家统一与尊严、扩大开放、促进人员交流交往,维护国家安全和我国公民合法权益、海外利益,保障和服务统筹国际与国内两个大局提供了法律制度保障。出入境管理制度主要包括国籍管理、护照管理和出境入境及边境管理。

(九)消防安全管理制度

依据消防法律法规,国家建立了完备的消防安全管理制度体系,具体包括管理原则、监管主体、火灾预防、消防组织、灭火救援、灾后重建、宣传教育、违反规定的法律责任等管理制度,为科学预防、有效应对和处置火灾等重大事故灾难,确保人民生命财产安全和国家利益提供了法律制度保障。

(十)道路交通安全管理制度

依据《道路交通安全法》《二手车流通管理办法》《交通警察道路执勤执法工作规范》《机动车登记规定》《校车安全管理条例》《机动车驾驶证申领和使用规定》等法律法规,道路交通安全管理制度的内容主要包括适用范围(即中国境内的车辆驾驶人、行人、乘车人以及与道路交通活动有关的单位和个人)、管理主体(即公安部负责全国道路交通安全管理工作;县级以上公安机关交通管理部门负责本行政区域内的道路交通安全管理工作;县级以上交通、建设管理部门依据各自职责,负责有关的道路交通工作)、车辆和驾驶人管理、通行

条件、通行管理、事故处理、安全教育、违反规定的法律责任等。

（十一）禁毒制度

依据《禁毒法》《麻醉药品和精神药品管理条例》《戒毒条例》《吸毒人员登记办法》《药品类易制毒化学品管理办法》《公安机关强制隔离戒毒所管理办法》《吸毒成瘾认定办法》等规定，禁毒制度内容主要包括适用范围、管理主体（即国务院设立国家禁毒委员会，负责组织、协调、指导全国的禁毒工作；县级以上政府根据需要设立禁毒委员会，负责组织、协调、指导本行政区域内的禁毒工作）、宣传教育、毒品管制、禁毒国际合作、违反规定的法律责任等。

（十二）社会治安防控保障制度

社会治安防控保障事关公共安全保障体系和保障能力现代化。围绕提升治安防控保障能力，我国建立起了指挥、行政强制、技术装备设施、经费保障等社会治安防控保障制度，其主要内容包括：（1）指挥保障，如《人民警察法》把指挥保障作为重要内容予以规定；（2）行政强制保障，如《行政强制法》《人民警察法》对行政强制的实施、执行程序等作了具体规定；（3）技术装备设施与经费保障，如《反恐怖主义法》《戒毒条例》等法律法规把技术装备设施与经费保障作为重要内容等。

（十三）行政处罚制度

《行政处罚法》《反洗钱法》《居民身份证法》《治安管理处罚法》《反恐怖主义法》等法律法规、部门规章和其他规范性文件对行政处罚作出了规定。行政处罚制度主要包括以下内容：（1）处罚的种类与适用。治安管理处罚的种类分为警告、罚款、行政拘留、吊销公安机关发放的许可证，对违反治安管理的外国人，可以附加适用限期出境或者驱逐出境；已满14周岁不满18周岁的人违反治安管理的，从轻或者减轻处罚，不满14周岁的人违反治安管理的，不予处罚，但是应当责令其监护人严加管教等。（2）扰乱公共秩序。规定了对扰乱机关团体、企业事业单位、公共场所、公共交通工具、选举、大型群众性活动秩序，以及干扰无线电业务正常进行等违法行为的治安管理处罚等。（3）妨害公共安全。规定了制造、买卖、储存、运输、邮寄、携带、使用、提供、处置危险物质，盗窃、损坏、擅自移动使用中的航空设施，以及影响铁路行车安全等违法行为的治安管理处罚等。（4）对侵犯人身财产权利的处罚等。（5）对妨害社会管理的处罚等。

（十四）执法监督制度

依据《人民警察法》《公安机关督察条例》的规定，执法监督制度的主要内容包括：（1）执法监督主体。公安部督察委员会领导全国公安机关的督察工作，负责对公安部所属单位和下级公安机关及其警察依法履行职责、行使职权和遵守纪律的情况进行监督；县级以上公安机关督察机构，负责对本级公安机关所属单位和下级公安机关及其警察依法履行职责、行使职权和遵守纪律的情况进行监督；公安部和县级以上公安机关的督察机构建立由专职人员组成的警务督察队；公民或者组织对警察的违法、违纪行为，有权向警察机关、检察院、监察机关检举、控告等。（2）执法监督事项。包括：重要的警务部署、措施、活动的组织实施情况；重大社会活动的秩序维护和重点地区、场所治安管理的组织实施情况；治安突发事件的处置情况；刑事案件、治安案件的立案、侦查、调查、处罚和强制措施的实施情况；治安、交通、户政、出入境等公安行政管理法律、法规的执行情况；使用武器、警械以及警用车辆、警用标志的情况；处置公民报警、请求救助和控告申诉的情况；文明执勤、文明执法和遵守警容风纪规定的情况；组织管理和警务保障的情况等。（3）执法监督处置。

（十五）民事权益保障制度

依据《民法典》《道路交通安全法》等法律法规、部门规章和其他规范性文件的规定，我国从民事权益层面建立起了保障和促进社会治安的防控体系，其主要内容包括：（1）宣告失踪和死亡，自然人因意外事件下落不明，从事故发生之日起满二年的，利害关系人可以向法院申请宣告该自然人死亡等。（2）人身伤害责任，即侵害公民身体造成伤害的，应当赔偿医疗费、因误工减少的收入等。造成残疾的，还应当赔偿辅助器具费和残疾赔偿金。造成死亡的，还应当支付丧葬费、死者生前扶养的人必要的生活费等费用。（3）高度危险责任。从事高空、高压、易燃、易爆、剧毒、放射性、高速运输工具等对周围环境有高度危险的作业造成他人损害的，应当承担民事责任；能够证明损害是由受害人故意造成的，不承担民事责任。民用核设施发生核事故造成他人损害的，民用核设施的营运单位应当承担侵权责任，但能够证明损害是因战争等情形或者受害人故意造成的，不承担责任等。（4）产品责任。（5）机动车交通事故责任。（6）医疗损害责任。（7）饲养动物损害责任。（8）建筑物和物件损害责任。（9）国家公职人员责任，即国家机关或者国家机关工作人员在执行社会治安防控职务中，侵犯公民、法人的合法权益造成损害的，应当承担民事责任。

（十六）刑事犯罪侦查管辖制度

依据《刑事诉讼法》及相关司法解释、《公安部刑事案件管辖分工规定》等，我国建立了刑事犯罪侦查管辖制度，包括：（1）管辖分工的原则。办理刑事案件应坚持公安机关、人民检察院、人民法院分工负责、互相配合、互相制约的原则。其中，公安机关负责刑事案件的侦查工作，其内部侦查管辖实行"权责一致、分工明确""统一管辖、减少交叉""结合实际、合理配置"原则。（2）侦查管辖的特殊类型，即对于"并案管辖""行业公安机关管辖""专案和专项打击工作""与监察委、检察院等其他机关共同管辖的案件"实行特别规定。（3）公安机关内部侦查管辖分工，具体如下：① 政治安全保卫局管辖案件 30 种；② 经济犯罪侦查局管辖案件 77 种；③ 治安管理局管辖案件 76 种；④ 防范和处理邪教犯罪工作局管辖案件 2 种；⑤ 刑事侦查局管辖案件 119 种；⑥ 反恐怖局管辖案件 7 种；⑦ 食品药品犯罪侦查局管辖案件 33 种；⑧ 铁路公安局管辖案件 5 种；⑨ 网络安全保卫局管辖案件 11 种；⑩ 海关总署缉私局管辖案件 15 种；⑪ 中国民用航空局公安局管辖案件 2 种；⑫ 交通管理局管辖案件 2 种；⑬ 禁毒局管辖案件 11 种；⑭ 国家移民管理局管辖案件 7 种。这为公安机关切实履行侦查刑事犯罪职责，发挥其上下统一、指令通达、内部协调、及时高效的侦查体制优势，及时有效破获刑事犯罪案件，通过检察机关依法及时准确提起公诉，由法院依法制裁严重刑事犯罪、维护公共安全起到了重要保障作用。

（十七）刑事犯罪追诉制度

依据最高人民检察院、公安部发布的相关司法解释,我国建立起了刑事犯罪追诉制度。主要包括:(1)对于危害公共安全案,破坏社会主义市场经济秩序案,侵犯公民人身权利、民主权利案,侵犯财产案,妨害社会管理秩序案,危害国防利益案的追诉标准。(2)对于走私、贩卖、运输、制造毒品案,非法持有毒品案,包庇毒品犯罪分子案,窝藏、转移、隐瞒毒品、毒赃案,走私制毒物品案,非法买卖制毒物品案,非法种植毒品原植物案,非法买卖、运输、携带、持有毒品原植物种子、幼苗案,引诱、教唆、欺骗他人吸毒案,强迫他人吸毒案,容留他人吸毒案,非法提供麻醉药品、精神药品案的追诉标准。(3)对于帮助恐怖活动案等80种案件的追诉标准。这为侦查机关及时、准确地查获案件,为检察机关在审查批捕、审查起诉案件中依法审查犯罪的事实、证据,严格区分罪与非罪、此罪与彼罪、重罪与轻罪、数罪与单一犯罪、有组织犯罪与一般犯罪、首恶分子与胁从人员、重新犯罪与偶犯等的界限,分化瓦解犯罪,稳准狠地打击严重刑事犯罪,维护社会治安,确保公共安全起到了制度保障作用。

（十八）政务责任制度

依据《公职人员政务处分法》规定,公职人员在履行社会治安防控监管行政执法和司法过程中,不作为、乱作为触犯政务处分法规定的,须承担政务处分法律责任。主要包括:(1)依据第29条规定,不按照规定请示、报告重大事项,情节较重的,予以警告、记过或者记大过;情节严重的,予以降级或者撤职。(2)依据第30条规定,违反民主集中制原则,个人或者少数人决定重大事项,或者拒不执行、擅自改变集体作出的重大决定的,予以警告、记过或者记大过;情节严重的,予以降级或者撤职。(3)依据第31条规定,违反规定出境或者办理因私出境证件的,予以记过或者记大过;情节严重的,予以降级或者撤职。(4)依据第33条规定,利用职权或者职务上的影响为本人或者他人谋取私利的,予以警告、记过或者记大过;情节较重的,予以降级或者撤职;情节严重的,予以开除。(5)依据第37条规定,利用宗族或者黑恶势力等欺压群众,或者纵容、包庇黑恶势力活动的,予以撤职;情节严重的,予以开除。(6)依据第38条规定,不按照规定公开工作信息,侵犯管理服务对象知情权,造成不良后果或者影响,情节较重的,予以警告、记过或者记大过;情节严重的,予以降级或者撤职。(7)依据第39条规定,滥用职权,危害国家利益、社会公共利益或者侵害公民、法人、其他组织合法权益的,予以警告、记过或者记大过;情节较重的,予以降级或者撤职;情节严重的,予以开除。(8)依据第40条规定,违背社会公序良俗,在公共场所有不当行为,造成不良影响的;参与或者支持迷信活动,造成不良影响的;以及吸食、注射毒品,组织赌博,组织、支持、参与卖淫、嫖娼、色情淫乱活动的,予以警告、记过或者记大过;情节较重的,予以降级或者撤职;情节严重的,予以开除。(9)依据第41条规定,公职人员有其他违法行为,影响公职人员形象,损害国家和人民利益的,可以根据情节轻重给予相应政务处分。

（十九）职务违法和职务犯罪监察调查制度

有关公职人员在社会治安防控监管、执法、司法过程中滥用职权、徇私舞弊、失职渎职构成职务违法和职务犯罪的,依据《监察法》《刑事诉讼法》《国家监察委员会管辖规定(试

行)》,由监察机关予以调查,认为构成犯罪的,移送检察机关审查起诉。监察机关有权调查的案件共 30 种:(1)滥用职权犯罪案件,包括滥用职权案件,国有公司、企业、事业单位人员滥用职权案件,食品监管渎职案件,违法发放林木采伐许可证案件,办理偷越国(边)境人员出入境证件案件,放行偷越国(边)境人员案件等;(2)玩忽职守犯罪案件,包括玩忽职守案件,国有公司、企业、事业单位人员失职案件,环境监管失职案件,传染病防治失职案件,商检失职案件,动植物检疫失职案件,不解救被拐卖、绑架妇女、儿童案件等;(3)徇私舞弊犯罪案件,包括动植物检疫徇私舞弊案件,放纵走私案件,放纵制售伪劣商品犯罪行为案件,徇私舞弊不移交刑事案件案件等;(4)公职人员在行使公权力过程中发生的重大责任事故犯罪案件,包括重大责任事故案件,教育设施重大安全事故案件,消防责任事故案件,重大劳动安全事故案件,强令违章冒险作业案件,不报、谎报安全事故案件,铁路运营安全事故案件,重大飞行事故案件,大型群众性活动重大安全事故案件,危险物品肇事案件,工程重大安全事故案件等;(5)公职人员在行使公权力过程中发生的其他犯罪案件,包括泄露不应公开的案件信息案件,披露、报道不应公开的案件信息案件等(第 17 条)。

(二十)刑事惩罚制度

刑事惩罚制度是社会治安防控的最后一道防线,是社会治安防控有力的法律保障。我国刑法对危害公共安全等犯罪行为建立起了刑罚制度,其涉及的罪名主要包括:(1)危害国家安全罪(12 个罪名);(2)危害公共安全罪(52 个罪名);(3)破坏社会主义市场经济秩序罪(108 个罪名);(4)侵犯公民人身权利、民主权利罪(42 个罪名);(5)侵犯财产罪(13 个罪名);(6)妨害社会管理秩序罪(137 个罪名);(7)危害国防利益罪(23 个罪名)。从而织密了保护国家安全、政治安全、经济安全、文化安全、社会安全、生态空间安全、人民生命财产安全的法网,为提供国泰民安的社会环境,建设更高水平平安中国提供了法律保障。

第四节　食品药品安全法律制度

一、食品药品安全法律制度的含义及特征

食品药品安全法律制度是指国家用来规范食品药品生产、运输、储存、使用、消费、监管、执法、司法、遵守等活动及过程的一系列法律规范。其特征主要包括:

1. 主体的多元性。食品药品由生产、运输、储存、贸易主体依照特定的程序和规则提供,由特定的食品、医疗、卫生单位或适格个体依照行业规范程序经营,供社会公众消费或使用;国家则通过制定标准、规则,设立监管、执法、司法机构,确保食品药品的生产、经营等活动依法依规有序运行,使人民生命健康安全得到有效保障。食品药品活动涉及多方主体,相应地,食品药品安全法律制度的实施主体也具有多元性。

2. 客体内容的复合性。由于食品药品品种具有多样性,且在市场经济社会领域,食品

药品生产、运输、储存、贸易活动都需要一定的人力、物力、财力、技术等的投入,因而具有经济性,故人们一般也将食品药品称为经济品。其中,有偿的经济品构成经济交换关系,由政府公共医疗服务机构提供的无偿服务转化为公共品构成公共品管理服务关系。这些经济交换关系、公共品管理服务关系交错交织,构成了食品药品安全法律制度调整内容的复合性。

3. 对象的多样性。食品药品是人类社会发展到一定阶段,依托传统方法、现代技术、高科技手段乃至人工智能等多种手段满足社会发展与人类基本生存需要所产生的一类特殊经济品,也是国家或政府及其食品、医疗卫生服务机构提供给居民的一种公共服务品。食品药品法律关系调整的对象具有多样性,包括植物类经济品、动物类经济品、人工技术合成类经济品,以及专门提供医疗卫生服务的药物、诊断、治疗、康复等公共服务品等。随着大数据时代与经济全球化的发展,以信息技术为主导的食品药品研发等活动呈现出技术性、虚拟性、数字化等特征,并涉及跨国、跨区域的贸易与协作,给监管、执法、司法等活动带来诸多新的挑战。

二、食品药品安全法律制度的演进

新中国成立以来,党和国家把保障人民生命健康安全放在治国理政中极为重要的位置,围绕食品药品研发、试验、生产、运输、储存、贸易、消费、进出口等逐步建立起了相关制度规范。

(一)以卫生行政管理为主、防疫技术指导与监督为辅的管理体制起步阶段(1949年—1965年)

这一时期,我国推行"国家全能"的计划经济管理体制。食品卫生与医药卫生法规从无到有,食品卫生管理实行以上级行政管理为主、卫生防疫部门技术指导与监督为辅的体制。国务院颁布了《食品卫生管理试行条例》,这是我国第一部食品卫生法规。药品安全制度的创建早于食品安全制度。为了配合有关国家机关戒烟禁毒工作,清理旧社会遗留下来的伪劣药品充斥市场的问题,政务院颁布了《关于麻醉药品临时登记处理办法的通令》《关于严禁鸦片烟毒的通令》;卫生部、化工部和商业部联合颁布的《关于加强药政管理的若干规定》是我国首部有关药品管理的综合性规章。

(二)食品药品卫生管理体制与法规建设曲折发展阶段(1966年—1978年)

在此期间,各级行政卫生防疫部门被裁撤,国家几乎未颁布高位阶的食品药品卫生法律法规;卫生部在这一时期仅发布了5件有关食品卫生的规范性文件;药品安全法规建设趋于停滞。但这一时期农村基层"赤脚医生"有较大发展。

(三)食品药品卫生法制建设快速发展阶段(1979年—1994年)

随着1982年《宪法》的颁行,我国食品药品卫生法制建设进入快速发展时期。食品卫生安全方面,五届全国人大常委会通过首部食品卫生法律——《食品卫生法(试行)》;八届全国人大常委会通过《国务院机构改革方案》,决定撤销轻工业部,实行行政管理与企业管理分离,为食品卫生法制发展创造了条件。药品安全方面,六届全国人大常委会审议通过

《药品管理法》,成为新中国历史上第一部药事法律。国务院及卫生行政管理部门相继发布了20余部药品安全管理行政法规,以及数十部药品安全管理部门规章。

（四）食品药品卫生法律体系基本定型阶段（1995年—2012年10月）

这一阶段食品药品卫生体系基本定型。食品管理方面,八届全国人大常委会审议通过《食品卫生法》,十一届全国人大常委会审议通过《食品安全法》,建立起食品监督管理部门实施监督管理的多元体制。药品管理方面,九届全国人大常委会通过《药品管理法》,国务院及药品管理部门发布了《药品管理法实施条例》《药品注册管理办法》等,初步形成了药品安全法律体系。

（五）食品药品安全规范发展完善阶段（2012年11月至今）

这一时期食品药品安全法治建设快速发展,实行食品安全与药品管理相向分离法治建设。十二届、十三届全国人大常委会多次修改《食品安全法》,食品安全法律体系基本形成。九届、十二届全国人大常委会相继修改《药品管理法》,形成了药品管理法律体系。

三、食品药品安全法律制度的渊源

我国食品药品安全法律体系是在新中国成立以后逐步建立起来的。改革开放以来,随着中国特色社会主义法律体系的确立,我国关于食品药品安全的法律法规也从无到有并不断得到完善,构筑起了我国食品药品安全的基本法律框架。

（一）法律

我国《食品安全法》确立了在各级政府的统一领导下,分段监管和全过程监管相结合的食品安全监管体制,明确"从农田到餐桌"整个食品链的各环节监管部门的职责;监管标准从传统的追求"干净"上升为追求"无毒、无害";将食品生产企业作为食品安全第一责任人,强化生产经营者责任;对许多安全事故"肇事者"——食品添加剂的管理和使用作出严格规定;取消食品免检,规范食品检验行为,加大处罚力度,保护消费者合法权益;通过制定食品安全风险监测和风险评估制度、食品安全标准制度、食品生产经营行为基本规范、不安全食品召回制度、食品安全信息发布制度等一系列制度规范,确立了分工负责与统一协调相结合的食品安全监管新体制;强化了预防为主、风险防范为辅的法律制度;实行最严格的全过程监管和最严格的法律责任制度;设立了食品安全有奖举报、食品安全信息发布、食品安全责任保险等社会共治制度;将"食品药品监督管理"修改为"食品安全监督管理",删除部分条款中的"质量监督",明确了《食品安全法》对食品安全的监督管理作用;完善食品生产经营实行许可制度。该法是我国食品安全法律制度的重要渊源。

《药品管理法》从加强药品管理,保证药品质量,保障公众用药安全和合法权益,保护和促进公众健康出发,历经多次修改,完善了药品研制和注册、药品上市许可持有人制度、药品生产规范、药品经营规程、医疗机构药事管理体制机制、药品上市后监督管理、药品价格和广告规范、药品储备和供应渠道、监督管理与法律责任,形成了较为完备的药品管理法律制度。

全国人大常委会通过了《标准化法》《进出境动植物检疫法》《产品质量法》等。所有这些共同构成了药品安全法律制度的渊源。

（二）行政法规、部门规章、地方性法规、地方政府规章

食品安全方面,国务院及农业部等部委相继制定了食品安全法实施、无公害农产品管理、食品安全抽样检验管理、食品召回管理等方面的行政法规和部门规章。药品管理方面,国务院及卫生部等部委相继出台了有关医疗器械监督管理、放射性药品管理、中药品种保护、药品生产质量管理等方面的行政法规和部门规章。此外,食品药品地方性法规和地方政府规章建设也有较快发展。上述共同构成了食品安全法律制度与药品安全法律制度的渊源。

拓展阅读

四、食品安全法律制度

（一）食品安全标准制度

食品安全标准是依据食品质量安全风险评估结果制定的强制执行标准,是保障食品安全至关重要的法律制度。我国《食品安全法》规定的食品安全标准制度主要包括食品安全标准内容、食品安全标准体系、食品安全企业标准备案等内容。

（二）新食品原料管理制度

新食品原料管理制度包含在《食品相关产品新品种行政许可管理规定》《食品相关产品新品种申报与受理规定》《新食品原料安全性审查管理办法》等部门规章之内。其主要内容包括:(1)新食品原料的范围;(2)新食品原料的特性;(3)新食品原料的监管主体;(4)新食品原材料生产、使用、进口申请制度;(5)新食品原料安全性评估制度;(6)新食品原料安全性审查制度;(7)新食品原料责任制度,等等。

（三）食品安全信息管理制度

依据《食品安全法》和《关于加强食品安全风险信息管理工作方案(试行)》《农产品质量安全信息发布管理办法(试行)》《国家食品药品监督管理总局关于进一步加强食品安全复检监督工作的通告》等,食品安全信息管理制度的主要内容包括:(1)风险信息管理,包括风险信息检测、信息筛查和报送、风险信息研判、风险信息处置、风险信息通报和报告、风险信息公开、企业报告制度等;(2)食品安全信息公布管理,包括信息内容管理、公布机构、农产品质量安全信息、流通环节食品安全信息管理;(3)食品安全工作信息通报,等等。

（四）诚信体系建设制度

依据《食品安全法》和《食品工业企业诚信体系建设工作指导意见》《关于进一步加强道德诚信建设推进食品安全工作的意见》,我国建立起了诚信体系建设制度,主要包括食品工业企业诚信体系、食品安全道德诚信体系、食品安全信用档案等内容。

（五）食品安全监管制度

依据《食品安全法》和《食品生产许可管理办法》《农业转基因生物安全管理条例》,我国建立起了食品安全监管制度,主要包括生产经营许可、食用农产品监管、生产环节监管、流通环节监管、餐饮服务环节监管、食品添加剂监管、特殊食品监管、进出口环节监管等。

（六）风险监测与风险评估制度

依据《食品安全法》和《食品安全风险监测管理规定》《食品安全风险评估管理规定》，我国建立起了食品风险监测与风险评估制度。主要包括：（1）风险监测方面，包括监测数据、通报、制订监测计划、监测计划实施等。（2）风险评估方面，包括对食品、食品添加剂以及食品相关产品中含有的生物性、化学性和物理性危害因素进行风险评估，风险评估种类，独立评估，风险评估任务，风险评估项目建议书，以及应急评估等。

（七）食品安全应急处置制度

根据《食品安全法》《突发事件应对法》《国家食品安全事故应急预案》，我国建立起了食品安全应急处置制度。其主要内容包括：（1）组织机构及职责；应急机制的启动；指挥部及其办公室的设置和职责；工作组设置及职责，等等。（2）应急保障制度，包括信息保障、医疗保障、人员及技术、物资与经费、社会动员、宣传培训等。（3）监测预警报告与评估制度，包括监测预警、事故报告等。（4）应急响应制度，包括分级响应、应急处置措施、监测分析评估、响应级别调整及终止、信息发布等。（5）后期处置，包括善后处置、总结、整改措施等。

（八）食品安全社会协同制度

根据《食品安全法》，我国建立起了食品安全社会协同制度。主要包括：（1）基础研究与应用技术结合；（2）行业自律；（3）社会协同与监督，包括政府职责、社会组织和公众参与、接受监督、信息管理；（4）宣传教育，等等。

（九）食品犯罪惩治制度

围绕食品犯罪，我国建立起了食品犯罪惩治制度，主要包括：（1）针对不符合食品安全标准犯罪，将生产、销售不符合食品安全标准的食品，足以造成严重食物中毒事故或者其他严重食源性疾病的行为，以及对人体健康造成严重危害或者有其他严重情节的行为纳入刑事责任追究范围。（2）针对有毒、有害食品犯罪，将在生产、销售的食品中掺入有毒、有害的非食品原料的行为，以及销售明知掺有有毒、有害的非食品原料的食品的行为纳入刑事责任追究范围。（3）针对伪劣农药、兽药、化肥、种子犯罪，将生产假农药、假兽药、假化肥，销售明知是假的或者失去使用效能的农药、兽药、化肥、种子，或者生产者、销售者以不合格的农药、兽药、化肥、种子冒充合格的农药、兽药、化肥、种子，使生产遭受较大损失的行为纳入刑事责任追究范围。（4）针对公职人员犯罪，将负有食品安全监督管理职责的国家机关工作人员滥用职权或者玩忽职守，导致发生重大食品安全事故或者造成其他严重后果的行为纳入刑事责任追究范围。

五、药品安全法律制度

（一）国家药品标准制度

国家药典委员会 2015 年颁布的《关于发布〈中国药典〉2015 年版勘误的通知》所载附

表涉及药品标准的品名、页码、原文及勘误后的内容。国务院药品监督管理部门组织国家药典委员会负责国家药品标准的制定和修订工作,国务院药品监督管理部门设置或者指定的药品检验机构负责标定国家药品标准品、对照品等。

（二）药品许可制度

依据《药品管理法》和法规规章中有关《药品生产许可证》《药品经营许可证》《医疗机构制剂许可证》《进口准许证》《出口准许证》的规定等,药品许可制度主要内容包括:(1)开办药品生产企业,须经企业所在地省、自治区、直辖市政府药品监督管理部门批准并发给《药品生产许可证》。(2)开办药品批发企业,须经企业所在地省、自治区、直辖市政府药品监督管理部门批准并发给《药品经营许可证》。(3)开办药品零售企业,须经企业所在地县级以上地方政府药品监督管理部门批准并发给《药品经营许可证》。(4)医疗机构配制制剂,须经所在地省、自治区、直辖市政府卫生行政部门审核同意,并由省、自治区、直辖市政府药品监督管理部门批准,发给《医疗机构制剂许可证》。(5)进口、出口麻醉药品和国家规定范围内的精神药品,须持有国务院药品监督管理部门发给的《进口准许证》《出口准许证》。(6)新发现和从国外引种的药材,经国务院药品监督管理部门审核批准后,方可销售。(7)研制新药,须按照国务院药品监督管理部门的规定如实报送研制方法、质量指标、药理及毒理试验结果等有关资料和样品,经国务院药品监督管理部门批准后,方可进行临床试验。此外,药品许可制度还包含许可的条件以及许可内容等。

（三）药品注册管理制度

依据《药品注册管理办法》规定,药品注册管理制度的主要内容包括:(1)适用范围;(2)申请条件和资料;(3)药物临床前研究;(4)药物临床试验;(5)特殊审批;(6)新药的申报与审批;(7)新药品种监测期;(8)仿制药的申报与审批;(9)进口药品的申报与审批;(10)进口药品分包装的注册;(11)药品注册检验,等等。

（四）药品生产管理制度

依据《药品管理法》规定,药品生产管理制度的主要内容包括:(1)对药品生产企业的质量管理;(2)机构与人员;(3)厂房与设施设备;(4)物料与产品;(5)质量控制与质量保证;(6)自检;(7)药品生产企业的条件;(8)生产工艺;(9)物料与产品管理;(10)药品包装管理,等等。

（五）药品价格与广告管理制度

依据《药品管理法》规定,药品价格与广告管理制度的主要内容包括:(1)价格管理;(2)药品广告管理;(3)处方药广告管理;(4)药品广告内容管理。此外,依据《兽药广告审查发布标准》《农药广告审查发布标准》的规定,发布兽药广告及农药广告,应遵循真实、合法、科学原则,遵守《广告法》与国家有关管理的规定;不得发布含有麻醉药品、精神药品以及医疗单位配制的兽药制剂等五种情形内容的广告;不得含有表示功效、安全性的断言或者保证等六种情形的内容;还规定了违反上述规定的罚则。

（六）药品经营质量管理制度

依据《药品管理法》和《药品经营质量管理规范》规定,药品经营质量管理制度的主要内容包括:（1）对药品批发或药品零售企业的质量管理;（2）组织机构与质量管理;（3）人员与培训;（4）质量管理体系文件;（5）设施与设备;（6）校准与验证;（7）计算机系统;（8）药品采购;（9）收货与验收;（10）药品储存与养护;（11）药品销售;（12）出库;（13）药品运输与配送;（14）售后管理等;（15）设立药品经营企业的条件;（16）计算机系统管理;（17）药品购销管理;（18）药品保管,等等。

（七）医疗机构药品管理制度

依据《药品管理法》和《医疗机构药品监督管理办法（试行）》等规定,医疗机构药品管理制度的主要内容包括:（1）药品研制和注册;（2）药品上市许可持有人;（3）药品生产;（4）药品经营;（5）医疗机构药事管理;（6）药品上市后管理;（7）药品价格和广告;（8）药品储备和供应;（9）药品购进、调配与使用;（10）监督管理;（11）法律责任,等等。

（八）特殊药品管理制度

依据《反兴奋剂条例》《血液制品管理条例》《放射性药品管理办法》《麻醉药品和精神药品管理条例》规定,特殊药品管理制度的主要内容包括:（1）麻醉、精神药品管理;（2）放射性药品管理;（3）血液制品管理;（4）兴奋剂管理,等等。

（九）中药保护与发展制度

依据《中医药发展战略规划纲要（2016—2030年）》《中药品种保护条例》《中医药法》规定,中药保护与发展制度的主要内容包括:（1）继承和弘扬中医药,保障和促进中医药事业发展,保护人民健康;（2）中医药服务、中药保护与发展;（3）中医药人才培养;（4）中医药科学研究;（5）中医药传承与文化传播;（6）保障措施;（7）法律责任,等等。

（十）药品安全监查制度

依据《药品管理法》和《食品药品监督管理统计管理办法》规定,药品安全监查制度的主要内容包括:（1）监管部门的权力与义务;（2）药品抽验工作机制;（3）再评价制度;[①]（4）监督统计制度,等等。

（十一）药品和医疗器械安全应急处置制度

依据《药品管理法》《突发公共卫生事件应急条例》《医疗器械监督管理条例》《国家突发公共卫生事件应急预案》《药品不良反应报告和监测管理办法》《医疗器械不良事件监测和再评价管理办法》等规定,药品和医疗器械安全应急处置制度的主要内容包括:（1）检测、报告、预警制度;（2）响应制度;（3）药品储备制度,等等。

（十二）药品安全国际合作制度

依据《上海合作组织成员国关于合作打击非法贩运麻醉药品、精神药物及其前体的协议》《关于在国际贸易中对某些危险化学品和农药采用事先知情同意程序的鹿特丹公约》等国际

---

① 宋金波、曹秀琴、耿桂萍:《对我国药品再评价制度的认识与探讨》,载《中国药物警戒》2008年第2期。

条约,我国药品安全国际合作制度的主要内容包括:(1)双边和多边国际合作;(2)合作应遵循的基本原则、主要内容、合作形式;(3)协助请求形式、内容;(4)争议解决方式,等等。

(十三)药品犯罪惩治制度

依据《民法典》《药品管理法》《刑法》相关规定,药品犯罪惩治制度的主要内容包括:(1)行政处罚措施,包括药品生产、经营许可,假药、劣药管理,药品质量管理,药品购销管理,以及处罚程序等。(2)民事责任,主要包括产品责任、医疗损害责任、公务员责任、企业机构责任等。(3)刑事处罚制度,将以下犯罪行为纳入刑罚制裁范围:生产、销售假药、劣药,对人体健康造成严重危害,致人死亡或者有其他特别严重情节的犯罪(《刑法》第141、142条);未取得医生执业资格的人非法行医的犯罪(《刑法》第336条);医务人员由于严重不负责任,造成就诊人死亡或者严重损害就诊人身体健康的犯罪(《刑法》第335条);违反规定引起重大动植物疫情,或者有引起重大动植物疫情危险的犯罪(《刑法》第337条);引起甲类传染病传播或者有传播严重危险的犯罪(《刑法》第330条);从事实验、保藏、携带、运输传染病菌种、毒种的人员,违反规定造成传染病菌种、毒种扩散且后果严重的犯罪(《刑法》第331条);违反国境卫生检疫规定,引起检疫传染病传播或者有传播严重危险的犯罪(《刑法》第332条);非法组织他人出卖血液,以暴力、威胁方法强迫他人出卖血液,非法采集、供应血液或者制作、供应血液制品等犯罪(《刑法》第333条)。

第五节 安全生产法律制度

一、安全生产法律制度的含义及特征

安全生产事关企业生存与发展,事关人民群众的生命财产安全,事关经济更高质量发展、政府更高效率管理、人民生命财产更高标准保障、社会更和谐稳定。安全生产法律制度通常是指调整生产经营活动中产生的同劳动者或生产人员的安全与生命健康等相关的社会关系,保障生产资料、公共财产、生产活动正常进行与社会财富安全的法律规范总称。其特征如下:

1. 调整对象体现国家意志的统一性。国家所有的安全生产立法,体现了广大人民群众的根本利益。不论安全生产法律规范有何种内容和形式,它们所调整的安全生产领域的社会关系,都要统一服从和服务于社会主义的生产关系,体现保障安全生产、维护生命财产安全、促进生产、增进人民福祉的根本目的。

2. 调整内容和形式具有多样性。从横向看,安全生产法律制度调整的是生产经营管理者与劳动者合作协同互动的安全生产关系,以确保劳动者的生产经营权益获得充分保障、安全设施设备得到有效维护、生命健康及其他权利得到有力保护、安全生产秩序持续良好。从纵向看,安全生产法律制度调整的是行政管理机关、执法监督机关、司法机关与生产经营主体之间的管理监督、争讼裁判关系,以保障安全生产监管、执法、司法权力统一公正高效行使,维护司法裁判权威。从纵横交织看,安全生产法律制度调整的是行政管理机关、执法监督机关、司法机关与生产经营管理者、劳动者之间就安全生产法律规定的遵守与执行、监管与监督所产生的互动合作、协调一致、合力善治的关系，以实现安全监管、行政执法、司法的透明性、公开性，激励约束生产经营管理者自觉履行法律法规赋予的安全生产强制性义务，保障生产劳动者的合法权益与生命健康，保障社会公众对安全生产的知情权、参与权、监督权和表达权，确保安全生产法律法规统一正确实施，从而推动安全生产体系和生产能力现代化。

3. 法律体系具有系统性。安全生产相关基本法、专门法构成安全生产"母系统"规范，安全生产行政法规、部门规章、地方性法规、地方政府规章、党内法规等构成"子系统"规范，进而形成完备的安全生产法律体系；由专门监管机构、执法机构、司法机关、行业组织、人民群众在党的统一领导下组成安全生产法治实施体系；由相关公共部门、行业组织、基层社区、安全生产单位和从业人员组成安全生产法治保障体系；由安全生产监管机构、应急管理机关、监察机关、第三方评估组织、人民群众组成安全生产监督法治体系。上述体系共同构成中国特色安全生产大格局"整体系统"。

二、安全生产法律制度的演进

新中国成立以来，安全生产法律制度大致经历了四个发展阶段。

（一）安全生产法律制度的起步建设阶段（1949年—1957年）

新中国成立初期，针对旧中国遗留的恶劣劳动条件和伤亡事故多发、职业病危害严重的状况，政务院财经委员会、劳动部、卫生部等部门为保障劳动者的安全和健康，提高工作效率，先后颁布《公私营厂矿职工伤亡事故报告办法》《关于防止沥青中毒办法》等119项法律法规。为这一时期安全生产和保障劳动者生命健康起到了重要作用。

（二）安全生产法律制度的曲折发展与停滞阶段（1958年—1978年）

"文化大革命"前，安全生产领域呈现一股忽视经济规律，盲目"大干快上，抢时间、争速度、赶工期"的偏差，进而出现了我国安全生产第一个事故高峰期。为此，国家计划委员会、卫生部等部委颁布《工业企业设计卫生标准》等安全生产法规规章，安全生产法制工作得到一定加强。"文化大革命"期间，安全生产状况再度恶化，人员伤亡事故急剧上升，安全生产立法工作处于全面停滞状态，出现了新中国成立以来的第二个生产事故高峰。

（三）安全生产法律制度的全面恢复阶段（1979年—2000年）

党的十一届三中全会确立了改革开放、发展经济的方针，我国安全生产立法工作进入全面恢复阶段。中央发布《中共中央关于认真做好劳动保护工作的通知》等党内规范性文件。五届全国人大审议通过《刑法》，将涉及安全生产的"交通肇事罪""重大伤亡事故罪"等纳入其中。国务院及劳动人事部等部委颁布了涉及矿山安全、矿山安全监察、锅炉压力容器安全监察、职业病范围和职业病患者处理等劳动安全方面的行政法规和部门规章，为安全生产工作提供了依据。

（四）安全生产法律制度体系的基本形成阶段（2001年—2012年10月）

随着改革的不断深入、社会主义市场经济体制和依法治国方略的全面实施，我国安全生产法制建设步入了黄金发展时期。九届全国人大常委会审议通过《安全生产法》，标志着我国安全生产法律制度体系基本形成。

（五）安全生产法律制度体系规范发展阶段（2012年11月至今）

针对《安全生产法》实施过程中暴露出的问题，十一届、十二届、十三届全国人大常委会对《安全生产法》相继作出修改，使之呈现整体性、协调性的特点。主要表现在：从安全生产法目标与方针的完善，到调整对象与主体责任的明晰；从安全生产责任制的制度化规范化，到安全组织规划与实施的衔接，再到安全生产监督管理体系的形成。从而形成了科学完备的安全生产法律制度体系。

三、安全生产法律制度的渊源

（一）法律

全国人大及其常委会立法是安全生产法律制度体系的重要渊源。全国人大常委会通过的安全生产法律包括《安全生产法》《劳动法》《劳动合同法》《消防法》《矿山安全法》《煤炭法》《建筑法》《海上交通安全法》等，为调整安全生产法律关系提供了法律依据。

（二）行政法规、部门规章及其他规范性文件

国务院及各部委制定的安全生产行政法规、部门规章及其他规范性文件是安全生产法律制度体系的重要渊源。具体包括《劳动保障监察条例》《安全生产许可证条例》《矿山安全法实施条例》《建设工程安全生产管理条例》《道路运输条例》《铁路安全管理条例》等。这些是安全生产法治实施体系、保障体系、监督体系运行的基本依据。

（三）地方性法规和地方政府规章

各省、自治区、直辖市和拥有立法权的市（州）制定的安全生产地方性法规和地方政府规章体系庞大，北京、重庆、黑龙江、福建、山东等地出台的安全生产法实施条例、行政执法监督条例、火灾高危单位消防安全管理规定、生产经营单位安全生产主体责任规定等，成为地方安全生产法律实施的制度保障。

四、安全生产具体法律制度

（一）保障制度

依据《安全生产法》《安全生产事故隐患排查治理暂行规定》《企业安全生产标准化基本规范》《国务院关于坚持科学发展安全发展促进安全生产形势持续稳定好转的意见》等规定，保障制度的主要内容包括：（1）安全生产责任制，包括生产经营单位责任、主要负责人职责、单位安全生产责任制等。（2）安全生产标准化，包括标准化的建立、保持和完善，标准化的评定和监督等。（3）设施设备安全，包括：生产经营单位新建、改建、扩建工程项目的安全设施，必须与主体工程同时设计、同时施工、同时投入生产和使用；设施设备管理；安全生产工艺设备淘汰制度；生产经营场所安全管理等。（4）从业人员管理，包括高危企业安全管理人员任免告知制度、教育培训、从业人员权利义务等。（5）危险物品管理，包括标准管理、登记备案管理等。（6）生产经营管理，包括机构及人员配备、发包和出租管理、危险作

业等。（7）事故隐患排查治理制度,包括生产经营单位责任制、资金专项制度、定期排查、安全生产管理人员、事故隐患报告和举报奖励制度、重大事故隐患越级报告、事故隐患治理等。（8）费用保障,包括费用提取使用、责任保险制度等。

（二）监管制度

依据《安全生产法》规定,监管制度的主要内容包括:（1）政府安全生产工作职责,包括安全生产协调机制、安全生产规划、安全生产监管职责等。（2）安全生产监管部门职责,包括职责及执法地位、安全生产审批、监督检查人员管理、注册安全工程师制度、分类分级监管、生产安全事故隐患治理制度、重大隐患判定标准、重大事故隐患治理督办、违法行为公告和通报制度等。（3）社会监督,包括社会监督保障、监督举报、宣传教育与舆论监督等。（4）行业自律,包括规章制度、项目建设、违法违章行为、事故调查等。

（三）突发事故应急处置制度

依据《安全生产法》《突发事件应对法》《生产安全事故应急条例》,我国建立了安全生产突发事件应对制度体系,详见第十一章内容,此处不再赘述。

（四）民事责任制度

依据《民法典》《安全生产法》相关规定,生产经营单位发生生产安全事故造成人员伤亡、他人财产损失的,应当依法承担赔偿责任。生产安全事故的责任人未依法承担赔偿责任,经人民法院依法采取执行措施后,仍不能对受害人给予足额赔偿的,应当继续履行赔偿义务。

（五）行政责任制度

依据《行政处罚法》《安全生产法》规定,负有安全生产监督管理职责部门的工作人员具有《安全生产法》第90条规定的4种行为之一的,给予降级或者撤职处分,构成犯罪的,依照刑法有关规定追究刑事责任。负有安全生产监督管理职责的部门,要求被审查、验收的单位购买其指定安全设备、器材或者其他产品的,以及在对安全生产事项的审查、验收中收取费用的,由其上级机关或者监察机关责令改正,责令退还收取的费用;情节严重的,对直接负责的主管人员和其他直接责任人员依法给予处分(《安全生产法》第91条)。承担安全评价、认证、检测、检验职责的机构出具失实报告的,责令停业整顿,并处3万元以上10万元以下的罚款,给他人造成损害的,依法承担赔偿责任(《安全生产法》第92条)。生产经营单位的决策机构、主要负责人或者个人经营的投资人不依照本法规定保证安全生产所必需的资金投入,致使生产经营单位不具备安全生产条件的,责令限期改正,提供必需的资金,逾期未改正的,责令生产经营单位停产停业整顿(《安全生产法》第93条)。生产经营单位的主要负责人未履行《安全生产法》规定的安全生产管理职责,导致发生生产安全事故的,由应急管理部门依照《安全生产法》第95条规定处以罚款。依据《安全生产法》第115条的规定,《安全生产法》规定的行政处罚由应急管理部门和其他负有安全生产监督管理职责的部门按照职责分工决定。其中,予以关闭的行政处罚由负有安全生产监督管理职责的部门报请县级以上政府按照国务院规定的权限决定;给予拘留的行政处罚由公安机关依照《治安管理处罚法》的规定决定。

（六）政务责任制度

根据《公职人员政务处分法》第 39 条规定,有下列行为之一,造成不良后果或者影响的,予以警告、记过或者记大过;情节较重的,予以降级或者撤职;情节严重的,予以开除:（1）滥用职权,危害国家利益、社会公共利益或者侵害公民、法人、其他组织合法权益的;（2）不履行或者不正确履行职责,玩忽职守,贻误工作的;（3）工作中有形式主义、官僚主义行为的;（4）工作中有弄虚作假,误导、欺骗行为的;（5）泄露国家秘密、工作秘密,或者泄露因履行职责掌握的商业秘密、个人隐私的。

（七）刑事责任制度

根据《刑法》《安全生产法》规定,刑事责任制度的主要内容包括:（1）生产管理方面,将在生产、作业中违反有关安全管理的规定,发生重大伤亡事故或者造成其他严重后果的行为,以及强令他人违章冒险作业,发生重大伤亡事故或者造成其他严重后果等行为纳入刑事责任追究范围(《刑法》第 134 条)。（2）设施条件方面,将安全生产设施或者安全生产条件不符合国家规定,发生重大伤亡事故或者造成其他严重后果等犯罪行为纳入刑事责任追究范围(《刑法》第 135 条)。（3）工程建设方面,将建设单位、设计单位、施工单位、工程监理单位违反国家规定,降低工程质量标准,造成重大安全事故等犯罪行为纳入刑事责任追究范围(《刑法》第 137 条)。（4）事故报告方面,将在安全事故发生后,负有报告职责的人员不报或者谎报事故情况、贻误事故抢救等犯罪行为纳入刑事责任追究范围(《刑法》第 139 条之一),等等。

第六节　生态空间安全保护法律制度

一、生态空间安全保护法律制度的含义及特征

生态空间安全保护法律制度是指国家对公民、法人、其他组织和公权力机关在依托、利用、开发、改造生态资源与保护生态环境、守卫生态空间安全过程中所形成的特定社会关系,通过基础性制度安排与规范和调整,保障节约资源、防治污染,实现生态空间在外太空、太空、天空、陆地(山林、草原、滩涂、冰川)、河流湖泊、海洋(海岸线、大陆架、专属经济区、毗连区、公海、海底)、地下矿产资源"六维空间"平衡,实现经济社会协调、有序、绿色、美丽、共享发展,促进人与自然和谐、人类社会文明永续发展的一系列法律规范的总称。

生态空间安全保护法律制度具有以下特征:

1. 实施主体的多元性。生态空间安全关乎全体人民的生活质量、幸福指数的提升。生态空间安全保护法的实施不仅是公权力机关依照法定授权与程序必须承担的第一责任,也是公民、法人、其他组织享有的生态权利与保护生态空间安全的义务,还是主权国家必须履行的国家责任。因而,国家、国家所属公权力机关、公民、法人和其他组织共同构成生态空间安全保护法律关系主体。

2. 规范客体的多层性。生态空间安全保护法所规范的客体是国家、公权力机关与公民、法人、其他组织在依托、利用、开发、改造及治理生态资源与保护生态环境、捍卫生态空间主权安全过程中所形成的特定社会关系。从纵向层面看,中央权力机关与下级权力机关、公民、法人、其他组织在依托、利用、开发、改造生态资源与捍卫生态空间主权安全过程中形成了管理监督与被管理监督的关系。从横向层面看,公民、法人、其他组织在依托、利用、开发、改造生态资源与捍卫生态空间主权安全过程中形成了生态环境的平等自愿、等价有偿、监督制约的关系。从纵横交织层面看,国家、权力机关与公民、法人、其他组织之间在依托、利用、开发、改造生态资源与捍卫生态空间主权安全过程中形成了平等参与、制衡监督、合作共治的关系。

3. 调整对象的多样性。人类社会步入大数据时代,其赖以生存的生态空间环境发生突变,呈现出多维度、多样性的特点。按空间形态分,生态空间安全保护法调整的对象包括:外太空空间存在的对人类社会生存发展造成威胁的太空"人造垃圾";太空对地球空间造成灾难导致人类生命财产遭受不可估量的损失或者生存环境改变;人类活动使地球空间的臭氧层遭受破坏、雾霾频发、空气被严重污染、酸雨频发、气候温度攀升、台风暴雨自然灾害事件突发;人类活动造成地球植被破坏、土地荒漠化、沙漠化、大面积土地污染,生物物种灭绝速度加快,生物物种变异,海平面上升,地震、海啸等自然灾害事件频发,人类赖以生存的水资源减少,河流干枯,安全饮用水大幅度减少;地下矿产资源掠夺性开发造成人类生存资源减少,人为导致塌方、地表下沉、大面积山体滑坡等自然灾害事件增多,等等。按结构形态分,生态空间安全保护法调整的对象,不仅包括实体社会存在的废水、废气、废料的滥堆、滥排、滥放,也包括虚拟社会网络环境恐怖事件,网络黑客、病毒攻击网络生态空间环境设施设备、技术防护、基础数据库导致的生态空间环境安全虚拟保护体系被破坏,保护能力降低,国家安全保护面临重大现实威胁。

4. 监管手段的技术性。这是生态空间安全保护法与其他公共安全保障法律制度的重要区别之一。对生态空间安全与否的测度、预警、监督、评估、矫正,是以其涉及的大气、植被、生物、动物、水流、海洋、土壤、矿产以及空间的臭氧层、平流层、光电、声波、地壳等物理的、化学的、能源的等一系列技术指数、技术标准、技术流程、技术规则为前提的,并且往往是判断生态空间安全保护法主体的行为是否违法、违法的程度、违法的后果以及需要承担的民事责任、行政责任、政务责任、刑事责任的依据;也是依法管理、严格执法、公正司法的必要条件与技术规则保障。因此,技术规则的程序化、法律化,法律规则的技术化、标准化,两者互相依存、互相渗透,既是生态空间安全保护法的亮点,也是生态空间安全保护法不可或缺的重要组成部分。

5. 功能的预防性与强制性。"全面规划、合理布局、综合利用、化害为利、依靠群众、大家动手、保护环境、造福人民"是我国生态空间安全保护法律制度建设的基本方针。只有扭住"全面规划、合理布局"这一生态空间安全保护的"龙头"问题,才能从源头上对生态空间安全保护提供先导性、引领性的规制作用;只有"综合利用、化害为利",才能有效预防和治理生态空间保护领域种种破坏或者潜在破坏生态环境的事件;只有"依靠群众、大家动手"才能破解生态空间保护领域"九龙治水"的难题,形成群防群治的工作格局;只有"保护环境、造福人民"才能维护好、保障好、发展好人民的生态空间权益,建设美丽中国。生态空间安全保护法功能的强制性表现在,对于公民、法人、其他组织乃至公权力机关及其工作人员破坏生态环境的行为,毫不例外地严厉追究,使其承担法律责任。

二、生态空间安全保护法律制度的演进

(一)生态空间安全保护法律制度奠基阶段(1950年—1971年)

新中国成立后,在实施国民经济三年恢复计划的过程中,1954年《宪法》首次从经济制度与法权制度层面对生态资源与环境安全提供了宪法保障;政务院颁布第一部矿产资源行政法规——《矿业暂行条例》;国务院及卫生部等部委颁布国家建设征用土地、矿产资源保护、水土保持等方面的行政法规和部门规章。这为我国在被西方国家经济政治封锁条件下的经济发展、环境保护、法制建设奠定了基础。

(二)生态空间安全保护法律制度起步阶段(1972年—1978年)

伴随我国在斯德哥尔摩召开的联合国人类环境会议上首次发表了应对国际环境严峻性、实施环境保护、污染治理和环境管理的主张,环境保护法制建设进入起步阶段。其主要标志是:建立"三同时"制度;建立限期治理机制;建立环保体制、设立环保机构;编制环境保护中长期规划;建立环境保护制度。1978年《宪法》第一次对环境保护作出规定,强调"国家保护环境和自然资源,防止污染和其他公害"。这些为环境保护法制建设奠定了基础。

(三)生态空间安全保护法律制度快速发展时期(1979年—1991年)

随着对外开放、对内搞活经济战略决策的实施,以及中国特色社会主义建设的加速进行,我国环境保护法制建设进入快速发展阶段。其标志是:环境保护被确定为基本国策;环境保护被纳入国民经济和社会发展计划;环保领导体制和管理体制不断健全;环境教育全面开展。截至1991年,国家制定并颁布资源环境法律12件,行政法规20多件,部门规章20多件;各地颁布地方性法规127件,地方政府规章733件,并颁布了大量的其他规范性文件,初步形成了环境保护法律体系。

(四)生态空间安全保护法律制度加快发展阶段(1992年—2011年)

随着经济建设的加速推进,我国环境保护进入加快发展阶段。党的十六届三中全会《决定》首次将"统筹人与自然和谐发展"纳入"五个统筹"战略布局;党的十七大适时提出《环境与发展十大对策》《21世纪议程》等中长期发展纲要,生态空间安全保护立法进程加快;九届、十届、十一届全国人大及其常委会相继颁布大气污染防治、固体废物污染防治、水污染防治、环境噪声污染防治、海域使用管理、清洁生产促进、放射性污染防治、可再生能源、海岛保护、突发事件应对等10余部专门法律;国务院出台《放射性废物安全管理条例》等行政法规。从而建立起生态空间安全保护法律制度体系。

（五）生态空间安全保护法律制度创新发展阶段（2012 年至今）

为加快推进生态空间安全保护体系和保护能力现代化,党的十八大以来,以习近平同志为核心的党中央把推进生态空间安全保护法治体系和法治能力现代化、建设美丽中国纳入"五位一体"总体布局、"四个全面"战略布局之中,统筹环境保护与生态空间主权安全国内与国际两个大局,办好"绿色发展"与维护生态空间安全两件大事,作为依法防范重大风险"三大攻坚战"的重要棋局,突出打好蓝天、碧水、净土三大保卫战,实行最严格的源头保护制度、损害赔偿制度、责任追究制度,完善环境治理和生态修复制度,用制度保护生态空间安全。

党中央领导和推动十一届、十二届、十三届全国人大加快有关生态空间安全保护的立法步伐,相继出台有关深海海底区域资源勘探开发、核安全、环境保护税、土壤污染防治、资源税、生物安全、长江保护等方面的 7 部专门法律;修订有关清洁生产促进、草原、渔业、航道、水、防洪、气象、煤炭、水污染防治、标准化、海洋环境保护、循环经济促进、野生动物保护、节约能源、防沙治沙、大气污染防治、耕地占用税、环境影响评价、环境噪声污染防治、进出口商品检验、城乡规划、森林、固体废物污染环境防治、动物防疫等方面的 20 余部专门法律,形成了以《环境保护法》《核安全法》《长江保护法》为主干,其他部门法为支撑的生态空间安全保护法律制度体系。与此同时,《深化党和国家机构改革方案》将环境保护部职责,国家发展和改革委员会应对气候变化和减排职责,国土资源部监督防止地下水污染职责,水利部编制水功能区划、排污口设置管理、流域水环境保护职责,农业部监督指导农业面源污染治理职责,国家海洋局海洋环境保护职责,国务院南水北调工程建设委员会办公室南水北调工程项目区环境保护职责予以整合,组建生态环境部,作为国务院组成部门,生态环境部对外保留国家核安全局牌子。其主要职责包括,拟订并组织实施生态环境政策、规划和标准,统一负责生态环境监测和执法工作,监督管理污染防治、核与辐射安全,组织开展中央环境保护督察等。① 从而构建起了职责明确、统一高效的生态空间安全保护职能体系。

三、生态空间安全保护法律制度的渊源

（一）宪法

我国《宪法》对生态空间安全保护作了一系列规定,如第 26 条第 1 款规定:"国家保护和改善生活环境和生态环境,防治污染和其他公害。"第 9 条第 2 款规定:"国家保障自然资源的合理利用,保护珍贵的动物和植物。禁止任何组织或者个人用任何手段侵占或者破坏自然资源。"这为国家施行最严格的生态空间安全保护制度提供了立法依据和根本法保障。

（二）法律

《环境保护法》是我国目前有关生态空间安全保护的专门法。其基本制度包括国土空

---

① 　参见《中共中央印发〈深化党和国家机构改革方案〉》,载新华网 http://www.news.cn,访问日期:2022 年 10 月 9 日。

间与生态资源空间安全制度、环境保护规划制度、环境标准制度、环境监测制度、环境影响评价制度、"三同时"制度、征收环境保护费制度、许可证制度、限期治理制度、突发事件应急预案制度等。截至 2022 年 9 月,生态空间安全保护单行法已涵盖海洋环境保护、水污染防治、大气污染防治、土壤污染防治、固体废物污染防治、噪声污染防治、核与辐射安全、化学品环境管理、生态保护、环境监察、环境应急处理、环境监测、环境影响评价、生态环境保护税、生态环境保护经济政策、环境执法程序、生态环境纠纷解决途径、环境损害鉴定评估、森林保护、湿地保护、长江保护等多个领域。

(三)行政法规、部门规章

截至 2022 年 9 月,国务院及其组成部门颁行行政法规、部门规章 59 部,涵盖生态环境保护综合行政执法、城市供水、环境状况和环境保护目标、水污染防治和大气污染防治执法检查报告及审议意见、监测网络建设、公众参与、信息公开、调查处理、行政执法、损害责任追究等领域,另有其他规范性文件 267 部。

(四)国际公约

中国作为新型发展大国,先后参与签订《国际热带木材协定》《亚洲—太平洋水产养殖中心网协议》《控制危险废料越境转移及其处置巴塞尔公约》《里约环境与发展宣言》《21世纪议程》《联合国气候变化框架公约》《生物多样性公约》《联合国海洋法公约》《核安全公约》《京都议定书》《哥本哈根协议》《联合国气候变化坎昆协议》《世界气候大会巴黎协定》《联合国 2030 年可持续发展议程》等多部国际公约、协定。这些共同构成了我国遵守国际规则、履行国际义务,维护我国生态空间安全保护、国际法国内适用与国内法域外适用的渊源。

四、生态空间安全保护具体法律制度

新中国成立以来特别是改革开放以来,国家一直高度重视生态空间安全保护法律制度的建设,逐步建起了加强监督管理,以保护和改善环境为主,以防治污染为重点,坚持公众参与与信息公开,有效应对环境突发事件,保障违法犯罪责任追究的生态空间安全保护法律制度。

(一)管理制度

围绕环境保护规划、质量标准、许可证、监测预警、责任评价等管理,我国颁布了《环境保护法》《城乡规划法》《环境影响评价法》等法律法规,逐步建立起生态空间安全保护管理制度。

1. 规划制度,包括规划设计体系,合作结构和运行机制,对整体、全局的安排,以及国家对环境保护进行规划管理的制度。规划内容主要包括生态保护和污染防治的目标、任务、保障措施等。

2. 质量标准制度,包括水质量标准、大气质量标准、土壤质量标准、生物质量标准和声环境质量标准,以及国家鼓励开展环境基准研究等制度。

3. 许可证制度,包括农药、放射性物质、渔业、固体废弃物、森林矿产资源等许可证

制度。

4. 监测预警制度。国家环保主管部门建立、健全环境监测制度,以及排放污染物的企业事业单位和其他生产经营者责任制度等。

5. 环境影响评价制度,包括环境影响评价的目标、对象、适用范围以及追踪评价等制度。

6. 目标责任制和考核评价制度。县级以上政府应当将环境保护目标完成情况纳入对本级政府负有环境保护监督管理职责的部门及其负责人和下级政府及其负责人的考核内容,作为对其考核评价的重要依据,考核结果应当向社会公开;实行排放污染物的企业事业单位环保责任制等。

7. 环境监察制度。县级以上政府环境保护主管部门及其委托的环境监察机构和其他负有环境保护监督管理职责的部门,有权对排放污染物的企业事业单位和其他生产经营者进行现场检查等。

(二)保护和改善制度

1. 自然资源权属制度,包括:(1)自然资源所有权制度。自然资源所有权,按自然资源权属的主体可划分为自然资源国家所有权、集体所有权和个人所有权;按自然资源的种类可划分为土地资源所有权、森林资源所有权、水资源所有权、草原资源所有权、矿产资源所有权、野生动植物资源所有权。(2)自然资源使用权制度,即自然人、法人及其他组织等特定主体依法对自然资源享有的占有、使用、收益等权利,主要通过登记确认、依法授予、转让、开发利用四种方式取得。

2. 基本保护制度,包括野生动物保护、农业环境保护、海洋环境保护、饮用水资源保护、城乡环境保护等制度。

3. 重点保护制度,即对具有代表性的各种类型的自然生态系统区域,珍稀、濒危的野生动植物自然分布区域,重要的水源涵养区域,具有重大科学文化价值的地质构造、著名溶洞和化石分布区、冰川、火山、温泉等自然遗迹,以及人文遗迹、古树名木等实施重点保护的制度。

4. 红线制度,即对重点生态功能区、生态环境敏感区和脆弱区等区域划定国家和区域生态安全底线的制度。其内容包括生态保护红线划定范围、生态保护重要性评估、生态保护红线划定方案等。

5. 生态补偿制度,即污染破坏者和受益者分担补偿,以国家集中补偿为主、社会分散补偿为辅,坚持充分补偿和适当补偿相结合、生态效益和经济效益相结合的制度。生态补偿的主体是指生态补偿关系中的补偿人,主要包括国家以及受益的地区、部门、企业和个人。生态补偿的对象包括从事生态建设活动者、生态建设中遭受损失者、因生态保护而丧失发展机会者等。生态补偿的方式主要有资金补偿、失误补偿等直接补偿方式,税收优惠、税收返还、固定资产加速折旧、移民安置、提供优惠贷款等间接补偿方式,以及环境产权交易、环保产业服务等市场补偿机制等。

（三）防治污染制度

1. 环境税制度。《环境保护税法》规定环境税的纳税人为直接向环境排放应税污染物的企业事业单位和其他生产经营者，并明确了征税对象和征税范围、税目税额、税收优惠、征收管理、信息共享机制等。

2. 重点污染物排放总量控制与排污许可制度。重点污染物排放总量控制指标由国务院下达，由省、自治区、直辖市政府分解落实，企业事业单位在执行国家和地方污染物排放标准的同时，遵守分解落实到本单位的重点污染物排放总量控制指标，并向社会公开其主要污染物名称和总量等；国家依照法律规定实行排污许可管理制度，等等。

3. 水污染防治制度。依据《水污染防治法》，水污染防治制度的主要内容包括水体与地下水、工业水污染防治，城镇水污染防治，农业和农村水污染防治，等等。

4. 海洋环境污染防治制度，包括陆源污染物防治、海岸工程建设项目污染防治、海洋工程建设项目污染防治、倾倒废弃物污染防治、船舶污染防治等。

5. 水土保持制度。依据《水土保持法》，水土保持制度的主要内容包括水土流失预防和治理。国家鼓励单位和个人按照水土保持规划参与水土流失治理，鼓励和支持在容易发生水土流失的区域采取免耕、等高耕作、轮耕轮作、草田轮作、间作套种等有利于水土保持的措施，等等。

6. 大气污染防治制度。依据《大气污染防治法》，大气污染防治制度的主要内容包括大气污染防治、重点区域大气污染联合防治、污染天气应对等。

7. 限期治理制度。依据《环境保护法》《环境保护主管部门实施限制生产、停产整治办法》等，限期治理制度的主要内容包括适用范围、管辖、期限、信息公开、立案调查、事先告知、听证、认定与决定等。

（四）突发环境事件应对制度

依据《环境保护法》《突发事件应对法》《国家突发环境事件应急预案》《突发环境事件应急管理办法》，我国建立起了突发环境事件应对制度。该内容将在第十一章专门论述，此处不再赘述。

（五）公益诉讼制度

1. 社会组织起诉。依法在设区的市级以上政府民政部门登记，专门从事环境保护公益活动连续 5 年以上且无违法记录的社会组织，有权对污染环境、破坏生态、损害社会公共利益的行为，向法院提起诉讼。

2. 国家公益诉讼制度。依照《民事诉讼法》《行政诉讼法》规定，检察机关可就破坏生态环境和资源保护、食品药品安全领域侵害众多消费者合法权益等损害社会公共利益的行为提起民事公益诉讼，就生态环境和资源保护、食品药品安全、国有财产保护、国有土地使用权出让等领域负有监督管理职责的行政机关违法行使职权或者不作为提起行政公益诉讼等。

（六）行政处罚制度

依据《治安管理处罚法》《环境保护法》等法律法规，行政处罚制度的主要内容包括：

1. 对违法排污的处罚。对企业事业单位和其他生产经营者违法排放污染物拒不改正的行为,以及企业事业单位和其他生产经营者超过污染物排放标准或者超过重点污染物排放总量控制指标排放污染物等行为予以行政处罚。

2. 对违法开工建设的处罚。对建设单位未依法提交建设项目环境影响评价文件或者环境影响评价文件未经批准但擅自开工建设的行为予以行政处罚。

3. 对环境信息不公开的处罚。对重点排污单位不公开或者不如实公开环境信息的行为予以行政处罚。

4. 治安处罚。对企业事业单位和其他生产经营者建设项目未依法进行环境影响评价而被责令停止建设,未取得排污许可证排放污染物而被责令停止排污,以及生产、使用国家明令禁止生产、使用的农药而被责令改正,拒不执行或改正的行为予以治安处罚;对通过暗管、渗井、渗坑、灌注或者篡改、伪造监测数据,或者不正常运行防治污染设施等逃避监管的方式违法排放污染物但尚不构成犯罪的违法行为予以治安处罚。

5. 环保机构责任。环境影响评价机构、环境监测机构以及从事环境监测设备和防治污染设施维护、运营的机构,在有关环境服务活动中弄虚作假,对造成的环境污染和生态破坏负有责任的,予以行政处罚。

6. 执法部门责任。地方各级政府、县级以上政府环境保护主管部门和其他负有环境保护监督管理职责部门存在以下违法行为的,对直接负责的主管人员和其他直接责任人员予以行政处罚:不符合行政许可条件准予行政许可的;对环境违法行为进行包庇的;依法应当作出责令停业、关闭的决定而未作出;对超标排放污染物、采用逃避监管的方式排放污染物、造成环境事故以及不落实生态保护措施造成生态破坏等行为,发现或者接到举报未及时查处的;违法查封、扣押企业事业单位和其他生产经营者的设施、设备的;篡改、伪造或者指使篡改、伪造监测数据的;应当依法公开环境执法信息而未公开的;将征收的排污费截留、挤占或者挪作他用的;等等。

（七）民事责任制度

依据《民法典》相关规定,民事责任制度的主要内容包括:(1)一般原则规定。违反国家保护环境防止污染的规定,污染环境造成他人损害的,应当依法承担民事责任(第1229条)。(2)举证责任。因污染环境、破坏生态发生纠纷,行为人应当就法律规定的不承担责任或者减轻责任的情形及其行为与损害之间不存在因果关系承担举证责任(第1230条)。(3)责任与赔偿。两个以上侵权人污染环境、破坏生态的,承担责任的大小,根据污染物的种类、浓度、排放量,破坏生态的方式、范围、程度,以及行为对损害后果所起的作用等因素确定;因第三人的过错污染环境、破坏生态的,被侵权人可以向侵权人请求赔偿,也可以向第三人请求赔偿;侵权人赔偿后,有权向第三人追偿(第1231、1233条)。

（八）刑事责任制度

依据《刑法》规定,刑事责任制度的主要内容包括:(1)重大环境污染方面,明确将以下犯罪行为纳入承担刑事责任的范围:排放、倾倒或者处置有放射性的废物、含传染病病原体的废物、有毒物质或者其他有害物质的；将境外的固体废物进境倾倒、堆放、处置的；擅自进口固体废物用作原料，造成重大环境污染事故的，等等。（2）水产品保护方面，将违反保护水产资源法规，在禁渔区、禁渔期或者使用禁用的工具、方法捕捞水产品等犯罪行为纳入刑事责任追究范围。（3）野生动物保护方面，将以下犯罪行为纳入刑事责任追究范围：非法猎捕、杀害国家重点保护的珍贵、濒危野生动物，或者非法收购、运输、出售国家重点保护的珍贵、濒危野生动物及其制品的；在禁猎区、禁猎期或者使用禁用的工具、方法进行狩猎，破坏野生动物资源的。（4）矿产资源保护方面，将以下犯罪行为纳入刑事责任追究范围：违反《矿产资源法》的规定，未取得采矿许可证擅自采矿，擅自进入国家规划矿区、对国民经济具有重要价值的矿区和他人矿区范围采矿，或者擅自开采国家规定实行保护性开采的特定矿种；违反《矿产资源法》的规定，采取破坏性的开采方法开采矿产资源，造成矿产资源严重破坏等。（5）非法占用农用地保护方面，将违反土地管理法规，非法占用耕地、林地等农用地，改变被占用土地用途，数量较大，造成耕地、林地等农用地大量毁坏的犯罪行为纳入刑事责任追究范围。（6）植物资源保护方面，将违反国家规定，非法采伐、毁坏珍贵树木或者国家重点保护的其他植物，或者非法收购、运输、加工、出售珍贵树木或者国家重点保护的其他植物及其制品的犯罪行为纳入刑事责任追究范围。（7）林木资源保护方面，将盗伐森林或者其他林木，以及非法收购、运输明知是盗伐、滥伐的林木等犯罪行为纳入刑事责任追究范围。（8）公职人员失职渎职方面，将林业主管部门的工作人员超过批准的年采伐限额发放林木采伐许可证或者违反规定滥发林木采伐许可证，以及负有环境保护监督管理职责的国家机关工作人员严重不负责任，导致发生重大环境污染事故，致使公私财产遭受重大损失或者造成人身伤亡等犯罪行为纳入刑事责任追究范围。

第十一章　突发事件应对法律制度

第一节　突发事件应对法律制度概述

我国是一个自然灾害频发的国家,在经济社会转型发展过程中又面临事故灾难事件、公共卫生事件、社会安全事件等突发事件,给人民群众的生命财产和国家财产造成巨大损失。随着我国社会结构深刻变动,利益格局深刻调整,社会矛盾深刻变化,传统安全风险与非传统安全风险叠加,有效预防和应对各类突发事件成为保障人民权益、维护社会和谐稳定、建设更高水平平安中国的重要任务。

一、突发事件应对法律制度的含义

突发事件即"突发性公共事件",学界一般认为其与域外应急法中的 Public Emergency 相对应。[①] 根据我国《突发事件应对法》的规定,所谓突发性公共事件,是指突然发生,造成或者可能造成严重社会危害,需要采取应急处置措施予以应对的自然灾害、事故灾难、公共卫生事件和社会安全事件。其主要特征是:(1)突发性。突发事件发生的准确时间、地点及后果难以预料,往往超乎人们的心理预期和社会常态秩序的维系。(2)破坏性。突发事件往往会给公众的生命财产或者给国家、社会带来严重危害,并且会造成社会心理恐惧、社会秩序紊乱、局部地区或者国家经济社会生活发生中断、停顿现象。(3)紧迫性。突发事件发生地公权力机关或者国家需要及时启动紧急应对预案,采取非常态的系统综合措施有效处置事件,以避免事态的进一步扩大或者恶化。(4)不确定性。突发事件的发展往往超出既往经验和技术条件,其后果具有不可控性,应对处置的效果具有不可预见性。

根据突发事件性质的不同,可将其分为:

1. 自然灾害事件。自然灾害事件由自然因素直接导致,主要包括水旱灾害、气象灾害、地震灾害、地质灾害、海洋灾害、生物灾害等。

2. 事故灾难事件。事故灾难事件主要由人为因素导致,主要包括工矿、商贸等企业的各类安全事故、公共设施和设备事故、核与辐射事故、环境污染和生态破坏事件等。

3. 公共卫生事件。公共卫生事件由自然因素和人为因素共同导致。主要包括传染病

[①]　参见中国人民大学宪政与行政法治研究中心课题组:《突发事件应对机制的法律问题研究报告》,载《宪政与行政法治评论》2005 年第 2 期。

疫情、群体性不明原因疾病等。针对 2020 年年初突发的新冠病毒感染疫情,党中央果断采取应对新冠病毒感染疫情人民战争总体战、阻击战的战略决策,建立统一高效的指挥体系,全民参与的严密防控体系,全力救治患者、拯救生命的医疗救治体系,依法抗疫、信息公开、科技支撑、生活物资供给的保障体系,集中展示了中国特色社会主义制度的显著优势,释放了公共卫生应急体制机制的整体效能。

4. 社会安全事件。社会安全事件往往由社会问题引发,按照社会安全事件性质,可划分为六种类型:(1)危害国家安全事件,即破坏国家统一、主权或政权稳定,危害国家安全的事件。(2)暴力恐怖事件,即蓄意危害他人人身、生命、财产安全和社会安全,造成严重后果的攻击型犯罪事件。(3)政治权益性群体事件,即由人民内部的、公民政治权益纷争引发的群体事件。(4)经济权益性事件,即由职工下岗、农村土地拆迁、民办教师待遇、复退军人安置、水库移民安置、民营企业职工工资福利待遇等经济利益矛盾引发的群体事件。(5)社会权益性事件,即由信仰矛盾或虚拟社会与实体社会不特定人群之间矛盾引发的事件,如回族与汉族杂居地区群众因饮食等信仰观念的差异而引发的事件。(6)生态权益性事件,即由生态环境污染或可能造成污染的项目的实施引发的事件。

突发事件应对法律制度是指国家通过设定一定的权力(利)、程序规则、应急处置预案、技术规则、综合协调机制等,调整权力机关、公民、法人和其他组织在应对处置突发事件过程中形成的管理监督、支持参与、互动合作的特定社会关系,确保有效控制、减轻、消除突发事件所造成的灾害、灾难和严重社会危害的法律规范总称。其主体是多元的,即权力机关、公民、法人和其他组织等;客体是多元主体在应对处置突发事件中形成的纵向、横向、纵横交叉的关系;对象是各种自然灾害、事故灾难、公共卫生事件和社会安全事件;调整范围是突发事件的预防与应急准备、监测与预警、应急处置与救援、事后恢复与重建等应对活动。①

拓展阅读

二、突发事件应对法律制度的特征

(一)调整范围的广泛性

突发事件应对法律制度旨在对突发事件应对活动进行调整和规范。我国《突发事件应对法》明确规定了其调整的范围是突发事件的预防与应急准备、监测与预警、应急处置与救援、事后恢复与重建等应对活动,可见其调整范围具有广泛性。

(二)结构体系的系统性

由于突发事件具有突发性、破坏性、急迫性,对经济社会发展、社会生活秩序乃至人民群众生命健康造成威胁,国家建立了突发事件应对体系。我国《突发事件应对法》明确规定了突发事件分级标准体系、风险评估体系、应急预案体系、应急救援体系以及恢复重建体系

---

① 曹康泰:《关于〈中华人民共和国突发事件应对法(草案)〉的说明——2006 年 6 月 24 日在第十届全国人民代表大会常务委员会第二十二次会议上》,载全国人民代表大会网站 http://www.npc.gov.cn,访问日期:2022 年 9 月 2 日。

等,形成了适应自然灾害、事故灾难事件、公共卫生事件和社会安全事件预防与应急准备、监测与预警、应急处置与救援、事后恢复与重建的体系,确保突发事件应对统一、协调、有力、高效,这体现了这一法律制度的系统性特征。

(三)监测预警的层级性

突发事件的多样性、差异性、复杂性,要求突发事件应对法律规范需要建立突发事件的分类、分级应对机制,为层级权力机关制定应急预案、风险评估、监测预警、风险发布、启动应对应急预案提供基本的依据。国务院依据《突发事件应对法》相关规定,制定了特别重大、重大突发公共事件分级标准,包括:(1)自然灾害类。含水旱、气象、地震、地质、海洋、生物、森林草原7类自然灾害中的特别重大自然灾害情形23种、重大自然灾害情形27种。(2)事故灾难类。含安全事故、环境污染和生态破坏事故两类事故中特别重大事故灾难情形19种、重大事故灾难情形17种。(3)公共卫生事件类。含公共卫生事件、动物疫情两类公共卫生事件中特别重大公共卫生事件12种、重大公共卫生事件19种。(4)社会安全事件类。含群体性事件、金融突发事件、涉外突发事件、影响市场稳定的突发事件、恐怖袭击事件、刑事案件六类社会安全事件中特别重大社会安全事件37种、重大社会安全事件24种。《突发事件应对法》按照紧急程度、发展态势和可能造成的危害程度将突发事件分为一级、二级、三级和四级,分别用红色、橙色、黄色和蓝色标识,一级为最高级别。这些为准确监测预警突发事件提供了依据和判定标准。

(四)应急处置的多样性

针对自然灾害、事故灾难、公共卫生事件和社会安全事件的非常态性、突变性及破坏性,需要综合施策、系统应对。根据《突发事件应对法》的相关规定,应急处置具有多样性的特点。

1. 严密的突发事件应急管理组织体系。该体系坚持统一领导、综合协调、分类管理、分级负责、属地管理为主。

2. 突发事件应急预案体系。《突发事件应急预案管理办法》规定应急预案包括总体应急预案、专项应急预案、部门应急预案等,科学划分了各级政府及其部门、基层组织、企业事业单位、社会团体编制应急预案的权限、责任及分工,规定了应急预案的规划、编制、审批、发布、备案、演练、修订、培训、宣传教育等事项,为突发事件依法、迅速、科学、有序预防、应急准备、监测预警、应急处置、救援、事后恢复与重建,最大限度减少突发事件及其造成的损害,最大限度进行恢复重建提供了实施机制。

3. 统一的突发事件信息系统。其功能是汇集、促成、分析、传输有关突发事件的信息,实现突发事件信息互联互通,跨地区、跨行业、跨部门进行信息交流与情报合作。

4. 隐患与预警系统。突发事件隐患与预警系统负责收集、报告、会商、评估、发布预警、调整预警级别与解除预警。

5. 突发事件应急处置体系。自然灾害、事故灾难、公共卫生事件、社会安全事件或者严重影响国民经济正常运行的突发事件发生后,应根据类型化的应急处置预案,采取类型化的应急处理措施,如征用、征集和组织生产、运输等,确保突发事件应急处置有序进行。

(五)参与主体的多元性

突发事件应急处置需要动员一切社会力量。其参与主体包括突发事件领导机构、应急指挥机构、应急办事机构、社会组织与社区居民援助机构、应急救援队伍、社会志愿者、医疗卫生服务队伍以及社会捐赠与保险力量。

(六)法律责任的专门性

严格、规范的法律责任是公权力部门履行突发事件紧急应对职责、有关单位承担责任、履行社会义务的保障。权力机关、政府及其有关部门不履行法定职责,具有《突发事件应对法》第63条规定的8种情形之一的,对直接负责的主管人员和其他主要负责人员依法追究行政责任;有关单位具有该法第64条规定的4种情形之一的,停业整顿、暂扣营业执照,构成违反治安管理行为的,由公安机关依法给予处罚;具有该法第65—68条规定情形的,依法追究行政责任、民事责任直至刑事责任。

第二节 突发事件应对法律制度演进

一、突发事件应对法律制度的起步阶段(1949年—1978年)

新中国成立以后,党和政府一直高度重视自然灾害、事故灾难、公共卫生与社会安全突发事件的应对工作。

(一)自然灾害方面

针对自然灾害频发、积贫国弱的状况,刚刚成立的新中国把应对自然灾害事件作为巩固政权、保障人民生命健康权益的头等大事。1949年,中国人民政治协商会议第一次全体会议把"兴修水利,防洪防旱"写进《中国人民政治协商会议共同纲领》,这是我国首次以临时根本法的形式规定"兴修水利,防洪抗旱",为其后的抗灾救灾减灾奠定了制度基础。围绕救灾减灾、水土保持与水利设施防旱防涝建设等,党中央领导和推动政务院及其后的国务院发布关于生产救灾与水利工作指示;组建水利部、地震部、救灾委员会等职能机构;颁布中央救灾委员会组织简则,编制淮河流域、海河流域、三峡水利枢纽和长江流域、南水北调近期工程规划;组织人民群众兴修水利设施;制定"一方有难,八方支援"的抗震救灾工作方针。这些机构设置与相关规定为预防、减少和处置自然灾害发挥了积极作用。

(二)事故灾难方面

新中国成立以后,随着经济建设工程、生产生活的变化,各种事故灾难不断发生,国家应对处置事故灾难的制度建设被提上议事日程。首先,国务院及最高人民法院等发布《工厂安全卫生规程》《工人职员伤亡事故报告规程》《关于职工因交通事故死亡抚恤问题的复函》《关于处理医疗事故案件不应判给经济补偿的批复》等。其次,运用政策与行政措施应对事故灾难突发事件成为主要途径。由于法制意识淡薄、法规位阶较低、执法司法力量薄弱,许多特别重大事故灾难事件既未得到有效应对处置,也未对相关责任人员依法追究法律责任。

（三）公共卫生方面

针对传染病肆虐、人民群众医疗保障缺失等问题,新中国提出了"医疗卫生体系为工农兵服务、预防为主、中西医相结合、卫生工作与群众运动相结合"的方针,开展除"四害"、消灭血吸虫等"爱国卫生运动",建立卫生防疫体系和合作医疗体系。

（四）社会安全方面

1. 国家安全重大突发事件应对方面。我国政府采取一系列果敢有力有节的应对措施。例如,新中国成立初期面临的一个特别重大突发事件是朝鲜战争爆发,以毛泽东同志为代表的中国共产党人果敢作出重大战略决策——抗美援朝,抗美援朝的胜利既捍卫了新生的人民民主政权,维护了我国国家主权和东北亚地区的和平,也对第二次世界大战后国际格局和国际政治秩序产生了重大深远影响;1959 年中国政府有效应对印度尼西亚排华事件;1963年中国政府采取有力措施,取得中印反击战的胜利,维护了中印边界的安全、领土统一和南亚地区的稳定;1969 年中国政府在中国境内的珍宝岛展开反击战,维护了国家主权统一、领土完整和安全。

2. 国家统一与民族团结重大突发事件应对方面。例如,1959 年中央政府采取有力措施平叛西藏叛乱。

3. 社会安全管理法规方面。国家颁布《政务院关于严禁鸦片烟毒的通令》《惩治反革命条例》《城市户口管理暂行条例》《印铸刻字业暂行管理规则》《妨害国家货币治罪暂行条例》《进出口列车、车员、旅客、行李检查暂行通则》《治安保卫委员会暂行组织条例》《政务院劳动就业委员会关于失业人员统一登记办法》《禁止国家货币票据及证券出入国境暂行办法》《人民调解委员会暂行组织通则》《劳动改造条例》《城市交通规则》《国务院关于批准进出口船舶联合检查通则的通知》《最高人民法院、公安部关于公安机关如何协助人民法院拘留人犯问题的联合通知》《最高人民法院、公安部关于加强对监外就医、监外执行、假释、缓刑犯人管理工作的联合通知》《公安部关于对旅游船实施边防检查的通知》等。这些文件为社会安全管理和突发事件的处置提供了依据。

二、突发事件应对法律制度的形成阶段（1979 年—2006 年）

随着改革开放的全面推动和法制建设的启动、发展,应对自然灾害、事故灾难、公共卫生与社会安全突发事件的法律制度建设也被摆到了国家法制建设的重要位置,我国有关这四个领域突发事件的应对法律制度进入了形成阶段。

（一）自然灾害防治与突发事件应对方面

自然灾害防治与突发事件应对涉及多个方面:（1）森林资源保护与灾害防治方面,全国人大常委会及国务院通过《森林法》《森林防火条例》,建立林木采伐许可证制度、森林防火行政首长负责制度与防火值班制度。（2）草原资源保护方面,全国人大常委会审议通过

《草原法》,建立了草原基本保护制度。(3)水土资源保护方面,全国人大常委会及国务院出台水土保持法律法规,建立政府目标责任制与考核奖惩制度。(4)渔业保护方面,全国人大常委会及国务院出台渔业与水产资源繁殖保护法律法规,建立渔业捕捞许可证制度。(5)水资源利用和保护方面,全国人大常委会审议通过《水法》,建立了取水许可制度和有偿使用制度。(6)气候资源开发保护方面,全国人大常委会及国务院出台气象法律法规,建立气象探测制度。(7)防洪和抗震减灾方面,全国人大常委会及国务院出台防洪、抗震救灾等法律法规与应急预案,建立防洪救灾预警、监测、预防、应急响应、应急保障、救灾与重建等制度。(8)地质灾害防治方面,国务院出台《地质灾害防治条例》与应急预案,建立了地质灾害调查、预报与治理工程"三同时"制度。至此,我国初步形成了自然灾害预防预警、突发事件应对处置与灾后恢复重建的法律制度体系。

(二)事故灾难防治与突发事件应对方面

事故灾难防治与突发事件应对涉及多个方面:(1)矿山事故灾难方面,全国人大常委会及国务院出台矿山安全法律法规,建立安全管理、安全生产责任制与监督保护等制度。(2)火灾事故灾难方面,全国人大常委会、国务院及公安部等部委相继出台消防安全等法律法规与部门规章,建立防火监督管理、火灾预防、防火安全责任制等制度。(3)道路交通事故灾难方面,全国人大常委会审议通过《道路交通安全法》,建立了机动车登记、机动车准入、机动车驾驶证累积记分等制度。(4)建筑事故灾难方面,全国人大常委会审议通过《建筑法》,建立建筑许可、工程发包与承包、全生产管理等制度。(5)安全事故灾难方面,全国人大常委会、国务院出台安全生产法律法规与应急预案,建立了安全事故应急救援与调查处理制度。(6)核电事故灾难方面,国务院相继出台核电厂核事故法规及应急预案,建立了应急对策和应急防护措施、应急状态终止和恢复措施等制度。至此,我国初步形成了事故灾难防治与突发事件应对法律制度体系。

(三)公共卫生突发事件应对方面

公共卫生突发事件应对涉及多个方面:(1)传染病防治方面,全国人大常委会、国务院出台传染病防治法律法规,建立传染病监督、监测、管理与传染病疫情报告、通报和公布等制度。(2)动植物防疫方面,全国人大常委会、国务院出台动植物防疫法律法规与应急预案,建立强制免疫、疫情监测和预警等制度。(3)食品安全突发事件应对方面,全国人大常委会、国务院出台食品安全突发事件应对法律法规与应急预案,建立了食品监督、应急保障、监测预警与报告评估等制度。我国公共卫生突发事件应对法律制度体系在这一阶段初步形成。

(四)社会安全突发事件应对方面

社会安全突发事件应对涉及多个方面:(1)社会安全突发事件应对方面,全国人大常委会、国务院出台社会安全突发事件应对法律法规,建立了警务保障、对人民警察监督、未成年犯和女犯改造、信访工作责任制等制度。(2)社会治安综合治理突发事件应对方面,此方面内容将在第十二章作专门阐述。(3)国家金融安全突发事件应对方面,全国人大及其常委会出台国家金融法律,建立了人民币发行与保护制度、金融监督管理制度、对银行监督管理制度等。(4)农业安全突发事件应对方面,全国人大常委会、国务院出台农业安全法律法规,建立了农村土地承包经营、农产品进口预警、农业资源监测等制度。(5)紧急状态戒严方面,全国人大常委会出台《戒严法》,建立了戒严紧急状态制度体系。(6)涉外旅游突发事件应对方面,国务院出台涉外旅游相关法规与应急预案,建立了旅行社经营出国旅游业务审批、预警机制和应急响应、Ⅱ级和Ⅲ级响应处置程序等制度。(7)网络突发事件应对方面,此方面内容将在第十三章作专门阐述。

三、突发事件应对法律制度的发展完善阶段(2007年至今)

近年来,事故灾难频发,给经济社会的发展带来了负面影响。针对突发事件的责任不够明确,统一、协调、灵敏的应对体制尚未形成,一些行政机关应对突发事件的能力不够强,危机意识不够高,依法可以采取的应急处置措施不够充分、有力,突发事件的预防与应急准备、监测与预警、应急处置与救援等制度、机制不够完善,导致一些突发事件未能得到有效预防,有的突发事件引起的社会危害未能及时得到控制,社会广泛参与应对工作的机制还不够健全,公众的自救与互救能力不够强、危机意识有待提高等问题,全国人大常委会审议通过了

拓展阅读

《突发事件应对法》,国务院出台《生产安全事故报告和调查处理条例》《核电厂核事故应急管理条例》《电力安全事故应急处置和调查处理条例》《突发公共卫生事件应急条例》《破坏性地震应急条例》《铁路交通事故应急救援和调查处理条例》《国务院关于预防煤矿生产安全事故的特别规定》《重大动物疫情应急条例》《生产安全事故应急条例》,进一步完善了突发事件应对法律制度体系。

(一)自然灾害应对法律制度的发展完善

这一阶段自然灾害应对法律制度的发展完善涉及多个方面:(1)防震减灾方面,全国人大常委会审议通过《防震减灾法》,健全地震监测台网建设、地震观测环境保护、地震预报统一发布等制度。(2)自然灾害救助方面,国务院出台自然灾害救助应急预案,建立了预案适用范围、应急响应启动条件、启动程序及响应措施等制度。(3)地震灾害应急处置方面,国务院出台地震灾害应急预案,建立了军地联动,分级负责、属地为主,资源共享、快速反应等制度。

(二)事故灾难应对法律制度的发展完善

这一阶段事故灾难应对法律制度的发展完善涉及多个方面:(1)防火救灾事故灾难应对方面,全国人大常委会审议通过《消防法》,健全了社会化消防工作网络、专职消防队建设、消防行政许可等制度。(2)道路交通事故灾难应对方面,全国人大常委会审议通过《道路交通安全法》,建立了吊销驾驶证、提高罚款额度、终审禁驾等制度。(3)安全生产事故灾难应对方面,全国人大常委会修订《安全生产法》,健全了生产经营单位负责、职工参与、政府监管、行业自律和社会监督等制度。(4)核安全事故灾难应对方面,国务院出台国家核安全应急预案,建立了核设施核事故应急响应、事后恢复、应急准备和保障措施等制度。

（三）公共卫生突发事件应对法律制度的发展完善

这一阶段公共卫生突发事件应对法律制度的发展完善涉及多个方面：（1）传染病防治方面，全国人大常委会审议通过《国境卫生检疫法》《职业病防治法》等法律，健全了职业卫生监管部门职责分工、消除职业病诊断受理门槛、简化劳动仲裁程序等制度。（2）动物防疫方面，全国人大常委会审议通过《动物防疫法》，健全了建立档案、动物疫情监测网络、疫情报告、疫情公布等制度。

（四）社会安全突发事件应对法律制度的发展完善

这一阶段社会安全突发事件应对法律制度的发展完善涉及多个方面：（1）国家安全方面，全国人大常委会审议通过《反恐怖主义法》，健全了对恐怖活动组织和人员认定、安全防范等制度。（2）社会安全突发事件管理方面，全国人大常委会审议通过《人民警察法》《监狱法》《治安管理处罚法》等法律，健全了行政处罚、行政拘留自由裁量等制度。（3）国家金融安全方面，全国人大常委会审议通过《证券法》《保险法》等法律，禁止跨市场操纵，明确了注册程序，取消了股票发行审核制，设立了证券投资者保护基金，并规定保险合同成立满两年后，保险公司不得再以该投保人未履行如实告知义务解除合同与不可抗辩规则等制度。

第三节　突发事件应对法律制度的渊源

一、宪法

《宪法》第62条第15项规定，全国人民代表大会有权决定战争和和平的问题；第67条第19—21项规定，全国人民代表大会常务委员会在全国人民代表大会闭会期间，如果遇到国家遭受武装侵犯或者必须履行国际间共同防止侵略的条约的情况，有权决定战争状态的宣布；有权决定全国总动员或者局部动员；有权决定全国或者个别省、自治区、直辖市进入紧急状态。第80条规定，中华人民共和国主席根据全国人民代表大会的决定和全国人民代表大会常务委员会的决定，宣布进入紧急状态，宣布战争状态，发布动员令。这些条款为应对和处置紧急状态或应对处置突发事件提供了宪法渊源。

二、专门法律

《突发事件应对法》对预防与应急准备、监测与预警、应急处置与救援、事后恢复与重建、法律责任作出明确规定。这是我国第一部应对处置自然灾害、事故灾难、公共安全、社会安全重大突发事件的专门法律。此前，国务院通过了《国家突发公共事件总体应急预案》，对组织体系、运行机制、应急保障、监督管理等作出规定。《突发公共卫生事件应急条例》规定了突发公共卫生事件预防与应急准备、报告与信息发布、应急处理、法律责任等内容。这为国家动员组织机关、团体、社会组织、企业事业单位及全社会依法有效应对和处置自然灾害、事故灾难、公共卫生、社会安全突发事件提供了法律依据,对于保障人民生命健康、国家财产、社会和谐稳定、提供国泰民安社会环境、建设更高水平平安中国具有不可替代的作用。

三、行政法规、部门规章与其他规范性文件

(一)自然灾害突发事件应对处置方面

为实施相关法律,有效应对和处置自然灾害事件,国务院出台了《破坏性地震应急条例》《蓄滞洪区运用补偿暂行办法》《地质灾害防治条例》《防汛条例》《森林防火条例》《草原防火条例》《抗旱条例》《自然保护区条例》。国务院和中央军委出台的《军队参加抢险救灾条例》对有关破坏性地震、地质灾害、防汛、森林与草原防火中涉及自然灾害救助应急应对、部队参与抢险救灾的内容作出规定。国务院还出台了相关规范性文件,如《国家防汛抗旱应急预案》《国家突发地质灾害应急预案》《国家自然灾害救助应急预案》《国家地震应急预案》。

(二)事故灾难突发事件应对处置方面

为实施交通安全、矿山安全、消防安全、安全生产、生态空间安全等法律,从行政法规层面完善各领域事故灾难突发事件应对处置,国务院及各部委颁布了《核电厂核事故应急管理条例》《矿山安全法实施条例》《特种设备安全监察条例》《煤矿安全监察条例》《危险化学品安全管理条例》《安全生产许可证条例》《农业转基因生物安全管理条例》《国家安全生产事故灾难应急预案》《国家处置铁路行车事故应急预案》《国家处置民用航空器飞行事故应急预案》《国家海上搜救应急预案》《国家通信保障应急预案》《国家核应急预案》等,为应对处置有关核事故、矿山事故、生物安全事故、生产事故、道路交通事故、航空器飞行事故、特种特备使用事故、化学品管理事故等事故灾难突发事件提供了法律依据。

(三)公共卫生突发事件应对处置方面

为实施有关动植物防疫、传染病职业病防治、食品安全保障等法律,从行政法规层面完善公共卫生突发事件应对处置,国务院及相关部委制定了《突发公共卫生事件应急条例》《植物检疫条例》《重大动物疫情应急条例》等行政法规,出台了《国家突发公共卫生事件应急预案》《国家突发公共事件医疗卫生救援应急预案》《国家突发重大动物疫情应急预案》《国家重大食品安全事故应急预案》《传染病防治法实施办法》等规范性文件,为有效应对处置重大动物疫情、突发公共卫生事件、重大食品安全事故、传染病疫情等公共卫生突发事件提供了法律依据。

(四)社会安全突发事件应对处置方面

为实施有关集会游行、金融管理、网络安全、治安管理等方面的法律,从行政法规层面完善社会安全突发事件应对处置,中共中央、国务院印发《信访工作条例》等,国务院及相关部门出台《计算机信息系统安全保护条例》《宗教事务条例》《民用爆炸物品安全管理条例》

《民用航空安全保卫条例》《农药管理条例》《中央储备粮管理条例》《中国公民出境旅游突发事件应急预案（简本）》等，为有效应对处置计算机信息安全、宗教事务、民用爆炸物、民用航空、粮食安全、信访领域社会安全重大突发事件提供了依据。与此同时，各省、自治区、直辖市、较大的市根据立法授权制定了《北京西站地区突发事件总体应急预案》《上海市突发事件人员疏散撤离和避难场所启用应急预案》《湖北省旅游突发事件应急预案》《重庆市突发社会安全事件专项应急预案》《新疆维吾尔自治区人民政府突发公共事件总体应急预案》《广东省文化厅关于公共文化场所和文化活动突发事件的应急预案》《海南省旅游突发公共事件应急预案》《北京市社会治安综合治理条例》《上海市特种行业和公共场所治安管理条例》《海南省沿海边防治安管理条例》等地方性法规，对相关社会安全突发事件应对作出规定，为地方社会安全突发事件应对处置提供了依据。

第四节　突发事件应对具体法律制度

一、突发事件预防制度

我国相关法律法规应对突发事件坚持预防为主的原则，为极力减少重大突发事件的发生，对突发事件应对预防的内容作了详细规定，建立起了突发事件预防制度。《突发事件应对法》第20—22条规定，省级和设区的市级政府应当对本行政区域内容易引发特别重大、重大突发事件的危险源、危险区域进行调查、登记、风险评估，组织进行检查、监控，并责令有关单位采取安全防范措施；县级政府应当对本行政区域内容易引发自然灾害、事故灾难和公共卫生事件的危险源、危险区域进行调查、登记、风险评估，定期进行检查、监控，并责令有关单位采取安全防范措施；县级政府及其有关部门、乡级政府、街道办事处、村（居）委会应当及时调解处理可能引发社会安全事件的矛盾纠纷；所有单位应当建立健全安全管理制度。

（一）自然灾害突发事件预防制度

与《突发事件应对法》有关自然灾害突发事件预防制度规定内容相配套的法律法规有：《防洪法》第二、三、四章对防洪规划、治理与防护、防洪区和防洪工程设施的管理作出规定；《草原防火条例》第19、20条对草原防火突发事件预防制度作出规定；《森林防火条例》第25条对森林防火突发事件预防制度作出规定。国务院及有关部委制定的部门规章对提升地震灾害风险防治能力，提升公众防震减灾科学素养和应急避险、自救互救技能作出规定。

（二）事故灾难突发事件预防制度

与《突发事件应对法》有关事故灾难突发事件预防制度规定内容相配套的法律法规有：《消防法》第21条禁止在具有火灾、爆炸危险的场所吸烟、使用明火；《道路交通安全法》第6、40条对各级政府的预防职能作出规定；《安全生产法》第20条对生产经营单位事故灾难突发事件预防的责任（义务）作出规定，第 62 条对县级以上地方各级政府预防职能作出规定，等等。

（三）公共卫生突发事件预防制度

与《突发事件应对法》有关公共卫生突发事件预防制度规定内容相配套的法律法规有：《食品安全法》对食品生产经营者、国家出入境检验检疫部门公共卫生事件预防的责任（义务）作出规定；《生物安全法》对生物安全风险防控体制等内容作了专章规定；《动物防疫法》第 7 条对从事动物饲养、屠宰、经营、隔离、运输以及动物产品生产、经营、加工、贮藏等活动的经营主体的公共卫生突发事件预防责任（义务）作出规定，等等。

（四）社会安全突发事件预防制度

与《突发事件应对法》有关社会安全突发事件预防制度规定内容相配套的法律法规有：《反恐怖主义法》对铁路、公路、水上、航空的货运和邮政、快递等物流运营单位社会安全突发事件预防职能作出规定；《保险法》《证券法》分别对保险业、证券业突发事件预防相关制度作出规定；《集会游行示威法》第 5 条、《民用爆炸物品安全管理条例》第 3 条分别对集会游行、民用爆炸物品等突发事件预防制度作出规定，等等。

二、突发事件应急保障制度

我国相关法律法规对突发事件应对工作实行预防与应急保障相结合的原则，以保障突发事件应对工作顺利进行。为最大限度地减轻突发事件的影响，我国对突发事件应对应急保障的内容作出了规定，建立起了突发事件应急保障制度。《突发事件应对法》第 17、25、26、28、32、33、35 条规定，国家建立健全突发事件应急预案体系；县级以上政府应当建立健全突发事件应急管理培训制度；县级以上政府应当整合应急资源，建立或者确定综合性应急救援队伍；解放军、武装警察部队和民兵组织应当有计划地组织开展应急救援的专门训练；国家建立健全应急物资储备保障制度，完善重要应急物资的监管、生产、储备、调拨和紧急配送体系；国家建立健全应急通信保障体系；建立国家财政支持的巨灾风险保险体系。《国家突发公共事件总体应急预案》"应急保障"部分规定，各有关部门要按照职责分工和相关预案做好突发公共事件的应对工作，同时根据总体预案切实做好应对突发公共事件的人力、物力、财力、交通运输、医疗卫生及通信保障等工作，保证应急救援工作的需要和灾区群众的基本生活以及恢复重建工作的顺利进行，等等。

（一）自然灾害突发事件应急保障制度

与《突发事件应对法》有关自然灾害突发事件应对应急保障制度规定内容相配套的法律法规有：《防洪法》第四章、《草原防火条例》第 11 条、《抗旱条例》第 19 条分别对防洪、草原防火、抗旱领域自然灾害突发事件应急保障制度作出规定，等等。

（二）事故灾难突发事件应急保障制度

与《突发事件应对法》有关事故灾难突发事件应急保障制度规定内容相配套的法律法规有：《消防法》第 20 条对大型群众性活动消防事故灾难突发事件应急保障制度作出规定；

《安全生产法》第 79 条对国家加强生产安全事故应急能力建设、重点行业重点领域事故灾难突发事件应急保障制度作出规定,等等。

（三）公共卫生突发事件应急保障制度

与《突发事件应对法》有关公共卫生突发事件应急保障制度规定内容相配套的法律法规有:《国家食品安全事故应急预案》"应急保障"部分、《国家突发公共卫生事件应急预案》"突发公共卫生事件应急处置的保障"部分分别对国务院有关部门、地方各级政府和卫生行政部门公共卫生突发事件应急保障制度作出规定;《动物防疫法》第十章对各级人民政府动物疫情应急保障职责作出规定,等等。

（四）社会安全突发事件应急保障制度

与《突发事件应对法》有关社会安全突发事件应急保障制度规定内容相配套的法律法规有:《反恐怖主义法》第 18 条对电信业务经营者、互联网服务提供者的反恐怖活动协助义务作出了规定;《人民警察法》第 35 条对拒绝或者阻碍人民警察依法执行职务的治安责任作出规定;《中国公民出境旅游突发事件应急预案（简本）》"应急保障和培训演练"部分对社会安全突发事件应急保障和培训演练制度作出规定,等等。

三、突发事件监测制度

为早发现早处置突发事件,提高应对突发事件的能力,最大限度地降低突发事件的影响,我国相关法律法规对突发事件监测的内容作出了规定,建立起了突发事件监测制度。《突发事件应对法》第 27、41 条规定,国务院建立全国统一的突发事件信息系统;国家建立健全突发事件监测制度,县级以上政府及其有关部门应当根据自然灾害、事故灾难和公共卫生事件的种类和特点,建立健全基础信息数据库,完善监测网络,划分监测区域,确定监测点,明确监测项目,提供必要的设备、设施,配备专职或者兼职人员,对可能发生的突发事件进行监测。《国家突发公共事件总体应急预案》"运行机制"部分规定,各地区、各部门要针对各种可能发生的突发公共事件,完善预测预警机制,建立预测预警系统,开展风险分析,做到早发现、早报告、早处置。

（一）自然灾害突发事件监测制度

与《突发事件应对法》有关自然灾害突发事件监测制度规定内容相配套的法律法规有:《地质灾害防治条例》第 14、15 条规定,国家建立地质灾害监测网络,地质灾害易发区的县、乡、村应当加强地质灾害的群测群防工作。《防震减灾法》第 17、18、21 条规定,国家加强地震监测预报工作,建立多学科地震监测系统,逐步提高地震监测预报水平。国务院地震工作主管部门和县级以上地方政府负责管理地震工作的部门或机构,应加强对地震活动与地震前兆的信息检测、传递、分析、处理和对可能发生地震的地点、时间和震级的预测。《森林防火条例》第 30 条规定,县级以上政府林业主管部门和气象主管机构应当根据森林防火需要,建设森林火险监测和预报台站,建立联合会商机制。《防洪法》第 31 条规定,地方各级政府应当组织有关部门、单位按照防洪规划和防御洪水方案建立并完善防洪体系和水文、气象、通信、预警以及洪涝灾害监测系统,提高防御洪水能力,等等。

（二）事故灾难突发事件监测制度

与《突发事件应对法》有关事故灾难突发事件监测制度规定内容相配套的法律法规有:《核电厂核事故应急管理条例》第 15 条规定,核电厂的核事故应急机构和省级政府指定的部门应当具有辐射监测系统,辐射监测系统应当处于良好状态。《国家突发环境事件应急预案》"监测预警和信息报告"部分规定,各级环境保护主管部门及其他有关部门要加强日常环境监测,并对可能导致突发环境事件的风险信息加强收集、分析和研判,等等。

（三）公共卫生突发事件监测制度

与《突发事件应对法》有关公共卫生突发事件监测制度规定内容相配套的法律法规有:《食品安全法》第 14 条规定,国家建立食品安全风险监测制度,对食源性疾病、食品污染以及食品中的有害因素进行监测。《国家突发公共卫生事件应急预案》"突发公共卫生事件的监测、预警与报告"部分规定,国家建立统一的突发公共卫生事件监测、预警与报告网络体系。各级医疗、疾病预防控制、卫生监督和出入境检疫机构负责开展突发公共卫生事件的日常监测工作。省级政府卫生行政部门要按照国家统一规定和要求,结合实际,组织开展重点传染病和突发公共卫生事件的主动监测。《动物防疫法》第 12 条规定,县级以上人民政府按照国务院的规定,根据统筹规划、合理布局、综合设置的原则建立动物疫病预防控制机构,等等。

（四）社会安全突发事件监测制度

与《突发事件应对法》有关社会安全突发事件监测制度规定内容相配套的相关规定有:《国家突发公共事件总体应急预案》第三部分"运行机制"明确规定,各地区、各部门要针对各种可能发生的突发公共事件,完善预测预警机制,建立预测预警系统,开展风险分析,做到早发现、早报告、早处置。《广西壮族自治区发展改革委综合应急预案》第 6、7 条规定,建立和完善各类信息监测预警机制,重点做好对全区宏观经济、市场价格等情况的监测预警工作,及时发现异常情况,提出监测预警报告,对监测预警范围内异常现象的原因进行初步分析,判断其动态趋势（消失、持续、扩大）。《陕西省文化厅公共文化场所和文化活动突发事件应急预案》"预防和预警机制"部分规定,各级各类公共文化场所和文化活动主办单位应做好应对突发事件的思想准备和组织准备,加强日常管理和监测,注意日常信息的收集与传报,对可能发生的涉及公共安全的预警信息进行全面评估和预测,制定有效的监督管理责任制和预防应急控制措施,尽可能做到早发现、早报告、早处置。《互联网网络安全应急预案》"预警和预防机制"部分规定,各经营性互联单位配合 CNCERT/CC,于每天中午 12 时以前采集其互联网前 24 小时内骨干网路由器和核心交换机的访问日志和骨干网路由器流量的运行状态信息,等等。

四、突发事件预警制度

为了尽早处置发生的突发事件,最大限度降低突发事件的影响,我国相关法律法规就突发事件预警作出了规定,建立起了突发事件预警制度。《突发事件应对法》第42、43、46、47条规定,国家建立健全突发事件预警制度。可以预警的自然灾害、事故灾难和公共卫生事件的预警级别,按照突发事件发生的紧急程度、发展势态和可能造成的危害程度分为一级、二级、三级和四级,分别用红色、橙色、黄色和蓝色标示,一级为最高级别;可以预警的自然灾害、事故灾难和公共卫生事件即将发生或者发生的可能性增大时,县级以上地方各级政府应当根据有关法律、行政法规和国务院规定的权限和程序,发布相应级别的警报,决定并宣布有关地区进入预警期;对即将发生或者已经发生的社会安全事件,县级以上地方各级政府及其有关主管部门应当按照规定向上一级政府及其有关主管部门报告,必要时可以越级上报;发布突发事件警报的政府应当根据事态的发展,按照有关规定适时调整预警级别并重新发布;有事实证明不可能发生突发事件或者危险已经解除的,发布警报的政府应当立即宣布解除警报,终止预警期,并解除已经采取的有关措施。《国家突发公共事件总体应急预案》"运行机制"部分规定,根据预测分析结果,对可能发生和可以预警的突发公共事件进行预警;预警信息包括突发公共事件的类别、预警级别、起始时间、可能影响范围、警示事项、应采取的措施和发布机关等;预警信息的发布、调整和解除可通过广播、电视、报刊、通信、信息网络、警报器、宣传车或组织人员逐户通知等方式进行,对老、幼、病、残、孕等特殊人群以及学校等特殊场所和警报盲区应当采取有针对性的公告方式。

（一）自然灾害突发事件预警制度

与《突发事件应对法》有关自然灾害突发事件预警制度规定内容相配套的法律法规有:《气象法》规定,国家对公众气象预报和灾害性天气警报实行统一发布制度,各级气象主管机构所属的气象台站应当根据职责向社会发布气象预报和灾害性天气警报。《地质灾害防治条例》第14条规定国家建立地质灾害预警信息系统。《国家防汛抗旱应急预案》"预防预警行动"部分规定了预防准备工作、江河洪水预警、渍涝灾害预警、山洪灾害预警、台风暴潮灾害预警、蓄滞洪区预警、干旱灾害预警、供水危机预警。《国家自然灾害救助应急预案》"灾害预警响应"部分规定,国家减灾委办公室根据自然灾害预警预报信息,结合可能受影响地区的自然条件、人口和社会经济状况,对可能出现的灾情进行预评估,当可能威胁人民生命财产安全、影响基本生活、需要提前采取应对措施时,启动预警响应,视情采取规定的相关措施。

（二）事故灾难突发事件预警制度

与《突发事件应对法》有关事故灾难突发事件预警制度规定内容相配套的法律法规有:《国家突发环境事件应急预案》"监测预警和信息报告"部分规定,地方环境保护主管部门研判可能发生突发环境事件时,应当及时向本级政府提出预警信息发布建议,同时通报同级相关部门和单位,预警信息发布后,当地政府及其有关部门视情采取分析研判、防范处置、应急准备、舆论引导等措施。《国家安全生产事故灾难应急预案》"预防机制"部分规定了各级、各部门安全生产事故灾难应急机构接到可能导致安全生产事故灾难的信息后,按照应急预案及时研究确定应对方案,并通知有关部门、单位采取相应行动预防事故发生,等等。

（三）公共卫生突发事件预警制度

与《突发事件应对法》有关公共卫生突发事件预警制度规定内容相配套的法律法规有：《国家食品安全事故应急预案》"监测预警、报告与评估"部分规定，卫生部根据食品安全风险监测结果，对食品安全状况进行综合分析，对可能具有较高程度安全风险的食品，提出并公布食品安全风险警示信息。《突发公共卫生事件应急条例》第 19、25 条规定，国家建立突发事件应急报告、信息发布制度，国务院卫生行政主管部门制定突发事件应急报告规范，建立重大、紧急疫情信息报告系统。《国家突发公共卫生事件应急预案》"突发公共卫生事件的监测、预警与报告"部分规定，各级政府卫生行政部门根据医疗机构、疾病预防控制机构、卫生监督机构提供的监测信息，按照公共卫生事件的发生、发展规律和特点，及时分析其对公众身心健康的危害程度、可能的发展趋势，及时作出预警，等等。

（四）社会安全突发事件预警制度

与《突发事件应对法》有关社会安全突发事件预警制度规定内容相配套的法律法规有：《中国公民出境旅游突发事件应急预案（简本）》"预警机制"部分要求，建立和完善中国公民出境旅游安全预警信息收集、评估和发布制度。《互联网网络安全应急预案》"预警和预防机制"部分规定，信息监测发现可能发生三级及以上互联网网络安全事件情况时，各经营性互联单位和 CNCERT/CC 按要求向互联网应急处理工作办公室上报有关预警信息，等等。

五、突发事件应急响应制度

为了及时、高效地处置突发事件，迅速进行救援，我国相关法律法规就突发事件应急响应的内容作出了规定，建立起了突发事件应急响应制度。《突发事件应对法》第 48、51、56、57 条规定，突发事件发生后，履行统一领导职责或者组织处置突发事件的政府应当针对其性质、特点和危害程度，立即组织有关部门，调动应急救援队伍和社会力量，依照《突发事件应对法》第四章的规定和有关法律、法规、规章的规定采取应急处置措施；严重影响国民经济正常运行时，国务院或者国务院授权的有关主管部门可以采取保障、控制等必要的应急措施，保障人民群众的基本生活需要；突发事件发生地的单位或公民应当配合政府采取的应急处置措施，积极参加救援工作。《国家突发公共事件总体应急预案》"运行机制"部分规定，特别重大或者重大突发公共事件发生后，各地区、各部门要立即报告，最迟不得超过 4 小时，同时通报有关地区和部门；应急处置过程中，要及时续报有关情况。事发地的省级政府或者国务院有关部门在报告特别重大、重大突发公共事件信息的同时，要根据职责和规定的权限启动相关应急预案，及时、有效地进行处置，控制事态。现场应急指挥机构负责现场的应急处置工作。

（一）自然灾害突发事件应急响应制度

与《突发事件应对法》有关自然灾害突发事件应急响制度规定内容相配套的法律法规有：《国家自然灾害救助应急预案》"国家应急响应"部分规定，根据自然灾害的危害程度等因素,国家自然灾害救助应急响应分为Ⅰ、Ⅱ、Ⅲ、Ⅳ四级,并对各个级别应急预案的启动条件、启动程序、相应措施作出规定。《地质灾害防治条例》第27、30、31条规定,发生特大型或者大型地质灾害时,有关政府应当成立地质灾害抢险救灾指挥机构,并组织实施相应的突发性地质灾害应急预案,国土资源主管部门应当会同同级建设、水利、交通等部门尽快查明地质灾害发生原因、影响范围等情况,提出应急治理措施,减轻和控制地质灾害灾情等。《国家地震应急预案》"应急响应"部分规定了搜救人员、开展医疗救治和卫生防疫、安置受灾群众、抢修基础设施、加强现场监测、防御次生灾害、维护社会治安、开展社会动员等内容,等等。从而形成了自然灾害突发事件应急响应制度。

（二）事故灾难突发事件应急响应制度

与《突发事件应对法》有关事故灾难突发事件应急响应制度规定内容相配套的法律法规有:《安全生产法》第85条规定,有关地方政府和负有安全生产监督管理职责的部门的负责人接到生产安全事故报告后,应当按照生产安全事故应急救援预案的要求立即赶到事故现场,组织事故抢救,参与事故抢救的部门和单位应当服从统一指挥,加强协同联动,采取有效的应急救援措施,并根据事故救援的需要采取警戒、疏散等措施,防止事故扩大和次生灾害的发生,减少人员伤亡和财产损失。《国家核应急预案》"核设施核事故应急响应"部分规定,根据核事故性质、严重程度及辐射后果影响范围,核设施核事故应急状态分为应急待命、厂房应急、场区应急、场外应急（总体应急）,并实施事故缓解和控制、辐射监测和后果评价、人员放射性照射防护、去污洗消和医疗救治、出入通道和口岸控制、市场监管和调控、维护社会治安等响应行动。《国家突发环境事件应急预案》"应急响应"部分规定,突发环境事件发生后,各有关地方、部门和单位根据工作需要,组织采取现场污染处置、转移安置人员、医学救援、应急监测、市场监管和调控、信息发布和舆论引导、维护社会稳定、国际通报和援助等措施,等等。

（三）公共卫生突发事件应急响应制度

与《突发事件应对法》有关公共卫生突发事件应急响应制度规定内容相配套的法律法规有:《国家食品安全事故应急预案》"应急响应"部分规定,事故发生后,根据事故性质、特点和危害程度,立即组织有关部门,依照有关规定采取应急处置措施,以最大限度减轻事故危害,并规定了检测分析评估、响应级别调整及终止、信息发布等内容。《突发公共卫生事件应急条例》第34、37条规定,突发事件应急处理指挥部根据突发事件应急处理的需要,可以对食物和水源采取控制措施。对新发现的突发传染病、不明原因的群体性疾病、重大食物和职业中毒事件,国务院卫生行政主管部门应当尽快组织力量制定相关的技术标准、规范和控制措施。《动物防疫法》第31条规定,发生一类动物疫病时,当地县级以上地方政府农业农村主管部门应当立即派人到现场,划定疫点、疫区、受威胁区,调查疫源,及时报请本级政府对疫区实行封锁。疫区范围涉及两个以上行政区域的,由有关行政区域共同的上一级人民政府对疫区实行封锁,或者由各有关行政区域的上一级人民政府共同对疫区实行封锁。必要时,上级人民政府可以责成下级人民政府对疫区实行封锁。县级以上地方人民政府应当立即组织有关部门和单位采取封锁、隔离、扑杀、销毁、消毒、无害化处理、紧急免疫接种等强制性措施。在封锁期间,禁止染疫、疑似染疫和易感染的动物、动物产品流出疫区,禁止非疫区的易感染动物进入疫区,并根据需要对出入疫区的人员、运输工具及有关物品采取消毒和其他限制性措施,等等。

（四）社会安全突发事件应急响应制度

与《突发事件应对法》有关社会安全突发事件应急响应制度规定内容相配套的法律法规有:《反恐怖主义法》第57、58条规定,恐怖事件发生后,发生地反恐怖主义工作领导机构应当立即启动恐怖事件应对处置预案,确定指挥长。有关部门和中国人民解放军、中国人民武装警察部队、民兵组织,按照反恐怖主义工作领导机构和指挥长的统一领导、指挥,协同开展打击、控制、救援、救护等现场应对处置工作。中国人民解放军、中国人民武装警察部队发现正在实施恐怖活动的,应当立即予以控制并将案件及时移交公安机关。《中国公民出境旅游突发事件应急预案（简本）》"应急响应"部分规定,Ⅰ级响应由国务院成立涉外突发事件应急总指挥部处置。Ⅱ级响应根据需要启动部际联席会议或由外交部和国家旅游局成立应急领导小组,负责统一组织、协调、指挥应急处置工作,等等。

六、突发事件事后恢复与重建制度

为了帮助受灾群众渡过难关,尽早恢复突发事件地区的社会生产、人民正常的生活秩序,我国相关法律法规对突发事件事后恢复与重建作出了规定,建立起了突发事件事后恢复与重建制度。《突发事件应对法》第58、61条规定,突发事件的威胁和危害得到控制或者消除后,履行统一领导职责或者组织处置突发事件的政府应当停止执行依照本法规定采取的应急处置措施,同时采取或者继续实施必要措施,防止发生自然灾害、事故灾难、公共卫生事件的次生、衍生事件或者重新引发社会安全事件;国务院根据受突发事件影响地区遭受损失的情况,制定扶持该地区有关行业发展的优惠政策。《国家突发公共事件总体应急预案》"运行机制"部分规定,要积极稳妥、深入细致地做好善后处置工作;突发公共事件中的伤亡人员、应急处置工作人员,以及紧急调集、征用有关单位及个人的物资,要按照规定给予抚恤、补助或补偿,并提供心理及司法援助;有关部门要做好疫病防治和环境污染消除工作,保险监管机构督促有关保险机构及时做好有关单位和个人损失的理赔工作;根据受灾地区恢复重建计划组织实施恢复重建工作。

（一）自然灾害突发事件恢复与重建制度

与《突发事件应对法》有关自然灾害突发事件恢复与重建制度规定内容相配套的法律法规有:《防洪法》第47条规定,发生洪涝灾害后,有关政府应当组织有关部门、单位做好灾区的生活供给、卫生防疫、救灾物资供应、治安管理、学校复课、恢复生产和重建家园等救灾工作以及所管辖地区的各项水毁工程设施修复工作。《国家自然灾害救助应急预案》"灾后救助与恢复重建"部分规定,特别重大、重大灾害发生后,国家减灾委办公室组织有关部门、专家及灾区民政部门评估灾区过渡期生活救助需求情况;财政部、民政部及时拨付过渡期生活救助资金；民政部、财政部监督检查灾区过渡期生活救助政策和措施的落实，定期通报灾区救助工作情况，过渡期生活救助工作结束后组织绩效评估。《防震减灾法》第59、63、64条规定，地震灾区受灾群众需要过渡性安置的，应当根据地震灾区的实际情况，在确保安全的前提下，采取灵活多样的方式进行安置，地震灾区的县级以上地方政府及其有关部门和乡、镇政府，应当及时组织修复毁损的农业生产设施，尽快恢复农业生产，优先恢复供电、供水、供气等企业的生产，加强对地震灾后恢复重建工作的领导、组织和协调，等等。

（二）事故灾难突发事件恢复与重建制度

与《突发事件应对法》有关事故灾难突发事件恢复与重建制度规定内容相配套的法律法规有：《道路交通安全法》第72条规定，公安机关交通管理部门接到交通事故报警后，应当立即派交通警察赶赴现场，先组织抢救受伤人员，并采取措施，尽快恢复交通。《国家核应急预案》"核设施核事故后恢复行动"部分规定，核设施营运单位负责场内恢复行动，并制订核设施恢复规划方案，按有关规定报上级有关部门审批，报国家核应急协调委和省核应急委备案。省核应急委负责场外恢复行动，并制订场外恢复规划方案，经国家核应急协调委核准后报国务院批准。场外恢复行动主要任务包括：全面开展环境放射性水平调查和评价，进行综合性恢复整治；解除紧急防护行动措施，尽快恢复受影响地区生产生活等社会秩序，进一步做好转移居民的安置工作；对工作人员和公众进行剂量评估，开展科普宣传，提供咨询和心理援助，等等。

（三）公共卫生突发事件善后处置恢复制度

与《突发事件应对法》有关公共卫生突发事件善后处置恢复制度规定内容相配套的法律法规有：《国家食品安全事故应急预案》"后期处置"部分规定，事发地政府及有关部门要积极稳妥、深入细致地做好善后处置工作，消除事故影响，恢复正常秩序，完善相关政策，促进行业健康发展。食品安全事故发生后，保险机构应当及时开展应急救援人员保险受理和受灾人员保险理赔工作。造成食品安全事故的责任单位和责任人应当按照有关规定对受害人给予赔偿，承担受害人后续治疗及保障等相关费用。《国家突发公共卫生事件应急预案》"善后处理"部分规定，地方各级政府要组织有关部门对因参与应急处理工作致病、致残、死亡的人员，按照国家有关规定，给予相应的补助和抚恤；对参加应急处理一线工作的专业技术人员应根据工作需要制订合理的补助标准，给予补助，等等。

（四）社会安全突发事件恢复与重建制度

与《突发事件应对法》有关社会安全突发事件恢复与重建制度规定内容相配套的法律法规有：《反恐怖主义法》第64、65条规定，恐怖事件应对处置结束后，各级政府应当组织有关部门帮助受影响的单位和个人尽快恢复生活、生产，稳定受影响地区的社会秩序和公众情绪，当地政府应当及时给予恐怖事件受害人员及其近亲属适当的救助，并向失去基本生活条件的受害人员及其近亲属及时提供基本生活保障，卫生、医疗保障等主管部门应当为恐怖事件受害人员及其近亲属提供心理、医疗等方面的援助，等等。

七、突发事件总结报告制度

为了整理收集应对和处置突发事件的情况,总结其中的经验教训,从中学习吸收改进,我国相关法律法规就突发事件总结报告的内容作出了规定,建立起了突发事件总结报告制度。《突发事件应对法》第62条规定,履行统一领导职责的政府应当及时查明突发事件的发生经过和原因,总结突发事件应急处置工作的经验教训,制定改进措施,并向上一级政府提出报告。《国家突发公共事件总体应急预案》"运行机制"部分规定,要对特别重大突发公共事件的起因、性质、影响、责任、经验教训和恢复重建等问题进行调查评估。

（一）自然灾害突发事件总结报告制度

与《突发事件应对法》有关自然灾害突发事件总结报告制度规定内容相配套的法律法规有:《抗旱条例》第55条规定,旱情缓解后,县级以上政府防汛抗旱指挥机构应当及时组织有关部门对干旱灾害影响、损失情况以及抗旱工作效果进行分析和评估,有关部门和单位应当予以配合,主动向本级政府防汛抗旱指挥机构报告相关情况,不得虚报、瞒报。《草原防火条例》第39、40条规定,草原防火主管部门应当对受灾草原面积、受灾畜禽种类和数量、受灾珍稀野生动植物种类和数量、人员伤亡以及物资消耗和其他经济损失等情况进行统计,对草原火灾给城乡居民生活、工农业生产、生态环境造成的影响进行评估,并按照国务院草原行政主管部门的规定上报,草原火灾统计报表由国务院草原行政主管部门会同国务院公安部门制定,报国家统计部门备案,等等。

（二）事故灾难突发事件总结报告制度

与《突发事件应对法》有关事故灾难突发事件总结报告制度规定内容相配套的法律法规有:《安全生产法》第86条规定,事故调查处理应当按照科学严谨、依法依规、实事求是、注重实效的原则,及时、准确地查清事故原因,查明事故性质和责任,评估应急处置工作,总结事故教训,提出整改措施,并对事故责任者提出处理建议。《核电厂核事故应急管理条例》第31条规定,核事故应急状态终止后,核电厂核事故应急机构应当向国务院指定的部门、核电厂的上级主管部门、国务院核安全部门和省级政府指定的部门提交详细的事故报告;省级政府指定的部门应当向国务院指定的部门提交场外核事故应急工作的总结报告。《国家突发环境事件应急预案》规定,突发环境事件应急响应终止后,要及时组织开展污染损害评估,并将评估结果向社会公布,评估结论作为事件调查处理、损害赔偿、环境修复和生态恢复重建的依据,等等。

（三）公共卫生突发事件总结报告制度

与《突发事件应对法》有关公共卫生突发事件总结报告制度规定内容相配套的法律法规有:《国家食品安全事故应急预案》"后期处置"部分规定,食品安全事故善后处置工作结束后,卫生行政部门应当组织有关部门及时对食品安全事故和应急处置工作进行总结,分析事故原因和影响因素,评估应急处置工作开展情况和效果,提出对类似事故的防范和处置建议,完成总结报告。《国家突发公共卫生事件应急预案》"善后处理"部分规定,突发公共卫生事件结束后,各级卫生行政部门应在本级政府的领导下,组织有关人员对突发公共卫生事件的处理情况进行评估,评估内容主要包括事件概况、现场调查处理概况、病人救治情况、所采取措施的效果评价、应急处理过程中存在的问题和取得的经验及改进建议,评估报告上报本级政府和上一级政府卫生行政部门,等等。

（四）社会安全突发事件总结报告制度

与《突发事件应对法》有关社会安全突发事件总结报告制度规定内容相配套的法律法规有:《反恐怖主义法》第 67 条规定,反恐怖主义工作领导机构应当对恐怖事件的发生和应对处置工作进行全面分析、总结评估,提出防范和应对处置改进措施,向上一级反恐怖主义工作领导机构报告,等等。

八、突发事件应对责任与奖惩制度

我国针对自然灾害、事故灾难、公共卫生与社会安全突发事件应急处置中的相关主体的责任与奖惩建立了相应的法律制度规范。依据《突发事件应对法》第 61 条规定,国务院根据受突发事件影响地区遭受损失的情况,制定扶持该地区有关行业发展的优惠政策;受突发事件影响地区的人民政府应当根据本地区遭受损失的情况,制定救助、补偿、抚慰、抚恤、安置等善后工作计划并组织实施,妥善解决因处置突发事件引发的矛盾和纠纷;公民参加应急救援工作或者协助维护社会秩序期间,其在本单位的工资待遇和福利不变;表现突出、成绩显著的,由县级以上人民政府给予表彰或者奖励;县级以上人民政府对在应急救援工作中伤亡的人员依法给予抚恤。依据《国家突发公共事件总体应急预案》"监督管理"部分规定,突发公共事件应急处置工作实行责任追究制。对突发公共事件应急管理工作中做出突出贡献的先进集体和个人要给予表彰和奖励。对迟报、谎报、瞒报和漏报突发公共事件重要情况或者应急管理工作中有其他失职、渎职行为的,依法对有关责任人给予行政处分;构成犯罪的,依法追究刑事责任,等等。

九、突发事件应对民事侵权责任制度

对于自然灾害、事故灾难、公共卫生、社会安全应急处置中的民事权益保障法律适用问题,我国《民法典》和《突发事件应对法》有相关规定。主要包括:（1）紧急避险不当或超过必要限度的民事责任方面。依据《民法典》第 182 条及《突发事件应对法》第 67 条之规定,单位和个人在自然灾害、事故灾难、公共卫生、社会安全重大事件中因紧急避险措施不当或者超过必要限度,给他人造成损害的,应当承担适当的民事责任。（2）人身财产损害赔偿方面。依据《民法典》《突发事件应对法》规定,单位或者个人违反法律规定,导致突发事件发生或者危害扩大,给他人人身、财产造成损害的,应当依法承担民事责任。（3）高危险作业责任方面。依据《民法典》第 1237、1240 条及《突发事件应对法》第 67 条之规定,单位或个人在处置高空、高压、易燃、易爆、剧毒、放射性、高速运输工具等对周围环境有高度危险作业的重大事件时给他人造成损害的,应当依法承担民事责任。

十、突发事件应对行政处罚制度

依据《行政处罚法》《治安管理处罚法》《突发事件应对法》《国家自然灾害救助应急预案》等规定,我国建立了突发事件应对行政处罚制度,其主要内容包括:(1)对未按规定采取预防措施,导致发生严重突发事件等4种情形,由所在地履行统一领导职责的人民政府责令停产停业,暂扣或者吊销许可证或者营业执照并处以罚款。(2)对编造并传播有关突发事件事态发展或者应急处置工作的虚假信息等3种情形,责令改正,给予警告。(3)对单位或者个人违反规定,不服从所在地人民政府及其有关部门发布的决定、命令或者不配合其依法采取措施的行为,给予行政处罚。(4)构成违反治安管理行为的,由公安机关依法给予行政处罚。

十一、对突发事件应对行政处罚不服的行政诉讼制度

《行政处罚法》第49条规定,发生重大传染病疫情等突发事件,为了控制、减轻和消除突发事件引起的社会危害,行政机关对违反突发事件应对措施的行为,依法快速、从重处罚。《行政复议法》第2条规定,公民、法人或者其他组织认为具体行政行为侵犯其合法权益,向行政机关提出行政复议申请,行政机关受理行政复议申请、作出行政复议决定,适用本法。第5条规定,公民、法人或者其他组织对行政复议决定不服的,可以依照《行政诉讼法》的规定向人民法院提起行政诉讼,但是法律规定行政复议决定为最终裁决的除外。《行政诉讼法》第2条规定,公民、法人或者其他组织认为行政机关和行政机关工作人员的行政行为侵犯其合法权益,有权依照本法向人民法院提起诉讼。司法机关对公民、法人或者其他组织不服行政机关处罚决定的,可以进行司法审查。

十二、突发事件应对政务处分制度

依据《监察法》《公职人员政务处分法》《突发事件应对法》及应急管理行政法规、部门规章、其他规范性文件之规定,我国构建起了突发事件应对政务处分制度。其主要内容包括:(1)责任主体。履行突发事件应急管理、执法、司法及其依法或受委托从事公务的公职人员在应对处置突发事件过程中发生失职渎职侵权等职务违法行为尚不构成犯罪的,依法承担政务处分责任。(2)政务处分范围。公职人员在自然灾害、事故灾难、公共卫生、社会安全突发事件应对中滥用职权、玩忽职守、徇私舞弊造成重大责任事故的,依法应当给予政务处分。(3)政务处分的种类。依据《公职人员政务处分法》第7条规定,突发事件应对政务处分的种类包括警告、记过、记大过、降级、撤职、开除。

十三、突发事件应对刑事责任制度

依据《刑法》《突发事件应对法》之规定,对涉及自然灾害、事故灾难、公共卫生、社会安全领域突发事件应对处置过程中发生的犯罪行为给予刑事处罚。其主要内容包括:(1)危害国家安全方面。《刑法》第102—113条将背叛、分裂国家,武装叛乱、暴乱,颠覆国家政

权,与境外勾结,间谍,资敌等严重危害国家安全的犯罪行为纳入刑法惩治范围。(2)危害公共安全方面。《刑法》第114—139条之一对放火、决水、投放危险物质,破坏交通工具、交通设施,破坏电力设备,组织领导参加恐怖组织,劫持航空器、船只、汽车,破坏广播电视设施、公用电信设施,非法制造、买卖、运输、邮寄、储存枪支、弹药、爆炸物等危害公共安全的犯罪行为给予刑事制裁,将重大飞行事故,铁路运营安全事故,交通肇事,危险驾驶,重大责任安全事故,强令违章冒险作业,大型群众性责任事故,消防责任事故,不报谎报安全责任事故等犯罪行为纳入刑法惩治范围。(3)破坏社会主义市场经济秩序方面。《刑法》第140—231条将生产销售伪劣商品、破坏金融管理秩序、金融诈骗、违反税收征管、扰乱市场秩序等犯罪行为纳入刑法惩治范围。(4)妨害社会管理秩序方面。《刑法》第277—367条将扰乱公共秩序,妨害司法,妨害国(边)境管理,破坏环境资源保护,走私、贩卖、运输、制造毒品等犯罪行为纳入刑法惩治范围。(5)公职人员犯罪方面。《刑法》第382—396条将挪用用于救灾、抢险、防汛、优抚、扶贫、移民、救济款物归个人使用等犯罪行为纳入刑法惩治范围,并按照挪用公款罪从重处罚。(6)失职渎职方面。《刑法》第397—419条将滥用职权,玩忽职守,违法发放林木采伐许可证,食品监管失职,传染病防治失职,商检徇私舞弊、失职,动植物检疫徇私舞弊、失职,不解救妇女、儿童等失职行为纳入刑法惩治范围。

十四、综合指挥与协调保障组织制度

为了保障《突发事件应对法》实施,《深化党和国家机构改革方案》整合国家安全生产监督管理总局的职责、国务院办公厅的应急管理职责、公安部的消防管理职责、民政部的救灾职责、国土资源部的地质灾害防治职责、水利部的水旱灾害防治职责、农业部的草原防火职责、国家林业局的森林防火职责、中国地震局的震灾应急救援职责以及国家防汛抗旱总指挥部、国家减灾委员会、国务院抗震救灾指挥部、国家森林防火指挥部的职责,组建应急管理部,专门承担自然灾害、事故灾难应急突发事件的应对处置,形成与卫健委承担公共卫生突发事件、公安部承担社会安全突发事件应对处置"三位一体"的应对体系。为了充分发挥党"总揽全局、协调各方"的领导体系的政治优势,根据《中国共产党机构编制工作条例》,中共中央办公厅、国务院办公厅调整了应急管理部职责机构编制。我国突发事件防治与应对实行"党政统一领导,部门分工负责,灾害分级管理,各方协同"的体制。党中央、国务院对突发事件防治工作统揽全局、总体指挥,地方各级党委和政府统一领导,各个有关职能部门分工负责,充分发挥人民解放军指战员、武警官兵、公安干警和民兵预备役部队突击队的机动作用,建立灾害管理的综合协调机制,进而形成了与公共卫生、社会安全适度分离、多向整合、指令通达、统一领导的突发事件综合指挥与协调保障组织制度。

十五、突发事件应对国际合作与援助制度

有效处置各类突发事件是各个国家和各国人民长期面临的共同课题。现代社会发展过程中,突发事件多发、频发、并发,灾害衍生蔓延。在应对处置各类突发事件中,学习借鉴国

际经验,加强国际合作越来越重要,我国相关法律法规对此作出了规定,建立起了突发事件应对国际合作与援助制度。《突发事件应对法》第 15 条规定,我国政府在突发事件的预防、监测与预警、应急处置与救援、事后恢复与重建等方面,同外国政府和有关国际组织开展合作与交流。

（一）自然灾害突发事件国际合作与援助

与《突发事件应对法》有关自然灾害突发事件国际合作与援助规定内容相配套的法律法规有:《破坏性地震应急条例》第 34 条规定,破坏性地震发生后,国际社会提供的紧急救援,由国务院民政部门负责接受和安排,国外红十字会和国际社会通过中国红十字会提供的紧急救援,由中国红十字会负责接受和安排。《国家地震应急预案》"应急响应"部分规定,及时向相关国家和地区驻华机构通报相关情况,协调安排国外救援队入境救援行动,按规定办理外事手续,分配救援任务,做好相关保障,加强境外救援物资的接受和管理,按规定做好检验检疫、登记管理等工作,适时组织安排境外新闻媒体进行采访,等等。

（二）事故灾难突发事件国际合作与援助

与《突发事件应对法》有关事故灾难突发事件国际合作与援助规定内容相配套的法律法规有:《国家核应急预案》"核设施核事故应急响应"部分规定,国家核应急协调委统筹协调核应急国际通报与国际援助工作。按照《及早通报核事故公约》的要求,当核事故造成或可能造成超越国界的辐射影响时,国家核应急协调委通过核应急国家联络点向国际原子能机构通报。向有关国家和地区的通报工作,由外交部按照双边或多边核应急合作协议办理。必要时,国家核应急协调委提出请求国际援助的建议,报请国务院批准后,由国家原子能机构会同外交部按照《核事故或辐射紧急情况援助公约》的有关规定办理。《国家突发环境事件应急预案》"应急响应"部分规定,如需向国际社会通报或请求国际援助时,环境保护部商外交部、商务部提出需要通报或请求援助的国家（地区）和国际组织、事项内容、时机等,按照有关规定由指定机构向国际社会发出通报或呼吁信息,等等。

（三）公共卫生突发事件国际合作与援助

与《突发事件应对法》有关公共卫生突发事件国际合作与援助规定内容相配套的法律法规有:《突发公共卫生事件应急条例》第 7 条规定,国家鼓励、支持开展突发事件监测、预警、反应处理有关技术的国际交流与合作。《国家突发公共卫生事件应急预案》"突发公共卫生事件的应急反应和终止"和"突发公共卫生事件应急处置的保障"两部分规定,开展国际合作,加快病源查寻和病因诊断,开展应对突发公共卫生事件应急处理技术的国际交流与合作,引进国外的先进技术、装备和方法,提高我国应对突发公共卫生事件的整体水平,等等。

（四）社会安全突发事件国际合作与援助

与《突发事件应对法》有关社会安全突发事件国际合作与援助规定内容相配套的法律法规有:《网络安全法》第 7 条规定,国家积极开展网络空间治理、网络技术研发和标准制定、打击网络违法犯罪等方面的国际交流与合作,推动构建和平、安全、开放、合作的网络空间,建立多边、民主、透明的网络治理体系。《数据安全法》第 11 条规定,国家积极开展数据安全治理、数据开发利用等领域的国际交流与合作,参与数据安全相关国际规则和标准的制定,促进数据跨境安全、自由流动。《电子商务法》第 73 条规定,国家推动建立与不同国家、地区之间跨境电子商务的交流合作,参与电子商务国际规则的制定,促进电子签名、电子身份等国际互认;国家推动建立与不同国家、地区之间的跨境电子商务争议解决机制。《进出境动植物检疫法》第 47 条规定,中华人民共和国缔结或者参加的有关动植物检疫的国际条约与本法有不同规定的,适用该国际条约的规定。但是,中华人民共和国声明保留的条款除外。《反恐怖主义法》第 68、69 条规定,中华人民共和国根据缔结或者参加的国际条约,或者按照平等互惠原则,与其他国家、地区、国际组织开展反恐怖主义合作,国务院有关部门根据国务院授权,代表中国政府与外国政府和有关国际组织开展反恐怖主义政策对话、情报信息交流、执法合作和国际资金监管合作。《国际刑事司法协助法》第 4 条规定,中华人民共和国和外国按照平等互惠原则开展国际刑事司法协助;国际刑事司法协助不得损害中华人民共和国的主权、安全和社会公共利益,不得违反中华人民共和国法律的基本原则,等等。

第十二章　社会治安综合治理法律制度

第一节　社会治安综合治理法概述

一、社会治安综合治理的概念

作为具有鲜明中国特色的社会治安综合治理,其核心范畴、原理、概念构成了反映社会治安综合治理现象,遵循社会治安综合治理规律,以自治、法治、德治相结合方式治理社会问题,达成治理优良绩效之目标的知识体系。学理通说认为,社会治安包括广义与狭义两种解释。广义的社会治安是指国家通过法律和行政管理建立起来的一种社会秩序。[①] 狭义的社会治安是指社会治安机构为了维护稳定的社会秩序,保障人民的生产生活而依法采取的行政执法行为。[②] 从学理逻辑上看,"综合治理"由"综合"与"治理"组合而成。有学者认为,"综合"指的是组合运用法律手段统领下的各种合乎法律性、自治规范性、道德规范性之有效手段;而"治理"兼有"管理"与"整治"的双重意义。[③] 本书认为,"综合"不仅是手段之组合,还具有对某一事物各个构成要素、产生的根源、不同阶段之表现形式予以系统、全面考察之意;而"治理"除了强调管理、整治之外,还包含多元主体、合作等现代含义。因此,综合治理指的是社会各主体通过合作、协商等,组合运用合乎法律性与道德性的手段,系统、全面解决某一社会问题,努力追求效果最大化的一种社会活动。社会治安综合治理是综合治理在社会治安领域的延伸和表达,它是综合治理的下位概念。从行为或秩序状态视角界定,社会治安综合治理是指社会各主体依托法律、法规及软法的威权,采取刚柔相济、道德教化等方式,对违法犯罪行为予以有效控防,对社会治安领域若干失规失范问题予以有效预防矫正,对重大矛盾纠纷予以有效防范化解,进而创造国泰民安社会环境的社会治理活动之运行状态。

二、社会治安综合治理法的概念及特征

(一)社会治安综合治理法的概念

尽管我国目前尚未制定社会治安综合治理法专门法律,但现行宪法、法律、行政法规、部门规章及地方性法规等均对社会治安综合治理相关内容,如指导方针、基本原则、法治教育、

[①] 参见刘惠恕主编:《社会治安综合治理论》,上海社会科学院出版社 2006 年版,第 1 页。

[②] 参见施祖麟:《社会治安综合治理实践与探索》,人民武警出版社 2005 年版,第 272 页。

[③] 参见田小弯:《社会治安综合治理定义探析》,载《河北法学》2018 年第 8 期。

治安防范与犯罪预防、社会管理、专门制裁、监禁改造、社区矫正、自治法治德治相结合、体制机制保障等作出了规定,构成了结构严密、体系完备、具有实践面向的社会治安综合治理法律制度。社会治安综合治理法是指调整多元主体在处置社会治安相关事务过程中形成的各种法律关系的,以自治规范调整为基础、以法律规范调整为根本、以道德规范调整为先行、以党的规范调整为保障的规范之总和。

(二)社会治安综合治理法的特征

1. 调整对象的特定性。社会治安综合治理法的调整对象通常表现为直接危害或者可能危害公共安全、破坏社会和谐秩序并为社会治安综合治理法所规制、评价、归责的一切行为、活动、事件及与之相关联之物质形态、场域、空间。

2. 多元主体的适格性。社会治安综合治理事关预防和惩治违法犯罪,治理社会治安问题,保障公民、法人和其他组织合法权益,维护社会公平正义,维护公共安全与社会秩序,构建和谐社会,实现国家长治久安,与公权力机关、社会组织和公民个人休戚相关,决定了社会治安综合治理适格主体的多元性,形成了依托法治方式,领导、主导、协同、支持、参与社会治安综合治理事务的国家、社会、公民之三维主体结构。

3. 调整范围的广泛性。社会治安综合治理法调整范围涉及教育、防范、管理、惩治、改造、矫正、援助、救助、建设等多方面内容。其中,在教育方面,完善全民普法教育机制,建立"谁执法谁普法"制度,增强公民法治意识,形成办事依法、遇事找法、解决问题用法、化解矛盾靠法的良好行为习惯。在防范方面,建立起立体化信息化社会治安防范体系、突发事件防范应急处置体系、预防未成年人犯罪"关爱工程"体系。在管理方面,健全社会管理体系。在惩治、改造与矫正方面,运用刑事法律、监管改造、社区矫正多措并举方式释放"综合之治"制度的共振效应。同时,还积极完善援助、救助制度,全面加强社会治安综合治理各项建设,以提高社会治理社会化、法治化、智能化、专业化"四化"水平。

4. 规范形式的泛在性。虽然我国目前没有制定专门的社会治安综合治理法,但其制度安排具有泛在性:既有全国人大常委会围绕重要法律问题出台的《关于加强社会治安综合治理的决定》,又注重从组织法层面赋予村(居)委会"协助维护社会治安"之职责;既有针对突发事件应对、反恐怖主义、反分裂、国家安全、反间谍、网络安全、电子商务、数据安全、预防未成年人犯罪、境外非政府组织境内活动管理、罪犯监禁改造与社区矫正等相关法律,又有与社会治安综合治理直接关联的人口身份、特种行业、特殊物品、重点场所区域安全、要害部位安全、网络空间安全的行政监管与综合执法行政法规;既有各省、自治区、直辖市为贯彻实施《关于加强社会治安综合治理的决定》出台的社会治安综合治理条例、平安建设条例、社区治理条例等地方性配套法规,又有一大批城市规约、乡规民约、行业章程等软法规范。

三、社会治安综合治理法的基本原则

社会治安综合治理法的基本原则是指贯穿社会治安综合治理全过程并指导、规范社会治安综合治理活动的基础性、本源性的准则。主要包括:

（一）谁主管谁负责原则

谁主管谁负责原则的基本内容包括：（1）从中央到地方切实承担起综合治理社会治安、维护公共安全与社会和谐秩序、推进平安建设的整体责任。（2）机关、团体、行业、跨区域及跨境的现代企业（公司）、机构（单位）承担本系统（行业）内治安保卫与社会治安综合治理系统责任。（3）机关、团体、企业事业单位、基层群众性自治组织内部治安保卫部门与协助社会治安事务的单位（辖区）承担主体责任，公民依法承担相应的义务。

（二）属地管理原则

政府职能配置遵循"条块结合、以块为主、分级管理"的原则，通常称为属地管理原则。根据《中央社会治安综合治理委员会关于社会治安综合治理工作实行"属地管理"原则的规定（试行）》，社会治安综合治理同样遵循属地管理原则。这一原则在相关公共政策、行政法规、部门规章、规范性文件中均有体现。如《中共中央　国务院关于加强社会治安综合治理的决定》就要求把"抓系统、系统抓"同"条块结合，以块为主"有机地结合起来，实行属地管理原则。地方性法规也遵循这一原则，如《湖南省社会治安综合治理条例》第5条、《上海市社会治安综合治理条例》第4条等。这一原则的基本内涵包括：（1）"属地"表征的是工作管辖范围，强调有明确的范围界限。在社会治安综合治理领域，主要依行政区域管辖范围确定属地范围界限。（2）属地管理中的"管理"是指行政主体、社会团体、事业单位、机关单位、人民团体等多元主体为达到社会治安综合治理所确定的目标、纲领、方案，而进行的规划、指挥、组织、协调、控制等活动。其中，管理的方式包括教育、防范、服务、惩治、改造、矫正、援助、救助、建设等。（3）属地管理原则与相关主体的职责、法律责任相联系，是确定相关主体在社会治安综合治理事务中的地位、职责、法律责任的重要依据。

（三）专群结合、依靠群众原则

专群结合、依靠群众原则既要求充分发挥行政监管机关、行政执法机关与司法机关在社会治理中的职能作用，又坚持专门机关与群众相结合的路线，紧紧依靠基层群众性自治组织、社会力量和人民群众的支持与协助，实现政府对社会治理事务更高效率监管与更精准优质服务，司法机关严格执法、公正司法，基层群众性自治组织自治，以及全社会广泛参与与支持的有机结合，使社会治安综合治理在教育、防范、管理、服务、惩治、改造、矫正、援助、救助、建设领域形成合力，政府治理和社会自我调节、居民自治良性互动，不断提高社会治安综合治理体系化、科学化、法治化、智能化水平。

（四）权责统一原则

权责统一原则是指对社会治安综合治理有关部门充分赋权，明确其在社会治安综合治理事务中的地位与作用，划清其职责范围，建立权力（利）清单、责任（义务）清单、负面清单体系，作为评判其履行职责情况的依据。与此同时，要建立健全社会治安综合治理的评估、督导、考核、激励、惩戒机制，明确党政主要负责同志是社会治安综合治理的第一责任人，分管同志是直接责任人，领导班子其他成员承担分管工作范围内社会治安综合治理的责任，从而构建党委领导、政府负责、民主协商、社会协同、公众参与、法治保障、科技支撑的社会治安综合治理工作格局。

四、社会治安综合治理法的功能

社会治安综合治理法是党领导全体人民对中国特色社会主义治理道路、制度、文化、理论及其实践的创新性挖掘与总结，是实现中华民族伟大复兴中国梦的标志性制度成果，具有如下独特的价值功能：

（一）提供安全的政治环境

全面实施社会治安综合治理法，可有效应对和处置"灰犀牛""黑天鹅"事件，防范和化解各种重大风险，为执政安全、制度安全，捍卫我国主权安全和发展利益，实现国家长治久安提供安全的政治环境。

（二）提供稳定的社会环境

社会治安综合治理法的实施，有助于依法防范和打击严重影响人民群众安全感的违法犯罪，保持社会安全稳定有序；把党的群众路线坚持好、贯彻好、运用好；创造性地运用自治、法治、德治相结合的新时代"枫桥经验"，推动市域社会治理现代化试点，健全社会矛盾纠纷多元预防调处化解综合机制，为办好发展与安全两件大事提供稳定的社会环境。

（三）提供公平的市场环境

社会治安综合治理法的实施，有助于依法平等保护各种所有制企业的产权和自主经营权，健全归属清晰、权责明确、保护严格、流转顺畅的现代产权制度，保证各种所有制经济依法平等使用生产要素、公开公平公正参与市场竞争、同等受到法律保护，依法监管各种所有制经济；有助于持续打造稳定公平透明的法治化营商环境，构建亲清政商关系，运用法治思维和法律手段调节经济关系，强化反垄断与反不正当竞争执法，为经济更高质量发展提供公平的市场环境。

（四）提供公正的法治环境

社会治安综合治理法的实施，有助于统筹推进城乡一体化，从源头上预防和减少犯罪、化解社会矛盾纠纷、激发社会活力、维护社会公平正义；有助于持续深化依法治国实践，推进科学立法、严格执法、公正司法、全民守法，为推进以人为核心的现代化提供公正的法治环境。

（五）提供优质的服务环境

承担社会治安综合治理职责的政府及其职能部门，须依据社会治安综合治理法，深化简政放权、放管结合、优化服务改革，为社会治安综合治理资源优化配置提供保障；创新公共服务均等化、服务设施标准化，全方位推进"高效办成一件事""最多跑一次"服务等便民利民机制，努力让老百姓更多更公平地分享改革与发展的成果。

拓展阅读

第二节　社会治安综合治理法的渊源

新中国成立以来,围绕社会治安综合治理、平安建设,我国建立起了以《宪法》为根本指导,以立法机关针对社会治安综合治理有关法律问题和重大问题作出的《关于加强社会治安综合治理的决定》为基础,以调整社会治安综合治理教育、防范、管理、服务、惩治、改造、矫正、援助、救助、建设等的专门法律、行政法规、党内法规为支撑,以部门规章等规范性文件为配套的较为完备的社会治安综合治理法律制度体系。

一、宪法

我国《宪法》关于维护社会治安的规定是社会治安综合治理法的根本依据。《宪法》第1条规定:"中华人民共和国是工人阶级领导的、以工农联盟为基础的人民民主专政的社会主义国家。社会主义制度是中华人民共和国的根本制度。中国共产党领导是中国特色社会主义最本质的特征。禁止任何组织或者个人破坏社会主义制度。"第28条规定:"国家维护社会秩序,镇压叛国和其他危害国家安全的犯罪活动,制裁危害社会治安、破坏社会主义经济和其他犯罪的活动,惩办和改造犯罪分子。"第111条第2款规定,村(居)委会设治安保卫委员会,协助维护社会治安,等等。这些规定不仅体现了社会治安综合治理、建设平安中国的根本保障与制度优势,而且明晰了其根本目标任务。

二、《关于加强社会治安综合治理的决定》

针对改革开放条件下经济社会转型与国际条件变化,西方敌对势力"西化""分化"图谋日渐猖獗,刑事违法犯罪高发,人民内部矛盾凸显,群体性事件增多,法治建设思想教育、治安管理跟不上,基层组织软弱涣散,社会治安综合治理体系不完备,治理能力亟待提高等问题,全国人大常委会通过了《关于加强社会治安综合治理的决定》,明确社会治安综合治理的性质与地位,确立"坚持打击和防范并举,治标和治本兼顾,重在治本的方针",强调运用刑事、民事、行政、经济等方面的法律,把社会治安综合治理包含的打击、防范、教育、管理、建设、改造等各方面的工作纳入法治轨道,实行专门机关与群众相结合的路线,建立社会治安综合治理保障制度。

三、法律、行政法规、部门规章

社会治安综合治理法律制度泛在性的特点决定了其构成要素存在于相关法律、行政法规、部门规章、地方性法规以及其他规范性文件之中。从社会治安综合治理法调整的范围,即教育、防范、管理、服务、惩治、改造、矫正、援助、救助、建设等领域划分,具体包括如下内容:

（一）教育方面

《关于全面推进依法治国若干重大问题的决定》《关于加强社会治安综合治理的决定》、相关教育法、《预防未成年人犯罪法》《未成年人保护法》《妇女权益保障法》《民法典》《村民委员会组织法》《城市居民委员会组织法》《境外非政府组织境内活动管理法》、有关社团及民办非营利组织登记的行政法规以及中央关于"法制宣传教育五年规划"规范性文件等，都明确规定公权力机关、执法部门、司法机关、基层群众性自治组织、共青团、妇联、参公管理的人民团体、学校、企业事业单位、家庭承担的全民普法的教育职责及义务，为教育领域保障社会治安综合治理、平安建设顺利进行提供了依据。

（二）防范方面

《治安保卫委员会暂行组织条例》明确城市以机关、工厂、企业、学校、街道为单位，农村以行政村为单位建立治安保卫委员会，承担相关任务和职权；《村民委员会组织法》和《城市居民委员会组织法》明确村（居）委会设立治安保卫委员会，赋予其"协助维护社会治安"职责；企业事业单位内部治安保卫条例，明确了单位内部治安保卫工作要求、制度内容、机构及人员的职责、领导责任制，以及政府领导，公安机关指导、监督及执法的职责；食品药品生产、运输、储存、使用、消费，医疗、康复、保健，传染病防治，自然灾害、事故灾难、公共卫生、社会安全重大突发事件应对，预防未成年人犯罪、未成年人保护等方面的法律法规，也都有关于安全风险监测评估、预防预警、应急预案以及预防未成年人犯罪的相关规定。

（三）管理方面

为加快建立社会管理体系和管理能力现代化，立法机关出台了《治安管理处罚法》《行政处罚法》《行政复议法》《行政强制法》《公职人员政务处分法》等法律，国务院及其部委颁布了人口身份管理、社团管理、行政许可、特种行业管理、特殊物品管理、重点场所区域安全管理、要害部位安全管理、网络空间公共安全管理、行政监管、行政处罚等方面的行政法规或部门规章。

（四）服务方面

服务是社会治安综合治理的重要内容，相关法律法规、部门规章、规范性文件、地方性法规等对此亦有规定。这包括：（1）基本公共服务均等化。《国民经济和社会发展第十四个五年规划和2035年远景目标纲要》《"十四五"公共服务规划》《关于印发〈国家基本公共服务标准（2021年版）〉的通知》要求，提高基本公共服务均等化水平，推动城乡区域基本公共服务制度统一、质量水平有效衔接；围绕公共教育、就业创业、社会保险、医疗卫生、社会服务、住房保障、公共文化体育、优抚安置、残疾人服务等领域，建立健全基本公共服务标准体系；创新公共服务提供方式，区分基本与非基本，突出政府在基本公共服务供给保障中的主体地位，推动非基本公共服务提供主体多元化、提供方式多样化；完善公共服务政策保障体系。（2）公共法律服务方面，中央办公厅、国务院办公厅印发了《关于加快推进公共法律服务体系建设的意见》，各省、自治区、直辖市也出台了相应的地方性法规和地方政府规章。（3）养老服务方面，国务院于2021年出台《"十四五"国家老龄事业发展和养老服务体系规划》,浙江、安徽、江西、河南、山西等地也出台了养老服务相关地方性法规。(4)公共文化服务方面。除《公共文化服务保障法》外,北京、上海、江苏、云南、四川等地出台了公共文化服务保障相关地方性法规和地方政府规章。(5)保安服务方面。国务院发布《保安服务管理条例》,公安部发布《公安机关实施保安服务管理条例办法》,辽宁、云南等地也出台了保安服务管理相关地方性法规。(6)志愿服务方面。国务院发布《志愿服务条例》,北京、山东、福建、江西等地也颁布了志愿服务相关地方性法规。(7)国务院及有关部委相继颁布了有关军队离退休干部的服务管理、社会心理服务体系建设、公共健康服务等方面的行政法规及部门规章。

(五)惩治、改造与矫正

对治安管理违法行为、公职人员履行治安管理失职渎职行为给予政务处分,对触犯刑事法律规范的犯罪行为予以刑事制裁,将罪犯交付监狱改造,以及对判处管制、宣告缓刑、假释、暂予监外执行的罪犯实行社区矫正等,是社会治安综合治理、建设平安中国不可或缺的重要环节。《治安管理处罚法》《公职人员政务处分法》《社区矫正法》《监察法》《刑法》《刑事诉讼法》《监狱法》等都对此作出了规定。

(六)援助与救助

《法律援助法》《社会救助暂行办法》等法律法规,要求依法对经济困难的公民和符合法定条件的其他当事人无偿提供法律咨询、代理、刑事辩护等法律服务,或者对特困人员、低收入家庭、支出型贫困家庭、受灾人员、生活无着的流浪乞讨人员、临时遇困家庭或者人员、需要急救但身份不明或者无力支付费用的人员等提供社会救助,直面弱势群体权益保障与特殊群体法律公共服务难题。

(七)建设方面

围绕基础设施信息技术与智能化建设,改革开放以来全国人大审议通过的8个国民经济及社会发展"五年规划",都将维护社会和谐秩序、平安建设纳入其中。例如,"六五""七五""八五"规划将整顿社会治安,坚决打击反社会主义的敌对分子、刑事犯罪分子、经济领域中严重犯罪活动、保卫社会主义经济制度和现代化建设作为"维护社会秩序"的主要内容;"九五""十五"规划将社会治安综合治理领导责任制和各项措施落实到各级领导班子及城乡基层单位,将改善政法工作条件纳入"维护国家安全和社会稳定"主要内容;"十一五""十二五""十三五"规划强调加强社会治安综合治理,推进社会治安防控体系建设,深入开展平安创建活动;《国民经济和社会发展第十四个五年规划和2035年远景目标纲要》将牢固树立安全发展观念,坚持人民利益至上,加强全民安全意识教育,健全公共安全体系,构建全方位立体化的公共安全网纳入"健全公共安全体系"之中。

四、党内法规

有关社会治安综合治理的党内法规包括:(1)围绕青少年违法犯罪问题,中共中央转发中宣部等8个单位发布的《关于提请全党重视解决青少年违法犯罪问题的报告》,中共中央办公厅、国务院办公厅转发《中央社会治安综合治理委员会关于进一步加强预防青少年违法犯罪工作的意见》。(2)围绕大城市治安稳定问题,中共中央转批中央政法委《京、津、沪、穗、汉五大城市治安座谈会纪要》。(3)围绕严厉打击刑事犯罪活动,中共中央作出《关于严厉打击刑事犯罪活动的决定》。(4)围绕加强社会治安综合治理,中共中央、国务院颁布《关于加强社会治安综合治理的决定》,对社会治安综合治理的任务、要求、目标、工作范围作出规定,明确要求落实"谁主管谁负责"的原则,把社会治安综合治理的措施落实到基层,充分发挥政法部门特别是公安机关在社会治安综合治理中的职能作用。其后,为进一步加强社会治安综合治理,中共中央、国务院印发了《关于进一步加强社会治安综合治理的意见》。(5)围绕流动人口与矛盾纠纷调处,中共中央办公厅、国务院办公厅转发《中央社会治安综合治理委员会关于加强流动人口管理工作的意见》和《中央社会治安综合治理委员会关于进一步加强矛盾纠纷排查调处工作的意见》。(6)围绕社会治安防范,中共中央办公厅、国务院办公厅转发《中央社会治安综合治理委员会关于加强社会治安防范工作的意见》。(7)围绕"两新组织"建设,中共中央办公厅印发《关于加强社会组织党的建设工作的意见(试行)》。(8)围绕社会治安综合治理领导责任制,中共中央、国务院印发《健全落实社会治安综合治理领导责任制规定》。(9)围绕加快推进社会治理现代化、开创平安建设新局面,中共中央办公厅、国务院办公厅转发《中央政法委员会、中央社会治安综合治理委员会关于深入开展平安建设的意见》《中共中央、国务院关于加快推进社会治理现代化 开创平安中国建设新局面的意见》。上述党内法规为社会治安综合治理提供了政治保证。

第三节　社会治安综合治理法律制度演进

一、新中国成立初期社会治安综合治理制度的创建及其实践(1949年—1977年)

新中国的成立,是中国从几千年封建专制向人民民主的伟大飞跃,开启了中华民族伟大复兴的新纪元。党领导亿万人民创建了人民民主专政的国体、人民代表大会的根本政治制度,以及经济、政治、文化、社会、军事、国防等领域的重要制度,颁布了1954年《宪法》,出台《国务院组织法》《人民法院组织法》《人民检察院组织法》,设立中央、省、州、县、乡(镇、民族乡)各级人民政府,在行政区划内设立各级人民法院、人民检察院,形成体现人民性的"一府两院"新型国家权力结构体系及人民监察委员会监督与人民群众监督相结合的制度体系。所有这些为新中国社会治安综合治理道路、制度及其实践提供了政治前提、制度基础及必要条件。这包括:(1)建立维护社会治安的职能组织体系方面,出台《公安派出所组织条例》《治安保卫委员会暂行组织条例》,为发动群众协助人民政府防奸、防谍、防盗、防火,肃清反革命活动,保卫国家和公众安全提供了制度保障。(2)确立社会治安各个时期的目标任务和要求方面,由新中国成立初期确立的开展"四防"工作,到建立户籍、交通、消防、公共复杂场所、特种行业、危险物品等社会治安管理体系,再到加强对敌斗争,提高城乡治安管理工作,不同时期的目标任务和要求为迅速改变治安混乱状况,开创新中国城乡治理新局面提供了重要保障。(3)惩治犯罪、加强管理、维护社会治安方面,颁行《惩治反革命条例》《惩治贪污条例》《治安管理处罚条例》《户口登记条例》《消防监督条例》《城市交通规则》《爆炸物品管理规则》《城市旅栈业暂行管理规则》等,为巩固新生人民政权、镇压反革命、铲除反动残余势力、构建治安管理体系和运行机制提供了制度保障。(4)实行专群结合、群防群治与"分工负责、互相配合、互相制约"方面,《治安保卫委员会暂行组织条例》首创"发动群众、专群结合、群防群治",公安机关、检察机关、审判机关"分工负责、互相配合、互相制约"的工作机制,这些不仅被党的八大作为一项政法工作原则所肯定,还为改革开放后制定的1982年《宪法》及《刑事诉讼法》所确认。

二、改革开放后社会治安综合治理制度的发展及其实践(1978年—2011年)

党的十一届三中全会开启了中国特色社会主义现代化建设新时期。这给社会管理、社会建设、维护社会和谐稳定、创造国泰民安的社会环境提出了新的要求。梳理在此期间社会治安综合治理制度发展及其实践,可以发现其呈现出渐进性完善的特点。

(一)社会治安综合治理方针层面

为贯彻"有法可依、有法必依、执法必严、违法必究"的社会主义法制建设方针,中央确立了"打防结合、标本兼治、重在预防"的社会治安综合治理具体方针,从中央重视解决青少年违法犯罪问题,将社会治安综合治理的总方针概括为"综合治理",到中央明确要求把"综合治理"落实到各个方面,把打击刑事犯罪作为社会治安综合治理首要环节,提出社会治安综合治理要抓住打击、预防、改造等各个环节,再到强调坚持"打防结合、预防为主,专群结合、依靠群众"的社会治安综合治理指导方针,社会治安综合治理经历了渐进性发展过程,标志着党对和谐社会建设规律认识的飞跃,为实现"三步走"战略目标、创造安全稳定的社会环境提供了基本遵循。

(二)社会治安综合治理组织体系层面

设立职责明晰、指令通达、有序运行的组织体系,是预测形势风险、有效协调分配资源、提高社会治安综合治理水平的保障。社会治安综合治理组织体系的发展完善经历从由各级党委统一负责,建立联席会议制度或领导小组,设立组织领导和办事机构,到中央决定成立中央社会治安综合治理委员会及下设办公室,专抓社会治安综合治理工作①,再到全国人大常委会明确政府部门、企业事业单位、人民团体、村(居)委会及社区组织之间在综合治理社会治安事务过程中互相支持配合、互相监督的过程,建立起了"纵向到底、横向到边"的社会治安综合治理组织网络体系。《村民委员会组织法》《城市居民委员会组织法》规定村委会、居委会设置治安保卫、人民调解、公共卫生等委员会,构建了社会治安综合治理基层群众性自治组织体系。

---

① 参见《中共中央、国务院关于加强社会治安综合治理的决定》第五(二)部分。

（三）社会治安综合治理法律层面

社会治安综合治理法律制度的泛在性,体现在调整社会治安综合治理法律关系的多部法律之中。这包括:(1)制定了有关未成年人权益保护、预防未成年人违法犯罪以及未成年人法制教育的相关法律。(2)将各机关、团体、企业事业单位内部治安防范措施、警民联防等内容纳入《关于加强社会治安综合治理的决定》,颁行企业事业单位内部治安保卫行政法规。(3)国务院及其部委颁行身份证、国有企业法人登记管理、社会团体登记管理、民办非企业单位登记管理、娱乐场所管理、高等学校校园秩序管理、个人存款账户实名制等行政法规、部门规章。(4)出台了处置自然灾害、事故灾难、公共卫生与社会治安重大突发事件的《突发事件应对法》;出台《破坏性地震应急条例》《突发公共卫生事件应急条例》及应急预案等行政法规、部门规章。(5)国务院颁布治安管理处罚法规;立法机关颁布《治安管理处罚法》,增加了处罚种类,完善了调查、决定、执行处罚程序,构建起了较为科学完备的社会治安管理许可、监管、执法、处罚、强制执行、行政复议、行政诉讼与国家赔偿的运行体系。(6)1979年《刑法》将危害公共安全罪,破坏社会主义经济秩序罪,侵犯公民人身权利、民主权利罪,侵犯财产罪,以及妨害社会管理秩序罪分别专章规定,并连续多次对《刑法》作出修正,织密了有关惩治严重刑事犯罪的罪名与刑罚法网。(7)颁布《监狱法》,确立"正确执行刑罚,惩罚和改造罪犯,预防和减少犯罪"的法益目标。(8)发布《在全国试行社区矫正工作的意见》,为刑罚执行制度改革奠定了基础。(9)出台城市流浪乞讨人员收容遣送、法律援助、城市生活无着的流浪乞讨人员救助管理、自然灾害救助等相关规定。

（四）社会治安综合治理人力、物力、财力资源保障层面

中共中央、国务院、全国人大都将人力、物力、财力支持和保障纳入《关于加强社会治安综合治理的决定》,中政委、中央综治委相继将建立健全经费保障机制纳入平安建设与农村平安建设[①],提出整合农村治安资源,充分发挥村委会、治保会、治安巡逻队等农村群防群治组织和民兵连(营)的作用,建立治安与保险的互动工作机制。与此同时,全国人大审议通过的国民经济社会发展"六五"到"十一五"规划,都将社会治安综合治理,推进社会治安防控体系建设,构建和谐社会,为经济社会发展提供稳定社会环境作为重要内容。这为社会治安综合治理各项建设事业提供了保障。

（五）社会治安综合治理目标责任制与考核评价层面

20世纪50年代初,《治安保卫委员会暂行组织条例》建立了城市街道、农村行政村治安保卫"双重领导"体制;20世纪80年代将安全保卫责任制、社会治安综合治理工作纳入各级党委统一领导范围,建立部际联席会议制度;《关于加强社会治安综合治理的决定》强调建立社会治安综合治理目标责任制。与此同时,从中央综治委颁布《中央社会治安综合治理委员会关于实行社会治安综合治理一票否决权制的规定(试行)》,到中央综治委会同四部委颁布《关于实行社会治安综合治理领导责任制的若干规定》,再到《省、自治区、直辖市

---

① 参见《中央政法委员会、中央社会治安综合治理委员会关于深入开展平安建设的意见》。

社会治安综合治理考核评比实施细则、食品生产安全工作细化方案》,逐步建立起了以社会治安综合治理"一票否决制"为主要内容的综治工作评估体系。

三、社会治安综合治理制度与实践创新阶段（2012 年至今）

步入 21 世纪第二个十年至 21 世纪中叶,全面建成小康社会,开启建设富强民主文明和谐美丽社会主义现代化国家新征程,是中国特色社会主义事业进入新时代、实现中华民族伟大复兴的根本目标任务。党中央作出一系列战略部署,推进若干重大改革举措,社会治安综合治理步入建设更高水平平安中国的创新发展阶段。

（一）宏观战略布局层面

以习近平同志为核心的党中央对新中国成立以来社会治安综合治理的实践进行创新性挖掘,将社会治安综合治理方针纳入国家总体安全观的宏观战略布局,明确提出构建集政治、国土、军事、经济、文化、社会、科技、信息、生态、资源、核安全于一体的国家安全体系,建设更高水平平安中国、法治中国的根本目标任务。强调总要求是统筹国内法治与国际法治两个大局,办好发展与安全两件大事;根本路径是对内求发展、求变革、求稳定、建设平安中国,对外求和平、求合作、求共赢、建设和谐世界;坚持以民为本、以人为本,坚持国家安全一切为了人民、一切依靠人民,真正夯实国家安全的群众基础;坚持传统安全与非传统安全并重;坚持发展与安全的辩证统一,指出发展是安全的基础,安全是发展的条件。[①] 锚定《中共中央关于制定国民经济和社会发展第十四个五年规划和二〇三五年远景目标的建议》有关"加强和创新社会治理""统筹发展和安全,建设更高水平的平安中国"路线图、时间表,使发展安全保障更加有力,国家政治安全防线进一步筑牢,社会治理现代化水平明显提高,防范化解重大风险体制机制不断健全,风险预测预警能力进一步提升,重大刑事案件、群体性事件、公共安全事故不断减少,社会安全稳定局面持续巩固,人民群众获得感幸福感安全感进一步增强,到 2035 年平安中国建设达到更高水平。

（二）体制机制改革创新层面

围绕社会治安综合治理体制机制改革创新,打造人人有责、人人尽责、人人享有的社会治理共同体,建设更高水平平安中国,党的十八大以来,党中央结合实际推出了系列改革举措,包括:党的十八大围绕加快社会体制改革,构建中国特色社会主义社会管理体系,提出四个"加快形成";党的十八届三中、四中全会《决定》都将创新社会治理体制,全面推进平安中国建设纳入整体改革布局,提出了 100 多项改革清单项目;党的十九大《报告》提出完善社会治理体制,打造共建共治共享的社会治理格局,建立健全公共安全体系、社会治安防控体系、社会心理服务体系、社区治理体系"四个体系"战略布局;《深化党和国家机构改革方案》将中央与地方层级社会治安综合治理委员会机构设置及其职能改革整合归口,完

---

① 参见《习近平主持召开中央国家安全委员会第一次会议强调 坚持总体国家安全观 走中国特色国家安全道路》,载《人民日报》2014 年 4 月 16 日,第 1 版。

善中央、省(自治区、直辖市、兵团)、市(自治州)、县(自治县、区、县级市)政法委的层级内设机构,赋予其统一组织协调、指导监督各地区各有关部门开展社会治安综合治理工作的职责。①

(三)法律制度安排层面

围绕社会治安综合治理法的调整对象,我国形成了具有时代特征、综合治理特点、嵌入法治体系特色的社会治安综合治理制度体系。

1. 教育方面。党领导和推动立法机关将新中国成立以来坚持立德树人,培养社会主义建设者接班人的丰富实践进行创新性挖掘,上升为制度规范,通过《家庭教育促进法》,修改《教育法》。国务院、中央军委修订出台有关残疾人教育、军队院校教育、军队军事职业教育等法规。党的十八届三中、四中全会《决定》强调培育和践行社会主义核心价值观,推动全社会树立法治意识;党的十九大《报告》强调发挥社会主义核心价值观对国民教育、精神文明创建、精神文化产品创作生产传播的引领作用;党的十九届六中全会《决议》强调必须牢牢掌握意识形态工作领导权,更好构筑中国精神、中国价值、中国力量,巩固全党全国各族人民团结奋斗的共同思想基础;《法治中国建设规划(2020—2025年)》《法治社会建设实施纲要(2020—2025年)》《法治政府建设实施纲要(2021—2025年)》把领导干部这个"关键少数"、青少年作为推进宪法学习宣传教育的重点,强调把社会主义核心价值观要求融入法治建设和社会治理,助力筑牢全面建设社会主义现代化国家的坚实法治基础;《中央宣传部、司法部关于开展法治宣传教育的第八个五年规划(2021—2025年)》将学习宣传习近平法治思想、宪法、民法典以及与推动高质量发展、社会治理现代化密切相关的法律法规、党内法规作为重点普法内容,为提高社会文明程度,全面建设社会主义现代化国家营造良好法治环境。

2. 防范方面。具体包括:(1)党领导和推动全国人大于2018年审议通过《宪法修正案》,将"中国共产党领导是中国特色社会主义最本质的特征"写入《宪法》,为中国共产党执政安全、制度安全、国家长治久安,党和国家事业始终沿着正确方向前进提供了根本法保障。(2)全国人大常委会相继出台及修订反间谍、国家安全、反恐怖主义、核安全、国家情报、密码、国防、军事设施保护、兵役、民用航空等领域专门法律,为国家安全、国家统一、军事安全、核安全、国土安全提供了法律保障。(3)全国人大常委会相继通过网络安全、电子商务、数据安全、个人信息保护等领域法律,为构建中国特色网络空间安全治理体系提供了保障。(4)全国人大常委会及国务院适时出台或修改防洪、森林、气象、草原、自然保护区,特种设备安全、海上交通安全、消防、道路交通安全、安全生产,生物安全、传染病防治、动物防疫等法律法规,为防范与应对处置自然灾害、事故灾难、传染病及维护生物安全等提供了保障。(5)完善未成年人、妇女、老年人、退役军人、劳动者权益保障与预防未成年人犯罪法律方面,全国人大常委会适时通过和修改反家庭暴力、退役军人保障、未成年人保护、预防未成年人犯罪、妇女权益保障、老年人权益保障、工会、劳动合同、就业促进、社会保险等法律,为

---

① 参见《深化党和国家机构改革方案》第18—20条。

建设更高水平平安中国提供了防范体系。

3. 管理方面。主要包括：（1）社会治理体系方面。《民法典》确立了特别法人、非营利法人、营利法人、非法人组织承担社会管理与公共服务职能、处理社会治安综合治理事务的主体地位。《乡村振兴促进法》将建立健全现代乡村社会治理体制，推进自治、法治、德治相结合的乡村社会治理体系纳入制度规范；《中共中央、国务院关于加强基层治理体系和治理能力现代化建设的意见》将健全党全面领导基层治理制度，提高乡镇（街道）应急管理能力、平安建设能力，自治、法治、德治相结合，提高基层治理"四化"水平作为构建基层治理体系和治理能力现代化的重要内容；《中国共产党农村工作条例》将建立健全党委领导下的自治、法治、德治相结合的内容纳入乡村治理体系。（2）社会组织管理体制方面。《境外非政府组织境内活动管理法》将境外非政府组织在我国境内的活动全面纳入依法管理的轨道；修改《红十字会法》，为保护人的生命和健康、维护人的尊严、发扬人道主义精神、促进和平进步事业提供了制度保障；完善了社团管理、志愿服务、宗教事务、物业管理等管理体制。（3）社会治安管理方面。有关人口身份管理、治安管理等 13 个方面的内容，第十章已作阐述，此处不再赘述。

4. 制裁方面。主要包括：（1）《治安管理处罚法》为运用治安管理、许可、监管、处罚、强制执行、法治教育等手段，有效预防化解治安管理纠纷及社会矛盾提供了保障。（2）《公职人员政务处分法》将公职人员在履行职责过程中实施的挑拨、破坏民族关系或者参加民族分裂活动，利用宗教活动破坏民族团结和社会稳定，利用宗族或者黑恶势力等欺压群众或者纵容包庇黑恶势力，滥用职权，危害国家利益、社会公共利益等尚未构成职务犯罪的失职渎职违纪违法等行为纳入其调整范围。（3）《反有组织犯罪法》为预防和惩治有组织犯罪，加强和规范反有组织犯罪工作，维护国家安全、社会秩序、经济秩序，保护公民和组织的合法权益提供了法律保障；《刑法修正案（九）》《刑法修正案（十一）》新增恐怖主义犯罪、极端主义犯罪、侵犯个人信息犯罪、扰乱社会秩序犯罪的刑罚规定；2018 年修正的《刑事诉讼法》增加了认罪认罚从宽、速裁程序、速裁程序、缺席审判、侦查期间辩护律师会见等内容，规定了检察院对在履行法律监督中发现的司法工作人员利用职权实施的非法拘禁、刑讯逼供、非法搜查等犯罪的刑事侦查权以及军队保卫部门、海警的刑事案件侦查权等。

5. 社区矫正方面。《社区矫正法》明确社区矫正对象的适用范围、管理体制和工作机制、实施程序、监督管理措施、教育帮扶措施、未成年社区矫正对象权益保障等，细化有关机关在社区矫正中的衔接配合程序，形成了对重刑犯实行监禁改造与对轻型犯实行社区矫正适度分离的监管改造体系，从罪犯改造与社区矫正层面丰富发展了社会治安综合治理体系。

6. 制度建设方面。主要包括：（1）党的领导制度。党对社会治安综合治理、平安建设的领导体制，经历了从坚持各级党委和政府的统一领导，到坚持党"总揽全局、协调各方"的领导体系，健全党委领导、政府负责、民主协商、社会协同、公众参与、法治保障、科技支撑的社会治理体系的转变。（2）专门机构设置。从专门设立中央社会治安综合治理委员会及其办公室、维护稳定工作领导小组及其办公室、防范和处理邪教问题领导小组及其办公室三个专门综合协调机构及其相对应的层级机构,实行多头管理、三条线运作与层级监管、执法、司法、人民团体联席会议制度,转变为改革整合归口中央平安建设领导小组协调,直至取消平安建设领导小组,交由中央、省(自治区、直辖市、兵团)、市(自治州)、县(自治县、区、县级市)政法委统一组织协调、指导监督各地区各有关部门开展社会治安综合治理、平安建设工作,统筹协调政法机关等部门处理影响社会稳定的重大事项,协调应对和处置重大突发事件,了解掌握和分析研判影响社会稳定的情况动态,预防、化解影响稳定的社会矛盾和风险等。[①](3)实施组织体系与机制。立法机关出台或修改刑事、监狱、社区矫正、国家安全、反分裂、反恐怖主义、反间谍等法律;出台或修改《人民检察院组织法》《人民法院组织法》《法官法》《检察官法》《监察法》《监察官法》;出台或修改《国务院组织法》《地方各级人民代表大会和地方各级人民政府组织法》;出台或修改《人民警察法》《人民武装警察法》《海警法》等法律,制定或修改有关行政执法的行政处罚、治安管理处罚、行政复议、行政强制等法律;制定或修改自然灾害、事故灾难、公共卫生、社会治安突发事件防范应对法律。这为构建监管、执法、监察、司法组织体系,赋予其社会治安综合治理、平安建设的主体职责,加强对公职人员履行社会治安综合治理、平安建设职责全覆盖监督,推进社会治理体系和治理能力现代化提供了组织保障。(4)社会治安综合治理责任制。从《全国人民代表大会常务委员会关于加强社会治安综合治理的决定》提出建立综合治理目标管理责任制;到党内法规实行社会治安综合治理一票否决制[②],将承担起保一方平安的政治责任作为各级党委政府的领导责任制,将其同党政领导干部的政绩考核、晋职晋级和奖惩直接挂钩[③];再到落实社会治安综合治理领导责任制党内法规的出台,建立责任体系,即各地党政主要负责同志是社会治安综合治理的第一责任人,社会治安综合治理的分管负责同志是直接责任人,领导班子其他成员承担分管工作范围内社会治安综合治理的责任,形成了"纵向到底、横向到边"社会治安综合治理领导责任体系。

第四节　社会治安综合治理具体法律制度

一、法治教育制度

　　法治教育制度是社会治安综合治理"源头之治"的法律制度安排。我国目前尚无专门的法治教育法,有关法治教育制度散见于相关法律法规、部门规章、规范性文件及地方性法规之中,如《中共中央、国务院关于加强社会治安综合治理的决定》《中国共产党问责条例》《党政主要负责人履行推进法治建设第一责任人职责规定》《全国人民代表大会常务委员会关于加强社会治安综合治理的决定》《教育法》《义务教育法》《职业教育法》《预防未成年犯罪

---

①　参见《深化党和国家机构改革方案》第18—20条。

②　参见《中央社会治安综合治理委员会关于实行社会治安综合治理一票否决权制的规定(试行)》。

③　参见中共中央纪律检查委员会、中共中央组织部等颁布的《关于实行社会治安综合治理领导责任制的若干规定》。

法》《未成年人保护法》《反家庭暴力法》《妇女权益保障法》《民法典》《村民委员会组织法》《城市居民委员会组织法》《社会团体登记管理条例》《民办非企业单位登记管理暂行条例》《中共中央办公厅关于培育和践行社会主义核心价值观的意见》《中共中央办公厅、国务院办公厅关于进一步把社会主义核心价值观融入法治建设的指导意见》《中央宣传部、中央政法委、全国人大常委会办公厅、司法部关于建立社会主义核心价值观入法入规协调机制的意见》《中央宣传部、司法部关于开展法治宣传教育的第八个五年规划（2021—2025 年）》《广西壮族自治区法治宣传教育条例》等。其具体内容包括：首先，通过"五个体系"持续不断履行法治教育职责，实现法治教育的目标任务：（1）自觉践行习近平法治思想，坚定不移走中国特色社会主义法治道路；（2）使法治成为社会共识和基本准则；（3）全面增强国民的法治素养；（4）提高社会文明程度；（5）依法治国、依法执政、依法行政共同推进，法治国家、法治政府、法治社会一体建设；（6）推进社会治理体系和治理能力现代化，建设更高水平平安中国。其次，法治教育的重点内容包括：把习近平法治思想纳入国民教育体系；把对《宪法》《国旗法》《国歌法》《英雄烈士保护法》等宪法相关法的学习作为法治教育的重中之重；依托学校、党校、培训基地和全民普法活动，推动各级党和国家机关带头学习宣传《民法典》，加强与社会治理现代化密切相关的法律法规的学习教育，把践行社会主义核心价值观作为社会治理法治教育制度的重要内容，融入制度建设和治理工作中。再次，法治教育的质效要求，是提高各级领导干部运用法治思维和法治方式深化改革、推动发展、化解矛盾、应对风险、维护稳定、促进和谐的能力；着力提升青少年法治素养；分类提升专门人员特殊群体法治能力；全面增强公民法治意识。最后，是关于考核评价标准、考核结果运用的相关规定。

拓展阅读

二、防范制度

防范制度是社会治安综合治理法律制度的重要组成部分，是指有关机关、人民团体、企业事业单位、基层群众性自治组织对影响和危害社会治安的因素和行为进行主动预防和控制的基础性制度安排。依据相关法律、行政法规、部门规章、其他规范性文件等，防范制度的主要内容包括：

（一）治安保卫的组织制度

治安保卫是社会治安综合治理的基础性制度安排。新中国成立后，国家及时制定了《治安保卫委员会暂行组织条例》，历经多年的实践检验，虽然其中"镇压反革命"任务变化发展为"维护国家安全"，其组织体系由最初的相对独立转变为改革开放后被村（居）委会吸纳为专设的治安保卫委员会，并与调解委员会、计划生育委员会相对独立运行，但仍具有一定的科学性和优越性。其内容包括：（1）治安保卫组织的性质是群众性治安保卫组织。（2）目标任务是发动群众，协助人民政府保卫国家和社会治安。（3）明确治安保卫委员会享有 4 项职权。（4）确定治安保卫委员会设立、委员任职及选举条件。（5）规定治安保卫委员会工作纪律。

（二）内部治安保卫制度

内容包括：（1）明确内部治安保卫保护公民人身、财产安全和公共财产安全,维护单位的工作、生产、经营、教学和科研秩序,预防为主、单位负责、突出重点、保障安全的目标与方针。（2）确定内部治安保卫的工作要求。（3）明确内部治安保卫门卫、值班、巡查、教育培训等具体制度。（4）明确内部治安保卫机构组成及其人员职责。（5）确定内部治安保卫奖惩与保障待遇。（6）明确公安部门对内部治安保卫的指导与监督职权。（7）确定单位内部治安保卫人员在履行职责时的法律责任。

（三）治安保卫重点单位制度

内容包括：（1）重点单位范围。我国相关法律法规将关系全国或者所在地区国计民生、国家安全和公共安全的11类单位列入重点治安保卫的范围。（2）护路联防。鉴于铁路肩负国防战略物资与事关经济社会发展物资运输任务,国际货物运输安全保障任务繁重,中央在总结贵州等地护路护线地方经验的基础上,设立中央铁路护路联防工作领导小组办公室,形成政府主导、部门指导、企业负责、路地协同、多方共治的护路联防工作格局。（3）规范要求。有关治安保卫重点单位的目标与方针、具体制度、机构及其人员职责、奖惩与保障、指导与监督、法律责任除适用相关法律、《企业事业单位内部治安保卫条例》等行政法规的规定外,还应遵守特殊规范要求。

（四）自然灾害、事故灾难、公共卫生重大突发事件的防范制度

有关自然灾害、事故灾难、公共卫生重大突发事件的防范与应急处置,既是突发事件应对法律关系调整的重要对象,也是突发事件应对法律制度的重要组成部分,在社会治安综合治理方面具有不可替代的作用。其防范制度的相关内容详见第十章第四节、第十一章第一至四节,此处不再详述。

（五）校园治安与中小学幼儿园安全防范制度

《关于加强社会治安综合治理的决定》《治安保卫委员会暂行组织条例》《企业事业单位内部治安保卫条例》《幼儿园管理条例》《校车安全管理条例》《关于加强中小学幼儿园安全风险防控体系建设的意见》《关于切实加强校园治安保卫工作的通知》等确立了校园治安与中小学幼儿园安全防范制度的基本原则、工作目标、预防体系、管控机制等。

（六）预防未成年人犯罪制度

预防未成年人犯罪制度是促进未成年人健康成长,建设平安中国,维护家庭幸福安宁和社会和谐稳定、国家长治久安的一项源头性基础性法律制度。《预防未成年人犯罪法》《未成年人保护法》《个人信息保护法》[①]《网络安全法》[②]《刑事诉讼法》《关于认真贯彻执行〈预防未成年人犯罪法〉的通知》及地方性法规、地方政府规章,确立了未成年人犯罪预防

---

① 《个人信息保护法》第28条将不满14周岁未成年人的个人信息纳入敏感个人信息范围;第31条规定,处理不满14周岁未成年人的个人信息应取得未成年人监护人同意,同时应当制定专门的个人信息处理规则。

② 《网络安全法》第13条规定:"国家支持研究开发有利于未成年人健康成长的网络产品和服务,依法惩治利用网络从事危害未成年人身心健康的活动,为未成年人提供安全、健康的网络环境。"

为主、提前干预,坚持多元主体综合治理的工作原则,建立了各级政府及其有关部门、法院、检察院、共青团、少年先锋队、妇联、残联、关心下一代工作委员会宣传教育机制,父母、家庭、监护人帮教机制,公安机关、专门学校矫正严重不良行为机制,以及预防未成年人重新犯罪机制,明确父母或者其他监护人、学校及其教职员工不依法履行监护职责的法律责任。

三、管理制度

社会治安综合治理管理制度是对与社会治安密切相关的治安管理对象进行的一种主动自觉的管控、治理和疏导、处置活动的制度。它对于堵塞违法犯罪空隙、减少社会治安问题、建立良好社会秩序具有重要的保障功能。依据《关于加强社会治安综合治理的决定》《治安管理处罚法》《境外非政府组织境内活动管理法》《社会团体登记管理条例》《物业管理条例》《居住证暂行条例》《烟花爆竹安全管理条例》《娱乐场所管理条例》《旅馆业治安管理办法》《易制爆危险化学品治安管理办法》等规定,我国建立起了针对户籍身份、特殊物品、特种行业、特殊人群、重点场所、区域安全、出入境、消防安全、道路交通安全等的科学完备的立体化信息化社会治安管理制度。其具体内容详见第十章第三节有关内容,此处不予详述。

四、治安管理处罚制度

依据《治安管理处罚法》的规定,治安管理处罚制度的内容包括:

1. 处罚主体。国务院公安部门负责全国的治安管理处罚工作;县级以上地方各级政府公安机关负责本行政区域内的治安管理处罚工作。

2. 处罚种类,包括警告、罚款、行政拘留、吊销公安机关发放的许可证。对违反治安管理的外国人,可以附加适用限期出境或者驱逐出境。

3. 违反治安管理的行为,包括扰乱公共秩序、妨害公共安全、侵犯人身权利和财产权利、妨害社会管理等行为。

4. 处罚程序,包括:(1)调查。公安机关对报案、控告、举报或者违反治安管理行为人主动投案,以及其他行政主管部门、司法机关移送的违反治安管理案件,应当及时受理,并进行登记。公安机关受理报案、控告、举报、投案后,认为属于违反治安管理行为的,应当立即进行调查;认为不属于违反治安管理行为的,应当告知报案人、控告人、举报人、投案人,并说明理由。(2)决定。治安管理处罚由县级以上人民政府公安机关决定。其中警告、500元以下的罚款可以由公安派出所决定。公安机关作出治安管理处罚决定前,应当告知违反治安管理行为人作出治安管理处罚的事实、理由及依据,并告知违反治安管理行为人依法享有的权利。违反治安管理行为人有权陈述和申辩。公安机关作出治安管理处罚决定的,应当制作治安管理处罚决定书。(3)执行。对被决定给予行政拘留处罚的人,由作出决定的公安机关送达拘留所执行。受到罚款处罚的人应当自收到处罚决定书之日起15日内,到指定的银行缴纳罚款。

5. 执法监督。公安机关及其人民警察办理治安案件,不严格执法或者有违法违纪行为的,任何单位和个人都有权向公安机关或者人民检察院、监察机关检举、控告;公安机关依法实施罚款处罚,应当依照有关法律、行政法规规定,实行罚款决定与罚款收缴分离;收缴的罚款应当全部上缴国库;人民警察办理治安案件,有刑讯逼供、体罚、虐待、侮辱他人等《治安管理处罚法》第116条规定的情形的,依法给予行政处分;构成犯罪的,依法追究刑事责任。

五、自治、法治、德治相结合制度

自治、法治、德治相结合制度是新时代适应人民群众对国泰民安秩序的新要求,破解权益保障、公平正义、安全环境等急难盼愁难题,提高社会治理"四化"水平的制度安排。依据《村民委员会组织法》《城市居民委员会组织法》《乡村振兴促进法》《中国共产党农村工作条例》《中共中央、国务院关于加强基层治理体系和治理能力现代化建设的意见》等规定,其主要内容包括:

(一)工作原则

坚持党对基层治理的全面领导,把党的领导贯穿基层治理全过程、各方面;坚持全周期管理理念,强化系统治理、依法治理、综合治理、源头治理;坚持共建共治共享,建设"人人有责、人人尽责、人人享有"的社会治理共同体。

(二)坚持党建统领

坚持政治引领、思想引领、组织引领,将党的主张变成基层群众的自觉行动,做到"把重大矛盾风险化解在市域,把小矛盾小问题化解在基层,把大量纠纷解决在诉讼之前"[1],完善党委领导、政府负责、民主协商、社会协同、公众参与、法治保障、科技支撑的社会治理体系。[2]

(三)坚持自治为基

注重健全以群众性自治组织为主体、社会各方广泛参与的新型社区治理体系,促进民事民议、民事民办、民事民管,让普通群众能够参与到与切身利益相关的事务处理过程中,从源头上解决居民急难盼愁问题,不断增强幸福感、获得感、安全感和满意度。

(四)坚持法治为本

坚持以法治思维和法治方式破解治理难题,弘扬社会主义法治精神,推动国家法律、地方性法规、乡规民约、城市公约、行业规章等"硬法"规范与"软法"规范有机衔接,形成办事依法、遇事找法、解决问题用法、化解矛盾靠法的良好法治环境。

(五)坚持德治为先

通过道德评价、乡贤文化、道德榜样、家训家风、公序良俗、诚信友善的教化作用,引导人

---

[1] 参见《〈中共中央关于党的百年奋斗重大成就和历史经验的决议〉辅导读本》,人民出版社2021年版,第109页。

[2] 《中共中央关于坚持和完善中国特色社会主义制度、推进国家治理体系治理能力现代化若干重大问题的决定》,载《〈中共中央关于坚持和完善中国特色社会主义制度、推进国家治理体系治理能力现代化若干重大问题的决定〉辅导读本》,人民出版社2019年版,第30页。

们行为,规范社会秩序,化解家庭邻里纠纷与社会矛盾,以增加自治法治的道德底蕴,全面提升基层社会矛盾预防化解的实效。

（六）依托智治支撑

强化互联网思维,运用智能化手段推动基层社会治理创新,使互联网这个"最大变量"变为促进基层社会治理现代化的"最大增量"。① 把以大数据应用为特征的智能元素融入基层社会治理各方面,推动相关信息基础设施共建共享、互联互通、开放兼容,实现技术融合、业务融合、数据融合;重点建设社会矛盾排查预警体系、公共安全风险监测预警体系,切实提高各类风险隐患预测预警预防能力,真正做到防患于未然;整合基层服务资源,构建全流程一体化在线服务平台和便民服务网络,让"数据多跑路,群众少跑腿"。

六、企业事业单位治安保卫制度

依据《企业事业单位内部治安保卫条例》的规定,企业事业单位治安保卫制度的内容包括:

（一）目的宗旨

规范企业、事业单位内部治安保卫工作,保护公民人身、财产安全和公共财产安全,维护单位的工作、生产、经营、教学和科研秩序（第1条）。

（二）工作方针

单位内部治安保卫工作贯彻预防为主、单位负责、突出重点、保障安全的方针（第2条）。

（三）层级指导监督机关

国务院公安部门指导、监督全国的单位内部治安保卫工作,对行业、系统有监管职责的国务院有关部门指导、检查本行业、本系统的单位内部治安保卫工作;县级以上地方各级人民政府公安机关指导、监督本行政区域内的单位内部治安保卫工作,对行业、系统有监管职责的县级以上地方各级人民政府有关部门指导、检查本行政区域内的本行业、本系统的单位内部治安保卫工作,及时解决单位内部治安保卫工作中的突出问题（第3条）。

（四）工作要求

单位内部治安保卫工作的要求是具备适应单位具体情况的内部治安保卫制度、措施和必要的治安防范设施;单位范围内的治安保卫情况有人检查,重要部位得到重点保护,治安隐患及时得到排查;单位范围内的治安隐患和问题及时得到处理,发生治安案件、涉嫌刑事犯罪的案件及时得到处置（第7条）。

（五）制度内容

单位制定的内部治安保卫制度应当包括门卫、值班、巡查制度,工作、生产、经营、教学、

---

① 中国法学会"枫桥经验"理论总结与经验提升课题组:《"枫桥经验"的理论构建》,法律出版社2018年版,第39—46页。

科研等场所的安全管理等9项内容（第8条）。

（六）机构人员职责

单位内部治安保卫机构、治安保卫人员应当履行"开展治安防范宣传教育，并落实本单位的内部治安保卫制度和治安防范措施"和"根据需要，检查进入本单位人员的证件，登记出入的物品和车辆"等五项职责（第11条）。

（七）治安保卫重点单位

关系全国或者所在地区国计民生、国家安全和公共安全的单位是治安保卫重点单位。治安保卫重点单位由县级以上地方各级人民政府公安机关按照下列范围提出，报本级人民政府确定：（1）广播电台、电视台、通讯社等重要新闻单位；（2）机场、港口、大型车站等重要交通枢纽；（3）国防科技工业重要产品的研制、生产单位；（4）电信、邮政、金融单位；（5）大型能源动力设施、水利设施和城市水、电、燃气、热力供应设施；（6）大型物资储备单位和大型商贸中心；（7）教育、科研、医疗单位和大型文化、体育场所；（8）博物馆、档案馆和重点文物保护单位；（9）研制、生产、销售、储存危险物品或者实验、保藏传染性菌种、毒种的单位；（10）国家重点建设工程单位；（11）其他需要列为治安保卫重点的单位（第13条）。

（八）公安机关职责

公安机关对本行政区域内的单位内部治安保卫工作履行下列职责：（1）指导单位制定、完善内部治安保卫制度，落实治安防范措施，指导治安保卫人员队伍建设和治安保卫重点单位的治安保卫机构建设；（2）检查、指导单位的内部治安保卫工作，发现单位有违反本条例规定的行为或者治安隐患，及时下达整改通知书，责令限期整改；（3）接到单位内部发生治安案件、涉嫌刑事犯罪案件的报警，及时出警，依法处置（第16条）。

（九）奖惩

对在单位内部治安保卫工作中取得显著成绩的单位和个人，有关政府、公安机关和有关部门应当给予表彰、奖励；对因履行治安保卫职责伤残或者死亡的，依照国家有关工伤保险、评定伤残、批准烈士的规定给予相应的待遇；单位、治安保卫人员、公安机关和行政监管部门违反条例规定，依法承担治安行政责任，有过错的承担民事赔偿责任，监管与执法不作为或造成重大损失承担政务责任，构成犯罪的承担刑事责任（第17—21条）。

七、社会治安综合治理责任制与考核制度

（一）适用主体

依据《关于实行社会治安综合治理领导责任制的若干规定》《健全落实社会治安综合治理领导责任制规定》《党政主要负责人履行推进法治建设第一责任人职责规定》，社会治安综合治理责任制及考核制度的适用主体包括：（1）中共中央、全国人大常委会、国务院、全国政协工作部门或者有关工作机构及其领导班子和领导干部；（2）中央纪委国家监委及其领导班子和领导干部；（3）最高人民法院、最高人民检察院及其领导班子和领导干部；（4）县级以上地方各级党委、人大常委会、政府、政协、纪委监委、法院、检察院及其领导班子

和领导干部;(5)县以下乡镇(民族乡)、街道以及机关、团体、学校、企业、事业单位及其领导班子和负责人。

(二)责任制内容

社会治安综合治理责任制的内容包括:(1)严格落实属地管理和谁主管谁负责原则,构建党委领导、政府主导、综治协调、各部门齐抓共管、社会力量积极参与的社会治安综合治理工作格局。(2)各级党委和政府应当切实加强对社会治安综合治理的领导,列入重要议事日程,纳入经济社会发展总体规划,认真研究解决工作中的重要问题,从人力物力财力上保证社会治安综合治理工作的顺利开展。(3)各地党政主要负责同志是社会治安综合治理的第一责任人,社会治安综合治理的分管负责同志是直接责任人,领导班子其他成员承担分管工作范围内社会治安综合治理的责任。

(三)督查与考核

督查内容包括:(1)层层签订社会治安综合治理责任书;(2)向同级党的委员会全体会议报告工作;(3)各级党政领导班子和有关领导干部将履行社会治安综合治理责任情况作为年度述职报告的重要内容;(4)各级党委和政府将社会治安综合治理纳入工作督促检查范围,适时组织开展专项督促检查;(5)建立社会治安综合治理考核评价制度机制,制定完善考核评价标准和指标体系,明确考核评价的内容、方法、程序,等等。考核内容包括社会综合治安、安全生产、预防和化解社会矛盾纠纷、维护社会稳定、法治建设等激励与约束性指标的实施情况。

八、"一票否决权"制与重特大事件负面清单制度

(一)"一票否决权"制

依据《中央社会治安综合治理委员会关于实行社会治安综合治理一票否决权制的规定(试行)》第8条规定,县级以上各级"平安建设"领导机构(原各级社会治安综合治理委员会及其办事机构)有权对没有达到当地或上级主管部门规定的社会治安综合治理目标或有因领导不重视、社会治安综合治理职责不清、工作不落实,造成本地区或本单位治安秩序严重混乱等8种情形之一的单位行使一票否决权。其否决内容包括县(市、区)、乡镇、街道以及机关、团体、学校、企业事业单位评选综合性的荣誉称号,以及上述单位的主要领导、主管领导和治安责任人评先受奖、晋职晋级的资格。

(二)重特大事件负面清单制

依据《全国市域社会治理现代化试点工作实施方案》与《全国市域社会治理现代化试点工作指引》规定,试点单位应当切实履行将重大矛盾风险解决在市域的责任,出现负面清单所列具体情形的,在工作指引获得分数基础上扣减相应分数。负面清单范围包括在市域(县域、基层)治理过程中发生的特别重大及重大群体性事件、安全事故、宗教极端活动、民族分裂活动和暴力恐怖活动以及其他危害政治安全和社会稳定的特别重大、重大案事件。

九、表彰奖励与责任督导制度

（一）表彰奖励

依据《健全落实社会治安综合治理领导责任制规定》，对真抓实干、社会治安综合治理工作成绩突出的地方、部门和单位的党政主要领导干部和分管领导干部，应当按照有关规定给予表彰和嘉奖；对受到表彰的全国社会治安综合治理先进工作者，应当落实省部级先进工作者和劳动模范待遇。

（二）责任督导

依据《健全落实社会治安综合治理领导责任制规定》，责任督导的内容包括：（1）责任督导情形。对党政领导班子、领导干部违反本规定或者未能正确履行本规定所列职责，存在"不重视社会治安综合治理和平安建设，相关工作措施落实不力，本地区本系统本单位基层基础工作薄弱，治安秩序严重混乱的"本地区本系统本单位在较短时间内连续发生重大刑事案件、群体性事件、公共安全事件的"等六种情形之一的，应当进行责任督导和追究。（2）责任督导与追究方式，包括通报、约谈、挂牌督办、实施一票否决权制、引咎辞职、责令辞职、免职等。因违纪违法应当承担责任的，给予党纪政纪处分；构成犯罪的，依法追究刑事责任。

十、政务处分制度

对公职人员履行社会治安综合治理职责实行全覆盖监察，是社会治安综合治理法律制度全面正确实施的保障。对于公职人员履行社会治安综合治理职责过程中失职渎职、滥用职权、徇私舞弊造成一定危害后果尚不够刑事处罚的行为给予政务处分，是社会治安综合治理制裁制度的重要组成部分。依据《公职人员政务处分法》，对公职人员未履行社会治安综合治理职责给予政务处分的行为包括：

（一）破坏党的执政安全、制度安全的行为

依据《公职人员政务处分法》第28条规定，有下列行为之一的，予以记过或者记大过；情节较重的，予以降级或者撤职；情节严重的，予以开除；（1）散布有损宪法权威、中国共产党领导和国家声誉的言论；（2）参加旨在反对宪法、中国共产党领导和国家的集会、游行、示威等活动；（3）拒不执行或者变相不执行中国共产党和国家的路线方针政策、重大决策部署；（4）参加非法组织、非法活动的。

（二）破坏民族关系的行为

依据《公职人员政务处分法》第28条规定，有下列行为之一的，予以记过或者记大过；情节较重的，予以降级或者撤职；情节严重的，予以开除；（1）挑拨、破坏民族关系，或者参加民族分裂活动；（2）利用宗教活动破坏民族团结和社会稳定的。

（三）充当"保护伞"的行为

依据《公职人员政务处分法》第37条规定，利用宗族或者黑恶势力等欺压群众，或者纵

容、包庇黑恶势力活动的,予以撤职;情节严重的,予以开除。

（四）渎职侵权行为

依据《公职人员政务处分法》第39条规定,有下列行为之一,造成不良后果或者影响的,予以警告、记过或者记大过;情节较重的,予以降级或者撤职;情节严重的,予以开除:（1）滥用职权,危害国家利益、社会公共利益或者侵害公民、法人、其他组织合法权益的;（2）不履行或者不正确履行职责,玩忽职守,贻误工作的;（3）泄露国家秘密、工作秘密,或者泄露因履行职责掌握的商业秘密、个人隐私的。

（五）违背社会公序良俗的行为

依据《公职人员政务处分法》第40条规定,有下列行为之一的,予以警告、记过或者记大过;情节较重的,予以降级或者撤职;情节严重的,予以开除:违背社会公序良俗,在公共场所有不当行为,造成不良影响的;参与或者支持迷信活动,造成不良影响的;参与赌博的;实施家庭暴力,虐待、遗弃家庭成员的;其他严重违反家庭美德、社会公德的行为。

十一、刑事制裁制度

依据《刑法》与《反有组织犯罪法》的规定,与社会治安综合治理密切相关的刑事制裁包括:

（一）危害国家安全行为

对于背叛国家,分裂国家,煽动分裂国家,武装叛乱、暴乱,颠覆国家政权,煽动颠覆国家政权,资助危害国家安全犯罪活动,投敌叛变,叛逃,间谍,为境外窃取、刺探、收买、非法提供国家秘密、情报,以及资敌等严重危害国家安全的行为,《刑法》作了专章规定,规定了12个罪名,并规定了刑罚种类及刑期适用幅度。

（二）危害公共安全行为

对于放火、决水、爆炸以及投放毒害性、放射性、传染病病原体等物质或者以其他危险方法危害公共安全,破坏交通工具设施,组织领导参加恐怖组织,非法制造、买卖、运输、邮寄、储存枪支、弹药、爆炸物,违反规章制度发生铁路运营安全事故,危险驾驶,违反有关安全管理规定发生重大责任事故,违反有关安全管理规定发生大型群众性活动重大安全事故,以及违反消防管理规定发生消防责任事故等严重危害公共安全的行为,《刑法》作了专章规定,设立了52个罪名,并规定了刑罚种类及刑期适用幅度。

（三）破坏社会主义市场经济秩序行为

对于生产销售伪劣商品,走私,妨害对公司、企业的管理秩序,破坏金融管理秩序,金融诈骗,危害税收征管,侵犯知识产权,扰乱市场秩序等破坏社会主义市场经济秩序的行为,《刑法》作了专章规定,设立了108个罪名,并规定了刑罚种类及刑期适用幅度。

（四）侵犯公民人身权利、民主权利的行为

对于故意杀人、故意伤害、组织出卖人体器官、强奸、强制猥亵、侮辱、非法拘禁、绑架、拐卖妇女儿童、强迫劳动、非法侵入住宅、煽动民族仇恨、民族歧视、侵犯公民个人信息、虐待、组织未成年人进行违反治安管理活动等行为,《刑法》作了专章规定,设立了 42 个罪名,并规定了刑罚种类及刑期适用幅度。

（五）妨害社会管理秩序行为

对于扰乱公共秩序,妨害司法,妨害国（边）境管理,妨害文物管理,危害公共卫生,破坏环境资源保护,走私、贩卖、运输、制造毒品,组织、强迫、引诱、容留、介绍卖淫,制作、贩卖、传播淫秽物品等严重妨害社会管理秩序的行为,《刑法》作了专章规定,设立了 137 个罪名,并规定了刑罚种类及刑期适用幅度。

（六）渎职行为

对于滥用职权、玩忽职守、泄露国家秘密、徇私舞弊、环境监管失职、食品监管渎职等涉及社会治安综合治理的行为,《刑法》作了专章规定,设立了 37 个罪名,并规定了刑罚种类及刑期适用幅度。

（七）组织犯罪行为

围绕反有组织犯罪,为推动开展扫黑除恶工作机制化、常态化,提升扫黑除恶工作法治化、规范化、专业化水平,建设更高水平平安中国,立法机关将扫黑除恶专项斗争实践经验进行系统总结,出台《反有组织犯罪法》,将党中央决策部署转化为法律写入总则,突出防治要求和责任,规范情报线索处置、案件办理机制,固化"打财断血""打伞破网"经验做法,明确相关保障制度,为遏制有组织犯罪滋生蔓延,推进社会治安综合治理体系和治理能力现代化提供制度保障。

十二、监禁改造制度

监禁改造制度是社会治安综合治理法律制度的重要组成部分,是指为适应罪犯改造工作,在监狱内对被判处死刑缓期二年执行、无期徒刑、有期徒刑的罪犯执行刑罚并对其进行教育改造的制度。立法机关将新中国成立以来的罪犯改造制度安排、实践经验创新性总结、法理性表达上升为法律制度,出台了《监狱法》,其主要内容包括:

（一）立法宗旨

正确执行刑罚,惩罚和改造罪犯,预防和减少犯罪。

（二）基本原则

国家对罪犯实行监禁改造,坚持惩罚和改造相结合、教育和劳动相结合,依法保护罪犯的合法权益,区别对待,组织社会力量参与对罪犯的教育等基本原则。

（三）监管方式

监狱对罪犯的监管采取分押分管的方式,即监狱对成年男犯、女犯和未成年犯实行分开关押和管理,对未成年犯和女犯的改造,应当照顾其生理、心理特点;监狱根据罪犯的犯罪类型、刑罚种类、刑期、改造表现等对罪犯分别关押,采取不同管理方式。

（四）教育改造

国家对罪犯进行法制、道德、文化、技术教育,把监狱办成教育人、改造人的特殊学校。

1. 教育方式。针对不同类型的罪犯采取有针对性的分类教育,强调集体教育与个别教育相结合、狱内教育与社会教育相结合(第 61 条)。

2. 文化教育。加强扫盲教育、初等教育和初级中等教育,对罪犯进行法制、道德、形势、政策、前途等内容的思想教育(第 62、63 条)。

3. 技术教育。根据监狱生产和罪犯释放后就业的需要对罪犯进行职业技术教育(第 64 条)。

4. 资质凭证。监狱鼓励罪犯自学,经考试合格的,由有关部门发给相应的证书(第 65 条)。

(五)未成年犯教育改造

未成年犯,应当以教育改造为主,在未成年犯管教所执行刑罚;未成年犯的劳动,应当符合未成年人的特点,以学习文化和生产技能为主;监狱应当配合国家、社会、学校等教育机构,为未成年犯接受义务教育提供必要的条件(第 74、75 条)。

(六)监管改造激励约束

对被判处无期徒刑、有期徒刑的罪犯,在服刑期间确有悔改或者立功表现的,根据监狱考核的结果可以减刑;有阻止他人重大犯罪活动等六种重大立功表现之一的,应当减刑(第 29 条)。《监狱法》还规定了减刑、假释裁定程序,赋予检察机关对刑罚执行实施法律监督的职权(第 31—34 条),并规定了刑满人员释放和安置程序(第 35—83 条)。

十三、社区矫正制度

社区矫正制度是指对被判处管制、宣告缓刑、假释和暂予监外执行的罪犯,依法实行社区矫正的制度安排。其根本功效在于提高教育矫正质量,有效治理社会对抗,促进社区矫正对象顺利融入社会,预防和减少矫正对象再犯罪。根据《刑法》《刑事诉讼法》《社区矫正法》和《社区矫正法实施办法》等规定,社区矫正制度的内容包括:

(一)宗旨

社区矫正制度的宗旨是推进和规范社区矫正工作,保障刑事判决、刑事裁定和暂予监外执行决定的正确执行,提高教育矫正质量,促进社区矫正对象顺利融入社会,预防和减少犯罪"(《社区矫正法》第 1 条)。

(二)社区矫正对象及内容

社区矫正对象为被判处管制、宣告缓刑、假释或者暂予监外执行的罪犯;社区矫正的内容包括监督管理、教育帮扶等活动(《社区矫正法》第 2 条)。

(三)社区矫正原则

社区矫正工作坚持监督管理与教育帮扶相结合,专门机关与社会力量相结合,采取分类管理、个别化矫正,有针对性地消除社区矫正对象可能重新犯罪的因素,帮助其成为守法公民(《社区矫正法》第 3 条)。

(四)社区矫正体制机制

按照党委政府统一领导、司法行政部门组织实施、有关部门密切配合、社会力量广泛参与社区矫正的要求,司法行政部门主管社区矫正工作;法院、检察院、公安机关和其他有关部门依照各自职责,分工负责、互相配合、互相制约,依法开展社区矫正工作;村(居)民委员会和社区矫正对象的监护人、家庭成员、所在单位或者就读学校应当协助社区矫正机构做好社区矫正工作(《社区矫正法》第8、12条)。

(五)社区矫正机构

社区矫正机构的设置和撤销,由县级以上地方政府司法行政部门提出意见,按照规定的权限和程序审批(《社区矫正法》第9条)。

(六)社区矫正队伍

社区矫正机构应当配备具有法律等专业知识的专门国家工作人员,履行监督管理、教育帮扶等执法职责(《社区矫正法》第10条)。

(七)社区矫正程序

社区矫正程序包括:(1)明确社区矫正执行地为社区矫正对象的居住地。(2)明确社区矫正前的调查评估程序。(3)社区矫正决定机关在规定时间内送达法律文书,社区矫正对象自判决、裁定生效之日起10日内到社区矫正机构报到,社区矫正机构依法接收社区矫正对象,核对法律文书、核实身份、办理接收登记、建立档案。(4)社区矫正机构依法对社区矫正对象实施考核奖惩,对社区矫正对象提请减刑、撤销缓刑、撤销假释、收监执行等情形依法衔接配合。(5)社区矫正对象矫正期满或者被赦免的,社区矫正机构应当向社区矫正对象发放解除社区矫正证明书;社区矫正对象被裁定撤销缓刑、假释,被决定收监执行,或者社区矫正对象死亡的,社区矫正终止。

(八)监督管理

社区矫正对象在社区矫正期间依法遵守有关报告、会客、外出、迁居、保外就医等监督管理规定以及法院禁止令。社区矫正对象脱离监管的,社区矫正机构立即组织查找,公安机关等有关单位和人员予以配合协助。社区矫正机构发现社区矫正对象正在实施违反监督管理规定或者违反法院禁止令行为的,立即制止;制止无效的,立即通知公安机关到场处置。

(九)教育帮扶

县级以上地方政府及其有关部门为教育帮扶社区矫正对象提供必要的场所和条件,组织动员社会力量参与教育帮扶工作。县级以上地方政府及其有关部门、人民团体、社区矫正机构、村(居)民委员会、社区矫正对象的监护人、家庭成员、所在单位或者就读学校、企业事业单位、社会组织等社会力量依法履行社区矫正职责;社区矫正对象可以按照国家有关规定申请社会救助、参加社会保险、获得法律援助,社区矫正机构给予必要的协助。

(十)未成年社区矫正对象权益保障

对未成年人的社区矫正,与成年人分别进行;其监护人履行监护责任,承担抚养、管教等义务;社区矫正机构工作人员和其他依法参与社区矫正工作的人员对履行职责过程中获得的未成年人身份信息应当予以保密;对未完成义务教育的未成年社区矫正对象,社区矫正机构通知并配合教育部门为其完成义务教育提供条件;年满16周岁的社区矫正对象有就业意愿的,社区矫正机构可以协调有关部门和单位为其提供职业技能培训,给予就业指导和帮助;社区矫正对象在复学、升学、就业等方面依法享有与其他未成年人同等的权利,任何单位和个人不得歧视。

（十一）法律责任

1. 社区矫正对象在社区矫正期间有违反监督管理规定行为的,由公安机关依照《治安管理处罚法》的规定给予处罚;具有撤销缓刑、假释或者暂予监外执行收监情形的,依法作出处理。

2. 社区矫正对象殴打、威胁、侮辱、骚扰、报复社区矫正机构工作人员和其他依法参与社区矫正工作的人员及其近亲属,构成犯罪的,依法追究刑事责任;尚不构成犯罪的,由公安机关依法给予治安管理处罚。

3. 社区矫正机构工作人员和其他国家工作人员有利用职务或者工作便利索取、收受贿赂等六种行为之一的,给予处分;构成犯罪的,依法追究刑事责任。

4. 检察院发现社区矫正工作违反法律规定的,依法提出纠正意见、检察建议。

十四、保障制度

（一）政治保障

党的领导是社会治安综合治理的根本政治保障。根据《宪法》《关于加强社会治安综合治理的决定》《中国共产党中央委员会工作条例》《中国共产党政法工作条例》《党政主要负责人履行推进法治建设第一责任人职责规定》《关于实行社会治安综合治理领导责任制的若干规定》《健全落实社会治安综合治理领导责任制规定》等规定,党对社会治安综合治理的领导体系包括以下内容:

1. 党"总揽全局、协调各方"的领导体系。依据《宪法》第1条第2款和党内法规相关规定精神,党的领导是发展完善中国特色社会主义治理道路、制度、文化,法治国家、法治政府、法治社会一体建设,加强和创新社会治理,建设人人有责、人人尽责、人人享有的社会治理共同体,确保人民安居乐业、社会安定有序,建设更高水平平安中国的根本保障。党"总揽全局、协调各方"领导体系的具体内容是:加强和改进党对社会治安综合治理、建设平安中国工作的领导,使党的领导贯穿推进社会治理体系和治理能力现代化、建设更高水平平安中国的全过程;党统揽法治国家、法治政府、法治社会一体建设的全局,协调各方,确保权力机关、执法机关、司法机关、人民团体、基层群众性自治组织和公民统一行动,形成"党委领导、政府负责、民主协商、社会协同、公众参与、法治保障、科技支撑"的社会治理体系,打造共建共治共享社会治理共同体格局。

2. 平安建设领导协调机构。依据2018年《深化党和国家机构改革方案》,党中央在改革中央综合治理委员会职能机构的基础上,决定成立平安建设协调小组。2023年,中共中央、国务院作出新一轮党和国家机构改革部署,决定将平安建设领导小组的协调职责交由政法委统一承担,主要包括:

（1）把握方向。坚持以习近平新时代中国特色社会主义思想为指导，深入学习贯彻习近平重要指示精神，推动党中央和国务院关于平安中国建设的决策部署贯彻落实。坚持把党的领导贯彻到平安中国建设各方面全过程，充分发挥各级党组织政治引领、组织引领、机制引领作用。

（2）统筹谋划。站在统筹国内国际两个大局的高度，加强顶层设计、系统谋划，研究拟定平安中国建设的目标任务、总体思路、重点工作、政策措施，及时向党中央提出建议，充分发挥参谋助手作用。

（3）组织协调。发挥牵头抓总作用，整合各方面资源力量，协调解决平安中国建设中遇到的重大问题。特别要抓住那些单一部门、地区难以解决的突出问题，加强协调沟通，推动形成共识和合力。

（4）督导考核。完善平安建设领导责任制和目标管理责任制，压实责任链条。聚焦党中央要求、人民群众期待，科学设置考评指标，加强督导检查，发挥好考核评价的"指挥棒"作用。其工作重点是开展涉疫矛盾纠纷排查化解、打好扫黑除恶专项斗争决胜战、抓好市域社会治理现代化试点、严防公共安全事件反弹、有效防控网络安全风险。

3. 监察全覆盖制度。对履行社会治安综合治理、建设平安中国职责的公职人员实行全覆盖监督、巡视，是提高社会治理法治化社会化智能化，建设更高水平平安中国的重要保障。监察机关、巡视机构对公职人员履行社会治安综合治理职责实行全覆盖监督，对于破坏党的执政安全、制度安全，破坏民族关系，充当"保护伞"，渎职侵权，违背社会公序良俗等违反《公职人员政务处分法》的行为依法给予政务处分。

（二）专门组织协调职能机构

依据2018年《深化党和国家机构改革方案》，改革后的中央政法委员会承担原中央综治委及其办公室组织协调社会治安综合治理职责，即负责组织、协调、推动和督促各地区各有关部门开展社会治安综合治理工作，汇总掌握社会治安综合治理动态，协调处置重大突发事件；研究社会治安综合治理有关重大问题，提出社会治安综合治理工作对策建议等；统筹协调政法机关等部门处理影响社会稳定的重大事项，协调应对和处置重大突发事件；了解掌握和分析研判影响社会稳定的情况动态，预防、化解影响稳定的社会矛盾和风险，推进平安中国建设。

（三）专门执法司法机关

依据《人民法院组织法》《人民检察院组织法》《人民警察法》《治安管理处罚法》《监狱法》《国家安全法》《全国人民代表大会常务委员会关于加强社会治安综合治理的决定》的规定，人民法院、人民检察院和政府的公安、安全、司法行政等职能部门始终作为社会治安综合治理法律制度实施的主体力量，承担着治安管理、行政执法、司法、刑罚执行及法律服务的职责，发挥着高效实施社会治安综合治理法的骨干作用，对推进社会治理体系和治理能力现代化、建设更高水平平安中国具有不可替代的地位与作用。

（四）群防群治队伍

群防群治队伍是社会治安综合治理的基础性组织保障力量，主要包括保安队伍、专职治安巡防队伍、流动人口协管员队伍、治安信息员队伍、交通协管员队伍、社会工作者队伍、治安志愿者队伍、民兵治安巡逻队伍、综治协会或平安和谐理事会队伍、综治特派员队伍,以及网格管理员、网格助理员、网格督导员、网格警员、网格党组织、网格司法所(法庭、巡回检察室)、网格消防员等网格员队伍。群防群治队伍承担着社区治安秩序维护、矛盾纠纷化解、实有人口管理、便民利民服务等职责。

(五)国家发展规划与公共财政支持制度

依据《中共中央、国务院关于加强社会治安综合治理的决定》《健全落实社会治安综合治理领导责任制规定》《全国人民代表大会常务委员会关于加强社会治安综合治理的决定(1991)》的规定,县级以上人民政府应当将社会治安综合治理工作纳入国民经济和社会发展规划,制订社会治安综合治理年度工作计划,建设社会治安防控体系,并将所需经费纳入本级财政预算。各级人民政府要把社会治安综合治理纳入“两个文明”建设的总体规划,切实加强对社会治安综合治理工作的领导,从人力、物力、财力上给予支持和保障。改革开放以来,全国人大审议通过的9个国民经济与社会发展“五年规划”和2035年远景目标都要求维护国家安全、公共安全、社会公平正义,保障人民生命财产安全与合法权益,为构建和谐社会,建设更高水平平安中国,营造国泰民安的社会环境氛围,提高社会化治理“四化”水平提供物质保障、公共财力支撑及社会支持。

第十三章　网络社会治理法律制度

第一节　网络社会治理法概述

一、网络社会治理法的概念与特征

自人类社会进入网络时代以来,网络信息技术迅猛发展,已经深度融入我国经济社会的各个方面,极大地改变和影响着人们的社会活动和生活方式,在促进技术创新、经济发展、政治清明、文化繁荣、社会进步、生态文明的同时,网络空间主权安全与网络秩序问题也日益凸显。加强网络空间生态治理,加快推进网络安全、电子商务、数据安全、个人信息保护、人工智能风险防控的法律制度建设,完善计算机信息服务、网络社会保护、网络信息管理,依法规范网络行为,推进网络治理法治化,是网络空间安全与公共安全保障法的重要组成部分,是推进社会治理体系和治理能力现代化的重大任务,也是发展完善社会主义法治体系的迫切需要。

（一）网络社会治理法的概念

网络社会是指关键的社会结构和社会行动都围绕着电子信息网络展开的社会形式。

网络社会治理是指公权力系统、公民、法人及其他社会组织基于一定法治价值理念、制度安排、行为模式的引领,在依托和运用网络技术处理关涉政治、经济、文化、社会、生态以及国际事务过程中形成的与现实社会相对应的新型网络空间社会关系,以及网络空间与现实社会协调互动、和谐有序的状态。

在我国法律制度语境中,网络社会治理法是指以《宪法》为依据,以网络治理专门法律制度规范为主干,以网络治理相关行政法规、部门规章、地方性法规、政府规章及其他规范性文件为配套的有关治网、办网、用网、护网的法律规范的总和。其因网络基础设施、技术、数据、运行安全,网络空间主权安全,电子商务交易,数据安全维护,以及个人信息权益保护等调整对象的相对独立性而成为独特的法律部门。这一新型部门法的形成和发展是加快推进网络治理体系法治化和治理能力现代化的必然要求。

（二）网络社会治理法的特征

1. 主体的多元性。网络社会治理法的主体包括国家网络安全管理机构、行政执法与安全保卫部门、网络营运服务单位、信息安全监测与评估机构、行业自治组织、公民、法人、其他组织、涉及国际合作的国家机构、对境外非政府组织境内网络活动的监管机构等。

2. 对象的广泛性。区别于其他法律制度,网络社会治理法通过法律规范来调整和规范网络安全所依赖的网络设施设备与网络技术的生产、运输、储存、交易及其运用。对象的具体内容参见本节第二部分。

3. 制度体系构成的层级性。网络社会治理法律制度体系由宪法、基本法律、行政法规、部门规章、地方性法规、地方政府规章及其他规范性文件组成,具有层级性。

二、网络社会治理法的调整对象

网络社会治理法的调整对象是指公权力系统、公民、法人及其他社会组织基于一定法治价值理念、制度安排、行为模式的引领,在依托和运用网络技术(设施、设备、运行系统)处理政治、经济、文化、社会、生态、国际事务以及个人自身事务在网络空间状态下形成的与现实社会相对应相联系的新型网络空间法律关系,具体包括:

1. 网络设施安全,即公民、法人、其他社会组织与公权力机关在运用网络设施、设备、技术、介质等过程中形成的物理安全、技术安全、运行安全及防护安全。

2. 网络技术安全,即有关身份认证、访问控制、防火墙、漏洞扫描、入侵检测、安全审计等的技术安全。

拓展阅读

3. 网络运行安全,即有关计算机信息系统、电信系统、电子银行、数据跨境流动系统的运行安全。

4. 网络行为规范,即网民、网络社会团体、网络业界组织在网络空间活动中从事投资、交易、消费、服务以及依托网络空间从事政治、文化、社会活动时须遵循的规范。

5. 数据安全维护,即法律法规对数据的收集、存储、使用、加工、传输、提供、公开等行为进行规范,使数据处于有效保护和合法利用的状态。

6. 个人信息保护,即法律法规对以电子或者其他方式记录的与已识别或者可识别的自然人有关的各种信息的收集、利用等的规范和对个人信息权益的保护。

第二节　网络社会治理法律制度的渊源

我国互联网立法起源于 20 世纪 80 年代。随着信息技术的发展和互联网被日益广泛运用,在互联网上发布、传播有害信息等问题日渐突出,20 世纪 90 年代后全国人大及其常委会、国务院及其各部委等颁布了相关的法律、法规、部门规章,有立法权的地方人大制定了相关的地方性法规等,初步形成了网络社会治理法制体系。

一、宪法

我国《宪法》有多处关于网络社会治理的规定。具体包括:(1)国家安全与社会秩序层面。《宪法》规定,国家维护社会秩序,镇压叛国和其他危害国家安全的犯罪活动,制裁危害社会治安、破坏社会主义经济和其他犯罪的活动,惩办和改造犯罪分子(第28条);公民必须遵守宪法和法律,保守国家秘密,爱护公共财产,遵守劳动纪律,遵守公共秩序,尊重社会公德(第53条);公民有维护祖国的安全、荣誉和利益的义务,不得有危害祖国的安全、荣誉和利益的行为(第54条)。上述规定构成了守卫网络空间主权安全、维护网络社会秩序的渊源。(2)保护通信自由和通信秘密层面。《宪法》规定,中华人民共和国公民有言论、出版、集会、结社、游行、示威的自由(第35条);中华人民共和国公民的通信自由和通信秘密受法律的保护,除因国家安全或者追查刑事犯罪的需要,由公安机关或者检察机关依照法律规定的程序对通信进行检查外,任何组织或者个人不得以任何理由侵犯公民的通信自由和通信秘密(第40条)。(3)保护公民、法人和其他组织的合法权益层面。《宪法》规定,公民、法人和其他组织,对于任何国家机关和国家工作人员,有提出批评和建议的权利;对于任何国家机关和国家工作人员的违法失职行为,有向有关国家机关提出申诉、控告或者检举的权利,但是不得捏造或者歪曲事实进行诬告陷害(第41条);中华人民共和国公民在行使自由和权利的时候,不得损害国家的、社会的、集体的利益和其他公民的合法的自由和权利(第51条)。这为国家实施网络安全等级保护、用户信息保护、网络安全的监督管理、计算机信息系统安全保护、计算机软件保护等提供了根本依据,也是建立网络社会治理法律制度体系的宪法渊源。

二、专门法律

针对网络安全基本法律制度缺失问题,全国人大常委会审议通过了《关于维护互联网安全的决定》《关于加强网络信息保护的决定》,为维护互联网安全、加强个人电子信息保护、维护网络信息安全提供了法律依据;出台《网络安全法》,对网络安全支持与促进、网络运行安全、关键信息基础设施的运行安全、网络信息安全、监测预警与应急处置及法律责任等作出规定,填补了维护网络安全的立法空白;出台《电子商务法》,对电子商务经营者、电子商务平台经营者、合同的订立与履行、争议解决及其法律责任等作出规定,为建立开放、共享、诚信、安全的电子商务发展环境,推动经济结构调整,实现经济提质增效转型升级,切实维护国家利益提供了法律保障;出台《数据安全法》,对在中华人民共和国境内开展的数据处理活动予以规范调整,明确规定国家保护个人、组织与数据有关的权益,鼓励数据依法合理有效利用,保障数据依法有序自由流动,有效促进了以数据为关键要素的数字经济发展,并依法追究在我国境外开展数据处理活动,损害我国国家安全、公共利益或公民、组织合法权益的行为人的法律责任;出台《个人信息保护法》,对个人信息的收集、存储、使用、加工、传输、提供、公开、删除等处理活动作出明确规定,为加强个人信息保护,维护网络空间良好生态,全面促进数字经济健康发展提供了法律保障。

三、相关法律

我国立法机关在创制法律过程中注重创设网络社会治理法律保护等相关法律制度,有多部法律涉及网络社会治理相关内容,包括:(1)在突发事件应对、戒严与国防动员方面,《戒严法》规定了戒严期间的通信管制(第13条);《突发事件应对法》规定了应急通信保障体系(第33条);《国防动员法》规定国家在决定实施国防动员后,有权对电信、信息网络等行业实行管制(第63条)。(2)在行政执法方面,《人民警察法》赋予公安机关监督管理计算机信息系统的安全保护职责(第6条);《治安管理处罚法》对侵入计算机信息系统、故意制作和传播计算机病毒等破坏性程序等行为的责任作出明确规定(第29条);《反恐怖主义法》明确界定了电信、互联网、金融、住宿、长途客运、机动车租赁等业务经营者、服务提供者配合防范、调查恐怖活动的责任与义务(第17—21条);《国家安全法》第25条对国家建设网络与信息安全保障体系,维护国家网络空间主权、安全和发展利益作了原则性规定。(3)在涉密信息监管方面,《保守国家秘密法》规定了涉密信息系统保密、网络服务商报告制度等(第27、28条)。(4)在个人信息与未成年人权益保护方面,《消费者权益保护法》对个人信息的保护、网络交易平台的责任作出界定(第28条);《电子签名法》对有关电子签名作出规定,补充完善了电子签名法律制度;《民法典》第四编"人格权"对隐私权和个人信息保护作出明确规定,完善了个人信息保护规则;《未成年人保护法》第五章专章对未成年人的网络保护加以规定,对网络素养宣传教育,适合未成年人的网络技术、产品、服务,未成年人身心健康网络信息种类、范围、标准,未成年人网络保护软件、教学活动,通过网络处理未成年人个人信息等都作出了明确规定(第64—80条)。(5)《刑法》有关网络犯罪的罪名有侵犯公民个人信息罪,非法获取计算机信息系统数据、非法控制计算机信息系统罪,提供侵入、非法控制计算机信息系统程序、工具罪,拒不履行信息网络安全管理义务罪,非法利用信息网络罪,帮助信息网络犯罪活动罪,侮辱国旗、国徽、国歌罪,侵害英雄烈士名誉、荣誉罪等。

四、行政法规

国务院把创建和完善网络安全行政法规作为网络社会治理法律制度体系的重要内容。例如,《计算机信息系统安全保护条例》对计算机信息系统的安全保护、安全监督和法律责任等作出规定。《计算机信息网络国际联网管理暂行规定》规范了计算机信息网络国际联网的经营许可范围和审批程序。《广播电视设施保护条例》规定了广播电视信号发射、传输、监测设施保护等内容。《外商投资电信企业管理规定》明确了外商投资经营电信服务的范围、内容及方式。《互联网信息服务管理办法》将互联网信息服务区分为经营性和非经营性管理。《计算机软件保护条例》对保护软件著作权、许可使用和转让等作出明确规定。《信息网络传播权保护条例》就保护信息网络传播权作出规定。《铁路安全管理条例》明确铁路运输企业应建立网络与信息安全的应急保障体系。《电信条例》建立了对电信资源有偿使用、服务质量监督、业务经营许可、网间互联互通、资费等方面的管理制度。《互联网上网服务营业场所管理条例》规范了互联网上网服务营业场所的审批、管理。《互联网用户公众账号信息服务管理规定》对规范公众账号传播秩序、促进公众账号信息服务健康发展作出规定。《关键信息基础设施安全保护条例》对公共通信和信息服务、能源、交通、水利、金融、公共服务、电子政务、国防科技工业等重要行业和领域的关键信息基础设施安全保护作出规定,等等。

五、部门规章

我国有关行政机关注重创建和完善与网络社会治理法律法规相配套的部门规章制度。这包括:(1)网络安全维护方面,颁布了《云计算服务安全评估办法》《网络安全审查办法》等。(2)通信和互联网行业管理方面,颁布了《国际通信出入口局管理办法》《国际通信设施建设管理规定》《互联网 IP 地址备案管理办法》《非经营性互联网信息服务备案管理办法》《互联网电子邮件服务管理办法》《通信网络安全防护管理办法》《电信和互联网用户个人信息保护规定》《电话用户真实身份信息登记规定》《新一代人工智能伦理规范》《区块链信息服务管理规定》《网络直播营销管理办法(试行)》《经营者集中审查暂行规定》《汽车数据安全管理若干规定(试行)》等。(3)互联网金融安全管理方面,颁布了《网络发票管理办法》《国务院反垄断委员会关于平台经济领域的反垄断指南》以及国家互联网信息办公室等颁布的《关于加强互联网信息服务算法综合治理的指导意见》等。(4)互联网出版、新闻、视听服务管理方面,颁布了《互联网药品信息服务管理办法》《互联网著作权行政保护办法》《互联网新闻信息服务管理规定》《互联网视听节目服务管理规定》等。(5)网络数据、个人信息保护方面,颁布了《计算机信息系统国际联网保密管理规定》《汽车数据安全管理若干规定(试行)》《儿童个人信息网络保护规定》《征信业务管理办法》《App 违法违规收集使用个人信息行为认定方法》《常见类型移动互联网应用程序必要个人信息范围规定》等。(6)公共安全和惩治网络违法犯罪方面,颁布了《计算机信息系统安全专用产品检测和销售许可证管理办法》《计算机信息网络国际联网安全保护管理办法》《计算机病毒防治管理办法》《互联网安全保护技术措施规定》等。

有关网络治理地方性法规、地方政府规章、互联网行业治理规范,参见本书第五章第四节相关内容,此处不再赘述。

第三节　网络社会治理法律制度演进

回顾我国网络社会治理法治建设的实践,我国已形成了同中国特色社会主义法治道路、制度、文化、理论及其实践相协调相匹配的治理体系,其启示和特点可概括为:"传统法规型"的创制条件是推进网络治理能力法治化的基本前提;"试验引领型"的创制路径是推进网络治理体系和治理能力法治化的基本面向;"填充配套型"的创制方式是推进网络治理体系和治理能力法治化的有效途径;"协调平衡型"的创制手段是推进网络治理体系和治理能力法治化的可靠方法；"挖掘转化型"的创制智慧是推进网络治理体系和治理能力法治化的有力支撑。[①]

一、传统电信安全法律制度起步阶段（1949 年—1978 年）

新中国成立前夕，中国人民政治协商会议第一届全体会议通过《中国人民政治协商会议共同纲领》，要求改善并发展邮政事业和电信事业。《中央人民政府组织法》规定设立邮电部，采取"统一领导，分业管理，垂直系统"的管理体制。1954 年《宪法》第 90 条规定了公民的通信秘密受法律保护。其后，由于实行全面的无产阶级专政和"文化大革命"，这些规定未能得到全面落实。规范电信安全管理的法律法规基本空白，部门规章寥寥无几，电信管理被高度集中的行政管控模式取代。为了理顺中央与地方广播电台管理关系，严格管控无线电台的设置和使用，严格外事电信通信管理，我国颁布了《关于建立电影放映网与电影工业的决定》《关于地方人民广播电台管理办法的规定》《关于设置和使用无线电台的管理办法》等规范性文件，初步探索了传统电信安全法律制度。

二、传统电信安全法律制度发展阶段（1979 年—1993 年）

为了健康有序发展邮政、电信和广播电视事业，确保通信线路、广播电视设施、卫星电视广播地面接收设施、邮电通信安全，保护通信自由和通信秘密，保障邮政工作的正常进行，1982 年《宪法》第 22 条规定，国家发展为人民服务、为社会主义服务的文学艺术事业、新闻广播电视事业、出版发行事业、图书馆博物馆文化馆和其他文化事业，开展群众性的文化活动；第 40 条规定，公民的通信自由和通信秘密受法律的保护；第 54 条规定，中国公民有维护祖国的安全、荣誉和利益的义务，不得有危害祖国的安全、荣誉和利益的行为。上述规定，会同《邮政法》《关于保护通信线路的规定》《广播电视设施保护条例》《卫星电视广播地面接收设施管理规定》《最高人民法院、最高人民检察院、公安部、邮电部关于加强查处破坏邮政通信案件工作的通知》《邮电部、公安部关于严防发生爆炸破坏案件保卫邮电通信安全的通知》等，初步建立起了传统电信安全法律保护制度。

三、现代网络社会治理法律制度起步阶段（1994 年—2003 年）

随着互联网在中国的逐步发展，国家高度重视网络完全法律制度的建设。针对当时计算机信息系统建设重应用、轻安全，计算机病毒泛滥，计算机犯罪活动猖獗等问题，国务院审议通过了《计算机信息系统安全保护条例》，对计算机信息系统保护的范围进行了科学界定，规范了计算机信息系统的安全保护程序、保护措施等。针对基础电信领域存在的缺乏统筹规划、竞争规则和法律保障等困境，国务院颁布了《电信条例》，确立了电信业务许可制度、电信网络安全制度、信息安全制度、电信设备保护制度等。这一阶段网络社会治理法律制度的主要内容包括软件著作权保护、网络基础设施保护、网络域名管理、网络运营服务保

---

① 　徐汉明：《我国网络法治的经验与启示》，载《中国法学》2018 年第 3 期。

护、互联网上网服务管理、网络信息管理、网络金融安全管理、国际联网安全管理、网络执法、网络司法等。

四、网络社会治理法律制度全面发展阶段（2004 年—2012 年 10 月）

面对信息技术的飞速发展与网络安全管理的诸多挑战，我国急需加强网络社会治理法律制度建设。此阶段的网络社会治理法律制度建设包括网络著作权与传播权保护、网络域名备案管理、网络运营服务安全管理、网络信息管理、互联网出版物管理、地理坐标数据信息标注国家秘密管理、网络文化管理、网络实名制管理、网络金融安全管理、电子商务交易管理、网络税务管理、个人信息安全管理、互联网物联网云计算等新的信息技术和移动终端的发展应用管理、网络安全突发事件应对、网络执法、网络司法等。

五、网络社会治理法律制度完善阶段（2012 年 11 月至今）

针对我国面临的对外维护国家主权、安全、发展利益，对内维护政治安全和社会稳定的双重压力，各种可以预见和难以预见的风险因素明显增多，非传统领域安全日益凸显等问题，国家加快了立法进程，网络社会治理法律制度步入完善阶段。这表现在：（1）法律方面。相继出台和修订多部法律，包括维护网络安全的《网络安全法》，保障电子商务各方主体的合法权益、规范电子商务行为的《电子商务法》，保护个人信息处理、利用和使用的《个人信息保护法》，规范数据处理活动、保障数据安全、促进数据开发利用的《数据安全法》，保护消费者网络、电视、电话、邮购等合法权益的《消费者权益保护法》，以及惩治网络违法犯罪的《刑法》，等等。（2）行政法规层面。出台了有关网络信息管理的《互联网用户账号名称管理规定》，有关网络出版服务管理的《网络出版服务管理规定》，以及有关网络金融安全管理的《关于促进互联网金融健康发展的指导意见》《非银行支付机构网络支付业务管理办法》《互联网保险业务监管办法》等。

第四节　网络社会治理具体法律制度

随着维护网络空间主权、加强网络空间治理、优化网络生态秩序立法的持续推进，我国已经初步形成了网络社会治理法律制度体系。

一、网络空间主权安全保障制度

网络空间主权是国家主权在网络空间的体现和延伸，网络空间主权原则是维护国家安全和利益、参与网络国际治理与合作应坚持的重要原则。为此，我国出台了多部法律法规，形成网络空间主权安全保障制度。这包括：（1）国家安全法律规定方面。《国家安全法》将"实现网络和信息核心技术、关键基础设施和重要领域信息系统及数据的安全可控"纳入国家安全的重要组成部分。（2）网络安全专门法律规定方面。《网络安全法》将网络空间主权安全作为该法的基础性制度安排,明确该法调整的范围为在中华人民共和国境内建设、运营、维护和使用网络的活动,以及对网络安全的监督管理。(3)电子商务专门法律规定方面。《电子商务法》明确规定,电子商务经营者从事跨境电子商务,应当遵守进出口监督管理的法律、行政法规和国家有关规定。(4)数据安全法律规定方面。《数据安全法》明确规定其立法目的为规范数据处理活动,保障数据安全,促进数据开发利用,保护个人、组织的合法权益,维护国家主权、安全和发展利益。(5)个人信息保护法律规定方面。《个人信息保护法》高度重视对个人信息的保护,明确规定在境内处理自然人个人信息的活动,以及在境外处理境内自然人个人信息的活动的具体情形。(6)保守国家秘密法律规定方面。《保守国家秘密法》将国家秘密纳入调整范围,明确规定国家秘密受法律保护,任何危害国家秘密安全的行为,都必须受到法律追究。(7)情报法律规定方面。《情报法》将国家情报工作坚持总体国家安全观、为国家重大决策提供情报参考纳入调整范围。(8)反垄断法律规定方面。《反不正当竞争法》将从事商品生产、经营或提供服务的自然人、法人和非法人组织利用网络从事生产经营的四种活动纳入调整范围;《反垄断法》确立了以行为管辖为主导、属地管辖相结合的管辖原则。上述规定为规制网络垄断行为、规范平台运行、维护电子商务交易市场秩序与网络空间安全提供了法律依据。

二、关键信息基础设施安全保障制度

(一)专门法律

1. 网络安全法律规定方面。《网络安全法》对关键信息基础设施安全保护办法的制定、负责安全保护工作的部门、运营者的安全保护义务、有关部门的监督和支持等作出规定。

2. 电子商务法律规定方面。《电子商务法》第66条对国家推动电子商务基础设施和物流网络建设、电子商务统计制度建设、电子商务标准体系建设等作出规定。

3. 数据安全法律规定方面。《数据安全法》第31条将关键信息基础设施的运营者在我国境内运营中收集和产生的重要数据的出境安全管理纳入调整范围。

4. 个人信息保护法律规定方面。《个人信息保护法》明确对关键信息基础设施运营者和个人信息处理作出规定。

(二)行政法规

1. 关键信息基础设施综合保护法规方面。《关键信息基础设施安全保护条例》明确其立法目的是保障关键信息基础设施安全,维护网络安全,并对其调整范围以及对关键信息基础设施的认定主体、认定规则、认定程序、重新认定等作出规定(第8—11条)。

2. 计算机机房保护制度方面。《计算机信息系统安全保护条例》将计算机机房等重要网络设施的保护作为极为重要的任务,明确规定了计算机机房附近施工等不得危害计算机信息系统的安全。

3. 金融计算机设备保护制度方面。《电子银行业务管理办法》明确规定金融机构应当对电子银行的重要设施设备和数据采取适当的保护措施。

4. 广播电信设施保护制度方面。《广播电视设施保护条例》《电信条例》对维护广播电视设施安全、电信设施安全分别作出规定。

5. 国际通信设施保护制度方面。《国际通信设施建设管理规定》《国际通信出入口局管理办法》明确对国际设施建设、审查验收、管理制度、国内网络延伸等作出规定。

三、网络运行安全保障制度

我国相关法律法规建构了网络服务市场许可准入制度、网络安全技术与服务标准制度、网络安全等级防护制度、网络安全责任制度等，形成了网络运行安全保障制度。

（一）网络服务市场许可准入制度

市场准入管理是保障网络安全的重要环节，我国网络服务市场许可准入制度主要包括：（1）电信业务经营许可制度。《电信条例》规定国家对电信业务经营按照电信业务分类，实行许可制度，经营电信业务必须取得电信管理机构核发的电信业务经营许可证。《互联网上网服务营业场所管理条例》《电信业务经营许可管理办法》《非经营性互联网信息服务备案管理办法》《互联网信息服务管理办法》等分别对网络电信业务经营许可以及备案条件和程序作出规定。（2）计算机信息系统安全专用产品许可制度。《计算机信息系统安全保护条例》规定国家对计算机信息系统安全专用产品的销售实行许可证制度。《计算机信息系统安全专用产品检测和销售许可证管理办法》《计算机病毒防治管理办法》对计算机信息系统安全专用产品销售许可证作出规定。（3）电子商务经营许可制度。《电子商务法》规定，电子商务经营者应当依法办理市场主体登记（第10条）；电子商务经营者从事经营活动，依法需要取得相关行政许可的，应当依法取得行政许可（第12条）。（4）数据处理服务许可制度。《数据安全法》规定，法律、行政法规规定提供数据处理相关服务应当取得行政许可的，服务提供者应当依法取得许可（第34条）。（5）个人信息处理许可制度。《个人信息保护法》规定，法律、行政法规规定处理敏感个人信息应当取得相关行政许可或者作出其他限制的，从其规定（第32条）。

（二）网络安全技术与服务标准制度

我国网络社会治理法对网络安全技术与服务标准进行了规定，相关制度主要包括：（1）网络安全标准体系制度。《网络安全法》对网络安全管理以及网络产品、服务和运行安全的国家标准、行业标准作出规定。（2）国家与行业标准化体系制度。国务院标准化行政主管部门和国务院其他有关部门依据相关法律法规制定了系列标准规范，包括关于等级保护的标准规范、关于风险评估的标准规范、关于应急响应的标准规范、关于个人信息安全的标准规范、关于数据安全的标准规范、关于业务连续性/灾难恢复的标准规范、关于风险管理的标准规范、关于安全保障评估的标准规范、关于应急系统安全的标准规范、关于机房/数据中心的标准规范、关于移动安全的标准规范、关于工业控制安全的标准规范、关于云计算安全的标准规范、关于攻防安全的标准规范、关于漏洞管理的标准规范、关于信息技术安全性评估的标准规范等。（3）电子商务标准体系建设制度。《电子商务法》规定，国家推动电子商务基础设施和物流网络建设,完善电子商务统计制度,加强电子商务标准体系建设(第66条)。(4)数据开发利用技术和数据安全标准体系制度。《数据安全法》《区块链信息服务管理规定》等对有关数据开发利用技术、产品和数据安全相关标准作出规定。(5)个人信息保护服务与标准制度。《个人信息保护法》对个人信息保护具体规则、标准、评估、认证以及网络身份认证公共服务建设作出规定。(6)区块链、云计算、人工智能技术标准制度。《区块链信息服务管理规定》《云计算服务安全评估办法》《新一代人工智能伦理规范》分别对区块链信息服务、云计算服务安全评估、人工智能伦理和适用标准等作出明确规定。(7)通信质量标准制度。《计算机信息系统安全保护条例》《电信条例》对计算机机房以及网间互联的通信质量标准作出规定。(8)互联网保护技术标准制度。《互联网安全保护技术措施规定》明确规定互联网安全保护技术措施应当符合国家标准。

(三)网络安全等级防护制度

我国相关法律法规和部门规章对网络安全等级保护作了明确规定,建立了网络安全等级防护制度体系,这包括:(1)法律方面。《网络安全法》对网络运营者网络安全等级保护制度作出规定。《数据安全法》对数据分类分级保护作出规定。(2)行政法规、部门规章方面。《关键信息基础设施安全保护条例》《计算机信息系统安全保护条例》《互联网安全保护技术措施规定》《信息安全等级保护管理办法》等分别对计算机信息系统安全等级保护、互联网安全保护技术措施、信息安全等级划分与保护、实施与管理、涉密信息系统的分级保护管理、信息安全等级保护等作出规定。

(四)网络安全责任制度

我国的网络安全责任制度主要包括:(1)网络安全责任(职责与义务)制度。《网络安全法》对国家责任、网络安全主管部门责任、电信主管部门与公安执法部门及其他机关责任、县以上政府责任、网络运营者责任等作出规定,建立了网络安全责任制度。(2)电子商务相关责任(职责与义务)制度。《电子商务法》对电子商务发展的国家责任、监管部门责任、地方政府责任以及电子商务经营者、电子商务平台经营者、电子商务行业组织的责任分别作出规定。(3)数据安全责任(职责与义务)制度。《数据安全法》对数据安全的国家责任、中央国家安全领导机构责任、各级政府部门责任、执法机关责任、行业组织责任、社会成员责任分别作出规定。(4)个人信息保护责任(职责与义务)制度。《个人信息保护法》对个人信息保护的国家责任、网信监管与执法司法部门责任、个人信息处理者责任、个人信息保护负责人责任、社会成员责任、域外不特定组织人员责任、境外的个人信息处理者责任分别作出规定。(5)互联网上网服务营业场所安全责任制度。《互联网上网服务营业场所管理条例》在对互联网上网服务营业场所经营单位的设立条件、经营禁止性规范、罚则作出规范的同时,还明确规定文化行政部门、公安机关、市场监督管理部门、电信管理部门应当依法对互联网上网服务营业场所经营单位实施监督管理。(6)电信安全责任制度。《电信条例》在对电信市场管理、电信服务、电信建设作出规范的基础上,专章对电信业务经营者的电信安全责任作出规定。(7)网络出版物责任制度。《电子出版物出版管理规定》《网络出版服务管理规定》等对电子出版物出版单位和网络出版服务单位出版物内容审核责任制度、责任编辑制度、责任校对制度等管理制度分别作出规定。（8）区块链、云计算、人工智能安全责任制度。《区块链信息服务管理规定》《云计算服务安全评估办法》《新一代人工智能发展规划》等对区块链信息服务内容安全管理制度、云计算服务安全评估重点评估制度、人工智能问责机制等分别作出规定。

四、网络数据安全保障制度

（一）数据分级分类管理制度

我国的数据分级分类管理制度主要包括：（1）《网络安全法》第 21 条明确规定，网络运营者应采取数据分类、重要数据备份和加密等措施，防止网络数据泄露或者被窃取、篡改。（2）《数据安全法》第 21 条规定，建立数据分类分级保护制度，制定重要数据目录，对列入目录的数据进行重点保护。

（二）数据安全风险评估制度

我国相关法律对数据安全风险评估作了具体规定，包括：（1）《网络安全法》第 53 条规定，国家网信部门协调有关部门建立健全网络安全风险评估和应急工作机制，制定网络安全事件应急预案，并定期组织演练。（2）《数据安全法》第 22 条规定，建立集中统一、高效权威的数据安全风险评估、报告、信息共享、监测预警机制，加强数据安全风险信息的获取、分析、研判、预警工作。

（三）数据安全应急预警制度

《网络安全法》规定，国家鼓励开发网络数据安全保护和利用技术，促进公共数据资源开放，推动技术创新和经济社会发展；国家网信部门统筹协调有关部门加强网络安全信息收集、分析和通报工作，按照规定统一发布监测预警信息（第 18、51 条）。《数据安全法》规定，国家建立数据安全应急处置机制。发生数据安全事件，有关主管部门应当依法启动应急预案，采取相应的应急处置措施，防止危害扩大，消除安全隐患，并及时向社会发布与公众有关的警示信息（第 23 条）。

（四）数据安全审查制度

《数据安全法》规定，国家建立数据安全审查制度，对影响或者可能影响国家安全的数据处理活动进行国家安全审查，并明确依法作出的安全审查决定为最终决定（第 24 条）。

（五）数据安全审查和出口管制制度

《数据安全法》确立数据安全审查制度和出口管制制度（第 24、25 条）；针对一些国家对我国的相关投资和贸易采取歧视性等不合理措施的做法，明确我国可以根据实际情况采取相应的措施（第 26 条）。

（六）数据安全保护义务制度

我国围绕数据安全保护义务形成了以下制度：（1）违法开展数据活动的禁止性规定。《数据安全法》规定，开展数据处理活动必须遵守法律法规，尊重社会公德和伦理，不得违法收集、使用数据,不得危害国家安全、公共利益,不得损害公民、组织的合法权益(第8条)。(2)安全教育培训制度。《数据安全法》规定,开展数据活动应当按照规定建立健全全流程数据安全管理制度,组织开展数据安全教育培训,采取相应的技术措施和其他必要措施,保障数据安全(第27条)。(3)数据安全风险监测制度。《数据安全法》规定,开展数据活动应当加强数据安全风险监测,定期开展风险评估,及时处置数据安全事件,并履行相应的报告义务(第29、30条)。(4)数据交易中介服务制度。《数据安全法》对数据交易中介服务和数据处理相关服务等作出规定(第33、34条)。(5)国家机关数据调取制度。《数据安全法》对公安机关和国家安全机关因依法履行职责需要调取数据以及境外执法机构调取境内数据时有关组织和个人的相关义务作出规定(第35、36条)。

(七)政务数据安全与开放制度

我国围绕保障政务数据安全,推动政务数据开放利用形成了政务数据安全与开放制度,具体包括:(1)电子政务建设制度。《数据安全法》规定,国家大力推进电子政务建设,提高政务数据的科学性、准确性、时效性,提升运用数据服务经济社会发展的能力(第37条)。(2)国家机关数据安全保护职责制度。《数据安全法》规定,国家机关收集、使用数据应当在其履行法定职责的范围内依照法律、行政法规规定的条件和程序进行,并落实数据安全保护责任,保障政务数据安全(第38、39条)。(3)政务数据审批和监督制度。《数据安全法》对国家机关委托他人存储、加工或者向他人提供政务数据的审批要求和监督义务作出规定(第40条)。(4)政务数据开放平台制度。《数据安全法》要求国家机关按照规定及时准确公开政务数据,制定政务数据开放目录,构建政务数据开放平台,推动政务数据开放利用(第41、42条)。

(八)数据留存管理制度

数据留存管理制度的内容主要包括:(1)互联网信息发布、用户上网等活动的数据留存制度。这包括:《网络安全法》规定,网络运营者应当加强对其用户发布的信息的管理,发现法律、行政法规禁止发布或者传输的信息的,应当立即停止传输该信息,采取消除等处置措施,防止信息扩散,保存有关记录,并向有关主管部门报告(第46条)。《互联网信息服务管理办法》规定,从事新闻、出版以及电子公告等服务项目的互联网信息服务提供者,应当记录提供的信息内容及其发布时间、互联网地址或者域名;互联网接入服务提供者应当记录上网用户的上网时间、用户账号、互联网地址或者域名、主叫电话号码等信息;互联网信息服务提供者和互联网接入服务提供者的记录备份应当保存60日,并在国家有关机关依法查询时,予以提供(第14条)。(2)技术保障数据留存备份制度。这包括:《电子商务法》规定,电子商务平台经营者应当记录、保存平台上发布的商品和服务信息、交易信息,并确保信息的完整性、保密性、可用性。商品和服务信息、交易信息保存时间自交易完成之日起不少于3年;法律、行政法规另有规定的,依照其规定(第31条)。《互联网安全保护技术措施规定》规定,互联网服务提供者和联网使用单位依照规定落实的记录留存技术措施,应当具有至少保存60天记录备份的功能,等等。

（九）数据跨境流动法律责任制度

针对大数据时代数据跨境流动的特点,《数据安全法》创造性地采取了以人为主管辖与地域管辖相结合的立法模式,明确规定在中华人民共和国境外开展数据处理活动,损害中华人民共和国国家安全、公共利益或者公民、组织合法权益的,依法追究法律责任(第2条),开创了数据安全国内法域外适用的立法新路径,为维护我国公民、法人、其他组织数据相关权益与国家大数据安全及国家利益提供了法律保障。

（十）云计算、人工智能数据安全保护制度

《云计算服务安全评估办法》规定,云计算服务安全评估重点评估云服务商人员背景及稳定性,特别是能够访问客户数据、能够收集相关元数据的人员,以及客户迁移数据的可行性和便捷性等内容(第3条),全面保护数据安全。《新一代人工智能发展规划》明确规定,要保障个人隐私与数据安全,不得损害个人合法数据权益(第3条);不得以数据垄断、平台垄断等破坏市场有序竞争,禁止以任何手段侵犯其他主体的知识产权(第14条)。

五、网络信息保护制度

（一）网络信息安全保护制度

《全国人民代表大会常务委员会关于加强网络信息保护的决定》《网络安全法》《个人信息保护法》等规定了网络信息安全保护管理制度,包括:(1)网络实名制度。(2)网络运营者处置违法信息义务制度。(3)数据安全身份审核制度。(4)个人信息身份识别制度。(5)电子签名身份管理制度。(6)电子信息禁止性规定。(7)国家安全与侦查犯罪协助制度。(8)网络信息安全监督管理制度。

（二）个人信息保护制度

《个人信息保护法》确立了一系列个人信息保护法律制度,包括:(1)个人信息处理的基本原则。(2)个人信息"告知—同意"制度。(3)个人信息处理制度。(4)敏感个人信息处理制度。(5)国家机关处理个人信息制度。(6)个人信息跨境处理制度。

（三）电子商务信息管理制度

我国《电子商务法》对电子商务收集、使用信息作出了规定。例如,电子商务经营者收集、使用其用户的个人信息,应当遵守法律、行政法规有关个人信息保护的规定(第23条)。电子商务经营者应当全面、真实、准确、及时地披露商品或者服务信息,保障消费者的知情权和选择权(第17条)。电子商务平台经营者应当要求申请进入平台销售商品或者提供服务的经营者提交其身份、地址、联系方式、行政许可等真实信息,进行核验、登记,建立登记档案,并定期核验更新(第27条)。主管部门应当采取必要措施保护电子商务经营者提供的数据信息的安全,并对其中的个人信息、隐私和商业秘密严格保密,不得泄露、出售或者非法向他人提供(第25条)。

（四）电子签名管理制度

我国相关法律法规对电子签名保护进行规范。例如,《电子签名法》对书面形式、原件

形式、文件保存、证据使用、证据的真实性审查、确认收讫、发送地点以及签名认证作出规定。《电子认证服务管理办法》对电子认证业务规则、部门备案、责任范围、作业操作规范、信息安全保障、保密事项等作出规定。

（五）数据信息保护制度

我国《数据安全法》规定，国家机关基于履行法定职责的需要收集、使用数据，应当在其履行法定职责的范围内依照法律、行政法规规定的条件和程序进行；对在履行职责中知悉的个人隐私、个人信息、商业秘密、保密商务信息等数据应当依法予以保密，不得泄露或者非法向他人提供（第38条）。

（六）电信用户信息保密制度

《电话用户真实身份信息登记规定》对电信用户信息保密制度作出规定，明确电信业务经营者应当建立健全用户真实身份信息保密管理制度，电信业务经营者及其工作人员对在提供服务过程中登记的用户真实身份信息应当严格保密，不得泄露、篡改或者毁损，不得出售或者非法向他人提供，不得用于提供服务之外的目的。

（七）区块链、云计算、人工智能信息保护制度

《区块链信息服务管理规定》规定，区块链信息服务提供者应当落实信息内容安全管理责任，建立健全用户注册、信息审核、应急处置、安全防护等管理制度（第5条）。《云计算服务安全评估办法》规定，云服务商可申请对面向党政机关、关键信息基础设施提供云计算服务的云平台进行安全评估（第5条）。《新一代人工智能伦理规范》规定，要充分尊重个人信息知情、同意等权利，依照合法、正当、必要和诚信原则处理个人信息，不得以窃取、篡改、泄露等方式非法收集利用个人信息，不得侵害个人隐私权（第3条）。

六、电子商务管理制度

（一）调整范围

《电子商务法》把电子商务经营主体的经营活动纳入其调整范围。

（二）电子商务经营主体监管制度

《电子商务法》对电子商务经营主体作出了明确规定，区分了一般的电子商务经营者和电子商务第三方平台。

（三）电子商务交易与服务制度

《电子商务法》根据电子商务发展的特点，在现有法律规定的基础上规定了电子商务当事人行为能力推定规则、电子合同的订立、自动交易信息系统等内容。

（四）电子商务交易保障制度

我国有关法律法规对电子商务数据信息的开发、利用和保护进行了规范。如《电子商务法》明确鼓励数据信息交换共享，保障数据信息的依法有序流动和合理利用，强调电子商务经营者对用户个人信息应采取相应保障措施，并对电子商务数据信息的收集利用及其安全保障等作出明确规定。

（五）电子商务跨境制度

对跨境电子商务进行规范适应了对外开放战略布局形势要求。我国《电子商务法》规定，国家鼓励促进跨境电子商务的发展，建立电子商务跨境海关、税收、进出境检验检疫、支付结算等管理制度。

七、网络安全应急处置制度

（一）网络安全应急指挥协调制度

工业和信息化部设立国家通信保障应急领导小组，负责领导、组织、协调互联网网络安全应急工作。国家通信保障应急领导小组下设互联网应急处理工作办公室，负责互联网网络安全应急工作方面的日常事务处理及互联网网络安全应急响应期间的具体组织协调工作；国家通信保障应急领导小组负责组织、协调各经营性互联单位和国家计算机网络应急技术处理协调中心进行互联网网络安全应急工作。

（二）网络安全预警监测制度

我国《网络安全法》规定，国务院有关部门建立健全网络安全监测预警和信息通报制度，加强网络安全信息收集、分析和情况通报工作（第51条）。针对人工智能监测预警问题，《新一代人工智能伦理规范》要求加强风险防范，增强底线思维和风险意识，加强人工智能发展的潜在风险研判，及时开展系统的风险监测和评估，建立有效的风险预警机制，提升人工智能伦理风险管控和处置能力（第8条）。

（三）网络安全事件应急预案制度

《网络安全法》要求建立健全网络安全应急工作机制，制定网络安全事件应急预案；规定了预警信息的发布及网络安全事件应急处置措施；为维护国家安全和社会公共秩序，处置重大突发社会安全事件，还对网络管制作出了规定。《通信网络安全防护管理办法》《公共互联网网络安全突发事件应急预案》《国家网络安全事件应急预案》等对网络安全事件应急预案制度作出配套规范，包括互联网网络安全事件的分级、信息监测、实时汇总、预警预防行动、预警支持系统、应急响应、应急处理流程、信息通报、应急结束、后期处置、应急保障准备、经费保障、应急演练、技术储备与保障等。

（四）应急通信保障制度

应急通信保障制度是指在面对公共安全、紧急事件处理、大型集会活动、救助自然灾害、抵御敌对势力攻击、预防恐怖袭击和众多突发情况时进行的通信保障的应急管理制度。《电信条例》规定，在发生重大自然灾害等紧急情况下，经国务院批准，国务院信息产业主管部门可以调用各种电信设施，确保重要通信畅通（第63条）。《突发事件应对法》规定，国家建立健全应急通信保障体系，完善公用通信网，建立有线与无线相结合、基础电信网络与机动通信系统相配套的应急通信系统，确保突发事件应对工作的通信畅通（第33条）。

（五）应急通信管制制度

我国相关法律法规对应急通信管制进行了规范。《戒严法》规定，戒严期间，戒严实施机关可以决定在戒严地区采取禁止或者限制集会、游行、示威、街头讲演以及其他聚众活动，禁止罢工、罢市、罢课，实行新闻管制，实行通讯、邮政、电信管制，实行出境入境管制，禁止任何反对戒严的活动等措施。《国防动员法》规定，国家决定实施国防动员后，根据需要，可以依法在实施国防动员的区域采取对金融、交通运输、邮政、电信、新闻出版、广播影视、信息网络、能源水源供应、医药卫生、食品和粮食供应、商业贸易等行业实行管制，对人员活动的区域、时间、方式以及物资、运载工具进出的区域进行必要的限制，在国家机关、社会团体和企业事业单位实行特殊工作制度，为武装力量优先提供各种交通保障，以及采取需要采取的其他特别措施。《反恐怖主义法》对恐怖活动组织和人员的认定、安全防范、情报信息、调查作出规定的同时，对恐怖突发事件的应对处置也作出详细规定，并明确了国际合作、保障措施及其法律责任。《无线电管制规定》规定，根据维护国家安全、保障国家重大任务、处置重大突发事件等需要，国家可以实施无线电管制（第3条）。

八、网络攻击防护制度

（一）病毒攻击禁止制度

《网络安全法》规定，网络运营者应当制定网络安全事件应急预案，及时处置系统漏洞、计算机病毒、网络攻击、网络侵入等安全风险；在发生危害网络安全的事件时，立即启动应急预案，采取相应的补救措施，并按照规定向有关主管部门报告（第25条）。《电信条例》规定，任何组织或个人不得有故意制作、复制、传播计算机病毒或者以其他方式攻击电信网络等电信设施等危害电信网络安全和信息安全的行为（第57条）。《计算机病毒防治管理办法》规定，任何单位和个人不得制作计算机病毒。任何单位和个人不得故意输入计算机病毒，危害计算机信息系统安全；不得向他人提供含有计算机病毒的文件、软件、媒体；不得销售、出租、附赠含有计算机病毒的媒体等。

（二）病毒预防检测制度

《网络安全法》规定，开展网络安全认证、检测、风险评估等活动，向社会发布系统漏洞、计算机病毒、网络攻击、网络侵入等网络安全信息，应当遵守国家有关规定（第26条）。《计算机病毒防治管理办法》规定，从事计算机病毒防治产品生产的单位，应当及时向公安部公共信息网络安全监察部门批准的计算机病毒防治产品检测机构提交病毒样本；计算机病毒防治产品检测机构应当对提交的病毒样本及时进行分析、确认，并将确认结果上报公安部公共信息网络安全监察部门；任何单位和个人在从计算机信息网络上下载程序、数据或者购置、维修、借入计算机设备时，应当进行计算机病毒检测。《通信网络安全防护管理办法》规定，通信网络运行单位应当按照规定组织对通信网络单元进行安全风险评估，及时消除重大网络安全隐患（第12条）；通信网络运行单位应当配合电信管理机构及其委托的专业机构开展检查活动，对于检查中发现的重大网络安全隐患，应当及时整改（第19条）。

（三）金融机构病毒防范制度

《电子银行业务管理办法》规定，金融机构应建立电子银行入侵侦测与入侵保护系统，实时监控电子银行的运行情况,定期对电子银行系统进行漏洞扫描,并建立对非法入侵的甄别、处理和报告机制(第43条)。

九、网络传输管理制度

(一)传输主体管理制度

《网络安全法》规定,网络运营者开展经营和服务活动,必须遵守法律、行政法规,尊重社会公德,遵守商业道德,诚实信用,履行网络安全保护义务,接受政府和社会的监督,承担社会责任(第9条);国家保护公民、法人和其他组织依法使用网络的权利,促进网络接入普及,提升网络服务水平,为社会提供安全、便利的网络服务,保障网络信息依法有序自由流动(第12条)。《反恐怖主义法》规定,电信业务经营者、互联网服务提供者应当依照法律、行政法规规定,落实网络安全、信息内容监督制度和安全技术防范措施,防止含有恐怖主义、极端主义内容的信息传播(第19条)。

(二)信息传输内容管理制度

《网络安全法》规定,国家支持研究开发有利于未成年人健康成长的网络产品和服务,依法惩治利用网络从事危害未成年人身心健康的活动,为未成年人提供安全、健康的网络环境(第13条)。任何个人和组织不得从事非法侵入他人网络、干扰他人网络正常功能、窃取网络数据等危害网络安全的活动;不得提供专门用于从事侵入网络、干扰网络正常功能及防护措施、窃取网络数据等危害网络安全活动的程序、工具;明知他人从事危害网络安全的活动的,不得为其提供技术支持、广告推广、支付结算等帮助(第27条)。

(三)违法信息报告制度

《网络安全法》规定,网络产品、服务应当符合相关国家标准的强制性要求。网络产品、服务的提供者不得设置恶意程序;发现其网络产品、服务存在安全缺陷、漏洞等风险时,应当立即采取补救措施,按照规定及时告知用户并向有关主管部门报告(第22条)。《电子商务法》规定,电子商务平台经营者应当制定网络安全事件应急预案,发生网络安全事件时,应当立即启动应急预案,采取相应的补救措施,并向有关主管部门报告(第30条)。《数据安全法》规定,开展数据处理活动应当加强风险监测,发现数据安全缺陷、漏洞等风险时,应当立即采取补救措施;发生数据安全事件时,应当立即采取处置措施,按照规定及时告知用户并向有关主管部门报告(第29条)。《个人信息保护法》规定,个人信息保护影响评估报告和处理情况记录应当至少保存3年(第56条);检查与个人信息处理活动有关的设备、物品;对有证据证明是用于违法个人信息处理活动的设备、物品,向本部门主要负责人书面报告并经批准,可以查封或者扣押(第64条)。《电信条例》规定,电信业务经营者发现电信网络中传输的信息明显属于违法内容信息的,应立即停止传输、保存有关记录并向国家有关机关报告。《互联网信息服务管理办法》规定,互联网信息服务提供者发现其网站传输的信息明显反对宪法所确定的基本原则的,危害国家安全、泄露国家秘密、颠覆国家政权、破坏国家统一的,损害国家荣誉和利益的,煽动民族仇恨、民族歧视、破坏民族团结的,破坏国家宗教政策、宣扬邪教和封建迷信的，散布谣言、扰乱社会秩序、破坏社会稳定的，散布淫秽、色情、赌博、暴力、凶杀、恐怖或者教唆犯罪的，侮辱或者诽谤他人、侵害他人合法权益的，以及含有法律、行政法规禁止的其他内容的，应当立即停止传输，保存有关记录，并向国家有关机关报告（第 15、16 条）。

十、网络产品与服务安全保障制度

维护网络安全，首先要保证网络产品与服务的安全。我国围绕网络产品与服务安全保障形成了网络产品与服务提供者安全义务制度、网络安全认证与安全检测制度与网络信息安全公众监督举报制度。

（一）网络产品与服务提供者安全义务制度

《网络安全法》规定，网络产品、服务应当符合相关国家标准的强制性要求。网络产品、服务的提供者不得设置恶意程序；发现其网络产品、服务存在安全缺陷、漏洞等风险时，应当立即采取补救措施，按照规定及时告知用户并向有关主管部门报告（第 22 条）。

（二）网络安全认证与安全检测制度

《网络安全法》规定，网络关键设备和网络安全专用产品应当按照相关国家标准的强制性要求，由具备资格的机构安全认证合格或者安全检测符合要求后，方可销售或者提供。国家网信部门会同国务院有关部门制定、公布网络关键设备和网络安全专用产品目录，并推动安全认证和安全检测结果互认，避免重复认证、检测（第 23 条）。

（三）网络信息安全公众监督举报制度

网络信息安全公众监督举报制度是网络社会治理法律制度的重要补充。网络信息安全公众监督举报制度主要包括：（1）保障公众监督举报制度。《网络安全法》规定，任何个人和组织有权对危害网络安全的行为向网信、电信、公安等部门举报（第 14 条）。《电子商务法》规定，电子商务经营者应当建立便捷、有效的投诉、举报机制，公开投诉、举报方式等信息，及时受理并处理投诉、举报（第 59 条）。《数据安全法》规定，任何个人、组织都有权对违反本法规定的行为向有关主管部门投诉、举报（第 12 条）。《个人信息保护法》规定，任何组织、个人有权对违法个人信息处理活动向履行个人信息保护职责的部门进行投诉、举报。（2）举报审查及处理制度。《网络安全法》规定，收到举报的部门应当及时依法作出处理；不属于本部门职责的，应当及时移送有权处理的部门。有关部门应当对举报人的相关信息予以保密，保护举报人的合法权益（第 14 条）。《个人信息保护法》规定，收到投诉、举报的部门应当依法及时处理，并将处理结果告知投诉、举报人。履行个人信息保护职责的部门应当公布接受投诉、举报的联系方式（第 65 条）。

十一、互联网行业自律制度

我国相关法律法规对互联网行业自律进行了规范。例如，《网络安全法》规定，网络相关行业组织按照章程，加强行业自律，制定网络安全行为规范，指导会员加强网络安全保护，提高网络安全保护水平,促进行业健康发展(第 11 条)。《电子商务法》规定,电子商务行业组织按照本组织章程开展行业自律,建立健全行业规范,推动行业诚信建设,监督、引导本行业经营者公平参与市场竞争(第 8 条)。《数据安全法》规定,相关行业组织按照章程,依法制定数据安全行为规范和团体标准,加强行业自律,指导会员加强数据安全保护,提高数据安全保护水平,促进行业健康发展(第 10 条)。《中国互联网行业自律公约》对互联网行业自律的基本原则、行业主体、主要职责、自律义务等进行了详细规定。中国人民银行等联合颁布的《关于促进互联网金融健康发展的指导意见》要求加强互联网金融行业自律,充分发挥行业自律机制在规范从业机构市场行为和保护行业合法权益等方面的积极作用。人民银行会同有关部门组建中国互联网金融协会,协会要按业务类型,制订经营管理规则和行业标准,推动机构之间的业务交流和信息共享。协会要明确自律惩戒机制,提高行业规则和标准的约束力。

十二、网络安全监管制度

我国法律法规对网络安全监管的职责与分工进行了规范。例如,《网络安全法》规定,国家网信部门负责统筹协调网络安全工作和相关监督管理工作。国务院电信主管部门、公安部门和其他有关机关依照本法和有关法律、行政法规的规定,在各自职责范围内负责网络安全保护和监督管理工作;县级以上地方人民政府有关部门的网络安全保护和监督管理职责,按照国家有关规定确定(第 8 条)。《电子商务法》规定,国务院有关部门按照职责分工负责电子商务发展促进、监督管理等工作。县级以上地方各级人民政府可以根据本行政区域的实际情况,确定本行政区域内电子商务的部门职责划分(第 6 条)。《数据安全法》规定,各地区、各部门对本地区、本部门工作中收集和产生的数据及数据安全负责。工业、电信、交通、金融、自然资源、卫生健康、教育、科技等主管部门承担本行业、本领域数据安全监管职责。公安机关、国家安全机关等依照本法和有关法律、行政法规的规定,在各自职责范围内承担数据安全监管职责。国家网信部门依照本法和有关法律、行政法规的规定,负责统筹协调网络数据安全和相关监管工作(第 6 条)。《个人信息保护法》规定,国务院有关部门依照本法和有关法律、行政法规的规定,在各自职责范围内负责个人信息保护和监督管理工作。县级以上地方人民政府有关部门的个人信息保护和监督管理职责,按照国家有关规定确定(第 60 条)。此外,根据《计算机信息系统安全保护条例》《电信条例》《互联网信息服务管理办法》规定,电信管理机构负责对电信业、互联网信息服务实施监督管理;新闻、出版、教育、卫生、药品监督管理、市场监督管理和公安、国家安全等有关主管部门依法履行监督管理计算机信息系统的安全保护职责;国家安全部、国家保密局和国务院其他有关部门在国务院规定的职责范围内做好计算机信息系统安全保护的有关工作。

十三、协作管理与协同实施制度

《网络安全法》规定,国家网信部门应当统筹协调有关部门对关键信息基础设施的安全保护,采取定期组织关键信息基础设施的运营者进行网络安全应急演练,提高应对网络安全事件的水平和协同配合能力等(第 39 条)。《电子商务法》规定,国家建立符合电子商务特点的协同管理体系,推动形成有关部门、电子商务行业组织、电子商务经营者、消费者等共同参与的电子商务市场治理体系(第 7 条)。《数据安全法》规定,中央国家安全领导机构负责国家数据安全工作的决策和议事协调,研究制定、指导实施国家数据安全战略和有关重大方针政策,统筹协调国家数据安全的重大事项和重要工作,建立国家数据安全工作协调机制(第 5 条)。《个人信息保护法》规定,国家网信部门负责统筹协调个人信息保护工作和相关监督管理工作(第 60 条)。《电信条例》规定,公用电信网之间、公用电信网与专用电信网之间的网间互联,由网间互联双方按照国务院信息产业主管部门的网间互联管理规定进行互联协商,并订立网间互联协议(第 19 条)。

十四、涉网民事法律责任制度

依据《民法典》《网络安全法》《电子商务法》《数据安全法》《个人信息保护法》以及《全国人民代表大会常务委员会关于维护互联网安全的决定》等,我国建立了涉网民事法律责任制度。《民法典》规定,民事主体有证据证明报刊、网络等媒体报道的内容失实,侵害其名誉权的,有权请求该媒体及时采取更正或者删除等必要措施(第 1028 条);网络用户、网络服务提供者利用网络侵害他人民事权益的,应当承担侵权责任(第 1194 条);网络用户利用网络服务实施侵权行为的,权利人有权通知网络服务提供者采取删除、屏蔽、断开链接等必要措施(第 1195 条)。《网络安全法》规定,违反本法规定给他人造成损害的,依法承担民事责任(第 74 条)。《电子商务法》规定,电子商务平台经营者知道或者应当知道平台内经营者销售的商品或者提供的服务不符合保障人身、财产安全的要求,或者有其他侵害消费者合法权益行为,未采取必要措施的,依法与该平台内经营者承担连带责任(第 38 条)。《数据安全法》规定,违反本法规定,给他人造成损害的,依法承担民事责任(第 52 条)。《个人信息保护法》规定,处理个人信息侵害个人信息权益造成损害,个人信息处理者不能证明自己没有过错的,应当承担损害赔偿等侵权责任;前款规定的损害赔偿责任按照个人因此受到的损失或者个人信息处理者因此获得的利益确定;个人因此受到的损失和个人信息处理者因此获得的利益难以确定的,根据实际情况确定赔偿数额(第 69 条)。《全国人民代表大会常务委员会关于维护互联网安全的决定》规定,利用互联网侵犯他人合法权益,构成民事侵权的,依法承担民事责任。

十五、涉网行政法律责任制度

根据《网络安全法》《电子商务法》《数据安全法》《个人信息保护法》《行政处罚法》《治安管理处罚法》《关于维护互联网安全的决定》等,我国建立起涉网行政法律责任制度。其主要内容包括:《网络安全法》规定,违反本法规定,构成违反治安管理行为的,依法给予治安管理处罚(第 74 条)。《电子商务法》规定,电子商务经营者违反本法第 12 条、第 13 条规定,未取得相关行政许可从事经营活动,或者销售、提供法律、行政法规禁止交易的商品、服务,或者不履行本法第25条规定的信息提供义务,电子商务平台经营者违反本法第46条规定,采取集中交易方式进行交易,或者进行标准化合约交易的,依照有关法律、行政法规的规定处罚(第75条)。《数据安全法》规定,国家机关不履行本法规定的数据安全保护义务的,对直接负责的主管人员和其他直接责任人员依法给予处分;履行数据安全监管职责的国家工作人员玩忽职守、滥用职权、徇私舞弊的,依法给予处分;窃取或者以其他非法方式获取数据,开展数据处理活动排除、限制竞争,或者损害个人、组织合法权益的,依照有关法律、行政法规的规定处罚(第49—51条)。开展数据处理活动的组织、个人不履行本法有关数据安全保护义务的,由有关主管部门责令改正,给予警告,可以并处罚款,对直接负责的主管人员和其他直接责任人员可以处以罚款;拒不改正或者造成大量数据泄露等严重后果的,除处以罚款外,并可以责令暂停相关业务、停业整顿、吊销相关业务许可证或者吊销营业执照(第45条)。《个人信息保护法》规定,违反本法规定,构成违反治安管理行为的,依法给予治安管理处罚(第18条)。《全国人民代表大会常务委员会关于维护互联网安全的决定》规定,利用互联网实施违法行为,违反社会治安管理,尚不构成犯罪的,由公安机关依照《治安管理处罚条例》[①] 予以处罚;违反其他法律、行政法规,尚不构成犯罪的,由有关行政管理部门依法给予行政处罚。

十六、网络安全监督管理制度

网络安全监督管理是指国家信息安全管理机构、公安机关、国家安全机关、中国银保监会、企业事业单位主管部门等对计算机信息系统安全、互联网信息服务安全依法进行的监督管理。网络安全监督管理制度具体包括以下内容。

(一)信息安全综合监督管理制度

《网络安全法》规定,国家建立和完善网络安全标准体系,国务院标准化行政主管部门和国务院其他有关部门根据各自的职责,组织制定并适时修订有关网络安全管理以及网络产品、服务和运行安全的国家标准、行业标准(第15条)。《互联网信息服务管理办法》规定,国务院信息产业主管部门和省、自治区、直辖市电信管理机构,依法对互联网信息服务实施监督管理,新闻、出版、教育、卫生、药品监督管理、工商行政管理[②] 和公安、国家安全等有关主管部门,在各自职责范围内依法对互联网信息内容实施监督管理(第18条)。

(二)电子商务综合监督管理制度

《电子商务法》规定,国务院有关部门按照职责分工负责电子商务发展促进、监督管理等工作。县级以上地方各级人民政府可以根据本行政区域的实际情况,确定本行政区域内

---

① 《治安管理处罚条例》已被《治安管理处罚法》废止。

② 依据2018年《深化党和国家机构改革方案》,将国家工商行政管理总局、国家质量监督检验检疫总局等机构的职责整合,组建国家市场监督管理总局。

电子商务的部门职责划分（第6条）。

（三）个人信息综合监督管理制度

《个人信息保护法》规定，国家网信部门负责统筹协调个人信息保护工作和相关监督管理工作。国务院有关部门依照本法和有关法律、行政法规的规定，在各自职责范围内负责个人信息保护和监督管理工作。县级以上地方人民政府有关部门的个人信息保护和监督管理职责，按照国家有关规定确定（第60条）。

（四）电子银行业务综合监督管理制度

《电子银行业务管理办法》规定，中国银保监会负责对电子银行业务实施监督管理（第7条）。

（五）网络出版行业综合监督管理制度

《网络出版服务管理规定》规定，网络出版服务单位实行年度核验制度，省、自治区、直辖市出版行政主管部门负责对本行政区域内的网络出版服务单位实施年度核验并将有关情况报国家新闻出版广电总局备案，年度核验内容包括网络出版服务单位的设立条件、登记项目、出版经营情况、出版质量、遵守法律规范情况、内部管理情况等（第38条）。

十七、人大执法检查监督制度

依据《各级人民代表大会常务委员会监督法》，各级人大常委会参照本法第9条规定的途径，每年选择若干关系改革发展稳定大局和群众切身利益、社会普遍关注的重大问题，有计划地对有关法律、法规实施情况组织执法检查（第22条）。全国人大常委会及地方各级人大常委会定期开展对网络社会治理法实施的专项执法检查与专门监督。如2017年全国人大常委会及地方各级人大常委会专门部署开展对"一法一决定"实施情况的检查，专题审议执法检查的情况报告，加强对网络社会治理法律实施的监督。

十八、涉网政务处分制度

依据《监察法》《公职人员政务处分法》《网络安全法》《电子商务法》《数据安全法》《个人信息保护法》《全国人民代表大会常务委员会关于维护互联网安全的决定》等规定，我国建立起了针对公职人员的涉网政务处分制度。其主要内容包括：（1）责任主体，包括对网络安全、电子商务、数据安全、个人信息保护负有监管职责的执法、司法人员以及依法或受托从事上述公务活动的公职人员。（2）政务处分范围，包括在履行网络安全、电子商务、数据安全、个人信息保护职责中实施的滥用职权、玩忽职守、徇私舞弊等行为。（3）政务处分的种类，包括警告、记过、记大过、降级、撤职、开除等（《公职人员政务处分法》第7条）。《全国人民代表大会常务委员会关于维护互联网安全的决定》规定，对直接负责的主管人员和其他直接责任人员，依法给予行政处分或者纪律处分。

十九、涉网行政诉讼与检察监督制度

（一）涉网行政诉讼制度

行政机关在网络监管过程中侵犯行政相对人合法权益的,行政相对人有权提出异议与提起行政复议;对行政裁定不服的,有权向审判机关提起行政诉讼(《行政复议法》第 2、5 条;《行政诉讼法》第 12 条)。

（二）涉网检察监督制度

人民检察院有权对涉网行政诉讼实行法律监督。检察机关经审查,认为审判机关的判决确有错误的,可以提出抗诉,以监督纠正审判机关的错误裁判,维护行政相对人的合法权益(《行政诉讼法》第 11、93 条)。

（三）涉网行政公益诉讼制度

《个人信息保护法》规定,个人信息处理者违反本法规定处理个人信息,侵害众多个人的权益的,人民检察院、法律规定的消费者组织和由国家网信部门确定的组织可以依法向人民法院提起诉讼(第 70 条)。

二十、涉网民事诉讼制度

针对网络社会治理监管侵权损害、网络市场主体的网络违约等民事行为,我国《民事诉讼法》赋予受害人相关诉讼请求权,以保护公民(网民)、社会组织(网络组织)及其他组织(网络组织)的合法权益(包括个人信息保护权),调整民事(网络)法律关系,维护生产、投资、贸易、知识产权、金融等正常活动(包括在网络领域从事的前述活动),维护市场经济秩序(网络经济秩序),促进社会(网络)发展,构建全民"爱网、用网、护网、守法"的网络生态空间,形成网络空间综合治理体系。《电子商务法》规定,电子商务争议可以通过协商和解,请求消费者组织、行业协会或者其他依法成立的调解组织调解,向有关部门投诉,提请仲裁,或者提起诉讼等方式解决(第 60 条)。《个人信息保护法》规定,个人信息处理者拒绝个人行使权利的请求的,个人可以依法向人民法院提起诉讼(第 50 条)。

二十一、涉网刑事法律制度

《刑法》《网络安全法》《电子商务法》《数据安全法》《个人信息保护法》将网络犯罪行为纳入刑事责任追究范围。其主要内容包括:《网络安全法》第 74 条规定,违反本法规定,构成犯罪的,依法追究刑事责任。《电子商务法》第 88 条规定,违反本法规定,构成犯罪的,依法追究刑事责任。《数据安全法》第 52 条规定,违反本法规定,构成犯罪的,依法追究刑事责任。《个人信息保护法》第 71 条规定,违犯本法规定,构成犯罪的,依法追究刑事责任。

二十二、网络空间安全国际合作制度

《网络安全法》规定,国家积极开展网络空间治理、网络技术研发和标准制定、打击网络违法犯罪等方面的国际交流与合作,推动构建和平、安全、开放、合作的网络空间,建立多边、民主、透明的网络治理体系(第7条)。《电子商务法》规定,国家推动建立与不同国家、地区之间跨境电子商务的交流合作,参与电子商务国际规则的制定,促进电子签名、电子身份等国际互认。国家推动建立与不同国家、地区之间的跨境电子商务争议解决机制(第73条)。《数据安全法》规定,国家对与维护国家安全和利益、履行国际义务相关的属于管制物项的数据依法实施出口管制(第25条)。《个人信息保护法》规定,国家积极参与个人信息保护国际规则的制定,促进个人信息保护方面的国际交流与合作,推动与其他国家、地区、国际组织之间的个人信息保护规则、标准等互认(第12条)。《计算机信息网络国际联网安全保护管理办法》规定,从事国际联网业务的单位和个人应当接受公安机关的安全监督、检查和指导,如实向公安机关提供有关安全保护的信息、资料及数据文件,协助公安机关查处通过国际联网的计算机信息网络的违法犯罪行为。国际出入口信道提供单位、互联单位的主管部门或者主管单位,应当依照法律和国家有关规定负责国际出入口信道、所属互联网络的安全保护管理工作(第8、9条)。

二十三、党对网信事业与网络空间法治的领导制度

(一)坚持党对网信事业与网络空间法治的统一领导

我国《宪法》规定,中国共产党领导是中国特色社会主义最本质的特征,禁止任何组织或者个人破坏社会主义制度(第1条)。《中国共产党中央委员会工作条例》规定,坚持党对一切工作的领导,确保党中央集中统一领导(第4条)。各级人大、政府、政协、监察机关、审判机关、检察机关,武装力量,各民主党派和无党派人士,人民团体,企业事业单位,基层群众性自治组织,社会组织等,都必须自觉接受党中央领导。总体国家安全观将"科技安全""信息安全""网络安全"作为其重要组成部分。党的十九届三中全会《决定》进一步明确建立健全党对网信等重大工作的领导体制机制。所有这些为坚持党对网信事业与网络空间法治的统一领导,推进网络治理体系和治理能力法治化现代化提供了根本保障。

(二)职责明晰、依法行政、综合监管的网信治理体系

2018年《深化党和国家机构改革方案》将国家计算机网络与信息安全管理中心由工业和信息化部管理调整为由中央网络安全和信息化委员会办公室管理;工业和信息化部仍负责协调电信网、互联网、专用通信网的建设,组织、指导通信行业技术创新和技术进步,对国家计算机网络与信息安全管理中心基础设施建设、技术创新提供保障;各省(自治区、直辖市)设置的通信管理局的管理体制、主要职责、人员编制维持不变。

(三)"上下统一、内部协调、横向协同、整体统筹"的网信综合监管运行体系

依据党内法规与相关法律法规,中央网信部门的主要职责是:(1)落实互联网信息传

播方针政策和推动互联网信息传播法制建设;(2)指导、协调、督促有关部门加强互联网信息内容管理;(3)负责网络新闻业务及其他相关业务的审批和日常监管;(4)指导有关部门做好网络游戏、网络视听、网络出版等网络文化领域业务布局规划;(5)协调有关部门做好网络文化阵地建设的规划和实施工作;(6)负责重点新闻网站的规划建设,组织、协调网上宣传工作;(7)依法查处违法违规网站;(8)指导有关部门督促电信运营企业、接入服务企业、域名注册管理和服务机构等做好域名注册、互联网地址(IP 地址)分配、网站登记备案、接入等互联网基础管理工作;(9)在职责范围内指导各地互联网有关部门开展工作。地方各级网信部门的职责与此相协调相对应,形成"上下统一、内部协调、横向协同、整体统筹"的网信综合监管运行体系。为适应网络空间治理法治需求,改革后的网信综合监管体系呈现出党委领导、政府管理、企业履责、社会监督、网民自律等多主体参与,经济、法律、技术等多种手段相结合的综合治网格局。

下篇 | 实施与评估

第十四章　社会治理法实施基础理论

第一节　社会治理法实施概述

社会治理法实施是指社会治理法律规范在社会生活中被人们实际贯彻与运用的过程。社会治理法实施,既具有法律实施的一般特点,又具有自身的特殊性。

一、社会治理法实施的含义

法的实施是法理学的一个重要概念,与法律实现、法律效力、法律实效、法律效果、法律效益等既有联系,也有区别。一般认为,法的实施,又称法律实施,是指法在社会生活中被人们实际施行的活动与过程。[①]

社会治理法是有关社会治理活动的各种法律规范之总和。社会治理法的实施是指,各种社会治理法律规范在社会生活中被实际贯彻、有效执行的活动与过程。社会治理法实施的显著特点体现为:它不仅将社会治理法律规范从"纸面上的法律"等"硬法"规范与"软法"规范转变为"现实中的法律"与"现实行为规则",强调社会治理"硬法"规范与"软法"规范从应然状态转变为实然状态的动态过程,亦是社会治理"硬法"规范与"软法"规范从抽象的可能性转变为具体的现实性的过程。

社会治理法实施具有重要意义。制定好的法律并严格实施这种法律,被亚里士多德(Aristotle)认为是法治的两个重要条件。[②] 社会治理法的实施,是实现立法目的、发挥法的作用的前提,也是实现社会治理法的价值的必然要求。社会治理法的有效实施,能将各种社会治理"硬法"规范与"软法"规范的抽象要求转化为人们的具体行动,将法律规范中的权力(利)和责任(义务)转化为现实生活中的权力(利)和责任(义务)。

二、社会治理法实施的特点

一般而言,"硬法"由国家强制力保障实施,"软法"则主要通过教育、引导、社会组织自治及人们自觉遵守得到贯彻与实施。作为引导社会治理活动有序开展的社会治理法,具有以下主要特点。

[①]　沈宗灵主编:《法理学》,北京大学出版社 2014 年版,第 301 页。

[②]　[古希腊]亚里士多德:《政治学》,吴寿彭译,商务印书馆 1965 年版,第 199 页。

（一）强制性和引导性有机结合

法的实施通常需要"压制性资源"和"引导性资源"两种资源的整合运用。传统部门法的实施主要依靠压制性资源,即警察、法庭等国家强制力来保障实施。社会治理法的实施包括各级政府依法全面履职,执法部门与司法机关依法对社会治理事务进行评价、处置乃至司法裁断,社会组织依法依章自治管理,村（居）民委员会对自治事务自我教育、自我管理、自我服务、自我监督,公民规范有序参与社会治理等。其中,各级政府依法全面履职与执法部门、司法机关进行执法司法活动,都是以国家强制力为保障的,而社会组织和村（居）民委员会的自治活动,则具有更多的引导性特点。这是因为,这类规则的实施主要是自治成员为实现其共同目标任务、整体利益、关系调整、秩序状态,通过自治规范、共同章程、城市公约、乡规民约、公序良俗等规则,进行自我教育、自我管理、自我服务、自我监督,从而形成社会组织活力激发、社会自治关系协调、社区生活丰富多彩、社会安定有序、村（居）民安居乐业的生动活泼的局面。

（二）多元性和共治性有机结合

一般而言,法是以国家名义由国家专门机关通过国家强制力来保障实施的。社会治理法主体多元性的鲜明特征,意味着其不仅包括政府、执法部门、司法机关,还包括城乡基层群众性自治组织、社会团体、行业组织和社会中介组织等主体。这决定了社会治理法的实施是多元主体共同遵守、执行、适用社会治理"硬法"规范与"软法"规范的过程,或法治、自治、德治相结合的过程。首先,由政府主导的社会管理、服务领域的事项及其治理机制离不开单向的强制、命令等手段。其次,行政执法部门、司法机关须遵循程序法治等原则评价、处置或裁断社会治理事务,一般具有强制性、规范性、裁断性、终局性的特点。同时,行政执法部门、司法机关应当贯彻综合施治的理念、政策和方式,引入调解、教育、引导等非诉讼机制与弹性方法,使其参与社会治理的功效最优化、最大化。再次,城乡基层群众性自治组织、社会团体、行业组织和社会中介组织的自治事务更多通过沟通与协商、谈判与合作、自治与管理等模式加以落实和执行。最后,随着社会发展,在劳动、教育、医疗、卫生、养老、托幼、助残、济困、慈善、优抚等基本公共服务,公共基础设施建设,以及大数据条件下网络服务、网络物流、网络金融等政府管理领域,需要依靠政府、社会组织和公众的互动参与、平等协商、合作共治。因而,社会治理法的实施具有共治性。

（三）自律性和他律性有机结合

社会治理法既包括"硬法"规范,又涵盖"软法"规范。为有效实施社会治理法,维系和谐社会秩序,政府应当依法全面履行社会管理职能,提供优质高效的公共服务。社会治理法的实施既为政府行为划定权力边界,又为社会组织、一般社会成员指明行动方向,其"硬法"规范的实施具有鲜明的他律性。而社会治理法"软法"规范的实施则更多依靠社会主体的自我约束与规范,如社会组织自我约束,社区居民自我管理、自我教育、自我服务、自我监督,社会纠纷自我调解等。这种"软法"规范的实施具有鲜明的自律性,主要通过社会成员依法自觉结社、自愿遵守、自动执行等形式实现。而且,在社会治理活动实践中,这种"自律"一且发挥作用,往往比"他律"更为有效。

三、社会治理法实施的内容

一般而言,法的实施包括守法、执法、司法。社会治理法的实施同样包括社会治理法的遵守、社会治理法的执行、社会治理法的适用。

(一)社会治理法的遵守

社会治理法的遵守,主要是指多元社会治理主体,以法律、行政法规、地方性法规等法律规范与自治规则为行为准则,开展社会治理活动。社会治理实践中,治理主体依法依规行使社会治理权力(利)、履行社会治理义务和承担社会治理责任的过程,是社会治理法遵守的具体体现。社会治理法的遵守,既包括积极、主动地行使权力(利),从而促进其有效实施;也包括依法履行义务和承担责任,从而保障其有效实施。社会治理法的遵守是对各类社会治理主体的基本要求,也是社会治理法实施的重要方式之一。

(二)社会治理法的执行

法的执行即执法,一般而言,执法有广义和狭义两种理解。广义执法是指一切执行法律、适用法律的活动,包括国家行政机关、司法机关,以及经授权、委托的组织及其公职人员,依照法定职权和程序,贯彻实施法律的活动。狭义的执法仅指国家行政机关和法律授权、委托的组织及其公职人员行使行政管理权的过程。传统观点认为,执法仅指行政执法,不包括国家司法机关及其公职人员依照法定职权和程序,贯彻实施法律的活动。[1] 然而,随着社会的发展进步,传统政府的单一高度管控模式已无法满足社会需求,尤其是社会治理法所调整社会治理事务的丰富多样性,决定了实践中社会组织、公民等治理主体也应成为行政机关以外的法的执行主体。因而,社会治理法的执行主体不仅包括公权力机关,也包括社会组织和公众等。因此,社会治理法的执行是指公权力机关、社会组织和公众等各类社会治理主体依照法定职权和程序,贯彻实施社会治理法的活动。

(三)社会治理法的适用

社会治理法的适用,是指多元社会治理主体根据法定职权和法定程序,运用社会治理法律规范,处理社会治理事务的活动。作为调整社会治理事务的社会治理法,其适用体现在社会治理活动的各个领域和每个环节。具体而言,社会治理法的适用贯穿社会治理主体治理社会事务的多个层面:(1)行政机关、行政执法部门、司法机关应当依法行使行政权、司法权,履行行政职责与司法职责,维护社会公平正义。(2)社会自治组织和村(居)民依据相关社会组织自治法律规范和《村民委员会组织法》《城市居民委员会组织法》等相关法律法规,以及城市公约、社区公约、村规民约、行规行约、团体章程、公序良俗等,进行社会自治,自我管理、自我教育、自我服务、自我监督。(3)社会组织和公众依法对行政机关、行政执法部门的社会管理和社会服务活动,以及司法机关的司法活动进行监督。(4)行政机关、行政

---

① 范进学:《法治发展与社会管理创新——法学视野下的"创新社会管理"分析》,载《政治与法律》2012年第4期。

执法部门、司法机关、社会组织和公众在社会治理事务中依法依规参与互动、平等协商、合作共治。

四、社会治理法实施的基础

关于法律实施的基础,学术界主要有三种观点:(1)法律实施的"强制论"。该观点试图从法律的外部寻找法律实施的动力,将国家的强制力视为法律实施的保障,强调法律实施的基础是国家强制力。(2)法律实施的"正当论"。该观点以法律内部运行规律为视角,认为法律实施的动力在于法律的内部生长和运动,法律实施的基础是法律的正当性及其所带来的社会感召力。(3)法律实施的"结合论"。该观点兼以法律的外部及内部运行规律为视角,认为在理论上应当倡导"正当论"与"强制论"的结合,强调法律实施必须依靠内在力量与外在力量的整合,共同保障法律的真正、有效实施。[①]

本书认为,从理论上分析,社会治理法实施兼具"硬法"与"软法"的特征,其实施既有内在正当性,又有外在强制力,是二者的有机结合和良性互动。

从宏观上讲,社会治理法与一定的政治、经济、社会、科技、道德、宗教和文化等社会现象紧密相关,既相互作用、相互促进,又相互补充、相互渗透。因此,社会治理法的遵守、执行、适用必须基于一定的组织制度、职权配置、社会条件、文化氛围等。本章将对社会治理法实施的政治、经济、社会、文化基础进行探讨,从更广视角和更深层次把握社会治理法的遵守、执行和适用之关键。

第二节　社会治理法实施的政治基础

社会治理法与政治的关系是极为紧密的,社会治理法的实施以一定的政治体制为前提,政治关系、政治改革等的发展变化,都会对社会治理法的实施产生直接的影响。在当代社会,民主政治、合作共治、多方参与是社会治理法实施的政治基础。

一、民主政治——政府管理社会权力的限定性

民主政治,是相对专制政治而言的。从质的规定性来分析,其基本含义包括三个方面:(1)多数人统治取代一个人或少数人掌握国家权力;(2)全体社会成员构成国家的权力主体;(3)全体社会成员实行自治管理。民主政治的这三个基本面,表明其实质和核心就是人民当家作主。[②]

在君主专制国家,国家拥有"最高的强权",经济、社会、文化、生活等各个方面的管理权力全部集中于少数统治者手中。在漫长的历史长河中,国家权力相较于其他主体权力(利)

---

① 黄竹胜:《试论法律实施的基础》,载《广西师范大学学报(哲学社会科学版)》2000 年第 2 期。
② 张华青:《民主政治的内涵及形态结构》,载《复旦学报》1995 年第 4 期。

一直居于较为强势的地位。随着经济的发展、法治的进步,人们对于国家和社会的关系的认知日渐深入,国家的权力结构不断优化,社会权力也在不断发展。社会权力是指在国家与社会二元互动格局下,社会主体基于自己的社会资源和独立的经济、社会地位形成的对国家和社会的影响力、支配力。伴随人权、法治、民主等理念深入人心,现代民主政治进一步限缩政府管理社会的权力,社会权力得到发展,为社会治理法的实施奠定了基础。

民主政治不仅在取代专制政治方面取得了历史性的进步,而且主张全体社会成员构成国家的权力主体,实行自治管理。民主政治的发展,从根本上改变了权力过分集中于少数统治者的状态,全体社会成员拥有了管理国家经济、社会、文化事务的相关权力,并根据国家法律精神及行业规程、团体章程、公序良俗等结成社会共同体进行自治,保障和推进法治国家、法治政府、法治社会一体建设。

随着社会组织的规范发展,政府管理经济、社会、文化事务的权力受到更多的限制。例如,美国等奉行"有限政府"理念,从权力边界、部门职能、雇员规模、责任内容等多个方面,对政府管理社会的权力进行限制,接受社会各界的监督制约,逾越权力边界的行为将受到法律制裁。我国在改革进程中也提出,政府应正确处理与市场、社会的关系,厘清政府、市场和社会三者权力边界,切实履行好法律赋予的市场监管、社会管理和公共服务的职能。因此,当代民主政治的发展,从制度上为社会治理法的发展创造了条件,也为社会治理法的实施奠定了基础。

二、合作共治——社会治理法实施途径的多样性

合作共治,是指多元治理主体在公共事务管理过程中,通过优化治理结构,在民主法治基础上平等参与、民主协商、合作共治、互动互信,形成相互监督与制约机制,进而实现公共利益最大化的新型社会治理关系及方式。合作共治是政治国家与市民社会的一种新型关系,是对参与式治理等治理模式的辩证扬弃。①

在社会治理法治框架内,国家机构向社会提供一些基本的法治公共产品,如正式制度体系、执法司法机构、法治知识谱系等。在合作共治的背景下,公共权力通过对社会治理法律关系的直接调整,获得社会成员的认同和信任。同时,合作共治强调多元治理主体合理调配与使用自身治理资源,即公共权力主体审慎使用自身权力资源,其他社会主体依据场景式的治理需求,借助规范性资源,合理利用自治资源及其他社会资源。

法治社会的基本标志和根本要求是实现对社会的依法治理与社会依法自治的有机统一。多元利益主体在民主与法治基础上进行的协商对话、合作共治、互动互信,超越了一般意义上社会治理法的遵守、执行、适用的含义,其有效实施的途径呈现多样化,相应地需要社会自治主体的积极参与、自觉遵守,需要构建共同的法治精神、法治理念、法治文化,需要通过民主协商、沟通协调、共同治理等途径促进全体社会成员对社会治理法的自觉认同、自主实施。

---

① 张康之:《论参与治理、社会自治与合作治理》,载《行政论坛》2008 年第 6 期。

三、多方参与——社会治理法实施主体的多元性

在合作共治模式下,社会治理法治建设的主体由传统单一国家公权力主体转变为党委、政府、社会组织、村(居)民自治组织、公民等多元主体。多元主体依据相关的法律规定和程序规范,共同管理社会治理事务,形成社会治理共建共治共享的新格局。

社会组织是社会治理的主体力量。社会组织具有民间性、组织性、自愿性等特征,依据组织成员共同达成的自治规章、规程等进行自我管理、自我服务、自我教育、自我监督。社会组织能够比较客观地反映特定利益群体的诉求,使其在加强社会沟通、提供社会服务、解决社会问题、协调利益冲突等方面,与政府相比具有一些无法取代的独特优势,有助于更为有效地实施社会治理法律规范,营造和维护社会公平正义的良好环境。

公民是社会治理的重要参与主体。在现代社会,公民意识和公民责任的觉醒是社会文明发展的标志之一,也是社会发育成熟的必然要求。公民参与社会治理,能够让广泛的公民意愿更好地转化为共识性公共政策,有利于公共政策的执行。美国学者托马斯(Thomas)形象地将这一模式称为公民与政府的"共同生产"。[1]公民通过参与立法听证、提交论证意见等,能够推动社会治理法的不断完善;通过多种途径参与到环境保护、城市管理、公共预算、行政执法、司法活动等领域,能够促进各项社会治理法律规范的顺利实施;在积极参与村(居)民委员会等自我管理、互助服务过程中,能够提高自身解决社会问题、化解社会纠纷的能力,培育自身对法律的认同感,促进法律实施。

第三节　社会治理法实施的经济基础

法根源于一定的经济基础,是马克思主义经典作家关于经济基础与上层建筑关系原理的基本命题。社会治理法的产生和发展体现了市场经济的运行规律,同时对市场经济的发展起着引导、促进和保障作用。社会治理法律规范的遵守、执行、适用,必须与一定的经济基础相适应。完善的市场经济体制、健全的社会财富分配机制、均等化的社会福利保障制度、以财产权保护为核心的社会公平正义等,都对社会治理法的实施具有基础性意义。在中国由传统农业社会向工业社会、信息社会、数字经济社会急速转型变迁的时代背景下,市场经济、基本公共服务、社会成本分担在社会治理法的实施中尤为重要。

一、市场经济对社会治理法实施的重要性

市场经济是以市场机制调节经济运行和资源配置为主要方式的经济形式和经济体制。迄今为止,全世界绝大多数国家都纷纷走上了市场经济的道路。从理论上分析,市场经济是权利经济、契约经济、竞争经济,本质上属于法治经济。市场经济的发展造就了市民社会的

---

① [美]约翰·克莱顿·托马斯:《公共决策中的公民参与》,孙柏瑛等译,中国人民大学出版社2014年版,第121页。

多元主体,完善了法律实施的体制机制,营造了法律实施的良好环境,对于社会治理法的实施具有重要意义。

（一）市场经济造就了社会治理法律实施的多元主体

市场经济的孕育和发展,让人们冲破专制政治的极大束缚,给予了所有社会成员充分行使权利、展示个性的机会。在这种情况下,政治权力直接支配的领域日益萎缩,而蓬勃发展的经济关系、财产转移和私人往来占据主导地位,社会权力（利）逐步发展壮大。在市场经济发展过程中,各种介于国家和家庭之间的社会组织,如商会、协会、学会、基金会、联谊会等逐步产生并快速发展,承担起组织社会生活、协调社会关系、管理社会事务的诸多职能。这些社会团体、社会组织和独立个体逐渐形成了与国家、政府相协调相匹配的第三种力量,成为社会生活的主体,也成为社会治理法律规范实施的主体。

（二）市场经济完善了社会治理法律实施的体制机制

在市场经济体制下,市场在资源配置中起决定性作用,主要依靠"看不见的手"进行内在调节,但现代法治的完善对市场经济的发展至关重要。首先,市场经济是权利本位、充满竞争的经济,各类社会主体的权利、利益都由法律确认和保障。对于违反公平竞争规则的危害社会的行为,由国家市场监管机关予以管理、监督;司法机关依照社会治理相关法律规范对市场主体在从事生产、投资、货物、服务、贸易、知识产权保护过程中违反国内法与国际相关规则,对我国经济、金融、财税、外汇、财产等秩序及其管理秩序造成破坏并具有一定严重后果的行为依法予以评价、裁断与处置。其次,市场经济是自由、开放的经济,社会组织和公民个人的一切生产、投资、交换、分配行为,几乎都通过契约来实现,根据国内法律、国际规则及惯例来维护。最后,市场经济是主体地位平等、意志自由的经济,任何胁迫行为、欺诈行为在市场生产、投资、交换、分配过程中都是无效的,这种法治秩序的建立,也有赖于社会治理法律规范的有效实施。

（三）市场经济营造了社会治理法律实施的良好环境

市场经济的发展,培育了社会主体的现代意识,呼唤建立现代法治秩序,为社会治理法的实施奠定了坚实基础。在现代社会,政治权力以新的形态和运行方式渗透和扩张到社会各个领域,人们社会生活各个方面都受到限制。市场经济的发展,拓展了社会治理的活动空间,社会组织、公民个人的主体意识明显增强,民主、自由、平等、法治等观念逐步确立,这是社会治理法有效实施的基本理念。市场经济条件下,各种资源流动频繁,交换活跃,机会涌现,对社会主体规范自身行为、完善自我管理能力提出了新的时代要求,也内在地要求建立新的自治秩序。市场经济的规范运行,使政府简政放权、深化"放管服"改革成为构建政府与市场新型关系的必然选择,尤其在事关民生领域的公共投资、公共服务供给方面,政府通过购买服务或招标采购等方式,不仅为发展完善"职责明确,依法行政的政府治理体系"提供了新的空间,而且为释放民营业主与民间资本活力,加快形成共建共治共享社会治理新格局提供了契机。所有这些都对社会治理法的实施具有重要意义。

二、基本公共服务对社会治理法实施的保障性

基本公共服务是指建立在一定社会共识基础之上,根据一国经济社会发展阶段和总体水平,全体公民不论种族、收入、地位,都应公平、普遍享有的基本服务,是一定阶段公共服务应覆盖的最小范围。经济社会的发展,特别是基本公共服务体系的逐步完善,以及基本公共服务均等化的深入推进,为社会治理法的实施提供了有力保障。

社会治理法的有效实施,从国家层面看,核心是保障改善民生,维护社会和谐稳定;从社会层面看,关键是创新社会治理,激发社会创造活力;从公民需求看,要义是实现社会权利,促进人的全面发展。社会权利是指公民依法享有的,要求国家予以尊重、保护,作为社会成员维系社会生活所必需的基本权利。社会权利并不是公民天生就有的,也不是一成不变的,而是由各个国家根据经济社会发展的具体情况加以确定与授权形成的。保障社会权利是国家的职责,核心是公民要求国家积极作为,尊重、保护、实现其基本权利。社会权利反映了社会成员生存发展的最低限度要求。从其本质意义层面分析,社会权利是公民生存与发展的一种必需的权利;对国家保护义务层面而言,它是社会成员对国家履行保护义务的一种最低限度的要求。比如我国《宪法》规定“国家对就业前的公民进行必要的劳动就业训练”“国家发展为公民享受这些权利所需要的社会保险、社会救济和医疗卫生事业”,其中“必要的”“所需要的”就反映了这一最低限度要求。

根据经济发展的不同阶段,各国公共服务供给制度呈现出不同的特征。我国在传统计划经济体制下,市场高度集中、城乡划块分割,公共服务供给制度以“低水平平均”为基本特征。伴随着改革开放的深入推进,市场经济体制逐步建立,公共服务供给制度逐步适应经济社会的发展要求,突出表现为体制转轨、城乡统筹、追求均等化等鲜明特征。尽管学术界对基本公共服务的分类还没有达成一致意见,但基本公共服务是公共服务范围中最基础、最核心、最应该优先保证的部分已经取得了广泛共识,包括基础教育、劳动就业、医疗卫生、社会保障等领域。我国基本公共服务体系的建立,为社会治理法律规范的实施提供了保障。我国政府提升基本公共服务能力的实际行动,以及对于基本公共服务均等化的不懈追求,也必将进一步推进社会治理法的有效实施。因此,基本公共服务的均等化、科学化、现代化是国家治理体系和治理能力现代化的重要内容,也是社会治理法实施的重要保障。

三、社会成本分担对社会治理法实施的支撑性

“社会成本”一词是著名经济学家庇古(Pigou)首先提出来的。科斯(Couse)在1960年对“社会成本理论”作出了更为详细的论述。社会成本产生于外部性,在外部性不存在的情况下,私人成本的总和就是生产的总成本。一般认为,社会成本主要包括两个层次:私人成本和外部成本。其中外部成本即社会活动的外部性带来的成本,比如政府的部分决策失误对于社会活动的影响、社会分配不公带来的社会成员工作积极性及劳动生产率的下降,以

及社会信用缺失、社会责任感不强、个人投机心理过度带来的社会病态等。① 社会成本理论讨论的是如何解决外部性成本的问题,社会成本分担也主要研究外部成本的分担。

从法律经济学视角分析,社会治理法的实施需要大量的社会成本。主要包括:(1) 行政监管机构、执法机关、司法机关为确保法律的有效实施而投入的大量的人力、物力和财力,如正常人员经费、公用经费、项目经费等。(2) 社会组织和公民个人的投入,既包括违法成本,如聘请律师、收集证据等的费用,支付违约金、赔偿金等,也包括守法成本,如在自觉遵守法律时需要放弃的某些利益。

为社会组织和公民个人提供法治保障,既是现代政府的当然职责,也是现代法治的基本要求。但是,法治保障的实施与社会权利的实现,无疑需要消耗巨额公共资源。社会治理法实施的最终目的在于建成和谐社会,但其有效实施应当考虑社会运行总成本的分担问题。而和谐社会的基本要求之一在于,不同群体的正当利益都应该得到维护,而且这些正当利益必须通过正当途径实现,对于有失公平的行为,应由社会治理法予以规制。这就体现了社会成本分担对社会治理法实施的支撑作用。比如,社会环境污染是目前造成我国社会不公的重要原因之一:一部分人因环境成本的转嫁而额外获利;另一部分人却无条件地被动承担由此带来的损失。社会治理法需要对违反《环境保护法》等法律的行为进行制裁,也需要考虑由污染环境者通过事后补偿分担社会成本,形成社会成本分担与社会福利分配的对称,以更好地实现社会和谐的目标。

第四节　社会治理法实施的社会基础

社会治理法实施的目的在于规范基本公共服务、社会自治、政社合作共治、社会矛盾化解、公共安全保障、突发事件应对、网络社会治理等活动,保障社会的平稳发展。特定时期内经济社会发展条件下国家权力结构的优化、整合及社会结构的发展,构成了社会治理法实施的宏观基础;特定时期内社会结构的变化、社会秩序的和谐、社会的变迁、社会纠纷的解决,也对社会治理法的实施具有特殊意义。

一、社会结构的变化是社会治理法实施的前提

美国著名法理学家富勒(Fuller)曾明确指出,如果要根据规则来治理人类社会,来实施法律,一个不言而喻的要求是有规则可循。② 实施社会治理法,一个基本前提就是要有健全的社会治理法律与社会自治规则,这与社会结构的变化密切相关。

所谓社会结构,是指一个群体或一个社会中各要素相互联系的方式。社会结构具有正、负两个方面的影响:一方面,它能够促使有效率的人类活动成为可能;另一方面,它以限制

---

① 纪玉山、代栓平:《建立和谐社会必须重视经济发展的社会成本问题》,载《吉林大学社会科学学报》2005 年第 6 期。

② 沈宗灵:《现代西方法理学》,北京大学出版社 1992 年版,第 58 页。

个人或某类社会群体的自由活动为条件。社会结构的单元,如家庭、学校、社区、社会组织等经常处于变化之中。一个国家的社会结构是随着经济、政治、文化的发展而不断变化的,与经济结构、法律制度的变化相互影响,相互促进。一定时期社会结构的变化,对于社会治理法律规范和自治规则的形成具有重要意义。

在计划经济体制下,我国形成了一系列有中国特色的分配社会资源和社会权力的制度,如强力的行政体制、身份制度、单位制度、户籍制度等,进而形成了"两个阶级一个阶层"的传统社会结构。[①] 在这种体制下,我国社会治理法主要表现为国家正式法律制度,社会主体是相对单一的,社会组织没有产生的时空条件。改革开放以来,随着市场经济的快速发展,我国社会分层逐步产生,形成了一些新的社会阶层,有学者将其概括为国家和社会管理者、经理人员、私营企业主、科技专业人员、办事人员、个体工商户、商业服务业人员、产业工人、农业劳动者和失业半失业人员 10 个阶层[②],这些不同阶层构成了新的社会结构。

社会结构的实质,是基于社会权力、社会资源的占有、使用、分配等所形成的社会地位之间的一种不平等关系。这一结构不仅决定了不同社会群体的社会活动范围、所拥有的社会机会,对社会制度、法律制度也产生了重大而深远的影响。经典的社会学理论认为,为了满足人们的社会需求,维系社会结构的稳定,一个社会要通过建立社会机制、运行程序来获取、分配经济资源、社会资源以及其他种类的资源,其中社会治理法是最为重要的社会机制和运行程序。一方面,社会结构的变化,会对教育、就业、扶贫、慈善、收入分配、社会保障、医疗卫生、食品安全、社会救助等社会治理法律的完善,特别是法律的实施提出新要求,从而将所有社会关系控制在法律边界以内,超出法律边界的行为将受到法律评价和司法裁断。另一方面,社会结构的变化,产生了新的社会阶层,这些社会阶层为了维护自身利益,逐步通过多种方式参与社会治理活动。随着这些社会阶层对自身利益的保护意识日益增强,对公共资源分享的诉求日益强烈,这些阶层的代表特别是一些社会组织为了维护自身的特定权益,就会形成各具特色的自治规则,其中契合现代法治精神、遵循社会主义核心价值观并与宪法法律规则相适应的城市公约、村规民约、团体章程以及其他自治规则便成为社会治理法实施的重要保障。

二、社会秩序的和谐是社会治理法实施的保障

社会治理法的实施是多元主体共同遵守、执行、适用社会治理法规范的过程。在实施过程中,各类社会主体既需要遵守基于他律性的理性规则形成的国家强制性秩序,又需要遵守基于自律性的市民公约、乡规民约、行业规章、团体章程等形成的自治性秩序。无论是强制性秩序还是自治性秩序,都必须来自人民自觉自愿的遵守,并受大家拥护的、共同分享的道德价值观念的约束,在此基础上建立的和谐社会秩序是社会治理法顺利实施的重要保障。

---

① 陆学艺:《当代中国社会结构变动中的社会建设》,载《甘肃社会科学》2010 年第 6 期。
② 郑杭生、李路路:《社会结构与社会和谐》,载《中国人民大学学报》2005 年第 2 期。

秩序是表征政治、经济、社会等系统运行有序的一个基本范畴。西方学者研究认为,社会秩序的内涵主要包括社会风险的可控性、社会结构的稳定性、社会行为的互动性及社会活动的可测性等几个主要方面。我国学者认为,社会秩序是社会系统中的秩序,是将社会成员聚集在一起的方式,是"纵向分层的等级秩序"和"横向分化的多元秩序"的有机统一。[①]和谐社会秩序,是指构建和谐社会所需要达成的社会秩序,即"民主法治、公平正义、诚信友爱、充满活力、安定有序、人与自然和谐相处"的社会秩序。

社会治理法的实施,首先是指行政、司法机关适用有关基本公共服务、社会自治、政社合作共治、社会矛盾预防化解、公共安全保障、突发事件应对、社会治安综合治理、网络社会治理等相关法律规范,依法规范社会关系,规范行政权力,实现政府管理与社会自治良性互动,从而调节社会关系、激发社会活力、维护社会公平正义、促进社会和谐稳定,给经济社会更高质量发展提供国泰民安的良好环境。这类法律规范的实施,是以国家强制力为后盾的,一般可以得到有效执行,但实施的效果源自人民的内心拥护和真诚信仰。当前,在社会治理领域,存在一种"有法律却没有秩序"的怪相。也就是说,即使社会治理法依靠国家强制力进入实施阶段,也不意味着预期的法律秩序会随之出现,更不意味着理想的法律效果会必然产生。社会治理法的实施,取决于法律实施方与法律遵守方的良性互动,进而形成双方内心信服、自愿遵守的和谐社会秩序。这是社会治理法实施的根本保障。

社会治理法实施的一个重要方式就是社会组织依法依规自治。随着经济的发展、社会制度的变迁,社会组织逐步成为社会成员获取合理角色、提高参与能力、培养公共精神的重要领域,形成推动当代民主、法治发展的重要力量。社会组织代表不同群体的利益诉求和权利主张,在其进行自律管理、民主参与、协调治理的过程中,通过谈判、协商等方式,建立多元权利主体与利益冲突主体之间的协商、合作、互补、共享等机制,孕育出各种自治规范、章程等"软法"并使之成为有机土壤。其中,各种自治规则体现的自律性要求,代表了多元利益主体之间的权利妥协,从而构成了国家法律规则的源泉、基础和补充。这些自治规则体现了社会组织对于社会秩序的热烈期盼和自愿遵从,因此,社会组织在和谐社会秩序范围内依法自主管理,是各类利益主体维护自身利益的自觉行动与选择,因而构成社会治理法有效实施的重要保障。

社会治理法的实施,还包括社会成员对于村规民约等乡土秩序的自觉遵守。随着国家政治体制、经济体制、社会体制、文化体制、生态文明体制改革的深入推进,以及市场经济的快速发展,法治秩序在乡土社会的实际存在已是不争的事实。但是,实践表明,法律的实施,必须尊重和保护村民的合法权益。如果现代法治的实施不能从根本上维护村民的切身利益,再好的法律制度也不会被村民认同。相反,如果村规民约等自治规则能够维护村民的切身利益,村民可能更愿意遵守村规民约等自治规则而不求助于相关法律规则。这些村规民约一旦得到自觉遵守,将是和谐社会秩序形成的重要保障。如果缺乏对村规民约等的尊重,

---

① 秦扬、邹吉忠:《试论社会秩序的本质及其问题》,载《西南民族大学学报(人文社科版)》2003年第7期。

再好的法律恐怕也难以稳固扎根。正如学者所指出的一样,如果民间法被破坏,而国家法又无法进入其退出的空间,就会形成一种尴尬,即民间法实际已垮,却仍然我行我素;国家法权威下降,无法发挥效用,在实施中会被冷落、搁置和规避[①],进而导致多元主体行为失范与社会失序,陷入"秩序困境"。因此,"自治、法治、德治相结合"的模式是基层治理的一种必然选择。

三、社会的变迁是社会治理法实施的动力

社会矛盾运动直接推动了社会变迁,社会转型加剧、社会变迁加快是当前社会的重要特征。在社会急剧变迁的背景下,利益格局的调整、社会冲突的增多,客观上要求社会成员遵守、执行、适用各项社会治理法律规范。这是社会治理法实施的动力。

社会学意义上的社会变迁,是指社会基本矛盾运动引起的社会结构、社会制度和社会行为方式的变化。一个国家特定时期的社会观念、社会制度和社会结构并不是同步发展、同步变化的,其发展往往呈现曲折波动、迂回渐进与彼此制约的特点,由此形成社会阶层力量对比变化、博弈、冲突、较量、妥协、调和乃至剧烈变动,进而推动社会变迁。

目前,我国社会已经步入急剧变迁时期,经济体制深刻变革、社会结构深刻变动、利益格局深刻调整、思想观念深刻变化是这个时期的显现特征。急剧的社会变迁给我国社会造成的一个直接后果,就是社会的利益主体多元化,利益关系更趋复杂;利益冲突有时变得更加尖锐,利益表达有时变得更加无序,利益的实现有时也变得更加极端。[②] 在这种背景下,对各种利益的综合协调变得更加困难,迫切需要运用法律手段进行调整。这对社会治理法的有效实施提出了更高要求,构成了社会治理法实施的直接动力。

随着市场经济的蓬勃发展及民主法治建设的深入推进,国家权力单向指令、垂直统摄的社会管理模式日益不能适应社会发展的需要。伴随着多元化、世俗化、自主化、个性化趋向日益凸显,国家权力不断让位于社会权利。在这一历史进程中,社会治理模式由"单向管理"向"合作共治"转型,逐步构建了权力与权利的多元互动制约体系;社会生活方式由"被动分配"向"主动协商"转型,逐步构建了自主自律秩序的生成机制;社会治理主体由"无为他律"向"参与自律"转型,逐步构建了公民的民主、法治、自律等独立品格。[③] 这种多元社会主体互动沟通、双向合作、民主协调的社会治理机制,需要社会治理法律制度体系的主动回应,为社会治理法的实施提供了根本动力。

我国学者黄凌东在对西方学者韦伯(Weber)关于社会变迁发展的根本原由进行综述解析时指出,传统社会向现代社会变迁发展的根本原因在于人的行为理性化与社会的合理化。[④] 在社会变迁过程中,人的行为更多地由非理性行为向理性行为变迁,特别是社会公众

---

① 田成有:《乡土社会中的国家法与民间法》,载《开放时代》2001年第9期。
② 李汉林、魏钦恭、张彦:《社会变迁过程中的结构紧张》,载《中国社会科学》2010年第2期。
③ 苗梅华:《民间组织兴起与当代社会秩序转型》,载《社会科学研究》2010年第3期。
④ 转引自黄陵东:《西方经典社会变迁理论及其本土启示》,载《东南学术》2003年第6期。

民主精神、法治观念、自律意识的逐步培育和发展,为理性地遵守、执行、适用社会治理法律规范,建立良好的法治秩序奠定了重要的文化基础。社会组织逐渐成为一股重要的社会自治力量,不仅构成与国家权力相对的民间运行管理体系,而且奠定了近现代"自生自发"秩序的坚实基础,筑起了抵御国家权力滥用、保护社会权利发展的堤坝,构成了社会治理法实施的深层动力。

四、社会纠纷的解决是社会治理法实施的目标

由于利益冲突的存在,人类社会一直与社会纠纷及其解决相伴相生。人类解决社会纠纷可通过道德、行政、法律等多种途径,但运用社会治理法律规范解决社会纠纷无疑是最为重要、最为有效的方式,是社会治理法实施的目标和体现。一方面,运用社会治理"硬法"解决社会纠纷,是社会治理法实施的直接体现。解决社会纠纷是法律最基本的功能。社会分工的逐步精细化、专业化,使现代社会逐步将解决纠纷的功能交给专门的司法机关、仲裁机构、调解机构等来承担。在社会治理法的实施过程中,需要坚持充分发挥公权力部门职能作用,引导社会力量积极参与社会纠纷化解;坚持源头治理、预防为主,将预防矛盾纠纷理念贯穿重大政务决策、行政执法、诉讼与司法裁断的全过程;坚持以人民为中心,创造性地运用"枫桥经验",推动人民调解、行政调解、司法调解"三调"联动,鼓励通过先行调解等方式解决矛盾纠纷,把重大矛盾风险防范化解在市域,把小矛盾小问题化解在基层,把大量纠纷解决在诉讼之前。[①] 另一方面,运用社会治理"软法"解决社会纠纷,是社会治理法实施的重要体现。随着社会纠纷的快速增长,国家公权力解决纠纷的成本越来越高,时间越来越长。要摆脱社会治理法实施过程中的这种困境,注重发挥村规民约、行规行约、团体章程、公序良俗等"软法"的作用,无疑具有重要意义。现代社会组织是建立在市场经济关系、自由平等竞争基础上的,社会自治规则是社会成员通过民主协商自愿达成的,体现了自主化、理性化、个体化的自由联合,在实施方面具有天然的优越性。同时,社会自治规则在维系传统道德、传承文化理念等方面,在加强社会治理、解决社会纠纷、推进社会自治的进程中,具有与诉讼、司法裁断制度不分伯仲的重要作用。因而,充分发挥社会治理"软法"的作用,是社会治理法实施的重要体现。

第五节　社会治理法实施的文化基础

自西方学者爱德华·B.泰勒(Edward B.Tylor)于 1871 年尝试界定"文化"以来,东西方学者关于文化的定义多达百余种。而法治文化是文化的一个分支,因而,从事法治文化研究的学者普遍认为,法治文化是法律有效实施之基础。[②] 从中国学者对文化"四个构成要素"

---

①　参见《〈中共中央关于党的百年奋斗重大成就和历史经验的决议〉辅导读本》,人民出版社 2021 年版,第 109 页。

②　赵斌:《法律实施保障机制运行中的文化、制度与实践:"法律实施保障机制研究"学术研讨会纪要》,载《法制博览》2013 年第 6 期。

的分析来看,实施社会治理法,必须在全社会培育独特的文化基础,主要包括观念形态、行为模式、制度体系和物态表征四个方面。

一、社会治理法实施的观念形态

在西方学者文化"三个构成要素"学说中,美籍学者莱文·A.怀特(Leslie A.White)的理论堪称典型代表。他在对文化"三个构成要素"进行概括分析时指出,任何一种文化都有三个方面的要素,即文化的心理要素、行为要素和物质要素。[①]在所有文化的分类中,东西方学者一致认为,文化的心理要素,即文化的思维方式、思想观念、价值观念等内容是最为基础也最为重要的。因而,实施社会治理法,首先要构建一定的精神文化,也就是科学的观念形态。正如法国思想家卢梭(Rousseau)所说,一切法律中最重要的法律,既不是刻在大理石上,也不是刻在铜表上,而是铭刻在公民内心里。[②]习近平指出,再多再好的法律,必须转化为人们内心自觉才能真正为人们所遵行。[③]社会治理法调整执政党、国家机关、社会组织以及公民等主体在社会治理活动中形成的各种社会关系,确立并实现各方在社会治理活动中的权力(利)责任(义务),涉及的范围很广,调整的关系复杂,只有把社会治理法的科学理念、思维方式、价值目标等牢牢扎根于人们内心,成为支配人们行为的强大内在力量,才能保证社会治理法的有效实施。

推动社会治理法实施观念形态的形成,是一个长期的历史过程,需要从多维度多层面入手。从宏观层面看,全体社会成员应当坚持社会主义核心价值体系,主要包括马克思主义中国化的最新成果、中国特色社会主义共同理想、以爱国主义为核心的民族精神、以改革创新为核心的时代精神等。从中观层面看,公权力机关包括管理监督与服务机构、执法部门、司法机关在社会建设、社会管理与公共服务、执法、司法过程中应当体现社会主义法治理念,秉持社会治理法实施的合法性与正当性立场,坚持决策、执行、监督的科学性、民主性和透明性;行政执法、司法应理性平和、文明规范;自然人、法人和非法人组织形成坚定法治信仰、遵守法律规定、维护法律权威、自觉依法办事的观念,培育全社会办事依法、遇事找法、解决问题用法、化解矛盾靠法的法治环境。从微观层面看,在推进法治国家、法治政府、法治社会一体建设进程中,应当把调整社会关系、激发社会活力、保障人民安居乐业、建设更高水平平安中国作为社会治理法实施的根本目标,通过制定可量化可评价的"法治社会建设指标体系",形成"整体推进方案化、目标任务项目化、实施主体责任化、成效考核指标化、落实时间节点化"的考核评价机制,增强社会治理法实施的效能。具体而言,社会治理法在其适用过程中,既要遵循一般法律实施的宏观、中观、微观层面的观念形态,又需结合社会治理法自身性质、功能、原则、地位等,通过社会治理法的宣传、适用与执行,增强全社会对社会治理法的

---

① ［美］怀特:《文化科学:人和文明的研究》,曹锦清等译,浙江人民出版社1988年版,第133页。

② ［法］卢梭:《社会契约论》,何兆武译,商务印书馆1980年版,第73页。

③ 《习近平谈治国理政》第2卷,外文出版社2017年版,第117页。

人权保障、合作共治、综合治理、良政善治等价值的高度认同感。

二、社会治理法实施的行为模式

文化的行为要素是文化的重要内容。一般认为,执法、司法机关的行为文化,对于规范执法、司法行为,促进法律实施具有重要意义。比如,司法机关的某种行为模式一旦形成,就对司法人员具有了特定的约束力,这种约束力正是司法文化力的具体体现。社会治理法的实施,需要构建一定的行为文化,形成独特的行为模式,并发挥这种模式的功能。

社会治理法实施的行为文化内容丰富,样态复杂,主要包括以下两个方面:(1)共同行为规范,主要包括社会治理"硬法"规范与"软法"规范、社会治理法执行与司法制度、社会组织自治规则、公众日常社会行为规范四个层面,这些都是行为模式的基本依据和重要内容。(2)日常行为样态,主要是指社会治理活动开展过程中,公权力机关、社会组织以及其他社会成员实施的执法、司法、守法行为,以及社会治理主体实施的管理、自治、参与互助、合作共治行为等所表现出来的气质、风貌和工作作风等样态。共同行为规范和日常行为样态构成相互联系、相辅相成的有机统一体,共同促进社会治理法的实施。

科学合理的行为模式,对于社会治理法的实施意义重大。在实践中,这种行为模式对于规范多元社会治理主体的治理行为、促进社会治理法实施具有激励和约束功能。激励功能包括外在的推动和内在的引导。其中,外在的推动是指多元社会治理主体通过构建社会治理激励机制、典型示范、人文关怀等手段和方式,对其社会治理行为规范起到的推动和促进作用;内在的引导是指社会治理行为模式所具有的尊重人的主体地位、激发人的主体意识、调动人的主观积极性等自主精神对社会治理法实施的内在引领导向作用。而约束功能既体现为社会治理制度规范的刚性约束作用,即固化的治理机制、规章制度对多元治理主体行为的规范作用;也体现为制度精神的软性约束作用,即各个治理主体内部的文化氛围、行为准则、道德规范等对其自身行为的无形规范作用。

三、社会治理法实施的制度体系

制度体系是约束人们行为的一系列规则,是人类社会发展到一定阶段的产物,是一种重要的文化现象。社会治理法的实施,需要注重制度体系的文化层面,挖掘制度体系的文化内涵,剖析制度体系产生的文化诱因,发挥制度执行的文化功效。

社会治理制度体系包括法律法规、市民公约、乡规民约、行业规章、团体章程等多种形式的社会规范。其中,法律法规居于基础性地位。当前,我国社会治理规范体系由单一国家"硬法"体系向国家"硬法"与社会组织自治规范、乡规民约、城市公约、社区公约、社会习俗等"软法"共治协调体系转变。上述内容是社会治理法不同于传统部门法的重要特点,也是在社会治理法的实施过程中需要重点挖掘的文化内涵。只有将社会治理制度体系所蕴含、体现的文化内涵充分释放出来,才能真正推动社会建设,实现社会治理功能,促进社会治理法的实施。

有效实施社会治理法,须具有深厚的文化基础、深刻的文化动因,必须实施"活的制度体系",才能使其内化于心,具有持久的生命力。我国社会治理"硬法"——社会治理法律体系的完善,既须总结实践中成熟的经验,推进全国性立法,又须鼓励地方先行先试,大胆推进地性立法;既要坚持科学立法,及时研究制定相关领域的重要法律,又要及时修改与经济社会发展不相适应的法律规范;既要着力抓好法律的制定与修改,又要注重及时出台法规和规章,促进形成完善的社会治理法律体系。同时,完善社会治理"软法"——社会自治规则体系也是一项重要任务。公权力机关应当指导、支持、帮助基层群众性自治组织、非营利组织和其他组织,对自制规范、章程、行业规约集中进行清理,对符合法律规范的规则、规章、规约应当定型化、规范化,形成具有约束力的自治规范;对于与法律法规或法治精神相冲突的条文需要适时修改、剔除,使之与国家"硬法"规范相衔接相配套,从而提升社会自治规范、行业规章规约的权威性与约束力,并引导和规范社会组织、社区居民自觉维护自治地位,充分行使其在基层自治、行业自治中的知情权、参与权、表达权、监督权,完善自治的决策、执行、监督程序,不断提高基层自治能力和水平,从而形成政府治理体系与基层自治体系的衔接互动,提升社会治理整体效能,激发社会活力,创造政府与社会合作共治的良好环境。

四、社会治理法实施的物态表征

在文化的结构要素中,物质文化是精神文化的载体和存在形式,也是文化的重要支撑。社会治理法的实施具有如标记、标识、建筑物、服饰等富含文化底蕴的物态表征,这些是社会治理法实施成果的重要表现形式。

社会治理法实施的物态表征是精神文化、行为文化的物质支撑与外在表现。这些物态表征的主要特点可概括为:(1)客观性。其产生、发展及其物质成果不仅是社会治理法实施效度的体现,也受到特定社会物质生活条件的制约,人们的社会治理实践活动不能脱离特定社会物质生活条件而主观臆断地进行。(2)直观性。社会治理实践活动所形成的物态成果属于文化学意义上的表层结构,其特点是以物质化的形态给人们展示一种直观、形象、可视的物质载体或者非物质载体。(3)专属性。它体现和反映着人们对社会治理活动规律性的认识与把握,不仅是社会治理实践活动的物质载体,其背后所蕴含的由社会治理观念形态、制度安排、行为模式所构成的社会治理学术体系、话语体系、传播体系也是特定历史阶段人们对其治理活动实践、经验、模式的一种理论升华或理论概括,并使之保持智识体系的相对独立性,进而与其他法所蕴含的观念形态、行为模式及其物态表征区别开来。(4)发展性。社会治理法实施所形成的物态成果是特定条件下通过一定的观念引领、制度支撑、行为模式选择所形成的物质样态,具有相对的稳定性、显现性。随着经济社会发展带来的科学技术、经济条件、精神理念的变化对社会治理法实施的影响与制约,社会治理法实施所形成的物质文明成果必然会体现和反映新科技、新经济、新思想观念,从而使社会治理法实施在物态成果内容方面呈现出与时俱进、不断发展的特点。

社会治理法实施的物态表征具有承载、约束、认识等多个层次的功能。国徽、法槌、法袍、天平、法庭等承载着社会治理法治维护公平、正义、平等、秩序、公信等法文化功能。这有利于全体社会成员深化对社会主义核心价值观的理念认同、增强其行动自觉,有利于全体社会成员对社会治理法实施的认知认同与遵守,有利于筑牢中华民族共同体意识,维护国家统一、民族团结、法制权威。一些社会组织在实践中设计、形成的特定标识,有利于增强该社会组织的亲和力、吸引力和感染力,增进社会成员的内心认同,从而促进社会自治规范的有效实施。与此同时,诸如行会组织的标识、徽记,乡村文化传承的家训家教、民风民俗、建筑景观,大多具有非物质文化遗产的内涵及价值,其在社会治理法实施过程中也具有不可替代的作用,值得创新性转化,使之成为社会治理法实施的厚重文化基础。

第十五章　社会治理法治评估

第一节　社会治理法治评估概述

社会治理法治评估是社会治理法律实施的重要环节。基于人类认识活动的局限性和社会治理法治建设本身的复杂性,社会治理法律制度在实施的过程中可能会出现违背立法初衷、偏离既定轨道的风险。如果不对社会治理法律实施状况进行及时反馈和有效评估,就可能使社会治理法律制度达不到预期效果。因此,加快社会治理法律实施体系建设,提高社会治理法治化水平,必须引入一套科学完备的评估工具对社会治理法治建设的过程和结果进行测度,从而评估社会治理法治建设目标的实现程度、措施的预期效果、执行的实际障碍,进而对背离目标要求、违反职能职责的行为和现象进行观察、预警、评价、矫正,保证社会治理法治建设的实际成效,提升社会治理整体绩效水平。

一、社会治理法治评估的内涵与要素

（一）社会治理法治评估的内涵

1. 社会治理法治评估的含义。社会治理法治评估是公权力机关、社会组织、专业机构及公众等评估主体,依据一定的标准和程序,对社会治理法治的规范体系、实施体系、监督体系、保障体系运行的效果、效率、效益及价值进行评判估算,获取有关社会治理法治建设的相关信息,以此观察、监测、预警、评价社会治理法治建设的状况,对背离其目标任务要求、违反职能职责的行为和现象进行查究矫正,进而改进社会治理策略、提升社会治理能力、完善社会治理体系的专门性评价活动。

2. 社会治理法治评估的特征。

（1）主体参与的多元性。评估主体是指组织、发起、实施以及参与社会治理法治评估的组织、团体或个人等。我国国体、政体的人民性要求社会治理法治评估必须体现人民对国家授权的本质特性,反映人民的共同意志和根本利益要求。同时,评估过程中"利益相关者"的多元参与是最大限度反映广大民众对社会治理法治建设的社会认知心理,增强评估科学性和客观性,提升多方合作共治积极性的有效手段。因此,建立科学规范的社会治理法治评估体系,参与主体必须从单一走向多元。在我国的社会治理法治评估中,党委、人大、政府、政协、司法机构等职能部门、大学教授、企业家、新闻记者、独立第三方评估机构和社会公众等均可以成为评估的主体。

（2）评估内容的多样性。社会治理涉及的法律关系多元,纵向关系层面包括执政党和政府在实施社会管理中所形成的自上而下的领导关系、管理关系、服务关系、指导关系等;横向关系层面包括政府与社会公众在共同治理中形成的平等合作关系以及社会组织、公民之间的自我管理、自我服务关系等。同时,社会治理涉及基本公共服务、社会自治、政社合作共治、社会矛盾预防化解、公共安全保障、社会治安综合治理、网络社会治理等多个领域,覆盖了教育、就业、收入分配、社会保障、医疗卫生、食品安全、扶贫、慈善、社会救助以及妇女、儿童、老年人、残疾人合法权益保护等方面,使得社会治理法律实施形态具有复杂多样的特征,也决定了社会治理法治评估内容的多样性。

（3）评估活动的综合性。社会治理法治评估不是单一、孤立、片面地从社会治理法律实施的某一个方面对其运行的过程与结果进行评估,而是全面系统地观察、监测、预警、评价社会治理法治运行的效益、效率、效果。其目的主要在于获取有关社会治理法治建设的相关信息,观察、监测、预警、评价社会治理法治建设的状况,对背离目标要求、违反职能职责的行为和现象进行查究矫正,改进社会治理策略、提升社会治理能力、完善社会治理体系等。为了全面科学准确地评判社会治理法律实施过程与效果的优劣、实现评估目的,必须尽量地多考虑与社会治理法治建设相关联的诸多因素,如社会治理法治建设所依存的经济政治基础、社会生态、文化传统、法律制度体系、静态机构设置、动态运行状态、社会环境约束等,做到综合分析、统筹兼顾、客观评价。这些决定了社会治理评估并非一项单线型的评价活动,而是一项多维度、综合型的评估活动。

（4）评估过程的裁断性。社会治理法律实施的过程实际上是一个信息系统的"信息"流转过程,而社会治理法治评估的重要作用之一就是向评估主体和决策者提供既定社会治理法治实施的种种信息。事实上,任何一项社会治理法律制度在实施过程中,都可能出现偏差或偏离既定轨道的现象,只是多少不一、程度不同而已。要减少失误和纠正偏差,就需要运用评估所包含的信息机制实现对社会治理法律实施的全方位综合评价,使得相关立法、行政监管、执法、司法、守法等环节的信息通过评估这一工具和手段得以客观反映,并反馈到评估者和决策者的信息处理系统,进而分析现状、总结经验、树立典型,对存在的不足查找原因,提出改进完善的措施,促进社会治理法治实施。

（5）调整矫治的约束性。国际社会的治理评估和法治评估一般由独立于政府的第三方主体自发组织实施,其评估的结果对于被评估国家和地区仅仅是一种"舆论评判"和"软性协调机制",并不具有国家强制力保障所产生的功效;尤其在发达国家,这些评估指数仅仅被政治家视为政党竞争或执政的政治谋略、依托的工具及依赖的方法,对这些政治家治国理政的约束功效是有限的。相比较而言,我国的社会治理法治评估是由公权力机关运用既定的制度结构及强制力保证实施的,评估的过程和结果发挥着"硬约束调整机制"的功能,不仅影响社会公众的认知心理,而且涉及区域、行业、部门的政绩考评、个人升迁乃至公共政策、法律制度调整,进而形成助推社会治理法治建设的"倒逼机制"和"竞争机制"。

（二）社会治理法治评估的构成要素

一般认为，社会治理法治评估主要由社会治理法治建设指标体系和考核标准两大要素组成。

1. 社会治理法治建设指标体系。"指标"一词来源于拉丁语 *indicate*，是一个反映客观事物总体数量特征的概念，由指标名称和指标数值两个部分构成。指标名称表明所研究的客观事物的质量特征，即质的规定性；指标数值则表明客观事物的数量特征，即量的规定性。统计学原理认为，指标的主要功能在于为时间和空间上的对比提供经验和定量的基础，把复杂的现象简化处理，使交流更简单、更频繁，也使问题量化成为可能。一项科学性的指标应该具有"SMART"特征，即 Specific（明确的）、Measurable（可测量的）、Achievable（可达到的）、Relevant（相关的）、Time-bound（时间范围）。[1] 因此，在设计社会治理法治建设指标时，应当使其具有清晰的定义，能够用定性或定量的方法衡量，具有评估资源的可获取性，并在一定的时间段内对评估所涉的相关问题及其变化有一定的敏感性。本书认为，社会治理法治建设指标是通过指标名称和指标数值，具体反映一个国家或地区某一时段内社会治理法治建设某一目标单位在数量、质量、类别、状态、等级、程度等方面的特性及综合变动状况的量化评估系统，是体现社会治理法律制度本体及运行状况质的规定性定性评价与量的规定性定量评价的范畴。

社会治理法治建设指标建设体系是社会治理法治建设指标的上位概念，其内含了所有单一的社会治理法治指标，并按照某一方面的属性、特征、标识将其分解为具有涵盖性、可操作性的指标结构，最后整合为一个相互联系、相互依存、相互影响且具有特定功能的量化系统。具体而言，它是由评估主体以社会治理法治体系的实施向度为坐标系，依托若干系统科学、分层分类、结构严密的量化指标，通过将职能层级组织系统与第三方力量有机结合，对一个国家或地区某一时段内社会治理法治实施成效进行全面客观公正的测度、评价及预警的量化评价系统，具有动态性、综合性、系统性特点，反映了社会治理法律实施这一复杂现象的特征及规律。

2. 社会治理法治评估的考核标准。考核标准是社会治理法治评估的另一关键要素，其与指标体系共同构成了社会治理法治评估的总体框架。

从社会治理法治建设指标体系及考核标准的关系层面考察，两者都是由评估主体的主观需要和法治建设的客观规律决定的，构成了体现评估功能及其价值的两大支柱，成为构建科学完备的社会治理法治评估系统的基础。不同的是，指标体系是评估的"质化表征"，由评估主体依据指标基准，对一个地区、一定时期内社会治理法治建设状况进行测度评估，强调从"哪些方面"对社会治理法治状况进行检测评价，解决"评估什么"的问题，总体上呈现宏观性、整体性和系统性的特征，体现社会治理法治建设的预期目标、发展尺度和运行状况。考核标准则是社会治理法治评估的"量化表征"，其通过"定性语言"和"定量语言"明确社

---

① 李彬：《极简绩效管理法 让绩效管理回归简单》，广东经济出版社 2019 年版，第 23 页。

会治理法治建设指标体系评估的依据、准则和尺度,解决"怎样评估"的问题,强调评估对象预期目标是否实现、发展尺度是否吻合、运行状况是否良好,并找出评估对象在这三个维度存在不足的症结,据此提出矫治的意见和建议。

从构成要素层面分析,社会治理法治考核标准一般由价值标准和数值标准构成。价值标准解决考核指标体系目标任务"应当是什么"的问题,它的功能在于使指标从较为宏观的目标、任务转化为可以具体测量评判的依据和要求。数值标准对任务、要求应该达到什么水准进行权重系数赋值,使每一项指标实现可量化考核。标准设计应当满足可准确考核量化的要求,凡是能量化的,应尽可能使用数量表示。[①]科学规范的考核标准,是将指标设定为一定的分值及权重,预设社会治理法治建设的整体分值以及未能达到预设目标时所应扣除的分值,综合各项指标所达到的分值,形成社会治理法治建设实现程度的整体度量评价,即评估主体通过考核标准权重及分值综合得出某一地区、行业、单位社会治理法律实施得"怎么样"的客观评价。

二、社会治理法治评估的功能

（一）是平衡利益冲突的保障

社会治理法治评估可以预警、监测、检验评估对象在社会治理法治建设中的角色定位是否错位、越位、不到位等,是否形成非正当的、非程序性的、非法利益博弈的情形,是否隐性或显性地损害国家、政府、社会等法益目标,从而为矫治这些现象、恢复法治秩序、维护法益目标提供具有引导性、政策性、预见性的意见建议,使其评价功能得以彰显。同时,社会治理法治评估具有的平衡利益冲突功能也发挥着协调、统一、矫治的内在功效,可有序规制或矫正社会治理活动中存在的某种"寻租偏向",进而使社会治理法治评估的核心要素——权重配置符合社会治理法治建设内在规律与现实需求,成为具有科学性、遵循规律性、体现人民性的法治评估子系统。

（二）是修复受损秩序的载体

当法律制度自我协调平衡矫治机制"失灵"引发社会秩序紊乱时,社会治理法治评估可以通过特定的渠道、方式、机制适时捕捉"失灵"信息,追踪社会治理法律实施的"紊乱"信号,通过其自组织系统形成的自我协调平衡矫治机制矫治法律实施过程中的"逆选择现象",即矫治违反法律制度的事件或行为,从而为有效修复受损秩序提供载体,形成与之相匹配的替代机制或协调机制。

（三）有助于优化法治资源配置

社会治理法治建设指标体系和考核标准,能有效降低社会治理法律实施过程中违法行为导致的额外成本,以及法律制度自身平衡协调矫正机制"失灵"引发的社会冲突、重大突发事件导致的额外增加的制度协调成本、监督成本与执行成本。社会治理法治评估的平衡

[①]　徐倩编著:《绩效评价》,中国标准出版社2008年版,第55页。

协调矫正机制与法律制度的运行机制互补运行,有助于优化法治资源配置,提高法治建设的政治效益、法律效益与社会效益。

（四）是搭建创新制度的平台

由于法律制度安排与实施机制之间存在着代位、移转、监督、协调、预警等复杂的环节与外部制约,社会治理法律实施主体往往会出现偏离法律制度安排、预期目标、程序规制的"盲视"现象,或者其对纷繁复杂的法治事务"视而不见",或者因法律素养、法治水平不高而对法律制度是否存在缺陷、是否需要创新出现"误判""误诊"现象,或者受某一利益集团乃至局部利益、地方利益驱使而阻碍制度创新。社会治理法治评估通过对社会治理法律实施定期评估、会诊、把脉,在总结经验、树立典型、推广先进的同时,能够及时发现人民群众对社会治理法律实施的新要求、新期待,梳理出法治实施过程中存在的诸多矛盾、主要问题、主客观原因,通过问计于民、问施于民、问效于民,提出适应社会治理法治建设目标要求的立法项目、计划乃至方法步骤,彰显搭建创新制度平台的功能。

（五）是维护公平正义的重要渠道

社会治理法治评估以社会公平正义为目标导向,定期监测社会治理领域执政、立法、行政、司法、法律监督、守法的理念、方式、行为是否符合公平正义的价值规范。同时,通过指标权重的合理配置,从基础性评价层面解决社会公平正义评价公允问题;通过对公平正义法律现象的凝练、归纳、弘扬,为社会树立公平正义理念、形成良好氛围提供"正能量";通过梳理发现并建议矫治非公平正义的事件等,疏通社会心结、预防化解社会矛盾、避免社会冲突、恢复社会和谐,激发人民群众参与社会治理法治建设、维护公平正义的积极性、主动性、创造性。

三、社会治理法治评估的类型

在具体实践中,基于不同的评估目的、评估环境和评估要求,社会治理法治评估也相应呈现出多种实践类型。以评价组织和运作形式为标准,可以将社会治理法治评估划分为自组织评估、第三方评估、协同参与评估三种类型。

（一）自组织评估

自组织评估是指评估主体根据组织自身的性质、制度安排、工作业绩考核目标等,或以部门为单位,或以系统为一体,制定指标体系和考核标准,并据此对本部门或本系统的工作进行评价的模式。此种模式是我国目前评估实践中应用最为广泛的一种评价模式,其优点在于评价主体对组织自身和指标体系的目标考核了解详尽、透彻,更易获取有关社会治理法律实施过程与效果的第一手资料,通过建构有效的自我评价指标、机制和标准,可以为决策层和管理层提供内部组织实施情况的直接信息。这类模式是"自上而下推行"的"硬性考核",具有正式制度的"硬约束调整机制"功能,提供的是"管理型方案",其结果分值的高低往往作为衡量一个地区、行业社会治理法治化程度、状态的"绩效考核依据",且往往与政府绩效考核中的"目标责任制""首长负责制"一同部署实施,结果的采纳度较高,可直接作用于决策的形成与执行,现实中一般会成为评估地方、行业政治精英政绩优劣的"风向标"和"权威性标尺"。其不足之处在于,由于评估主体和评估对象属同一系统,具有"一荣俱荣,一损俱损"利益关联度,缺乏外部监督,评估结果暴露出的问题及薄弱环节往往会自我"消化"甚至形成恶性循环,这种"既当运动员,又当裁判员"的评估模式常常被异化为"面子工程考核",导致社会认可度不高,公信力不足。

（二）第三方评估

第三方评估是指评估的全过程均由专业机构（高等院校和研究机构等）、社会组织、舆论界、中介组织或公众等评估对象以外的第三方独立完成[①],不受评估对象控制的模式。这类模式具有非营利性、非强制性、民间性、中立性的特点,可以反映社会公众对社会治理法律实施状况的认同度、满意度及支持度,发挥着评价、测度一国或一地区社会文明程度的作用。但该模式存在信息数据获取全面性和真实性不足的问题,极大地限制了该模式评估结论的客观性、公正性和可靠性。同时,作为一种"软约束机制",第三方评估模式提供的是一国或一地区社会治理法治建设的引导性建议,不具有由国家强制力保障的正式制度约束功能。评估对象是否依据评估结果及时调整工作思维、方式、方法,是否出台相应举措,很大程度上取决于评估对象的认知度及其行为取向。因而,这类"软约束机制"功效在一定条件下可能转化为不确定性,必定增加评估对象的认知成本、协调成本、执行成本以及监督成本,使其在整体功效上呈现一个"边际效用递减"的状态,即评估方、评估对象以及社会为实现"引导性建议"持续增加的投入成本所产生的法治收益呈现一个递减的趋势。

（三）协同参与评估

协同参与评估是指由评估者、评估对象与其他利益相关者共同作为评价主体,按照"上下一体、内外协作、整体统筹"的程序,设计、实施、分析、解释、评价、贯彻、执行社会治理法治建设指标体系和考核标准的评估模式。该模式具有多方参与性和结果有效性有机统一的特征。其基本理念是以"协同参与"的工作方式,使利益相关者共同参与到社会治理法治评估过程中,充分吸纳考量各方的意见和建议,力求实现评价的客观性、公正性、科学性、民主性。相较自组织评估,协同参与评估引进了外部压力机制,打破了自组织评估的封闭性,使评估更趋客观和理性。同时,这种模式的运行主体一般由政府部门发起（提出评价要求、提供经费和资料支持并配合后续调研）,由独立的第三方评估机构具体执行（包括前期问卷设计、中期调研、后期调研报告撰写）,利益相关群体广泛受访。在这一过程中,评估对象是评估过程的发起者、组织者和支持者,由其制定评估目标,组织第三方评估机构实施;第三方评估机构是评估的具体执行者,在公共部门的支持下,通过问卷调查了解社会治理法治的实施

---

①　如 2005 年正式发布的《国别财富报告》中明确提出的"法治指数"是由世界银行发起的;世界正义工程的法治指数是由美国律师协会组织 105 个国家的 15 个学科近 500 名专家与学者参与论证提出的;我国香港特别行政区法治指数前期的研究制定者和后期的参评者皆为独立于政府组织的专家教授、律师和公民。参见戴耀廷:《香港的法治指数》,载《环球法律评论》2007 年第 6 期。

效果[①]，并根据调查结果撰写评估报告，提交至主管部门；目标群体根据自身的感受对社会治理法治状况进行评价，也可提交改进建议，不再游离于评估过程之外，成为评估过程的参与者、见证者、建议者。这种评估结果提出的治理性方案不仅直接影响社会心理的认同度、满意度和支持度，对于一个地区和行业领导集团的价值取向、决策模式、政策导引、实施机制和行为模式也会产生一定作用。实践中，其评估结果往往同该地区、该行业领导集团的政绩考评、个人升迁紧密相连。因而，他们往往会依据评估结果对制度及其体制机制采取更为积极的矫治、修正、调整、补救、完善措施，以获得持续稳定的法治建设收益，适应日益加速的经济社会发展乃至法治文明建设的需要，有助于加速社会治理法治建设进程、优化社会治理法治建设状况、提升社会治理法治化水平。

此外，以评估适用的范围为标准，社会治理法治评估可以分为部门型评估、行业型评估、区域型评估、全国型评估和跨国型评估。以评估的方案、标准、过程、结论规范化程度为标准，社会治理法治评估可以分为正式评估和非正式评估。以评估活动发生在社会治理法律实施之前、之中还是之后为标准，社会治理法治评估可以分为事前评估、事中评估和事后评估。以评估指标体系和考核标准在实际操作中被适用、执行和参与的实效性程度为标准，社会治理法治评估可以分为形式评估和实效评估，等等。

第二节　社会治理法治评估演进

一、社会治理评估的产生与发展

法治评估是社会治理评估的子系统，两者产生于"社会指标运动"（social indicators movement）。"社会指标运动"是 20 世纪 60 年代发端于美国的一场关于社会指标及其构建研究的浪潮。"二战"之后，西方资本主义国家为了应对战后经济混乱、物资匮乏、阶级矛盾尖锐化等各类经济社会危机，恢复重建经济社会秩序，沿用了战时的干预主义政策和国家计划手段。到了 20 世纪 60 年代初，这种发展模式开始引发一些西方资本主义国家国内民族、区域及社会发展的不协调、不平衡，带来种族歧视、环境污染、城市犯罪、吸毒、酗酒等诸多社会问题[②]，导致黑人、妇女、低等收入阶层、欠发达地区民众此起彼伏的"争人权、争平等、争民生"社会运动的发生。以美国为首的西方资本主义国家开始认识到这种"单极畸形发展模式"的弊端，并在一批社会精英的牵引下，开始探寻综合、全面的社会发展计划。由于新型社会发展计划的制订与实施需要各项社会运行的决策依据，而社会指标（social indicators）正好与这种社会需求相契合。在此背景下，社会指标运动开始萌芽。

1964 年，美国学者布鲁斯·M.拉西特（Bruce M.Russett）等人出版了《世界政治与社会

---

① 问卷调查分为两个维度：一是访问目标群体即群众，二是访问被考核群的相关部门。

② 上海国际问题研究所编：《现代美国经济问题简论》，上海人民出版社 1981 年版，第 7—8 页。

指标手册》,最早使用"社会指标"一词,开辟了社会指标研究的新领域。1966 年,美国学者雷蒙德·鲍尔(Raymond Bauer)、伯特伦·格罗斯(Bertram Gross)、艾伯特·比德曼(Albert Biderman)等人编著的《社会指标》一书,率先构建了"社会指标"体系的基础理论,认为社会指标是判断社会在准则、价值和目标等方面的表现的依据,是对经济指标的补充和扩大,其在那些通常不易定量或不属于经济学家专业范围的领域,为我们提供有关社会状况的信息。"社会指标运动"在美国兴起后不久,其他资本主义国家也争相效仿,推动了社会治理评估理论与实践的发展完善。[①]

20 世纪 70 年代之后,社会指标运动开始走上"精细化"发展阶段,"法治"开始成为社会指标评估的一项重要内容,社会治理法治评估初露端倪,如经合组织于 20 世纪 70 年代提出的反映各国生活质量的"社会评价指标"便率先引入了"法治环境"评价。其后,联合国统计处发表了社会和人口统计体系,联合国教科文组织制定了有关人力资源的评价指标,并对发展中国家开展社会指标研究的培训,使"社会指标评价"的理论与实践由发达国家向发展中国家移转。

20 世纪 90 年代,随着治理理论与实践的兴起,社会发展评估逐步迈入了治理评估的崭新阶段。最早确立完整的治理标准,并对主权国家治理状况进行整体性评估的是一些著名的国际组织,例如联合国开发署(UNDP)、经合组织(OECD)、世界银行(WB)等。据世界银行有关部门统计,目前经常使用的治理评估指标体系大概有 140 种。其中影响较大的有世界银行的"世界治理指标"(Worldwide Governance Indicators, WGI)、联合国人类发展中心的"人文治理指标"(Humane Governance Indicators, HGI)、联合国奥斯陆治理研究中心的"民主治理测评体系"(Measuring Democratic Governance)和经合组织的"人权与民主治理测评指标体系"(Measuring Human Rights and Democratic Governance)。

除了联合国系统和政府间组织的治理评估体系之外,一些重要的国际社会组织和西方发达国家也纷纷根据自己的价值取向设计出各种专项治理评估体系,其中影响较大的有大赦国际、透明国际,以及美国国务院和英国发展署的各国人权和治理评估。这些由国际组织和西方机构研制的治理评估体系,目的是依据一套普遍适用的评价标准,对世界各国的治理状况进行评估。然而,基于各民族国家历史文化、政治制度和经济发展水平的差异性、评估所需数据材料的失真性及"西方中心主义价值观"的片面性,这些治理评估体系的客观性、公正性和权威性一直受到严重的怀疑,其评估结果难以被被评估者及第三者普遍接受。

为了克服上述致命的弱点,近些年来一些国际组织正努力与主权国家(如菲律宾、蒙古和马拉维)合作,试图确立基于国别的国家治理评估体系。如果这种评估体系得以成功推行,治理评估便可迈出关键性一步,实现治理评估的普遍性与特殊性有机结合,构建出既体

---

① 20 世纪 60 年代后,政府部门和国际组织也纷纷参与到社会指标运动中来,其中较为活跃的有美国、奥地利、比利时、丹麦、联邦德国、法国、美国、荷兰、挪威、瑞典、联合国和经济合作与发展组织。

现国际社会和全人类对"善治"共同价值的追求,又充分反映每个国家历史、文化、社会特点的评估体系。

20世纪80年代初,随着经济转轨、社会转型的加速和治理现代化的现实急迫需求,我国政府对具体可操作的指标体系的需求意愿日益强烈,理论界与实务界也开始日益重视"治理评估"的新命题,并试图建构起适合中国国情的各类评估体系。从评估体系的目的来看,目前我国治理评估体系可以分为研究性和实用性两类。研究性评估体系主要不是为了实际的测度评估,而是为了提供理论上的指导,如原中央编译局发布的"中国治理评估指标体系"就属于这一类。实用性评估体系的主要目的在于对某项或某个领域或某个区域的社会建设运行向度予以实际测评。近年来国家与地方相继发布的"小康指数""和谐社会评价体系""全国文明城市评价""社会稳定指标体系""政府绩效评价""干部政绩考核评价""公共服务评价""余杭法治指数"等便是例证。这些理论研究和典型试验,为完善我国治理评估和发展成果考核评价体系提供了理论模型或经验,也为法治建设的整体评估或专项评估提供了路径选择。

二、法治评估的产生与发展

法治评估作为治理评估的子系统,从"社会指标运动"和"治理评估"中获取了充沛的智识资源,有力助推了社会指标和治理评估朝精细化、系统化、科学化方向发展。1968年,美国学者伊万(Evan)建立了首个包括70项具体指标在内的法治指标体系[1],开创了法治指标体系研究的先河,使法治指标体系建设逐渐与"社会指标运动"相分离。20世纪70年代,美国斯坦福大学法学院梅里曼(Merryman)等三位教授将法律制度分为立法、行政、司法、私法行为、法律执行、法律教育和法律职业等方面,并从机构、工作人员、程序和消耗资源等4个维度进行研究,设计出了评价一个国家法律制度总体状况的法治指标体系[2],形成了相对独立的理论范式。20世纪90年代,美国国际开发署创建了"民主与治理评估框架",其指标体系包括4项,即法治、民主与责任治理的制度、政治自由与竞争、公民参与和辩论。其中法治评估的内容包括支持宪法与法律的改革、促进和保护人权、司法改革、公平行政等。1995年,"透明国际"推出包含反腐败与法治评估子项目的"世界清廉指数",使法治指标体系分类呈现多元化的趋势。1996年,世界银行推出"全球治理指数",将"法治"作为6项一级指标中的一项,通过犯罪的影响范围、司法的有效性和可预测性、合同的执行力等具体指标考察一个国家或地区的法治状况或水平。进入21世纪,美国律师协会联合国际律师协会等律师组织制定并实施了"世界正义工程"法治指数,金融稳定中心也发布了"法治指数",开启了法治评估专门化、独立化的新浪潮,其后为多个国家和地区所效仿。总之,国

---

① 其中法律指标主要包括7个:每1 000人口的法律学生数;每1 000人口的法律教授数;每1 000人口的律师数;每1 000人口的立法数;离婚率;自杀率;违法率。

② 参见朱景文:《现代西方法社会学》,法律出版社1994年版,第43—45页。

际社会法治评估历经多年,实现了无法治指标评估→社会指标体系评估→法律指标体系评估→"良法善治"指数评估的转型跨越,国际社会治理评估与法治评估步入了前所未有的发展阶段。

随着我国从计划经济体制到市场经济体制的转型,以及城乡二元经济结构的转轨,我国逐步探索出了一条符合中国国情、符合人民意愿的中国特色社会主义政治发展道路及法治发展模式。与此同时,基于以经济建设为中心的政策导向,我国一度出现了"以 GDP 指标论英雄""以单一社会指标考核标准论优劣""以经济考核指数论升迁"等评价模式,其弊端日益凸显,一定程度上成为经济社会全面可持续、科学协调发展的制约因素。法治建设过程中也发生了与"法治国家、法治政府、法治社会一体建设"相脱节的现象,直接或间接地引发了一系列社会矛盾与社会冲突,亟需对法律实施机制进行创新,保障法治中国建设有力推进。在此背景下,社会治理法治评估成为"法治国家、法治政府、法治社会一体建设"的重要议题。

香港是我国最早开展法治指数评估的地区。2005 年,在香港社会服务联会的倡导和赞助下,香港大学法律学院项目团队开展了一项旨在建立香港地区法治指数的研究,并于当年首次实施了香港的法治指数评估。北京市是我国内地第一个尝试建立法治建设指标体系的地区。2005 年,北京市率先出台了《北京市法治建设状况综合评价指标体系》,成为全国首个以城市法治建设状况为评估内容的评价指标体系,填补了内地法治量化评估的空白。2007 年,浙江省杭州市余杭区将"法治指数"引入内地,启动了法治指数的"余杭实验",成为我国第一个县(市辖区)域级的法治指数。余杭法治指数这块法治评估的"试验田"虽备受争议,但仍不失为中国法治评估路径模式的开拓者。2009 年,国务院出台了《关于推行法治政府建设指标体系的指导意见》,开启了法治"专项评估"的顶层设计,随后辽宁、广东、吉林、湖北及深圳、温州、昆明、成都、苏州等省市纷纷出台了本地区法治政府建设指标体系,为政府主导型的专项法治评估提供了经验。

2013 年,党的十八届三中全会《决定》明确提出"建立科学的法治建设指标体系和考核标准";2014 年,党的十八届四中全会《决定》进一步强调"把法治建设成效作为衡量各级领导班子和领导干部工作实绩重要内容,纳入政绩考核指标体系"。这充分表明,在我国试验多年的法治评估作为法治中国建设的重要抓手,被正式纳入全面深化改革和全面推进依法治国的蓝图规划,法治评估由"基层试验、区域探索"上升到"国家决策、整体推进"高度,从"技术性、行业性、区域性"的考评规范上升到"国家基础性、综合性、全局性"的制度安排,从"基层、行业、区域治理体系和治理能力建设"上升到"国家治理体系和治理能力现代化建设"全面考评发展阶段,具有"中国特色""中国风格""中国气派"的现代法治评估体系正在发展完善,也为社会治理法治评估这一"精细化""专项化"的评估体系研究与实践提供了理论范式、实践经验和模本参照。

第三节　社会治理评估与法治评估实践

一、社会治理评估

（一）世界银行全球治理指数

1999 年,世界银行从 32 个全球性组织创建的 35 个独立数据中提取了数百个单独反映治理状况的变量,创建了全球治理指数（Worldwide Governance Indicators, WGI）。目前,该指数的应用已经覆盖 212 个国家和地区。世界银行主要从言论和问责、政治稳定和暴力缺失、政府效能、监管质量、法治、腐败控制等 6 个维度设计指标体系。从与法治政府相关的指数来看,主要包括政府尊重公民的基本人权、政府政策的透明度、政府维护社会稳定、防止社会动乱和缓和国际紧张局势、政府工作的稳定性、政府的效能、官僚体系的建立、政府财政预算、政府对市场经济的维护等内容。从与司法公正相关的指数来看,主要包括犯罪率、司法机构的效率与判决的可预见性、司法的独立性、合同的履行、私有财产的保护等内容。

（二）中国治理评估框架

由原中央编译局编制的《中国治理评估框架》是国内科研机构编制的首个评估社会治理状况的标准。该框架包括公民参与、人权与公民权、党内民主、法治、合法性、社会公正、社会稳定、政务公开、行政效益、政府责任、公共服务和廉政 12 个领域。围绕这 12 个领域,相应设置了 116 项"重点观测点"。这 12 个领域中,公民参与、人权与公民权、法治、政务公开等方面的指标体系设计与国际通行的治理评估指标相似。而党内民主、社会稳定等方面的指标体系设计则具有"中国特色"。

（三）中国社会治理评价指标体系

2012 年,原中央编译局比较政治与经济研究中心和清华大学凯风发展研究院协同发布了"中国社会治理评价指标体系"。该指标体系共包括:1 个一级指标,即中国社会治理指数;6 个二级指标,即人类发展、社会公平、公共服务、社会保障、公共安全和社会参与;35 个三级指标,包括 29 个客观指标和 6 个主观指标。6 个二级指标作为 6 个评价维度构成了中国社会治理评价指标体系基本框架的六大支柱,体现了民主、法治、公平、正义、稳定、参与、透明、自治等社会治理的重要价值理念。

二、法治评估

在各自理论指导和实践探索下,国际社会和我国部分地区已经开始了法治指数、法治建设指标体系和考核标准的评估实践。

（一）"世界正义工程"法治指数

"世界正义工程"（World Justice Project）是由美国律师协会与国际律师协会、泛美律师协会、泛太平洋律师协会等律师组织联合发起形成的。其最初由美国维拉司法研究所和阿尔特斯全球联盟主持开发,并选择印度昌迪加尔、尼日利亚拉各斯、智利圣地亚哥和美国纽约四个城市对开发的法治指数进行试验。"世界正义工程"主要依据《世界人权宣言》和一些其他相关国际法律文件对法治的要求设置了评估法治的 100 多项变量,关注的重点包括理论上的法治架构和现实的法治状况。"世界正义工程"的法治指数作为衡量各国法治发展程度的综合数据库,其评估的目的在于为政策制定者、商业机构、非政府组织和选民提供一个独立的数据资源,以便把握普通人感知或体验的一个国家的法治情况,并在与其他国家法治强弱程度的比较中,通过年度报告的形式追踪最新的法治动态变化状况,从而为世界各国加强法治建设提供一面"镜子"。

"世界正义工程"法治指数主要包括有限政府权力、腐败遏制、秩序和安全、基本权利、开放政府、有效监管执法、民事司法、刑事司法和非正式司法等 9 个一级指标,48 个二级指标。该法治指数在评估实施阶段主要利用两大数据来源对法治状况进行分析评价:(1)采用"普通人口抽查"的方式,由资深的专业公司对每个国家城市中的 1000 名受访者进行抽样调查,每 3 年一次;(2)采用"专家型调查问卷"方式,对民商法、刑法、劳动法和公共卫生等各领域的专家学者进行调查,每年进行一次。

"世界正义工程"在设计法治指数时,扩展了评估范围,使衡量更富弹性,不仅考察立法层面的法律法规,也考察法律运行的实际情况,还将一些非正式的制度纳入考察范围,从而提高了法治评估的兼容性。但总体而言,该指数是对西方宪法体制、司法体制和法治政府体制的归纳、提炼、细化和分类,沿袭的是传统的西方法治理念和评估标准,仍然是"西方普世价值"和"西方法治话语"的产物,在具体应用中不可避免地带有一定的偏颇性和主观性。

(二)北京市法治建设状况综合评价指标体系

北京市是我国内地较早提出依法治市的城市之一。1991 年,北京市制定了《北京市依法治市工作纲要》,从指导思想、奋斗目标、基本要求和实施措施四个方面对北京的依法治市工作作出总体规划。1997 年,北京市制定了《北京市依法治市工作规划(1999 年—2002 年)》;2003 年,北京市出台了《北京市依法治市工作规划(2003 年—2007 年)》,提出了新的依法治市的指导思想、战略目标、基本原则、主要任务和保障措施。2005 年,在依法治市纲要和规划的指导下,北京市设计完成了《北京市法治建设状况综合评价指标体系》,成为我国内地第一个出台法治建设指标体系和考核标准的城市。

(三)浙江余杭法治指数

浙江余杭是我国内地第一个尝试建立"法治指数"的地区。2005 年,浙江省杭州市余杭区委提出了建设法治城区的目标;2006 年起,余杭区开始进行地方法治指数的量化评估。余杭区的法治指数结构可概括为"149"模式:"1"是指 1 个指数,即余杭法治指数,其特点是用 1 个指数来反映余杭的法治状况;"4"是指区级、机关部门、镇乡(街道)、村(社区)4 个评估层面;"9"是指人民群众对党风廉政建设、政府行政工作、司法工作、权利救济、社会法治意识程度、市场秩序规范性、监督工作、民主政治参与、社会治安 9 项满意度调查指标。

余杭区选择这 9 项一级指标的依据是余杭区法治建设的 9 个目标,即"党委依法执政、政府依法行政、司法公平正义、权利依法保障、市场规范有序、监督体系健全、民主政治完善、全民素质提升、社会平安和谐"来设定的,在此基础上,最终形成了包括 27 项主要任务、77 项评估内容的指标体系。

为了使余杭法治指数的评估结果具有权威性,余杭法治评估在主体选择上引入了政府自身(内部评审者)之外的其他参与者,即由非政府工作人员组成的外部评审组等。相对于政府主体,这些非政府评估主体的评估意见占到总评估意见比重的 82.5%(其中,评审专家的意见占 30%,民意调查占 35%,内、外部评估主体各占 17.5%)。但是,不同的评估主体的意见在效果上并不等同,比如民众和外部评审者的评估意见不直接计入最后的法治指数化计算,只作为初评时外部评审专家委员的参考信息。评审专家委员会才是真正意义上的法治指标评估者。评审专家委员会由内部评审组和外部评审组构成。内部评审组包括随机抽取的法官、检察官及政府司法部门工作人员,外部评审组则包括各类与法治相关的非政府组织、学者、新闻工作者、律师以及参与过司法程序的当事人代表等。

余杭法治指数的数据来源广泛且多样,包括直接性数据和间接性数据。直接性数据是法治评估主体对余杭法治水平评估出的具体分值;间接性数据主要是一些能够反映余杭社会法律实践的背景性资料,包括:与政府依法行政相关的数据,如行政复议案件数;与司法公平正义相关的数据,如一审案件数、上诉率;与民主政治完善相关的数据,如市民向人大、政协提出建议的件数和居民参加居委会选举的比例;与全民素质提升相关的数据,如年信访案件总数及增长率、未成年人犯罪数,等等。这些数据均为客观性数据,与法治评估的指标虽然并不存在一一对应的关系,但可以为余杭法治的总体状态提供一个直观的说明,为余杭的法治状况评分提供客观具体的依据,使评估主体能更全面地理解和掌握反映余杭社会治理和法治发展实际状况的第一手资料。除此之外,对民众法治满意度的主观性认知调查在数据来源中尤为突出,这些调查涵盖了人民群众对党风廉政建设、政府行政工作、司法工作、权利救济、社会法治化、市场秩序规范性、监督工作、民主政治参与、安全感 9 个方面的认可度和满意度。这些间接性数据仅作为评审组打分的参考资料,并不作为余杭法治指数计算的基础性数据,未被纳入民意调查的统计结果。

这些多元数据的获取与余杭法治评估中的多方数据信息主体紧密相关,主要包括三个方面的利益相关者:余杭区各行政职能部门和司法部门人员;教师、企业家、社区代表、农民代表、记者等非政府组织人员;社区群众代表。他们作为各自群体的代表,以内部评审者、外部评审者、民意调查主体的身份提供法治评估所需的相关数据。

(四)法治湖北建设指标体系和考核标准

2013 年,受法治湖北领导小组委托,中南财经政法大学法治发展与司法改革研究中心、湖北法治发展战略研究院课题组负责研究起草《法治湖北建设指标体系和考核标准》,并于当年推行实施,成为国内首个省域范围的法治评估指标体系和考核标准。课题组根据党的十八大及党的十八届三中、四中全会战略部署,中共湖北省委推进法治湖北建设的部署要求,结合实际,在广泛吸纳专家公众意见,反复调研、咨询、论证、分析、判断、修改、取舍的基础上,提出"推进依法执政,实现党的领导方式和执政方式法治化;完善以宪法为核心的中国特色社会主义法律体系,加强宪法实施;推进依法行政,建设法治政府;推进经济、文化、社会事业和生态文明建设法治化;推进公正司法,完善人权司法保障制度;依法规范权力,实现权力运行制约监督法治化;推进依法治理,建设法治社会;推进全民守法,公众高度自觉参与法治建设;加强高素质法治工作队伍建设",构成包括 9 个一级指标、60 个二级指标和 406 个三级指标的法治湖北建设指标体系。

法治湖北建设考评实施的特点可概括为:

1. 考核对象仅限于省辖层级公权力机关领导集体及其成员的推进法治建设绩效。党中央要求"把法治建设成效作为衡量各级领导班子和领导干部工作实绩重要内容,纳入政绩考核指标体系";习近平强调"全面依法治国必须抓住领导干部这个'关键少数'";管理学"木桶理论"揭示最短的那块木板决定木桶蓄水的容量大小,启示法治建设绩效考核必须抓住"关键少数"不放。为此,湖北省把贯彻中央高层决策与当地实际结合,创造性地将省内"各级党政机关的领导班子和领导干部"纳入考核范围,旨在压实领导干部的法治建设责任,发挥好"关键少数"在推进法治建设中的表率、示范、凝聚、担当作用。

2. 考核方式简便易行。法治建设考核方式作为法治建设的实施机制,其法律实施机制创新的驱动力、中国式"善治"的助推器、中国法学新型学术流派的孕育体、中国特色法治评估体系话语表达的新声音[①]的作用是有目共睹的。而法治建设绩效考核方式的便利性、可操作性及规范性是该模式能被考核主体、社会组织及公众认同支持的关键。法治湖北建设考核方式的简便易行体现为:(1)吸收、借鉴和采用管理学中绩效考核的通常做法,观照到各种考核关系的协调平衡,删繁就简。比如对于考核对象的自我检查总结,由考核主体抽查及评价,尽可能减少环节,防止增设层级,减轻考核对象的负担,防止法治建设的悖论效应。(2)增加法治建设牵头单位平时考核评价,作为考核权重,防止和避免年终重复考核、突击考核、繁琐考核、疲于应付的现象,增强法治建设绩效考核的实效。(3)对于难以准确掌握的职能指标完成情况的考核,注意听取多个省级职能部门根据工作职责提供的相关数据,作为考核内容。比如考核"党政机关及其工作人员依法执行人民法院生效裁判的情况",由省高级人民法院提供具体的案件数据,既保证考核指标数据来源的可靠性、准确性,增强对考核对象考核评价的可信度,又不额外增加考核成本。(4)吸取内部民主测评意见和社会公众评价意见。结合考核对象年终考核召开干部民主测评大会,党政主要负责人对履行法治建设职责情况进行述职,参会人员对领导班子和领导干部无记名评价,将得出的民主测评分值作为评价考核对象的客观依据;针对社会公众对法治建设的认知度、满意度、支持度难以准确掌握的状况,委托省统计局开展调查,将社会公众对法治建设成效的满意度主观评价纳入计分标准。

---

① 参见徐汉明:《论法治建设指标体系的特性与功能》,载《法学评论》2016 年第 1 期。

3. 考核结果的实用导向。法治建设绩效考核结果应用是破解众多考核模式"破窗效应"难题的重大创新。唯有考核结果被实际运用,才会产生法治考核"指挥棒"的效应。考察法治湖北建设的考核结果应用,其内容主要表现在:(1)设置救济程序,即考核对象对考核结果有异议的,可以在一定时间内提出复核申请,由考核主体根据核实情况答复。这既能纠正和防止考核实施主体因信息不对称而对考核对象作出不恰当、不公允的评价,又有利于保护考核对象推进法治建设的积极性。(2)按照"四个全面"战略布局设置政绩考核指标,将考核结果纳入党政领导班子政绩考核指标体系,将法治建设绩效考核结果按一定比例计入总分,从考核评价模式层面实现了考核评价导向的转型,使之科学化体系化。(3)明确考核结果作为领导干部选拔任用的重要依据,将同等条件下法治素养高、依法办事能力强的领导干部予以优先提拔,并建立领导干部的法治考核档案,形成了教育、培养、使用、选拔执掌经济社会文化事务、行政执法、司法、法律监督大权领导干部的科学管理机制和选人用人、激励约束公平公正的导向。(4)将考核结果在全省范围内通报,增强考核结果的公开性、严肃性及权威性。[①]

拓展阅读

第四节   社会治理法治建设指标体系及评估标准

一、社会治理法治建设指标体系设计的基本原则与方法

(一)社会治理法治建设指标体系设计的基本原则

1. 全面与特色相结合原则。社会治理法治建设指标体系涉及政府治理社会、社会自治、政社合作共治、基本公共服务、社会矛盾预防化解、公共安全保障等多个方面,内容丰富,涉及面广。[②]因此,指标体系既要能评价执政党、立法机关、政府、司法机关在处理社会事务、开展基本公共服务、预防化解社会矛盾、保障公共安全等社会治理活动中的法治化水平,又要能评价政社合作共治和社会组织、公民自治的法治化状况;既能全面客观评价保障人权、维护公平正义的发展进程,又能全面客观评价保障民生、增进社会福祉的法治成效。

2. 客观与主观相结合原则。社会治理法治建设指标体系一般包含客观指标和主观指标。客观指标是用来反映所评价社会治理法治建设现象的客观存在事物及其状况的指标,通常表现为对社会治理评估对象依照职权(能),遵循程序,行使权力(利)和履行职责(义务)的过程、结果、状态(事件或法律事实),按照社会治理法治指标进行考核评价所形成的结果(结论)。主观指标是指人们对社会治理法治建设现象的主观感受,通常表现为人们的

---

①   参见郭川阳、徐汉明:《党政主导下的地方法治评估实践研究——以湖北法治评估模式为例》,载《法治现代化研究》2017 年第 3 期。

②   参见徐汉明:《论现代社会治理法的法律地位——社会治理法应当是独立的法律部门》,载《社会科学家》2015 年第 9 期。

心理状态、情结、愿望和满意程度等。[①] 社会治理法治建设指标体系既应对社会治理法治建设状况作出客观评价,具有客观依据性;又应引导社会公众自觉参与评估体系建设,反映社会公众对社会治理法治建设的认知度、满意度与支持度,具有主观认知对客观现象的能动反映性,从而实现二者的有机统一。

3. 科学与简便相结合原则。设计社会治理法治建设指标体系,应在合理的理论依据指导下,根据评估的实际需求选取指标,确保指标体系能科学地反映社会治理法治建设的现状和水平。同时,在众多合理指标中,应当力求选取能全面和准确反映社会治理法治建设实际状况和真实水平的代表性指标,在指标数量上做到少而精。

4. 实用性与适用性相结合原则。首先,设计社会治理法治建设指标体系应从现实条件出发,使信息易于获取,即能够从日常工作中获取,以降低信息收集成本。其次,应注意将指标设计与评估方法有机结合,提出该指标评估的标准及其测量方法。最后,应在实践中不断完善指标体系,重点改善指标的品质(即指标之间相互独立,人为因素影响最小)、权重的品质(即各指标的权重系数符合实际)以及测量的品质(即测量方法与测量对象一致),使社会治理法治建设指标体系体现完整性,符合评估对象的客观实际,做到实用性与适用性的有机统一。

5. 可计量与可比较相结合原则。设计社会治理法治建设指标体系应体现可计量、可比较的原则,即整个指标体系的设置须尽可能对同一时期内不同地区的社会治理法治建设状况进行比较,进而能够对社会治理法治发展状况排序,做到可计量与可比较的协调一致,促进阶段发展与整体推进同步协调。

(二)权重设定方法

权重是指社会治理法治建设指标体系一级指标及其项下的二三级指标与评价标准,在整个指标体系评价中的相对重要程度。某一指标的权重表明了该指标在指标体系中的相对重要程度,确定权重是对评估对象的重要程度的定量分配,以便根据不同的评价指标在总体评估中的作用进行区别对待,其值数分配科学与否直接影响着评价结果的准确性。

指标权重的设定方法有主观法和客观法两大类。主观法是评估主体根据其对各个指标的主观重视程度赋予各指标相应权重的方法,主要有专家评定法、循环评分法、二项系数法、层次分析法等;客观法是根据指标自身的作用和影响确定权重的方法,主要有熵值法、主成分分析法、因子分析法、聚类分析法、判别分析法等。本书主要介绍设定指标权重的几种常用方法。

1. 专家评定法。专家评定法,即对已拟出的指标体系的权重征询专家的意见,取其统计的平均值。这种方法简便,省时、省力,适用范围很广;缺点是仅凭专家的专业特长与研究经验作出判断,与社会治理法治建设运行的实际状态对接的精确性不高。

2. 比较平均法。比较平均法,即在拟定的同级指标中,以重要程度最小的一个指标为基础,将其他指标与之相比较,确定出与之相比较的倍数,然后作归一化处理获得各个指标

① 参见王称心、蒋立山主编:《现代化法治城市评价:北京市法治建设状况综合评价指标体系研究》,知识产权出版社2008年版,第35页。

的权系数。这种方法也比较简便,但仍受主观因素的影响。

3. 层次分析法。层次分析法是美国运筹学家萨蒂(Saaty)提出的一种关于层次权重决策的分析方法。运用这种方法的一般步骤是:首先,分析系统中各因素间的关系,就同一层次各元素对上一层次某一准则的重要性进行两两比较,从而构造两两比较的判断矩阵。其次,根据判断矩阵计算被比较元素对该准则的相对权重,进行矩阵的一致性检验。最后,将获得的各方案进行总排序。此种方法把经验与理性分析有机结合起来,较为科学,有助于在相互比较中作出判断和决策。

4. 德尔斐法。德尔斐法是全球著名智库美国兰德(RAND)公司于 1964 年首先用于技术预测的权重设定方法,是指专家运用自己的知识、经验和判断能力,对未来发展趋势作出定性估测,然后将定性资料转换成定量估计值的方法。其实施步骤包括选择专家、提供背景材料、设计调查表、咨询表或应答表,进行量化统计处理。余杭法治指数采用此种方法。

(三)社会治理法治建设指标体系的具体设计方法

1. 明确和细化社会治理法治建设的目标规划。目标要素的择定是指标体系设计的逻辑起点。目标要素的提取并不是纯思想抽象的理论假设,而是根据评估目的、层次、对象、社会需求和决策者制度设计"问题意识"提出的前提性设想。在目标要素选取上,应以国家关于推进社会治理法治建设的顶层设计规划为目标导引和核心依据,使指标体系结构内容与国家设定的目标任务在形式与内容层面保持高度契合,以达到从形式与内容、过程与结果维度有力推进目标落实的实际功效,做到"纲举目张"。同时,由于社会治理法治建设的发展规划往往较为宏观,带有原则性和方向性,因此指标设计需要对社会治理战略目标和发展规划予以细化,明确其内涵与外延。

2. 分类设计各级指标。指标设计应按照"宏观→中观→微观"的分类方法逐级进行。在目标确定后,可根据其目标细化的结果设置相应一级宏观指标,进而在一级指标下设置全面的衡量维度作为二级中观指标,最后分设易测量或量化的三级微观指标。一个科学的社会治理法治建设指标体系具有整体完备性与有机互斥性的高度协调统一特点。整体完备性要求各个指标的集合能完整地、多角度地、系统地对评估对象进行评价,遗漏任何社会治理法治评估事项都将大大降低评估的功效;有机互斥性要求各个指标之间不得互相包含,即评估对象的各项取值互不兼容,任何对同一因素的不同表现方式的重复衡量计算都将使指标体系丧失科学性和可靠性。

3. 科学设定关键绩效指标。指标设计应防止碎片化,指标过于繁琐和细化,不仅会增大评估成本,降低评估效率,还会助长弄虚作假的风气,滋生因评估指标过多过细而临时炮制表格和文件的现象。因此,可采用关键绩效指标设计法,找出对社会治理法治建设目标具有关键作用的指标,把握其与社会治理法治建设战略和规划之间的关联性和影响度。在不损害指标体系完整性的前提下,尽可能采用删除、合并或列入附加项目的方法,减少不必要指标,使指标体系清晰简化又不失完整性。

4. 确定具体指标的名称、含义和口径范围。应考量具体指标在整个指标体系中的地位和作用,依据其反映的特定对象的性质和特征,确定具体指标的名称、含义和口径范围。若反映一个社会治理对象和现象有多种指标可供选择,则须考量不同社会治理活动的目的和要求,特别是涉及社会治理法治建设战略导向的事项。

5. 构建多层次社会治理法治指标。除了设计总体指标外,还需设计职能部门和履职人员的相关指标,尽可能形成整体指标与责任单元(领导班子、领导干部、工作人员)指标挂钩,绩效考核责任到人,"关键少数"对整个地区和部门社会治理法治建设的主体责任落实到位,保证中央层面的社会治理法治建设目标任务在基层得到统一有效执行,"纵向到底、横向到边"的分层化、类型化、系统化的指标体系。

二、社会治理法治建设指标体系的基本内容

社会治理法治建设指标体系的基本内容涵盖党委领导和推进社会治理法治建设、人大加强社会治理立法和监督、政府主导社会治理法治建设、司法机关维护社会治理公平正义、社会组织自治和参与合作共治、公众有序参与社会治理法治建设等 6 个一级指标。

(一)党委领导和推进社会治理法治建设指标

党委领导和推进社会治理法治建设指标涵盖 6 个二级指标和 31 个三级指标,主要是对党组织在社会治理法治建设中总揽全局、全面筹划、兼顾各方、协调发展,全面推进社会治理法治建设的状况进行客观评价。具体而言:

1. 测度"大力培育'以人为本、法治社会'意识"状况的指标。该指标包括 4 个三级指标:党委(组)每年应定期开展社会治理法治理论与实践专题学习(讲座);将领导干部社会治理法律知识培训纳入党校和行政学院培训规划;定期开展法治社会建设专家巡回报告会、社会治理法学研究论坛等活动;领导干部每年集中学习(上岗、易岗、任职前培训)法律知识中有社会治理法的内容。

2. 测度"党内社会治理规章体系建立、审查批准备案规范"状况的指标。该指标包括 3 个三级指标:党内有关社会治理内容的规章体系建立健全;党内有关社会治理内容的规章与法律法规衔接,审查、批准、备案工作规范;党领导和推进社会治理法治建设的能力和水平明显提高。

3. 测度"健全和完善党的社会治理决策、实施与监督程序"状况的指标。该指标包括 7 个三级指标:党委(组)关于社会治理内容的议事规则、重大决策、实施与监督程序制度健全,运行规范;党委(组)关于社会治理重大决策的合法性审查和社会稳定风险评估制度完善;党委(组)对不合法的社会治理决策事项的修改完善或撤销机制建立健全;重大社会治理事项全委会票决制建立健全;把社会治理法治建设成效作为衡量领导班子和领导干部实绩纳入政绩考核指标体系建立健全;把在社会治理活动中能否遵守社会治理法、能否依社会治理法办事作为考核干部重要内容,相同条件下优先选拔使用社会治理法素养好、依社会治理法办事能力强干部的制度和程序建立健全;党政领导干部社会治理法治建设主体责任制建立健全,考评考核落实到位。

4. 测度"建立健全党领导社会治理的制约和监督体系"状况的指标。该指标包括 6 个三级指标：党委（组）社会治理主题例会、表决制度建立健全；对担负社会治理职责领导干部的考核、评价、选拔、任用机制健全，选拔程序规范，公信度提高；党委定期举行社会治理重大问题和决定事项新闻发布或者对重大社会治理问题和决定事项新闻发布制度建立健全；党组织担负社会治理职责领导干部述职、述廉与述法相结合的综合考评制度的建立健全，并落实到位；党组织、党员遵守社会治理法和党内关于社会治理的规章制度情况检查考评落实到位；社会治理事务公开专项巡视工作制度健全，规范开展。

5. 测度"加强党对人大社会治理法立法工作的领导"状况的指标。该指标包括 5 个三级指标：党对社会治理法立法工作领导的体制机制建立健全；党对社会治理法立法工作重大问题的决策程序规范；地方性立法涉及重大社会治理体制和政策调整，报同级党委或层报省级党委直至中央决定的制度健全，程序规范；有地方性立法权的人大常委会党组向同级党委直至省级党委报告地方性社会治理法法规制定和修改等重大问题的制度健全，程序规范；党委审定人大党组提出的地方性社会治理法立法规划与计划、讨论重要法规、规范性文件草案制度建立健全，程序规范。

6. 测度"坚持和完善党对政治协商、民族区域自治、基层民主政治的领导"状况的指标。该指标包括 6 个三级指标：开展界别协商、对口协商、专题协商和提案办理协商社会治理事务渠道畅通，机制完善，党委向民主党派、工商联、无党派人士通报社会治理情况的制度建立健全；支持民族地区社会治理法治建设的规划和立法计划明确，举措有力，政策落实到位；涉及民族因素的社会治理突发事件依法协调处理机制健全；支持民族地区社会治理法实施的评估体系完善，监督机制健全，考核制度落实；加强和改善党对工会、共青团、妇联、职代会、业主委员会工作领导，成效明显；推进村（居）民委员会依法自我管理、自我教育、自我服务制度建立健全，成效明显。（详见表 15-1）

表 15-1　党委领导和推进社会治理法治建设指标

一级指标	基本要求	二级指标	三级指标	
			序号	名称
党委领导和推进社会治理法治建设指标体系	充分发挥党组织在社会治理法治建设中总揽全局、全面筹划、兼顾各方、协调发展的作用，全面推进社会治理法治建设	大力培育"以人为本、法治社会"意识	1	党委（组）每年应定期开展社会治理法治理论与实践专题学习（讲座）
			2	将领导干部社会治理法律知识培训纳入党校和行政学院培训规划
			3	定期开展法治社会建设专家巡回报告会、社会治理法学研究论坛等活动
			4	领导干部每年集中学习（上岗、易岗、任职前培训）的法律知识中有社会治理法的内容

续表

一级指标	基本要求	二级指标	三级指标	
			序号	名称
党委领导和推进社会治理法治建设指标体系	充分发挥党组织在社会治理法治建设中总揽全局、全面筹划、兼顾各方、协调发展的作用,全面推进社会治理法治建设	党内社会治理规章体系建立、审查批准备案规范	5	党内有关社会治理内容的规章体系建立健全
			6	党内有关社会治理内容的规章与法律法规衔接,审查、批准、备案工作规范
			7	党领导和推进社会治理法治建设的能力和水平明显提高
		健全和完善党的社会治理决策、实施与监督程序	8	党委(组)关于社会治理内容的议事规则、重大决策、实施与监督程序制度健全,运行规范
			9	党委(组)关于社会治理重大决策的合法性审查和社会稳定风险评估制度完善
			10	党委(组)对不合法的社会治理决策事项的修改完善或撤销机制建立健全
			11	重大社会治理事项全委会票决制建立健全
			12	把社会治理法治建设成效作为衡量领导班子和领导干部实绩纳入政绩考核指标体系建立健全
			13	把能否遵守社会治理法、能否依社会治理法办事作为考核干部重要内容,相同条件下优先选拔使用社会治理法素养好、依社会治理法办事能力强干部的制度和程序建立健全
			14	党政领导干部社会治理法治建设主体责任制建立健全,考评考核落实到位
		建立健全党领导社会治理的制约和监督体系	15	党委(组)社会治理主题例会、表决制度建立健全
			16	对担负社会治理职责领导干部的考核、评价、选拔、任用机制健全,选拔程序规范,公信度提高
			17	党委定期举行社会治理重大问题和决定事项新闻发布或者对重大社会治理问题和决定事项新闻发布的制度建立健全
			18	党组织担负社会治理职责领导干部述职、述廉与述法相结合的综合考评制度建立健全,并落实到位

续表

一级指标	基本要求	二级指标	三级指标	
			序号	名称
党委领导和推进社会治理法治建设指标体系	充分发挥党组织在社会治理法治建设中总揽全局、全面筹划、兼顾各方、协调发展的作用,全面推进社会治理法治建设	建立健全党领导社会治理的制约和监督体系	19	党组织、党员遵守社会治理法和党内关于社会治理的法规制度情况检查考评落实到位
			20	社会治理事务公开专项巡视工作制度健全,规范开展
		加强党对人大社会治理法立法工作的领导	21	党对社会治理法立法工作领导的体制机制建立健全
			22	党对社会治理法立法工作重大问题的决策程序规范
			23	地方性立法涉及重大社会治理体制和政策调整,报同级党委或层报省级党委直至中央决定的制度健全,程序规范
			24	有地方性立法权的人大常委会党组向同级党委直至省级党委报告地方性社会治理法法规制定和修改等重大问题的制度健全,程序规范
			25	党委审定人大党组提出的地方性社会治理法立法规划与计划、讨论重要法规、规范性文件草案制度建立健全,程序规范
		坚持和完善党对政治协商、民族区域自治、基层民主政治的领导	26	开展界别协商、对口协商、专题协商和提案办理协商社会治理事务渠道畅通,机制完善,党委向民主党派、工商联、无党派人士通报社会治理情况的制度建立健全
			27	支持民族地区社会治理法治建设的规划和立法计划明确,举措有力,政策落实到位
			28	涉及民族因素的社会治理突发事件依法协调处理机制健全
			29	支持民族地区社会治理法实施的评估体系完善,监督机制健全,考核制度落实
			30	加强和改善党对工会、共青团、妇联、职代会、业主委员会工作领导,成效明显
			31	推进村(居)民委员会依法自我管理、自我教育、自我服务制度建立健全,成效明显

（二）人大加强社会治理立法和监督指标

人大加强社会治理立法和监督指标涵盖 4 个二级指标及 16 个三级指标，主要是对人大全面推进社会治理法律法规的制定及其实施的监督工作情况进行客观评价。具体而言：

1. 测度"推进社会治理依法、科学、民主立法"状况的指标。该指标包括 5 个三级指标：社会治理法立法纳入法治体系中长期发展规划明确；向社会公开征集社会治理立法项目制度建立健全，网络、信函、口头、当面等征求意见渠道畅通，听取与反馈机制健全；有关国家机关、社会团体、专家学者等对社会治理法立法中涉及重大利益调整的论证咨询机制建立健全；委托第三方起草和立法机构、智库机构、专家联合起草社会治理法立法工作机制建立健全；社会治理法"立、改、废"机制健全，立法表决和后评估机制建立健全。

2. 测度"加强对社会治理主体有序开展社会治理活动的立法"状况的指标。该指标包括 4 个三级指标：推动政府管理社会治理事务和提供公共服务等立法建设有力，发挥政府主导社会治理作用的立法规划明确，成效明显；推动社会组织自治的立法有力，成效明显；推动公众参与社会治理的立法有力，成效明显；注重鼓励支持社会各方面参与，推动政府治理和社会自我调节、居民自治良性互动内容的立法建设，成效明显。

3. 测度"加强社会治理重点领域立法"状况的指标。该指标包括 4 个三级指标：围绕社会公共服务保障的立法规划明确，年度计划实施到位；围绕社会矛盾预防化解的立法规划明确，年度计划实施到位；围绕公共安全保障的立法规划明确，年度计划实施到位；围绕其他社会治理事务有序协调的立法规划明确，年度计划实施到位。

4. 测度"健全社会治理立法实施和监督机制"状况的指标。该指标包括 3 个三级指标：对"一府一委两院"社会治理法实施定期审查监督机制健全；定期开展社会治理法实施领域重大事项、重大问题、重大突发事件视察、执法检查、特别调查及咨询监督制度健全，成效明显；依法提请全国人大及其常委会撤销和纠正违反宪法规定的社会治理法律法规，以及违反上位法的社会治理法规的制度健全，程序规范。（详见表 15-2）

表 15-2　人大加强社会治理立法和监督指标

一级指标	基本要求	二级指标	三级指标	
			序号	名称
人大加强社会治理立法和监督指标	全面推进社会治理法律法规的制定及其实施的监督	推进社会治理依法、科学、民主立法	1	社会治理法立法纳入法治体系中长期发展规划明确
			2	向社会公开征集社会治理立法项目制度建立健全，网络、信函、口头、当面等征求意见渠道畅通，听取与反馈机制健全
			3	有关国家机关、社会团体、专家学者等对社会治理法立法中涉及重大利益调整的论证咨询机制建立健全

续表

一级指标	基本要求	二级指标	三级指标	
			序号	名称
人大加强社会治理立法和监督指标	全面推进社会治理法律法规的制定及其实施的监督	推进社会治理依法、科学、民主立法	4	委托第三方起草和立法机构、智库机构、专家联合起草社会治理法立法工作机制建立健全
			5	社会治理法"立、改、废"机制健全,立法表决和后评估机制建立健全
		加强对社会治理主体有序开展社会治理活动的立法	6	推动政府管理社会治理事务和提供公共服务等立法建设有力,发挥政府主导社会治理作用的立法规划明确,成效明显
			7	推动社会组织自治的立法有力,成效明显
			8	推动公众参与社会治理的立法有力,成效明显
			9	注重鼓励支持社会各方面参与,推动政府治理和社会自我调节、居民自治良性互动内容的立法建设,成效明显
		加强社会治理重点领域立法	10	围绕社会公共服务保障的立法规划明确,年度计划实施到位
			11	围绕社会矛盾预防化解的立法规划明确,年度计划实施到位
			12	围绕公共安全保障的立法规划明确,年度计划实施到位
			13	围绕其他社会治理事务有序协调的立法规划明确,年度计划实施到位
		健全社会治理立法实施和监督机制	14	对"一府一委两院"社会治理法实施定期审查监督机制健全
			15	定期开展社会治理法实施领域重大事项、重大问题、重大突发事件视察、执法检查、特别调查及咨询监督制度健全,成效明显
			16	依法提请全国人大及其常委会撤销和纠正违反宪法规定的社会治理法律法规,以及违反上位法的社会治理法规的制度健全,程序规范

（三）政府主导社会治理法治建设指标

政府主导社会治理法治建设指标涵盖6个二级指标及45个三级指标，主要对是否达到以下要求进行客观评价：建立健全职责明确、依法行政的政府治理体系；充分发挥政府主导社会治理的功能作用；政府与社会组织合作共治的渠道畅通；政府治理和社会自我调节、居民自治良性互动。具体而言：

1. 测度"明确政府主导社会治理职责"状况的指标。该指标包括7个三级指标：政府、政府部门、直属单位的社会治理结构、职能、权限、程序、责任法定化的制度建立健全；政府、政府部门、直属单位及主要负责人的社会治理权力清单、责任清单和负面清单制度建立健全，权力界定科学明确，程序规范；地方政府社会治理事权、职责、执行和监督体系完备，制度健全，程序规范；对地方政府社会治理事权设置的审查、纠正、撤销机制建立健全，程序规范；政府每年向同级党委、人大常委会和上一级人民政府专题报告依法治理社会事务情况的制度落实到位；政府部门每年向本级人民政府、上一级对口主管部门专题报告依法治理社会事务情况的制度落实到位；政府对政府部门及直属单位依法治理社会事务情况的考核制度建立健全。

2. 测度"提高政府治理社会立法质量"状况的指标。该指标包括14个三级指标：政府治理社会的中长期立法规划明确，年度立法计划落实到位；政府治理社会的立法项目与上位法协调的审查机制建立健全，无违反上位法事项的发生；政府治理社会的立法调研、起草、征求意见、审议、备案、审查、发布、后评估制度健全；重要社会治理规章由政府法制机构组织起草的制度健全；委托第三方起草和政府法制机构、智库机构、专家联合起草相关社会治理立法工作机制建立健全；向社会公开征集政府社会治理立法项目制度建立健全，网络、信函、口头、当面等征求意见渠道畅通，听取与反馈机制健全；对管理和提供公共服务的法规、规章及规范性文件的定期清理、保留、修改、失效、撤销、废止制度健全；向下级政府征询政府社会治理立法意见机制健全；政府治理社会立法起草征求人大代表意见制度健全；发挥政协委员、民主党派、工商联、无党派人士、人民团体、社会组织对事关社会领域管理与服务的立法协商体制机制健全，程序规范；政府治理社会立法基层联系点制度建立健全；政府治理社会立法座谈会、论证会、听证会的制度建立健全；接受社会对政府治理社会立法的询问、质询、特定问题调查、情况说明等运行机制建立健全；对于政府部门间争议较大的重要政府治理社会立法事项，由决策机关引入第三方评估的机制建立健全。

3. 测度"建立健全政府提供公共服务保障体制"状况的指标。该指标总体目标是，城乡基本公共服务均等化水平稳步提高、标准体系全面建立、保障机制巩固健全、制度规范基本成型，基本公共教育、基本劳动就业创业、基本社会保险、基本医疗卫生、基本社会服务、基本住房保障、基本公共文化体育和残疾人基本公共服务主要发展指标达到国家规定水平。具体包括4个三级指标：保障公共教育均等化服务城乡居民平等享有体制机制建立健全，公共教育服务均等化提供的治理活动规范有序开展，成效明显；保障公共医疗卫生服务平等享有体制机制建立健全，保障公民医疗、健康、服务平等享有的治理活动规范有序开展，成效明显;保障公共服务平等提供的机制体制建立健全,公民劳动权和就业权平等提供的治理活动规范有序开展,成效明显;社会保障服务平等提供的体制机制建立健全,保障公民及特殊群体公民平等享有社会保障权利的治理活动规范有序开展,成效明显。

4. 测度"建立健全政府主导多方参与的预防化解社会矛盾体制机制"状况的指标,该指标包括 7 个三级指标:保障政府通过行政手段预防化解社会矛盾机制建立健全,政府对社会治理事务的行政裁决和复议依法规范进行,成效明显;政府及其职能部门保障人民调解工作的体制机制建立健全,支持和保障人民调解工作的治理活动规范有序,成效明显;政府及其职能部门对村(居)民委员会工作的指导、支持和帮助依法进行,体制机制建立健全,成效明显;政府对民办非营利企业、行业协会、中介组织、基金会、境外非政府组织的管理、监督和服务规范有序,成效明显;保障信访渠道畅通和信访实效体制机制建立健全,信访工作依法规范有序运行,成效明显;预防和化解重大社会风险的体制机制健全,政府主导处置公共事件应急能力显著增强,自然灾害、事故灾难防御水平明显提升;社会矛盾化解责任制健全,自然灾害、事故灾难、公共卫生与社会治安突发事件过错责任倒查制、责任追究制建立健全。

5. 测度"推进政府保障公共安全体系体制建立健全"状况的指标。该指标包括 7 个三级指标:食品、药品与公共卫生安全保障的治理体制机制建立健全,食品、药品医疗安全、公共卫生与健康保障的治理活动规范有序开展、成效明显,食品、药品、医疗重大责任事故或者突发性、群体性事件得到有效预防和处置;生产安全保障体系体制建立健全,安全生产保障的治理活动依法规范开展、成效明显,安全生产重大责任事故或者突发性、群体性事件得到有效预防和处置;生态环境治理体制机制建立健全,保护大气、水、土壤、植物、动物、微生物等环境治理活动规范有序开展、成效明显,环境资源重大责任事故或者突发性、群体性事件得到有效预防和处置;预防地震、洪涝、海啸等自然灾害体制机制建立健全,防灾、减灾、救灾治理活动规范有序开展、成效明显,自然灾害重大责任事故或者突发性、群体性事件得到有效预防和处置;社会治安保障体制机制建立健全,社会治安保障的治理活动依法规范开展、成效明显,严重暴恐案件、严重暴力犯罪案件明显减少,突发性、群体性事件得到有效预防和处置,公共卫生突发事件有效应对处置的体制机制健全,传染性疾病等公共卫生与健康防范、信息报告、综合预防的组织保障有力,公共卫生与健康突发事件应急处置有力;网络信息安全管理体制机制建立健全,网络信息安全保障治理活动规范有序开展,成效明显,网络严重犯罪明显减少,网络突发性、群体性事件得到有效预防和处置;国家安全保障体制机制建立健全,国家安全保障治理活动依法规范开展,成效明显,颠覆、破坏国家统一安全的严重犯罪活动得到有效预防和处置。

6. 测度"建立健全政府治理社会信息公开体制机制,政社合作、公众参与、合作共治局面形成发展"状况的指标。该指标包括 6 个三级指标:政府主导社会治理事务信息公开,推进政社合作、公众参与,实现合作共治、良性互动的治理目标明确、成效明显;政府社会治理事务公示公告、新闻发言人制度、全媒体平台运行机制建立健全,政府社会治理信息发布保密审查机制完善；社会治理事务决策公开、执行公开、结果公开制度健全，执行到位；政府及其工作部门依据社会治理权力清单、责任清单、负面清单，向社会全面公开政府治理社会事务的法律依据、实施主体、职责权限、执行流程、监督方式等事项落实到位；政府社会治理事务的经费、资源运用等重点事项的政府信息全面全部全程公开，规范及时；政府网站、政府公报等公开社会治理事务的平台规范运行。（详见表 15-3）

表 15-3　政府主导社会治理法治建设指标

一级指标	基本要求	二级指标	三级指标	
			序号	名称
政府主导社会治理法治建设指标	发挥政府主导社会治理作用，规范政府治理社会行为，全面推进社会治理的良性互动合作共治	明确政府主导社会治理职责	1	政府、政府部门、直属单位的社会治理机构、职能、权限、程序、责任法定化的制度建立健全
			2	政府、政府部门、直属单位及主要负责人的社会治理权力清单、责任清单和负面清单制度建立健全，权力界定科学明确，程序规范
			3	地方政府社会治理事权、职责、执行和监督体系完备，制度健全，程序规范
			4	对地方政府社会治理事权设置的审查、纠正、撤销机制建立健全，程序规范
			5	政府每年向同级党委、人大常委会和上一级人民政府专题报告依法治理社会事务情况的制度落实到位
			6	政府部门每年向本级人民政府、上一级对口部门专题报告依法治理社会事务情况的制度落实到位
			7	政府对政府部门及直属单位依法治理社会事务情况的考核制度建立健全
		提高政府治理社会立法质量	8	政府治理社会的中长期立法规划明确，年度立法计划落实到位
			9	政府治理社会的立法项目与上位法协调的审查机制建立健全，无违反上位法事项的发生
			10	政府治理社会的立法调研、起草、征求意见、审议、备案、审查、发布、后评估制度健全

续表

一级指标	基本要求	二级指标	三级指标	
			序号	名称
政府主导社会治理法治建设指标	发挥政府主导社会治理作用,规范政府治理社会行为,全面推进社会治理的良性互动合作共治	提高政府治理社会立法质量	11	重要社会治理规章由政府法制机构组织起草的制度健全
			12	委托第三方起草和政府法制机构、智库机构、专家联合起草相关社会治理立法工作机制建立健全
			13	向社会公开征集政府社会治理立法项目制度建立健全,网络、信函、口头、当面等征求意见渠道畅通,听取与反馈机制健全
			14	对管理和提供公共服务的法规、规章及规范性文件的定期清理、保留、修改、失效、撤销、废止制度健全
			15	向下级政府征询政府社会治理立法意见机制健全
			16	政府治理社会立法起草征求人大代表意见制度健全
			17	发挥政协委员、民主党派、工商联、无党派人士、人民团体、社会组织对事关社会领域管理与服务的立法协商体制机制健全,程序规范
			18	政府治理社会立法基层联系点制度建立健全
			19	政府治理社会立法座谈会、论证会、听证会的制度建立健全
			20	接受社会对政府治理社会立法的询问、质询、特定问题调查、情况说明等运行机制建立健全
			21	对于政府部门间争议较大的重要政府治理社会立法事项,由决策机关引入第三方评估的机制建立健全

续表

一级指标	基本要求	二级指标	三级指标	
			序号	名称
政府主导社会治理法治建设指标	发挥政府主导社会治理作用,规范政府治理社会行为,全面推进社会治理的良性互动合作共治	建立健全政府提供公共服务保障体系体制	22	保障公共教育均等化服务城乡居民平等享有体制建立健全,公共教育服务均等化提供的治理活动规范有序开展,成效明显
			23	保障公共医疗卫生服务平等享有体制机制建立健全,保障公民医疗、健康、服务平等享有的治理活动规范有序开展,成效明显
			24	保障公共服务平等提供的机制体制建立健全,公民劳动权和就业权平等提供的治理活动规范有序开展,成效明显
			25	社会保障服务平等提供的体制机制建立健全,保障公民及特殊群体公民平等享有社会保障权利的治理活动规范有序开展,成效明显
		建立健全政府主导多方参与的预防化解社会矛盾体制机制	26	保障政府通过行政手段预防化解社会矛盾机制建立健全,政府对社会治理事务的行政裁决和复议依法规范进行,成效明显
			27	政府及其职能部门保障人民调解工作的体制机制建立健全,支持和保障人民调解工作的治理活动规范有序,成效明显
			28	政府及其职能部门对村(居)民委员会工作的指导、支持和帮助依法进行,体制机制建立健全,成效明显
			29	政府对民办非营利企业、行业协会、中介组织、基金会、境外非政府组织的管理、监督和服务规范有序,成效明显
			30	保障信访渠道畅通和信访实效体制机制建立健全,信访工作依法规范有序运行,成效明显
			31	预防和化解重大社会风险的体制机制健全,政府主导处置公共事件应急能力显著增强,自然灾害、事故灾难防御水平明显提升
			32	社会矛盾化解责任制健全,自然灾害、事故灾难、公共卫生与社会治安突发事件过错责任倒查制、责任追究制建立健全

续表

一级指标	基本要求	二级指标	三级指标	
			序号	名称
政府主导社会治理法治建设指标	发挥政府主导社会治理作用,规范政府治理社会行为,全面推进社会治理的良性互动合作共治	推进政府保障公共安全体系体制建立健全	33	食品、药品与公共卫生安全保障的治理体制机制建立健全,食品、药品医疗安全、公共卫生与健康保障的治理活动规范有序开展,成效明显;食品、药品、医疗重大责任事故或者突发性、群体性事件得到有效预防和处置
			34	生产安全保障体系体制建立健全,生产安全保障的治理活动依法规范开展,成效明显,生产安全重大责任事故或者突发性、群体性事件得到有效预防和处置
			35	生态环境治理体制机制建立健全,保护大气、水、土壤、植物、动物、微生物等环境治理活动规范有序开展,成效明显,环境资源重大责任事故或者突发性、群体性事件得到有效预防和处置
			36	预防地震、洪涝、海啸等自然灾害体制机制建立健全,防灾、减灾、救灾治理活动规范有序开展,成效明显,自然灾害重大责任事故或者突发性、群体性事件得到有效预防和处置
			37	社会治安保障体制机制建立健全,社会治安保障的治理活动依法规范开展,成效明显,严重暴恐案件、严重暴力犯罪案件明显减少,突发性、群体性事件得到有效预防和处置;公共卫生突发事件有效应对处置的体制机制健全,传染性疾病等公共卫生与健康防范、信息报告、综合预防的组织保障有力,公共卫生与健康突发事件应急处置有力
			38	保障网络信息安全体制机制建立健全,网络信息安全保障治理活动规范有序开展,成效明显,网络严重犯罪明显减少,网络突发性、群体性事件得到有效预防和处置
			39	国家安全保障体制机制建立健全,国家安全保障治理活动依法规范开展,成效明显,颠覆、破坏国家统一安全的严重犯罪活动得到有效预防和处置

续表

一级指标	基本要求	二级指标	三级指标	
			序号	名称
政府主导社会治理法治建设指标	发挥政府主导社会治理作用,规范政府治理社会行为,全面推进社会治理的良性互动合作共治	建立健全政府治理社会信息公开体制机制,政社合作、公众参与、合作共治局面形成发展	40	政府治理社会事务信息公开,推进政社合作、公众参与,实现合作共治、良性互动的治理目标明确,成效明显
			41	政府社会治理事务公示公告、新闻发言人制度、全媒体平台运行机制建立健全;政府社会治理信息发布保密审查机制完善
			42	社会治理事务决策公开、执行公开、结果公开制度健全,执行到位
			43	政府及其工作部门依据社会治理权力清单、责任清单、负面清单,向社会全面公开政府治理社会事务的法律依据、实施主体、职责权限、执行流程、监督方式等事项落实到位
			44	政府社会治理事务的经费、资源运用等重点事项的政府信息全面全部全程公开、规范及时
			45	政府网站、政府公报等公开社会治理事务的平台规范运行

（四）司法机关维护社会治理公平正义指标

司法机关维护社会治理公平正义指标涵盖 5 个二级指标及 24 个三级指标,主要对司法机关是否公正司法、是否严格规范行使司法权、是否保障人民群众参与司法、是否加强司法监督、是否提高社会治理领域司法公信力的状况进行客观评价。具体而言:

1. 测度"确保司法机关对社会治理案件依法独立公正行使司法权"状况的指标。该指标包括 5 个三级指标:党的领导机关对政法机关(审判、检察、公安、国家安全、司法行政机关)涉及社会治理重大问题、重大事项的调研、决策、监督的领导体制机制健全;政法机关向党的领导机关报告社会治理重大问题、重大情况制度建立健全;党的领导机关带头依法办事,保障社会治理法正确统一实施的组织体系和运行机制健全;领导干部干预司法活动、插手具体社会治理案件处理的记录、通报、责任追究制度建立健全;党的领导机关支持排除干扰有关社会治理领域公正司法的制度建立健全。

2. 测度"严格执法、公正司法"状况的指标。该指标包括 3 个三级指标:处理社会治理案件坚持以事实为根据、以法律为准绳的执法办案制度健全;全面贯彻证据裁判规则,依法收集、固定、保存、审查、运用证据,严格依法处理社会治理案件的效果得到保障;社会治理案件办案质量终身负责制和错案责任追究制健全,执行到位。

3. 测度"保障人民群众参与司法活动"状况的指标。该指标包括 4 个三级指标：保障人民群众参与社会治理领域相关案件的调解、听证、涉诉信访等司法活动制度健全,执行到位;人民陪审员制度健全,陪审员的权利保障充分;审判公开、检察公开、警务公开制度及程序健全;社会治理案件的司法依据、程序、流程、结果和生效法律文书依法及时公开制度健全,社会治理案件的查询管理规范。

4. 测度"加强人权司法保障,增强司法公信力"状况的指标。该指标包括 6 个三级指标：保障诉讼过程中社会治理案件当事人和其他诉讼参与人的知情权、陈述权、辩护辩论权、申请权、申诉权的制度执行到位;涉及社会治理领域刑事案件的事实认定符合客观真相、办案结果符合实体公正、办案过程符合程序公正的法律制度执行到位;涉及社会治理领域的民商事案件的审理程序规范、裁断结果公平公正;涉及社会治理领域的行政案件审理程序规范、裁断结果公平公正;有效防范、及时纠正冤假错案的制度健全,执行到位;社会治理案件的司法救助、法律援助制度健全,经费保障和管理规范。

5. 测度"加强司法监督"状况的指标。该指标包括 6 个三级指标：司法机关自觉接受人大及其常委会监督社会治理司法活动的机制健全,运行规范;对社会治理案件的立案监督、侦查活动监督、审判与执行监督机制健全,运行规范,成效明显;对涉及社会治理的司法及行政执法活动的纪检监察监督机制建立健全,运行规范;对涉及社会治理的司法及行政执法活动新闻舆论监督机制建立健全,运行规范;人民陪审员、人民监督员制度健全,对社会治理案件的监督成效明显;公民、法人及其他组织对社会治理案件的司法活动监督平台建立,渠道畅通。(详见表 15-4)

表 15-4　司法机关维护社会治理公平正义指标

一级指标	基本要求	二级指标	三级指标	
			序号	名称
司法机关维护社会治理公平正义指标	确保公正司法,严格规范司法权行使,保障人民群众参与司法,加强司法监督,提高社会治理领域司法公信力	确保司法机关对社会治理案件依法独立公正行使司法权	1	党的领导机关对政法机关(审判、检察、公安、国家安全、司法行政机关)涉及社会治理重大问题、重大事项的调研、决策、监督的领导体制机制健全
			2	政法机关向党的领导机关报告社会治理重大问题、重大情况制度建立健全
			3	党的领导机关带头依法办事,保障社会治理法正确统一实施的组织体系和运行机制健全
			4	领导干部干预司法活动、插手具体社会治理案件处理的记录、通报、责任追究制度建立健全
			5	党的领导机关支持排除干扰有关社会治理领域公正司法的制度建立健全

续表

一级指标	基本要求	二级指标	三级指标	
			序号	名称
司法机关维护社会治理公平正义指标	确保公正司法,严格规范司法权行使,保障人民群众参与司法,加强司法监督,提高社会治理领域司法公信力	严格执法、公正司法	6	处理社会治理案件坚持以事实为根据、以法律为准绳的执法办案制度健全
			7	全面贯彻证据裁判规则,依法收集、固定、保存、审查、运用证据,严格依法处理社会治理案件的效果得到保障
			8	社会治理案件办案质量终身负责制和错案责任追究制健全,执行到位
		保障人民群众参与司法活动	9	保障人民群众参与社会治理案件的调解、听证、涉诉信访等司法活动制度健全,执行到位
			10	人民陪审员制度健全,陪审员的权利保障充分
			11	审判公开、检察公开、警务公开制度及程序健全
			12	社会治理案件司法依据、程序、流程、结果和生效法律文书依法及时公开制度健全,社会治理案件查询管理规范
		加强人权司法保障,增强司法公信力	13	保障诉讼过程中社会治理案件当事人和其他诉讼参与人的知情权、陈述权、辩护辩论权、申请权、申诉权的制度执行到位
			14	涉及社会治理领域刑事案件的事实认定符合客观真相、办案结果符合实体公正、办案过程符合程序公正的法律制度执行到位
			15	涉及社会治理领域的民商事案件的审理程序规范、裁断结果公平公正
			16	涉及社会治理领域的行政案件审理程序规范、裁断结果公平公正
			17	有效防范、及时纠正社会治理冤假错案的制度健全,执行到位
			18	社会治理案件的司法救助、法律援助制度健全,经费保障和管理规范

续表

一级指标	基本要求	二级指标	三级指标	
			序号	名称
司法机关维护社会治理公平正义指标	确保公正司法,严格规范司法权行使,保障人民群众参与司法,加强司法监督,提高社会治理领域司法公信力	加强司法监督	19	司法机关自觉接受人大及其常委会监督社会治理司法活动的机制健全,运行规范
			20	对社会治理案件的立案监督、侦查活动监督、审判与执行监督机制健全,运行规范,成效明显
			21	对涉及社会治理的司法及行政执法活动的纪检监察监督机制建立健全,运行规范
			22	对涉及社会治理的司法及行政执法活动新闻舆论监督机制建立健全,运行规范
			23	人民陪审员、人民监督员制度健全,对社会治理案件的监督成效明显
			24	公民、法人及其他组织对社会治理案件的司法活动监督平台建立,渠道畅通

（五）社会组织自治和参与合作共治指标

社会组织自治和参与合作共治指标涵盖 2 个二级指标及 13 个三级指标,主要是对社会组织依法自治、参与合作共治的体制机制是否健全,社会活力是否增强,自治秩序是否良好进行客观评价。具体而言:

1. 测度"社会组织自治体制机制建立健全"状况的指标。该指标包括 3 个三级指标:社会组织自治体制机制建立健全,与党委领导、政府主导、社会组织协同、社区参与、公众支持的社会治理体制框架相吻合,自治权利和责任制落实到位;社会组织自治的中长期规划明确,年度计划落实到位;城乡居民社区"一本三化"(以人为本、网格化、信息化、服务均等化)的社会组织自治服务平台建立健全,运行规范。

2. 测度"社会组织依法自治与管理健全完善"状况的指标。该指标包括 10 个三级指标:村(居)民委员会自治制度健全,自治活动开展成效明显;乡镇(街道)政府行政管理与基层社区自治有效衔接机制健全,成效明显;政府监管机关对社会组织分类管理、登记、监督制度建立健全;各类社会组织参与社会治理的责任机制建立健全;政府培养、扶持社会组织依法自治的体制机制建立健全;志愿者组织服务管理规范建立健全;宗教团体、行会组织、寺庙、娱乐场所依法依规管理规范,重大突发事件应对处置机制建立健全;监管机关对境外人员入境从业、讲学、从学、旅游、过境等的管理体制机制建立健全;村(居)民委员会综合服务中心与综治维稳中心衔接机制建立健全;推进村(居)民组织民主自治制度建设有力,开展监督活动成效明显。(详见表 15-5)

表 15-5　社会组织自治和参与合作共治指标

一级指标	基本要求	二级指标	三级指标	
			序号	名称
社会组织自治和参与合作共治	社会组织依法自治、参与政社合作的体制机制健全完善，社会活力增强，自治秩序良好	社会组织自治体制机制建立健全	1	社会组织自治体制机制建立健全，与党委领导、政府主导、社会组织协同、社区参与、公众支持的社会治理体制框架相吻合，自治权利和责任制落实到位
			2	社会组织自治的中长期规划明确，年度计划落实到位
			3	城乡居民社区"一本三化"（以人为本、网格化、信息化、服务均等化）的社会组织自治服务平台建立健全，运行规范
		社会组织依法自治与管理健全完善	4	村（居）民委员会自治制度健全，自治活动开展成效明显
			5	乡镇（街道）政府行政管理与基层社区自治有效衔接机制健全，成效明显
			6	政府监管机关对社会组织分类管理、登记、监督制度建立健全
			7	各类社会组织参与社会治理的责任机制建立健全
			8	政府培养、扶持社会组织依法自治的体制机制建立健全
			9	志愿者组织服务管理规范建立健全
			10	宗教团体、行会组织、寺庙、娱乐场所依法依规管理规范，重大突发事件应对处置机制建立健全
			11	监管机关对境外人员入境从业、讲学、从学、旅游、过境等的管理体制机制建立健全
			12	村（居）民委员会综合服务中心与综治维稳中心衔接机制建立健全
			13	推进村（居）民组织民主自治制度建设有力，开展监督活动成效明显

（六）公众有序参与社会治理法治建设指标

公众有序参与社会治理法治建设指标涵盖 4 个二级指标及 9 个三级指标，主要是对全民参与社会治理的法治意识，自觉学习、遵守社会治理法律制度，高度自觉有序参与社会治理法治建设的状况进行客观评价。具体而言：

1. 测度"深入开展社会治理法治宣传教育"状况的指标。该指标包括 4 个三级指标："源头普法工程"建设规划涵盖社会治理法内容详实，社会治理法治宣传推进落实成效明显；涵盖社会治理法内容的宪法法律"六进"（进机关、进乡村、进社区、进学校、进企业、进单位）活动措施有力，效果明显；全媒体（平面、影视、网络）社会治理法治宣传形成合力，运行到位；社会治理法治文化阵地建设成效明显，支持阵地建设、产品创作与推广的机制建立健全。

2. 测度"公众参与治理规范与国家法律有序衔接"状况的指标。该指标包括 1 个三级指标，即公众参与社会治理的自治规则、行业规章、市民公约、村规民约、社区公约等社会规范同法律法规有序衔接，引导、支持、规范、完善以诚信体系为核心的治理规范体制机制建立健全。

3. 测度"公众参与社会治理活动机制健全，自觉性提高"状况的指标。该指标包括 3 个三级指标：公众参与社会组织自治、基层社区治理与法治（省、市、县、区）创建活动的机制建立健全；公众参与法治社会建设的积极性明显提高，公民、法人及其他组织"办事依法、遇事找法、解决问题用法、化解矛盾靠法"的良好习惯养成；抽样考核辖区千分之一人口尊重、维护、遵守和依据社会治理法办事的状况达到规定要求。

4. 测度"第三方参与社会治理的评估机制健全规范"状况的指标。该指标包括 1 个三级指标，即独立的第三方参与社会治理法治评估的机制建立健全。（详见表 15-6）

表 15-6　公众有序参与社会治理法治建设指标

一级指标	基本要求	二级指标	三级指标	
			序号	名称
公众有序参与社会治理法治建设	推进全民学习、遵守社会治理法，公众高度自觉参与社会治理法治建设	深入开展社会治理法治宣传教育	1	"源头普法工程"建设规划涵盖社会治理法内容详实，社会治理法治宣传推进落实成效明显
			2	涵盖社会治理法内容的宪法法律"六进"（进机关、进乡村、进社区、进学校、进企业、进单位）活动措施有力，效果明显
			3	全媒体（平面、影视、网络）社会治理法治宣传形成合力，运行到位
			4	社会治理法治文化阵地建设成效明显，支持阵地建设、产品创作与推广的机制建立健全

续表

一级指标	基本要求	二级指标	三级指标	
			序号	名称
公众有序参与社会治理法治建设	推进全民学习、遵守社会治理法,公众高度自觉参与社会治理法治建设	公众参与治理规范与国家法律有序衔接	5	公众参与社会治理的自治规则、行业规章、市民公约、村规民约、社区公约等社会规范同法律法规有序衔接,引导、支持、规范、完善以诚信体系为核心的治理规范体制机制建立健全
		公众参与社会治理活动机制健全,自觉性提高	6	公众参与社会组织自治、基层社区治理与法治(省、市、县、区)创建活动的机制建立健全
			7	公众参与法治社会建设的积极性明显提高,公民、法人及其他组织"办事依法、遇事找法、解决问题用法、化解矛盾靠法"的良好习惯养成
			8	抽样考核辖区千分之一人口尊重、维护、遵守和依据社会治理法办事的状况达到规定要求
		第三方参与社会治理的评估机制健全规范	9	独立的第三方参与社会治理法治评估的机制建立健全

第五节　社会治理法治评估应用

社会治理法治评估是一个有计划、有步骤的社会治理法治建设实践活动。依据评估的不同类型、评估过程(步骤)的差别性,评估活动可以分为具体规划、组织实施、评估总结、结果应用等阶段。

一、具体规划

具体规划是社会治理法治评估的起点,也是评估工作顺利进行的重要前提。其主要任务有:

(一)选择评估目标的推进与实施者

评估目标的推进与实施者可以是执政党的层级组织、政府职能部门或独立第三方,也可以是执政党层级组织、政府职能部门与独立第三方共同组成的协同团队。社会治理法治评估既是这项建设活动的行动进程,也是理论创新、制度创新的综合性活动。由于独立第三方具有扎实的理论知识体系、研究基础和评估技术,且相对客观中立;执政党层级组织、政府职能部门身处工作第一线,对于社会治理法治建设的实践情况最为了解,也较为清楚何种指标可以准确全面地反映实际工作,以及在指标体系设计和运行过程中会遇到何种困难,因此,由执政党层级组织、政府职能部门与独立第三方共同组成的协同团队作为评估目标的推进与实施者,可以扬长避短,三者共同推进和实施的评估相对而言更为客观中立,也更具实用性。

(二)确定评估对象

确定社会治理法治评估对象解决的是"对谁评估与评估什么"的问题。社会治理法治评估对象的选择应当根据理论研究和实际工作的需要进行。同时,评估主体不仅需要确定具体的评估对象、评估内容,还应确定评估时间、评估场域等具体事项,以达到评估目的与评估效用的有机统一。

(三)制定评估方案

制定评估方案直接关系评估质量的高低和评估效果的好坏。设计者制定评估方案需要注意把握以下相关环节:(1)社会治理法治评估的对象应清晰明了。(2)评估的目的、内容和要求应明确。(3)评估的类型、标准和方法应易于识别、选择。(4)根据评估的目的、内容和范围提出合理设想,并进行指标体系和考核标准的设计。(5)设计完成的指标体系和考核标准应进行统计审查,从信用度、协调性、稳健性等方面审视权衡,以验证指标设计的科学性,并依据反馈意见,持续改进评估工作,提高评估质量,增强评估公信力。

二、组织实施

组织实施是整个评估活动中最为重要的部分,需要运用具体的调查方法和评估手段来实现。一般而言,评估实施的主要任务和操作步骤包括:

(一)全面收集社会治理法实施活动的信息

全面收集社会治理法律制度制定、执行、遵守、适用和效果等方面的信息是评估实施的首要环节,应尽可能做到全面、系统、准确、可靠。其信息收集可由执政党层级组织、政府职能部门自行收集,也可委托第三方民意调查机构收集。收集的信息可以是主观感受,也可以是客观事实;可以是精确的数据,也可以是较为抽象的观点评价。实践中,信息收集的常用方法有现场观察、公众调查问卷、专家问卷、资料查阅、个案分析、实验研究、延伸调查等。如"世界正义工程"法治指数采用了自行收集第一手数据的方法,分别向公众和专家两大群体收集数据信息。当前,我国一些省市地区社会治理法治评估实践,以统计数据、工作台账、文档记录等客观资料为主,辅之通过问卷调查、抽样调查、暗访等途径获取的信息和材料,作为评估社会治理法治建设的依据。

(二)对收集信息进行汇总、分类和处理

根据评估的要求对社会治理法治建设信息进行精细化处理,原则上需重点把握:(1)客观性,防止信息失真。(2)完整性,即保证信息要素齐全、结构完善。(3)代表性,即收集整理的信息须体现社会治理法治建设的平均水平或公众的主流判断。在社会治理法治评估中,数据的收集应该体现群体的差序性,尽可能全面反映社会治理法治建设的整体状况,反映最大多数公众对社会治理法治建设的整体意见。(4)广泛性,即信息的内容须覆盖社会治理法治建设的方方面面,范围广泛。(5)趋向性,即信息须能够反映社会治理法治建设的趋势变化及其未来预期。

在数据处理过程中,还需注意调查数据很难实现完整无缺,存在拒绝调查、遗漏调查事项等情况,因而处理缺失数据也是评估的必要环节。其处理方法一般有三种:删除样本、单独插补、多重插补。[①]第一种方法因减少了样本的数量,可能造成更大的测量误差,在统计调查中一般很少采用(余杭法治指数采取这种方法)。[②]第二种方法采取均值、中位数、众数、回归插补、热卡/冷卡插补、期望值最大化插补等方法。第三种方法包括马尔可夫蒙特卡洛计算法等。此外,调查的数据中还会包括一些异常值,它们会影响数据的标准化处理,造成误导性解释,影响相关系数结构,在评估中一般可以采取峰度和偏度检验法予以剔除。我国社会治理法治评估可综合采用上述三种方法进行。

(三)对分类整理的信息进行描述、解释、分析和评价

评估主体要在加工整理的基础上对信息进行描述、解释、分析和评价。描述主要阐明社会治理法治建设的客观现实状态和受访者的主观感受;解释主要对社会治理法治评估的信息进行说明,阐释法治建设现状产生的原因;分析主要阐明信息反馈的社会治理法治建设状况和水平的主要特征和难点;评价则说明社会治理法治建设的实际效果及其影响。

三、评估总结

这一阶段主要是在评估社会治理法治建设的基础上作出总结,作出社会治理法治建设的结论性意见并提出政策建议,提交有关领导和相关部门决策。评估报告的内容包括对社会治理法律实施效果予以客观陈述、作出价值判断,对相关法律制度的制定实施提出意见和政策建议,以及对评估过程、评估方法等一些主要问题作出说明。其中,政策建议既可以针对社会治理法律制度本身,也可以针对社会治理法治建设过程;既可以针对总体目标,也可以针对实施手段;既可以针对立法机关,也可以针对执法司法机关。总之,评估主体应尽可能保持社会治理法治建设信息材料的完整性和统计分析的科学性,确保评估报告客观、真实、全面、可靠。

四、结果应用

结果应用包括评估主体向评估对象通报情况,评估对象向相关领导机关、管理机构分别报告与采纳应用,评估对象向评估主体和相关领导机关、管理机构反馈评估运用情况。社会治理法治评估结果是衡量公权力机关、执掌公权力的负责人及公职人员工作实绩优劣的重

---

① Michaela Saisana and Andrea Saltelli, "Rankings and Ratings: Instructions for Use", *Hague Journal on the Rule of Law*,2011(3), pp.251–252.

② 所谓"测量误差",是指观测值与真实值之间的差异。一般而言,随机抽样的样本量越大,越能反映真实情况,测量误差越小。

要依据,也是评价公权力机关社会治理政绩的有机组成部分。为保障社会治理法治建设指标体系和评估结果能够公正高效权威有序进行,真正发挥公权力机关"关键少数"在社会治理中的激励约束作用,应强化评估结果的应用,并相应设置督促整改机制、矫正惩戒机制和责任追究机制。对于评估结论,评估主体应将评估对象的社会治理法治建设实绩作为其职务任免、职级升降、交流任用、奖励惩处的重要依据,提出在相同条件下优先使用具有法治思维、法治素养、法治能力或者评估获得优秀等次的公权力机关、执掌公权力的领导集团、主管负责人及公职人员的建议。对被评定为不合格的单位和个人等提出批评意见,不得评为本地区、本系统综合性表彰单位和个人;对于连续三年被评定为不合格的评估对象,提出对其单位、负责人作出与"一票否决制"相关的组织处理意见。对于评估中指出的社会治理法治建设存在的问题,评估对象应及时采取相应整改措施,并向上一级领导机关报告,上一级领导机关应当对整改实施监督。对于被评定为不合格的评估对象,职权机关应根据评估主体提出的意见,责令其限期整改并建议相关机关取消评估对象当年度各项评选优秀、先进、模范单位等资格。评估对象拒不落实整改或连续三年被评定为不合格的,职权机关应依法依规追究主要负责人的责任。评估对象在社会治理法治评估考核工作中弄虚作假、隐瞒事实造成社会恶劣影响的,追究其主要负责人的责任;评估主体工作人员在社会治理法治评估工作中失职渎职造成恶劣影响的,应承担相应责任。通过上述措施,彰显评估对于社会治理法治建设的观察、测度、监测、评价、预警及矫治的整体功效。

参 考 文 献

1.《马克思恩格斯选集》第 1 卷,人民出版社 2012 年版。

2.《马克思恩格斯选集》第 2 卷,人民出版社 2012 年版。

3.《马克思恩格斯选集》第 3 卷,人民出版社 2012 年版。

4.《马克思恩格斯选集》第 4 卷,人民出版社 2012 年版。

5.《马克思恩格斯全集》第 1 卷,人民出版社 1995 年版。

6.《马克思恩格斯全集》第 3 卷,人民出版社 1960 年版。

7.《马克思恩格斯全集》第 4 卷,人民出版社 1958 年版。

8.《马克思恩格斯全集》第 6 卷,人民出版社 1961 年版。

9.《马克思恩格斯全集》第 13 卷,人民出版社 1998 年版。

10.《马克思恩格斯全集》第 23 卷,人民出版社 1972 年版。

11.《马克思恩格斯全集》第 39 卷,人民出版社 1974 年版。

12.《列宁选集》第 4 卷,人民出版社 2012 年版。

13.《列宁全集》第 12 卷,人民出版社 2017 年版。

14.《毛泽东文集》第 7 卷,人民出版社 1999 年版。

15.《邓小平文选》第 3 卷,人民出版社 1993 年版。

16.《江泽民文选》第 2 卷,人民出版社 2006 年版。

17.《胡锦涛文选》第 3 卷,人民出版社 2016 年版。

18. 习近平:《习近平谈治国理政》第 1 卷,外文出版社 2014 年版。

19. 习近平:《习近平谈治国理政》第 2 卷,外文出版社 2017 年版。

20. 习近平:《习近平谈治国理政》第 3 卷,外文出版社 2020 年版。

21. 习近平:《高举中国特色社会主义伟大旗帜 为全面建设社会主义现代化国家而团结奋斗——在中国共产党第二十次全国代表大会上的报告》,人民出版社 2022 年版。

22. 习近平:《决胜全面建成小康社会 夺取新时代中国特色社会主义伟大胜利——在中国共产党第十九次全国代表大会上的报告》,人民出版社 2017 年版。

23.《中共中央关于全面推进依法治国若干重大问题的决定》,人民出版社 2014 年版。

24.《〈中共中央关于制定国民经济和社会发展第十三个五年规划的建议〉辅导读本》,人民出版社 2015 年版。

25.《〈中共中央关于深化党和国家机构改革的决定〉〈深化党和国家机构改革方案〉辅

导读本》,人民出版社 2018 年版。

26.《〈中共中央关于坚持和完善中国特色社会主义制度、推进国家治理体系治理能力现代化若干重大问题的决定〉辅导读本》,人民出版社 2019 年版。

27.《〈中共中央关于党的百年奋斗重大成就和历史经验的决议〉辅导读本》,人民出版社 2021 年版。

28. 中共中央党史和文献研究院编:《习近平关于网络强国论述摘编》,中央文献出版社 2021 年版。

29. 中共中央文献研究室编:《改革开放三十年重要文献选编》(上),中央文献出版社 2008 年版。

30. 本书编写组:《中国共产党简史》,人民出版社、中共党史出版社 2021 年版。

31. 俞可平:《论国家治理现代化》,社会科学文献出版社 2014 年版。

32. 麻宝斌等:《公共治理理论与实践》,社会科学文献出版社 2013 年版。

33. 毛寿龙、李梅、陈幽泓:《西方政府的治道变革》,中国人民大学出版社 1998 年版。

34. 王振海等:《农村社区制度化治理》,中国海洋大学出版社 2005 年版。

35. 黄立敏:《社会资本视阈下的"村改居"社区治理研究——以深圳市宝安区为例》,武汉大学出版社 2013 年版。

36. 夏建中:《中国城市社区治理结构研究》,中国人民大学出版社 2012 年版。

37. 孙柏瑛:《当代地方治理:面向 21 世纪的挑战》,中国人民大学出版社 2004 年版。

38. 林尚立主编:《社区民主与治理:案例研究》,社会科学文献出版社 2003 年版。

39. 江必新等:《国家治理现代化——十八届三中全会〈决定〉重大问题研究》,中国法制出版社 2014 年版。

40. 王利明:《人民的福祉是最高的法律》,北京大学出版社 2013 年版。

41. 罗豪才主编:《软法的理论与实践》,北京大学出版社 2010 年版。

42. 罗豪才等:《软法与协商民主》,北京大学出版社 2007 年版。

43. 罗豪才、宋功德:《软法亦法——公共治理呼唤软法之治》,法律出版社 2009 年版。

44. 罗豪才:《软法与公共治理》,北京大学出版社 2006 年版。

45. 罗豪才:《为了权利与权力的平衡:法治中国建设与软法之治》,五洲传播出版社 2016 年版。

46. 罗豪才、毕洪海编:《软法的挑战》,商务印书馆 2011 年版。

47. 何增科主编:《中国社会管理体制改革路线图》,国家行政学院出版社 2009 年版。

48. 陈家刚:《协商民主与国家治理:中国深化改革的新路向新解读》,中央编译出版社 2014 年版。

49. [澳]何包钢:《协商民主:理论、方法和实践》,中国社会科学出版社 2008 年版。

50. 吴群刚、孙志祥:《中国式社区管理:基层社会服务管理创新的探索与实践》,中国社会出版社 2011 年版。

51. 许义平、李慧凤:《社区合作治理实证研究》,中国社会出版社 2009 年版。

52. 俞可平主编:《全球化: 全球治理》,社会科学文献出版社 2003 年版。

53. 王杰、张海滨、张志洲主编:《全球治理中的国际非政府组织》,北京大学出版社 2004 年版。

54. 蔡拓主编:《全球治理与中国公共事务管理的变革》,天津人民出版社 2005 年版。

55. 张文显主编:《法理学》,法律出版社 2007 年版。

56. 袁曙宏、方世荣、黎军:《行政法律关系研究》,中国法制出版社 1999 年版。

57. 施琳:《经济人类学》,中央民族大学出版社 2002 年版。

58. 关怀主编:《劳动法学》,群众出版社 1987 年版。

59. 张昌尔主编:《领导干部法治简明读本》,湖北人民出版社 2013 年版。

60. 徐丽红:《社会法理论与实践问题探索》,中国社会科学出版社 2012 年版。

61. 陈益元:《革命与乡村——建国初期农村基层政权建设研究: 1949—1957——以湖南省醴县为个案》,上海社会科学院出版社 2006 年版。

62. 王颖、折晓叶、孙炳耀:《社会中间层——改革与中国的社团组织》,中国发展出版社 1993 年版。

63. 秦晖:《政府与企业以外的现代化——中西公益事业史比较研究》,浙江人民出版社 1999 年版。

64. 汪锦军:《走向合作治理: 政府与非营利组织合作的条件、模式和路径》,浙江大学出版社 2012 年版。

65. 中央社会治安综合治理委员会办公室编著:《社会治安综合治理工作读本》,中国长安出版社 2009 年版。

66. 沈宗灵:《现代西方法理学》,北京大学出版社 1992 年版。

67. 上海国际问题研究所编:《现代美国经济问题简论》,上海人民出版社 1981 年版。

68. 徐汉明、林必恒、郭川阳:《法治中国建设指标体系和考核标准研究》,法律出版社 2019 年版。

69. 朱景文:《现代西方法社会学》,法律出版社 1994 年版。

70. 王称心、蒋立山主编:《现代化法治城市评价: 北京市法治建设状况综合评价指标体系研究》,知识产权出版社 2008 年版。

71. 〔美〕詹姆斯·M. 布坎南:《自由、市场与国家——80 年代的政治经济学》,平新乔、莫扶民译,上海三联书店 1989 年版。

72. 〔美〕罗斯科·庞德:《法律与道德》,陈林林译,中国政法大学出版社 2003 年版。

73. 〔美〕怀特:《文化科学: 人和文明的研究》,曹锦清等译,浙江人民出版社 1988 年版。

74. 〔美〕詹姆斯·N. 罗西瑙主编:《没有政府的治理——世界政治中的秩序与变革》,张胜军等译,江西人民出版社 2001 年版。

75. 〔美〕R.A.W. 罗兹:《理解治理: 政策网络、治理、反思与问责》,丁煌、丁方达译,中国人民大学出版社 2020 年版。

76. ［法］卢梭:《社会契约论》,何兆武译,商务印书馆 1980 年版。

77. ［英］罗伯特·罗茨:《新的治理》,载俞可平主编:《治理与善治》,社会科学文献出版社 2000 年版。

78. ［英］格里·斯托克:《作为理论的治理:五个论点》,载俞可平主编:《治理与善治》,社会科学文献出版社 2000 年版。

后　记

如何贯通历史、现在、未来，对党领导全体人民为人民谋幸福、保持社会平安稳定的百年革命、建设、改革开放、新时代奋斗历程进行创新性总结、理论性升华、学术性表达，形成社会治理法治主体性、原创性的知识体系，是当下理论界、实务界尤其是法学新兴学科建设的重大使命。

在将新中国成立以来尤其是改革开放以来社会治理道路、制度、实践予以理论化体系化，使之进高校、进教材、进课堂、进头脑，着力培养复合型、创新型、能力型、涉外型社会治理"四型"卓越法治人才过程中，得到了具有丰富领导经验、卓越领导能力、富有前瞻性思维的领导同志的关心、关注与支持。如时任中国法学会会长王乐泉、现任中国法学会会长王晨、时任中国法学会常务副会长陈冀平，时任中央政法委副秘书长陈训秋，中央政法委副秘书长王洪祥，时任湖北省委副书记、省长王晓东，时任湖北省委常委、常务副省长黄楚平，湖北省委常委、政法委书记肖菊华，武汉大学资深教授李龙先生，中国法学会党组成员、学术委员会主任、吉林大学暨浙江大学资深教授、教育部社会科学委员会法学学部召集人张文显教授，全国人大监察和司法委员会副主任委员、教育部高等学校法学类专业教学指导委员会主任委员徐显明教授，全国人大宪法和法律委员会副主任委员江必新教授，著名经济学家、发展经济学奠基人、华中科技大学名誉院长张培刚先生，中国工程院院士、华中科技大学前校长李培根教授，中国工程院院士、华中科技大学前校长丁烈云教授，湖南农业大学资深教授、华中科技大学公共管理学院前院长徐晓林教授，最高人民检察院常务副检察长童建明，中国法学会副会长王其江、中国法学会副会长张苏军、中国法学会副会长张鸣起，时任湖北省人民检察院检察长敬大力、王晋，现任湖北省人民检察院检察长王守安，等等。时任中央政法委基层社会治理局局长朱其高、时任湖北省综治办主任杨智给予了大力支持。时任中央综治办秘书庞辉提供了《中国社会治安综合治理年鉴（1991—2018）》，中央政法委宣教局副局长丁后盾提供了《长安》等宝贵资料。

对国际友人联合国毒品和犯罪问题办事处高级预防犯罪和刑事司法专家、中南财经政法大学文澜讲座教授斯拉沃米尔·雷多博士，前国际反贪局联合会副主席、联合国秘书长代表、联合国毒品与犯罪署条法司司长迪米垂·弗拉西斯，前联合国毒品与犯罪署条约司司长、中南财经政法大学文澜讲座教授埃德瓦多·维特博士，前国际反贪局联合会秘书长、中南财经政法大学文澜讲座教授叶峰博士，国际反腐学院荣誉院长、中南财经政法大学文澜讲座教授马丁·克鲁特博士，香港前刑事检控专员、国际检察官协会副主席、香港大学荣誉教授、中南财经政法大学客座教授江乐士博士,剑桥大学发展研究中心资深研究教授、中南财经政法大学文澜讲座教授巴瑞·莱德博士的支持表示感谢。

对中南财经政法大学资深教授、学术委员会主席吴汉东教授,中南财经政法大学党委书记栾永玉教授,中南财经政法大学校长杨灿明教授,时任校党委书记徐敦楷教授,时任校党委书记张中华教授,时任校总会计师王建鸿,现任校领导侯振发研究员、姚莉教授、闫平教授、邹进文教授、刘仁山教授、覃红教授、徐涤宇教授、申祖武教授、周铭山教授在社会治理法学创建发展中的持续支持致以崇高的敬意。

对徐柏才教授、张德森教授、姜公映高级编审、张荣教授、黎江虹教授、戚建刚教授、童德华教授、周详教授、徐立教授、周佳玲教授、胡弘弘教授、高利红教授、李志生教授、袁诚教授、赵丽江教授、向书坚教授、李俊教授、詹建红教授、周凌教授、陈实教授、徐晶副教授、张孜仪副教授、韩爱华副教授、胡婷硕士、汪洋硕士、谢陈硕士、赵洺硕士、韩瑞杰的支持表示感谢。

对北京大学俞可平教授、何增科教授,时任最高人民检察院理论研究所所长、山东大学讲席教授谢鹏程研究员、副所长邓思清研究员,最高人民检察院行政检察厅厅长张相军、办公厅主任马骐、办公厅副主任胡光阳,对外经济贸易大学梅夏英教授,中国人民公安大学徐云峰教授,华东政法大学王申教授、但伟教授,武汉大学秦前红教授,华中科技大学张建华教授、徐长生教授、张卫东教授、汪习根教授、郑友德教授,湖北警官学院院长刘茂林教授,武汉理工大学李牧教授,华中师范大学丁文教授,中南民族大学潘红祥教授、祁帆副教授,江汉大学赵俊新教授的支持表示感谢。

对湖北省委办公厅苏贵德,湖北省人大常委会王亚平,湖北省监察委杨武力、尹晔斌、刘阳、刘又平、付卫华,湖北省教育厅周启红,湖北省人民检察院金鑫、冯新华、周泽春、廖旭、谢振中,湖北省委政法委赵俊、张涛,武汉市人民检察院检察长彭胜坤等同志的支持表示感谢。

在《社会治理法学概论》编写过程中,相关专家学者、博士生、硕士生参加了相关资料的收集工作。他们是王玉梅副教授、魏怡然副教授,博士生郭川阳、李少波、张乐、杨新元、姜锵、申政、史可、陈颖、丰叶、周征远、张勇、谢欣源、呼斯乐,硕士生李智、宋义欣、周阅、刘金堂、梁亚朝、彭锐等,在此一并表示感谢。

徐汉明

2022 年 9 月 28 日

于武汉市东湖开发区南湖大道特 1 号绣球山庄

郑重声明

高等教育出版社依法对本书享有专有出版权。任何未经许可的复制、销售行为均违反《中华人民共和国著作权法》，其行为人将承担相应的民事责任和行政责任；构成犯罪的，将被依法追究刑事责任。为了维护市场秩序，保护读者的合法权益，避免读者误用盗版书造成不良后果，我社将配合行政执法部门和司法机关对违法犯罪的单位和个人进行严厉打击。社会各界人士如发现上述侵权行为，希望及时举报，我社将奖励举报有功人员。

反盗版举报电话　（010）58581999　58582371

反盗版举报邮箱　dd@hep.com.cn

通信地址　北京市西城区德外大街4号
　　　　　高等教育出版社知识产权与法律事务部

邮政编码　100120

读者意见反馈

为收集对教材的意见建议，进一步完善教材编写并做好服务工作，读者可将对本教材的意见建议通过如下渠道反馈至我社。

咨询电话　400-810-0598

反馈邮箱　gjdzfwb@pub.hep.cn

通信地址　北京市朝阳区惠新东街4号富盛大厦1座
　　　　　高等教育出版社总编辑办公室

邮政编码　100029